상하이를 떠나는

마지막 보트

LAST BOAT OUT OF SHANGHAI

LAST BOAT OUT OF SHANGHAI

상하이를 떠나는
마지막 보트

헬렌 지아 지음 * 박민정 옮김

Photo: Chinese nationalist troops leaving Shanghai in 1949 @ Bettmann Archive

왼쪽부터 아메이, 올레, 피터, 빙

쥔린 웡과 호 차우

맨 왼쪽이 빙, 뉴욕의 상하이 출신 이민자들

프롤로그

빙은 운전사가 욕지거리하며 침을 뱉는 동안 삼륜 자전거 택시의 딱딱한 좌석을 손으로 움켜쥔 채 꼿꼿한 자세로 앉아 있었다. 어느 때보다 간절히 속도를 내주길 바라는 바로 그 순간 낡은 자전거 타이어로 만든 덧신을 신은 운전사의 발은 달팽이걸음 마냥 늑장을 부리는 듯했고, 빙은 그 광경을 초조하게 바라봤다. 유행을 따라 멋지게 꾸민이 젊은 여인은 영화에서 본 것처럼 강바람이 자신의 검은 머리카락을 가만히 들어 올릴 때 자신이 배의 갑판 위에 서서 부러움에 찬 구경꾼들을 내려다보고 손을 흔들며 상하이에서의 마지막 몇 시간을 보낼 거라고 상상하곤 했다. 그리고 마침내, 그녀는 중국에서 가장 크고, 가장 화려하며, 그리고 가장 악명 높은 도시를 떠나려는 참이었다. 12년 전, 일본군의 침략이 일어나고, 겁에 질린 아홉 살 소녀였던 빙이 상하이에 도착한 이후, 이곳은 그녀에게 고향이 되어주었다. 그러나 이제 공산주의 폭력 혁명의 위협이 가까워지자 도시의 절반은될 것 같은 사람들 무리에 섞여 그녀도 다시 한번 피난길에 오르고 있었다. 그리고 배의 난간에 기대어 다른 승객들과 미소를 주고받는 대신 그녀는 교통 체증에 갇혀, 상하이 홍커우虹口 부두에 제시간에 도착하지 못할까 봐 가슴을 졸이고 있었다. 만일 그렇게 된다면 빙에게는 재앙과 같은 일이었다.

운전사가 페달 위에 서서 삼륜 자전거를 멈춰 세우자, 빙은 몸이 앞으로 쏠려 비틀거렸다. 그녀 주변은 온통 다른 삼륜 자전거와 인력거, 자동차와 버스들, 수레와 트럭들이 홍수를 이루고 있었다. 여기저기서 삐걱거리는 소리, 경적 울리는 소리가 들려오고, 운전자들은 온갖 외설적인 욕설을 퍼부어댔다. 그런 소리가 만들어내는 불협화음이 난징로의 돌과 콘크리트 협곡의 벽에 울려 퍼졌다. 빙은 상하이의 난장판이 낯설지 않았지만, 그런 그녀에게도 이런 장면은 처음 보는 것이었다. 도시의 소란 사이에 끼어 옴짝달싹 못했던 수많은 순간 중에서도, 바로 그날 그녀는 강변까지 가야만 했다. 빙이 절망에 빠진 이 도시를 떠나기로 한 날이었다.

빙은 이 특별한 날을 위해 꽃무늬 치파오를 지었다. 세심한 한 땀한 땀에는 그녀의 커가는 기대가 담겨 있었다. 계란형의 얼굴, 큰 눈, 도톰하고 붉은 입술, 그리고 그 위로 검은 파마머리가 왕관처럼 둘러싼 스무 살의 이 젊은 아가씨는 두 눈에 깃든 공포심만 아니라면 얼핏 수줍지만 전형적인 상하이 처녀로 보였을 것이다. 그녀처럼, 상하이의 모든 사람이 곧 들이닥칠 공산당을 피해 미치광이처럼 달아나려고 갖은 수단을 동원하는 듯했다. 그러나 여전히 목적지가 어디든 상관없으니 자리를 달라고 떠들어대는 사람들과는 달리, 빙은 운이 좋은 이들 중 하나였다. 그녀는 귀한 편도 티켓을 가지고 있었다. 미국행 배였다.

마침내 운전사는 몰려든 사람들 사이를 가까스로 뚫고 지나갈 수 있었다. 그는 지나치는 모든 사람에게 장광설을 늘어놓으며 소리를 질렀다. "좀 움직이라고, 이 쓸모없는 노새 불알 같은 놈들. 돼지 새끼들보다 더 냄새가 지독하구먼!" 빙은 운전수의 단어 선택에 눈 하나 깜박하지 않았는데, 그 정도는 상하이 거리에서 숨 쉬는 것만큼 자연스러운 일이었다. 그가 자신을 강변까지 데려다주기만 한다면 그녀에게 다른 것은 아무래도 상관없었다. 우아한 아스토르 하우스 호텔과 19층 높이의 브로드웨이 맨션 아파트를 막 지나치자, 배의 굴뚝이 시야에 들어왔다. 쑤저우강이 거대한 양쯔강의 마지막 지류인 폭이 넓은 황푸강黃浦江의 굽이를 만나는 곳이었다. 여기를 지나면 황푸강은 동중국해에 합류한다. 상하이를 대표하는 강변의 대로와 부두에는 거대한 화강암 건물들이 모두 유럽풍의 외관을 자랑하며 늘어서 있었다.

외국인들에게 강변의 이 주요 지구는 제방을 뜻하는 힌두스탄어에서 유래한 '번드'라는 이름으로 알려져 있었다. 중국인들은 이곳을 '와이탄外灘'이라고 불렀는데, 이것은 외부 혹은 외국 해변이라는 뜻으로 한때 싱하이라는 오만한 제국주의 전시장을 지배했던 외국인들을 언급하는 말이기도 했다. 영국과 미국의 사업가들은 그들 정부의 전폭적인 지원을 등에 업고 도시의 노른자위 부분을 빼앗아 갔다. 땅과 주권을 중국으로부터 뜯어낸 것으로, 100년 전 중국으로 밀려 들어간 마약 때문에 벌어진 아편전쟁에서 열강이 챙긴 전리품이었다. 세관 건물 너머 거대한 시계탑의 영국식 종을 포함해서 국제적인 자본가들과 희멀건 양코배기를 기리는 이 모든 기념비적인 건축물들에서는 이국적인 정취가 풍겼다. 이들 웅장한 석조 건물들에 어떤 일이 벌어질지는 곧 들이닥칠 공산주의자들의 결정에 달려 있었다.

상하이는 중국에서 가장 현대적이고 인구가 많은, 국제적인 도시였다. 세계 유수의 대도시 중 하나인 이곳, '동양의 파리'에는 공산당과 그 지도자 마오쩌둥이 경멸해 마지않는 수만 명의 외국인이 살고 있었다. 도시는 배, 비행기, 기차, 나무 수레를 가리지 않고 주요 내륙 노선과 국제 교통의 시발점이었고, 바로 그런 점 때문에 상하이는 1940년대 후반 대규모 탈출의 진원지가 되었다.

장제스가 이끄는 국민당 정부에 대한 공산당의 승리가 예상되자 먼저 가장 부유하고 가장 좋은 교육을 받은, 그리고 가장 많은 특권을 누리던 계층이 공포와 불안에 흔들렸다. 그들은 너도나도 당연히 단기간이 되리라 예상했던 망명길에 올랐다. 볼셰비키들이 백계 러시아인들을 쫓은 것처럼 (이들 백계 러시아인 중 많은 수가 1917년 혁명을 피해 상하이로 흘러들어 왔다) 공산주의자들이 부유층과 특권층을 노릴 것이 불을 보듯 뻔했다.

공산혁명 초기에 얼마나 많은 사람이 이 항구 도시에서 도망쳤는지 정확히 알려진 바는 없다. 학자나 저널리스트들은 백만 명 이상의 사람들이 상하이에서 출발하거나 도시를 통과해 갔으리라고 추정했다. 출구를 찾아 달아난 사람 중 많은 수가 자본가 혹은 중산층에 속했고, 아마도 그들이 공산당 치하에서 잃을 것이 가장 많았다. 이 두 집단이 시의 600만 주민 중 각각 약 5퍼센트와 20퍼센트, 즉 150만 명 정도였다. 반면, 상하이의 대다수 주민인 나머지 450만 명은 탈출할 필요를 느끼지 못했다. 상하이의 산업 노동자, 막노동꾼, 운전사, 그리고 극빈층을 포함하는 숫자였다. 그러나 이 시기에 달아난 사람들이 모두 상류층은 아니었다. 국민당 정부의 고위 관료부터 아래로는 일반 보병에 이르기까지 이른바 구제도에 충성했던 자들과 광기 어린 분위기에 휩쓸리거나 겁에 질린 사람들도 피난 대열에 합류했다. 퇴각 중이던 국민당이 가능한 많은 문서를 파괴하고 떠난 데다, 새로 들어온 공산주의자들은 혼란스러운 상태 그대로 나라를 물려받은 터라 얼마나 많은 이들이 도시를 떠났는지에 대한 계리는 이뤄지지 않았다. 따라서 안타깝지만 정확한 탈출에 대한 기록은 남아 있지 않다. 여타 다른 혁명이나 인재로 인한 대규모 이주와는 달리, 이 시기 상하이를 통한 중국 탈출에 관한 이야기는 알려진 바가 없다. 현대 중국의 지정학적 구조를 통해 그들의 이야기를 추적하는 영문으로 된 책이나 논문 역시 찾아볼 수 없다.

대만에서 중국어로 몇 안 되는 보고서가 출판되었을 뿐이다. 심지어 오늘날까지도 중화인민공화국은 대규모 탈출이 일어났다는 사실을 인정하지 않고 있다.

이 책은 실존 인물인 베니 판, 호 차우, 빙 우, 안누오 리우 등의 어린 시절, 즉 태평양 전쟁의 전조가 되었을 뿐만 아니라, 세계 정치의 흐름을 바꿔 놓은 1937년 일본의 상하이 공격 시기에서 시작해 네 사람의 삶을 추적하며 현대사의 사라진 장을 열어본다. 이들 네 명의 주요 인물과 그 가족은 서로를 몰랐지만 다른 백여 명의 주목할 만한 이들 중에서 그들이 겪은 집단적 여정이 지닌 깊이와 폭 때문에 선택되었다. 상하이에서 공산당이 승리하기 전후에 이들 인생이 서로 얽혀 만들어내는 이야기는 어느 한 가족의 이야기만으로는 포착할 수 없는 역사적 대탈출의 광경을 보여준다. 현대적인 중국이 폭발하듯 생겨나고 사람들의 사소한 행동 하나하나가 파멸로 이어질 수 있던 시절, 전쟁과 혁명, 희생과 배신, 용기와 회복의 시기를 증언하는 수많은 사람의 인터뷰와 그것이 담고 있는 이야기들이 그 시대의 복잡하고 다채로운 면을 한층 선명하게 해준다.

최근 분쟁과 재난으로 전 세계 수백만 명의 사람들이 자신이 살던 곳에 그대로 머무를지 혹은 도망칠지 절박한 선택을 고민하게 된 오늘날, 이러한 상하이 이주민들의 경험은 현재 인류가 처한 상황을 이해하는 기회가 될 것이다.

**

사람들로 붐비는 부둣가에 도착하자 빙은 덤벼드는 부두의 짐꾼들과 호객꾼들을 손사래 치며 쫓았다. 그녀는 자신이 혼자서도 할 수 있는 일에 소중한 위안화를 낭비하고 싶지 않았다. 세련된 외모에도 불구하고 빙은 손뼉을 쳐서 하인을 부르는 버릇없는 상하이 아가씨가 아니었고, 외국인들처럼 사소한 변덕에 "보이Boy!"를 불러대지도 않았다. 옷 가방에는 가벼운 드레스 몇 벌과 스웨터, 내의가 들어 있을 뿐이었다. 무거운 사진 앨범도, 금으로 만든 장신구 혹은 가족이나 친구에게 받은 추억이 될 만한 기념품도 없었다. 부모님을 기억하게 하는 유품도 없었는데, 두 분에 대해 그녀가 아는 것은 전쟁 중에 돌아가셨으리라는 것뿐이었다. 그랬다. 빙이 가져가야 할 만큼 소중한, 사랑하는 사람들이 남긴 특별한 물건 따위는 없었다.

수백 명의 사람이 이리저리 주변을 서성거렸고, 공기 중에는 그들의 절박함이 스며들어 있었다. 외국인과 중국인 모두가 뿜어내는 부산한 에너지에서 그런 분위기가 뚜렷하게 느껴졌다. 아이들 역시 인파 속에 그들을 잃어버리지 않으려고 조심하는 어른들의 시선 아래 불안해 보였다. 한 무리의 수녀들이 구불구불 일렬을 이루며 지나가자 검은 수녀복이 만들어낸 긴 커튼에 창백하고 유령 같은 얼굴들이 떠다니는 듯했다. 뉴스에서는 선교사들이 교단으로부터 공산당의 위협이 눈앞에 다가왔으니 해외로 떠나라는 명령을 받았다고 보도했다. 그중 많은 이들은 인생의 대부분을 중국에서 보냈고, 자신의 어린 양들을 버리고 가기를 꺼렸다.

관례대로 사람들이 "특별 배려"를 부탁하며 쥐어주는 뇌물 덕분에 살이 쪄서 땅딸막한 해운업자들이, 등에 믿을 수 없을 만치 무거운 짐을 지느라 구부정하게 허리를 굽히고 힘줄이 불거진 채 줄지어 서 있는 남자들에게 큰 소리로 명령을 내리고 있었다. 그 사내들은 부둣가의 짐꾼들로 헐렁한 누더기를 걸치고 거대한 상자와 꽉 찬 여행 가방을 근육과 근성만으로 배로 통하는 가파른 통로 위로 끌어올리고 있었다. 그중 누구도 눈앞에 닥친 상하이 "해방"에 신경 쓰는 것 같지 않았다. 결국 혁명은 칼 마르크스에 의하면 이들, 속박 말고는 잃을 것이 없는 노동자들이나 피압제자들, 프롤레타리아 계급을 도우려던 것이었다. 1921년 중국 공산주의자들은 중국 최초의 산업 노동자들의 본거지인 상하이에 당을 설립했고, 이제 그들의 선전 전단은 국민당의 금지 조치에도 불구하고, 아무런 제약 없이 도시에 넘쳐났다.

빙은 외국인과 중국인들이 냉담한 표정의 출입국 관리원들에게 표와 여권, 출국 비자, 그리고 다른 서류들을 건네려고 길게 늘어선 줄을 훑어보았다. 대기 행렬의 맨 앞에서 빙은 세관 직원들이 소지품을, 아마도 허용된 양 이상의 귀금속, 보석, 화폐를 찾아 뒤지는 것을 볼 수 있었다. 이 마지막 장애물을 통과하면, 승객들은 이미 출발 승인을 받아 의기양양해 보이는 사람들의 무리에 합류할 수 있었다.

사람들 속에서 언니를 찾으려 애쓰며 빙이 막 자전거 택시에서 인도로 발을 내려놓는 순간 커다란 목소리로 누군가 외쳤다. "저리 비켜요! 조심하라고!" 그때 번쩍거리는 검은 뷰익 한 대가 빙이 타고 있던 자전거 택시 옆으로 질주해왔다. 차는 바퀴가 높은 연석에 부딪히자 덜컹거리며 섰고, 그녀가 막 발을 디디려던 정확히 그곳에 멈췄다.

뷰익의 운전자가 차에서 뛰어내렸다. 그녀 나이 또래의 말쑥한 외모의 젊은이로 뒤로 빗어넘긴 머리에 깔끔한 흰 셔츠와 회색 슬랙스를 입고 있었는데, 부유한 집안의 대학생이 분명했다. "미안해요, 아가씨, 미안해요."라고 그는 빙의 상하이어보다 더 높은 톤의 방언인 만다린어로 말했다. 사과하는 동안에도 남자의 눈은 걱정스럽게 빛났다. 그는 확실히 차를 도로로 돌려 놓으려고 서두르고 있었다.

"당신 하마터면 나를 죽일 뻔했다고요!" 빙은 놀란 데다 화가 나서 소리쳤다.

"죄송합니다." 그가 불쑥 말했다. "저는 벤 차라고 하는데 이 뷰익을 대만에 있는 형에게 가져다주려고 서두르던 중이었어요. 오늘 배가 화물을 싣는데, 거기까지 가야 해서요. 그런데 브레이크가 말을 듣지 않아서 기어를 바꿔 속도를 늦출 수밖에 없었어요."

빙을 태웠던 자전거 택시 운전사는 택시에 흠집이나 나지 않았나 이리저리 훑어보고 있었다. 아무 흔적도 찾지 못하자, 그는 욕설을 퍼부어대기 시작했다. "똥같이 생긴 부잣집 떨거지 같으니! 누구 치어 죽이기 전에 유모랑 집구석에 처박혀있어!"

쏟아지는 욕설을 무시한 채, '차'라는 남자는 지나가던 경비에게 퇴각하는 국민당원을 위한 탈출구로 지정된 섬으로 가는 배편에 관해 물었다. 경비가 도로 아래쪽에 있는 또 다른 부두를 가리키자, 젊은이는 차에 다시 올라탔다. "이 미친 짓거리가 끝나면, 제가 이번 일을 보상하게 해줄 거죠?" 몇몇 인부들이 차를 밀어 연석 아래로 내려주자 그는 클러치를 밟아 1단으로 기어를 바꾸며 윙크했다. 엔진이 요란한 소리를 냈고, 남자는 사람들이 길에서 비켜서자마자 경적을 울리며 부르릉거리는 차를 몰고서 다음 부두를 향해 속도를 높였다.

죽을 뻔했다는 생각을 떨쳐내며 빙은 다시 사람들을 훑어봤다. 언니는 어디 있는 걸까? 언니를 찾지 못하면 빙은 뒤에 남겨질 게 뻔했다. 언니가 표와 서류를 죄다 가지고 있었고, 늘 그렇듯 모든 걸 맡아 처리했다. 평소에 주장하기 좋아하는 것처럼, 자신이 더 똑똑해서라는 게 이유였다. 언니가 차를 온통 본인 짐으로만 채우지 않았다면 빙도 가족들과 함께 부두까지 같은 차를 타고 올 수 있었다. 이제 여기서 그녀는 어떻게 식구들을 찾아야 할까?

갑자기 배가 날카로운 바리톤 음의 경적을 울리자, 빙은 그리로 시선을 홱 돌렸다. 불안에 들썩이는 사람들이 흥분으로 몸을 곧게 세우고, 배를 향해 파도처럼 몰려드는 게 보였다. 마치 제멋대로 배에 오르기라도 할 것 같은 기세였다. 그녀는 멀리 무리 지은 사람들 가장자리에서 화사한 붉은 색의 서양식 드레스를 꼭 맞게 입은 맵시 좋은 여자를 발견했다. 물어볼 것도 없이 언니였다. 멀리서도 빙은 남자들이 언니를 보려고 고개를 돌리느라 걸음을 늦추는 것을 알아차릴 수 있었다. 그러나 그녀가 얼마나 거센 성미인지 알게 되면 사람들도 생각을 달리할 터였다. 빙은 언니가 화를 낼까봐 마음을 단단히 먹고 정신없이 몰려드는 사람들 틈을 비집고 서둘러 발걸음을 옮겼다.

"도대체 어디 있었니? 왜 이렇게 오래 걸렸어? 우리 다 너만 기다렸잖니. 일 분만 더 늦었으면 너 없이 갔을 거야. 그랬으면 우리가 네 표값으로 치른 돈은 다 날리는 거였다고." 언니 입에서 천둥 치듯 요란하게 쏟아져 나오는 말에, 빙은 감히 대꾸할 엄두도 내지 못한 데다 이럴 땐 그저 폭풍이 지나가길 조용히 기다리는 편이 낫다는 것을 알고 있었다. 언니는 빙을 출국 심사대 너머 남편인 크리스티안이 있는 곳으로 데려갔다. 희끗희끗한 머리를 매끈하게 뒤로 넘긴 키가 큰 유럽인인 그는 대기열의 앞쪽에 자리를 잡고 있었다.

"처제가 와서 다행이야." 그가 안심하는 표정으로 말했다. "그렇지 않으면 저 잔소리를 끝도 없이 들었을 테지."

언니와 형부 사이에서 태어난 잘생긴 남자아이 두 명이 달려와 빙을 껴안았다. 태어날 때부터 지금까지 돌봐온 조카들이었다. "우리는 엄마가 절대로 이모를 두고 가지 못하게 했을 거야." 다섯 살 난 피터가 속삭였다.

출입국 관리원은 크리스티안의 손에서 서류를 빼앗듯 낚아챘다. 그는 혼혈인 두 소년을 한참 동안 냉랭하게 쳐다본 다음, 도장에 인주의 붉은 잉크를 묻혀 여권에 찍고서는 지나가라는 손짓을 했다. 관리원은 젊고 매력적인 중국인 여성과 함께 있는 나이 많은 백인 남자를 노려보며 못마땅한 기색을 감추려 들지 않았다. 그는 서류에서 잘못된 점이라도 찾으려는 듯 천천히 한 장 한 장 훑어보았다. 아무것도 찾지 못하자 관리원은 서류에 도장을 찍어주고는 빙 쪽을 돌아봤다. 그는 시선을 빙의 얼굴에서 언니에게로 옮겼다가 다시 빙의 여권을 고심하듯 찬찬히 살폈다. "자매라고? 안 닮았네요. 싱가포르에서 왔나요?" 그는 빙에게 고개를 홱 돌리며 물었다. 그녀가 입을 열고 대답하기도 전에, 언니는 여권이 동생의 출생지가 싱가포르로 잘못 적힌, 암시장에서 산 것임을 관리원이 알아차리지 못하길 바라며 급히 두 사람 사이에 끼어들었다. 언니는 최대한 나긋나긋하고 상냥하게 말했다. "네, 선생님. 제 막내 여동생 빙은 싱가포르에서 태어나긴 했지만 바로 여기 상하이에서 자랐어요. 의심스러우면 얘가 상하이 사투리로 말하는 걸 들어보세요. 동생은 저희 애들 가정교사예요. 아이들이 이렇게 달라붙어 있는 것 보이시죠?" 그녀는 커다란 눈으로 무뚝뚝한 남자을 바라보며 다정하게 미소를 지었다. 관리원은 그녀를 돌아보고는 고개를 흔들었다. "여기 있소. 가보시오." 그는 도장에 붉은 잉크를 묻혀 빙의 여권 위에 찍으며 코웃음을 치고는 투덜거렸다.

큰 배를 향해 언니를 빠른 걸음을 쫓아가면서 빙은 마음이 한결 가벼워진 것을 느꼈다. 한 걸음씩 걸을 때마다 상하이로부터, 공산주의자들로부터, 전쟁과 혼란, 가슴 아팠던 삶으로부터 조금씩 멀어져가는 듯했다. 그녀는 먼 나라로의 여행이 여태껏 그녀가 중국에서 알던 삶보다 훨씬 나은 무언가로 인도해주길 바랄 뿐이었다.

그들이 탑승 램프에 다가갔을 때, 누군가의 목소리가 울려 퍼졌다. "빙! 빙!" 처음에 그녀는 부르는 사람을 쳐다볼 생각도 하지 않았다. 자신을 알아볼 사람이 없으니 당연히 누군가 다른 사람을 부르는 것으로 생각했다. 마침내 돌아보고서야 그녀는 소리높여 부른 사람이 자신의 단 하나뿐인 친구 아메이라는 걸 알았다. 임신 9개월째인 아메이는 거무스름하고 잘생긴 이란 출신의 외국인 남편과 함께 인파를 헤치며 다가왔다. "아메이, 네 상태로 이 많은 사람 틈에 나다니면 안 돼." 빙은 턱을 들어 아메이의 부른 배를 가리켰지만, 말과는 달리 얼굴에 미소가 번졌다.

아메이는 빙의 손을 잡으며 놀리듯 웃었다. "당연히 널 배웅하러 와야지. 내 제일 친한 친구가 미국으로 가는데 말이야. 거기서는 영화에서처럼 너한테 멋진 일만 생길 거야." 어린 시절 두 사람은 상하이의 많은 극장 중 한 군데서 영화를 보려고 종종 집안일을 놔두고 도망쳐 나오곤 했다. 그런 영화에는 자막이 없어서 소녀들이 대사에서 새로운 영어 단어를 배우겠다며 들떠 있는 사이, 좌석 안내원이 중국어로 된 자세한 프로그램을 나눠줬다.

"너는 어떻게 할 거야?" 빙이 물었다. "여기서 공산주의자들과 같이 있을 순 없잖아." "우리 남편은 유대인이니 빨갱이들이 신경 쓰지 않을 게 분명해. 우리는 곧 떠날 거야." 아메이가 대답했다. "아기가 태어나면, 아직 여기 함께 남아 있는 유대인들과 비행기로 팔레스타인으로 갈 거야. 거기 새로 세운 나라에 가정을 꾸릴 거야. 이스라엘에서."

그들이 서둘러 작별 인사를 하고 나서, 빙과 언니의 가족들은 배로 연결된 가파른 경사로를 올라갔다. 제너럴 고든호는 제2차 세계대전에서 수송선으로 활약했던 배였다. 1945년 전쟁이 끝난 후, 해운회사인 아메리칸 프레지던트 라인스는 1946년에 이 배를 여객선으로 사용하기 위해 전세 냈다. 외관은 여전히 실용적이고 군대에나 어울릴 법한 회색빛을 띠고 있었지만, 배는 또 다른 전쟁 생존자인 빙을 환영하는 것 같았다.

곧 그녀는 갑판 난간을 따라 자리를 잡고 황푸강의 칙칙한 갈색, 혹은 밀크티 색이라고 할 수 있을 물결이 도시에서 밀려온 어두운 침전물과 함께 흘러가는 모습을 지켜봤다. 주변의 다른 승객들은 더는 상하이의 땅이 아닌 외국 선박에 올라선 것에 기뻐 날뛰었다. "잘 있어라. 속이 다 시원하다, 상하이!" 어떤 이들은 조바심을 내며 배가 채 떠나기도 전에 소리쳤다. 반면, 다른 사람들은 남겨두고 떠나는 사랑하는 이들에게 애타게 손을 흔들며 더 가라앉은 분위기였다. 빙은 다른 사람들의 슬픔이 자기가 여태 묻어두었던 상하이에서의 기억들을 휘저어 놓지 않게 하려는 듯, 고개를 세차게 저었다. 빙은 자신이 꿈꿔왔던 대로 무사히 배에 올라, 갑판 난간에 서 있는 것에 감사했다. 그녀는 자신의 험난했던 과거에서 벗어나 더 희망찬 미래로 향하는 여정의 시작을 실감하며 이 순간을 음미하고 싶었다. 번드의 화강암 외벽이 시야에서 멀어지는 동안, 빙은 온 힘을 다해 손을 흔들며 작별 인사를 했다. 아메이에게, 힘들었던 시간에, 다시는 찾을 수 없을 부모님에게. 그녀는 모두를 향해, 그러나 실은 아무도 없는 곳을 향해 손을 흔들었다.

*
**

가능한 최대한의 화물과 기록적인 수의 승객을 실은 제너럴 고든호의 선체 아랫부분은 강물에 낮게 잠겨 있었다. 배는 황푸강을 따라 중국에서 가장 긴 양쯔강과 합류하는 지점으로, 그리고 이어 바다를 향해 가는 동안 검은 연기를 자욱하게 내뿜었다. 현대의 전쟁은 이 50마일 거리를 끔찍한 항로로 바꾸어 놓았다. 일본과의 전쟁 동안, 중국 국민당 군대는 적을 봉쇄하기 위해 "부역"하던 상선을 강에 침몰시켰다. 8년간 일본이 중국 연안을 점령했을 때, 일본인들은 해안에 수로를 팠다. 1945년 제2차 세계대전이 끝나갈 무렵, 미국 공군 비행대는 일본을 저지하기 위해 수백 개의 기뢰를 강에 투하했고, 그 후 국민당은 공산주의자들을 막기 위해 이 방법을 그대로 따라 했다. 빙이 떠나려던 무렵, 붉은 군대는 양쯔강 북쪽 기슭으로 진군해 왔다. 일단 배가 양쯔강에 들어서면 공해상에 도달하기 전까지 활성 상태인 기뢰와 공산당의 해안 폭격에 시달려야 할 것이다. 안전과는 거리가 먼 여정이었다. 선박이 폭격당할 때를 대비해서, 모든 승객은 선실로 내려가서 배의 현창舷窓에서 멀리 떨어져 있으라는 명령을 받았다. 애초에 그런 명령은 필요 없었다. 모두 그동안 항해 중 폭격을 받아 침몰한 불운한 배들에 대해 잘 알고 있었다. 겨우 5개월 전인 1948년 12월에는 과적한 여객선 지앙야호가 대만으로 탈출하는 승객들을 가득 태운 채, 상하이를 떠난 직후 폭발했다. 승객 중에는 상하이에서 이름난 부자와 유명인사들도 있었다. 중국의 모든 신문과 뉴스 영화에서 "지난 금요일 승선 정원을 초과해 운항하던 증기선 지앙야호가 우쑹吴淞 (상하이 북부 우쑹강吴淞江과 양쯔강揚子江이 합류하는 곳에 있는 지역) 외곽에서 침몰해, 상하이에서 탈출한 2천에서 3천 명에 이르는 중국 피난민이 목숨을 잃은 것으로 추정된다."라는 충격적인 기사를 다뤘다. 저널리스트들은 이 사건을 타이타닉호보다 훨씬 더 많은 사망자를 낸, 역사상 가장 큰 선박 참사 중 하나로 꼽는다. 지앙야호가 침몰한 지 몇 주 후인, 1949년 1월에는 타이핑호가 화물선 지안 위안호와 충돌하는 또 다른 해상 재난으로 천 명 이상의 사람들이 익사했다. 타이핑호는 대만의 국민당 금고로 향하던 중국 중앙은행의 준비금인 은을 위험하리만치 많이 싣고 있었다고 전한다.

게다가 빙이 탄 배가 출발하기 14일 전에는 또 다른 참사가 있었다. 4월 20일, 공산당의 포병대는 영국 군함 애머시스트호를 공격했다. 군함은 자국민을 보호하기 위해 난징으로 향하는 중이었다. 대영제국을 향한 강한 일격으로 22명의 승무원이 죽고, 31명이 다쳤다. 제너럴 고든호의 선장은 자신의 낡은 수송선이 인민해방군에 포위되어 손상된 함선과 남아 있던 승무원들이 강에서 꼼짝 못 하게 된 애머시스트호와 같은 최후를 맞게 하지 않겠다는 일념으로 급히 속력을 높였다. 항로를 따라 멀리서 포화 소리가 쿵쾅대며 울리고, 공산당과 국민당의 군대가 격돌하는 전장의 그을음 속에서 매캐한 화약 냄새가 풍겨왔다.

빙은 3등석 화물칸의 해먹에 누워 있었는데, 그곳은 금속 막대 지지대로 받쳐 놓은 2층, 3층 침대 위의 다른 여성들로 붐볐다. 그녀는 너무 늦게 배에 오르는 바람에 지지대로 고정된 침대를 얻을 수 없었다. 남아 있는 것은 배의 움직임에 따라 튕기고 흔들리는 해먹뿐이었다. 빙은 속이 울렁거려 배를 움켜쥐었지만 아무도 신경 쓰는 사람은 없었다. 다들 각자의 걱정거리에 매달려 있을 뿐이었다. 고든호가 위태로운 수로를 헤쳐나가자, 주위의 여자들은 긴장된 침묵 속으로 빠져들었다. 빙은 엔진이 만들어내는 단조로운 소리 위로 그들이 기도하느라 중얼거리는 것을 들을 수 있었다. 그녀는 눈을 감고 침몰한 배에 타고 있었던 운 나쁜 사람들에 관한 생각을 모두 지우려고 애썼다. 그 후 며칠 동안 어떤 큰 배도 감히 제너럴 고든호가 상하이와 바다 사이 공산당 진지를 지나쳐 간 항적을 뒤따를 수 없었고, 일부 배들은 상하이에 퍼부어질 공산당의 맹공격을 피하려고 항로를 완전히 바꾸었다. 아메리칸 프레지던트 라인스와 다른 해운 회사들은 이미 예약이 매진되었는데도 불구하고 향후 상하이 운항을 취소했다. 심지어 구조선들도 상하이의 수로와는 거리를 유지했다. 언니는 자신이 네덜란드 정기선 치바닥호나 영국의 테어리아호, 또는 영국 군함 콘스탄스호의 표를 사지 않은 것을 기뻐했다. 그 배들은 모두 상하이에 접근하는 것이 안전한지 확인을 기다리며 아직 양쯔강 어귀 동중국해 부근에 계류하고 있었다.

수천 명의 사람이 여전히 상하이를 벗어나려고 애쓰고 있었다. 그들은 곧 해상으로 탈출하는 대안도 쉬운 일이 아니라는 것을 알게 됐다. 상하이에 거주하던 포르투갈 주민들을 마카오로 피신시키기 위해 마련된 세 대의 전세기는 공산당 포병대의 격추를 가까스로 벗어났다. 몇 주 동안 중국 항공사들은 정상적인 일정을 포기하고 상하이에서 출발하는 비행기 운항을 계속해서 이어갔다. 비행기는 도착하자마자 허둥지둥 사람과 화물로 더 들어설 곳 없이 꽉 채워졌고 시간을 다투며 급히 떠났다. 팬암과 노스웨스트와 같은 대형 외국 항공사들도 항공편을 추가했지만, 붉은 군대가 도시에 가까워지자, 그들은 상하이 노선을 없앴다. 오직 알래스카 항공만이 사장인 제임스 우튼이 피난민을 돕기 위해 더 많은 DC-4(맥도넬더글러스 사에서 제작, 생산한 4발 프로펠러 여객기) 투입을 지시해서 운행을 계속했다. 철도 역시 점점 위험해지고 있었다. 그런데도 끝없이 지속되는 인플레이션과 국민당 정부 통화의 붕괴, 억제할 길 없는 수요라는 세 마리 경주마가 모든 철도 승차권 가격을 시시각각 올려놓자 철도 운임은 계속해서 최고가로 치솟았다. 마침내 제너럴 고든호가 무사히 우쑹커우의 양쯔강 하구를 지나자 선장은 "경보 해제"를 선언했다. 모두가 안도의 환호성을 질렀다. 빙은 공해상에 도착한 것에 감사하며 갑판으로 달려갔다.

*
**

상하이 사람들은 특히 공산주의자들의 복수를 두려워했다. 상하이라는 대도시의 실체는 아편을 파는 영국인, 미국인, 다른 외국인들 때문에 중국이 굴욕을 겪은 세기에 만들어졌다. 상하이는 혼혈의 도시였다. 중국적이라 하기엔 너무나 서구적이고, 서구적이라기엔 너무 중국적이었다. 상하이의 전설적인 부두, 번드는 중국이라기보다 유럽에서 온 엽서에 그려진 장소처럼 보였다. 상하이의 자본주의적 전통과 특권층 도시 주민들이 한자 의미 그대로인 이 '바다 위' 도시에 근대성을 기꺼이 받아들이게 한 감수성을 더욱 북돋웠다. 공산주의자에게 근대란 서구와 비슷한 의미였고, 서구란 '외국'과 바꿔쓸 수 있었다. 서구화된 상하이니즈(상하이에 사는 중국인 거주자)는 그저 양누洋奴 혹은 짜우가우走狗, 즉 서양의 노예이거나 제국주의의 개였다. 상하이의 부유층과 중산층, 지식인, 국민당 지지자들은 다가오는 공산주의 혁명의 표적이 될 것이 확실했다.

그러나 그들 대부분에게 고향, 조국, 그리고 익숙한 모든 것을 떠난다는 것은 가슴 쓰라린 결정이었다. 중국인들은 8년간 일본이 자행한 잔혹한 침략과 테러, 그리고 제2차 세계대전 동안의 점령에서 막 벗어난 상태였다. 중국에서는 이미 1937년부터 전쟁이 시작되어서 유럽에 있는 동맹국들보다 2배나 긴 시간 전쟁을 겪었고, 그동안 중국은 한정된 외국의 원조에 의지해 싸웠다. 1945년 전쟁이 끝나자 일본의 항복 문서의 잉크가 채 마르기도 전에 미국이 지원하는 국민당과 소련과 동맹을 맺은 공산당 사이의 해묵은 내전이 다시 불붙었다. 이러한 동족상잔의 피로 얼룩신 싸움이 치열하게 계속되는 동안, 1929년 이후 집권해온 장제스가 이끄는 국민당은 경제를 안정시킬 수 없었고, 투기와 사재기, 극심한 인플레이션 등으로 경제는 더욱더 회복 불가능한 나락으로 떨어지고 있었다. 1947년 말, 미국은 장제스에 대한 신뢰를 잃고 군대와 물질적 지원을 거두어들이기 시작했다. 같은 해, 앞을 내다본 몇몇 자본가들이 상하이를 떠나기 시작했다. 그들에게는 만약의 경우를 대비해 다른 곳에서 삶을 꾸려갈 돈, 수단, 연줄이 있었다. 그리고 1948년 가을, 공산당은 세 번의 주요 전투에서 국민당을 격파했다. 붉은 군대가 전리품처럼 상하이를 차지하러 밀려들어 오자, 내전의 결과는 명확해졌다.

1949년 초, 상하이의 중산층도 도망치기 시작했다. 공산주의자들이 재산을 몰수하고, 토지와 기업을 집산하며 심지어 가정을 깨뜨리고 아내를 빼앗아 간다는 소문과 국민당의 선전 활동으로 인해 탈출의 물결은 작은 냇물에서 격류로 변했다. 국민당 관리들이 대규모 체포와 대량 학살이 있을 거라 경고하자 사람들의 공포는 더욱 커져만 갔다. 두려움으로 인한 망상이 상하이의 부유한 중국인들이 살았던 이전 외국 조계지를 덮치자 구체제에 대해 남아 있던 일말의 믿음조차 무너져내렸다. 거의 모든 가족이 똑같은 격렬한 논쟁에 휘말렸다. 빙의 집안도 마찬가지였다. 사람들은 매일 자신에게 같은 질문을 했다. 머물러야 할까, 떠나야 할까? 그리고 만일 떠나면, 어디로 갈 것인가? 많은 사람이 공산당의 통치가 일본이 점령했을 때보다 더 심할 리 없다고 말했다. 그들이 왜 떠나야 한단 말인가? 그렇다고 무얼 믿고 남아 있을 수 있단 말인가?

그들이 잘 알고 소중하게 여기는 모든 것이 바로 그곳, 상하이에 있는데, 도망친다는 것은 생각조차 못 할 일 같았다. 가능한 탈출로를 계산해 보면, 피난은 곧 가족이 흩어지는 것을 의미했다. 피난이라는 진공 상태로 뛰어들 수 없거나, 그러고 싶어 하지 않는 아이들이나 연장자들, 사랑하는 다른 가족들과 헤어져야 할지도 모를 일이었다. 도망친다는 것은 또한 큰 위험을 안고 시작하는 일이었다. 하늘과 바다에서의 충돌로 인한 희생자 외에도, 신문은 평생 저축한 돈을 가지고 홍콩으로 달아났다가 그곳의 살인적인 물가에 모든 것을 잃고 거지가 되어 상하이로 돌아올 수밖에 없었던 상하이 사람들의 이야기로 채워졌다. 그렇게 돌아오지 않더라도 극빈층의 난민이 되어 비천한 일이나 구걸, 심지어 매춘으로 살아가며 홍콩에 꼼짝없이 갇혀 있는 사람들도 있었다. 그러나 1949년 초 신문의 머리기사는 매일같이 유명인사들과 부자들의 탈출 소식으로 장식됐다. 수많은 정치 관료들이 갑작스레 해외의 병원에서 치료를 받아야겠다고 결정했다. 상하이의 중산층과 부유층은 피할 수 없는 현실을 더는 부정할 수 없다. 코앞에 닥친 공산혁명이 지금껏 자신들의 지위와 특권을 보장해준 사회 계층의 피라미드를 뒤집어놓을 것이었다. 상하이의 일부 부유한 실업가들은 돈과 기계, 중요한 인력을 홍콩으로 옮길 수 있었는데, 전에는 활기찬 상하이와 비교해서 따분한 어촌 동네라고 그들이 늘 경멸해 마지않던 곳이었다. 그러나 어쨌거나 그들이 보기에 홍콩은 대만보다는 나았다. 사람들은 대만이 시골 촌뜨기에게나 어울리는 곳이라고 여겼다. 급증하는 탈출 행렬에는 상하이의 외국인 거주자들도 포함됐다. 이들은 공산당이 중국에서 "인민의 피를 빠는 제국주의자"를 숙청하기 전에 이제까지의 분에 넘치던 외국 생활을 포기해야 했다. 붉은 군대가 상하이를 포위할 때쯤엔 수많은 사람이 피난길에 올랐다. 피난민들은 상류층에 교육을 빚었고, 수단이 좋으며 오랜 보호자인 국민당에 기대를 걸었던 거류민들과 누구든 붉은 군대를 두려워할 만한 이유가 있는 사람들이었다. 볼셰비키 치하 모스크바에서 탈출한 백계 러시아인, 히틀러 치하의 베를린에서 도망쳐 온 독일 유대인, 사이공의 미국 대사관 지붕에 내려앉는 헬리콥터를 기다리던 베트남인, 혹은 지중해를 건너기 위해 폭탄과 총알을 피해 온 시리아인들처럼, 그들은 도망쳤다. 배는 짐을 너무 무겁게 실어 해상에서의 충돌을 피할 수 없었고, 비행기는 초과 중량으로 전방의 장애물을 뛰어넘을 수가 없었다. 기차는 차체에까지 사람들이 들러붙었고, 자동차들은 그저 슬금슬금 기어갈 뿐이었다. 많은 사람이 각자 들고 갈 수 있는 것만 챙겨 미친 듯이 도망쳐야 했다. 그들이 사랑했던 도시를 떠날 수 있었던 것은 오로지 짧으면 6개월에서 길어야 1년 정도면 돌아올 수 있으리라는 기대 때문이었다. 그 정도가 그들이 공산주의 농민들이 버틸 수 있는 최대한의 시간이라고 생각했기에 돌아와서 사랑하는 이들을 다시 만나는데 30년이 넘게 걸릴 것이라고는 그 누구도 상상하지 못했다.

*
**

상하이에서 탈출한 사람들의 숫자에 대한 확실한 기록은 없지만, 다른 지역에서 불어난 난민 수로 미루어 탈출 규모를 추정해 볼 수 있다. 1949년 한 해에만 홍콩에서는 100만 명 이상의 난민이 유입됐고, 인구는 배로 증가했다. 대만에서는 대략 130만 명에서 200만 명 정도의 본토인이 이 작고 대부분 시골인 섬으로 들이닥쳤다. 이주해 오는 국민당 관리들, 퇴각하는 군인들, 국민당 지지자들, 그리고 이들의 가족들이 900만 인구의 기존 사회로 밀려 들어와서는 섬 전체를 장악했다. 수천 명의 다른 중국인들은 남동아시아—인도네시아, 필리핀, 말레이시아, 싱가포르, 버마, 베트남—와 남아메리카, 아프리카, 인도까지 흩어졌다. 오랫동안 아시아계 이민자들을 엄격히 제한해 온 미국이나 영국에 갈 수 있었던 사람은 극히 일부뿐이었고, 악의적인 "백호주의" 정책 탓에 호주로 간 사람은 그 수가 더 적었다. 상하이 탈출은 인간이 위험으로부터 도망쳤던 다른 경우들처럼 역사의 폭풍을 피하려는 필사적인 이민자들을 세계 구석구석으로 흩어놓았다.

　70여 년이 흐른 지금, 상하이 탈출 시에 사람들이 보여준 힘과 용기, 그리고 회복의 이야기가 새롭게 조명되어, 역사의 거친 물살에 가라앉지 않으려고 고군분투하는 또 다른 난민들에게 한 줄기 통찰력, 심지어 희망까지 선사하고 있다.

제너럴 고든호가 상하이 부두를 떠나고 3주 후인 1949년 5월 25일 새벽, 승리를 거둔 인민해방군이 상하이로 진군해 들어왔다. 전투에 지친 수천 명의 군인 중 많은 수가 신발도 없이 천으로 발을 감싼 농촌 출신의 소년들이었다. 그들은 이 동양의 진주를 장악하기 위해 도시의 주요 도로와 번드를 따라 빠르고 조용하게 움직였다.

그렇게 상하이가 함락됐다. 그렇게 상하이는 해방됐다.

당시 제너럴 고든호는 고향 소식을 전혀 듣지 못한 채 여전히 항해 중이었다. 1,946명의 승객들은 5월28일에 배가 샌프란시스코에 정박하고 나서야 고향의 소식을 들을 수 있었고, 자신들이 간발의 차로 상하이를 떠나는 마지막 배에 몸을 실었다는 것을 알게 됐다. 중국과 미국 사이의 모든 통신이 중단됐다. 상하이의 가족들에게 안전하게 도착했다는 소식을 전할 방법도 없었다. 무사히 미국에 왔다는 일말의 안도감도 고향에 불어닥칠 혁명의 쓰나미에 대한 걱정으로 빛이 바랬다. 상하이 이주민들의 기댈 곳 없는 디아스포라는 살아남기 위해 낯선 환경과 마주하고, 그들이 한때 알았던 '바다 위' 도시에서의 삶은 잊어야 했다. 그 세계는 이미 사라지고 없었다.

PART ONE

전쟁의 북소리

1장

베니, 9세

1937년 8월 14일, 상하이

헤이그 거리의 프랑스 조계租界 쪽 가로수길에서 북쪽으로 뛰어가던 한 소년이 바구니를 든 러 나온 사람들이며 오후 산책을 나온 노인들과 부딪치지 않게 앞질러 인도의 인파 사이를 빠져나갔다. 아이는 잡다한 물건을 보도에 늘어놓고 파는 행상이나, 딱딱한 바닥에 책상다리로 앉아 앙상한 손을 뻗어 행인들의 연민과 동전을 구걸하는 누더기를 걸친 거지들을 흘끗 쳐다보고는 지나쳤다.

제멋대로 뻗친 검은 머리카락에, 무릎까지 오는 양말은 발목 근처에 돌돌 말려 있고, 흰 셔츠 자락은 반바지 밖으로 삐죽이 빠져나와 있었지만, 소년은 물건이나 훔쳐 달아나는 길거리 개구쟁이로 보이지는 않았다. 몸은 유연하고 튼튼했고, 피부는 하얗고 뺨은 발그스레 건강한 빛을 띠었다. 개방적이고 자신감 있는 태도, 교활한 기미가 없는 큰 눈동자에서 그런 점이 더 분명하게 느껴졌다. 소년은 이 거대한 도시를 섬기는 전문직과 서비스 노동자로 이루어진 꽤 큰 규모의 중산층에 속하는 아이일 것이다. 그는 심지어 상하이 부르주아의 상속인일지도 몰랐다. 이 도시의 부르주아들은 아직 외국인이 장악하지 못한 제조업과 상업을 차지해 새롭게 부를 일군 중국인 자본가들이었다. 그것도 아니라면, 가장 드물게는 가족이 매판買辦, 즉 부유하고 유력한 외국인 사업가들과 아편 무역에서 막대한 부를 챙긴 유럽과 미제국의 건설자들 사이에서 신임을 받는 중개인일지도 몰랐다. 그들은 외국인의 대리인으로써 후한 보수를 받았을 뿐만 아니라 중국이 아편 수입을 금지하려다 실패한 뒤 세워진 조계들, 상하이와 같이 조약으로 문호를 연 개항장 등에서 외국인들만 가지고 있던 권력에 가까이 다가갈 수 있었다.

상하이에서도 특권층인 이 소년에게, 헤이그 거리의 넓은 거리는 놀이터와 마찬가지였다. 널찍하게 휘어진 도로는 그가 살고 있던 프랑스 조계지의 서쪽 경계면을 이루고 있었다. 베니는 영국령 국제 정착지로 가는 길을 따라 북쪽으로는 미국 엘리트 선교 학교들까지 자전거를 타고 갈 수 있었다. 맥타이어 학교, 세인트존스 대학, 세인트 메리 홀 등이 그런 곳들이었다. 그의 부모님도 각각 마지막 두 학교를 다녔고, 아들도 언젠가 세인트존스에서 공부하기를 바랐다. 남쪽으로 1마일 떨어진 곳에는 세인트 이그나티우스 성당과 성당에 딸린 우뚝 솟은 첨탑이 있었다. 베니는 헤이그 거리의 동쪽 구역에서 관심이 갈 만한 장소는 모두 탐험했다. 그렇지만 그도 관할구역 분쟁지역인 경계면의 서쪽으로 건너가는 것은 금지되어 있었다. 상하이의 외국인 정착지들은 중국 주권이 미치는 영토 내에서 마치 가상의 섬처럼 자리 잡고 외국법에 따른 자치를 허용받았다. 이런 협정은 1800년대 중반 아편전쟁에서 영국과 미국이 무력 외교로 청나라 황제를 굴복시킨 후 강제로 얻어낸 것이었다. 외국 자치 지역의 경계는 조약에 명확하게 정해져 있었지만, 수년간 영국은 중국의 반대에도 계속해서 도로, 부지, 호화스러운 별장과 학교들, 컨트리클럽과 사냥터, 경마장을 경계선 너머 임시 영역 혹은 임시 정착 지역으로 밀어내고 있었다.

관할이 애매한 이 구역에서는 도박장, 아편 농장, 위안소나 갱단들도 영국이나 프랑스 경찰의 눈을 피해 번성했다. 이 부근은 무법천지인 데다 위험해서 현지인들에게 배드랜즈(암흑가)로 불렸다. 베니의 아버지는 아들이 헤이그 거리를 건너 범죄가 판치는 배드랜즈로 가는 것을 허락하지 않았다.

드문 경우이긴 했지만, 베니는 회계사이자 보조경찰대의 경찰관인 아버지와 함께 이 지하세계에 가본 적이 있었다. 그럴 때면 소년은 중국인 구역의 냉혹한 현실을 직접 볼 수 있었다. 처리되지 않은 오수와 전반적인 퇴락의 냄새를 풍기는 부서진 판잣집과 지저분한 주택가는 누더기를 걸치고 짚신을 신고서, 혹은 맨발인 채로 포장되지 않은 도로를 헤매는 사람들로 붐볐다. 이들은 공장에서 힘들게 일하고, 무거운 짐을 옮기고, 인력거, 수레, 자전거 택시를 끄는 도시의 노동자들이었다. 그러나 베니의 아버지는 어디든 날마다 잠자리가 될만한 빈터를 찾아야 하는 노숙하는 거지나 피난민과는 달리 적어도 그들에겐 비를 피할 지붕이라도 있다고 말하곤 했다. 부모님은 베니 같은 남자아이들이 그런 위험한 곳에서는 몸값 때문에 납치될 수도 있고, 혹은 더 나쁜 짓을 당할 수도 있다고 엄하게 주의를 주었다. 그러나 어른들은 그런 걱정을 할 필요가 없었다. 베니는 부모님 뜻을 거스르는 아이가 아니었다.

소년은 헤이그 거리 동쪽 구역에 있는 집 근처 동네를 돌아다니기에도 바빴다. 그곳은 상하이 사회의 극과 극이 흥미로운 방식으로 충돌하는 곳이었다. 가까이에 병원이 두 곳 있었는데, 고통스럽고 무서운 표정의 불운한 사람들이 이승을 하직하기 전에 치료를 받아볼 수 있기를 바라며 매일 인도 위를 서성이고 있었다. 그 어느 것도 베니에겐 충격적이지 않았다. 걸음마를 시작할 무렵부터 유모는 아이에게 "만일 길거리에서 죽은 사람을 보면, 다른 쪽으로 가요."라고 가르쳤다. 그것은 절망적인 빈곤과 뻔뻔한 만큼의 풍요로움이 공존하는 이 무자비한 대도시에서 자신을 보호하는 간단한 규칙이었다.

그날 베니는 두 군데 중 한 병원 근처, 불구와 병으로 신음하는 사람들이 서 있는 줄에서 뭔가 평소와 다른 점을 알아차렸다. 여러 사람이 머리나 얼굴에 새로 생긴 상처가 있거나 비틀리거나 사지가 떨어져 나간 부위를 피로 물든 누더기로 감싸고 있었다. 아이는 깜짝 놀랐지만, 그들이 하루 전날, 북쪽 중국인 구역인 자베이에서 시작된 일본과의 전투에서 다친 사람들이라는 것을 곧 깨달았다. 다른 때였다면 아이는 호기심에 좀 더 자세히 보려고 걸음을 늦추었을지도 모른다. 그러나 베니는 몹시 서두르며 집으로 향했다. 그는 어머니에게 자신이 하늘에서 막 무엇을 보았는지 알려야 했다.

베니가 혼잡한 교차로 가까이에 오자 도로 위 키오스크에 서 있던 키가 크고 턱수염을 기른 경찰관이 지휘봉을 쥔 손을 들어 소년과 차들을 갑자기 멈추게 했다. "제기랄" 아이는 학교에서 배운 미국식 억양으로 소리쳤다. 가무잡잡하고 턱수염이 난 경찰은 카키색 경찰복에 눈에 띄는 붉은색 터번을 두르고 있었다. 그는 시크교도였고, 영국인들이 상하이에서 경찰로 일하도록 식민지 인도에서 데려온 수백 명의 군인 중 한 사람이었다. 붉은 모자를 쓴 원숭이라는 뜻의 홍두아세이는 상하이 사람들이 이 사나운 시크교도들에게 붙여준 경멸 섞인 별명이었다.

베니 가까이에 몇몇 자전거 택시 운전사와 잘 차려입은 외국인 승객들이 멈춰 섰다. 외국인들 주변에 있던 병자들이 구걸하며 손을 내밀고 있었다. 한 사람은 베니 또래 소년으로 두 다리 없이 의족을 하고 있었다. 다른 한 명은 나이 많은 노파로 한쪽 눈이 없었다. 외국인 중 누구도 주변의 형편없는 인정머리에 주춤하거나 당황하지 않는 것을 보고 베니는 그들이 상하이에서 꽤 오래 머문 사람들이라는 걸 알아차렸다.

붉은 터번을 쓴 교통경찰이 마침내 사람들을 향해 손을 흔들었을 때, 베니는 노랑머리 여자 중 한 명이 어깨에 걸친 여우가죽을 살펴보고 있었다. 유리알로 된 눈이 달린 여우머리는 헤이그 가 거리를 벗어나 독일인 컨트리클럽의 정문을 통과해 사라지기 전까지 자전거 택시가 휘청일 때마다 춤을 췄다. 작은 여우머리를 시야에서 놓치고 나서 베니의 눈에 다른 것이 들어왔다. 그것은 자전거 택시 한 대에 타고 있던 창백한 외국인이 팔에 찬 검은색 갈고리 십자가가 그려진 붉은 완장이었다. 소년은 그 검은 십자가가 집 근처 독일 건물에 전보다 더 자주 걸리는 깃발의 문양과 같다는 것을 알아차렸다. 그러나 아이에게 그런 깃발이나 완장은 이 국제적인 도시에서 볼 수 있는 또 다른 이국적이고 신기한 물건일 뿐이었다.

소년은 곧 집이 있는 따셩릴롱 통하는 문 앞에 다다랐는데, 그곳은 외국인과 부유한 중국인들에게 모두 인기 있는 상하이 스타일의 폐쇄적인 구조의 주거 단지였다. 대문 바로 앞에서 베니가 좋아하는 책방 주인이 그에게 소리쳤다. "베니, 와서 좀 봐!" 그러나 아이는 평소에 하던 것처럼 최신 잡지와 만화책을 둘러보러 멈추지 않고 인사 대신 손을 들어올릴 뿐이었다. 돌아서다 그는 쌉싸름한 멜론을 깔끔하게 쌓아 올린 바구니가 달린 장대를 균형 맞게 한쪽 어깨에 멘 노인과 하마터면 부딪칠 뻔했다. "이런 빌어먹을 악마 새끼 같으니." 노인이 호통을 쳤다. 그렇지만 그때는 벌써 베니가 "실례합니다."를 웅얼거리며 무거운 철문과 졸고 있는 경비원을 지나 릴롱의 좁은 골목으로 들어선 후였다. 소년은 양쪽으로 이웃과 붙어 있는 3층짜리 건물의 두꺼운 녹색 문에 이르러서야 걸음을 멈췄다.

모자이크식으로 타일을 깐 현관에 들어서자마자 아이는 큰소리로 외쳤다. "엄마, 유모, 일본군이 쳐들어와요."

"작은 어르신, 조용히 하지 않으면 작은 도련님과 작은 아씨가 깬다고요." 유모가 잔소리를 했다. 그때 윤기 흐르는 나무를 대어 만든 문 뒤로 날씬한 여인이 나타났다. 여자는 움직임이 매우 우아해서 다가오는 동안 공기조차 흐트러지지 않는 듯했다. 평소와 다름없이 단정하게 땋아 올린 머리에 멋스러운 치파오를 차려입은 여자는 나무랄 데 없이 완벽해 보였다. "롱롱, 무얼 보고 그렇게 흥분한 거니?" 여자는 궁금한 표정으로 물었다. 그녀는 아들을 '작은 용'이라는 뜻인 별명으로 불렀다. 아이가 십이지 중 가장 강한 동물인 용의 해였던 1928년에 태어나서 붙여진 별명이었다.

"제가 봤어요. 어머니. 비행기를 봤어요. 일본군 비행기가 와이탄으로 날아가고 있다고요." 아이는 그 유명한 번드를 중국 이름으로 부르며 소리쳤다. 그의 어머니는 아이 얼굴 위로 흘러내린 머리카락을 부드럽게 손가락으로 빗어 올렸다. 어머니가 그 말에 채 대답도 하기 전에 쾅 하는 소리가 뚜렷하게 울리며 집안의 평온을 흔들었다. "이제 아시겠죠, 어머니? 우리도 지붕에 올라가서 봐요." 아이는 벌써 계단을 세 개씩 뛰어 올라가고 있었고, 여자도 금방 뒤를 쫓아 올라갔다. 그들이 올라가는 동안, 또다시 멀리에서 쾅 하는 소리가 들렸다. 지붕 위로 올라간 두 사람은 치자나무와 작약이 향기로운 꽃을 피운 커다란 항아리가 놓인 뜰로 가려고 널어놓은 빨래 아래로 몸을 숙였다. 동쪽으로 뚜렷한 이정표가 되는 높은 '브로드웨이 맨션' 근처의 도시 풍경 위로 버섯 모양의 검은 연기가 솟아오르고 있었다.

"일본군이 자베이를 폭격하고 있는 게 분명해요. 1—2—8 때처럼요!" 베니는 약칭을 사용해 과감하게 말을 내뱉었다. 1—2—8이라는 숫자는 불과 5년 전 1932년 1월 28일, 끔찍했던 일본의 상하이 공격으로 학생과 어른들의 머릿속에 하나같이 새겨져 있었다.

중국 전역은 최근 일어난 일본의 침략 행위을 두고 분노로 들끓고 있었다. 섬나라 이웃 일본은 그들 정부가 중국 땅에서 일어난 침략을 미화해서 부르는 수많은 "사변"들을 일으켰다. 그리고 매번 그 침략은 더 대담해졌다. 1931년에 일본은 중국 북동부에 풍부한 석탄과 광물 매장량을 가진 만주를 침공하여, 중국의 마지막 황제 푸이를 허울뿐인 통치자로 내세운 꼭두각시 정부를 세웠다. 이런 꼭두각시들은 일본이 중국을 점령하는 과정에서 곧잘 모델이 됐다.

중국 국민당 정부는 국제연맹에 이러한 사변들에 대해 항의했지만 아무런 소용이 없었다. 불과 한 달 전인 1937년 7월 7일, 일본은 서양인들에게는 마르코폴로 다리로 알려진 베이징의 루거우차오盧溝橋에서 또 다른 공격을 감행했다.

불만을 품은 중국인 지도자들은 장제스 총사령관에게 공산주의자들을 포함한 연합 전선에서 일본에 대해 단호한 대응 조치를 해 달라고 요구해 왔다. 그러나 장군은 일본에 맞서기보다 빨갱이들을 제거하는 데 주력하는 듯했다. 불과 1년 전인 1936년에는 장제스 휘하의 장군 한 명이 일본에 대항하도록 강요하기 위해 그를 납치해서 국가위기를 촉발하기도 했다. 결국 베이징에서 최근에 벌어진 이번 도발이 있고 난 후에야 장의 군대는 상하이를 전장 삼아 일본군과 맞서 싸우고 있었다.

*
**

베니는 릴롱의 대문 바로 너머로, 신문을 파는 행상이 매일 최신 헤드라인을 크게 외치는 소리를 들을 수 있었다. 평소에 소년은 그런 소리에 그다지 신경 쓰지 않았고, 길거리의 소음과 함께 흘려듣곤 했다. 그러나 최근 몇 주 동안 30만 명 이상의 국민당 군인들이 상하이를 둘러싼 시골 지역으로 동원되었다. 베니와 같은 어린 소년들은 공격당할 위험이 거의 없는 외국인 보호 구역에서 군인들과 무기, 다가올 막판 대결을 볼 수 있을지도 모른다는 생각에 잔뜩 신이 나 있었다.

상하이를 두고 벌인 이 전투는 겨우 하루 전인, 1937년 8월 13일 금요일에 시작됐다. 멀리서 들리는 포성이 도시 전체에 울려 퍼졌다. 일본이 상하이에 공습을 시작하는 게 아닐까? 공습이라면 비행기들이 도시 위를 낮게 날아다니는 이유를 설명할 수 있었다.

5년 전 일본과의 지난번 전투가 근처 중국인 구역에서 격렬하게 벌어졌을 때 조계지의 수많은 거주민들이 옥상에서 그 모습을 지켜봤다. 그들은 마치 경기를 보는 관람객처럼 넋을 잃고 맹렬한 포화와 잇따라 치솟는 불길을 보며 탄성을 질러댔다. 이번에도 크게 다르지 않으리라고 사람들은 생각했다. 어쨌거나 프랑스 조계지는 프랑스 영사가 관리하고 있었고, 미국과 영국은 상하이 시의회를 통해 공공 조계를 다스렸다.

영국인, 미국인, 그리고 프랑스인뿐 아니라 유럽 각지에서 모여든 몇만을 헤아리는 외국인과 수천 명의 일본 민간인들이 이 두 구역 내에서 살아가고 있었다.

아무도 도쿄의 일본 정부가 영국이나 미국과 일전을 원하거나 상하이에 있는 자국민의 희생을 무릅쓰리라고 상상하지 않았다. 그것이 주변 지역에 사는 중국인들이 어려운 시기가 되면 으레 외국 조계로 달려가고 베니네처럼 어디에서든지 살 여유가 있는 가족들이 굳이 상하이의 여러 외국인들 사이에서 살아가는 이유였다.

옥상에서 베니의 어머니는 자욱하게 피어오르는 연기와 주변의 중요한 건물들 쪽을 바라보았다. 어머니의 얼굴이 창백해졌다. "오, 안돼, 롱롱! 저 불길은 자베이에서 일어난 게 아니야. 여기 국제 정착지 안쪽이야."

그들 주변 다른 옥상 뜰도 사람들로 가득 차 있었고, 모두 뭐가 보이는지 살피려고 애쓰고 있었다. 누군가 소리쳤다. "와이탄이 폭격당했다. 연기가 케세이 호텔에서 솟아오르고 있어." 10층짜리 호텔의 피라미드 모양의 구리 지붕은 상하이에서 가장 유명한 유대인 사업가 중 한 명인 빅토르 사순의 자랑거리였다. 구경꾼들 사이에서 믿을 수 없어 하는 놀란 웅성거림이 터져 나왔다. 외국인 조계지를 두르고 있다고 믿었던 상상의 방패가 산산이 조각나는 순간이었다.

사람들이 주변을 열심히 둘러보고 있을 때, 또 다른 작은 비행기가 나타났다. 인근 건물에서 쌍안경을 들고 보던 남자가 갑자기 소리쳤다. "저 비행기들은 옆면에 중국 휘장이 있어. 중화민국의 파란색, 빨간색, 흰색이다! 일본 비행기가 아니라 우리 비행기야!"

그러나 더 많은 폭탄이 떨어지고 우레 같은 폭발음이 공중에 울려 퍼지자 구경꾼들은 놀라서 숨을 삼켰다. 바로 그때 비행기가 서쪽 헤이그 가를 향해 방향을 틀자 룽룽의 어머니는 아들을 지붕에서 끌어내렸다. "얼른 내려가자. 이 위는 안전하지가 않아." 어머니는 좀 더 자세히 보려고 버둥대는 소년을 안으로 끌고 들어가며 말했다.

아래층으로 내려간 베니는 군인들이 거리를 내려오고 있는지 보려고 이쪽저쪽 창문으로 뛰어다녔다. 어머니와 유모가 여동생과 남동생을 불러 모으느라 바쁜 틈을 타, 그는 슬그머니 문밖으로 빠져나왔다. 따셩릴룽 한적한 도로 저편으로 소방차와 경찰차가 사이렌을 울리며 달려갔다. 사람들이 새로운 소식과 소문을 서로 묻고 나누느라 웅성거렸고 어떤 사람은 공공조계의 중심 격인 경마장 부근에서 수천 명이 죽었다고 말했다.

갑자기 어떤 손이 소년의 팔을 꽉 움켜잡았다. 베니는 깜짝 놀라 펄쩍 뛰었다. 유모였다. "작은 주인님, 지금 당장 집으로 가셔야 해요. 어머님은 아버님과 전화로 이야기 중이세요. 만일 폭탄이 여기 떨어져서 나리가 죽기라도 하면, 아버님이 엄청나게 화를 내실 거예요." 유모는 베니의 가족들과 무척 오랫동안 함께 살아온 사람으로 엄마의 유모이기도 했다. 다른 날 같으면 나 잡아보라며 달아났을지도 모르지만, 지금은 그럴 때가 아니라는 것을 소년도 느끼고 있었다.

집안으로 들어서자 베니는 어머니가 서재에서 아버지와 통화하는 것을 들을 수 있었다. "뭐라고요? 티베트 거리에 있는 공공조계에서요? 그레이트 월드大世界(상하이의 대형오락장으로 1917년 지금의 옌안延

숏 거리에 있었다) 근처에서 수천 명이 죽어요?" 어머니는 잠시 말을 멈추고 "아버님은 어떠세요?"라고 물었다. 베니는 어머니가 사랑하는 할아버지 이야기를 꺼내자 자세를 바로 했다. 할아버지의 커다란 저택은 그레이트 월드 엔터테인먼트 센터에서 멀지 않은 티베트 거리에 있었다. 할아버지는 가끔 베니를 그리로 데려가 도깨비 거울이 있는 유령의 집이나 롤러 스케이트장, 구경거리와 놀이기구가 있는 여러 층을 돌아다닐 수 있게 해줬다. 소년의 어머니는 그 근처를 어슬렁거리는 술 취한 선원들, 손님을 찾는 거리의 여자들과 같이 질이 좋지 않은 사람들을 꺼려서 이런 일을 못마땅해했다.

베니의 아버지 판 즈지에만큼 폭격에 대해 자세히 아는 사람도 없을 터였다. 아버지는 저녁 시간과 주말 대부분을 영국령의 소규모 상하이 자치 경찰을 보조하는 제복 차림의 상하이 의용대에서 근무했다. 판 즈지에는 중국인의 폭동을 막기 위해 설립된 의용대에서 지위가 높은 경관이었다. 대원들은 국적에 따라 중대로 조직됐고, 거의 모든 외국인 집단은 각자 의용대를 가지고 있었다. 그러나 중국인들은 수십 년 전에 있었던 의화단 사건이나 태평천국의 난과 같은 유혈 봉기를 일으킬지 모른다는 이유로 오랫동안 무장한 민병대를 조직하는 것이 금지되어 있었다. 그러나 최근 몇 년간, 외국 조계지의 중국인 거주자들은 중국인 C 중대 (A 중대는 영국인, B 중대는 유라시아인 의용군으로 구성되어 있었다.)를 조직할 수 있도록 허락해 달라고 영국인들에게 압력을 넣었다. 베니의 아버지는 이런 중국인 의용대의 충실한 일꾼이었다.

어머니가 전화로 이야기하는 동안, 베니는 서재 밖에 서서 할아버지가 폭탄이 떨어졌을 때 베니의 집에서 두 블록 정도 떨어진 할아버지의 저택에 있었다는 사실을 알아냈다. 만일 폭탄이 몇 분만 더 늦게 떨어졌다면, 할아버지는 자신이 가장 좋아하는 사교 클럽으로 향하고 있었을 터였다. 그리고 바로 그 건너편에서 최악의 학살이 벌어져 수천 명의 사람들이 죽거나 심하게 다쳐 쓰러져 있었다. 할아버지는 충격을 받은 데다 떨어지는 파편 때문에 가벼운 타박상을 입었지만, 그 외 다친 곳은 없었다. 베니의 아버지는 구호 활동을 돕기 위해 폭탄이 떨어진 현장으로 향하는 중이었다.

어머니는 전화를 끊고서 아이들을 돌보고 있던 유모에게 금방 들은 소식을 전했다. 그들이 본 비행기들은 중국의 새로 만들어진 공군 소속이었다. 중국 조종사들은 일본 제국 해군의 주력 함선인 이즈모 호를 폭격함으로써 번드를 끼고 황푸강에 정박해 있는 일본 함대를 놀라게 할 작정이었다. 그러나 어찌 된 일인지 중국 조종사들은 계산을 심각하게 잘못하는 바람에, 일본 함대를 빗맞히고 대신 국제 정착지에 폭탄을 떨어뜨렸다. "정말 상상도 못 할 일이야!" 어머니가 큰 소리로 말했다. 거리에는 전날의 전투로 안전한 곳을 찾아 조계지로 들어온 수천 명의 피난민들이 떼 지어 모여 있었다.

처음 폭탄 두 개는 난징로 바로 근처, 번드의 팔레스 호텔과 케세이 호텔 사이에서 터졌다. 피난민들이 무리를 지어 모여 있고, 부유한 외국인 쇼핑객들이 거리를 바삐 걸어 다니는 곳이었다. 폭탄 하나는 케세이 호텔의 꼭대기 층에 명중했다. 다른 두 개는 에드워드 7세 가와 티베트 거리 너머에서 폭발했는데 마침 몇천 명의 피난민들이 지역 구호단체에서 나눠주는 음식을 받으려고 길게 줄을 서 있었다. 거기 있던 민간인은 거의 모두가 목숨을 잃었을 것이다.

새로 알게 된 소식을 전하는 어머니의 목소리가 점점 분노한 기색을 띠었다. 심지어 일본군조차도 상하이의 외국 조계에는 손을 못 대고 있는 판에 중국인 조종사들이 이런 짓을 하다니. 어머니와 유모는 낙담과 불신으로 고개를 저으며 말했다. "저런 군대로 어떻게 일본을 이기겠어요?" 두 사람은 되풀이해 말했다. 미신을 믿는 판 집안의 요리사는 저녁 식사를 준비하는 동안 넌더리를 내며 냄비 뚜껑을 쿵쾅거렸다. 그러면서 "이건 중국 사람들한테 나쁜 징조야. 아주 나쁜 징조라고." 내내 혀를 찼다.

*
**

폭격기의 출격이 끝났다는 것이 확실해지고 나서 베니는 조용히 지붕 위로 다시 올라갔다. 소년은 번드 쪽 프랑스 조계지에 있는 건물 꼭대기들을 살펴보다 높이 솟아오른 연기를 따라 아래의 그레이트 월드로 시선을 옮겼다. 그레이트 월드 근처에는 할아버지의 저택이 있었다. 그곳은 베니의 첫 번째 집으로 아버지와 어머니는 결혼 후 한동안 거기에서 살았다. 그 집에서 베니는 걸음마를 배우고 옹알이를 시작했고, 할아버지의 무릎 위에 앉아서 영국인이 운영하는 상하이 경주 클럽에 경마 시합을 보러 오는 관중들을 보려고 위층 창문으로 밖을 내다보곤 했다. 소년은 여전히 여름을 그곳에서 보냈다. 베니는 할아버지가 구사일생한 이야기를 듣고서는 곧바로 할아버지 곁으로 달려가고 싶었지만, 어머니는 너무 위험해서 폭발 잔해가 치워질 때까지 기다려야 한다고 말했다.

베니는 자신이 할아버지가 가장 좋아하는 손자라는 것도 그리고 그럴 수밖에 없는 이유도 알고 있었다. 어쨌거나, 소년은 자기 대에서 첫 번째로 태어난 남자아이였다. 첫 번째 증손자이자 첫 번째 손자였고, 맏아들이었다. 그것은 중국의 어느 대가족에서나 특별한 지위를 뜻했다. 베니의 정식 중국 이름인 '용이 판'은 장수와 행운을 의미했다. 그 이름은 판 가문의 족보, 백 세대 이상 전해 내려오는 동안 모든 판씨 남자의 이름이 올려진 책에 기록될 것이었다. 그의 여동생들은 이 책에 이름을 올리지 못할 것이다. 아니 어떤 여성도 그러지 못했다. 베니의 정식 이름은 자기 세대 전체를 아우르는 권위를 가지고 있었는데 베니 이후에 태어나는 남자아이는 누구나 그의 이름을 따서 "용"이라는 글자를 이름에 사용해야 하기 때문이었다. 그의 이러한 특별한 지위에는 또한 큰 책임이 따랐다. 맏아들은 조상과 어른을 돌보고, 가문의 전통과 명예를 지켜야만 했다.

케세이 호텔에서 피어오르는 연기 기둥 바로 너머에는 도시의 오래된 광둥인 구역이 있었는데 훙커우 번드 북쪽이었다. 원래 판 가문의 집들은 베니의 증조부가 1800년대 후반 상하이의 호황기에 부자가 되고 난 뒤, 바로 거기 하이닝 로에서 약간 벗어난 곳에 지어졌다. 기억하는 가장 어린 시절부터 베니는 항상 조상들께 예를 갖추러 가문의 집들이 모여 있는 곳을 방문하는 것으로 음력 새해 첫날을 맞이했다. 증조부는 그가 태어나기 훨씬 전에 돌아가셨지만, 증조모는 여전히 생존해 있었다. 증조모는 베니가 태어났을 때 이미 90대였고 판 가문의 여가장女家長으로 군림하고 있었다. 그의 애칭을 용을 의미하는 룽룽으로 지어준 것도 증조모였다. 그러나 아이는 증조할머니 앞에서 씩씩해질 수가 없었다. 베니가 아장아장 걷게 되자, 어른들은 아이가 예의를 갖추도록 주름이 쭈글쭈글한 증조할머니에게 다가가게 했다. 의식용 비단옷을 입은 어린 베니가 할머니 쪽으로 가려 하지 않자 결국 아버지가 엄하게 그를 밀어냈다. 할머니가 앉아 있는 왕좌처럼 생긴 의자에 이르자, 그는 아버지와 다른 손위 남자들이 그랬던 것처럼 조그맣게 전족을 한 증조모의 발을 감싼, 자수가 놓인 작은 비단 신 아래에 세 번 절을 하고 나서 서늘한 나무 바닥에 몸을 엎드려야 했다.

증조모가 가까이 오라고 손짓했을 때, 베니는 할머니의 손톱을 쳐다보고 있었다. 손톱은 너무 길어서 나선형으로 말려들어 있었다. 증조모는 아이를 주의 깊게 훑어보고 머리를 쓰다듬어 주곤 했다. 할머니의 손톱이 위험하리만치 얼굴에 가까워졌다. 증조모가 세뱃돈이 든 행운을 상징하는 빨간 봉투를 건네주고서 놓아주면 베니는 안도감을 느끼며 아버지에게 달려가곤 했다.

베니는 사랑하는 할아버지에게는 전혀 그런 두려움을 느끼지 않았다. 두 사람은 할아버지의 정원을 함께 거닐기를 좋아했고 그럴 때면 소년도 노인처럼 뒷짐을 지고 걸었다. 할아버지는 자신이 가장 좋아하는 연꽃과 목련 나무의 새싹을 가리키곤 했다. 그는 롱롱에게 고전인 당시를 암송하도록 가르쳤다. 둘은 함께 하얀 장갑을 낀 운진사가 모는, 오래됐지만 새것처럼 깨끗한 할아버지의 패커드를 탔다. 그들은 이따금 영국 영사관 맞은편으로 좁고 구불구불한 쑤저우 지류와 황푸강을 접한 삼각지대 안쪽의 퍼블릭 가든에 들렀다. 할아버지는 베니에게 오래전에 사라지긴 했지만, 중국인이라면 모두 알고 있고, 또한 잊을 수 없는 전설이 된 악명 높은 "개와 중국인 금지"라고 적힌 표지판에 관해 이야기해주곤 했다. 일부 외국인들은 이런 표지판이 있었던 적이 없다고 주장했지만, 그들도 중국인이 공원과 그 외다른 많은 장소에 출입이 금지됐었다는 사실을 부인할 수 없었다. 베니가 태어난 다음 해인 1929년이 되어서야 국민당 정부는 영국인과 프랑스인들이 공원에 중국인 출입을 허락하게 하는 데 성공했다.

한때는 앉는 것도 금지됐던 벤치 위에서, 베니와 할아버지는 거대한 외양 함선들 사이를 누비는 범선과 바지선, 삼판들을 관찰했다. 할아버지는 얼마간의 애정을 담아 판 가문을— 증조부, 할아버지, 그리고 베니 아버지의 형인 빅 숙부까지— 3대째 고용하고 있는 너그러운 고용주인 자딘 매시선 회사의 부두와 창고들을 자주 가리키곤 했다. 두 사람은 종종 우아한 프랑스 컨트리클럽, 르 세르클 스포르티프 프랑세*Le Cercle Sportif Français*의 깔끔한 경내에서 베니가 헤이즐우드 아이스크림(상하이에서 미국 회사 Henningsen Producing Company가 만들어 팔았던 아이스크림)을 먹는 동안 할아버지는 차 한잔을 홀짝이며 소풍을 마무리하곤 했다.

할아버지가 지치면, 그들은 티베트 거리의 큰 저택으로 쉬러 돌아갔다. 베니는 서늘하고 어두운 흡연실의 딱딱한 긴 의자 위에서 할아버지 옆에 누워 느긋하게 여러 시간을 보냈다. 노인은 아편 파이프를 빨며 집안의 옛이야기로 맏손자를 기쁘게 해주곤 했다. 베니가 학교에 다닐 나이가 되었을 때쯤엔 증조부가 상하이에 도착했을 때 이야기를 너무 많이 들어서 할아버지가 해준 이야기를 외워서 암송할 수 있을 정도가 됐다.

약 100년 전 중국의 위대한 문명을 통치했던 사람들은 나약하고 부도덕했다. 외국에서 온 코가 긴 악귀들이 포함을 몰고 와서는 황제가 그때까지 외국인들에게 닫혀 있었던 상하이와 다른 도시들에서 무역을 할 수 있도록 허락하게 했어. 중국 전역에서 모험심 강한 젊은이들이 이들 항구 도시로 일자리를 찾아 몰려들었지. 그중에서도 가장 열심히 일하는 사람들은 남쪽 광둥성 출신들이었는데, 가뭄과 기근 때문에 쫓겨나다시피 살길을 찾아 나선 사람들이었다. 내 아버지이자 네 증조부는 그런 젊은 광둥 사람 중 한 명이었지. 아버지는 상하이로 향하는 화물선을 몰래 타고 왔는데 가진 거라곤 등에 멘 봇짐과 얇은 누더기옷뿐이었어. 우산 한 자루는 비보다 불량배들을 물리치는 데 쓰였지. 1200마일 거리의 지독한 고생길이었다. 시시한 놈들은 살아남지 못했지만, 네 증조부는 강하고 영리한 사람이었어. 아버지 같은 광둥 사람은 이미 허연 얼굴을 한 백인들의 풍습을 알고 있었고 심지어 영어도 몇 마디 할 수 있었다. 상하이에서 네 증조부는 제일가는 영국 무역 회사인 자딘 매시스를 찾아냈다. 회사는 아버지를 부두에서 막노동을 하는 날품팔이로 고용했어. 그렇지만 아버지는 영리한 머리를 놀리는 법이 없었다. 더 많은 기술을 배우고 영어도 더 나아졌지. 네 증조부는 차츰 출세해서 자딘 매시스가 매판(중국에 있는 외국 상사·영사관에 고용되어 거래 중개를 한 중국인)이라는 직위를 맡길 수 있는 몇 안 되는 중국인들 중 한 명이 됐다. 외국인 사장들 밑에서 일하는 중국인으로는 가장 높은 지위였지. 매판들은 중국 정부 관리들과의 협상과 일꾼들을 관리하는 업무를 맡았다. 중국인 매판은 보수가 좋았지만 어디까지나 외국인들에게 아랫사람이었지.

그렇기는 해도, 네 증조부의 지혜와 용기, 그리고 부지런함 덕분에, 판 가문은 상하이에서 번성할 수 있었다.

할아버지는 "우리 집안의 보잘것없는 시작을 절대 잊어서는 안 된다. 물을 마실 때는 그 근원이 되는 샘을 기억해야 해."라는 말로 옛 이야기를 끝맺곤 했다. 베니의 부모가 할아버지의 집에서 분가해 나온 후에도 소년은 종종 그곳에서 밤을 보내곤 했다. 그럴 때면 아이는 할아버지의 이야기로 더욱 그윽해진, 아편 파이프의 달콤하고 향기로운 아지랑이 속에서 마법같이 행복한 시간을 보냈다. 가끔 할아버지는 손자에게 그런 이야기가 주는 교훈에 관해 물어볼 때도 있었다. 베니는 영리하게 할아버지가 말해줬던 교훈들을 되짚어 말해서 할아버지를 기쁘게 해주는 걸 좋아했다. 그 교훈이란 조상을 기리고, 판 가문의 명예를 존중하고, 자신을 발전시키기 위해 노력하라는 것, 그리고 무엇보다도 다음 세대의 판씨 자손들에게 행운과 번영을 가져다준, 밀항자로 시작한 증조부의 희생을 기억하라는 것이었다.

어린 베니가 할아버지의 나른한 상념을 항상 이해한 것은 아니었다. 때때로 할아버지는 아편을 몇 대를 피운 후 둘째 아들, 베니의 아버지에 대한 실망감을 중얼거렸다. 판 즈지에는 매판이 되어 가족의 일을 이어받진 않았지만, 세인트존스 대학에서 회계학을 공부하면서 사업가가 되기 위한 길에 들어섰다. 세인트존스 대학은 영어로 수업을 하고 서양 엘리트들의 생활방식을 가르치는 미국계 선교 학교로 베니도 언젠가 그곳에 다니게 될 터였다. 그러나 1925년 졸업 학년이 되었을 때, 아버지는 오삼십운동으로 알려진 전국적 봉기에 참여하면서 예정된 삶의 경로에서 벗어나게 됐다. 오삼십운동은 공공조계에서 시위 중이던 학생들이 영국인이 운용하는 경찰대의 총에 맞아 사망한 날짜를 따서 이름 붙여졌다. 애국심에 불타는 중국 전역의 학생들이 중국 국민들을 짓밟고 중국의 부와 자원을 훔친 외국인들과 제국주의자들에 대항해 들고 일어났다. 긴장이 지나치게 고조되자 선교사들과 다른 외국인들은 이전과 같은 격렬한 폭동이 일어나서 목숨이 위태로워질까 봐 겁을 먹었다.

세인트존스 대학의 학생 시위대에 참여했던 베니의 아버지와 다른 사람들은 동등한 존중의 표시로 성조기와 함께 중국 국기를 게양할 것을 요구했다. 대학 총장에게 요구 사항을 제출한 사람은 바로 캠퍼스에서 미국 국기를 게양하는 일을 맡은 보이스카우트 부회장이었던 베니의 아버지였다.

할아버지는 이때의 기억을 떠올릴 때면 늘 멈칫했다. 총장이었던 성공회 선교사가 요구를 거절하자, 세인트존스 대학의 학생 수백 명은 그러한 결정에 반대하며 수업을 거부했는데 그중에는 베니의 아버지도 있었다. 이 일로 학교는 폐교 직전까지 갔다. 이후에 학교는 다시 문을 열었지만, 그 사이 베니의 아버지는 전과는 다른 사람이 되어 있었다. 세인트존스 대학을 떠난 후 그는 할아버지, 아버지, 형이 매판으로 일했던 외국 회사에서 일하지 않겠다고 했다. 대신 그는 아버지의 큰 저택 안에 사무실을 꾸리고 회계 업무를 시작했다. 베니와 누나 애니가 그곳에서 태어났다.

자욱한 아편 연기 속에서 베니의 할아버지는 둘째 아들이 한 선택에 대해 화를 내곤 했다. "네 아비가 외국 제국주의자들 덕에 우리 집안이 번창한 것을 두고 불평한 적은 한 번도 없었다." 할아버지는 베니에게 종종 말했다. "그렇게 외국인 사장들이 싫었다면, 왜 인제 와서 영국인 경찰들과 일하는 거냐? 경찰을 좀 더 중국식으로 바꾸려고? 그게 아니면 더 외국인들처럼 되려고?" 베니는 할아버지의 이런 수사적인 질문에 있을 리 없는 대답을 조용히 기다리곤 했다. 노인이 끔뻑끔뻑 졸 때면 그런 무거운 생각들로 눈꺼풀이 하릴없이 떨리곤 했다. 그러나 그 전에 할아버지는 손자에게 충고하는 것을 잊지 않았다. "네 아비처럼 되면 안 된다. 경찰이니 정치니 하는 것들은 반드시 골칫거리로 이어진단 말이다."

손자에 대한 애정으로 하는 할아버지의 웅얼거리는 말을 베니는 참을성 있게 듣고 있었다. 소년은 할아버지가 아편에 취해서 하는 아버지에 대한 비난 따위는 신경 쓰지 않았다. 베니는 아버지가 상하이 의용대에서 하는 일이 너무나 자랑스러웠다. 아버지는 다른 여러 외국인 중대와 함께 영국인 경찰에게 중요한 지원력이 되는, 중국인 의용군으로 이루어진 C 중대 지휘관의 위치에 올라 있었다. 베니는 아주 어릴 때부터 아버지가 서양식 정장을 입은 회계사에서 빛나는 금빛 단추를 단 제복을 입고 윤이 나게 닦은 가죽 부츠를 신은 상하이 의용대의 대원으로 변신하는 모습을 넋을 잃고 바라보곤 했다. 아버지의 넓은 어깨와 우수 무술 대회 우승자 시절부터 단련된 근육질의 팔이 제복 아래에서 불거져 보였다. 베니에게 가장 인상적이었던 것은 아버지의 벨트에 달린 매끈한 가죽 케이스 속에 들어 있던 경찰 보급품인 45구경 콜트 권총이었다.

매일 일과가 끝난 후, 그리고 주말마다 빳빳하게 풀을 먹인 제복을 입고 집을 나서는 아버지는 베니에게 영웅처럼 보였다. 다른 아이들은 아버지가 부유한 경영인이거나 베니의 조부, 증조부, 그리고 숙부가 그렇듯 매판인 경우도 있었다. 그러나 베니의 아버지는 국제 정착지를 수호하는 사람이었다.

이따금 베니는 아버지의 저녁 순찰을 따라나섰다. 양복을 입은 가게 주인들, 긴 비단 웃옷을 걸친 갱들, 노점상과 막일꾼 패거리의 두목들이 모두 공손하게 아버지를 맞았다. 심지어 상하이 자치 경찰의 영국인 경관들도 아버지와 농담을 주고받았다. 아버지는 세인트존스에서 갈고 닦은 완벽한 영어로 외국인 경찰관과 대화를 할 수 있었다. 한 번은 아버지가 순찰하던 중에, 어느 상인이 가게 카운터 위에 두툼한 봉투를 올려놓았다. 베니는 아버지가 봉투를 집어 들여다보지도 않고 무심히 제복 재킷에 넣는 것을 봤다. "호의에 대한 작은 성의로 주는 거다." 아버지가 그에게 말했다. "내가 받지 않으면 저 사람은 체면을 잃게 돼. 그게 상하이 방식이다."

베니는 그런 것은 아무래도 좋았다. 특히나 아버지 동료들이 머리를 쓰다듬으며 낮은 목소리로 "아버지 말을 잘 들어라. 운이 좋으면 언젠가 아버지처럼 거물이 될 수도 있을 거다."라고 말할 때도 마찬가지였다.

*
**

8월 14일 토요일 밤, 판 즈지에는 저녁 식사 시간을 넘겨, 평소보다 훨씬 늦게 집으로 돌아왔다. 계단을 껑충거리며 뛰어 내려오던 베니는 아버지의 모습을 보고 갑자기 멈춰 섰다. 흠잡을 데 없이 깔끔했던 제복이 카키색 어깨 장식에서 고운 가죽 부츠까지 온통 어두운 핏자국으로 얼룩져 있었다. 아버지의 눈은 차갑고 냉정했는데 베니가 전에는 본 적이 없는 표정이었다. 하인이 그의 뻣뻣하고 냄새나는 옷을 벗기고, 품이 넓은 옷으로 갈아입는 것을 도와주었다. 뜨거운 목욕물이 준비되는 동안, 베니의 아버지는 아내에게 경마장 근처 에드워드 7세 거리의 끔찍한 상황에 관해 이야기했다. "상하이 중심가는 배수구로 넘친 피가 바다처럼 흥건해."

베니의 아버지는 생존자를 찾기 위해 잔해 속을 몇 시간 동안이나 헤집고 다녔다. 경마장 근처에서 수천 명이 죽거나 다쳤다는 소문은 전부 사실이었다. 첫 번째 폭탄은 땅에 분화구처럼 거대한 포탄 구멍을 남겼다. 이어서 떨어진 폭탄은 지상 바로 위 공중에서 폭발했다. 사람들의 팔다리와 머리, 그리고 다른 신체 부위들이 사방으로 날아다녔다. 운전기사가 몰던 외국인 차량이 폭발하면서 타고 있던 사람들은 불에 탄 잿더미가 됐다. 부유한 호텔 손님들과 전투를 피해 달아난 피난민들로 발 디딜 틈 없던 번드 근처 난징로의 교차로에서는 폭발이 너무 강해서 베니와 비슷한 나이로 보이는 소년의 몸이 건물 측면 높은 곳에 납작하게 눌려 있었다. 무시무시한 광경이었다.

베니의 귀에 폭격에 관해 설명하는 아버지의 목소리는 아무런 감정도 없이 단조롭게 들렸다. 다른 조종사들이 일본 함선 이즈모 호를 폭격하려 하는 동안, 미국인 클레어 셔놀트의 중앙항공학교를 갓 졸업하고 실전 경험이 부족했던 조종사 두 명이 일본의 대공포에 맞아 비행기에 탑재하고 있던 폭탄을 경마장에 떨어뜨리려 했다. 그러나 두 사람 모두 실패했고 그 결과는 참혹했다. 케세이 호텔의 시계는 첫 번째 폭탄이 떨어진 오후 4시 27분에 멈춰 있었다.

"전쟁이 시작됐어." 베니의 아버지가 말했다. "그리고 만일, 이 정도가 중국 군대가 할 수 있는 최선이라면, 우리는 필시 지게 될 거요."

어머니는 친구들에게서 들은 말을 전했다. "어떤 사람들은 장제스와 국민당 정부가 난징과 상하이를 비롯한 해안 지역을 떠나서 내륙 쪽으로 갈 계획이라던데요. 그럼 우리도 내륙지방으로 이사하는 걸 생각해 봐야 하지 않아요?" 어머니가 물었다.

"일본은 유럽이나 미국이 아니라 중국이랑 싸우는 거요." 아버지가 대답했다. "운에 맡기는 격이지만 여기 조계지에서 외국인들과 함께 있는 편이 나을 것 같아."

"만일에 상하이 의용대에서 당신더러 일본군과 싸우라고 하면요? 당신은 군인이 되기엔 너무 늙었다고요." 베니의 어머니는 초조해하며 말했다.

"일본군 폭탄이건, 우리쪽 폭탄이건, 피하고 볼 일이요. 명분도 없이 총알받이가 되고 싶은 생각은 없으니까."

아버지는 베니가 있는 쪽을 쳐다보고는 갑자기 아이가 그곳에 있다는 것을 알아차린 듯했다. "이건 어른들끼리 하는 이야기야, 얘야. 자러 가렴. 모든 게 곧 정상으로 돌아올 거다."

베니는 아이들이 모두 있는 3층으로 다시 올라갔다. 소년은 아버지의 말에 위안을 느끼며 곧 잠들었다.

*
**

'피의 토요일'이라고 알려진 비참했던 그 날 폭탄이 쏟아져 내린 것만큼이나 빠르게 검게 그을린 차체들과 다른 파편들이 한 무리의 일꾼들에 의해 쓸려나갔다. 케세이 호텔의 지붕과 꼭대기 층의 댄스홀 보수도 시작됐고 에드워드 7세 거리 주변의 상점들과 사무실도 다시 문을 열었다. 아버지가 예견한 대로였다. 누구의 것인지 알 수 없는 시신과 잔해도 급히 도시 외곽의 쓰레기장으로 실려 갔다. 그러나 불에 탄 살덩이의 매캐한 냄새와 사람들이 흘린 피가 풍기는 무겁고 넌더리 나는 악취가 공기 중에 남아 있었다.

건물 벽 높이 사람들이 부딪혀 생긴 자국들은 큰비가 와서 씻겨 내려갈 때까지 기다려야 했다. 어차피 그 외 모든 것들은 조계지 너머로 격렬하게 계속되는 전투에서 날아드는 재와 화약가루로 다시 검댕이 한 켜 덮일 터였다.

피의 토요일이 지나고 몇 주 후, 9월에는 새 학년이 시작됐고 베니는 초등학교로 돌아갔다. 선생님과 학생들은 무방비 상태인 상하이 중국인 구역에서 끊임없이 들려오는 폭발음을 무시하며 가능한 한 최선을 다해 수업을 진행했다. 그런 상황에서도 안락한 외국 조계 구역의 학생들은 피의 토요일에 각자 본 것에 관해 떠들어댔다. 베니는 피로 얼룩졌던 아버지의 제복에 대해 열정적으로 묘사했다. 그러나 누구의 말도 베니의 학교 친구인 팅창, T.C. 야오의 이야기에 견줄 만한 것은 없었다. T.C.의 집안은 구곡교九曲橋 근처 상하이의 옛 성곽 도시에서 400년째 살아왔다. 이 오래된 성곽 도시는 중국 관할구역으로 일본의 주요 공격 대상이었기 때문에 T.C.의 아버지는 장남과 다른 11명의 야오 집안 대가족들을 라살 세단(1927년 캐딜락에서 최초로 엔지니어가 아닌 디자이너가 설계해 만든 고급 차량) 한 대에 꽉 차도록 태웠다. 그들은 고급스러운 오페라 아파트에서 머물려고 차를 몰고 겨우 몇 블록 떨어진 공공조계로 향했다. 아파트는 T.C.의 아버지의 친구가 여자 친구들과 밀회를 즐기려고 가지고 있던 곳이었다. T.C의 가족들은 조계지의 경계선만 넘으면 전쟁의 포화로부터 보호받을 수 있으리라 기대했다. 저공비행 중이던 중국 비행기가 머리 위로 지나쳐가는 동안, 어린 T.C.는 발코니에 나와서 거리에 잔뜩 몰려든 피난민들을 쳐다보고 있었다. 그는 폭탄이 공기를 가르며 날아오는 소리를 듣고 아파트 안으로 뛰어 들어갔다. 충격이 건물을 뒤흔들었다. 다행히 다친 데는 없었던 소년은 밖을 살펴봤다. 사람의 몸이 산산이 조각나서 그 잔해들이 눈더미처럼 쌓이는 것에 충격을 받은 T.C.가 그 광경을 쳐다보며 얼어붙은 듯 서 있자 아버지가 그를 안으로 휙 잡아당겼다.

거리가 다시 개방되자마자 T.C.의 아버지는 가족 모두를 러샬에 도로 태웠다. 다행히 운전사는 차를 폭탄이 터진 장소에서 멀찌감치 세워 놓았다. 이번에 야오 가족은 꽤 큰 규모의 일본 민간인 거주지 근처에 있는 동쪽 홍커우로 향했다. 그들은 적이 자국민의 머리 위로 폭탄을 떨어뜨리지는 않을 거라 확신했다. 가족이 고른 새 거처는 도시의 거대한 돼지 도살장 바로 옆에 있었다. 자베이 근처에서 주기적으로 들려오는 사람들을 학살하는 폭탄과 대포가 내는 굉음에 도살당하는 돼지들의 요란한 소리가 가려지곤 했다.

T.C.의 설명이 너무 생생해서 남학생들은 숨을 몰아쉬고, 신음하듯 소리를 지르며 다시 이야기해 달라고 졸랐다.

*
**

전쟁 자체만큼이나 새로운 전시 상황이 만들어낸 제약들도 베니의 안락한 생활에 그다지 큰 영향을 주지는 않았다. 그는 여전히 친구들과 우표를 모으거나 교환히고, 모양만 보고 전투기와 전함을 알아맞히기 등 전쟁에 영감을 얻은 놀이를 새로 만들어내며 즐겁게 학교생활을 했다.

베니는 배드민턴을 다시 시작했는데 아버지가 좋아하는 힘든 우슈 훈련보다 그에게 더 잘 맞았다. 헤이그가에서 노는 대신 소년은 이제 더 많은 시간을 자전거를 타고, 프랑스 조계지를 통과하는 세련된 상점 거리인 북적이는 조프르 거리에서 빵집, 제과점, 카페를 구경하며 보냈다.

베니에게는 언제나 백계 러시아 인이 운영하는 커피숍인 디디스에서 핫초코와 치즈케이크를 사 먹을 수 있을 만큼의 충분한 용돈이 있었다. 그는 친구들과 창가 자리에 앉아 다른 소년들이 장난치는 것을 지켜보곤 했다. 찰리와 존 시예 형제는 그 근방에 살았는데 자전거를 몰고 움직이는 시내 전차(트롤리) 뒤로 가서 차장이 거울로 볼 수 없는 곳에 매달리곤 했다. 그리고는 둘이서 번드까지 죽 그렇게 딸려갔다. 베니는 그들의 대담함에 감탄했지만, 어떤 것이든 아버지를 화나게 할 수 있는 일이라면 그 전에 그만두어야 한다는 것을 알았다. 베니가 말썽을 일으키기라도 하면, 이웃의 모든 사람들이 상하이 자원 의용대 경관에게 연락할 방법을 알고 있었다. 베니의 세련된 어머니는 아들이 착한 행동을 하면 특별한 나들이로 보상을 해주었는데 베니가 케세이나 그랜드 혹은 상하이의 다른 멋지게 꾸민 영화관 중 하나에서 최신 할리우드 영화를 보는 것을 허락해 주었다. 소년은 또한 어머니를 따라 썬썬 백화점의 옥상 테라스에 중국에서 처음으로 설치된 에스컬레이터를 타러 가는 것도 좋아했다. 그가 어렸을 때 몇 시간이고 에스컬레이터를 타고 오르락내리락하면 유모가 안달복달 야단을 치며 뒤를 따라다니던 곳이었다.

**

베니네처럼 외국 조계지에 사는 부유한 중산층 가족들에게 전쟁이란 위험하다기보다는 불편한 사건이었다. 가장 성가신 점은 끝없이 몰려드는 피난민 행렬이었는데 피난민의 수는 백배 이상 늘어나는 듯 보였고 그러지 않아도 많은 거지의 숫자를 더 불려 놓았다. 피의 토요일 이후 곧바로 150만 명의 겁에 질린 피난민들이 미국 맨해튼 면적의 절반도 채 되지 않는 9제곱마일 크기의 조계지로 밀어닥쳤다.

그쯤 되자, 영국과 프랑스 당국은 철조망 바리케이드와 차단기를 주요 교차로에 설치했는데 일본군보다 오히려 난민들을 들어오지 못하게 하려는 의도였다. 절망적이고 겁에 질린 사람들은 이제 인도와 골목길의 구석구석을 차지하고 있었다. 한파가 몰아칠 때마다 도로와 인도를 따라 시체들이 생겨났지만 베니는 혜택받은 일상에 둘러싸여 그런 불쾌한 일들은 알아차리지조차 못했다.

1937년 12월, 조계 너머 중국인 거주 지역에 3개월간의 심한 포격과 지상 교전이 있고 난 뒤, 마침내 상하이 전투는 끝이 났다. 베니의 아버지가 예상한 대로 일본군이 승리했고 국민당은 후퇴했다. 그럼에도 불구하고, 국민당은 용감하게 그리고 다른 사람들이 상상했던 것보다 훨씬 더 오래 싸웠다. 일본군 사령부는 상하이 함락은 사흘로 계획했고, 중국은 3개월이면 항복할 것으로 예상했다. 일본은 이 두 가지 점에서는 계산을 크게 잘못했지만, 제2차 세계대전 태평양 전쟁의 현장이 될 곳에서 첫 번째 주요 전투를 승리로 장식했다. 공공조계와 프랑스 조계지를 제외한 상하이와 주변 지역은 일본에 점령되어 계엄령하에 들어갔다. 도시 나머지 지역이 겪은 수난과 분리된 외국 관할구역은 중국어로 구다오孤島, '외딴 섬'이라고 불렸다.

상하이의 통제권이 확실해지자, 이와네 마쓰이 일본군 사령관은 의기양양해진 일본군에게 국민당 정부의 수도인 난징을 치러 150마일을 속보 행진할 것을 명령했다. 군인들에게 유인책으로 강간, 약탈, 살인이 자유로이 허용됐다. 난징에서의 끔찍한 학살은 히로히토 천황의 삼촌이자 특사였던 아사카 야스히코 왕자의 감독 아래에 일어났다. 아사카는 부하들에게 "모든 포로를 죽여라."라고 명령했다. 일본제국 군대는 난징에 도착하자 6주간의 대량 살상과 집단 강간, 고문과 할복을 시작했고 이로써 약 20만에서 30만 명의 남자, 여자, 그리고 아이들이 죽었다. 대부분은 민간인이었다.

일본군 장교들은 칼로 누가 100명을 가장 빨리 죽이는지 경쟁하는 대회를 열고 카메라 앞에 서서 포즈를 취했다. 장교들이 수를 세다 잊어버리면, 이번에는 누가 포로 150명의 목을 먼저 베는지 다시 시합했다. 다른 일본 군인들은 살상팀을 만들었는데 그중 일부는 베어낸 머리와 시체를 장작처럼 던져 쌓아올리는 일을 했다. 수만 명의 중국 여성들이 집단으로 강간당하고, 손발이 잘리고, 죽임을 당했다. 일본군은 그저 재미로 중국인 남성들에게 시간과 근친상간, 그 외 다른 끔찍한 일을 저지르게 했다. 만일 거부하면, 그들 역시 고문하고 죽였다.

나치 독일인이었던 요한 라베는 이런 학살을 목격하고 그 극단적인 비인간성에 받은 충격을 자신의 일기에 적었다. 처음에는 일본의 만행에 관한 보도가 점령하의 중국에서 금지됐지만, 잔학 행위에 관한 이야기들이 새어나가기 시작했다. 뉴욕타임즈는 "끔찍한 사건들"이 너무 터무니없어서 "모든 종류의 잔학 행위가 지면에 올릴 수 없을 만큼 최악에 다다랐다."라고 보도했다. 난징에서 강간에 관한 뉴스가 퍼져나가자, 중국인들은 비통해하며 이 비열한 적을 물리치자고 다짐했다.

*
**

이 불안한 시기에, 베니의 아버지는 인생에서 큰 변화를 갖기로 했다. 그는 회계사무소의 문을 닫고, 상하이 의용대의 중국인 부대에서도 지휘권을 내려놓았다.

대신 판 즈지에는 영국령 상하이 시경과의 어엿한 경감으로서 복무 계약을 했다. 몇 년 전만 해도 그런 고위직은 영국인 경찰관들에게

만 열려 있었는데, 그들은 자신이 관리하는 구역의 중국인들에 관해 욕설을 퍼붓곤 했다. 한 경찰관은 영국에 있는 숙모에게 "이 하잘것 없고, 의심스러우며, 피부가 노란 파충류 무리"라고 편지에 썼다. 그러나 판 경감은 영어와 중국어를 유창하게 했고, 상하이 의용대에서 근무했던 경력과 세인트존스에서의 대학 교육, 그리고 잘 알려진 집안 덕분에 확실히 눈에 띄었다. 보수는 매판 집안 출신의 이 사내에게 대단치 않은 수준이었지만 그런 영향력 있는 지위가 주는 특권은 부족한 보수를 충당하고도 남았다. 더구나 모든 사람이 절박하게 전쟁의 비참함으로부터 보호를 바라는 시기에는 더욱 그랬다.

베니는 경감인 아버지가 그 이상 자랑스러울 수가 없었다. 파란색 서지 제복을 입은 아버지는 심지어 더 당당해 보이기까지 했다. 그러나 소년은 역사에서 이렇게 불길한 시기 아버지의 선택에 대가가 따르리라는 것을 알기에는 너무 어렸다.

호, 13세

1937년, 상하이

흔들리는 고깃배에서 핼쑥해 보이는 십 대 소년이 지저분하고 축축하게 젖은 옷을 입고 어리둥절한 표정으로 서 있었다. 그는 곧 상하이 빈드를 따라 난 강둑길 위 시끄러운 혼란 속으로 불안한 듯 올라섰다. 그가 단단한 땅이 있는 쪽으로 비틀거리며 발걸음을 옮길 때마다 검은색 천으로 된 신발에서는 물이 뿜어져 나왔고, 짙은 색 중국식 긴 윗도리는 흠뻑 젖어 몸에 착 달라붙어 있었다. 지독한 악취와 비린내를 풍기는 물이 배의 선창에 튀어 흩어졌다. 그곳에서 소년은 다가오는 일본과의 전쟁에서 필사적으로 달아나려는 수십 명의 겁에 질린 피난민들과 함께 잠 못 이루는 밤을 보냈다. 사람들은 이 큰 도시가 많은 외국인과 더불어 자신들도 보호해주기를 간절히 바라고 있었다.

호 차우는 입을 딱 벌린 채 바짝 짧게 깎은 머리를 들어 눈앞에 우뚝 솟은 상하이의 거대한 화강암 건물들을 바라봤다. 너무나 낯선 광경이 황푸강을 따라 펼쳐져 있었다. 장쑤성 부근 양쯔강 삼각주 북서쪽으로 60마일 떨어진 그의 고향 창수常熟에서 시작된 무서웠던 여행의 마지막 구간이었다. 차우가는 누대에 걸쳐 창수에서 지주로 살아왔다. 지난 몇 주간, 수만 명의 군인이 집 근처에 모여들었다. 다가오는 전란이 엄청나리라는 걸 의심하는 사람은 아무도 없었다. 도망칠 수 있는 사람은 누구든 살육을 피해 달아나는 듯했다. 차우가족이 떠나기로 한 것은 호 할머니의 결정이었다. 그들이 탄 보트는 짐 대신 사람들을 내려주러 상하이 부두에 정박한 수천 척의 갖가지 배들 중 하나일 뿐이었다.

시작부터 여행은 악몽 같았다. 바로 전날, 호는 창수에서 어머니와 열다섯 살인 형에게 작별 인사를 했다. 한 번도 어머니와 떨어져 지내본 적이 없었던 그는 어머니 눈에 눈물이 그렁그렁한 것을 보자 자신도 엉엉 울고 싶어졌다. 몇몇 마을 사람들이 누구라도 살아남을 수 있게 가족들이 흩어져야 한다고 했다. 그래서 어머니와 형은 서쪽으로 더 먼 내륙, 쑤저우 시 근처 외딴 마을로 향했고, 그와 누나 완위는 할머니와 함께 상하이로 가는 배를 탔다. 그러나 선착장으로 가는 시골길은 믿기 힘들 정도로 막혔다. 온갖 가재도구를 가득 싣고 맨 위에는 어린아이와 노인들을 태운 수레를 끄는 수많은 사람들, 등에 짐을 지거나 어깨에 대나무 장대를 균형이 맞도록 멘 여자들과 남자들이 끝없는 물결을 이루고 있는 듯했다. 호는 인파 속에 휩쓸리는 동안 누나와 할머니 곁에 꼭 붙어 있었다. 할머니의 힘센 하인들이 길을 터준 덕분에, 그들은 할머니가 이미 삯을 지불한 배가 기다리는 선착장에 가까스로 도착할 수 있었다.

부두에는 사람들이 출발하는 배의 표를 사거나 그것도 안되면 억지로 올라타려는 바람에, 더 심하게 밀고 당기는 몸싸움이 있었다. 게다가 보트에 걸쳐둔 건널판이 너무 좁아서 한 번에 한 사람만 겨우 지나갈 수 있었다. 먼저 할머니, 그리고 완위가 조심스레 배 위로 올라갔다. 호가 막 널빤지 위로 올라서려 할 때, 사람들이 몰려들었고, 소년은 누군가 미는 바람에 부두 가장자리로 다시 뒷걸음쳤다. 초조해진 사람들이 앞으로 돌진하자 선원들은 급히 널빤지를 끌어올렸고, 무거운 배가 천천히 움직이기 시작했다. 호는 여전히 물가에 서 있었다.

제멋대로인 군중이 불어나자 그는 어두운 물을 내려다보며 비틀거렸다. 막 물 위로 엎어지려는 순간 강한 팔 몇 개가 소년을 붙잡아 배 위로 끌어당겼다. 호는 냄새나는 갑판 위에 쓰러져서 고개를 들었다. 누나였다.

완위는 동생을 발견하고는 다른 승객들의 도움을 받아 마지막 순간에 간신히 아이를 붙잡았다. 처음에 호는 너무 놀라서 말을 잇지 못하다가 결국 울부짖었다. "큰 누나, 누나가 니를 구했어!"

배는 칙칙거리는 엔진 소리를 내며 천천히 상하이를 향해 나아갔다. 사람들을 지나치게 많이 태운 상황이라 선장은 속도를 낼 엄두조차 내지 못했다. 배가 물속에 너무 낮게 잠겨 여차하면 뒤집힐 수도 있었다. 호는 충격에 빠져 편치 않은 시간을 보냈다. 마음속에서 좀전의 무서운 장면이 반복해서 떠올랐다. 물에 빠졌더라면 보트와 부두 사이에 끼어 죽었을 수도 있고, 아니면 깊고 탁한 어둠 속에서 익사했을지도 모른다. 이렇게 호의 상하이 피난 생활은 시작부터 순조롭지 않았다.

창수에 있던 고향집에서 어린 호는 언제나 안전하다고 느꼈다. 거기에서는 배나 자동차, 2층 노면전차에 납작하게 깔릴지도 모른다는 걱정은 할 필요가 없었다. 창수에서 차우가는 중국의 광활한 농촌을 지배하는 지방 유지 계층으로서 지위가 확고했다. 호는 시내 중심가에 있는 대가족의 집에서 태어났다. 집은 양쯔강 삼각주의 비옥한 농토를 가로지르며 물을 대는, 거미줄처럼 복잡한 운하와 수로에 둘러싸여 있었고 전형적인 유복한 지주 가정이었다. 세 채의 긴 건물이 나란히 서 있었는데 2층으로 된, 직사각형 모양의 이 가옥들은 두 개의 안뜰로 서로 분리되어 있었다. 작은 나무다리가 걸쳐진 해자형 운하가 집을 둘러싸고 있어서 더 안전한 느낌이 들었다. 중국에서는 사람들이 4대가 함께 살면 장수와 다산의 축복을 받은 것으로 여겼다. 호가 태어났을 때, 차우가는 이미 3대가 함께 살고 있었고, 집안에 다음 세대를 위한 공간도 충분했다.

차우가의 주택에는 30명도 넘는 사람들이 살았다. 가족들 외에도 하인과 고용인들이 있었는데 요리사와 하녀들, 유모, 재단사와 운전사, 회계사, 관리인과 자문가들이었다. 몇몇은 그들의 가족들도 함께 살고 있었다. 주택 너머 차우가의 땅에서는 수백 명의 소작농이 히말라야 산맥에서 시작된 거대한 양쯔강이 중국을 가로질러 장쑤 해안까지 끌고 온 비옥한 충적토에 농사를 지었다. 창수라는 지명 자체도 "언제나 비옥하다"라는 뜻이었다. 차우가는 여러 대에 걸쳐 농부들에게 소작료를 받으며 살았는데, 이들이 생산한 쌀과 목화는 엄청난 인구를 자랑하는 상하이와 분주하게 돌아가는 방직공장으로 향했다.

차우가의 생활은 가운데 건물을 중심으로 이루어졌다. 1층에는 집안의 연장자인 호의 할머니가 살았는데 중국인들이 선호하는 남향 가옥이었다. 그녀의 세 아들과 그 가족들은 각각 다른 곳에 거처를 두고, 식사는 온 가족이 함께 한쪽 안뜰에서 좀 떨어진 대청에서 했다. 어른들이 식탁 하나를 두고 앉았고, 유모들이 주의 깊게 지켜보는 가운데 호와 호의 형제자매, 그리고 많은 사촌들은 다른 식탁에 함께 앉았다. 중국에서 가장 풍요로운 지역의 대지주 가족답게 차우가 가족들은 잘 먹었다. 밥그릇은 항상 그득 차 있었고, 저녁마다 다양한 음식들이 나왔다. 채소와 콩, 달걀과 두부, 생선, 심지어 고기도 차우가의 저녁 식탁에선 부족한 법이 없었다. 꽃게철인 11월에는 근처 양천 호수에서 나는 이름난 별미인, 즙이 풍부한 살과 알로 유명한 신선한 털게를 모두 마음껏 즐겼다.

호의 아버지는 차우가의 세 아들 중 장남이었다. 부친이 죽고 난 후, 그는 가장이 되어 차우가의 땅, 소작농, 그리고 사업을 물려받았다. 그러나 호의 아버지는 겨우 서른여덟 되던 해, 병에 걸려 죽고 말았다. 그때 호는 두 살이었다. 호의 어머니는 어린아이 셋이 딸린 과부 며느리라는 보잘것없는 처지가 되고 말았다. 호가 가장 어렸고 누나인 완위는 일곱 살, 형 호선은 네 살이었다.

호는 아버지를 기억하지 못했지만, 아버지가 돌아가신 후, 어머니가 짊어진 부담에 관해 잘 알고 있었다. 중국의 설화는 온통 시댁의 처분에 맡겨진 며느리와 과부들이 학대당하는 이야기로 차고 넘쳤다. 그러나 호의 할머니는 공정하고 너그러운 사람으로 아들의 가족을 내쫓겠다고 위협하는 일은 결코 없었다. 대신 그녀는 아들의 젊은 미망인인 며느리의 도움을 받아 차우 일가의 사업을 운영해갔다. 두 여성은 사업에 능력이 있고 영리하다는 것을 증명해 보였다. 이들은 회계를 감독하고, 토지를 관리했으며 농민들에게서 소작료를 받아냈다. 호의 두 숙부는 가족의 은행과 가게를 운영하며 돈이 집안에 모이도록 했다. 본인들의 설명에 따르면 차우 일가는 소작농들에 대한 공정한 대우로 존경을 받았다. 이런 관점은 자비로운 통치자로서의 유교적 이상을 반영했는데 지주를 사악하고 인민을 착취하는 계급이라고 공산당이 비난하는 것과는 반대였다. 그러나 공산당의 이러한 견해는 중국의 거대한 농민 인구 사이에서 차츰 입지를 다져가고 있었다.

아버지가 없었지만 창수의 차우 자택은 호에게 목가적이고 아늑한 보호막이 되어주었다. 호는 사촌들, 하인의 아이들과 함께, 아무런 해나 위험에 대한 걱정 없이 놀이와 장난으로 어린 시절을 보냈다. 소년이 유일하게 두려워하는 것이라곤 그와 다른 아이들이 서로 겁주려고 만들어낸 것들뿐이었다. 아이들은 차우 자택의 첫 번째 건물에 있는 조상을 모시는 넓은 사당에 숨곤 했다. 사당에는 짙은 색 항아리들, 수호신을 모습을 한 조각상과 죽은 지 오래된 조상에게 바쳐진 향이 있었다. 하인들은 아이들에게 조상을 모신 사당 가까이에 가지 말라고 주의를 주며 "배고픈 악령과 귀신을 방해하면 영혼의 세계에 끌려가서 다시는 돌아오지 못할 거에요."라고 꾸짖곤 했다. 더 어렸을 때는 호도 하인들의 이런 미신 섞인 이야기를 믿었지만, 학교 갈 나이가 되자 그런 이야기를 두려워하는 사촌들이 바보 같다며 코웃음 치고 악령에 대한 하인들의 경고를 비웃었다.

창수에서 학교를 오가는 것은 호에게 도시 공원을 가로지르는 느긋한 산책과 같았다. 차우 자택을 둘러싼 해자를 건너서, 그는 도시의 중앙 정원을 가로질러 팡타方塔 탑으로 향했다. 그 탑은 창수의 수호신인 콴인(관음보살), 자애와 자비의 여신에게 바쳐진 것이었다. 학교는 탑 바로 옆에 있었는데, 오래된 은행나무들로 둘러싸여 있었다. 꾸물거리지만 않으면, 호가 학교에 가는 데는 10분 남짓밖에 걸리지 않았다. 그렇지만 이 호기심 많은 소년은 학교에 가다 말고 등굣길 주변의 노점에 들르는 걸 좋아했다. 그는 자기 가족들의 옷을 꿰매는 재단사들을 놀리거나 안뜰에서 회계장부를 보며 웅크리고 앉아 있는 경리들을 쿡쿡 찌르고 달아나곤 했다. 그들은 아이를 잡으려는 척하며 그를 짓궂은 작은 악마, '조게이'라고 불렀다.

창수에 있던 호의 학교는 너무 작아서 대부분의 수업을 한 명의 선생님이 맡았다. 그래서 호와 호의 형과 누나는 종종 같은 반에서 수업을 들었다. 그 선생님이 모든 전통 초등 과목들을 가르쳤는데 그 중에는 중국 고전과 한자, 기본적인 수학과 구구단도 포함됐다. 호에게 그 수업들이 더 나이 많은 아이들을 위한 것인지 아닌지는 중요하지 않았다. 그는 모든 것을 종이가 물을 빨아들이듯 배워나갔다. 호는 아주 어릴 때부터 숫자에 재능을 보였다. 한자나 문학 수업은 매력이 덜했지만, 그래도 작은 학교에서 일등을 하기에 충분할 만큼 호는 공부를 잘했다.

그런데도 아이는 자신이 받는 교육을 당연하다고 생각하지 않았다. 그가 어느 날 집에 속상한 소식을 전하고 나서는 더 그랬다. "엄마, 내일부터는 수업이 없대요. 선생님이 떠나신대요."

호의 어머니는 손에 들고 있던 자수를 내려놓았다. "그게 무슨 말이니?" "선생님이 월급을 받을 수가 없어서 그만두고 가셔야 한대요."

호의 어머니는 바로 행동에 들어갔다. 그녀는 침실에 있던 자물쇠

달린 상자에서 혼수로 가져온 작은 보석 몇 개를 꺼내왔다. 그리고는 선생님에게 가서 밀린 월급을 지불하고는 계속 학교에 있어 달라고 설득했다.

호가 좀 더 자라자, 그는 어머니가 방과 후에 아이들에게 기본적인 영어와 서예를 가르칠 가정교사를 고용하기 위해 이미 줄어든 보석을 다시 축내는 걸 지켜봤다. 어머니는 영어는 한 마디도 몰랐고, 글도 쓸 줄 몰랐지만, 두 아들과 딸이 개명開明한 세상에 적응하기를 바랐다.

어머니가 아이들의 교육을 위해 보석을 전당포에 맡기는 것을 보고, 호는 학교에 대해 진지하게 생각하게 됐다. 일찌감치 그는 좋은 학생이 되어 어머니를 자랑스럽게 하겠다고 마음먹었다.

*
**

호가 상하이로 이번 여행을 시작하게 된 것은 전쟁의 위협이 아니라, 학교 때문이었다. 1937년 초에 그는 초등학교를 마쳤다. 창수처럼 작은 도시나 마을에서는 운이 좋아서 학교에 갈 수 있었다고 하더라도 대부분의 아이들에게 초등학교 졸업은 공부가 끝났다는 것을 의미했다. 창수에는 중학교가 없었기 때문에 호가 교육을 더 받을 길은 없는 듯했다.

그해 봄, 수업이 끝난 후 특별히 호의 선생님이 차우가를 방문하러 발걸음을 했다. 호는 안뜰에서 놀고 있다 선생님이 해자 위의 다리를 건너는 것을 보았다. 소년은 달려가 선생님을 맞이했다. "안녕하세요, 라오 선생님. 무엇을 도와드릴까요?" 호는 고개를 숙여 존경을 표하면서 물었다.

"안녕하신가. 차오 도련님." 선생님이 대답했다. "자네 어머님께 혹시 잠깐 나와 이야기하실 수 있는지 여쭤봐 주겠나?" 호는 어머니가 요리사와 저녁 준비를 하고 있는 뜰로 선생님을 모시고 갔다. 소년은 열린 문밖에 조용히 서서 선생님이 무슨 말을 하시는지 들으려고 애썼다.

"차오 마님, 방해해서 죄송합니다." 그가 말문을 열었다. "부인의 둘째 아들, 호가 수학과 과학에 재능이 있다는 말씀을 드리고 싶어서요. 좀 더 공부하면, 호는 장차 크게 될 겁니다. 지금은 우리 모두 알다시피 중국에 어려운 시기입니다. 그렇더라도 호를 좋은 학교가 많은 상하이로 유학 보내는 것을 고려해 주셨으면 해서요."

호는 맥박이 빨라지는 것을 느꼈다. 그는 은근히 어떻게든 공부를 계속하고 싶었지만 매일 저녁 식사시간에 어른들이 일본에 관해 이야기하는 것을 듣고서 어른들에게는 더 시급하게 고민해야 할 문제들이 많다는 것을 알고 있었다.

그는 어머니의 반응을 들으려고 귀를 기울였지만, 침묵만이 흐를 뿐이었다. 호는 어머니의 표정, 찌푸린 눈썹과 굳게 다문 입술을 상상하고는 가슴이 철렁했다. 그는 어머니가 아이 셋을 모두 초등학교를 보낸 것만 해도 얼마나 이례적인 일인지 알고 있었다. 많은 중국 가정에서는 집안의 제한된 자원을 오로지 첫째 아들에게만 쏟아부었다.

마침내 그는 어머니가 말하는 소리를 들었다.

"라오 선생님, 저희 둘째 아들에 대해 좋은 소식을 들려주셔서 감사해요. 선생님 같은 분을 스승으로 모실 수 있어서 저희 아이는 운이 좋았습니다. 그리고 호에 대해 좋은 말씀을 해주시려고 여기까지 와주신 것도 감사드려요." 잠시 멈칫했던 어머니는 다시 말을 이었다.

"말씀하신 것처럼, 앞으로 어려운 시기가 닥칠 거에요. 다른 많은 가족들처럼, 저희 차우가도 내년에 저희가 어디에 있을지조차 확신할 수가 없네요. 너무 많은 게 불확실한 이런 상황에 막내를 그런 큰 도시에 보낼 수 있을지 모르겠습니다."라고 그녀는 말했다. "그 애는 아직 어린애에요. 누가 그 애를 돌봐주겠어요? 그렇지만 말씀하신 것에 관해 생각은 해보겠습니다."

선생님이 떠난 후에도 어머니는 그 일에 대해 아무 말도 하지 않았다. 호도 마음이 복잡해져서 그 일에 관해서 감히 말을 꺼낼 수가 없었다. 선생님의 칭찬과 어쩌면 공부를 계속할 수 있을지 모른다는 생각에 기운이 솟았지만, 어머니와 가족들과 떨어져 지내는 것은 상상조차 할 수 없었다.

라오 선생이 차우가를 방문하고 나서 몇 주 동안, 어른들은 오로지 양쯔강 삼각주 지역에서 커지고 있는 전쟁의 위협에만 골똘하게 됐다. 양쪽 군대가 곧 충돌하리라는 징후가 곳곳에서 보였다. 국민당 군인들은 군대가 병력을 증강함에 따라 상하이 외곽지역에 진을 쳤다. 창수는 양쯔강과 동중국해에 근접해 있다는 점 때문에, 아군과 적군 모두에게 전략적으로 중요했다. 게다가 그곳은 상하이, 쑤저우, 그리고 수도인 난징과 모두 가까워서 진군 행로에 직접 들어가 있었다. 전쟁이 시작되면, 창수에서 전투가 벌어지게 되리라는 것은 불을 보듯 뻔했다. 호의 할머니와 어머니, 그리고 삼촌들은 모두 재난이 닥쳤을 때 요긴한, 오랫동안 전해져 내려온 방법을 쓰는 데 다들 동의했다. 그들은 "타오 난逃難", 달아나야 했다. 그렇지만 어디로 간단 말인가? 그 많은 사람을 부양했던 땅이며 소작료, 사업들, 그리고 집은 다 어떻게 해야 하나?

최종 결정은 할머니 손에 맡겨졌다. 가문의 재산에 대한 결정권은 남자 상속인이 가지는 것이 관례였지만, 연장자인 노부인이 계속해서 관리하는 경우도 있었다. 할머니는 차우가의 재산뿐만 아니라 가장 중요한, 가문의 후계자와 혈통을 안전하게 지키는 데에 책임을 지고 가족과 가산을 돌봐왔다. 알고 있는 정보를 가지고 가능한 선택지를 따져보면서 할머니는 가족들에게 일본군이 처음으로 도시를 공격했던 1932년 상하이로 피난 갔던 일을 다시 기억하게 했다.

그 끔찍했던 해 일어났던 대학살에도 외국 조계지는 어떻게 해를 입지 않을 수 있었는지 잊은 사람은 없었다. 1800년대 태평천국의 난과 의화단 사건 때처럼 공황 상태에 빠진 군중들이 몰려들었고 당시 외국 주둔군은 역시 그 혼란으로부터 중국인들을 어느 정도 보호해 줬다.

"만일 장쑤성에 전쟁이 일어난다면, 창수와 차우가에 무슨 일이 일어날지 누가 알겠니?" 할머니는 경고하듯 말했다. "하지만 지난 백 년간 그랬던 것처럼 다들 안전을 위해 상하이로 달려가겠지. 그건 의심할 여지가 없다. 우리도 그런 날을 대비해서 미리 계획을 세워 놓아야 해."

할머니는 결정을 내렸다. 차우가족은 사랑하는 고향을 떠나 다른 곳에서 안전을 도모해야 했다. 할머니와 호의 어머니는 가족과 하인들이 출발할 수 있게 준비를 할 터였다. 그들은 차우가의 부재 시에 소작료 징수를 어떻게 할지를 처리했다. 그동안 할머니는 자신의 둘째 아들, 호의 숙부를 상하이로 급히 보내 조계 내에 가족들이 머무르기에 적당한 집을 찾도록 했다.

일단 그들이 모두 떠나게 될 것이 확실해지자, 호의 어머니도 어려운 결정을 내렸다. 폐결핵 초기에서 회복 중이던 호의 형 호선에게 상하이는 머물기에 좋은 곳이 아니었다. 어머니 생각엔 호선의 폐가 도시의 축축하고 그을음 낀 공기를 견뎌낼 것 같지 않았다. 호의 선생님이 집에 들르기 전이었다면 어머니는 가족들을 헤어지게 하는 일은 생각지도 못했을 터였다. 그러나 이제는 호가 학교 공부를 계속한다면 장차 크게 되리라는 선생님의 예언이 있었다.

그러고 나서, 숙부가 상하이의 영미 구역에서 릴롱 스타일의 집을 사들였다는 소식이 전해졌다. 가격은 비쌌지만, 그나마 뭐든 찾을 수 있어서 다행이었다. 집은 지금 사는 주택에 비하면 훨씬 작았지만, 공간은 충분할 것 같았다.

호가 상하이에서 할머니와 함께 지낼 수 있다는 것을 알게 되자 어머니는 둘째 아들을 위해 그곳에서 중학교를 알아보기로 했다. 그녀는 딸도 상하이에 보낼 생각이었다. 완위는 여자에게 실용적인 직업을 가질 수 있도록 간호학교에 다니게 할 것이었다. 두 사람은 둘째 숙부가 찾은 집에서 함께 지내고, 어머니는 쑤저우 근처의 안전하고 건강에 좋은 장소로 호선을 데려가기로 했다. 어머니 역시, 아이들을 따로 있게 해야 한 사람이라도 살아남을 가능성이 커진다는 점을 의식하고 있었다.

호의 어머니는 할머니를 도와 집을 정리하고 단속하는데 온 힘을 기울였다. 믿을 만한 하인 한 명만 관리를 위해 집에 머물 예정이었다. 나머지 대부분의 하인들은 이미 고향으로 떠난 뒤였다.

호는 자신이 어떤 학교에 다니게 될지 몰랐지만 어디든 상관없었다. 그저 공부를 다시 할 수 있고, 더구나 누나와 함께 지낼 수 있어서 힘이 날 뿐이었다. 호는 형이 아프니 언젠가 가족들이 자신에게 의지하게 될지도 모른다는 사실을 알고 있었다. 그는 돈을 들여 공부시킨 보람이 있었다는 걸 어머니에게 보여드릴 수 있도록 최선을 다하겠다고 맹세했다.

그 모든 계획과 준비 끝에 그들은 상하이에 도착했다. 호의 할머니는 소년에게 전날의 상황이 얼마나 아슬아슬했는지 주저 없이 일깨워주었다. "물귀신들이 너를 바다로 거의 끌고 들어갈 뻔했어. 그 놈들의 굶주린 아가리에서 네 누이가 너를 낚아채다니 운이 정말 좋았지. 여기 상하이에서는 더 조심해야 해. 이 위험한 도시에선 수많은 나쁜 악령들이 너를 찾아다닌단다."

고개를 푹 숙이고, 호가 대답했다. "네, 할머니. 걱정 끼치지 않을게요." 자신이 자란 작은 마을이 얼마나 세상 풍파와 멀리 떨어진 곳이었는지 알게 된 소년에게 죽음이 막 소매를 스치고 지나갔다는 사실을 상기시킬 필요는 없었다. 그는 더욱 조심스러워져야 했다.

우뚝 솟은 석조 건물들은 그의 불안함을 비웃는 듯했다. 고향에서 높은 건물은 딱 하나, 팡타 탑뿐이었다. 탑은 9층 높이로 주변 수 마일 내에서 유일한 명소였다. 이곳 상하이 빌딩들은 그가 전에 알고 있던 중국식 건물과 닮은 데라고는 없었다. 서양 숫자가 새겨진 강변의 시계탑이 갑자기 낯설고 이상한 소리를 냈다. 나는 지금 외국 땅에 와 있는 걸까? 곧 그들을 집으로 데려가려고 숙부가 도착했다. 혼잡한 거리에 사람들이 너무 많아서 호는 누나에게 바싹 달라붙었다. 그와 완위가 인력거 하나에 같이 올라탔고, 숙부와 할머니는 각자 다른 인력거에 올랐다.

인력거꾼들은 난징 로를 따라 분주한 거리를 통과해 수레를 끌고 가기 시작했다. 호는 그렇게 많은 사람을 본 적이 없었는데, 모두들

PART ONE : 전쟁의 북소리

창수에 있던 누구보다도 빠른 걸음으로 걷고 있었다. 그리고 외국인들도 있었다! 말쑥한 하얀 정장을 차려입은 사람들이 있었고, 그 외에도 서양식 제복에 붉은 터번을 두른 시크교도 경찰이 있었다. 시크교 경찰들은 높이 솟은 부스에서 차량 통행을 지휘하고 있었다. 원뿔 모양 모자를 쓴 안남인 프랑스 경찰, 높은 나무 샌들을 신은 일본 여성들, 긴 코와 밀짚 색 머리카락을 가진 창백한 유럽인들도 있었다. 호는 여러 층으로 된 백화점 꼭대기를 보기 위해 목을 길게 뺐는데 "윙온", "신시어", "썬썬", "더 썬"처럼 백화점 이름이 장식된 네온사인이 거리를 환하게 밝히고 있었다. 그리고 서양식 옷을 입은 화려해 보이는 중국인들이 있었다. 남자들은 정장 바지에 재킷을 입고, 여자들은 짧은 곱슬머리에 다리가 드러나는 옷에 높은 구두를 신었다. 상하이는 그야말로 굉장했다.

그렇지만 높은 빌딩이나 외국인들보다 호에게 더 인상 깊었던 것은 번쩍거리며 빛나는 자동차들이었다. 그는 창수에서 T형 포드 자동차를 본 적이 있었고, 어떻게 작동하는지 관찰해보기도 했지만, 상하이 차들은 너무나 미끈하고 빨라서 마치 날아갈 것만 같았다. 고향에서는 물소나 사람이 끄는 나무 수레들이 일상적인 탈것이었고, 호는 늘 그런 수레들을 앞지를 수 있었다. 소년은 윤이 나게 닦인, 운전사가 모는 패커드나 빠른 붉은색 MG 컨버터블을 보고서 눈이 휘둥그레졌다. 그런 차들이 빠르게 지나가면 그는 몸을 틀어 뒤돌아보곤 했다. 인력거는 금세 거미줄 같은 뒷골목과 연결된 메드허스트 거리의 큰 연립주택단지 앞에서 멈췄다. 둘째 숙부는 그런 집들을 '릴롱 하우스'라고 불렀는데, 똑같이 생긴, 독특한 상하이 스타일의 주택들이 줄지어 서 있었다. 집들은 각각 3층 높이로 층마다 3~4개의 방이 있고 뒤쪽에는 하인들이 생활할 수 있는 부엌이 있었다.

할머니는 1층에서, 두 숙부와 그 가족들이 그 위층에, 그리고 호와 누나가 다락방에서 지내기로 했다. 건물은 창수에 있었던 오래되고 넓게 펼쳐진 모양의 집에 비해, 간소하고 현대적이었다. 무엇보다 호의 호기심을 끈 것은 부엌과 욕실에서 흘러나오는 물과 수세식 화장실이었다. 호는 소용돌이치며 내려가는 물이 신기해서 몇 번이고 줄을 당겨보았다. 창수에서 사람들은 모든 쓰레기를 운하에 던져버렸는데 이 집 근처에서는 수로를 찾아볼 수 없었다. 쓰레기는 다 어디로 가는 걸까? 호는 궁금했다. 메드허스트 거리에 있는 그들의 집은 상하이에도 가장 붐비는 댄스홀이자 카바레인 '리도 무도장' 거의 바로 뒤편에 있었다. 호가 도착하던 날밤에도 그의 3층 다락방 천장에 달린 창으로 음악과 흥거운 소리들이 들려왔다. 그가 좀 더 가까이에서 보려고 밖으로 한 걸음 내디디기도 전에 숙부는 리도 나이트클럽에는 상하이 일부 지역에서 그림자 정부 역할을 하는 강력한 지하 조직인 청방(20세기 초 중국 상하이에서 조직되어 운영되어 오던 범죄 조직) 방원들이 자주 드나든다고 주의를 주었다. 이 소식을 들은 호의 누나와 할머니는 큰 도시와 이곳의 입담 좋은 사기꾼들, 총검이 달린 소총을 든 적군 병사들, 그리고 도둑이나 갱, 매춘부나 공비共匪에 대해 소년에게 다시금 한바탕 무섭게 훈계를 했다. 호처럼 주변을 둘러싼 위험한 일들에 익숙하지 않은 시골 소년은 공부에만 집중하고 폭력이 지배하는 이 도시 안에서 말썽이 될만한 일에는 아예 멀찌감치 떨어져 있어야 한다고 두 사람은 틈만 나면 되풀이해서 말했다.

일본이 중국 점령을 시작했을 때 호는 막 새로운 집에 적응하던 중이었다. 일본 기함 이즈모 호와 다른 적함 20여 척이 정박해 있던 황푸강에서 2마일 남짓 떨어진 메드허스트 거리에 머물던 호는 오로지 저녁 식사 시간 숙부들이 들려주는 그날그날의 소식을 통해서만 피의 토요일에 있었던 폭격에 관해 알 수 있었다. 그러나 이후 3개월 동안 계속된 전투는 반 마일도 채 떨어져 있지 않은 자베이에서 벌어졌다. 공공조계와 프랑스 조계 바로 너머에 있는 중국인 지구에 공군과 해군의 폭격이 계속되면서 호는 탄환 소리며 쿵쾅대는 소리, 게다가 집까지 흔들리는 것을 애써 무시하려 했다. 밤에는 다락방의 열린 창문으로 북쪽으로 겨우 몇 블록 떨어진 곳에서 벌어진 전투에서 타다다다 하는 기관총 쏘는 소리를 들을 수 있었다.

매번 폭발로 도시가 흔들리는 걸 느낄 때면 호는 잠들기가 어려웠다. 이럴 때가 소년이 어머니를 가장 그리워하는 순간이었다. 어머니는 직접 학교에 가본 적도 없었고, 상하이에서 호를 위한 학교를 어떻게 찾아야 할지도 몰랐다. 먼 친척을 통해 호의 어머니는 메드허스트 거리에서 멀지 않은 프랑스 조계지에 있는 직업 학교에 대해서 알게 됐다. 그녀는 정신없이 피난 갈 준비를 하면서도 그 학교에 호를 등록시키며 서둘러 수업료를 보낼 수 있었다.

호는 어머니에게 자신이 얼마나 감사한지와 할머니와 누나의 말을 열심히 잘 듣고 어머니를 실망시키지 않을 거란 걸 보여드리고 싶었다. 그는 어머니와 형이 총알이나 폭탄과는 멀찌감치 떨어진 안전한 곳에 있길 바랐다. 소년은 언젠가 가족이 다시 모두 함께 모이게 되리라고 확신했다. 그때 그는 어머니에게 자신이 믿을 만한 아들이었다는 걸 증명할 터였다.

중화직업학교는 호에게 우주의 중심이 되었다. 그는 매일 할머니가 고용한 요리사가 준비한 절인 채소를 곁들인 쌀죽으로 간단한 아침 식사를 하면서 하루를 시작했다. 식사가 끝나면 호는 학교를 향해 걸어가기 시작했다.

완위는 겨우 네 살 더 많았지만, 동생을 위해 빨리 달리는 차들과 전차 트롤리, 그리고 일본군 초소와 검문용 바리케이드처럼 혹시 있을지 모를 소란이나 위험을 피해, 피난민들로 들어차지 않은 작은 골목을 골라서 학교로 가는 경로를 미리 정해줬다. 할머니는 아침에 호가 집을 나설 때마다 똑같은 훈계를 했다. "이 죄로 가득한 도시의 유혹에 눈을 돌리느라 멈추면 안 된다. 걷는 속도를 늦춰서도 안 돼. 빨리 걸으면서 눈을 피하면, 귀신이나 악령들이 널 그냥 내버려 둘 게다." 과학을 중시하는 이 학생은 오랫동안 그런 미신을 무시해왔지만 현명한 할머니의 말을 의심할 생각 따위는 없었다. 어른들의 말을 따르는 것이 아들과 손자로서 그의 자손 된 도리였다.

호가 살던 집과 같은 릴롱하우스의 미로 같은 단지를 빠져나오면 그는 커다란 보온병을 손에 들고 뜨거운 물을 파는 "라오후자오"老虎竈(19세기 들어 중국 대도시에 생겨난 뜨거운 물을 파는 가게)로 향하거나 잠옷을 입은 채로 근처 건물의 문간방에서 많이들 사는 노점상들에게서 유티아오油條(밀가루 반죽을 발효시켜 소금으로 간을 한 후, 길이 30센티미터 정도의 길쭉한 모양으로 만들어 기름에 튀긴 음식)나 통통한 찐 바오지包子(만두)를 사려고 줄을 선 사람들로 가득한 좁은 길을 여럿 건넜다. 호는 분뇨를 가져가는 사람이 비워 가도록 밖에 내놓은 코를 찌르는 냄새가 나는 "마통"馬桶(나무·사기 등으로 만든 똥 오줌통)이나 요강이 보이면 멀찌감치 떨어져 걸었다. 산뜻하게 진열된 사탕과 과자를 파는 노점상들을 무시하고 지나려면 아이는 있는 자제심을 최대한 발휘해야 했다. 누나가 세심하게 그려준 길을 따라가면 호는 황푸강과 번드

쪽에서 뻗어 나오는 공공조계의 주요 도로 중 하나인 버블링 웰 로의 극심한 교통체증을 피해 학교까지 갈 수 있었다.

프랑스 조계 쪽으로 걸어가던 호는 공공조계와 프랑스 조계지 사이의 경계선인 포치 가를 건널 때 가장 조심해야 했다. 혼잡한 길의 교통은 호의 걱정거리 중 일부분에 지나지 않았다. 그런 관할 구역의 경계, 그러니까 영국, 프랑스, 중국이 다스리는 지역들 사이의 경계선에서는 경찰과 폭력배들 사이의 총격전도 심심찮게 벌어져서, 호는 누나와 할머니가 자주 일러 준 것처럼 정신을 바짝 차려야 했다.

다행히 학교는 멀지 않아서 집에서 겨우 1마일 정도 거리에 있었다. 호가 바쁜 걸음으로 걸으면, 프랑스 조계지의 상업 중심지인 조프르 거리 근처 중심가까지 15분에서 20분이면 갈 수 있었다. 그 길을 따라서 상하이와 헐리우드의 스튜디오에서 만든 최신 영화의 화려한 포스터가 붙어 있는 인기 있는 라이시엄(상하이에서 가장 오래된 서양식 극장)과 케세이 극장을 비롯해 여러 명소들이 늘어서 있었다. 호는 이런 것들을 무시하려고 최선을 다했지만, 가끔 외국인들과 중국인들 중에도 가장 부유한 사람들을 위한 우아한 사유지가 딸린 르 세르클 스포티프 프랑세*Le Cercle Sportif Français*와 영국인 컨트리클럽을 살짝 엿보기도 했다.

그가 학교에서 집으로 돌아오면, 언제나처럼 11명의 가족이 모두 모여 저녁 식사를 하곤 했다. 달라진 것이라곤 그 자리에 어머니와 형이 없다는 것뿐이었다. 요리사도 창수 출신이라 호는 계속해서 그가 가장 좋아하는 고향 음식들을 먹을 수 있었다. 잘 다져진 채소와 연한 식초와 설탕, 그리고 간장으로 양념한 생선찜도 있었다. 전쟁이 시작된 후 고기는 구하기가 더 어려워졌다. 호는 모두 먹기에 양이 충분하지 않을 때면 자기 그릇을 가득 채우지 않으려고 애썼다.

호는 공부를 계속하면서 차츰 그가 다니는 학교의 한계점을 알아차렸다. 직업 학교는 학생들에게 상업을 가르치는 곳이지 대학 입학을 준비시키는 곳이 아니었다. 호도, 어머니도, 호를 그리로 보내라고 충고해준 친척도 그런 것은 알지 못했다. 호는 과학 공부에 더 목말랐지만, 어머니가 이미 비싼 수업료를 냈다는 걸 알고 있었으므로 불평없이 공부를 계속했다. 그는 응용수학과 과학, 공작기계와 기계 장치에 관해 학교에서 가르칠 수 있는 모든 것을 배우기로 마음먹었다.

학교에 다닌 첫해, 호는 공부에 집중하려고 애썼다. 어머니는 겨우 60마일 떨어진 곳에 있었지만, 상하이 점령과 난징에서의 잔혹 행위와 더불어 약탈하는 일본 군대가 어디에나 있었다. 호와 어머니는 서로를 만나러 여행할 엄두를 내지 못했다.

호는 누나 완위의 말을 잘 듣겠다고 약속했고, 누나가 그를 지켜주고 보호해주었기 때문에 주저 없이 그렇게 했다. 완위는 호에게 여러 가지 주의를 주며 상하이에서 낯설고 위험할 수도 있는 지역으로 가면서 요금을 내지 않으려고 전차 트롤리와 버스에 뛰어오르는 나쁜 아이들과 어울리지 말라고 했다. 호는 약속을 지키려고 후미에 석탄을 태우는 엔진이 달린—일본 점령군이 군대를 위해 기름을 모두 가져가 버렸다—이층 버스에 올라타고 싶은 마음을 억눌렀다. 버스가 갑자기 앞으로 울컥 쏠릴 때면 검은 연기가 허공을 가득 메웠다. 호는 배를 타고 상하이에 도착한 날 이후로 다시는 번드를 보러 가지 않았다. 놀고 싶은 마음이 들 때마다 그는 자신이 이 도시에 온 유일한 목적을 기억하려고 애썼다. 창수에서 그랬던 것처럼 단기간에 호는 반에서 수석으로 올라섰다.

상하이의 일본 점령이 길어질수록 적군 병사들은 외국 조계지에 대해 점점 더 대담하고 공격적으로 행동했다. 조계지의 특별한 치외법권 지위는 이 피난처를 각종 국적과 정치적 이념을 가진 기관원과 스파이, 그리고 암살자들을 끌어당기는 자석처럼 만들었다. 일본 비밀 경찰, 독일 나치 요원, 영국 비밀정보국 MI6, 미국 군사정보부 등은 자신들만의 은밀한 음모를 꾸미며 서로를 감시했다. 상하이 거리는 국민당 충성파와 일본 침략군, 그리고 거기에 협력하는 자들 사이의 테러리스트 폭력이 난무하는 현장으로 변했다. 이들 모두에게 쫓기는 공산주의자들은 지하세계로 깊숙이 잠적했다.

1940년 첫 몇 주가 지나고, 호가 중학교 3학년이었을 때, 지역 신문 편집장이 목이 잘린 후, 그 머리가 프랑스 조계지의 가로등 기둥에 꽂혔다. 희생자는 항일 기조로 잘 알려진 상하이에서 가장 유명한 중국어 신문인 셴바오에서 일하던 사람이었다.

완위는 호에게 프랑스 조계지의 그 지역에는 얼씬도 하지 말라고 했다. 상하이 비밀경찰 요원들이 제스필드 로 76번지에 근거지를 두고 일본인들과 협력하고 있다는 소문이 돌자, 그 지역도 호에게 출입 금지 구역이 됐다. 소총과 총검으로 무장한 일본군 보초들이 순찰을 돌고 철조망과 모래주머니로 바리케이드를 치고 있는, 북쪽으로 몇 블록 떨어져 있는 중국인 구역과의 경계선도 마찬가지였다.

격리되다시피 한 상황 속에서도 호는 여전히 주변의 긴장이 고조되는 것을 무시하기가 힘들었다. 일본은 영국이나 미국과 전쟁 중이 아니었으므로 일본군은 공공조계에 직접 군대를 배치할 수는 없었다. 그러나 그들은 다른 방식으로 압력을 행사했다. 중국인은 부자든 가난한 사람이든 간에 일본군과 마주치면 적에게 노예처럼 고개를 숙여야 했고, 그러지 않으면 잔혹하게 얻어맞았다. 음식과 연료는 점점 더 구하기가 어려워졌는데, 특히 일본군이 중국과의 전쟁에 쓰려고 곡식과 물자를 빼앗아 갔기 때문이었다. 일본인들은 중국인들에게 작은 나사부터 멋진 저택의 방열기, 파이프까지 고철을 뒤져 점령군에게 넘기라고 명령했다. 그 고철은 녹여진 후 중국인들을 죽이는 폭탄과 총알이 될 터였다. 그들을 에워싼 일본군의 상대가 되지 못하는 영국, 미국, 프랑스 당국은 중국 저항 세력을 체포해 인도하는 방식으로 일본을 지원하기로 합의했다.

호는 주변을 덮쳐오는 공포를 차단하기 위해 최선을 다했다. 그는 전쟁과 파괴 속에서도 자신이 무언가 기여할 수 있다고 믿었다.

아마도 그는 언젠가 대학에 갈 수 있을 것이다. 매일 저녁 식사 후, 호는 다락방으로 올라가서 천장에 매달린 희미한 전구 아래 작은 테이블에서 공부했다. 장제스, 히로히토, 마오쩌둥, 이들 중 누구의 군대나 장군도 그에게는 중요하지 않았다. 그의 유일한 바람은 이 힘든 시기를 되도록 가족들이 무사히 헤쳐나가는 것이었다. 그러나 호가 위험한 일에는 조금도 가까이 가지 않으려 그렇게 애썼음에도, 전쟁의 참화와 혼란이 그가 숨 쉬는 바로 그 공기 속에서 자신과 가족, 그리고 중국 전역을 뒤덮으려 하고 있었다.

3장

빙, 8세

1937년 말, 쑤저우 외곽

방 하나짜리 농부의 오두막, 거친 나무문 앞에서 한 여성이 뜻밖의 손님에게 말을 건네고 있었다. 여자의 긴 치마에 매달려 뒤에 숨어있던 빙이란 이름의 작은 여자아이는 기쁨과 놀라움에 비명을 지르지 않으려고 했지만, 소용이 없었다. 손님은 서양식 셔츠와 바지를 입은 젊은 남자로 쑤저우 외곽의 이 작은 마을에서 빙을 찾은 후, 상하이로 데려가려고 온 사람이었다. 쉬 부인이 그녀를 데리러 사람을 보낸 것이다!

  빙은 너무 오랫동안 행복을 느껴보지 못해서 자신이 얼마나 쾌활한 기분이 될 수 있는지조차 잊고 있었다. 빙의 기쁨에는 안도감이 섞여 있었다. 일본군이 쑤저우에 있는 그들의 집 역시 또 다른 전쟁터로 만들 것이 확실해지자, 마마 쉬—그녀는 빙의 어머니가 아니었지만 빙은 그녀를 마마(엄마)라고 불렀다—빙을 도시에서 떠나 쉬 집안 하녀와 그 여자의 고향인 이곳, 농촌 마을에 머물게 했다.

마마는 빙이 그곳에 있어야 더 안전할 거라며 위험한 상황이 정리되면 데려올 사람을 보내겠다고 했다. 그러나 이 마을에서 보낸 지난 몇 달은 빙에게 마치 영원처럼 길게 느껴졌다. 일본군이 그들의 도시를 직접 거쳐 수도 중 하나인 난징으로 향한다는 것이 확실해지자 쑤저우의 모든 사람이 하룻밤 새 미쳐 날뛰는 듯했던 것이 몇 년 전의 일 같았다. 빙은 마마가 자신을 데리러 오지 않을까 봐 끊임없이 조바심을 냈다. 만일 마마가 일본군에게 벌써 잡혀갔으면 어쩌지? 만일 마마가 내게 연락을 못 하면 어쩌지?

이제 소녀는 그런 걱정들을 잊어버릴 수 있었다. 젊은이는 마마의 친척으로 마마가 외국인들 사이에서 몸을 피하기에 적당하고 생각한 상하이에서 대학을 다니고 있었다. 대학생은 최악의 전투는 끝났으니 이제 상하이가 더 안전하다고 말했다. 빙은 혼자 남겨지지 않았다는 점이, 다시 버려지지 않았다는 것만이 그지없이 기뻤다.

*
**

기차로 몇 시간을 달려 빙은 상하이라는 큰 도시에 도착했다. 그러나 오는 동안 기차간에 앉아 볼 수 있었던 것은 수 마일에 걸친 그을린 땅과 연기가 피어오르는 잔해 더미뿐이었다. 젊은이는 전투는 끝이 났다고 장담했지만, 논밭에서 일하는 농부들의 모습은 어디에도 보이지 않았다. 창문을 통해 본, 작은 마을과 오두막들은 폐허가 된 채 텅 비어 있었다. 곳곳에 무섭게 생긴 일본군 병사들이 있었다. 그들은 철도 차량과 역 주변을 통명스러운 태도로 순찰하면서 누구든 큰 소리로 내리는 명령에 따라 빨리 움직이지 않으면 쿡쿡 찌르며 재촉했다.

그들이 상하이 북부 기차역에 도착하자, 빙은 바삐 걸어가는 큰 도시의 사람들에게 깔려 죽을 것만 같아 젊은 대학생에게 바싹 붙어 있었다. 그들은 삼륜자전거 택시를 타고 지금까지 아이가 본 것 중 가장 높은 건물들을 지나쳐 학생이 영국 지구에 속한다고 말해준 외국 건물처럼 보이는 3층, 4층짜리 주거지가 있는 번화한 쇼핑 구역을 지나갔다. 그런 큰 집들 중 한 곳 앞에서 따뜻한 미소를 지으며 그녀를 기다리는 마마의 모습을 보는 것은 정말 짜릿한 일이었다. 그러나 중국 가족들이 하듯 격식을 차린 마마는 빙을 안으려고 손을 내밀지는 않았다. 그녀는 그저 빙의 손을 잡고 두 층의 계단을 올라가 쑤저우 출신의 다른 두 명의 여자 친구들과 함께 간신히 세를 얻은 방으로 이끌었다. 방안에서는 마마의 친구들이 빙을 반갑게 맞았다. 기쁘게도 빙은 두 사람을 모두 알아볼 수 있었다. 퐁 아줌마는 의사였고, 로즈 아줌마는 마마와 함께 간호학교에 다닌 적이 있었다. 퐁 아줌마는 늘 바지와 자켓에 하얀 셔츠, 넥타이까지 갖춘 서양식 남성 정장 차림이었던 반면, 로즈 아줌마는 마마처럼 치파오를 입고 있었다. 빙에게는, 이십 대 중반의 나이에 현대적이고 교육을 받은 여성들인 데다 독립적이고, 서구적이며, 이렇게 거대한 대도시를 편안하게 느끼는 이들 세 사람만큼 놀라운 것은 없었다. 이 작은 소녀는 마마와 자신을 환영하는 마마의 친구들을 다시 만나게 된 것이 그저 기쁠 따름이었다.

가구가 드문드문 놓여 있는 커다란 방에는 작은 테이블과 나무 의자 몇 개, 그리고 좁은 침대 두 개가 있었다. 빙은 마마와 같은 침대에서 함께 잤다. 빙은 퐁 아줌마와 로즈 아줌마의 서로에 대한 애정이 각별하고, 작은 침대 하나에 둘이서 비좁게 자는 걸 두 사람이 아무렇지 않게 생각한다는 걸 알아차렸다. 공용 부엌은 아래층에 있었다. 욕실이 없어서 그들은 세면대에서 씻고, 쑤저우에서처럼 변기로 마통馬桶을 사용했다. 매일 아침이면 분뇨를 가져가는 사람이 악취를 풍기는 수레를 밀고 주변을 다니며 집집이 내놓은 분뇨통의 내용물을 역한 냄새가 나는 통에 부어서 밭에 비료로 사용했다.

마마는 그들이 이 아파트에서는 안전할 거라고, 일본군은 이곳 영국인 구역으로 오지 않을 거라고 말했다. 새집은 편안하고, 심지어 쾌적하기까지 했지만, 빙은 그날 밤 자리에 누워서도 잠을 이루지 못했다. 너무 큰 슬픔이 소녀의 마음을 휩쓸었다. 빙은 처음 버려졌던 때를 떠올리고는 방 안이 어두워 다행이라고 생각하며 얼굴을 타고 흐르는 눈물을 마마가 보지 않길 바랐다.

*
**

빙은 마마 쉬와 살러 가기 전에 바닥이 지저분한 방 두 개짜리 오두막에 살았다. 그 집에서 그녀가 태어났다.

그곳에서 소녀는 빙이나 다른 별명이 아니라, 그저 '작은 누이'로 불렸다. 바깥쪽 방에는 흙을 구워 만든 커다란 나무 때는 난로가 자리 대부분을 차지하고 있어서 남은 공간에 탁자 하나와 딱딱한 의자가 겨우 놓여 있을 뿐이었다. 그 난로가 나머지 방을 채우고 있는 진흙으로 만든 침대인 캉(돌로 만들어진 일종의 난로. 그 위에 앉거나 잠을 잘 수 있게 만든 것)을 데웠다. '작은 누이'에게는 작은 걸상이 있었는데, 소녀는 그 걸상을 집 안팎으로 어딜 가나 끌고 다녔다. 작은 누이는 두 번째 자식으로 두 남자 형제 사이에 낀 여자아이였고, 어머니가 일하느라 바쁠 때 남자 형제들을 돌보는 것이 누이에게 맡겨진 일이었다. 그들이 살던 마을은 넓고 푸른 논과 목화밭으로 둘러싸여 있었는데 상하이에서 북서쪽으로 120마일가량 떨어진 창저우라는 현급 시에 속해 있었다. 이따금 작은 누이는 멀찌감치에서 하늘을 향해 세워진 톱날처럼 생긴 키 큰 정크선의 삼각형 돛이 넓게 펼쳐진 평야를 가로질러 양쯔강 삼각주의 풍부한 수로망을 미끄러지듯 지나가는 것을 보곤 했다. 밤에는 부모님과 세 아이가 모두 캉 하나에 누워 잠을 잤다. 한 사람이 돌아누우면, 모두 따라서 돌아누워야 했다.

빙의 어린 시절 판에 박힌 일상은 이따금 아버지가 집에 올 때 깨어졌다. 아버지는 수 마일 떨어진 지주의 커다란 저택에서 일했기 때문에 대부분 집에 없었다. 엄마는 남자 형제들을 돌보느라 바빠서 그녀의 존재를 거의 알아채지도 못했기 때문에 빙은 아버지의 장난스러운 놀림과 활기찬 관심이 그리웠다. 빙은 멀리서 집을 향해 걸어오는 아버지를 볼 때마다 새된 소리를 지르고는, 아버지가 자신을 향해 팔을 내밀면 "아빠! 아빠!"하고 외치며 달려갔다. 그가 딸을 들어 올려 등에 업으면 소녀는 집에 돌아오는 내내 아빠를 물소처럼 타고서 기쁨에 겨워 웃음을 터뜨렸다.

운이 좋으면 아버지가 나무토막을 탁탁 쳐서 자신이 왔다는 걸 알리며 이 마을 저 마을을 돌아다니는 봇짐장수에게 참깨 사탕 한 조각을 사서 슬쩍 건네줄 때도 있었다. 아빠가 "엄마에겐 말하지 마."하고 속삭이면 아이는 고개를 끄덕였다. 엄마는 돈을 낭비했다고 아빠를 야단칠 게 뻔했다.

사탕은 식탁에 오르는 고기처럼 드문 사치품이었다. 어른들은 1932년 1월 28일, 일본이 처음 상하이를 공격한 이후 사는 게 점점 더 힘들어지고 안 그래도 부족한 물품은 더 부족해졌다고 자주 불평을 했다. "1—2—8 침공"은 작은 누이가 살던 마을 같은 곳에 전쟁이 어떤 영향을 미칠 수 있는지를 뼈아프게 상기시켜주는 사건이었다. 전쟁의 참화를 모면한 곳이라면 어디든 이번에는 퇴각하는 중국 군대가 일으키는 혼란에 맞닥뜨렸다. 군인들이 어떻게 곡식과 여자들을 빼앗고 남자들을 노동력이나 군대를 위해 징집해서 가난한 농가의 삶을 더욱 위기로 몰아넣었는지 잊을 수 있는 사람은 없었다. 작은 누이가 여섯 살이던 1935년 중국은 다시 전쟁을 준비하고 있었다. 국민당 군대의 요구를 채워주느라 시골에는 남겨진 것이 거의 없어서 많은 가족이 누가 먹고 누가 굶주릴지 결정하는 불가능한 선택을 할 수밖에 없었다.

그렇게 사는 게 유난히 힘들던 시절, 어느 날 밤 작은 누이는 캉 위에 누워 잠을 청하고 있었다. 아이는 어머니와 아버지가 말하는 소리를 들었다. 꿈을 꾸는 듯한 멍한 상태에서, 소녀는 어머니가 자신을 누군가에게 줘버린다고 말하는 걸 들은 것 같았다.

깜짝 놀란 아이가 외쳤다. "엄마, 날 버리지 마세요!" "쉿, 작은 누이야." 아빠가 대답했다. "넌 그냥 나쁜 꿈을 꾸고 있는 거야." 아빠의 말을 들은 아이는 조용해졌고, 곧 깊은 잠에 빠져들었다. 나쁜 꿈을 꾸고 나서 얼마 지나지 않아, 아빠는 작은 누이를 데리고 상하이 방향으로 60마일 떨어진 쑤저우에 기차를 타고 갈 것이라고 말했다. 아이는 그 여행의 순간순간을 모두 기억에 담았다. 아빠가 남자 형제들 중한 명이 아닌, 자신을 선택했다는 것이 현기증 나게 기뻐서였다. 소녀는 아버지의 무릎 위에 앉아서 고향에서 보던 것과 같은 깔끔하게 정돈된 논과 마을들이 흐릿하게 스쳐 지나가는 모습을 넋을 놓고 보느라 창문에서 눈을 떼지 못했다. 두 사람이 도착했을 때, 작은 누이는 쑤저우가 조용한 창저우보다 훨씬 더 크고, 더 붐비는 데 놀랐다. 남자들과 여자들은 거칠게 짠 천으로 만든 전통적인 옷을 입은 어머니나 아버지와는 달리, 고운 비단으로 지은 옷을 입거나, 심지어는 서양식 복장을 하고 있었다. 커다란 포스터에는 검은 곱슬머리에, 몸에 붙는 치파오를 입은 예쁜 여성들이 담배, 모기약, 쥐약 등을 광고하는 모습이 담겨 있었다.

역을 나서자 아빠는 달처럼 둥근 바퀴가 달린 짐수레를 모는 사람을 불러 세웠다. 소녀는 나무 바퀴 옆 거칠게 깎은 널빤지에 걸터앉은 채 아버지의 팔에 매달렸다. 우락부락한 수레 주인은 미로 같은 거리와 도로를 요리조리 빠져나갔다. 수양버들이 늘어서 있는 아치형 돌다리와 운하를 지나서 수레가 비틀대며 덜컹덜컹 한참을 달리고 나자 그들은 마침내 작은 가게 앞에서 멈췄다. 안에서 아버지가 가게 주인들에게 낮은 목소리로 말을 건네는 동안, 작은 누이는 문가에 서서 거리를 누비는 행상과 매춘부들을 내다보았다. 고향 마을보다 이곳이 볼거리가 훨씬 더 많았다.

곧 아빠는 작은 누이를 불러 옆에 가만히 서 있으라고 말했다. 가게 주인들이 아이의 입을 들여다보고 가는 팔도 쥐어보았다. 그들은 작은 누이를 이리저리 쿡쿡 찔러보고 나서, 그중 한 명이 손을 잡고 다른 방으로 안내했다. 소녀가 아버지를 찾아 돌아보았을 때, 아이는 문을 향해 걸어가는 그의 뒷모습을 보았다.

"아빠! 아빠!" 작은 누이는 아버지를 소리쳐 불렀다. 그는 뒤돌아보지 않았다. "아빠, 돌아와요!" 아이는 울부짖었다. 아빠가 어떻게 나를 두고 갈 수가 있지? 낯선 사람이 그녀를 작고 눅눅한 창고 안으로 부드럽게 밀어 넣고는 문을 잠갔다. 혼자 어둠 속에 무엇이 숨어있는지 몰라 겁을 먹은 작은 누이는 처음에는 그저 훌쩍이며 울기만 했다.

그러고 나서 아이는 마음을 단단히 먹은 다음, 목이 쉬어 더는 소리칠 수 없을 때까지 있는 힘을 다해 아버지를 불렀다. 녹초가 된 아이는 흐느껴 울다 잠이 들었다. 곰팡이가 핀 흙바닥에서 깨어났을 때, 어린 소녀는 자신이 끔찍한 악몽을 꾸었다고 생각했다. 그렇지만 소녀가 문을 열려고 하자, 문은 꿈쩍도 하지 않았다. 문틈 사이로 눈부신 햇살이 비쳤다. 다시 한번, 아이는 아버지를 큰 소리로 불렀다. 아빠는 오지 않았다.

창고에서 나가기까지 영겁 같은 시간이 흐른 것 같았다. 가게 주인이 팔을 잡자 소녀는 갑작스러운 햇빛에 눈을 깜빡이며 아버지를 찾아 몸을 틀었다. 하지만 이번에는 찾고 있던 아빠 대신 마치 연구라도 하듯, 가까이 서서 자신을 살피며 뚫어지게 쳐다보는 아름다운 여성을 보았다.

겁에 질린 작은 누이는 문 쪽을 바라보았다. 아빠가 밖에서 기다리고 있을지도 몰라. 그러나 가게 주인은 그녀를 여자 앞에 두고 꽉 붙잡았다.

"예쁘긴 한데 너무 작고 말랐군요." 여자가 중얼거리듯 말했다. 매정하게 들리는 목소리는 아니었다. "여섯 살인 게 확실해요?" 가게 주인은 고개를 끄덕이며 안심시키려고 몇 마디를 더 내뱉었다.

불안해진 작은 누이는 잠자코 지켜보고 있었다. 그 여자는 창저우에 있는 어머니나 마을의 다른 여자들과는 확실히 달랐다. 차분하고 우아해 보이는 외모였지만, 여자는 가게 주인에게 자신이 원하는 바를 일러주며 상황을 이끌어 가고 있었다. 매끄럽고 깨끗한 피부는 엄마처럼 햇빛에 거칠어지지도 않았고, 예쁜 꽃무늬 치파오는—엄마가 입는 칙칙하고 헐렁한 옷과는 너무도 달랐다—몸매를 돋보이게 했다.

여자는 만족한 듯 작은 누이에게 자신과 함께 삼륜자전거 택시를 타고 같이 가자고 말했다. 소녀는 최면에 걸린 듯 따라나섰다. 그들은 커다란 나무 욕조가 놓인 방이 있는, 습하고 김이 모락모락 나는 건물 앞에서 멈췄다. 시중드는 사람이 작은 누이의 얇은 옷을 벗기고 더운 물이 가득 든 욕조에 몸을 담글 수 있도록 해주었다. 처음에 작은 누이는 두려움에 몸을 움츠렸다. 이 사람들은 나를 익혀서 잡아먹으려는 것일까?

"여기는 목욕탕이야."라고 여자가 말했다. 작은 누이는 그전에는 큰 욕조에서 씻어본 기억이 없었다. 그러자 시중드는 사람이 새해 첫날 소녀의 가족이 부처님을 위해 피우는 향처럼 좋은 냄새가 나는 비누로 머리끝부터 발끝까지 문지르기 시작했다. 그 사람은 목욕이 끝나자 그녀의 젖은 머리를 빗겨주고, 그 아름다운 부인이 가져온 옷을 입혀주었다. 작은 누이가 여태 입어본 옷 중에서 가장 촉감이 부드럽고 세련된 옷이었다. 전에 입던 옷들은 어디론가 사라지고 없었다.

그 아름다운 여자는 소녀를 자세히 살펴보고는 "좋아."하고 기쁜 듯이 말했다.

"내 이름은 마담 쉬란다." 그녀가 말을 이었다. "이제부터는 나를 마마라고 부르면 돼."

그들이 목욕탕을 나와 삼륜자전거 택시에 올랐을 때, 작은 누이는 멀지 않은 곳에서 어떤 남자의 그림자를 봤다. "아빠!" 아이는 어쩔 줄 몰라 하며 소리쳤다. 아빠가 나를 집에 데려가려고 온 걸까? 작은 누이의 눈에 눈물이 차올랐다.

마담 쉬는 아이를 달랬다. "나랑 같이 있는 곳이 새 집이 될거야. 난 이제 네 엄마고 내 남편이 네 아빠가 돼. 새로운 이름도 가지게 될 거다. 나는 널 빙이라고 부를 거야."

그녀는 새로운 이름이 유명한 싯구인 "핑수이샹펑"萍水相逢—물 위를 떠다니던 부평초가 우연히 서로 마주침—에서 가져온 것(당唐나라 시인 왕발王勃의 〈등왕각서滕王閣序〉에 나오는 말)으로 낯선 두 사람이 우연히 만난다는 뜻이라고 설명해주었다.

"알겠니, 빙?" 그녀가 물었다.

"빙"은 말이 없었다. 소녀는 알았다는 의미로 고개만 겨우 끄덕일 뿐이었다. 그러나 그녀는 이해할 수가 없었다. 무슨 일이 일어나고 있는 거지? 아빠는 어디 있는 거야? 이제 가족들을 어떻게 찾지? 이 예쁜 부인은 나를 어디로 데려가는 걸까? 물어보지 못할 질문들이 소용돌이치듯 마음속에 하나하나 떠오를 때마다 빙은 몸을 관통하는 듯한 충격을 느꼈다. 농부가 날개를 잘라 시장에 가져갈 때 닭들이 이런 기분일 거라고 아이는 생각했다. 소녀는 닭들이 목이 부러지기 전에 기를 쓰고 도망치려고 파닥거리고 꽥꽥거리는 걸 본 적이 있었다. 닭들은 목이 꺾여 머리가 흐늘흐늘 늘어진 후에도, 달아나려고 계속 몸을 흔들어댔다. 어쩌면 그 닭들처럼 필사적으로 비명이라도 질러야 했다. 아이는 그러려고 했지만, 비명을 지를 수가 없었다. 작은 누이는 너무 놀라 울음조차 나오지 않았다.

*
**

마마 쉬는 정부 관리의 젊은 아내였다. 빙에게 그녀는 마치 최신 영화 광고판과 포스터에 나오는 예쁜 여자들처럼 보였다. 마마 쉬는 전에 간호사가 되기 위해 학교에 다녔고, 빙도 역시 학교에 보낼 거라고 말했다. 그녀는 그 지역의 병원에서 가끔 일을 도왔는데 꼭 그래야 하는 건 아니지만 자신이 원해서 하는 일이라고도 했다. 그녀는 빙을 쑤저우의 어느 운하 옆에 서 있는 커다란 담으로 둘러싸인 집으로 데려갔다. 그 집은 빙이 창저우에서 본 어떤 것보다도 더 호화로워 보였다. 하룻밤 사이에 빙은 자신이 완전히 다른 세계에서 마치 부와 특권을 가진 집안의 아이처럼 보살핌 받게 되었다는 사실을 깨달았다.

하인이 빙을 씻기고 옷을 입히고, 심지어 신발까지 신겨주었다. 소녀는 신발을 한 번도 신어본 적이 없었기 때문에 이것만으로도 익숙해지는 데 시간이 걸렸다. 집은 무척 화려해서 바닥도 아이에게 익숙한 흙이나 거칠게 손으로 깎은 것이 아닌, 매끄럽고 옻칠이 된 나무로 되어 있었다. 요리사가 채소, 생선, 고기 그리고 맛있고 향기로운 쌀로 식사를 준비했는데 창저우에서는 좀처럼 먹어보지 못한 맛있는 음식들이었다. 가느다란 체격이 점점 튼튼해졌다. 자신이 한 말그대로, 마마 쉬는 빙을 학교에 보내주었다. 빙은 자신이, 여자아이가 교육을 받을 수 있을 거라고는 상상조차 해본 적이 없었다. 창저우에서는 부유한 가정에서만 아이들을 학교에 보낼 수 있었고 그나마 그 비용도 아들들의 몫이었다. 창저우의 엄마는 딸은 결국 결혼해서 남편 식구가 될 테니 여자아이에게 사탕값 한 푼이라도 쓰는 것이 낭비인 것처럼 딸아이를 공부시키느라 많은 돈을 쓰는 것은 헛된 짓이라고 몇 번이나 말했었다. 그러나 마마 쉬는 빙이 교육을 받기를 원해서 근처 초등학교에 그녀를 입학시켰다. 처음에 빙은 자신 같은 여자아이는 학교에 다닐 자격이 없을까 봐, 선생님들이 버려진 아이라고 나가라고 할까 봐 두렵고 걱정스러웠다. 그러나 기쁘게도, 곧 빙은 자신도 읽고 쓰기를 배울 수 있다는 것을 알게 됐다. 아이는 산수가 재미있었고, 매일 일어나면 빨리 학교에 가고 싶었다. 소녀는 공부를 무척 잘해서 언젠가 엄마와 아빠가 자신이 얼마나 쓸모있는 사람이 되었는지 알게 되면 기뻐서 집으로 다시 데려갈 거라는 상상을 했다.

쑤저우에서의 새로운 삶은 안락했지만, 빙은 아빠와 함께 창저우로 돌아갈 수만 있다면 그 모든 것과 기꺼이 바꿀 수 있었다. 매일 아침 아이는 슬픔 속에서 잠을 깨고, 어딜 가나 우울한 기분이 따라다녔다. 빙은 집을 나설 때마다 아빠를 찾았다. 가끔 소녀는 아빠를 봤다고 생각했지만, 매번 낯선 사람일 뿐이었다. 마마 쉬가 베푸는 모든 친절에도, 소녀는 정말로 자신이 그 집 아이로 받아들여졌다고 느끼지는 못했다. 마마 쉬는 다른 사람들에게 빙을 "내 딸"이라고 소개하지 않았다. 그녀는 빙을 부엌 옆, 하인들 근처에서 자게 했다. 무엇보다 마마 쉬는 남편에게 자신이 빙을 입양했다는 말을 하지 않았다.

그는 난징이나 다른 곳에서 일하며 멀리 떨어져 있었기 때문에 간혹 집에 돌아왔을 때도 아이의 존재를 알아차리지 못하는 듯했다. 만일 마마 쉬의 하인들이 부인이 등을 돌릴 때마다 틈만 나면 빙을 괴롭히며 상처 주지 않았다면, 어쩌면 빙도 그런 무시쯤은 모른 체할 수 있었을 것이다. "넌 네가 우리보다 더 잘난 것 같지?" 하인들이 비웃었다. "마님은 여태 주인어른께 네 얘기를 하지 않았어. 왜냐, 그분은 아이를 좋아하지 않으니까. 그분은 널 절대 받아들이지 않을 거다."

혹은 "넌 절대 남편감을 찾을 수 없을 거다. 어떤 남자도 알지도 못하는 종자에서 나온 마누라를 원하진 않아. 그러면 자손에게 복을 줄 조상도 없을 테니까." 라는 말도 했다. 그들은 빙에게 마마 쉬가 그녀를 데려온 건 오직 어린 여자아이를 입양하면 자식 없는 여자가 아이를 낳을 수 있다는 말 때문일 거라고도 했다.

빙이 오고 얼마 되지 않았을 때, 빙의 유모로 배정된 하녀가 잔인한 장난을 했다. 그 하녀는 빙에게 마마 쉬가 임신을 했고, 사내아이를 낳을 거라고 했다. "넌 마님이 자기 아들을 낳고도 널 원할 것 같니? 그분들은 아마 널 쫓아내서 거지로 살게 할 거다."라고 유모가 말했다. 학교에 가서 빙은 선생님에게 마마가 아이를 가졌다고 말했다. 그러자 선생님은 마마 쉬에게 축하를 전했고, 당황한 마마와 선생님은 빙에게 왜 그런 말을 했냐고 물었다. 가장 지독한 상처는 하인들의 아이들 때문이었다. 그들은 부모들이 하는 것을 보고서는 잔인하게 빙을 괴롭혔다.

"아무도 널 원하지 않아! 네 가족도 널 버렸다고!" 아이들이 비웃었다. 그 애들은 그녀의 새로운 이름이 중국어로 병瓶을 뜻하는 단어와 발음이 같다는 것으로도 놀려댔다. "넌 병이야. 빈 병 말이야. 넌 아무것도 아니야. 별것도 아닌 게 말이야."

그들은 틈만 나면 소녀를 괴롭혔다. 빙은 그 애들을 볼 때마다 달아나 숨고 싶었지만 도망칠 곳이 없었다. 아이는 자신의 이름이 끊임없이 불러일으키는 부끄러움 때문에 점점 그 이름을 싫어하게 됐다. 시간이 지나면서 빙은 자신이 더 이상 창저우 가족들의 성을 기억해 낼 수 없다는 사실에 절망했다. 아버지와 어머니, 두 남자 형제들에 관한 세세한 것들을 떠올리는 일도 점점 더 어려워졌다. 꿈속에서 소녀는 엄마의 얼굴 곡선과 아버지 팔의 단단한 근육, 흙바닥의 거친 윤곽, 아빠가 집으로 돌아올 때마다 느꼈던 기쁨 등을 여전히 떠올릴 수 있다고 상상했다.

그러나 자신의 부모가 자기가 여자아이라서 버렸다는 것 역시 사실이었다. 소중한 아들이라면 그들이 절대 줘버리지 않았으리라는 것을 아이는 알고 있었다. 그리고 이제 자신은 빙, 아무것도 아닌 사람이었다. 아이는 부모를 찾을 수만 있다면, 자신이 배운 모든 것들을 보여줄 수 있으면 좋겠다고 생각했다. 그러나 일본과의 전쟁으로 인한 위협이 마마 쉬와 함께 하는 빙의 새로운 삶에 큰 변화를 가져오자 그런 가느다란 희망마저도 사라지는 듯했다.

빙은 마마와 그녀의 두 친구들과 다시 만나게 되어서 행복했지만, 상하이 함락 전의 중국 수도였던 난징의 습격 소식이 빙이 도착한 직후에 전해지면서 1938년 새해 그들이 머물던 셋방에도 암울한 그림자를 드리웠다. 마마의 남편은 이미 국민당 정부와 함께 새 전시 수도인 충칭을 향해 내륙으로 도망쳤지만, 일본군들은 수많은 민간인들을, 노인, 여자, 아이들과 심지어 아기들까지도 쑤저우에서 그랬듯이 무자비하게 살육했다.

창저우는 상하이에서 난징으로 가는 길목에 있었다. 부모님 집이 기차로 지나칠 때 봤던 상하이의 중국인 구역의 집들처럼 폐허가 되었으면 어쩌나? 빙은 생각했다.

빙은 마마가 친구들에게 일본군이 난징에서 여자와 소녀들을 강간하고 죽인 다음 여자들의 가슴을 전리품으로 가져가려고 베어내고, 아기들을 엄마한테서 떼어내서는 공중에 던져 총검 끝에 걸었다는 이야기를 낮은 목소리로 이야기하는 것을 엿들었다. 빙이 겁에 질려 비명을 지르자, 마마는 상하이를 순찰하는 일본군 역시 빙처럼 어린 여자아이를 잡아서 그런 끔찍한 짓을 할 수 있으니 멀리 떨어져 다녀야 한다고 주의시켰다.

낮에 어른들이 일하는 동안, 빙은 옆집의 소녀들과 동네의 거리와 골목에서 놀았다. 마마는 그들이 상하이에서 얼마나 오래 머물지 알 수 없었기 때문에 빙을 학교에 등록시키지 않았다. 마마는 빙이 피해야 할 무서운 사람들 목록에 거지, 스파이, 갱, 꼭두각시 경찰을 추가했다. 그러나 빙은 이미 낯선 사람은 누구나 경계하고 있었다. 풀 먹인 하얀 제복 차림의 중국인 하인을 대동한 코가 큰 외국인들, 갈색 피부에 검고 두꺼운 턱수염과 둥글게 말린 콧수염을 기르고 붉은 터번을 두른 인도인 경찰들, 기모노를 입고 굽 높은 나무 샌들을 신은 일본인 여자들, 문간에 옹기종기 모인 누더기를 입은 거지들도 마찬가지였다.

새로운 놀이 친구들에게서 빙은 상하이 사투리를 배웠는데, 상하이 말은 아이에게 익숙한 쑤저우 사투리와 비슷했다. 빙은 상하이식 발음이 부드럽고 쾌활하게 들리는 쑤저우 말에 비해 거친 소리가 난다는 것을 깨달았다.

의사인 퐁 아줌마는 쑤저우 말은 무척 감미롭게 들려서 사람들이 운하가 많은 그 도시의 여성들이 중국 전체에서 가장 사랑스럽다고들 말한다고 했다.

간호사인 마마의 다른 친구들 역시 가끔 그들의 방 하나짜리 집에서 밤을 보냈다. 여자들이 집까지 혼자 다니는 것은 너무 위험했는데, 해거름이 다가올 땐 특히 더 그랬다. 누구든 운 좋게 지낼 곳을 마련하면, 얼마나 잠깐이건, 얼마나 사람이 많건 간에 도움이 필요한 친구나 친척들을 받아주었다. 가끔 그런 여자들이 교대로 잠을 자고 가는 바람에 밤이고 낮이고 빈 곳이 없이 집이 꽉 들어차곤 했다. 그럴 때면 빙은 바닥에서 잠을 잤다. 소녀는 아무렇지 않았다. 그 여자들은 모두 친절했고, 빙이 정말로 마마의 친딸인 것처럼 대해주었다. 하인들이 그랬던 것처럼 놀리는 일은 전혀 없었다. 가끔 마마와 아줌마들은 소녀를 데리고 릭샤나 삼륜자전거 택시, 혹은 전차를 타고 난징로에 있는 커다란 백화점과 가로수가 있는 프랑스 조계지의 아름다운 공원들, 그리고 옛 성곽 도시의 좁고 구불구불한 길 사이에 세워진 성황묘城隍廟에 가곤 했다.

하인들의 비웃음과 조롱에서 벗어나 마마와 함께 상하이에서 몇 달을 보내고 나자 빙의 슬픔을 억누르고 있던 딱딱한 껍질에 조금씩 금이 가는 듯했다. 짧은 순간들이나마 소녀는 이 이상하고도 신나는 도시에서 마마 쉬의 딸로 계속 살 수 있을지도 모른다고 마음대로 상상할 때도 있었다. 빙은 처음 상하이에 도착했을 때, 자주 아빠를 닮은 남자를 보고는 놀라고 동시에 흥분했다. 그리고 곧 잘못 봤다는 것을 알고 실망에 빠지곤 했다. 그러나 상하이에서 거의 일 년 가까이 보내고 난 뒤에는 도시의 혼잡한 거리에서 아버지를 알아보는 것이 얼마나 힘든 일인지 알게 됐다. 가장 암울했던 시기 아이는 일본인들이 창저우를 공격했는지, 아빠와 가족들이 아직 살아 있는지 궁금했다. 그러나 물어볼 사람이 없었다.

일본의 점령이 두 해째 접어들고 적군 병사들은 점점 더 거만하고 공격적이 되자, 빙은 우연히 마마와 아줌마들이 상하이를 떠나 '자유중국'의 더 깊은 내륙에 있는 국민당 정부와 합류하는 일에 관해 이야기하는 것을 들었다. '자유중국'이란 일본에 점령되지 않은 지역에 붙여진 이름이었다. 1938년 12월 어느 날, 마마는 멀리 떨어진 전시 수도 충칭에서 남편과 함께 일했던 국민당 비밀요원을 통해 전갈을 받았다. 평상복 차림의 소식을 전해준 요원은 오고 갈 때 모두 소리소문없이 다녀갔다. 마마는 빙에게 그런 사람이 집에 들렀다는 이야기를 아무에게도 하면 안 된다고 주의를 줬다. 그가 가져온 전갈은 간단했다. 마마 쉬의 남편이 그녀가 충칭으로 와서 자신과 합류하기를 원한다는 것이었다. 비밀요원은 마마에게 여행이 몹시 힘들 것이라고 했다. 적지를 통과하고 전선을 가로지르는 천 마일 이상의 여정이었다. 어떤 경로를 통해 가든 위험했다. 퇴각하던 중국 국민당군이 일본군이 장악하지 못하도록 다리와 철도를 폭파하는 동안, 일본군은 점령되지 않은 자유 지역에 폭격을 퍼붓고 있었다. 계획은 마마 쉬가 그 비밀요원이 충칭으로 돌아갈 때 동행하는 것이었다.

빙은 마마의 변화를 알아차렸다. 평상시의 명랑하고 밝은 모습 대신 마마는 걱정스럽고 생각이 다른 데 가 있는 것처럼 보였다. 얼마 지나지 않아 빙은 이유를 알게 됐다. 마마 쉬가 빙을 입양한 지 3년이 흘렀지만, 그녀는 여전히 남편에게 자신을 마마(엄마)라고 부르는 여자아이에 관해 말을 하지 않고 있었다. 그런데 어떻게 그녀가 함께 살겠다고 빙을 충칭으로 데리고 갈 수 있을까?

아홉 살 된 소녀는 자신도 충칭으로 가게 될 거라고 막연하게 생각했다. 그러나 마마는 아이에게 끔찍한 선택지를 내밀었다. 빙은 마마 쉬와 함께 위험한 여행을 할 수 있지만 그건 아이에게 몇 배나 더 힘든 일이 될 거라고 마마는 말했다. 그게 아니라면, 빙은 상하이에 머무르고 마마 쉬가 그녀에게 함께 살 새로운 가족을 찾아주겠다고 했다. "네가 선택하렴. 어느 쪽이 좋겠니?" 마마가 물었다. 빙의 가슴 속에 있던 오래된 구멍이 다시 뜯겨 벌어지는 것 같았다. 정말은 한 번도 소녀를 떠난 적이 없었던, 아무도 원하지 않는 아이라는 슬픔과 부끄러움이 다시 홍수처럼 밀려왔다. 아이는 더 이상 창저우에서 살던 곳을 기억할 수 없었다. 자기 생일이 언제인지도 몰랐다. 원래 가족들의 얼굴과 이름도, 심지어 아빠마저도 점차 기억에서 지워졌다. 그러나 아이는 한 가지는 알고 있었다. 만일 마마가 정말로 나를 원한다면, 절대로 그런 질문은 하지 않았으리라는 것이었다. 진짜 엄마라면 어디를 가거나 딸을 데리고 간다는 것, 그 정도는 빙도 알고 있었다.

빙이 대답하는 데는 불과 몇 초밖에 걸리지 않았다. 아이는 작은 어깨를 움츠리고는 속마음을 둘러싼 껍질을 단단히 굳혔다. 그리고 마마가 듣기 원하는 대답을 해주었다. "상하이에 있는 게 나을 것 같아요." 마마가 자신의 결정을 말리지 않자, 아이는 마음이 아프면서도 자신이 옳았다는 것을 알았다.

**

마마가 충칭으로 떠날 채비를 하며 빙을 위해 새 가정을 알아보던 며칠 동안은 그저 흐릿하게만 기억에 남았다. 아줌마들 중 한 명이 신문에서 "상하이의 한 가족이 여자아이를 입양하기 원합니다."라는 광고를 발견했다. 마마가 그 번호로 전화를 걸자, 곧 후이링 우라는 말쑥한 옷차림의 여자가 그들 문 앞에 나타났다. 마마와 미스 우는 테이블을 앞에 두고 앉았다. 퐁 아줌마와 로즈 아줌마도 자리를 함께했다. 빙은 근처에 서서 상황을 살피며 열중해서 대화를 듣고 있었다. 그 여자가 작은 방에서 차를 홀짝이는 동안 빙은 방문객을 훑어보며 아무렇지 않은 척하려고 했다. 소녀의 눈에 미스 우는 마마 쉬만큼 침착하고 아름다웠지만, 그녀에는 뭔가 다른 것이 있었다. 여자는 빙이 가끔 본 적이 있는, 가게 점원이나 주위의 하인들에게 명령하던 창백한 피부의 외국인 여성들과 더 흡사했다. 마마와 달리 미스 우는 몸에 피부처럼 달라붙는 치파오를 두르고, 얼굴에는 세심하게 화장을 하고 있었는데 입술과 뺨에는 붉은색 루주를, 눈꺼풀에는 푸른 아이섀도를 하고, 검은색 눈썹을 완벽한 아치 모양으로 그려 넣고 있었다.

미스 우는 지금은 어머니와 함께 살고 있지만, 곧 결혼할 예정이라고 말했다. 여자는 샤오야터우小丫頭(계집종) 하녀가 아니라 입양할 여자아이를 찾고 있었다. 어머니에게는 딸이, 자신에게는 여동생이 되어줄 여자아이를 원했다. 빙이 보기에 미스 우는 마마와 아줌마들보다 나이는 조금 더 어려 보였지만, 성숙하고 세상 물정을 잘 아는 듯했다.

그 여자는 말할 때 목소리가 크고, 나머지 사람들의 좀 더 부드러운 쑤저우 말투보다 더 직설적이었다. 그녀는 마마 쉬와 아줌마들이 가끔 농담 삼아 말하던 하이파이海派, 즉 거만함에 가까운 자신감을 뽐내는 상하이식 스타일과 태도가 몸에 배어 있었다. 그러나 상하이에서 살아남으려는 여자에게 하이파이는 훌륭한 자질이라는 점은 모두 인정해야 했다. "빙은 똑똑한 아이고, 학교를 3년간 다녔습니다. 전쟁 때문에 교육이 중단됐어요. 학교에 다시 다닐 수 있는지가 중요해요." 마마 쉬가 미스 우에게 말했다. "얘를 학교에 보내겠다고 약속하실 수 있어요?" 미스 우는 자신도 중학교를 마치고 일본과의 전쟁 때까지 대학에 1년 다녔다고 했다. 그녀는 빙이 계속해서 교육을 받게 하겠다고 약속했다. 그 맹세로 마마는 빙을 안심하고 맡겨도 되겠다고 확신했다. 결정이 내려졌다. 빙은 미스 우와 함께 가기로 했다.

빙은 무표정하게 기다렸다. 아이는 기쁘지도 슬프지도 않았다. 그저 멍했다. 못된 하인들이 자신을 헐뜯고, 다른 아이들이 놀려댈 때도, 아빠를 찾는 것을 포기했을 때에도 느꼈던 바로 그런 기분이었다. 소녀는 아무런 기대도, 소망도, 두려움도 없었다. 그만하면 미스 우는 함께 살러 가기에 괜찮은 사람 같았다. 미스 우와 가는 것이 시골에서 하인과 함께 살게 되는 것보다는 나았다. 길거리에 거지로 나앉는 것보다는 나았다. 아이는 적어도 학교는 다시 다닐 수 있을 것이다.

그날 밤, 마마는 작은 옷 보따리를 싸서 빙을 미스 우가 어머니와 함께 지내고 있는 아파트에 데려다주었다. 그곳은 얼마 떨어져 있지 않은 프랑스 조계지에 있었다. 그들은 프랑스 공원 근처의 큰 집 2층 아파트로 향하는 계단을 올라갔다. 후이링 우의 어머니는 작고, 등이 굽은 여인으로 빙을 훑어보면서도 별다른 말이 없었다. 머리를 뒤로 바짝 당겨 묶은 그녀는 후일링이 현대적인 만큼 엄격해 보이는 전통적인 모직 치파오를 입고 있었다. 우 집안이 빙을 위해 좋은 보금자리가 될 것 같았기에, 마마 쉬는 만족스러운 기분으로 빙을 남겨두고 올 수 있었다. 그 가족은 전화기도 가지고 있었는데 그토록 불안정한 시기에 전화기는 잘사는 집이라는 표시였다. 마마는 작별 인사를 하기 전에, 빙을 한쪽으로 데리고 와서 손을 잡았다. "너를 같이 데리고 가지 못해서 미안해. 그렇지만 새해가 시작되기 전에 우 집안에 오게 된 것이 네겐 행운일지도 몰라. 미스 우는 너를 잘 돌봐주고 학교에도 보내겠다고 약속했어. 혹시나 해서, 퐁 아줌마와 로즈 아줌마한테 가끔 들러보라고 했단다. 나를 찾아야 할 일이 있으면, 쑤저우에 있는 우리 아저씨의 큰 저택으로 찾아가렴. 그분은 내게 연락할 방법을 알고 계실 거야." 빙은 고개를 끄덕였다. 마마 쉬가 외울 주소를 알려주자, 빙이 따라 말했다.

"착하게 굴고, 미스 우가 하라는 대로 해." 마마 쉬가 말했다. 그리고 그녀는 문밖으로 걸어 나갔다. 가버린 것이다. 마치 빙의 아버지가 그랬던 것처럼. 소녀는 이번에는 울지 않았다. 아이는 더 나이를 먹었고, 자신을 위해서라면 어떤 것도 기대해서는 안 된다는 것을 알았다. 빙은 슬픔과 상처를 어두운 곳에 넣고 자물쇠를 채웠다. 그러면 고통은 사라질 것이다. 미스 우는 빙의 물건들을 옷장에 넣고 잠잘 곳을 알려줬다. 그녀 어머니의 침대 옆 바닥에 침낭이 깔려있었다.

"빙, 너는 이제 우리 우씨 집안 사람이야. 넌 나를 언니라고 부르고, 내 어머니를 마(어머니)라고 부르면 돼. 이제 그분이 네 어머니이니까."

**

스무 살인 후이링 우는 빙보다 열한 살 더 많았고, 자신의 강렬한 성격과 호기롭고 자신 있는 말투로 사람들에게 강한 인상을 남기는 타입의 상하이 여자였다. 그녀는 상하이 말 외에도, 쉰 듯한 담배 연기에 잠긴 목소리로 괜찮은 수준의 영어와 일본어, 프랑스어를 구사해서 아무리 혼잡한 곳에서도 주의를 끌었다. 언니는 상하이라는 도시가 제공하는 좋은 한때를, 밤의 유흥과 기회들을 모두 사랑하는 것 같았다. 그녀는 거의 밤마다 빙을 마와 함께 남겨두고 외출하곤 했다. 빙이 오고 나서 얼마 후, 언니는 아파트에 가까운 친구들과 일가친척들을 초대해서 자신의 입양한 여동생을 만나볼 수 있도록 환영 파티를 열었다. 후이링은 요리사까지 고용해서 즙이 많은 고기 완자 獅子頭, 쫄깃쫄깃한 녠가오年糕 떡(중국의 찹쌀떡. 주로 설날인 춘절에 먹는다), 부드러운 오겹살과 김이 모락모락 나는 샤오롱바오 등 상하이 음식으로 유명한 맛있는 요리들을 준비했다. 마의 여동생들도 왔다. 큰이모와 작은 이모, 그리고 마의 큰 딸인 리 아줌마와 그녀의 아이들도 왔다. 물론 최신 상하이 패션으로 차려입은 언니의 친구들도 여럿 초대받았다. 사람들은 모두 빙을 만나보고, 가족이 된 것을 환영하기 위해 파티에 왔다.

"오늘은 우리 집안에 경사스러운 날입니다. 이제 우리 집에 새로 딸, 여동생이 생겼어요. 모두 빙을 환영해주세요!" 언니가 떠들썩한 사람들의 목소리를 잠재우며 소리쳤다. "모두 빙을 친절하게 맞아주고, 한 가족으로 대해주시길 바라요. 이제 이 아이는 우리 우씨 집안 식구니까요."

빙은 너무 놀라서 맛있는 음식들도 제대로 먹을 수가 없었다. 아이는 자신을 위한 파티라는 건 상상도 해본 일이 없었다. 마마 쉬 집에서의 상황과는 달리, 우 집안에서는 적어도 불명확한 점은 없었다. 모두가 자신이 입양된 딸이자 여동생이라는 걸 알았다. 빙은 당황스러우면서도 동시에 그런 사실을 모두가 알게 되어 후련했다. 그러나 그 파티도 아빠의 기억을 담았던 마음 속 빈 자리를 채우지는 못했다. 마마 쉬와 쑤저우 아줌마들 때문에도 소녀는 역시 아픔을 느꼈다. 어떤 잔치를 열어주더라도 버림받았다는 부끄러움을 지울 수는 없었다. 그것도 한 번이 아니라 두 번씩이나.

어느 날, 마마 쉬의 친구인 퐁 아줌마가 새로운 집에 들렀다. 퐁 아줌마는 평소처럼 서양식 남자 양복을 입고, 머리에는 회색 중절모를 쓰고 있었다.

"네가 어떻게 지내는지 보러 왔어. 학교는 다니고 있니?" 그녀가 물었다. 빙은 그렇다고 대답했다. 언니는 빙을 프랑스 조계지에 있는 난광 초등학교에 입학시켰다. 학교는 무척 가까워서 빙은 아파트 창문으로 학교 운동장에서 아이들이 노는 모습을 볼 수 있었다.

그러나 빙은 퐁 아줌마에게 생활의 다른 변화들에 관해서는 말하지 않았다. 쑤저우에서는 하인들이 무엇이든 필요한 일을 해줬다. 우씨 집안에서는 달랐다. 아이는 씻고, 옷 입고, 밥을 차려 먹는 법을 바삐 배워야 했을 뿐만 아니라, 마의 시중도 들어야 했다. 빙은 그렇게 요구 사항이 많은 사람은 본 적이 없었다. 마가 "빙!" 하고 소리칠 때마다 아홉 살 난 여자아이는 그녀에게 뜨거운 차를 가져다주고, 등을 두드리거나 아파트를 정리하는 등 마가 원하는 것이라면 무엇이든 해야 했다.

빙은 이런 갑작스러운 변화에 어리벙벙했다. 그런 일을 해본 적은 없었지만, 소녀는 마가 시키는 대로 하려고 애썼다. 특히 아편 파이프와 램프를 설치하는 것이 어려웠다. 마는 아편 피울 도구들을 준비하는 데 빙의 도움이 필요했지만, 떠돌이 행상인에게서 산 값비싼 "검은색 금"(아편)은 아이가 건드리지 못하게 했다.

마의 자매나 친구들이 들를 때면 빙은 아편 파이프와 필요한 도구들을 가져와야 했다. 달콤한 아편 특유의 향기가 방안을 가득 채우는 동안 마와 손님들은 침실에 누워 있곤 했다. 한번은 빙이 청소를 하고 있는데, 마가 와서 소녀가 작은 아편 부스러기를 버렸다고 몰아세웠다. 마는 몇 시간 동안이나 빙에게 욕을 퍼부어대며 화를 냈다. "바보 같은 년, 노새 불알보다도 하나 나을 게 없어!" 마는 기분이 꼬이면, 현란한 말솜씨로 끝도 없이 잔소리를 퍼부으며 빙을 야단쳤다. 그것은 새로운 생활의 또 다른 부분이었다.

아이는 처음 몇 번 마가 야단칠 때 울지 않으려고 눈물을 참았다. 그리고서 빙은 마가 언니에게도 그만큼 자주 욕설을 퍼부어댄다는 것을 깨달았다. 언니가 빙을 데리고 영화를 보러 가거나, '움직이는 계단'이 있는 큰 백화점에 물건을 사러 갈 때면, 마는 그들이 문을 들어서자마자 언니에게 험악한 말을 쏟아냈다. "그렇게 창녀처럼 돈을 써댈 거면, 나가서 몸이라도 팔아! 길가에 나앉은 거지도 너보다는 영리할 거다!" 마가 뭐라고 하건, 언니는 절대 말대꾸를 하지 않았다. 아무리 심한 말에도 개의치 않는 듯, 그녀는 날 선 말로 대답하는 법도 없었다. 빙은 자신도 그렇게 하려고 열심히 노력했다.

학교는 빙에게 마의 변덕스러운 성미를 피할 수 있는 반가운 안식처였다. 학교까지 몇 블록 정도 걸어가는 동안, 빙이 프랑스 조계지에서 중국 관할 지구가 있는 남쪽을 바라보면, 시커멓게 탄 돌무더기들, 일본군의 집중 폭격으로 인한 폐허만이 눈에 띄었다. 아이는 마마쉬가 그런 전쟁터를 향해 가는 상상을 했다. 마마는 내가 상하이에서 안전하게 지내기를 바랐던 거야. 폭탄에 맞아 죽지 않게 하려고. 빙은 스스로에게 말했다. 언니의 바쁜 사교 생활은 마마의 날카로운 눈을 빙에게서 잠시라도 떼어놓았다. 언니와 언니의 여자친구들은 종종 춤을 추러 외출했다. 그들은 외국 조계 내에 머물며, 갱들과 꼭두각시 경찰들이 설쳐대는 배드랜즈 쪽은 애써 피해 다녔다. 그러나 마는 어쨌거나 언니에게 밤에 나다니는 여자들은 걸귀 같은 병사나 선원들, 부패한 경찰과 갱들, 그리고 이런저런 놈팡이들을 조심해야 한다고 장광설을 늘어놓았다.

빙은 유명한 상하이 영화 감독인 부완창卜萬蒼과 그의 여자친구를 비롯해 다른 세입자들을 알아보게 되었지만, 곧 같은 건물 안에서도 매우 조심스럽게 행동해야 한다는 것을 깨달았다. 새로운 세입자인 미스터 로는 독신남으로 바로 아래층 방으로 이사온 사람이었다. 그는 쾌활한 성격이어서 빙과 마주칠 때마다 으레 "오늘 어린 아가씨는 기분이 어떠신가?" 하고 묻곤 했다. 그는 아빠가 그랬던 것처럼 경쾌하고 알아들을 수 없는 선율을 휘파람으로 불었다. 마는 그 남자를 미심쩍어했다. 찾아오는 손님은 없었지만, 그는 가끔 마의 문을 두드리고는 전화를 쓸 수 있을지 물어봤다. 마는 바쁜 척하면서 그가 하는 대화를 엿듣곤 했는데, 대부분은 매번 상하이의 다른 호텔에서 누군가와 만날 약속을 했다. 하루는 십여 명의 경찰관들이 미스터 로를 찾으며 계단을 뛰어 올라왔다. 그들은 강제로 문을 열고는 그의 방을 수색했다. 빙이 계단 너머로 상황을 엿보자 옆에서 마가 속삭였다. "이자들은 보통 경찰이 아니야. 76에서 온 놈들이지." 76은 제스필드 로 76번지 죽음의 경찰 본부를 의미했다. 경찰들은 총 한 자루를 발견하고는 미스터 로가 일본인과 부역자를 암살하는 임무를 맡은 국민당 지하요원임이 틀림없다고 결론 내렸다. "저놈들이 그를 찾아서 76으로 데려가는 날엔, 아마 그 남자는 차라리 죽는 게 나을 거란 생각이 들 거다." 마가 중얼거렸다. 76에서 온 경찰들이 건물을 떠나자, 마는 여동생과 친구들에게 전화를 걸어, 76과 있었던 작은 충돌과 아래층의 국민당 암살자라는 사람에 관해 자세히 설명했다. 통화를 끝내고 마는 빙에게 손가락을 흔들어댔다. "기억해 둬. 절대로 낯선 사람을 믿으면 안 된다. 너한테 미소를 짓는 사람이라도 믿으면 안 돼. 그놈들이 총을 가지고 있다가 널 죽일지도 몰라."

　그 무렵 빙은 마가 무슨 말을 하든, 얼마나 터무니없는 말을 하건, 그저 조용히 알았다는 듯 고개를 끄덕이는 법을 배웠다. 마가 자주 하는 말대로 상하이 거리는 버려진 아이들과 전쟁 고아들로 넘쳐났다. 여자아이들은 애당초 굶어 죽지 않으면 사실상 가정이나 작업장에서 부려먹는 노예가 되거나 사창가로 끌려가기가 십상이었다. 빙이 입양된 것은 행운이라고 마는 곧잘 강조했다. 가끔 빙은 친절했던 마마 쉬와 그녀의 상냥함을 떠올리기도 했다. 아이는 마마 쉬가 지금 어디쯤 있을지 궁금했다. 어쩌면 토끼의 해인 1939년은 빙에게 더 운이 좋은 해가 될지도 몰랐다. 그러나 소녀는 그런 것에 마음을 기댈 만큼 어리석지 않았다.

4장

안누오, 2세

1937년, 상하이

큰 폭발음이 들리고 포탄이 목표물을 향해 날아가며 새된 휘파람 소리를 내자 아기새처럼 작은 소녀는 겁에 질려 몸을 움츠렸다. 1937년 8월 13일, 일본과의 전쟁이 상하이에 들이닥친 끔찍한 날이었다. 프랑스 조계 내, 소녀와 가족이 사는 작은 아파트의 벽이 남쪽으로 몇 블록 떨어지지 않은 중국 관할 구역에 쏟아지는 폭탄 세례에 흠칫 놀란 듯 떨려왔다. 자그마한 안누오 리우는 구석에 웅크리고 있었다. 다섯 살 난 오빠 찰리가 동생을 안심시키려고 애썼다. "무서워하지 마. 내가 지켜줄게." 창문이 덜컹거리자 찰리가 약속했다. 오빠는 동생에게 학교에서 들은 이야기를 해주었다. 그들보다 겨우 몇 살 더 많은 애국심 강한 보이스카우트와 걸가이드들이 중국의 대의를 위해 적진을 넘나들며 소식과 탄약을 전달하는 이야기였다. 그 후로 며칠, 그리고 몇 주가 지나도록 전쟁의 소음이 잦아들지 않자 어린 소녀는 더는

PART ONE : 전쟁의 북소리

폭발음이 들릴 때마다 숨으러 달아나지 않게 됐다. 그러나 발밑의 바닥이 흔들리고, 불에 탄 나무와 디젤의 아린 냄새가 집안을 가득 메울 때면, 여전히 아이는 놀라 눈이 휘둥그레졌다. 일본군 사령부는 상하이를 공격하는 과정에서 새로운 군사 전략을 도입했다. 바로 주민들을 공포로 밀어 넣고 몰살시키도록 민간인 지역에 대해 무자비한 공중 폭격을 퍼붓는 것이었다. 독일 나치 공군은 나중에 똑같은 방식의 기습 공격을 유럽에서 감행하게 된다.

상하이의 중국인 밀집 지역이 엄청난 피해를 보면서 수많은 민간인이 죽거나 불구가 되었다. 사람들이 돈과 음식, 침대와 기저귀 등을 기부하며 갑작스레 고아가 된 수백 명의 아기를 도우려고 달려왔다. 안누오의 어머니 샹잉도 지역 병원에서 봉사할 기회를 놓치지 않았다. 샹잉은 내과의로 수련을 받았지만, 의과대학을 수석으로 졸업할 무렵 이미 찰리를 임신하고 있어서 의사로 개업하지 않았다. 아들이 태어나자, 이번에는 남편 용치오가 그녀가 일하는 것을 반대했다. 그러나 일본이 상하이를 공격했을 때, 용치오는 먼 지방에서 국민당 정부를 위해 일하느라 몇 달 동안 자리를 비운 상태였다. 자신을 만류할 남편이 없었으므로 샹잉은 임시병원으로 달려가 언제 적의 포화가 쏟아질지 모르는 상황에서도 매일 부상자들과 아픈 사람들을 돌봤다. 안누오는 엄마가 집을 나서는 아침마다 불안해하며 문 앞까지 따라왔다. 어린 소녀는 창가에서 무마를 기다리곤 했다. 아이는 상하이 사투리 그대로 어머니를 무마라고 불렀다. 무마가 집에 돌아오면 소독약, 외과용 알콜, 토사물과 피 등 꺼림칙한 냄새가 엄마와 함께 들어와 집안에 퍼져나갔다. 어머니가 옷을 갈아입고 무서운 냄새를 씻어내고 나서야, 안누오는 한결 마음이 편해지곤 했다. 무마는 정부가 후퇴할 시간을 벌 수 있도록 중국군이 상하이에서 일본군과 용감하게 전투를 계속하고 있다고 말했다. 농민들 사이에서 공산주의자의 영향력이 점점 커지고 있음에도 불구하고, 사람들은 필요한 장비와 함께 이미 먼 내륙으로, 안누오의 아버지가 신생 중국 국민당 정부를 수립하기 위해 일하고 있는 곳으로 더 가까이 이동하고 있었다.

석 달 가까이 지난 후에야 집중 포화가 마침내 멈췄다. 1937년 10월 말까지 중국군은 완전히 퇴각했다. 상하이 중국인 구역에 일본의 계엄령이 내려졌다. "이제 적군이 모든 걸 장악했어." 무마가 안누오와 찰리에게 주의를 줬다. "너희는 아버지 일에 대해서는 아무한테도 이야기하면 안 된다."

두 아이는 그런 시험에 들 필요가 없었다. 중국군의 패배와 일본의 상하이 점령 소식은 1100마일 이상 떨어진 남서부 구이저우성에 배치되어 있던 안누오의 아버지 용치오 리우에게 곧 전해졌다. 퇴각하는 군인들과 중국 동쪽 해안 지역 주민들 수백만 명이 내륙 지역으로 이주했다. 중국 내 더 많은 지역들이 일본 군정 아래로 들어가자, 소녀의 아버지는 가족의 안전을 걱정하게 됐다.

그는 전령을 통해 상하이의 아내에게 다급한 기별을 보냈다. 즉시 적에게 점령된 도시를 떠나 자유중국에서 자신과 합류할 것, 그것이 내용이었다.

무마는 전쟁 지역들을 우회하는 경로를 궁리해야 했다. 먼저 어머니는 "엠프리스 오브 재팬"호를 타고 인도차이나로 가는 표를 예약했다. 적의 배를 탄다는 점이 불안했지만, 천황 히로히토의 해군이 항구를 장악하고 있는 이상, 다른 선택의 여지가 없었다. 적어도 일본인들이 자기들 배에 폭탄을 떨어뜨리지는 않을 거라고 무마는 판단했다.

일단 인도차이나로 가면, 세 사람은 구이저우에 도착할 때까지 남쪽에서 다시 중국을 향해 흙길과 외딴 수로를 따라 산악 정글을 건너야 했다.

찰리는 뱃길 내내 심한 멀미에 시달렸다. 그러나 안누오는 정반대였다. 이 활기찬 소녀는 여행길에 새 친구들을 많이 만들 수 있어서 기분이 좋은 데다 친절하고 장난기가 넘쳤다. 아이는 기회만 되면 노래하고 춤을 추며 자신에게 사로잡힌 관중들을 즐겁게 했다. 위험을 피해 달아나는 길고 힘든 여행은 안누오에겐 전혀 새로운 일이 아니었다. 1935년 태어났을 때부터 아이는 안전한 피난처를 찾아 이곳저곳으로 옮겨 다녔다. 1935년에 용치오 리우는 샹잉 다이와 함께 상하이 사교계의 호사스러운 파티 생활을 그만두기로 했다. 두 사람은 1927년에 시작된 상하이의 밝고 희망찬 10년이 그 정점에 이르렀을 때 성년이 됐다. 총사령관 장제스가 공산당 경쟁자들을 무력화시키며 여러 지역 군벌들을 자신의 지도하에 통합한 이후였다.

안누오의 부모와 그들이 속한 중국의 미래지향적인 지식인 세대는 화려하고 새로운 중화민국의 가능성을 마음껏 누렸다. 일본이 침략하기 전, 국민당 정부가 다스리던 그 10년 동안은 국민당을 세운 쑨얏센孫逸仙(쑨원孫文의 호)이 구상한 중화민국이 마침내 눈앞에 보이는 듯했다.

용치오와 샹잉은 상하이의 학생이었다. 두 사람 모두 부유한 지주 상인 집안에서 태어나 이웃하는 안후이성과 장쑤성에서 이 역동적이고 매력적인 도시에 자석처럼 이끌려 왔다. 그들은 우연히 같은 친구의 집에서 만났다. 샹잉은 장차 의사가 되려는 동난東南 의과대학의 학생이었고, 용치오는 동우東吳 법과대학의 유쾌하고 야심만만한 대학생이었다. 안누오의 부모는 중국 공화국이 누린 짧은 황금기의 전형을 보여줬다. 둘은 봉건 왕조 시대의 낡은 방식에서 벗어나고 싶어 했다. 샹잉은 소녀 시절, 교육을 받아야겠다는 결심을 했다. 소녀는 이미 자신의 발을 불구로 만들기 시작한 고통스러운 전족을 멈추도록 아버지를 조른 다음, 이번에는 학교에 보내 달라고 설득했다. 용치오는 여덟 살의 나이에 가장이 되면서 어린 시절 그 나름의 고충에 시달렸다. 화려한 옷을 차려입고, 어린 황제처럼 가마를 타고서 고문들과의 회의에 참석해 가족의 안녕과 사업에 대한 중요한 결정을 내리는 임무를 수행해야 했다. 샹잉과 용치오가 처음 만났을 무렵, 두 사람은 각자의 집안에 이익을 가져다줄 결혼 계약을 향한 단계로 이미 다른 사람과 약혼을 한 상태였다. 그러나 관객들이 로맨스와 모험 영화를 보러 극장에 몰려드는 상하이에서 중국의 신세대들은 사랑에 기반을 둔 결혼을 원했다. 가족들에게는 실망스럽게도 샹잉과 용치오는 각자의 약혼을 깨고, 최신식 연애결혼에 혼인 서약을 했다.

상하이의 전성기에 교육받은 젊은 부부로서 각각 20대 후반, 30대 초반이었던 안누오의 어머니와 아버지는 이 커다란 도시가 특권 엘리트층에 제공하는 짜릿한 흥분을 즐겼다. 막 일을 시작한 변호사였던 안누오의 아버지는 하찮은 범죄자들을 변호하는 법률사무소에 들어갔다. 그들 중 몇몇은 당연히 도시의 가장 큰 범죄 조직인 청방과도 관련이 있었다. 그와 상관없이 사업이 크게 번창하던 시기 용치오는 사건마다 매번 거액의 보수를 받았다. 장제스과 청방이 협력해 노동계 지도자와 공산주의자로 의심받던 사람들을 살해하고 나서 몇 년이 지난 후였다. 건설 프로젝트가 호황을 누려서 새로 들어서는 건물들은 매번 직전에 만든 것보다 더 화려하게 지어졌다. 중국의 상류층, 부유한 사업가들과 지방 출신의 대지주로 구성된 부르주아들이 이 국제도시로 몰려들었다. 전 세계의 모리배들과 모험가들도 마찬가지였다. 성장하는 중산층의 전문직 종사자들, 지식인과 상인들이 도시의 증가하는 수요를 충족시키기 위해 나타났다. 출판사, 현대적인 학교, 병원과 대학 등이 이 빛나는 시기에 꽃을 피웠다.

용치오가 받는 사치스러운 수준의 월급 덕에 안누오의 부모는 상하이의 화려한 생활을 기꺼이 맞이할 수 있었다. 고층 건물, 엘리베이터, 자동차, 전기, 전화, 수세식 화장실 등 이 모두가 새로운 시대가 가져온 문명의 이기였다. 그들은 대형 밴드가 연주하는 화려한 나이트클럽에서 춤을 추고, 중국인의 입맛에 맞도록 만들어진 서양식 요리 *ching lung*가 나오는 외국풍의 레스토랑에서 식사를 했다. 두 사람은 외국 조계 내 대나무처럼 솟아오른 건물들 속 아파트를 빌려서 살았는데, 뉴욕이나 런던의 대부분 지역보다 더 현대적인 시설을 갖춘 곳이었다. 찰리 채플린, 알베르트 아인슈타인, 버트런드 러셀부터 조지 버나드 쇼, 유진 오닐, 에밀리 한, 노엘 카워드와 W.H. 오든에 이르기까지 수많은 국제적인 인물들과 외국의 지식인들이 번영을 구가하는 상하이를 방문했다.

샹잉과 용치오는 중국이 밝고 현대적인 미래 속에서 새롭게 태어나길 기대하는 세대에 속했다. 1932년 두 사람이 결혼하고 1년이 지나서 아들 찰리가, 다시 3년 뒤에 안누오가 태어났다.

그러나 상하이의 황금기는 값비싼 대가를 치르고서야 찾아왔다. 1912년 중화민국이 탄생한 이후 장제스가 속한 국민당의 보수 진영은 공산주의자들을 포함한 여러 경쟁 군벌, 정당, 파벌의 도전을 받았다. 중국을 군사적으로 통일하면서 자신의 권력을 공고히 하기 위해

1927년 장제스는 상하이와 다른 공업 도시들에서 공산주의 진영 경쟁자들을 제거하는 데 착수했다. 프랑스 조계 총영사의 말에 따르면, 장제스는 상하이의 강력하고 악명 높았던 청방과 힘을 합치며 "악마와의 계약"을 맺었다. 청방의 우두머리인 두웨성杜月笙(1888~1951, 1920년대 공산당과 맞서던 장제스과 국민당의 주요 후원자였으며, 중일 전쟁 당시 중국에서 활동했던 주요 인물)은 눈에 띄게 큰 귓불 때문에 "큰 귀의 두"로 알려져 있었다. 두는 10만 명의 무장한 깡패, 즉 외국 주둔군을 모두 합친 것보다 더 많은 보병을 지휘하고 있다고 주장했고, 필요하면 그들을 즉시 동원할 수 있었다.

영국, 프랑스, 미국 당국의 도움으로 국민당과 청방의 부정(不淨)한 동맹은 상하이 거리에서 노동운동가, 좌익, 공산주의자들에 대한 피비린내 나는 학살을 자행했다. "백색 테러"(정치적 목적을 달성하기 위해 암살, 파괴 등을 수단으로 하는 우익세력의 테러)였던 이 말살 정책은 1927년 4월 12일에 시작해서 몇 주 동안 계속되었다. 장제스의 부하들은 좌익으로 의심되는 사람들과 노동운동가들을 즉석에서 처형했다. 단발머리를 한 여성들은 현대식 머리 모양 때문에 특별 처벌을 받았다. 고문과 처형이 끝난 후, 이들의 잘린 머리는 여성의 "급진적인" 행동을 조롱하기 위해 머리 없는 남성의 몸에 올려졌다. 광포한 숙청이 다른 도시들로 퍼져나가자 좌익과 공산주의자들은 지하 조직으로 잠적하거나 내륙으로 쫓겨났지만, 덕분에 마오쩌둥은 어려움을 겪고 있던 중국 시골 농부들 사이에서 단단히 기반을 다질 수 있었다.

상하이의 자본가들와 실업가들은 중국의 가장 산업화된 도시에서 노동자의 요구와 혼란을 억누른 채, 부르주아 계급의 황금기였던 10년 동안 번성했다. 그러나 모두가 상하이의 급격히 성장하는 부를 한껏 즐긴 것은 아니었다. 도시 인구의 대다수는 상류층이 살던 외국 조계지 바로 너머에서 가난과 비참함 속에 살아갔다. 용치오의 형은 파리에서 교육받은 유명한 세균학자로, 상하이의 호시절을 자아도취적으로 뒤쫓는 동생을 경멸했다. 그는 용치오를 난봉꾼 취급했는데, 상하이의 유혹에 편승해 밤낮으로 방탕하게 생활하는 부유한 젊은이들에게 흔히 붙여지던 꼬리표였다.

안누오가 태어났을 때, 용치오는 이미 흥청대던 생활을 정리할 준비가 되어 있었다. 어쩌면 일본의 침략으로 애국적인 열정이 커진 것이 젊은 아버지의 마음을 바꾸게 한 계기가 되었을지도 모른다. 그 역시 범죄자를 변호해 생긴 돈으로 호화로운 삶을 사는 것이 부도덕하다고 믿게 됐다. 친한 친구였던 사진작가 우인셴이 공산당에 합류해 일본군과 싸우기로 결심했을 때, 용치오도 동행할 생각이었다. 그는 마지막 순간에 열병으로 앓아눕는 바람에 함께 갈 수 없었지만, 친구는 마오쩌둥의 개인 사진사가 되었다. 그리고 곧 구이저우(貴州, 중국 남부의 성)의 성장省長이 멀리 떨어진 그 지역을 수립 후 7년이 된 정부의 지휘 아래로 이끌도록 돕는 치안판사로 일해 달라고 요청했을 때, 용치오는 자신의 또 다른 소명을 찾을 수 있었다. 이념보다 애국심에 더 동요했던 당시 많은 중국인들처럼 안누오의 아버지도 두 당 사이에 큰 구분을 두지 않았다. 그는 중국이 강해지도록 도울 수 있다는 그 야심 찬 임무를 받아들였다.

안누오의 아버지는 그녀가 태어난 지 며칠 되지 않아 먼 구이저우로 떠났다. 아내와 아이들이 자신의 어머니 집에 있는 것이 더 안전하리라고 판단한 아버지는 식구들을 상하이 북서쪽으로 170마일가량 떨어진 양저우의 고향마을로 보냈다. 갓 태어난 안누오에게는 전쟁의 위험을 피해 달아난 첫 번째 도망이었다. 그러나 용치오의 어머니는 아들의 혼약을 깨뜨린 신식교육 받은 여자를 원망했고, 샹잉의 삶을 비참하게 만들었다. 다루기 힘든 시어머니의 마음에 들기 위해 2년 동안 애쓴 후, 안누오의 어머니는 아이들을 데리고 상하이로 돌아왔다. 자신을 못마땅해하는 시댁 식구들과 일분일초라도 더 보내느니 도시에서 혼자서 아이들을 키우는 편이 낫겠다고 마음을 정했기 때문이었다. 그리고 잠깐이었지만 샹잉은 '피의 토요일'이 지나고 남편이 자신과 아이들을 부를 때까지 엄청난 수의 사상자 치료를 돕는 데 고된 노력 끝에 익힌 의학 지식을 활용할 수 있었다.

*
**

이제 두 살이 된 안누오는 또다시 달아나야 하는 처지가 되었다. 이번에는 구이저우의 국민당 소속 아버지와 합류하기 위해 일본군에 점령된 상하이에서 도망쳐야 했다. 아버지는 안누오가 태어난 직후에 떠난 터라 아이에게는 낯선 사람과 다름없었다. 인도차이나와 중국 최남단의 국경을 드나들며 가는 곳마다 노래하고 춤을 추던 안누오는 마침내 아버지를 대면하게 됐다. 아이는 당당한 체격에 카키색 국민당 군복을 입은 키가 크고 잘생긴 남자를 응시했다. 소녀는 아버지가 주변 사람들과 웃고 농담하는 것을 지켜보았다. 사람들은 모두 그의 한마디 한마디에 귀를 기울였다. 무마는 안누오와 찰리에게 아버지는 국민당 정부를 위해 그 지역 전체를 다스리는 중요한 사람이라고 말했다.

제복을 입은 키가 훤칠한 남자는 안누오가 엄마의 치마 뒤로 숨으려고 할 때쯤에야 아이를 발견했다. 아버지는 안누오를 "이리 와라!"

라고 큰 소리로 불렀다. 안누오는 깜짝 놀라 움츠리며 그에게서 멀찌 감치 떨어졌다. 아이는 슬그머니 고개를 들다 아버지가 자신을 보고 있다는 것을 알아차렸다. 아버지의 얼굴에는 못마땅한 기색이 역력했다. 그는 돌아서서 어머니에게 물었다. "저 아이는 뭐가 잘못됐나? 꼭 내 쓸모없는 아홉째 여동생을 닮았군." 어린 안누오는 아버지를 귀찮게 하지 말아야 한다는 것을 알아차렸다.

다행히도 아버지는 너무 바빠서 딸에게 별다른 관심을 기울이지 않았다. 그는 구이저우성 핑바平壩 현을 둘러싸고 있는 지역의 최고 치안판사로 신생 국민당 정부의 통치를 강화하고 법을 집행하는 책임을 맡고 있었다. 안누오는 하인들을 통해 사람들이 아버지의 공정한 면을 존경한다는 것을 알게 됐다.

그는 상관들이 명령한 것처럼 지역민들에게 유일한 수입원인 아편밭을 불태우라고 강요하지 않았다. 대신 그는 사람들을 정부의 원칙 편에 서게 하는 더 점진적인 방법들을 찾아냈다.

안누오가 네 살이 되었을 때쯤, 오빠 찰리는 다음 날 아침에 사형 집행이 있다는 것을 알게 됐다. 아버지가 몇몇 범죄자들을 참수하라는 명령을 내려놓은 터였다. 찰리는 함께 보러 가자고 안누오를 설득했다. 둘은 일찍 일어났지만, 형 집행에는 늦고 말았다. 아이들이 광장에 도착했을 때는, 이미 잘려나간 사형수들의 머리가 장대에 꽂힌 채 늘어서 있었다. 안누오는 눈을 감았지만, 찰리가 그 장면을 세세한 부분까지 묘사해줬다. 아버지는 찰리와 안누오가 사형장에 간 것을 알고는 화가 나서 아이들에게 소리를 질러댔다. 안누오는 벌을 받을까 봐 무서워서 숨어버렸다.

점점 더 많은 수의 중국인들이 일본의 점령을 피해 상하이와 같은 해안 도시에서 자유중국에 속하는 내륙의 충칭과 구이저우 같은 지역으로 이주하고 있었다. 제복을 입은 중요한 인물들이 종종 방문해서 치안판사에게 경의를 표했다.

안누오의 어머니는 이런 손님을 일일이 접대하느라 바빴다. 심지어 의사가 크게 모자라는데도 남편은 샹잉에게 더 이상 진료를 해서는 안 된다고 우겼다. 장인에게는 아내가 대학에서 받은 교육을 활용하게 하겠다고 약속했지만 샹잉과 서양식으로 연애 결혼했던 이미 예전과 다른 사람이 되어 있었다. 이제는 본인의 평판이 자신이 했던 약속이나 아내의 바람보다 훨씬 더 중요했다. 용치오는 아내가 일하느라 자기 체면을 깎는 것을 참을 수가 없었다. 안누오의 어머니는 현대적인 교육을 받은 여성이었지만, 남편에게 복종할 것을 강요하는 전통의 무게를 이기지 못했다.

구이저우에서의 2년은 "중국의 용광로"라고 알려진 그 지역의 찌는 듯한 더위를 겪으며 빠르게 흘러갔다. 안누오는 곧 구이저우 사투리를 그곳에서 나고 사란 사람처럼 말하게 됐나. 소녀는 정부 주택 난지 안뜰에서 오빠 찰리와 다른 관리들의 아이들과 뛰어다니며 여러 가지 놀이를 했다. 그러나 안누오는 이곳 자유중국에서 공습 사이렌이 울릴 때 숨을 곳을 찾아 달리는 법도 배웠다. 아이들은 가공의 적과 싸우는 전쟁놀이를 하면서도 날마다 그 지역을 폭격하는 진짜 일본 비행기가 나타나지나 않을까 신경을 곤두세웠다. 찰리는 조그맣게 만든 국민당 제복을 입고는, 꽤 오랫동안 다른 옷은 입지 않겠다고 고집을 부렸다. 소년은 카키색 재킷과 바지를 입은 채 자신만만한 자세를 하고 뒤로 넘긴 머리와 부풀린 가슴으로 건장한 아버지를 흉내 내려고 애썼다. 그렇게 2년이 다 되어갈 때쯤 안누오의 여동생, 리닝이 태어났다. 시골 전초기지에서 생겨난 행복한 사건이었다.

1939년이 저물 무렵, 일본의 현대식 항공함대는 중국 내륙에 대한 공격을 한층 강화했다. 국민당은 일본의 맹공격을 방어할 만한 대공 무기를 갖추고 있지 못했다. 3천만 명 이상의 중국인들이 장제스 국민당 정부와 함께 내륙으로 이주했는데, 이들은 전쟁물자를 계속해서 생산할 수 있는 많은 수의 공장 장비들과 기계도 함께 가져왔다. 새로운 이주자들은 대부분 걸어서 도서관, 학교, 실험실과 병원을 천마일도 넘게 옮겨다 놓았고, 새 터전을 엄호하기 위해 산비탈에 동굴을 팠다. 국민당의 수도인 충칭은 "모조리 죽여라, 약탈하라, 모두 불태워라"라는 일본의 초토화식 접근으로 매일같이 집중포화에 시달렸다. 침략자의 비행기들이 별다른 방해 없이 땅에 바짝 붙어 낮게 나는 통에, 생존자들은 비행기가 수많은 민간인을 쏘아 넘어뜨릴 때면 조종사와 포수의 얼굴을 볼 수 있었다고 전했다. 수천 명의 남성과 여성, 어린아이들이 사망했는데, 많은 사람이 안전한 곳을 찾으려다 일본 폭격기들이 표적으로 삼은 방공호 속에서 죽어갔다.

구이저우는 충칭에서 200마일 떨어진 곳에 있었기 때문에, 수도와 같은 강도의 공습을 겪지는 않았다. 그러나 버마를 통해 국민당으로 닿는 남쪽 보급로는 미군의 조지프 스틸웰 장군이 이끄는 부대의 도움을 받아 20만 명의 일꾼들이 험준한 산악 지대를 깎아 만든 것이었다. 버마 가도를 끊어놓기 위해 광포한 일본군은 더욱 심하게 폭격을 퍼부었다. 안누오의 아버지는 가족을 다시 이주시켜야겠다고 결심했다. 이번에 아버지는 비록 일본 점령군이 조계 지역을 외딴 섬처럼 포위하고 있더라도 상하이의 외국 조계지가 자신의 가족에게 더 안전할 것이라고 결론을 내렸다.

상하이로 돌아가는 여정은 전쟁 초반이던 2년 전의 험난했던 여행보다도 훨씬 더 위험할 터였다. 일본군을 피해 더 외딴 지역인 윈난과 광시를 우회하고 인도차이나를 거쳐 홍콩으로 가는 데 4개월이 소요될 것이었다. 길목 어느 곳에서나 국민당원의 가족에게는 그대로 죽음을 의미하는 적과 마주칠 수 있었다. 그 무렵 안누오는 비행기 소리를 들으면 즉시 자신의 작은 다리가 폭탄과 기관총을 앞질러야 한다는 걸 알고 숨을 곳을 찾아 능숙하게 뛰게 되었다. 그러나 긴 여행동안 소녀에게 가장 강한 인상으로 남았던 일은 전쟁 지역을 벗어나려다 어머니가 심하게 넘어졌을 때 일어났다.

네 사람을 태우고 동남아시아를 가로지를 버스가 마침내 도착해서 승객을 태울 채비를 하자, 안누오와 찰리는 자리를 잡기 위해 사람들로 붐비는 차 위로 잽싸게 올라갔다. 어머니는 아직 어린 여동생을 안고 느리게 뒤를 따랐다. 그러나 샹잉은 버스에 오르다 어린 시절 시작했던 전족으로 영원히 기형이 된 발을 헛디디며 넘어졌다. 안누오는 엄마가 인도에 곤두박질치며 쓰러지는 것을 겁에 질려 바라봤다. "무마!" 아기인 리닝을 보호하려고 엄마가 몸을 틀어 앞으로 숙이는 걸 보고 안누오가 소리쳤다.

무마는 머리부터 땅에 부딪혔다. 리닝은 다치지 않았지만, 어머니는 땅 위에 쓰러져 있었고, 머리에 베인 상처에서 피가 흘러내렸다. 안누오는 울음을 멈출 수가 없었는데, 처음에는 엄마가 죽었을까 봐 무서워서, 그다음엔 엄마가 몸을 일으켜 앉으려는 걸 보고 마음이 놓여서 울었다. 머리에 붕대를 감은 후, 샹잉은 다시 그 가파른 계단을 비틀거리며 올라갔다. 안누오의 아버지는 그 일을 두고 "잘했어. 아이를 구했군."이라고 했다.

2년 전 안누오는 여행길에서 재롱꾼 노릇을 톡톡히 했다. 그러나 이번 여행에서 아이는 겁에 질리고 불안해했다. 어머니는 긴 버스 여행 동안, 피범벅이 된 붕대로 머리를 감싸고 어떻게 해서든 버텼다. 안누오는 따뜻한 체온을 느끼고, 어머니가 거기에 있다는 걸 확인하고 싶어 무마에게 매달렸다. 엄마는 항상 새끼들을 보호하는 암사자처럼 강하고 굳셌다. 엄마의 주의 깊은 눈길 아래에서 안누오는 늘 안전하다고 느꼈다. 이제 소녀는 이전만큼 그런 확신이 들지 않았다.

1939년 늦은 가을 마침내 상하이에 이르렀을 때, 안누오의 가족들은 프랑스 조계지의 친숙한 동네로 돌아왔다. 네 사람은 아버지가 법대생 시절에 살았던 라파예트 47번가에 있는 작은 아파트를 빌렸다. 그곳은 안누오가 태어나기 전, 부모님이 상류층 생활을 누리던 시절에 살던 멋진 집과는 전혀 딴판이었다. 그러나 일본군이 점령한 1939년의 상하이는 20년대 후반, 30년대 초의 빛나던 시절과는 많이 달라져 있었다. 외국 조계지들은 도시 내 음모와 폭력의 진원지가 되어 있었다.

국민당원이자 전직 치안판사였던 안누오의 아버지는 으뜸가는 표적이 될 것이 뻔했다. 그해 가을, 가족들이 라파예트 가의 아파트로 이사하고 얼마 지나지 않은 어느 날 오후였다. 코트 차림의 아버지가 손에 작은 여행 가방을 들고 집 안으로 들어섰을 때, 안누오는 안방에서 놀고 있었다. 가까이 앉아 있던 어머니의 품에는 안누오의 어린 여동생이 안겨 있었다. "내 지휘관인 한더친 장군이 장쑤 지역의 국민당 저항군 사령관에 임명됐소." 아버지가 무마에게 말했다. "그분이 내게 보좌관으로 일해 달라고 하셨어." 안누오는 놀란 엄마의 눈썹이 둥근 안경테 너머로 아치를 그리는 것을 보았다.

"나는 그분과 함께 적진의 배후에서 싸우러 떠날 거요." 아버지는 구이저우에서 명령을 내리던 때와 똑같은 단호한 어조로 말했다. 어머니는 잠시 말이 없었다. "우리 가족, 아이들은요? 아기는 어떻게 해요?" 마침내 어머니가 물었다.

"조국이 먼저요. 우리가 일본에 지면, 우리 아이들이 살아갈 만한 미래는 영영 오지 않을 거요." 아버지가 대답했다. 어머니의 얼굴에 떠오른 걱정스러운 표정이 안누오를 놀라게 했다.

그리고는 아버지가 물었다. "우리한테 돈이 얼마나 있지?" 어머니의 대답을 기다리지 않고 그가 덧붙였다. "있는 대로 모두 줘." 안누오의 어머니는 팔에 리닝을 안고서 조용히 일어섰다. 샹잉은 서랍 속으로 손을 뻗어 작은 지갑을 꺼냈다. 지갑 속의 1위안까지 모두 남편에게 건네주며 어머니는 어리둥절한 표정으로 물었다. "애들 먹을 건 어떻게 구하죠?" 아버지는 어깨를 으쓱했다. "슈슈에게 돈을 달라고 해." 법과대학 시절부터 아빠의 가장 친한 친구였던 슈슈 아저씨는 무마의 여동생과 결혼했다.

안누오의 아버지가 집을 나서려고 돌아섰다. 남편의 손이 문의 손잡이에 닿자, 어머니가 맑은 목소리로 물었다. "당신은 아이들에게 잘 있으라는 인사도 안 할 거예요?" 샹잉은 남편에게 아기를 내밀었다. 아주 잠깐, 안누오는 아버지가 망설인다고 생각했다. 아니면, 그저 혼자 상상했었던 것인지도 몰랐다. 아버지는 밖으로 걸어 나가며 문을 닫았다. 자신이나 오빠에게는 한마디 말도 없었다.

안누오는 창가로 달려가 라파예트 거리를 내려다보았다. 아이는 유리창에 이마와 손바닥을 대고 누른 채, 아버지가 추운 가을날의 오후 속으로 발걸음을 내딛는 모습을 지켜보았다. 나무와 인근 건물 아래로 해가 떨어지고 하늘은 회색빛으로 변해 있었다. 아버지의 등은 꼿꼿했고, 보폭은 컸다. 구이저우에서 아버지는 국민당 제복을 입고 있었지만, 상하이에서는 그렇게 하기에는 너무 위험했으므로 평범한 서구식 옷을 입고 있었다. 아버지와 오빠 두 사람 모두 제복을 두고 떠나와야 했다.

입김으로 유리가 흐려지자, 아이는 돌아서서 어머니를 훔쳐보았다. 아기는 여전히 잠들어 있었고, 어머니의 얼굴엔 멍한 표정만이 떠올라 있었다. 샹잉은 가슴에 리닝을 꽉 끌어안고 있었다. 안누오는 질투심으로 가슴이 베인 듯 아팠다. 다섯 살이 된 아이는 그런 관심을 받기엔 너무 컸지만, 그래도 엄마가 자신을 안아주길 바랐다. 대신 소녀는 안심이 될만한 무언가를 찾아 엄마의 얼굴을 살폈다.

무마의 얼굴에는 아무런 표정도 떠오르지 않았다. 안누오의 아버지는 가족의 보호자였고, 구이저우에서는 모두가 존경하고 따르는 당당한 사람이었다. 이제 누가 그들을 보호해준단 말인가?

아버지가 장쑤의 전선으로 떠난 뒤, 무마는 남편의 지시를 그대로 따랐다. 거기에는 무마가 일자리를 구해서는 안 된다는 요구도 포함되어 있었다. 어머니는 슈슈 아저씨에게 가서 돈을 부탁했다. 아저씨는 미국 회사를 위해 일하는 변호사로 월급이 많았다. 몇 번인가 같은 일이 있고 난 뒤에, 슈슈 아저씨는 무마에게 약간의 지폐를 건네주고 나서, 쪽매붙임한 마룻바닥을 내려다보았다.

"이게 우리가 나눠줄 수 있는 돈 전부에요," 아저씨가 말했다. "지금 우린 아이들의 훙바오(춘절(春節·설날)에 덕담과 함께 주는 세뱃돈)를 헐어서 쓰고 있다고요." 제부弟夫가 하려는 말은 분명했다. 샹잉이 지금 자기 아이들의 돈을 가져가고 있다는 의미였다. 무마는 더는 돈을 얻으러 갈 수 없었다. 어머니는 생각해낼 수 있는 모든 비용을 줄이며 할 수 있는 데까지 버텼다. 일본군은 외국 조계 내로 들어오지는 않았지만, 식량과 필수품의 유입을 제한하고 있었다. 쌀값이 너무 비싸서 무마는 식구들을 위해 밍밍한 옥수수죽밖에는 살 돈이 없었다. 엄마는 며칠 동안 계속해서 그것만 식탁에 올렸다. 옥수수죽은 너무 맛이 없어서 안누오가 아무리 배가 고파도 삼키기 힘들 정도였다. 결국 어머니는 남편이 아무리 반대하더라도 일자리를 찾는 것 외에는 방법이 없다는 사실을 깨달았다.

남편이 잘 알려진 국민당원인 샹잉에게 일자리를 찾는 것이 쉬울 리 없었다. 어떤 자리건 지원하는 것 자체가 어렵고 위험한 일이 될 터였다. 일본 점령하에 정부를 운영하는 중국인 관료들은 모두 적의 꼭두각시, 부역자들로 중국인에 대한 배신자들이었다. 누구든 샹잉의 의료자격 증명서를 확인하게 되면, 남편이 누구인지도 알게 될 것이었다. 그렇게 되면, 무마는 제스필드 로 76번지의 괴뢰 경찰 본부로 끌려가 그곳에서 조사를 받거나 고문당하거나 죽임을 당할 수도 있었다. 76번지에서 살아서 돌아온 사람은 없다고들 했다.

그럼 아이들은 어떻게 될까? 그러나 순전히 우연의 일치로, 안누오의 어머니는 여덟 살 된 찰리를 위해 아파트 근처의 초등학교를 찾던 중에 채용 공고를 보게 됐다. 학교 게시판에 붙은 공고문에는 "학교 의사 혹은 간호사가 필요하니 지원하시오."라고 쓰여 있었다. 그녀는 동난 의과대학의 졸업장을 제출하고 일을 구할 수 있었다. 다른 신원조사는 필요 없었다. 일자리는 완벽했다. 샹잉은 자신을 알아볼지도 모르는 이전 동료들과는 마주치고 싶지 않았다. 학교에서 일하게 되면서, 찰리도 더 적은 수업료를 내고 학교에 등록시킬 수 있었다.

또 한 가지 좋은 점은 다른 학생들보다 어렸지만 안누오도 부설 유치원에 입학할 수 있다는 것이었다.

처음 안누오에게 학교는 악몽 같은 곳이었다. 두 살부터 네 살까지 구이저우에서 살았던 아이는 그곳 사투리가 말투에 배어 있었다. 입을 열기만 하면, 강한 시골 억양이 튀어나와서 상하이 사람들은 전혀 알아들을 수가 없었다. 소녀도 상하이 말을 이해할 수 없는 것은 마찬가지였다. 다른 아이들은 안누오를 "바보", "시골뜨기"라고 부르며 괴롭혔다. 그 정도는 안누오도 알아들을 수 있었다. 소녀는 자기를 괴롭히는 아이들이 미웠고, 그들과 함께 있는 것이 두려웠다. 견디기 힘들 만큼 놀림을 당하며 몇 달이 흐르자, 아이는 마치 상하이를 한 번도 떠난 적이 없던 것처럼 말하기 시작했고, 부끄러운 구이저우 사투리는 영원히 사라져버렸다. 안누오는 자기를 험담하지 않는 아이들, 즉 친구가 될 만한 아이들을 찾아냈다. 학교는 소녀에게 그동안의 모든 도망과 이사, 그리고 전쟁에 관한 소문으로부터 견고한 피난처가 되어 주었다.

학년의 마지막 날이 다가오자, 무마는 안누오에게 아름다운 장밋빛 오간자(얇고 투명한 레이온 등의 평직 옷감) 드레스를 사주었다. 졸업하는 아이들을 위해 준비된 축하 행사에 완벽하게 어울리는 드레스였다. 선생님들이 학생들을 한 명 한 명 이름을 불러 유치원을 성공적으로 마쳤다는 기념 증서를 나누어주자 안누오도 기대에 차서 자기 차례를 기다렸다. 아이들은 각각 특별 선물로 지우개와 자, 그리고 다른 소중한 물건들로 가득 찬, 예쁜 필통도 받았다. 안누오도 선물을 받고 싶어 조바심이 났다. 오래지 않아, 자신을 제외한 반의 모든 아이가 기념품을 들고 교실 앞에 서게 됐다.

안누오만 유일하게 자리에 남아 있게 되자, 한 선생님이 통지서를 주며 거기에 붉은 잉크로 쓰인 내용을 알려주었다. "유치원을 한 해 더 다닐 것." 전에 자신을 놀려댔던 심술궂은 아이들이 이제 킥킥거리며 안누오를 손가락질했다. 소녀는 흘러내리는 눈물을 애써 참았다. 교실을 떠날 수 있을 때까지 일분일초를 세며 기다리는 동안 아이는 그 종이가 마치 손안에서 불타고 있는 것처럼 느껴졌다. 마침내 하교 종이 울렸다. 안누오는 집까지 온 힘을 다해 달려갔다. 집에 닿을 때쯤 소녀는 흐느끼고 있었다. 안누오는 현관에 들어서자, 래커칠한 차가운 난간 기둥을 마치 위로라도 바라는 듯 팔로 감싸안았다. 계단 아래쪽에서 안누오를 발견했을 때, 무마는 부드럽게 소녀에게 왜 그러느냐고 물었다. 선생님이 준 쪽지를 물끄러미 보던 어머니가 말했다. "내가 학교에 너를 1년 더 다니게 해달라고 부탁했어. 넌 다른 아이들보다 훨씬 어려. 상하이 말을 배우는 것도 어려우니 이러는 편이 제일 좋을 거야."

엄미가 나를 잡아두었다고? 안누오는 가슴이 내려앉는 것 같았다. 엄마가 소녀와 찰리에게 자신의 어린 시절 공부했던 이야기를 자랑스럽게 들려줄 때는 특히나 그랬다. 결국 안누오는 엄마를 따라 위층으로 올라갔다. 어머니를 따라가면서 아버지가 자신의 부끄러운 모습을 보지 않아서 다행이라고 생각했다. 장밋빛 드레스는 후줄근하게 늘어지고 구겨져서 보기 흉하게 변해 있었다.

라파예트 474번지에는 안누오가 우러러보는 사람이 한 명 살고 있었다. 십 대 소녀로 집주인의 둘째 딸 유종혜였다. 종혜는 아래층에 살았고, 치렁치렁하게 긴 검은 머리카락을 거북딱지 머리핀으로 단단히 묶고 다녔다. 나이 차이가 났지만 종혜는 항상 이 어린 이웃을 환한 미소로 반기며 학교에 관해서나 하루가 어땠는지 물어보곤 했다. 상냥한 십 대 소녀는 그럴 때마다 어김없이 안누오의 기분을 들뜨게 했고, 모든 일이 잘될 거라고 안심시켰다. 시간이 날 때마다 안누오는 자신의 우상을 볼 수 있을까 기다리느라 건물 앞을 서성거렸다.

일본과의 전쟁이 4년째로 접어든 1940년 가을, 어느 날 종혜의 어머니가 구겨진 쪽지를 손에 움켜쥔 채 울면서 아파트 밖으로 뛰쳐나왔다. 종혜가 일본군과 싸우겠다며 몇몇 친구들과 달아난 것이었다. 종혜와 이상에 들뜬 학교 친구들은 중국의 해방을 위해 무슨 일이든 하고 싶어 했다. "종혜를 본 사람 없어요?" 어머니가 울부짖었다. "그 애가 어디로 갔는지 아는 사람 없어요?"

며칠이 지나고, 어머니는 답을 얻었다. 종혜와 친구들은 강을 건너다 일본군과 마주쳤다. 시신은 강 근처에서 발견되었는데 강간당하고 총검에 찔린 후, 버려져 있었다.

어두운 그림자가 라파예트 747번지를 덮었다. 안누오는 이제 더는 현관문 앞에서 서성이지 않았다. 대신 아이는 재빨리 집으로 뛰어갔다. 종혜의 가족들과 얼굴을 마주치고 싶지 않았고, 무슨 말을 해야할지도 몰랐다. 안누오는 전쟁과 관련된 단어들이 친숙했는데도, 그전에는 총검이라는 단어를 들어본 적이 없었다. 갑자기 전쟁에 대한 공포가 뚜렷하고 냉혹하게 다가왔다. 도대체 어떤 잔인한 사람들이 종혜처럼 친절하고 다정한 사람을 해칠 수 있는 걸까? 아이는 알 수가 없었다. 그것이 안누오가 전쟁의 비극에 관해 얻은 첫 번째 교훈이었다. 그러나 그것이 마지막일 리 없었다.

PART TWO

포위 공격

5장

베니, 11세

1939년, 상하이

폭탄이 할아버지 댁 근처에 떨어지고서 2년이 지난 후에도 베니 판과 학교 친구들은 그들 삶에서 끔찍한 시기였던 '피의 토요일'에 관해 계속해서 이야기했다. 누구도 손댈 수 없었던 외국 조계지라는 성역聖域에 적이 침입하면서 그때까지 안전하게 보호받던 삶이 갑작스레 무력해지는 순간이었다.

그렇지만 그런 충격적인 사건에도 불구하고, 중상류층 아이들의 일과는 크게 변하지 않았다. 몇 달이 지나자 전선戰線은 더 먼 곳으로 옮겨갔고, 다양한 언어 집단으로 구성된 상하이 사람들의 일상생활은 무심히 흘러갔다. 영국인들은 "윗입술에 힘을 주라(꿋꿋하게 버티라는 의미)."고 했다. 프랑스어로 말하는 주민들은 조계지에 머무르며, 세라 게르Cest la guerre(전쟁 중이니까)라며 어깨를 으쓱했다. 중국인들은 "처마가 낮으면, 고개를 숙여야지."라는 말을 서로에게 되풀이했다. 경찰, 은행가, 직물공과 가게 지배인, 막노동꾼들이 매일 일터로 향했다. 언론인들은 친일파 검열관들의 감시 아래에 수많은 신문과 잡지를 기사로 가득 메웠다. 버스, 트램, 자동차, 노면전차가 인력거와 자전거 택시, 손수레로 붐비는 거리를 누볐다. 행상꾼들과 봇짐장수들은 영어, 프랑스어, 상하이 말과 광둥 말 등 상상할 수 있는 모든 방언과 언어로 손님을 불러들였다. 도박장이 룰렛의 윙윙대는 소리, 마작패가 딸깍거리는 소리로 들끓는 동안, 사창가와 아편굴은 사람들에게 여전히 달콤한 유혹의 손짓을 보냈다.

또래 시골 학생들이 연줄이 부족하거나 대신 군대에 갈 사람을 고용할 돈이 없어 단 한 번의 전투에서 수십만 명이 목숨을 잃고 충격적인 속도로 죽어가는 상황 속에서도 부유한 상하이 남학생들은 징병당할까 봐 두려워할 필요가 없었다. "좋은 쇠로는 총알을 만들지 말라." 특권층들이 곧잘 내뱉는 말이었다. 상하이의 외국 조계지라는 희귀한 세계에서 베니와 친구들은 학교와 스포츠, 자동차와 만화, 춤과 소녀들처럼 더 세련된 흥밋거리에 관심을 기울일 수 있었다.

베니의 일상생활은 전투가 휩쓸고 간 중국 관할구역 사람들의 삶과는 딴판이었다. 매일 아침이면 유모가 잠을 깨우고, 학교에 가기 전에 씻고 옷을 입도록 도와주며 아침 식사로 치판이라는 쌀죽을 달걀과 채소절임과 함께 먹으라고 채근했다. "도련님, 어서 서둘러요. 늦으면 부모님이 무척 언짢아하실 거예요." 소년이 꾸물거리면 유모가 재촉했다. 그녀는 베니와 학교 다닐 나이의 동생들을 암탉처럼 쿡쿡 찌르고 쪼아대며 어머니가 일어나 있으면 어머니에게, 아니면 아직 경찰서로 출발하지 않은 아버지에게 검사를 받도록 떠밀었다. 베니가 부모님에게 인사하려고 세 여동생과 나란히 선 채 들떠있는 동안, 유모는 그의 신발 끈을 묶고 머리를 매만져 주었다.

만일 친구들과 밤새 마작을 하고도 너무 피곤하지 않은 날이면 어머니는 문으로 나와 재빨리 아이들을 흘끗 보고 고개를 끄덕여주곤 했다. 사교계 귀부인으로서 어머니의 일상은 집안 살림과 관련된 세세한 사항들과 특정 분야에 두각을 드러내고 있는 남편을 흡족하게 하는 데에 필요한 것들로 꽉 차 있었다. 베니는 어머니가 부드러운 목소리로 "착하게 굴어야 한다. 그리고 예의에 신경 쓰렴."라고 말해주길 기다렸다.

아침인사 때 아버지를 볼 수 있는 날은 점점 줄어들었고, 그래서 더 특별해졌다. 당당한 모습의 장남은 풀 먹인 하얀 셔츠를 회색 교복 바지에 단정히 넣고 최대한 꼿꼿이 서 있곤 했다. 아버지는 마치 전에 자신이 지휘하던 상하이 의용대 "C" 중대를 사열식 전에 검사할 때처럼 미간을 찌푸렸다. 그 노려보는 듯한 눈길에 베니는 정면을 보려 애썼지만, 상하이 시경관 제복을 흠잡을 데 없이 차려입은 아버지를 향해 감단하는 표정을 감추기가 힘들었다. 가끔 운이 좋으면, 아버지는 베니의 머리를 쓰다듬으며 "오늘도 나를 자랑스럽게 해 다오, 롱롱."이라고 말하곤 했다. 소년은 "네, 알겠습니다."라고 힘차게 대답했다. 베니는 자기보다 더 멋지게 하루를 시작하는 남자아이는 없으리라 생각했다.

그러고 나면, 열한 살 소년은 아버지가 나온 세인트존스 대학으로 가는 준비과정의 일부인 세인트존스 중학교를 향해 출발했다. 베니가 더 어렸을 때는 여동생들이 하듯 매일 자전거 택시를 타고 등교했다. 그러나 이제 거의 십 대 청소년에 가까워진 아이는 날씨가 허락할 때는 언제나 자전거를 타고 집을 나섰다. 베니는 가는 길에 친구들을 만나서 학교까지 1마일가량 같이 자전거를 탔다. 자전거 위에서 소년들은 집에 돌아오는 길에 들를 만한 새로운 맛집을 찾으며 가장 좋아하는 과자가게들을 둘러보곤 했다.

수업이 끝나면 아이들은 환호성을 지르며 자전거에 뛰어올랐다. 소년들은 먹고 싶은 간식을 고르러 그날 아침 학교로 오는 길에 봐두었던 가게로 향했다. 아이들은 함께 케세이 극장 밖에 붙어 있는 영화 포스터를 꼼꼼히 살피고 잡지가판대에서 만화책을 들춰봤다. 베니가 학교가 끝난 뒤 가장 들르기 좋아하는 가게는 버블링 웰 로路에 있는 샌드위치나 핫초코를 파는 디디스와 유명한 밤케이크로 인기를 끌던 프랑스 과자점이었다.

남학생들은 주변 여러 정당과 파벌에는 관심이 없었다. 이런 세력들은 중국의 미래를 놓고 열띤 토론을 벌이고 있었고, 개중 일부는 아이들이 자전거를 타고 다니던 바로 그 거리에서 테러와 암살 활동에 매달렸다. 국민당 쪽 사람들은 영국과 양키들이 일본의 맹공을 저지하도록 중국을 돕는다면 전쟁을 끝낼 수 있다고 주장했다. 그들은 상대를 적군에 대한 협력자이자 반역자라고 비난했다. 그 반대편에는 교전 상태를 끝내고 중국에서 유럽과 미국 제국주의자들을 제거하기 위해 일본과의 협력을 요구하는 사람들이 있었다. 베니와 같은 남학생들에게 그런 논쟁은 외국 조계지가 보호막으로 작용하는 동안 별다른 의미가 없었다.

상하이 너머에서 국민당은 일본에 광대한 영토를 빼앗겼다. 중국군은 순전히 근성과 투지만으로 적군이 내륙으로 더 깊이 진격하는 것을 막고 있었다. 일본 정부는 3개월 안에 중국을 정복할 것으로 예상했었다. 고통스러운 전쟁이 2년간 계속됐지만, 끝은 보이지 않았다.

장제스의 국민당군, 마오쩌둥의 공산당 게릴라, 그리고 여러 지역 군벌들의 불안한 연합전선 속에서 중국군은 부족한 물자와 기량을 용기와 병사 수로 대신했다. 이들의 끈질긴 저항 때문에 민간인들은 큰 대가를 치러야 했다. 중국군은 다리와 철도를 파괴하고, 자국 상선을 수로에 침몰시키고, 인명과 영토를 포기함으로써 일본군의 속도를 늦췄다. 시간을 벌기 위한 잔인한 거래였다. 일례로 국민당군이 일본군의 진격을 저지하기 위해 중국에서 두 번째로 긴 강인 황하의 댐을 폭파한 뒤에 80만 명에 달하는 민간인들이 익사하기도 했다.

1939년 초가 되자, 일본은 북으로는 만주에서부터 최남단 하이난 섬에 이르는 중국의 해안선을 지배하게 됐다. 국민당 정부는 군사와 산업 자원들을 가까스로 내륙으로 옮길 수 있었지만, 장제스는 여전히 국제적 지원을 절실히 필요로 했다. 장군과 미국에서 교육을 받았고, 말솜씨가 유창했던 부인 쑹메이링이 다급하게 도움을 요청했지만, 영국과 미국 정부는 지원을 망설였다. 중국은 계속해서 홀로 싸워야 했다.

수없이 많은 거지를 주변에서 흔히 보며 풍족하게 자란 남학생들에게 폐허가 된 전쟁터에서 새로 몰려드는 가난한 피난민들은 풍경에 녹아들 듯 자연스러워 보였다. 전쟁으로 집을 잃은 100만 명이 넘는 사람들이 공공조계와 프랑스 조계지로 모여들었다. 그들은 잘 먹어서 윤기가 흐르는 소년들을 허기진 눈으로 쫓았다. 부주의하게 들고 다니는 꾸러미나 선물을 낚아채려는 생각이었다. 거지들은 상점 주인의 빗자루가 닿는 곳 바로 너머의 골목길이나 건물 사이 방치된 공간에 옹기종기 모여 있었다. 자신이 가진 행운과 특권에 가려, 상하이 엘리트의 자녀들은 이웃들이 음식을 살 여유조차 없을 때도 그런 점을 미처 알아차리지 못했다. 쌀, 식용유, 의약품과 연료 같은 필수품들은 아무리 값을 높이 불러도 부족해져 갔다. 상하이를 포위한 일본군은 전쟁물자나 자신들의 편의에 필요한 것이라면 무엇이든 압류해서 물품의 공급을 통제했다. 암시장의 가격을 감당하지 못하는 나머지 사람들이 굶주림에 허덕이는 동안 사재기꾼과 투기꾼들은 자기 배를 불리느라 바빴고, 공급 부족이 물가를 현기증 나는 인플레이션의 소용돌이로 내몰았다. 전쟁이 시작된 이후 두 번의 겨울이 지나는 동안 등유도 석탄도 없이, 가장 가난한 사람들이 먼저 얼어 죽어갔다. 시체 치우는 트럭들이 가져갈 때까지 가난한 이들과 노숙자들의 시신이 상하이의 거리와 골목에 썩어가는 쓰레기처럼 놓여 있었다.

베니에게 미래란 이미 정해져 있고, 전쟁이 벌어지고 말고는 상관없이 장밋빛으로만 보였으므로 굳이 현재에 대해 생각할 필요가 없었다. 소년은 세인트존스 중학교의 어려운 입학시험에 합격했기 때문에 계속해서 정해진 과정을 통과하기만 하면 같은 이름의 대학으로 자동으로 진학하게 되어 있었다. 세인트존스 대학 졸업생에게는 기회의 문이 열려있다는 것을 누구나 알고 있었기에 그의 부모는 아들에 대해 별다른 걱정이 없었다. 이들은 어떤 집단에서나 두드러졌는데 유창한 영어를 구사하며 마치 자신이 제대로 된 영국 신사, 숙녀인 것처럼 행동했다. 세인트존스 대학과 그 자매기관인 세인트메리스 홀에서는 영어로 수업을 진행했다. 동문인 부모 덕분에 베니는 이미 영어를 능숙하게 말할 수 있었고 앞으로도 그 분위기에 잘 적응할 터였다. 중국 정치, 경제, 그리고 지적 분야의 막강한 지도자 중 많은 이들이 이 대학 출신이었다. 전 재무장관이자 중국 중앙은행 총재인 쑹쯔원宋子文, 국제연맹 중국 대표이자 프랑스 대사인 구웨이쥔顧維鈞, 영향력 있는 작가이자 철학자 린위탕林語堂, 그 외에도 유명인이 즐비했다. 연줄이 좋으면 대접이 좋다. 이것이 중국 방식이었다.

가문과 학연으로 베니는 이미 모든 것이 결정된 상태였다. 그러나 소년은 여전히 혼자만의 비밀스러운 소망을 품고 있었다. 아버지가 회계사 일을 그만두고 경찰에 합류했던 것처럼 자신만의 인생행로를 만들어 가길 원했다. 세인트존스에는 미국의 펜실베이니아 대학교와 협력관계를 맺은 의과대학이 있었으므로 베니는 대학에서 의학을 공부하고 싶었다.

그러나 이 환락의 도시에는 베니 같은 소년들이 빠지기 쉬운 수많은 함정이 도사리고 있었다. 상하이는 아편과 여자, 도박으로 집안 재산을 들어먹는 허랑방탕 외엔 달리 할 일이라곤 없는 응석받이 장남들로 악명이 높았다. 베니의 어머니와 친구들은 밤새도록 마작을 하며 이름 있는 집안의 젊은이들이 최근에 일으킨 스캔들에 관해 떠들어댔다. 그러고 나면 어머니는 "학교에서는 수업에 집중하고, 나쁜 애들과는 어울리지 말아라."라고 아들을 훈계하곤 했다.

"네, 어머니."라고 소년은 고분고분 대답했다. 베니는 이미 아편 따위는 멀리하리라 마음먹고 있었다. 그는 아편이 할아버지를 어떻게 만들었는지 잘 알고 있었다. 베니는 필시 다른 젊은 상속자들처럼 쾌락을 좇아 살아갈 수도 있었다. 집안의 재산은 줄어들 기미가 없었다. 아버지는 전쟁 중임에도 큰돈을 벌고 있었는데 다른 사람들이 말하는 것처럼 전쟁 덕분인지도 몰랐다.

주변을 둘러싼 거지들을 보지 못한 것처럼, 베니는 도시에 쌀이 부족해 폭동이 일어나는 동안에도 경감인 아버지가 집으로 가져올 수 있었던 풍족한 음식과 사치품에 관해 특별히 생각해 본 적이 없었다. 베니는 어머니가 외국의 최신 유행하는 옷이며 그에 어울리는 화려한 장신구를 사들이는 쇼핑 습관을 어떻게 유지할 수 있는지 궁금하지 않았다. 부모에 대해 의구심을 가지다니 예의 바른 중국인 아이라면 상상할 수도 없는 일이었다. 심지어 아버지 동료 중 몇몇은 자신이 자전거를 타고 나갈 때 어머니가 피하라고 했던 사람들처럼 다소 거칠고 불량스러워 보인다는 것을 알아차렸을 때도, 베니로서는 그런 점에 관해 물어보는 것은 생각조차 할 수 없었다. 그들은 단지 아버지가 상대하는 영국인, 미국인, 러시아인, 일본인과 그 밖의 각양각색의 외국인들처럼 경찰이 알아둘 필요가 있는 사람들일 뿐이었다.

베니의 일상은 전쟁과는 너무 동떨어져 있었기 때문에, 소년은 아버지가 전쟁의 한가운데에 있다고는 상상할 수 없었다. 1939년 판 즈지에 혹은 영문으로 C.C.판으로 알려진 베니의 아버지는 상하이 서구, 중국어로 후시滬西의 경찰서장으로 승진했다. 어떤 언어로든 배드랜즈, '암흑가'로 불리는 곳이었다. 오래전 베니의 아버지가 아들에게 출입을 금지했던 바로 그곳이었다. 외국 조계에서 벌어지는 범죄, 폭탄 테러, 납치, 암살 시도 대부분이 배드랜즈의 불법 은신처에서 생겨나는 것으로 알려져 있었다.

상하이에서는 몇 년 새 중국인 부역자나 적의 동조자로 의심되는 사람들과 일본군 병사들에 대한 정치적 암살이 150건 넘게 발생했다. 많은 수가 길거리와 공공시설에서 일어났는데, 다이리 정보국장이 이끄는 국민당 레지스탕스의 활약이었다. 다이리戴笠는 장제스 수하 최고의 스파이로 사람들은 그를 히틀러의 무자비한 나치 친위대장의 이름을 따서 '중국의 히틀러'라고 불렀다. 베니의 집에서 멀지 않은 위위안 로豫園路에서 다이리의 부하들이 계획한 매우 대담한 처형식

살인 사건이 일어난 적도 있었다. 공공조계의 이쪽 부분은 벽돌로 지은 멋진 릴롱 연립 주택뿐만 아니라, 넓은 저택과 빌라들이 차지하고 있었다. 그중에는 국민당이 괴뢰 앞잡이자 배신자로 부르는 중국 외무 장관이 사는 경호가 삼엄한 자택도 포함되어 있었다. 그날 저녁, 천루 장관과 그의 아내는 파티를 열고 있었는데, 두 사람은 막 손님들을 거실로 안내한 참이었다. 다이리가 보낸 암살조는 집안으로 몰래 숨어 들어가서 천의 경호원들이 놀라 서 있는 동안 방으로 뛰어들었다. 웅크린 손님들 앞에서 천에게 총격을 가한 암살범들은 시신 위에 "부역자에게 죽음을! 장제스 총사령관 만세!"라고 쓰인 두루마리를 펼쳐 보였다. 이런 식의 범죄를 막는 것이 C. C. 판 신임 경찰서장이 해야 할 일이었다. 베니는 아버지의 새로운 임무가 더할 나위 없이 자랑스러웠다.

그런 사건이 일어났던 시기, C. C. 판은 영국이 운영하는 상하이시 경찰과 도시의 드넓은 범죄 지구 사이의 부적절한 교차점에 완벽하게 자리잡고 있었다. 가리스마 넘치고 머리 좋은 사업가였던 베니의 아버지는 세인트존스에서 받은 교육과 유창한 영어, 그리고 상하이의 유서 깊은 가문을 경찰 진급에서 한동안 잘 활용했다. 판 경감은 영리한 관리라면 어떤 지위에 있건, 죄악과 범죄가 판치고 갱들이 거리를 지배하는 상하이의 복잡한 그물망 같은 경찰 관할구역에서의 영향력을 지렛대 삼아 출세한다는 사실을 놓치지 않았다. 심지어 장제스 장군 자신도 막강한 청방에 충성을 맹세한 정식 일원이라는 소문이 돌았다. 장제스는 국민당이 공산주의자들을 말살하도록 도와준 답례로, 청방 우두머리 두웨성에게 은행업을 감독하고 아편 거래를 통제하는 정부 직위를 맡겼다. 두웨성은 아편 밀매를 계속하는 한편,

사회적 지위와 정치적 영향력을 얻게 된 보답으로 벌이가 좋은 지하세계 수익 일부를 장에게 바쳐 국민당 정부에 자금을 댈 수 있도록 했다. 상하이에서는 이렇게 서로 이익을 주고받는 일이 흔했는데 이 도시에서 돈으로 살 수 없는 것은 없다고들 했다.

청방과 유착 관계에 있었던 중국 최고 지도자처럼, 베니의 아버지 역시 경찰 신분임에도 불구하고 청방의 정식 일원이 됐다. 상하이 서구의 경찰서장으로 임명되었을 때쯤, C. C. 판은 자신을 위해 불법적인 감시 활동을 해줄 4백 명의 경관과 6명의 형사로 이루어진 광범위한 세력망을 만들어 놓은 상태였다. 전쟁으로 물자가 부족한 시기, 판과 그의 부하들은 공공조계의 사업가들과 부유층에게서 개인적인 호의와 뇌물을 받아냈다. 그들은 또한 뒤가 구린 청방 소속의 사업체들을 보호해주기도 했다.

C. C. 판은 심지어 자기 부하들의 일자리도 책임졌다. 만일 어느 경찰이 부패 혐의로 해고되면, 판 서장이 그 부하에게 계속해서 월급을 지급했다. 베니의 아버지는 상하이 외국인 대부분이 일본군이 도시를 장악해도 계속해서 일할 수 있을지 걱정했던 시기에 완벽한 영어를 구사해 가며 영국인 경찰들의 생계를 보장해 줄 수 있었다. 상하이의 전시 물가 폭등이 사람들의 구매력을 위축시키자 판 서장은 개인적인 인맥들에 매달 후한 사례금을 나누어줬다. 서양 문화에 익숙한 덕분에, 서장은 누가 유혹에 약한지 쉽게 파악할 수 있었다. 판이 거절할 수 없는 제안을 하면, 그들은 서장의 명령을 따랐다.

베니의 아버지는 경찰 세계와 범죄 세계 양쪽 모두에서 강하고 유명한 인물이 되어갔다. 지위가 상승하자 아버지는 판 따潘大라는 새로운 별명을 얻었는데, '판 나리'라는 의미였다. 베니가 아버지와 외출을 할 때면, 사업가들과 동료 경찰관들이 판 나리에게 인사를 한 다음, 베니를 돌아보며 "안녕하신가? 샤오 판(작은 판), 너도 나중에 커서 아버지처럼 되고 싶니?"라고 묻곤 했다.

베니는 망설이지 않고 힘차게 고개를 끄덕였다. 당연히 소년은 언젠가 아버지처럼 사람들이 존경하는 강하고 유명한 사람이 되고 싶었다. "착한 녀석이군." 하고 사람들이 웃으며 말했다. "아버지를 닮았으면, 너도 잘할 수 있을 거다."

***
***

판 나리의 관할구역은 치외법권인 서부 지구를 포함하고 있었는데, 이곳에 사는 영국인들은 여러 해에 걸쳐 중국 쪽 지역을 잠식해 가고 있었다. 부유한 외국인들과 중국인들이 함께 이 지역에 거대한 주택 단지를 형성했다. 세인트존스, 세인트메리스, 맥타이어 여학교, 자오 퉁 대학上海交通大學, 그리고 푸단 중학교复旦中學校 등 유명한 기독교계 학교 중 몇몇 역시 이 지역에 있었다. 그러나 서부 지구는 상하이에서 가장 범죄가 자주 일어나고, 정치적으로도 다툼이 심한 배드랜즈의 발원지이기도 했다. 판 나리의 새 사무실은 제스필드 로 76번지에 자리 잡고 있었다. 충격적이게도 치안 유지를 위한 본부여야 할 이곳 76번지가 실은 폭력의 진원지였다.

국민당 요원으로 의심되는 사람들이 이곳으로 끌려와 조사받고, 고문에 시달렸다. 언론인과 관리들이 여기에서 일본에 협력하도록 "설득"당했다. 사업가들은 몸값 때문에 납치된 다음 억류되었는데, 만일 가족들이 돈을 낼 수 없거나, 내려 하지 않으면 인질들은 다시는 세상 빛을 보지 못할 수도 있었다. 이 건물은 상하이의 "검은 지옥"으로 알려지게 됐고, 살아서 돌아온 사람은 거의 없었다. 누군가 돌아온 사람이 있다고 해도, 그는 본래의 모습을 잃은 허깨비에 불과했다. 그리고 베니의 아버지가 76번지의 우두머리였다.

베니에게 76번지는 개인 공원과 같았다. 판 서장은 아들이 건물 주변의 넓은 도로에서 자전거를 타도록 허락해주었다. 경비가 삼엄한 장소로 들어가는 일 자체가 소년에게는 짜릿하게 느껴졌다. 아이는 안뜰로 들어가기 전, 삼중으로 된 문을 지키는 무뚝뚝한 경비들을 지나칠 때마다 소리 없이 웃음을 터뜨렸다. 같은 반 친구 중 누구도 거기에서 함께 자전거를 탈 수 없었다. 베니는 아버지 덕분에 자신이 상하이에서 가장 운이 좋은 아이처럼 느껴졌다.

그리고 또 다른 소년 한 명이 이 비밀스러운 장소에서 자전거를 탈 수 있었는데, 일본 지휘부의 뜻에 따라 괴뢰첩보부를 운영했고 76번지의 주요 고문기술자로 알려진 리스취안李士群(1907~1943)의 아들이었다. 베니는 소년의 아버지에 대해서는 전혀 아는 바가 없었지만, 이곳에 드나드는 영광을 나누는 데는 이의가 없었다. 오히려 같이 놀 친구가 생긴 참이었다.

둘은 잘 다듬어진 부지의 이쪽 끝에서 다른 쪽 끝까지 자전거로 경주를 했다. 원을 그리며 건물들 주위를 돌 때면, 활짝 핀 모란과 장미 향기가 소년들을 휘감았다. 벽돌과 석재로 지은 가장 넓고 큰 건물은 출입금지 구역으로 험상궂게 생긴 무장한 남자들이 앞을 가로막고 있었다. 베니는 비밀스러운 건물에 사람이 갇혀 있을 거라고는 생각지도 못했다. 나중에야 알게 되었을 뿐, 아이는 고문굴에서 나는 무서운 소리, 비명이나 신음소리는 듣지 못했다. 베니에게 그곳은 아버지가 일하는 곳일 뿐이었지만, 또한 자신과 리스취안의 아들에게만 허락된 흥미진진하고 비밀스러운 영역이기도 했다.

베니의 부모에게는 아들이 길거리보다 그곳에서 자건거를 타는 편이 더 좋았다. 상하이 전역에 걸쳐 파벌 간 폭력이 지나치게 심해지자 두 사람은 76번지가 베니가 놀기에 더 안전하다고 느꼈다. C. C. 판 서장의 세력이 점점 더 커지면서, 부부는 모험심 강한 아들이 납치당할까 봐 두려웠다.

이 무렵 베니의 어머니는 남편이 매일 마주치는 범죄와 폭력에서 보호하기 위해 열한 살 난 아들을 세인트존스 교내 기숙사에 보내기로 했다. 당시 많은 학생이 같은 이유로 상하이 상류층만이 다니는 기독교계 학교 기숙사로 보내졌다. 베니보다 나이가 많았던 세인트존스 학생 타오푸잉에게는 실제로 학교에서 그를 따라다니는 경호원이 있었다. 덩치 큰 러시아인 경호원은 교실, 구내식당, 심지어 타오푸잉이 데이트하러 가는 극장에까지 함께 갔다. 다른 소년들은 타오푸와 그를 그림자처럼 따라다니는 거구의 백계 러시아인을 비웃으며 놀려댔지만 타오푸는 이를 악물고 참는 수밖에 없었다. 소년도 베니처럼 부유한 매판 가문의 장손이었고, 가장인 할아버지는 후계자가 될 손자를 누군가 항시 보호해야 한다고 우겼다.

대부분의 경우, 기독교계 학교의 평온한 교정은 외국 조계지를 포함해 상하이를 휩쓴 테러와 범죄의 물결 속에서 베니를 지켜주었다. 일본 점령군은 일본을 비판하는 사람들을 체포, 고문, 그리고 암살하는 것으로 저항 세력을 억눌렀다. 언론인과 관리들, 그리고 은행가들이 특히 표적이 되었다. 중국을 지지한다고 생각되는 은행 로비에는 폭탄이 던져졌고, 판사들은 툭하면 출근길에 총에 맞아 죽어갔다. 1938년에는 여섯 명의 언론인이 참수당했고, 그 머리가 프랑스 조계지의 가장 번화한 장소에 내걸렸다. 하와이에서 태어났고, 부모의 뜻에 따라 상하이로 와서 세인트존스 대학을 졸업한 윌리엄 유콘 장鄭玉崑과 같은 언론인들은 언제 경고의 의미로 토막 난 신체 부위나 총알이 담긴 소포를 받을지 몰랐다. 1940년 7월 16일에는 중요 편집인이자 미국의 하버포드 대학을 졸업한 사무엘 장이 난징로의 독일 식당에서 점심을 먹다 총에 맞았다. 어떤 저항의 목소리도 안전하지 못했다.

동시에 일본 점령군은 지역의 중국 지도자들이 자신들의 대리인으로 일하며 명령에 따르기를 원했다. 중국인들은 그런 관리들을 배신자, 꼭두각시, 부역자라는 뜻의 한지엔漢奸이라고 조롱 삼아 불렀다. 한편, 국민당 지하요원들은 한지엔과 일본인을 똑같이 암살하는 것으로 이에 맞섰다. 공포가 상하이 거리를 지배했고, 사람들을 위협해 굴복시켰다. 그런 혼란 속에서 정치적 의도가 없는 범죄자들까지 거리에서 자기들끼리 총격전을 벌이고는 소란을 틈타 사라지면서 일반 범죄도 급격히 늘었다.

문제 일부는 점령 자체가 만들어낸 무질서와 혼란에 원인이 있었다. 도쿄의 일본 수뇌부는 상하이를 차지하고 거의 3년이 지나도록 시장이 되어 도시를 운영할 사람을 찾지 못했다. 일본이 할 수 있는 가장 좋은 선택은 청방의 우두머리인 두웨성이었다. 그러나 두웨성은 장제스에게 충성했고, 종아리에 각반을 찬 키 작은 일본군을 가리키며 절대로 "밭장다리 난쟁이들"을 위해 일하지 않겠다고 큰소리쳤다. 두는 시장직을 거절하고는 보복이 두려워 홍콩으로 달아났다. 일본은 결국 존경받는 원로 불교 지도자이자 장제스를 소리높여 비판해 온 푸샤오안傅筱庵을 상하이의 괴뢰 시장이 되도록 설득했다. 그러자마

자 국민당 비밀요원들은 푸에 대한 암살을 시도했다. 1940년 국민당
은 푸의 오랜 요리사에게 도움을 받을 수 있었는데, 매우 신임받던 이
인물은 1940년 10월 11일 밤, 경호원들을 슬쩍 통과한 뒤, 침실로 들
어가 고기 자르는 칼로 시장을 찔러 죽였다.

그러나 1940년 베니의 세계에 큰 영향을 주는 사건이 한 가지 더
일어나게 된다. 일본의 계책은 마침내 결실을 보게 되어 점령하의 중
국 전역에서 주석으로 활동할 적당한 "꼭두각시"를 찾아냈다. 그 사
람은 국민당 좌익의 카리스마 있는 리더이자, 장제스에게는 당내 주
요 경쟁자였던 왕징웨이汪精衛였다. 왕징웨이는 장제스를 겨냥한 것
으로 여겨지는 암살자의 총탄에 맞은 적도 있었는데 그의 부인은 이
사건을 두고 늘 장제스가 남편을 죽이도록 명령했다고 믿었다.

왕징웨이는 일본과의 평화를 주장했다. 그는 중국이 서구의 제국
주의에 대항해 일본의 대동아공영권에 합류한다면 경제적으로도 타
당하고 수많은 중국인의 생명을 구할 것이라고 단언했다. 왕징웨이는
전쟁에서 중국이 이길 수 있다고는 믿지 않았고, 포함炮艦과 아편, 그
리고 식민지 시대의 오만함으로 한 세기 동안 조국을 괴롭혀 온 미국
인과 유럽인들과 같은 "흰 피부의 악마들"을 제거하도록 일본이 도와
주리라 생각했다. 곧바로 국민당과 공산당 양쪽에서 중국의 베네딕트
아놀드(독립전쟁 중 배신행위를 저지른 미국의 장군), 그리고 후에는 비드
쿤 크비슬링(독일 점령 당시 노르웨이 총리로 후에 반역죄로 총살당함)이라고
비난받던 왕징웨이는 재빨리 푸샤오안을 대신해 중국에서 가장 크고
중요한 도시의 책임자가 될 사람을 임명했다. 왕징웨이는 동료 좌익
국민당원이었던 첸공보陳公博를 선택했고, 첸공보는 다시 상하이의
범죄와 폭력을 억제하면서 동시에 돈벌이가 좋은 도박장, 아편굴, 사

창가에서 수익을 짜낼 수 있는 누군가가 필요했다. 그 수익은 왕징웨이의 괴뢰 정부에 자금을 대는 데 필요했는데, 바로 청방이 장제스를 지원했던 것과 같은 방식이었다.

새로 임명된 꼭두각시 시장은 경찰서장이었던 판 나리에게 이 중요한 임무를 맡겼다. 베니의 아버지는 다시 한번 승진했고, 이번에는 새로 만들어진 상하이 서부 지구의 경찰국장으로 급부상했다. 높아진 직위에도 그는 제스필드 로 76번지를 계속해서 자신의 본부로 삼았다. 중국의 가장 암울했던 시기가 판 나리에게 가장 큰 기회가 되었다.

배드랜즈를 책임지는 경찰국장이라는 직책은 새 차, 새로운 집, 경호원과 운전기사, 온갖 종류의 수많은 물품 등 완전히 새로운 수준의 특전을 가져다주며, 지위에 민감한 상하이에서 판 가문의 위치를 몇 단계나 높여놓았다.

판 청장은 특임경찰관 몇 명에게 자신의 지위에 걸맞은 집을 찾아내도록 했다. 판의 특별 요원들은 공공조계 바로 너머의 76번지에서 남쪽으로 한 블록 떨어진 제스필드 로 40번지에 주인 없는 집이 있다는 것을 알고 있었다. 이 우아한 영국식 저택은 한때 항일 출판물로 잘 알려진 상하이 상무인서관商務印書館(1897년~, 중국 최대의 출판사)의 설립자 중 한 명인 장위안지張元濟의 소유였다. 상하이가 일본에 함락되자 집주인들은 달아나버렸다. 76번지의 승리자와 그들의 부역자들에게 그런 건물들은 만만한 대상이었다. 판 청장 나리는 그 부지를 장악하도록 경관 6명을 보냈다. 76번지에서 온 사복 경찰들이 도착해서 부재중인 주인이 고용했던 사람들을 쫓아냈다. 한 일꾼은 곧바로 상하이 경찰서로 갔지만, 그곳에서 영국인 경감은 타이핑된 범죄 보고서에 "이 사람들은 76번지에서 왔음"이라고 손으로 휘갈겨 썼다. 사건에 대한 조사는 더 이상 이루어지지 않았다. 베니의 가족은 곧바로 제스필드 로 40번지에 있는 저택으로 이사했는데 판 나리의 경찰서와 고문실에서 가까워서 아주 편리했다.

베니는 집안의 운전기사가 번쩍거리는 1940년식 뷰익 세단을 몰고 기숙사에 자신을 데리러 왔을 때 아버지가 크게 승진했다는 것을 알았다. 베니는 큰 소리로 "이럴 수가!" 하고 외치고는 화려한 새 차를 자세히 보기 위해 달려와서 그 검고 매끄러운 마감 위를 손가락으로 쓸어보았다. 운전기사는 문을 열어주기 전에 깨끗한 손수건을 들고 베니를 따라다니며 지문을 닦아냈다. 차 속으로 뛰어들어 이번에는 근사한 가죽 커버를 보며 감탄하던 베니는 가족을 위해 오래 일해온 하인에게 물었다. "도대체 이 멋진 차는 어디서 온 거야?"

"작은 어르신, 아버님은 이제 76번지의 최고 상관이 되셨어요. 큰 인물이라면 차도, 집도 커야 합죠." 운전기사가 대답했다.

차가 제스필드 로를 벗어나 출입을 제한하는 울타리를 지나쳐 저택의 진입로에 들어서지 베니는 놀라서 입을 다물 수가 없었다. 넓은 잔디밭을 배경으로 어마어마하게 큰 3층짜리 저택이 서 있었다. 옆에는 하인들을 위한 별도의 부속 건물과 차량 세 대가 들어가는 차고가 있었는데 아니나 다를까, 안에는 다른 차 두 대가 들어서 있었다. 경호원들을 위한 포드 윌리스 GP "지프"와 이제는 어머니가 사용하는 아버지의 오래된 검은색 세단이었다. 베니는 얼른 차에서 내려 붉은 벽돌 계단을 뛰어오른 뒤 양옆으로 그리스식 기둥이 서 있는 중앙 테라스로 갔다. 조각이 새겨진 거대한 나무문을 밀어 열고서 소년은 반짝이는 나무 바닥에 천정이 높은 홀로 들어섰다. 홀 양쪽에는 어둡게 착색된 책장과 나무 장식장이 줄지어 있는 큰 응접실이 있었다. 베니는 지나치는 방마다 놀라서 들여다보며 집안을 뛰어다녔다. 아이는 그렇게 커다란 식당은 여태 본 적이 없었다. 베니는 집 반대편에 사무실 겸 서재와 더불어, 거대한 주황색 잉어가 사는 연못까지 갖춘 약 1에이커(약 4,047m²) 가까이 펼쳐진 정원이 내려다보이는 당구장과 지붕을 씌운 현관이 있다는 것을 곧 알아차렸다.

소년은 넓은 곡선형의 계단을 돌다 하마터면 어느 큰 침실 앞에서 어머니와 부딪힐 뻔했다. "어머니, 우리 정말 여기 살아요?" 아들이 숨 가쁘게 물었다. 어머니는 활짝 웃었다. "그래, 롱롱. 먼지투성이 두루마리에 고풍스러운 조각상들로 아직 좀 썰렁하지만 내가 그런 건 다 없애고 분위기를 좀 더 밝게 만들 계획이야. 두고 보렴."하고 말했다. 베니와 아이들은 따셩릴롱 3층에서 자게 될 거라고 어머니는 덧붙였다.

그 주말에 C. C. 판은 막 창설된 상하이 서부 지역 특수 경찰대를 조직하느라 너무 바빠서 새로 옮긴 저택으로 올 수 없었다. 베니는 실망했지만 놀라지는 않았다. 아버지는 중요한 업무로 집을 비우는 일이 점점 많아졌다.

베니는 어머니가 쉽지 않은 새 역할에 금세 적응하는 것을 감탄하며 지켜보았다. 소년은 자상한 어머니가 똑똑하고 유능하다는 것을 늘 알고 있었다. 판 부인은 이제 많은 고용인을 두고 넓은 저택과 땅을 관리했다. 유명 디자이너와 상의하고, 남편 덕에 현재의 정치 질서에 불만을 가진 사람들에게서 빼앗은 전리품 창고를 활용해서 열정적으로 새집을 꾸몄다. 무엇보다도 어머니는 판 청장 나리의 존재를 상하이 사교계에 알리고 싶었다. 안주인으로서 화려한 만찬을 준비하고 남편이 알아둘 필요가 있는 영향력 있는 사람들을 초대하며 판 나리의 사교계 일정과 공적인 위신을 책임졌다.

상하이 상류 사회에서의 첫 시작을 위해 베니의 어머니는 남편의 마흔 번째 생일에 호화로운 파티를 계획했고 공공조계에서 가장 좋은 광둥식 레스토랑 중 한 곳에서 특별 연회를 열기로 했다. 판 부부는 파티에 괴뢰 정부의 엘리트 고위 관리들을 초대했다. 해를 넘기면 곧 열세 살이 될 베니는 보석으로 치장한 사교계 명사들과 시가 연기를 뿜어대는 상공업계의 거물들이 그렇게 많이 모여든 것을 처음 보았다. 소년은 형제자매들, 알파벳 순으로 애니, 세실리아, 도린, 에드워드, 그리고 프랜시스와 함께 부엌 근처 테이블에 앉아 파티 행사를 지켜봤다. 모두 예의 바르게 행동했다. 베니는 아버지가 번쩍이는 브라스 버튼과 벨트 버클을 채운 정장을 차려입고, 한 손에는 브랜디 잔을, 다른 한 손에는 은으로 만든 궐련용 파이프를 들고 서 있는 모습을 보며 뿌듯하게 미소지었다. 영화배우 못지않게 아름답고 우아한 어머니에게는 매력과 함께 세인트메리스 홀에서 익힌 기품이 흘러넘쳤고, 그런 점이 판 가족의 사회적 신분 상승을 더욱 수월하게 만들었다. 중국인 밴드가 최신 춤곡을 연주하기 시작했을 때는 베니와 아이들이 운전기사와 함께 집으로 돌아갈 시간이 되었다.

베니와 학교에 다니는 누나와 여동생들이 주말을 보내러 돌아오는 일요일마다 저택에서는 계속해서 파티가 열렸다. 새로 시작된 일요일 만찬에는 상하이의 저명하고 유력한 인사들이 판 저택의 앞쪽 응접실과 식당으로 모여 들었다. 베니의 어머니는 결코 비는 법이 없는 판 나리의 지갑으로 손님들에게 러시아산 철갑상어 알과 프랑스산 푸아그라, 거품이 이는 샴페인, 그리고 잘 숙성한 스카치위스키를 대접하는 데 돈을 아끼지 않았다. 판 부인이 애써 손에 넣은 최고급

도자기 접시며 정교한 은 식기, 섬세한 무늬가 새겨진 유리잔이 모두 환한 크리스털 샹들리에 아래에서 빛을 발했다.

일상이 한편의 굉장한 쇼 같았고, 베니는 스스로 그 일부가 되는 것이 즐거웠다. 정장에 넥타이를 매면 소년은 마치 이튼이나 엑서터 혹은 세인트존스의 학생과 상하이 매판의 증손자, 그리고 경찰국장의 장남을 모두 조금씩 합쳐 놓은 것처럼 보였다. 베니와 다섯 명의 아이들은 별도의 식탁으로 향하기 전에 손님들을 맞이하기 위해 넓고 곡선을 그리는 계단을 내려오곤 했다. 소년은 장손으로서 다른 아이들이 적어도 손님이 보이는 곳에서라도 바르게 행동하게 하는 것이 자신의 책임이라고 느꼈다. 완벽한 안주인인 어머니는 아이들이 머리를 숙이거나, 무릎을 굽혀 인사를 하고 나면 큰아들에게 환한 미소를 지어주곤 했다. 베니는 어머니가 자기를 향해 눈빛을 반짝이며 밝은 표정을 짓는 모습을 보면 너무나 기뻤다.

자매 중 셋째인 도린은 베니를 제외한 모든 형제자매 중에서 유일하게 어려운 세인트메리스의 입학시험을 통과했고, 그래서인지 베니는 세 살 어린 여동생이 누구보다 가깝게 느껴졌다. 도린은 베니처럼 학교 공부를 좋아했지만 베니 또래의 누이 두 명은 쇼핑이나 파티에 더 관심이 많았다. 베니는 일요일이면 도린과 함께 저녁 만찬의 손님들을 가까이에서 바라보며 조용히 영어를 연습했다. 오빠와 여동생은 파티에 참석한 사람들의 창백한 얼굴만 보고서 영국인, 미국인, 프랑스인이나 독일인, 유대인 중에 어느 쪽인지 알아맞히는 게임을 했다. 베니는 자신은 다 구분할 수 있다고 큰소리쳤지만, 도린에게는 모두 똑같아 보였다.

그리고 만찬에는 일본인들도 초대되었는데 똑같이 생긴 사무라이

검을 찬 군인들뿐만 아니라 민간인들도 있었다. 늘어나는 일본인 민간인 숫자는 상하이의 다른 모든 외국인을 합친 수를 훨씬 뛰어넘었다. 일본인들이 참석하자 처음에 베니는 당황했다. 이 저택에서 일본군은 환영받는 손님으로 예장 군복을 차려입고서 모두와 함께 웃으며 먹고 마셨다. 부모님에게 이유를 캐물을 생각은 전혀 없었고 미국계 학교에서는 중국의 정치적 상황과 관련된 어떤 활동도 금지되어 있었지만 베니 역시 학교 운동장에서 일본에 반대하는 여러 사람의 발언과 논평을 들은 적이 있었다. 소년은 부모님이 어째서 일본인들을 환대하고 집으로 맞아들이는지 이해할 수 없었다.

아버지는 베니의 혼란스러움을 알아차린 것이 분명했다. 어느 일요일, 손님들이 도착하기 전에 아버지가 소년을 서재로 불렀다. 판 나리는 아들이 어두운 목판 벽으로 둘러싸인 방에 들어서자마자 하던 일을 멈추고 고개를 들며 입을 열었다.

"롱롱, 사람은 누구나 각자가 가진 장점에 따라 평가받을 자격이 있어. 일본인이라고 다 나쁜 건 아니다. 중국인이라고 모두 좋은 사람인 게 아닌 것처럼 말이다. 집에 오는 일본 군인들은 상하이에 사는 중국인들의 생활을 더 편리하게 해줄 수 있어. 나는 그 군인들을 격려하고 싶은 거고. 이해할 수 있겠니?"

"네, 아버지." 베니는 아버지가 자신의 의문을 알아차린 것 같아 감사해하며 고개를 끄덕였다.

"좋다. 이제 가서 만찬에 입을 옷으로 갈아입으렴." 아버지는 이렇게 말하고는 어느새 다시 일거리로 고개를 돌렸다.

이 대화 덕분에 베니는 저녁 식사 자리가 좀 더 마음 편해졌다. 소년은 자신이 만나는 일본인들을 그저 한 사람의 개인으로 보려고 노력했다. 그날 만찬에서 베니는 일본인 장교들이 얼마나 아버지에게 정중한지, 술을 마실 때 아버지를 위해 어떻게 축배를 드는지, 그리고 어머니에게 얼마나 상냥하고 예의 바른지 주의 깊게 살폈다. 매번 저녁 식사가 끝나면 손님들은 커다란 응접실로 자리를 옮겨 하인들이 준비해 둔 카드놀이 테이블에 자리를 잡았다. 판 청장 나리는 사람들에게 쿠바산 시가를 건넸다. 남자들은 포커를 치고 시가를 피우며 수입 위스키를 마셨고, 여자들은 테이블에서 마작을 했다. 다음 날 아침이면 아이들은 다시 학교로 돌아갔다. 세인트메리스는 세인트존스와 가까웠으므로 베니는 도린과 함께 차를 탔고, 애니와 세실리아는 프랑스 조계지에 있는 성심수녀회聖心修女會의 오로라 중학교로 향했다.

화려하고 생기 넘치는 일요일의 연회, 잘 차려입은 멋진 사람들, 지적인 대화들이 베니에게는 마치 영화 속의 장면처럼 느껴졌다. 다만 이 영화는 실제라는 점이 달랐다. 자신의 가족에게, 그들의 집에서 일어나는 일이었다. 계속해서 찾아오는 그 모든 행운 덕분에 베니의 가족은 너무나 좋은 시절을 맞고 있었다. 물론, 멀리 떨어진 어디에선가 전쟁은 계속되고 있었다. 그러나 베니에게 그즈음은 그저 최고의 순간이었다.

6장

빙, 10세

1939년 말, 상하이

선생님이 교실 앞에 서서 칠판에 "삼민주의三民主義"라는 글자를 썼다. 국민당의 지도이념인 국민 3원칙은 중화민국 건국의 아버지인 쑨원이 초안을 만들었다. 분필을 내려놓은 선생님은 긴 나무 자를 집어들고 교실을 왔다 갔다 하며, 둥글고 두꺼운 안경 너머로 천천히 학생들을 훑어보았다. 갑자기 그녀는 걸음을 멈추고 막대로 책상을 세게 내리쳤다. 학생들이 놀라서 움찔했다. 선생님은 막대로 교실 건너편을 가리키며 말했다.

"너, 빙. 국민 3원칙이 뭐지?"

소녀는 작은 체구에 헐렁하게 걸친 짙은 파란색 치파오 교복을 매만지며 천천히 일어났다. 시선을 앞으로 향하고 바른 자세로 일어선 그녀는 목소리를 가다듬고 나직한 목소리로 대답하기 시작했다.

"우물거리지 마! 다른 사람들이 모두 들을 수 있게 큰 소리로 말해!" 선생님이 소리를 빽 질렀다. 빙 근처에 있던 소녀가 킥킥거렸다.

"네, 선생님," 빙이 힘있게 대답했다. "3원칙은 민족주의民族主義, 민권주의民權主義, 민생주의民生主義입니다."

"맞았어. 아주 잘했다, 빙. 이제 앉아도 된다."

칭찬을 듣고 기분이 들뜬 빙은 자신을 조롱한 아이에게 차가운 시선을 보낸 뒤 미소를 지으며 자리에 앉았다. 소녀는 약 1년 전 두 번째 어머니인 마마 쉬가 자유중국의 수도인 충칭으로 간 후, 이 반에 들어왔다. 새 "언니"인 후이링 우가 마마 쉬에게 약속한 대로 자신을 학교에 다시 보내주어서 빙은 크게 안심이 됐다. 그러나 반의 다른 친구들은 모두 서로 아는 사이 같았다. 몇몇 아이들은 소녀를 괴롭히길 좋아했는데, 어쩌면 빙의 쑤저우 억양으로 인해 외부인이라는 티가 나서, 혹은 학교를 너무 오래 쉬고서 진도를 따라오려고 애쓰는 모습 때문에, 그도 아니면 빙이 다른 아이들보다 작아서였는지도 몰랐다. 이유가 무엇이든 학교에 다니는 일을 특별하게 생각했던 빙은 아이들이 공부를 방해하도록 내버려두지 않겠다고 결심했다.

소녀는 매일 학교에서 숙제로 내주는 한자를 네모난 연습용 칸에 조심스럽게 쓰는 연습을 했는데 매 획을 바르게 균형 잡힌 모양으로, 정해진 순서에 맞게 써야 했다. 엄격한 선생님이 빙의 글씨체를 칭찬해주기도 했다. 일본 점령지였던 상하이에서 빙은 일본어와 일본의 침략전쟁을 정당화시키는 이념적 근거인 "대동아공영권大東亞共榮圈"('일본을 중심으로 함께 번영할 동아시아의 여러 민족과 그 거주 범위'라는 의미이지만, 실제로는 태평양 전쟁 당시 일본이 아시아 대륙에 대한 침략을 합리화하기 위하여 내건 정치 표어)의 개념을 배워야 했다. 그러나 그런 것쯤은 아무렇지도 않았다. 아이는 다시 학교에 갈 수 있어서 행복했다.

그러나 집에서 새언니의 어머니와 함께 지내는 것은, 또 다른 문제였다. '마'의 급한 성미와 거친 말투만 아니라면 그럭저럭 만족스러운 생활이 될 수도 있었다. 마는 빙이 학교에 가기 전에 몇 가지 집안일을 시키곤 했다. 침구를 정리하고, 어두운 색깔의 나무 바닥을 쓸고, 아침 식사 준비를 돕는 일이었다. 마가 늘 화만 낸 것은 아니었다. 가끔 그녀는 빙에게 옛 중국에 관해서, 마지막 황제가 다스렸던 고단한 시절과 상하이에 살러 오면서 자신이 겪었던 어려움에 관해 이야기를 들려주었다. 마가 폭발하듯 화를 내는 사이사이 찾아오는 평화로운 순간들이 빙에게는 무척 소중했다. 아이는 혹시나 실수하는 바람에 마를 자극할까 봐 가능한 조용하고 눈에 띄지 않게 지내려고 노력했다.

마는 작은 실수도 용납하지 않았다. 한 번 화가 나면 몇 시간, 때로는 며칠씩 이어지곤 했다. 빙이 아무리 노력해도 마의 화는 풀리지 않았다. 빙은 집안일이 익숙하지 않았지만 할 일은 많았다. 그러나 손이 빠르지 못한 데다 다그침을 당할수록 빙은 너 겁을 먹었다. 음식을 흘리거나 바닥에 무언가를 떨어뜨리면 마는 즉시 눈을 가늘게 뜨고 빙을 무섭게 노려보며 분노에 찬 말을 퍼부어댔다.

"이 바보 같은 계집애. 어느 집 하수구에서 기어 나왔니? 똥만도 못한 것 같으니라고. 똥은 농부들이 밭에서 쓰기라도 하지."

빙은 언니를 보면서 그럴 때 아무말도, 아무런 반응도 하지 않는 법을 배웠다. 조금이라도 불만이 있어 보이면 마는 새로 장광설을 늘어놓을 터였다. "여기가 마음에 안 드니? 황푸강에는 덮개가 없지. 언제든 뛰어내릴 수 있어." 마는 화가 나면 좀처럼 가라앉지 않았고, 밤이 깊어져도 침대에서까지 분노를 쏟아냈다. 그녀는 담뱃불을 붙일 때만 겨우 말을 멈췄는데, 줄담배를 피우는 내내 악담을 늘어놓았다. 침낭 속에 누워 빙은 마가 하는 말을 듣지 않으려고 애썼다. 가끔은 정말로 황푸강이 자신을 부르는 것처럼 느껴지기도 했다.

학교에 가기 전, 빙은 마가 아침 식사를 준비하는 것을 도왔다. 음식은 소박했다. 파오판泡飯, 전날 남은 식은 밥에 끓인 물을 붓고 데운 것으로 상하이식으로 절인 후 잘게 썬 채소와 함께 먹었는데 소금에 절인 오리 알이 있으면 그것도 조금 냈다. 어느 날 아침, 마는 빙에게 난롯불에서 김이 모락모락 나는 파오판 냄비를 가져오라고 시켰다. 냄비는 작은 소녀가 들기에 너무 무거웠다. 빙은 힘겹게 들어올리다 그만 냄비를 뒤엎고 말았다. 거품이 끓는 뜨거운 밥이 소녀의 맨발목과 발에 쏟아지면서 순식간에 화상을 입혔다. 빙은 타는 듯한 고통에 비명을 질렀다.

이번에는 마가 아무런 욕도 하지 않았다. 그녀는 빙을 끌어안고서 울부짖는 아이를 데리고 계단을 내려갔다. 마는 1912년 새로운 중화민국의 금지령에도 불구하고 전족을 피하지 못해서 발을 절뚝였지만 어떻게든 빙을 근처의 의사에게 데려갈 수 있었다. 빙은 발에 입은 화상이 너무 심해서 걸을 수가 없었다. 학교에 가는 것도 불가능했다. 마는 상처를 깨끗하게 유지하기 위해 빙의 물집이 잡힌 피부 위로 감은 붕대를 갈아주었다. 그녀는 잔소리도 하지 않고 빙을 위해 식사를 차려 주었다. 마는 빙이 더 이상 집안일을 돕지 못해도 개의치 않는 듯했다. 마는 심지어 작은 아파트 안을 바쁘게 오가는 동안 빙에게 몇 해 전 남편이 죽은 후 두 딸인 새언니와 리 아줌마를 데리고 어떻게 창저우에서 상하이로 오게 되었는지 설명하며 여러 가지 이야기를 들려주기도 했다. 빙은 창저우라는 이름을 듣고 귀가 번쩍 뜨이는 것 같았다. 창저우라면 아빠가 버리고 가기 전, 자신이 태어나고 자란 바로 그 도시였다.

몇 주가 지나면서, 빙의 피부는 서서히 아물었고, 발 윗부분에는 두꺼운 딱지가 앉았다. 소녀는 어쩌면 마가 자신을 조금이나마 아끼고 있을지 모른다고 생각하기 시작했다. 빙은 밖으로 나갈 수가 없었으므로 소녀의 유일한 즐거움은 바쁜 사교 생활로 정신없는 언니를 중심으로 이루어졌다. 매일 아침 빙은 항상 늦잠을 자는 언니가 어서 일어나기를 기다렸다. 언니가 일어나면 그 침대에 앉아서 언니가 화장을 하고 머리를 다듬고, 옷을 차려입는 모습을 지켜볼 수 있었다. 그녀가 치장을 끝내면, 어디를 가나 사람들의 감탄 섞인 시선을 끌어모으는 사람이 되어 있었다. 저녁이 되면 언니는 여자친구들과 함께 도시의 유명한 나이트클럽으로 갈 채비를 하고, 수많은 구애자를 애태우러 가곤 했다.

빙은 언니의 친구들이 가장 좋아하는 댄스 클럽으로 가기 전에 그들의 아파트에 다 함께 모이는 밤이 가장 좋았다. 그런 날은 마치 상하이의 영화배우들과 함께 있는 것처럼 느껴졌다. 마는 평소에 하던 훈계를 잊지 않고 늘어놓았다. 외국 조계 밖으로 나가면 안 된다. 갱과 괴뢰 경찰이 난동을 피우는 배드랜즈에는 얼씬도 하지 말아라. 군인들과 악덕 경찰, 갱과 그 외 다른 말썽꾼은 피해라. 그리고 "상하이 남자들은 오직 한 가지에만 관심이 있다는 걸 기억해 둬!" 언니와 언니의 친구들은 자신들은 그저 즐겁게 지내며, 끝나지 않을 것 같은 전쟁에 관해서 잊고 싶은 것뿐이라고 우겼다. 마는 코웃음을 치며 "달아오른 창녀처럼 입고 다니면, 발정 난 개보다 나을 게 없는 남자들만 꼬여들 게다."라고 대답하곤 했다.

그러나 댄스홀에서도 정치적 음모와 전시 테러를 피할 수는 없었다. 1938년 봄, 스스로 "혈혼제간단血魂除奸團"(피와 영혼의 반역자 제거부대) 이라고 부르는 단체가 언니와 언니의 친구들이 자주 가던 몇몇 다른 댄스 홀뿐만 아니라, 공공조계에서 가장 인기 있는 나이트클럽 중 하나인 치로 바깥에서 폭탄을 터뜨렸다.

자칭 애국자라고 주장하는 이들은 클럽에 "우리의 춤추는 친구들에게"라는 제목의 메시지가 담긴 전단을 남겼다.

춤추는 친구들이여. 여러분 중 일부는 폭스트롯을,

다른 사람들은 왈츠를 출 수 있겠지.

그런데 왜 적을 죽이러 전선으로는 가지 않는가?

여러분 중 어떤 사람들은 브랜디와 위스키에 돈을 낭비하고 있다.

왜 그 돈을 우리 군대에 보내서 적을 죽일 수 있는 더 많은 무기를

사게 하지 않는가? 춤추는 친구들이여.

몸에서 정복자들의 냄새가 풍기는데 왜 화장품에 돈을 쓰는가?

그 냄새를 없앨 방법은 당신들의 뜨거운 피를 조국에

바치는 것뿐이다. 오늘 우리의 보잘것없는 선물—폭탄—이

즐거움을 더하는 데 도움이 될 것이다.

통행금지령 때문에 언니의 친구들은 종종 한밤의 모험이 끝난 후, 우씨네 아파트의 마룻바닥을 차지하고는 밤을 지내고 갔다. 빙은 그들 사이에 앉아서 언니들이 풀어놓는 매력적인 모험담에 흠뻑 빠져들곤 했다. 아가씨들은 외국인 남자들, 거만한 영국인, 시끄러운 미국인, 뻣뻣한 독일인, 말솜씨가 좋은 프랑스인, 감정적인 이탈리아인, 차

가운 일본인, 그리고 취하기만 하면 볼셰비키 혁명 전 그들의 삶이 얼마나 근사했는지 부르짖는 덩치 큰 백러시아인들에 관해 밤새 웃고 떠들곤 했다. 언니는 중국인 남자들이 다가오면 구애를 거절하며 선을 그었다. 그녀는 중국 남자들이 아내를 한 사람 이상 거느리길 원한다며, 만일 그런 일이 생기면 그 남자의 첫 번째 아내는 괴로운 삶을 살게 된다고 투덜거렸다. "누가 사랑이 필요하다고 해? 여자는 아이들 때문에 돈이 필요하다고. 돈이 다른 부인들한테 가버리면 인생 망하는 거라고!" 언니들은 기독교식 일부일처제를 받아들인다면서 몰래 첩을 두고 있는 중국인 남자들한테 속아 넘어가는 서양 선교사들을 비웃었다. 첩은 그래도 정식 부인이었고, 그녀의 자식들은 합법적인 상속인이 될 수 있었다. 법적인 지위가 없는 것은 남자들의 정부와 매춘부들이었다. 언니와 같은 여자들을 즐겁게 해줄 외국인 남자가 모자라는 일은 없었다. 서양귀신洋鬼子은 전쟁과 점령 와중에도 호화로운 이국 생활을 계속했다. 자신들을 '상하이랜더'라 부르던 외국인 거주자들은 여전히 교회와 유대교 회당, 경마징과 식당, 댄스홀과 극장, 술집과 카지노를 드나들었다. 그들은 자녀를 보안이 철저한 사립 학교 구역으로 보냈다. 회원제의 클럽이 여럿 있었는데, 각 나라의 자존심을 건 외국인들의 오아시스 같은 장소로 매번 더 호화로운 클럽이 생겨났다. 영국 상하이클럽은 번드에 있었는데, 그곳의 110피트짜리 마호가니 바가 세계에서 가장 길다는 소문이었다. 클럽의 엄격한 위계질서를 반영해서 가장 권위 있는 자리인 1번 좌석을 시작으로 모든 회원들이 바에 배정받은 좌석을 가지고 있었다.

"상하이랜더"들이 전쟁의 긴박함을 완전히 잊은 것은 아니었다. 그들은 외국인 조계지로 통하는 주요 도로의 모든 움직임을 통제하고, 오고 가는 통로를 좁게 만드는 나무와 철조망으로 만든 방책에서 일본군의 검문을 받아야 했다. 모든 건물의 출입구와 빈터에 전쟁 피난민들이 옹기종기 모여들어 있었다. 외국인들의 인구 비율도 변화하고 있어서, 5만 명의 일본 민간인들이 유럽인과 미국인을 합친 숫자보다 더 많아졌다. 일본인 중 많은 사람들이 공공조계의 홍커우 구역에 살았기 때문에, 이곳을 "리틀 도쿄"라고 불렀다.

처음에 빙은 언니와 언니의 친구들이 외국인 남자들과 만나는 것을 좋아한다는 것을 알고서 충격을 받았다. 쑤저우와 창저우에서 살 때, 빙은 외국인들을 두려워했다. 모든 사람이 그들을 악귀, 유령, 악마라고 불렀다. 우씨네 집안에 입양되기 전 언니는 자신이 곧 결혼할 예정이라고 말했지만 빙은 언니가 말하는 상대가 외국인일 거라고는 생각지도 못했다.

언니가 결혼하기로 한 키 큰 상하이랜더가 처음 그들의 아파트에 왔을 때 빙은 다른 방으로 달아나서 문틈으로 엿보고 있었다. 그는 언니보다 훨씬 더 나이가 많아 보였는데 언니는 빙에게 나와서 인사를 하라고 성화였다. 그 외국인은 소녀를 보고 살짝 미소를 지었다. 외국인의 이름은 크리스티안 크론버그 야를데인이었다. 그는 상하이 수자원공사에서 30년 가까이 엔지니어로 일하면서 황푸강에 대형 선박이 드나들 수 있도록 강을 준설浚渫(물의 깊이를 깊게 하여 배가 잘 드나들 수 있도록 하천이나 항만 등의 바닥에 쌓인 모래나 암석을 파내는 일)하고 개방하는 일을 맡고 있었다. 빙은 이전에는 서양 악귀를 만나본 적이 없었다. 마는 언니가 그의 집에서 종종 밤을 지내고 와도 크게 신경 쓰지 않는 눈치였다. 빙도 마찬가지였는데, 언니가 집에 없을 때면 언니 침대에서 잘 수 있기 때문이었다.

1939년 연말쯤 되어서 빙의 발은 신발을 다시 신어도 될 정도로 회복했지만, 학교로 다시 돌아가기에는 결석 일수가 너무 많았다. 마는 학년을 다시 다닐 수 있도록 내년까지 기다려야 한다고 말했다. 그러나 이제 집에서 마는 다른 이유로 빙이 필요했다. 빙이 건강을 회복하는 동안 언니는 사내아이를 낳았다. 그녀와 대머리 외국인은 아직 결혼 전이었지만, 그들은 아이에게 올레 에그너 야를데인이라는 덴마크 이름을 지어주었다.

그 외국인은 다시 결혼하기 위해, 첫 번째 부인인 러시아 여자에게 이혼 소송을 제기한 지 2년이 되어 간다고 했다. 올레가 태어난 직후, 그가 더 이상 집에 오지 않게 되자 언니는 약혼자가 이혼 절차를 마무리짓기 위해 덴마크로 돌아가야 했다고 설명했다. 마는 그 더러운 늙은이를 다시는 볼 수 없을 거라며 투덜거렸다. 늘 그렇듯 언니는 약혼자가 돌아올 것이라고 자신하며 마의 말에 신경 쓰지 않았다.

그러는 사이 언니가 원래의 바쁜 사교 생활로 다시 뛰어들게 되면서 마는 새로 태어난 손지를 보살피는 일을 맡았다. 아들이 태어나자마자 언니는 쇼핑과 마작을 즐기며, 친구들과 함께 외출하곤 했다. 그녀는 심지어 임신과 출산이라는 불쾌한 일을 겪은 후, 자신에게 한턱 내는 기분으로 홍콩 여행을 다녀왔다. 언니는 아이에게 젖을 먹일 유모를 고용하고서 마와 빙에게 아기를 맡기고 떠났다.

6개월 후 그 외국인이 돌아왔다. 빙이 거의 열한 살이 되던 1940년 초, 어느 오후 그와 언니는 결혼하러 덴마크 영사관으로 갔다. 두 사람은 구태여 피로연까지는 열지 않기로 했는데 마는 이런 결정을 반겼다. "벌써 애도 낳았는데, 뭣 하러 잔치를 열어?" 마는 외국인이 돌아온 데에 놀랐다. 마의 얼굴에는 보기 드문 미소마저 떠올랐다.

결혼 후, 언니는 남편과 프랑스 조계지의 주요 대로인 조프르 거리街에 있는 건물로 이사했다. 그들의 현대식 아파트는 전기스토브와 냉장고, 수세식 변기가 있는 번쩍거리는 욕실, 전화기 등 서양식 최신 설비를 죄다 갖추고 있었다. 언니는 그 건물에 사는 유일한 중국인으로, 다른 세입자들은 모두 외국인이었다.

마와 빙은 언니네 집에서 더 가까운, 샛길에 있는 작은 방 하나짜리 아파트로 이사했다. 아침 집안일이 끝나면, 두 사람은 언니네 집으로 걸어가곤 했는데, 마는 전족을 해서 아픈 발 때문에 천천히 걸어야 해서, 빙이 길을 따라 늘어선 멋진 가게들을 둘러볼 시간은 충분했다. 진열창에 아름다운 사람들의 사진이 걸려있는 사진관, 빙과 마과 지나갈 때면 미소를 지으며 절을 하는 두 일본인 자매가 하는 식당, 다리미처럼 생긴 8층짜리 노르망디 아파트 건물에 있는 이국적인 냄새의 살라미와 치즈, 독일식 딱딱 빵이 진열된 유대인 식품점 등이 문을 열고 있었다.

매일 점심 식사 후, 빙과 마가 올레를 돌보는 동안, 언니는 친구들을 만나러 나갔다. 언니 부부가 일과를 마치고 돌아오면 요리사가 마련한 저녁을 먹으러 모두 함께 식탁에 둘러앉았다. 빙은 이 덴마크 신사와 있으면 여전히 어색한 기분이 들었다. 언니는 그와 영어로 대화를 나눴는데, 대부분의 다른 외국인들처럼 그도 "음식, 빨리빨리, 알겠어요, 할 수 없어요, 릭샤를 잡아주세요" 같은 간단한 중국어 몇 마디밖에 하지 못했다.

빙에게 더욱 어색했던 점은 그를 뭐라고 부를 것인가 하는 문제였다. 그를 형부라고 해야 하는지, 아니면 '아저씨'라고 불러야 할지 알 수가 없었다. 언니는 그를 이름인 '크리스티안'이라고 불렀지만, 마는 그를 "라오터우즈老頭子", 늙은이라고 불렀다. 그러자 빙도 덩달아 그를 라오투지라고 부르기 시작했다. 그는 스물한 살인 언니보다 족히 서른 살은 더 많았으므로 적당한 호칭 같아 보였다. 그는 그들이 중국어로 뭐라고 하든 관심이 없었다. 빙은 인종이 다른 두 사람과, 유라시아 혼혈인 아이를 보고 중국인과 외국인 모두가 못마땅하다는 듯 혀를 차는 것을 무시하는 법을 배웠다. 언니는 외국환으로 지급되는 크리스티안의 월급이 그들 모두를 충분히 먹여 살리고 있는 한, 그런 것쯤은 전혀 신경 쓰지 않는 듯했다.

언니와 마가 아기를 돌보는 것을 돕게 되면서, 열한 살 아이는 자신이 더는 학교에 다닐 수 없으리라는 것을 알았다. 소녀는 책을 손에 든 다른 아이들을 볼 때마다 학교 운동장에서 친구들을 쫓아다니고, 줄넘기를 하는 자신의 모습을 서글프게 상상하곤 했다. 그러다가도 연약하고 조그마한 아기를 안고 있으면, 그런 일이 그다지 마음 쓰이지 않았다. 빙은 절반은 중국인, 절반은 덴마크인인 아기가 너무 예뻤다. 아기에게는 빙이 필요했다. 올레가 웃으면, 그녀도 웃었다. 빙은 한동안 느껴보지 못한 밝은 기분이 되곤 했다.

게다가, 마와 함께 매일 밖으로 볼 일을 보러 다니는 것도 일종의 교육이었다. 길모퉁이에 있는 "라오후자오老虎竈"에 뜨거운 물을 사러 가고, 보조금 상인들이 소금, 쌀, 기름을 팔 때면, 배급권을 들고 줄을 서서 기다렸다. 매번 심부름하러 가는 일이 동네를 탐험할 좋은 기회가 됐다. 빙은 사람들이 모여 있어도 두렵지 않았다. 작고 민첩한 소녀는 요리조리 사람들 틈을 빠져나가 줄 앞쪽으로 더 가까이 다가갈 수 있었다. 마도 그런 요령을 높이 사주었다.

시장은 빙에게 수학, 사회, 그리고 경제를 가르치는 학교가 되어

주었다. 소녀는 어른들이 불법적인 수급 조작 때문에, 전시 인플레이션이 생긴다며 격하게 불평하는 말을 들었다. 그 사람들은 적군인 일본만 물품 부족에 책임이 있는 것이 아니라고 말했다. 부유하고 연줄 많은 중국인들이 굶주리고 가난한 사람들에게서 국제 자선 구호 물품을 빼돌린 후, 가격이 치솟으면 되팔거나 하면서 온갖 소모품을 사재기하고 있었다. 모두 장제스 장군의 측근과 친척, 그리고 특히 쿵샹시孔祥熙(중화민국에서 상무장관과 재무장관직을 맡았던 부유한 중국 은행가이자 관료 겸 저술가)의 부인이자 장제스의 막강한 아내인 쑹메이링의 큰언니 쑹아이링을 비난했다. 그녀의 부유한 집안은 창고에 기본적인 생필품들을 가득 쌓아두는 것으로 유명했다. 그들 가족은 절망적인 처지의 동포 중국인들에게서 엄청나게 부풀려진 이익을 짜냈고, 그렇게 얻은 불로소득으로 더 큰 부자가 됐다. 빙은 시장에 갈 때마다 탐욕스러운 투기꾼들을 욕하는 분노에 찬 목소리를 들을 수 있었는데, 보통 그러고 나서는 경멸스럽다는 듯 퉤 하고 침을 뱉는 소리가 뒤따랐다.

가끔 빙은 갑작스레 암시장이 들어선 길모퉁이에 마와 함께 갔다. 암시장에서는 식품, 휘발유, 그 외 다른 물품을 포함해 온갖 종류의 상품을 팔고 있었는데, 노점상들은 대놓고 파는 물건을 땅바닥과 바구니에 놓아두거나 혹은 그냥 손에 들고서 보여주고 있었다. 이런 모습에 마음을 빼앗긴 채, 빙은 사람들이 이때가 아니면 구할 수 없는 물건을 놓고, 엄청난 양의 은과 금, 미국 달러로 (그러나 중국 돈으로는 불가능했는데 아무런 가치가 없다고 여겨졌다) 그도 아니면 물물교환으로 거래하느라 옥신각신할 때, 구경하러 모여든 군중 앞쪽으로 틈을 헤집고 들어갔다. 빙에게 그곳은 양쪽 모두가 승리를 선언하는 극적인 거래가 이루어질 때까지 파는 사람과 사는 사람이 일종의 연극을 벌이는 거리의 극장처럼 느껴졌다.

사람들이 누구보다 경멸하는 장사치는 정식 배급권을 받고서도 사람들을 속이려고 자갈과 사료, 그리고 흙을 섞은 데다 제대로 탈곡도 되지 않은 "붉은 쌀朱米"처럼 일부러 질 나쁜 식품을 파는 소매상들이었다. 사는 족족 양의 절반은 먹을 수가 없었다. 마는 이들 장사치를 미주충米蛀虫, 바구미라고 욕하면서 고래고래 고함을 지르곤 했다. 소중한 식량에서 그런 찌꺼기를 골라내는 일은 빙의 몫이었다. 소녀는 그 지루한 일이 너무 싫어서 그런 상인들은 구더기보다도 나쁘고, 개의 방귀보다도 더 지독한 냄새가 나는 기생충이라는 마의 말에 묵묵히 동의했다.

가끔 빙은 옷차림과 걸음걸이, 혹은 머리를 기울이는 모습이 아버지를 닮은 남자를 발견하곤 했다. 몰래 훔쳐보며 빙은 가슴을 두근거렸지만, 늘 아버지가 아닌 다른 사람이었다. 아버지를 마지막으로 본 지 6년 가까운 시간이 흘렀다. 소녀는 이제 열두 살이 다 되었고, 이젠 아버지가 자신을, 혹은 자기가 아버지를 알아보지 못할까 봐 불안했다.

빙은 그런 속마음을 혼자 간직하고서 아무에게도 시들어가는 희망에 관해 이야기하지 않았다. 창저우의 가족을 생각하며 혼자 울다 잠드는 일도 그만둔 지 오래였다. 때때로 소녀는 자신이 아빠보다 마마 쉬에 대해 더 많이 생각하고 있다는 것을 알아차렸다. 여전히 둔한 아픔이 느껴졌지만, 일상생활에 집중할 수 있을 만큼 희미해져 있었다. 아기 올레를 돌보고, 마를 돕고, 그녀를 자극하는 일은 하지 않으려 애쓰면서 하루하루가 지나갔다.

마는 빙에게 여자아이가 알아야 한다고 생각하는 것들을 가르치기로 했다. 그녀는 빙이 사람들로 붐비는 장소에 숨어서 사람들이 산 물건을 다시 훔치는 소매치기들은 물론이고, 빙과 같은 소녀를 언제 낚아챌지 모르는 날카로운 눈매를 한 거리의 호객꾼들을 조심해야 한다고 알려주었다. 거지들은 길바닥에 앉아 한가하게 서로 이나 잡아주는 것처럼 보이지만, 누군가 실수로 쌀알이라도 떨어뜨리면 잽싸게 쫓아가고, 안전하게 제대로 넣어두지 않은 물건은 무엇이든 낚아챌 준비가 되어 있었다. 어느 편이든 군인이라면 누구나 잠재적인 강간범이라고 생각해야 했다.

빙이 시무룩해 보일 때면, 마는 "여기가 마음에 안 들면, 밖에 나가서 네가 얼마나 오래 살아남을 것 같으냐?"라고 묻곤 했다. 그리고는 고아가 되었거나 버려져서 스스로 생계를 꾸려야 하는 거리의 많은 어린 여자아이들을 가리켰다. 빙보다 나이가 그리 많지 않은 몇몇은 낯선 남자들에게 몸을 팔기 위해 길모퉁이를 서성거렸다. 마는 그들을 하이수이메이海水妹, 바닷물 소녀라고 불렀는데 이 항구 도시의 거리를 배회하는 수많은 선원들이 이들을 찾는 손님이었다. 빙은 그들의 볼연지 칠한 뺨과 도톰하고 커 보이게 화장을 해서 진홍빛으로 반짝이는 입술에서 눈을 뗄 수가 없었다. 마는 그 붉게 칠한 얼굴이 마치 원숭이 엉덩이 같다고 했다.

빙은 그 여자아이들의 얼굴에서 자신과 같은 슬픔을 읽을 수 있었다. 프랑스 조계지의 이웃에는 거리에서 살지는 않지만, 부모에게 버림받고 자신처럼 입양된 다른 소녀들이 많이 있었다. 많은 아이들이 사실상 노예처럼 일하며 비참하게 살아가고 있었다. 이런 여자아이들이 너무 많아서 따로 가리키는 이름이 있을 정도였다. 그 이름은 "샤오야터우小丫頭", 작은 하녀 아이라는 뜻이었다. 어떤 아이들은 아침마다 혼자서 거지들과 도둑들과 마주쳐야 했다. 마는 빙에게 그런 일을 시키지 않았는데, 밖에 혼자 나가기엔 빙이 너무 어리다고 말했다. 그러나 마와 함께 외출할 때면 빙은 거리에서 자신보다 더 어리고 작은 여자아이들이 심부름하러 나온 것을 종종 보았다. 근처 골목에는 마를렌 양이란 이름의 일곱 혹은 여덟 살쯤 된 여자아이가 매일 아침 아픈 어머니를 위해 뜨거운 물과 아침을 사러 나왔다. 날마다 해도 뜨기 전에 마를렌은 뜨거운 물을 담을 보온병을 양손에 들고 혼자서 라오후자오老虎竈로 향했다. 가득 채운 보온병은 주변의 거지들을 피하려는 소녀에게 무겁고 다루기가 힘들었다. 그리고 거리에는 조심스레 피해 다녀야 하는 작은 꾸러미들이 놓여 있었다. 지난밤을 넘기지 못하고 죽은 아기들의 시체를 대충 싸둔 것들이었다. 한 번은 마를렌이 길 잃은 개가 죽은 아이의 사지를 물어뜯는 것을 보고 말았다. 아이는 비명을 지르며 집으로 달아났다. 그 광경이 너무 소름 끼쳐서 마를렌은 그 끔찍한 기억을 머릿속에서 지울 수가 없었다.

빙이 마를렌이나 다른 불행한 사람들을 보고 안타까워할 때면, 마는 퉁명스레 충고했다. "동정심은 아껴 둬. 운이 나쁘게 태어나서 불행하게 살다 죽은 건 그 사람들 운명이야. 전생에 나쁜 짓을 많이 한 탓이지. 어쩌면 다음 생에는 좀 더 운이 좋을지 누가 알겠니?" 빙은 마를렌이 다음 생에는 더 나은 운명을 타고나길 바랐다. 쌀이 점점 부족해지면서 매일 숫자가 늘어나는 것처럼 보이는 거지, 도둑, 바닷물 소녀들의 삶보다 우씨 가족과 함께 사는 것이 더 낫다는 마의 말을 소녀는 수긍해야 했다. 그런 점에서 아이는 언니와 마에게 언제나 감사한 마음이 들곤 했다.

안누오, 6세

1941년, 상하이

학교 가는 날, 매일 아침 8시면 안누오는 반의 선두에 서서 행진하고, 선생님이 교실에 들어오면 다른 아이들에게 목청껏 큰소리로 "모두 일어서" 그리고 "경례"하고 구령을 붙였다. 사신만 빼고 모두 1학년으로 올라갔던 그 굴욕적인 날로부터 1년 넘게 시간이 흐른 후였다. 유치원 과정을 반복해서 다니는 동안 안누오는 학교에서의 하루하루와 친구들과의 만남을 기다리는 외향적이고, 자신감 있는 아이가 되어 있었다. 소녀는 두뇌 회전이 빨랐고, 선생님이 수업 시간에 읽어주는 중국의 고전 이야기 듣기를 좋아했다. 안누오는 매우 인기가 있어서 반 친구들이 반장으로 뽑았는데, 아이는 이 역할을 상당히 진지하게 받아들였다. 또, 학교가 끝날 쯤엔 즐거운 마음으로 앞에 서서, 학생들이 교실을 나서는 선생님에게 인사할 때 다시 큰소리로 구령을 했다. 안누오는 학교 일과가 무척 마음에 들었다.

PART TWO : 포위 공격

안누오의 가족은 1년도 더 전, 아버지가 일본의 침략에 맞서려는 국민당의 분투에 합류하러 떠난 후, 라파예트 거리에 있는 작은 아파트에서 생활의 안정을 되찾고 있었다. 아버지는 적군이 점령한 장쑤성 북동쪽의 상하이와 접경한 곳 어딘가에서 한더친 장군의 부대와 함께 있었다. 친일 검열관들이 아직 폐간되지 않은 몇몇 신문들을 꼼꼼히 감시하고 있었기 때문에, 국민당 저항군에 관한 정보는 얻을 수가 없었다.

　　아버지의 부재로 마음이 괴롭진 않았다. 소녀가 여섯 살이 될 때까지 대부분의 시간 동안, 아버지는 곁에 없었다. 학교 의료 담당자로 일하는 무마의 월급은 얼마 되지 않았지만, 그녀가 직장에 가 있는 동안 음식을 만들고, 아이들을 보살필 아마를 고용하기에는 충분했다. 예전, 아버지가 변호사로 일하며 물이 넘치듯 돈을 벌어들이던 시절, 안누오의 부모에게는 요리며 청소를 해줄 하인들이 여럿 있었다. 이제는 어머니가 아이들이 일본군 병사나, 덤벼드는 거지들, 혹은 꼭두각시 경찰에게 해를 입을까 봐 걱정하지 않고 일하러 가게 해주는 아마 한 명도 사치였다.

　　안누오는 어머니가 돈이 부족하다고 불평하는 말을 들어본 적이 없었지만, 이제 일을 하는 무마에게서 달라진 점을 알아차렸다. 어머니의 표정은 더 부드럽고, 긴장이 덜해 보였고, 턱에도 힘이 덜 들어가 있었다. 안누오는 더 이상 엄마 주변을 발끝으로 살금살금 다니지 않아도 될 것 같았다. 아마가 오면서 식사도 눈에 띄게 좋아졌는데, 그녀가 음식 배급을 받는 긴 줄에 서 있어 준 덕분이었다. 안누오의 어머니는 그럴 시간이 없었다.

　　극심한 식량 부족으로 촉발된 대규모 폭동이 그들 아파트에서 겨우 몇 블록 떨어진 카니드롬 위락단지에서 일어났다. 카니드롬에는 스포츠 경기장과 경견장競犬場, 그리고 커다란 무도회장이 있었는데, 그날은 축구 경기가 열리고 있었다. 1941년 3월 15일, 중국인 팀과 대부분 외국인 선수들이 주를 이룬 상하이시 경찰 팀의 시합이었다. 2만 명이 넘는 중국인 관중들은 거세게 항의하며 경기장과 주변 거리로 뛰쳐나왔다. 한때 외국인 전용 시설이었던 곳을 중국인들이 마침내 이용할 수 있게 되었던 시절, 안누오의 부모는 카니드롬에서 그레이하운드 경주를 관람하고, 아름다운 무도회장에서 춤을 추곤 했다. 그러나 이제 무마는 또 다른 소요가 있을까 봐 아이들에게 그 지역을 피해 다니라고 했다.

그러나 식량 폭동은 아무런 구제도 가져오지 못했다. 일본 해군은 상하이 주변에 봉쇄물을 설치하고 도시에 쌀과 다른 식량이 들어오지 못하게 막았다. 그동안 점령군은 계속해서 일본 침략 부대의 보급을 위해 중국산 곡물을 빼돌렸다. 상하이의 시장에서는 종종 동트기 훨씬 전부터 사람들이 쌀과 다른 필수품을 구하기 위해 배급권을 가지고 기다리다 결국 빈손으로 돌아가곤 했다. 암시장의 터무니없는 가격을 지불할 수 있는 사람조차도 식량을 구하기 어려웠다. 달걀 하나 가격이 상하이 대부분 가정의 월수입을 웃돌았다. 다른 음식을 구하지 못한 날이면 아마가 끼니때마다 아무것도 넣지 않은 수수부꾸미를 만들어 주었다. 안누오에게는 그것이 옥수수죽보다는 나았다.

안누오의 아버지가 저항군과 함께 떠난 후 어머니는 가족들의 신분이 탄로날 만한 것은 무엇이든 드러내지 않으려고 무진 애를 썼다. 그녀는 안누오와 찰리에게 집 밖에서는 절대로 아버지에 관해 말해서는 안 된다고 단단히 주의를 시켰다. 어디에나 첩자와 일본 부역자들이 있었고, 다른 아이에게 무심코 뱉은 말 한마디가 재앙을 가져올 수도 있었다. 안누오에게 이제 그런 공포는 마치 전쟁의 배경 소음처럼 느껴지게 됐다. 새로운 위험을 피해 이 지역 저 지역으로 옮겨 다니던 몇 년간에 비하면, 그래도 상하이에서의 생활은 소녀에게 든든한 안정감을 주었다. 1937년 상하이 전투 이후 4년 동안 일본 점령군 대부분은 영국과 미국이 운영하는 공공조계를 피해 다녔다. 그들은 프랑스 조계에서도 활동을 자제했는데, 심지어 프랑스가 1940년 히틀러에게 함락당한 후까지도 그랬다. 그래서 소녀가 집과 학교 사이를 오가는 길에 일본 병사를 마주치는 일은 거의 없었다. 확실히 추축국인 비시 정부가 파견한 총영사는 상하이의 나치뿐만 아니라 일본에도 적극적으로 협력하고 있었기에 일본군이 굳이 프랑스 조계로 들어올 필요가 없었다.

가끔 어머니가 음식에 관해 아마와 걱정스러운 대화를 나누는 것 외에는 안누오의 상하이에서의 생활은 매우 안정적이어서 아이는 비로소 한껏 쾌활해졌다. 소녀는 어떤 날엔 학교까지 깡충대며 내내 뛰어가기도 했다. 그러나 아이가 이미 한 가지 알고 있는 사실이 있었다. 전쟁 중에는 어떤 것도 안심할 수 없다는 것이었다. 한순간에 모든 것이 바뀔 수도 있었다.

*
**

1941년 12월 7일, 현지 시각으로 오전 8시가 되기 직전, 일본은 미국 영토인 하와이 제도 진주만에 정박해 있던 미국 함대를 폭격했다. 날짜 변경선이 가로지르는 상하이에서는 12월 8일 새벽 2시가 거의 다 된 즈음이었다. 이른 아침 시간, 일본군은 홍콩, 싱가포르, 필리핀, 웨이크 아일랜드, 괌, 말라야, 미드웨이, 상하이 등 태평양 전역의 다른 전략적 요충지에도 치명적인 공격을 감행했다.

새벽 4시 20분, 상하이에서는 무전 감시원이 처음 진주만 공격을 알게 된 지 2시간 후, 황푸강의 일본 해병대가 미국 함정 USS 웨이크호를 나포하고, 영국 군함 HMS 페트럴호를 침몰시켰다. 생존자들은 전쟁 포로로 붙잡혔다.

미국과 영국이 일본에 선전포고를 하면서 공공조계는 그 즉시 기존의 보호받던 지위를 잃었다. 구다오孤島, '외딴 섬'은 더 이상 존재하지 않았다. 일본군 병사들은 상하이 전 지역을 보란 듯이 돌아다닐 수 있었다. 곧 점령군은 야간 어느 때나 불시로 거주민의 신분증명서를 요구하며 프랑스 조계와 공공조계의 집들을 수색하기 시작했다.

이것은 안누오의 가족에게는 두렵기만 한 새로운 전개였다. 무마는 항상 경계를 늦추지 않았다. 국민당 저항군 고위 간부의 아내인 그녀는 당연히 체포대상이었다. 잡히면 남편의 행방과 그의 활동에 관한 정보를 케니기 위해 제스필드 로 76번지의 중국 괴뢰 경찰 본부에서 고문을 당할 수도 있었다. 아니면, 홍커우의 쑤저우강 바로 건너편 쓰촨로드街에 있는 똑같이 끔찍한 브릿지 하우스로 끌려갈 수도 있었다. 재앙과 같은 일이 그들에게 들이닥치는 것은 시간문제였다.

태평양 전역에 대한 일본군의 공격이 있은 지 얼마 지나지 않은, 어느 늦은 밤이었다. 누군가 그들이 사는 층의 계단을 급히 뛰어 올라와 아파트 문을 가볍게, 그러나 끈질기게 두드렸다. 무마는 조심스럽게 누구인지 확인했다. 문을 두드린 사람은 여자였는데, 국민당 지하 저항군이 보낸 전령이었다.

"일본군이 여러분을 잡으러 오고 있어요! 지금 가야 해요! 서둘러요!" 그녀가 말했다. 일본 비밀경찰이 외국인 거주지에 사는 국민당원들의 명단을 입수한 후, 체포와 어쩌면 처형까지 하기 위해 이들을 검거하고 있었다. 안누오의 아버지인 용치오 리우도 그 명단에 들어 있었지만, 어머니는 처녀적 이름을 사용하고 있었기에, 일본군들이 그들의 위치를 알아내기까지 조금이나마 도망칠 시간이 있었다.

무마와 아마는 잠든 아이들을 깨웠다. 아마가 안누오의 머리 위로 옷을 당겨 입혔는데, 겨울 누비 재킷의 단추를 채우는 그녀의 손이 떨리고 있었다. 무마는 서둘러서 두 살 난 리닝을 데리고 계단을 내려왔다. 안누오와, 찰리, 아마와 전령이 바로 그 뒤를 따랐고, 각자 손에 소지품 몇 가지를 들고 있었다. 그들이 두어 블록 떨어진 곳까지 달려갔을 즘, 안누오는 그들이 방금 왔던 방향에서 무거운 가죽 장화가 쿵쿵대며 바닥을 울리는 소리를 들었다. 일본어로 명령을 내뱉는 거친 목소리가 들렸다. 그녀가 뒤를 돌아다보자, 병사들이 그들이 살던 아파트 건물로 들어가고 있었다.

겁에 질린 안누오는 심장이 쿵쾅대는 것을 느낄 수 있었다. 그들은 아버지를 찾으러 온 일본 특수요원들을 간신히 피한 것이었다. 그들의 아파트로 돌아가는 것은 더 이상 안전하지 않았기 때문에, 네 사람은 역시나 프랑스 조계지에 살고 있는, 무마의 여동생과 제부, 이니앙 이모와 슈슈 이모부의 집으로 갔다. 안누오와 가족들은 며칠동안 밖으로 나갈 엄두조차 내지 못했다. 안누오와 찰리는 학교에 갈 수 없었고, 무마도 일하러 가지 않았다. 안누오가 용기를 내어 사랑하는 선생님과 학교 친구들을 언제 만날 수 있는지 묻자, 어머니는 딱 잘라 말했다. "절대 안 돼. 우리는 이제 그리로 절대 돌아갈 수 없어. 일본군들이 우릴 찾고 있을 거야."

안누오는 가슴이 철렁 내려앉았다. 어떻게 친구들, 반장으로 자신을 믿어준 아이들에게 인사 한마디 못하고 사라질 수가 있지? 그러나 자신과 가족들이 가까스로 끔찍한 일을 피한 것이 분명했기에 소녀는 불평할 수가 없었다. 이모와 이모부의 아파트에서는 어머니가 어찌할 바를 모르며 안달복달하는 바람에, 아이들은 불안감으로 숨이 막힐 지경이었다. 수입이 없어서 그녀는 아마를 내보내야 했다. 무마는 돈을 벌 수 있는 다른 방법을 찾아야겠다고 걱정스럽고 낮은 목소리로 여동생과 이야기했다.

이제는 어떻게 해야 하나? 이니앙 이모와 슈슈 이모부네에서 계속 있을 수는 없었다. 그들이 갑자기 나타나는 바람에 이미 주변에서 원치 않는 관심을 끌고 있었다. 안누오의 아버지는 장쑤성 어딘가에서 국민당 지하세력과 함께 싸우고 있었기에 무마는 그에게 도움을 청할 수도 없었다.

무마는 예전 직장으로 돌아갈 때의 위험과 새로 직장을 찾는 일의 위험을 놓고 저울질해 보았다. 그러나 그녀가 세 명의 아이들을 모두 데리고 다시 시작할 수 없다는 점은 분명했다. 무마는 자신이 선택할 수 있는 유일한 방법은 그녀가 상황을 해결할 수 있을 때까지 찰리와 안누오를 임시로 다른 집에 맡기는 것뿐이라고 결론을 내렸다. 친분이 있는 어느 가정에서 아홉 살 난 찰리를 맡아주겠다고 했다. 무마와 리닝은 이모와 이모부네에 머물 생각이었다. 그렇다면 안누오는 어디로 보낼 것인가?

무마는 돈을 받고 여섯 살 난 여자아이를 데리고 있을 가족을 찾았다. 어머니가 안누오를 작은 아파트에 데려가자, 겁에 질린 소녀는 팔로 어머니의 다리를 감싸안았다.

"안돼요, 무마. 나를 여기 두고 가지 마세요." 아이가 울부짖었다.

어미는 아무 감정도 느껴지지 않는 말투로 대답했다. "다른 수가 없어. 이분들 말을 잘 듣고 있어야 해. 말썽 피우지 말고. 될 수 있는 대로 빨리 데리러 올게."

그녀는 우는 아이를 떼어내 낯선 사람들 속에 두고 가버렸다.

***

시간이 흐릿하게 지나갔다. 안누오는 몇 달 동안 가족들을 만나지 못했다. 학교에도 갈 수 없었고, 다정하게 대해주는 사람도 없었다. 명랑했던 작은 소녀는 어머니가 자신을 구하러 오기를 기다리며 자기 내부로 침잠해 들어갔다. 어머니가 자신을 보낼 무렵, 이미 겨울의 추위가 다가와 있었다. 안누오가 다시 어머니를 만났을 때 상하이는 덥고, 끈적끈적한 여름이 한창이었다. 1942년이었고, 안누오는 일곱 살이 되었다.

"이제 집에 가자. 모든 상황이 나아졌고, 우리에겐 새로 살 집이 생겼어." 무마가 안누오를 밖에서 기다리고 있던 자전거 택시로 데려가며 달래듯 말했다. 그들은 택시를 타고 프랑스 조계지의 화려한 상점과 웅장한 저택을 지나쳤다. 오래전 프랑스인들이 대로를 따라 심어놓은 플라타너스의 크고 푸른 나뭇잎 사이로 햇빛이 쏟아져 내렸다. 어머니 곁에 앉은 안누오는 몇 달 동안 느끼지 못했던 평온함에 젖어 있었다.

그들은 곧 프랑스 조계지의 새로운 구역 내 넓고 분주한 거리인 페탕 거리에 있는 3층짜리 건물 앞에 도착했다. 그들의 아파트는 2층에 있었다. 그 건물은 1층에 살고 있는 백러시아인들 소유였다. 3층에는 다른 세입자가 살았는데, 그 사람들 역시 유럽인들이었다. "외국인들 사이에서 사는 편이 나을 거야. 중국어를 모르니 캐묻고 다니지도 않겠지."라고 어머니가 말했다.

아파트 안에서는 어린 여동생 리닝이 이제 걸어 다니고 말도 했다. 아장아장 걷는 아기는 안누오를 알아보지도 못하고 사촌들만 찾으며 울어댔다. 안누오는 비로소 찰리를 보았다. 소녀는 10살이 되어 키도 더 커지고 더 잘생겨진 오빠를 보고는 얼굴이 환해졌다. "오빠!" 반가운 나머지 아이는 소리를 질렀다. 그는 똑바로 서서 경례를 하고는 활짝 웃었다. "오빠는 그대로네!" 여동생이 잔소리하듯 말했다.

그러나 안누오는 자신이 얼마나 변했는지는 알아차리지 못했다. 떠나기 전 소녀는 자신감 넘치고, 외향적인 아이였고, 반에서 구령을 외치거나 낯선 사람들 앞에서 노래하고 춤추는 일을 두려워하지 않았다. 그러나 이제는 머뭇거리고 말이 없었다. 건강하고 활동적이었던 아이가 지금은 연약해 보였다. 안누오는 가족들과 떨어져 있었던 시간에 관해 말하려 들지 않았고, 자신을 돌봐준 낯선 사람들을 기억하지 못하는 듯했다. 이 시기는 갑작스러운 기억상실증으로 깨끗이 지워진 것처럼 백지 상태로 남았다. 어린 소녀에게 그것은 마치 일어나지도 않은 일처럼 느껴졌다.

다시 만나게 된 가족들이 안누오의 변화를 알아차렸다 해도, 그들은 아무런 말도 하지 않았다. 더 시급한 문제들이 있었다. 무마는 테이블 주변으로 아이들을 불러모았다.

"엄마 말 잘 들어. 중요한 소식이 있단다." 어머니는 조용히 말했다. 목소리가 거의 속삭이는 것처럼 들렸다. 안누오는 긴장해서 귀를 기울였다.

"지난 몇 달간, 우리가 상하이에서 함께 살 방법을 찾으려고 애써 왔어. 일본군이 너희 아버지를 찾고 있어서 우리는 모두 새로 이름을 지어야 해. 우리 가족의 성이 리우라는 건 잊어버려야 한다. 이제부터 우리는 장씨야. 누가 이름을 묻든, 이 새 이름이 원래 이름인 것처럼 생각해야 해. 한 번이라도 실수를 하면 우리 모두 위험해져."

무마는 그 외에도 몇 가지를 더 당부했다. "이웃들과 너무 친하게 지내지 말아라." 그녀가 말했다. 어머니는 또한 아이들에게 일본군이 겨우 몇 블록 떨어진 헤이그 가(街)의 자오퉁 대학을 주둔지로 쓰고 있다고 했다. 일본군 헌병본부는 심지어 더 가까웠다. "병사들이 주변에 있을 땐 얌전히 있어야 해. 우리가 바로 코앞에 있으면 그들은 의심을 덜 할 거야."

안누오의 새 이름은 장첸이었다. 아이는 그 이름을 기억하려고 몇 번이고 되풀이해 외웠다. 다른 이름들도 기억해야 했다. 어머니는 새 로운 이름을 차오 커핑이라고 지었다. 찰리는 늘 영어식 이름으로 불 렸지만, 이번에는 장핑이 됐다. 어린 여동생은 이름을 바꿀 필요가 없 었다. 무마는 새 이름으로 된 가족 모두의 위조 신분증을 구해 놓았 다. "절대, 누구한테도 원래 이름을 말하면 안 된다." 어머니는 안누오 를, 그리고 다음에는 찰리를 똑바로 바라보며 심각한 목소리로 말했 다. "선생님께도 이야기하면 안 돼. 친구들에게도. 그렇지 않으면, 일 본인과 그들의 중국인 꼭두각시들이 우리를 데려갈 거야." 어머니는 그런 경고를 되풀이할 필요가 없었다. "첸"은 다시는 가족들과 떨어 져 지내고 싶지 않았다.

안누오의 어머니는 새로운 직업을 찾았다. 그녀는 CBC 제약회사 의 판매 대리인이 되어, 의사들을 찾아다니며 항생제를 팔았다. 판매를 잘한 덕분에, 그녀는 페탱 275번지에 있는 그들의 새 아파트를 빌리는 데 필요한 엄청난 액수의 "키 머니", 중개료와 임대료, 그리고 보증금을 낼 만큼의 돈을 모을 수 있었다. 어머니는 심지어 아이들을 돌봐주고, 음식을 해줄 새 아마도 고용했다. 아마의 이름은 종잉이었고, 자신의 어린 두 딸을 데리고 아파트로 들어와 살았다. 종잉은 상하이 외곽 출신이어서 현지 상하이 사람들과는 다른 사투리를 썼기 때문에, 다른 아마들과 어울려 떠드는 것이 쉽지 않았다. 우리의 새로운 신분이 드러나지 않게 모두 계산해서 한 일이라고 무마가 말했다.

1942년 이전 학년의 절반 이상을 놓치고 나서야 안누오는 새집에서 겨우 몇 블록 떨어진 학교에 다시 들어갈 수 있었다. 알아보는 사람이 있을까 봐 예전에 다니던 학교로 돌아갈 수는 없었다. 대신 아이는 장첸이란 이름으로 페탱 초등학교 2학년에 등록했다.

안누오는 더 이상 선생님의 질문에 대답하려고 손을 들지 않았다. 특별 과제를 하겠다고 지원하는 일도 없었다. 소녀는 절대로 다시 반장이 되고 싶지 않았고, 다른 사람의 이복을 끌까 봐 과외 활동도 피했다. 숨어 사는 생활 때문에, 크고 작은 행동 하나하나마다 제약이 따랐다.

안누오의 어머니는 특히 조심해야 했다. 제약회사에서의 새로운 일은 전보다 더 많은 돈을 벌게 해주었지만, 영업 때문에 상하이 전역을 돌아다녀야 해서 더 위험하기도 했다. 찰리 오빠가 그 말은 무마가 일본군의 검문소를 자주 지나쳐야 한다는 것을 의미한다고 했다. 어머니는 대부분의 일본군 초소를 우회하도록 조심스럽게 영업을 다니는 경로를 짜두었지만, 와이바이두 다리를 언제나 피해 다닐 수는 없었다. 그 다리에는 점령군이 나무, 철조망, 모래주머니를 이용해 만든,

좁은 문이 달린 초소가 있었다. 공격적이고 잔인한 초소병들은 신분 증명서를 요구할 뿐만 아니라 모든 중국인에게 몸을 굽혀 절을 하도록 강요했다. 절을 하지 않으면 크게 처벌을 받았다. 어느 날 저녁, 병사들이 무거운 짐을 등에 지고 가는 노인을 멈춰 세웠는데, 노인은 짐 나르는 짐승처럼 허리가 굽어 있었다. 노인이 주춤하느라 빨리 절을 하지 못하자 경비원들이 화를 냈다. 그중 한 명이 노인에게 큰 소리로 욕을 퍼부으며 총의 개머리판으로 후려치고는 총검으로 가슴을 찌른 다음, 시신을 강철 다리 아래 악취가 풍기는 쑤저우강에 던져버렸다. 겁에 질린 사람들이 혹시 자신이 다음 희생자가 될까 봐 숨을 죽이고 차례를 기다리는 동안 다른 경비원들은 눈 하나 깜짝하지 않고 서 있었다.

저녁이면 안누오와 찰리는 집에서 무마와 아마가 외국 조계지에 최근에 있었던 위험한 상황에 관해 이야기하는 것을 듣곤 했다. 심지어 국민당의 재정적 뒷받침이었던 BOC*Bank of China*의 출납원들은 제스필드로 76번지에 근거지를 둔 중국 괴뢰 경찰의 공격을 받기도 했다. 한밤중에 128명의 은행 직원들이 그들이 모여 사는 제스필드 로 96번지 주택 단지에서 체포되어 여러 날 동안 심문을 받았다. 회계원 중 세 명은 가족과 동료들이 지켜보는 가운데 건물의 진입로에서 총에 맞아 죽었다. 그 사건이 있은 직후, 직원들과 가족들은 모두 짐을 싸서 먼 내륙의 충칭으로 향했다. 그들이 떠난 빈 주택을 일본에 우호적이었던 중국연합준비은행中國聯合準備銀行 직원들이 재빨리 차지했다.

안누오는 부엌 식탁에 앉아 숙제를 하면서도 어른들이 나누는 대화에 열중할 수밖에 없었다. 무서운 적군이 어머니를 멈춰 세우는 상상만으로도 아이는 겁에 질렸다. 심지어 같은 또래의 2학년 여학생들도 적들이 거리에서 주저 없이 어린 여자아이들을 낚아채리라는 것을 알고 있었다. 학교 가는 길에도 안누오는 항상 위험한 일이 생길까 봐 주의 깊게 주변을 살폈다. 이웃에서 지나치는 다른 여자아이들도 마찬가지였다. 인근 브와세종 거리에 사는 로잘린 쿠라는 이름의 여자아이는 머리를 짧게 자르고, 라임그린 색 치파오 교복 위에 남자아이 옷을 입고 나와서, 맥타이어 여자 중학교에 도착해서야 벗곤 했다. 한편, 테레사 첸 루이의 어머니는 딸들의 젖가슴을 천으로 동여매어 여자라는 것이 티 나지 않게 했다. 일부 소녀와 여성들은 얼굴에 흙을 묻혀서 못생겨 보이게 했다. 이런 예방책들을 볼 때면, 안누오는 자신이 무척 좋아했던 이웃 언니 종혜의 끔찍한 죽음이 떠올라 섬뜩해지곤 했다.

아파트 창문으로 안누오는 일본군 부대가 주둔지로 발맞추어 행진해가는 모습을 볼 수 있었다. 소녀는 병사들이 자신이 사는 건물로 들어와 가족들을 찾아낼까 봐 두려움에 몸이 얼어붙곤 했다. 안누오는 가끔 군인들의 소리가 들리는 듯한 착각이 들었는데, 쿵 하고 울리는 소리를 생각할 때마다 온몸이 오싹해졌다. 아이에게 그것은 마치 악마가 다가오는 소리처럼 느껴졌다. 조심하지 않으면, 그 장화 소리가 자신을 찾아낼 터였다.

어느 날 밤, 안누오는 조용한 가로수길 위로 울려 퍼지는 예의 무시무시한 발소리에 놀라 잠을 깼다. 나뭇잎이 무성한 나무들도 임의 수색으로 그 지역을 공포에 떨게 하는 군인들의 선명한 발소리를 감추지 못했다. 안누오의 가장 끔찍한 악몽이 현실로 다가오고 있었다. 일본군 병사들이 소녀가 사는 건물을 향해 진군해 오고 있었다. 1층 층계참에서 그들이 문을 쾅쾅 두드려 백러시아인들을 깨우고는 신분 증명서를 보이라고 했다. 곧 성난 주먹이 안누오 가족의 집 문을 쾅쾅 두드렸다. "문 열어! 문 열고, 신분증명서를 보여라!" 거친 목소리로 누군가 소리쳤다.

무마는 아마인 종잉을 문쪽으로 보내며 자신이 옷을 갈아입을 동안 병사들을 붙잡고 있으라고 시켰다. 잠에서 깬 안누오와 찰리는 꼭 붙어 앉아서 큰방 쪽을 훔쳐보았다. 어머니는 화난 병사들을 마주하는 것이 아니라, 마치 의사들과 영업 상담을 하러 온 것처럼 단정하고 차분한 모습으로 방안에서 나타났다.

"여기엔 여러분이 흥미를 느끼실 만한 게 없습니다." 어머니는 움츠러든 기색 없이 침착하게 장교에게 말했다.

갈색 옷을 입은 장교는 작은 아파트 안으로 들이닥치자, 칼을 뽑아 어머니를 향해 번쩍이는 칼날을 들이댔다.

"신분증을 보여라!" 그가 소리쳤다.

그녀는 조용히 그들에게 서류를 건넸다. "화내실 필요는 없습니다. 부탁드려요. 아이들이 겁을 먹을 겁니다."

그는 다른 병사들이 주변을 둘러보는 동안 서류를 훑어보았다.

"남편은 어디 있나? 남편 이름은 뭐야?"

무마는 그들에게 가짜 이름을 대고, 연습해 둔 대로 대답했다. "그는 여기 없어요. 그이는 오늘 밤 첩과 함께 있어요." 그녀가 말했다.

장교는 콧웃음을 쳤다. 그가 안누오의 아름다운 어머니에게로 가까이 다가가자, 그녀는 뒤로 물러서며 단호한 목소리로 말했다. "그럼 이걸로 된 거군요." 다른 병사가 총검으로 그녀를 겨눴지만, 장교는 투덜거리기만 했을 뿐, 그의 부하들에게 나가라는 신호를 보냈다. 그들은 우르르 몰려나가서 옆집으로 난 계단을 뛰어 올라갔다.

종잉은 재빨리 문을 달아 잠갔고, 어머니는 안누오와 찰리를 침대로 돌려보냈다. "괜찮아. 그들은 가버렸다."라고 그녀가 부드럽게 말했다.

안누오가 어머니를 꼭 끌어안자 무마는 미소를 지으며 말했다. "무서워할 것 없어. 일본 침략자들은 중국에 있을 권리가 없단다. 네 아버지와 용감한 병사들이 저들을 몰아낼 거야. 그러면 아버지는 집에 돌아오실 테고, 우리는 다시 함께 살게 될 거야."

얼마 지나지 않아, 안누오의 아버지가 정말로 다시 나타났다. 용치오의 가족이 마지막으로 그를 본 지 3년이 흐른 후였다. 1939년에 그는 아이들에게 작별 인사도 하지 않고 떠났다. 그리고 1942년 어느 날 밤 그는 페탱 거리에 있는 아파트에 나타나 가족 모두를 놀라게 했다. 처음에 안누오는 아버지를 알아보지 못했다. 누더기가 된 옷만 걸치고 있는 모습이 마치 길거리에 늘어선 거지들만큼이나 엉망이었다. 심지어 그 옷마저도 자기 것이 아니었다. 그는 적군을 통과하기 위해 국민당 제복을 버려야 했다. 지휘관은 그를 장쑤성 국민당 저항군의 법무부장으로 승진시켰는데, 그 지역은 상하이와 중국 해안 전체와 마찬가지로 적의 점령하에 있었다. 그의 부대가 공격을 받자, 그는 다른 생존자들과 함께 바람에 날리는 나뭇잎처럼 흩어져야 했다. 어찌어찌 국민당 지하조직이 그를 가족들에게 이끌어 주었다. 그로서는 장쑤성에서 부대를 재조직할 수 있을 때까지 상하이에서 그들과 함께 숨어지내는 수밖에 없었다.

며칠 동안, 안누오의 말 많은 아버지는 자신이 어떻게 극적으로 적들 사이를 탈출했는지에 관한 이야기로 아파트를 가득 채웠다. 아이들은 넋을 잃고 귀를 기울였다. 장쑤성에 있던 국민당 사령부가 공격당한 뒤, 그와 다른 중국인들이 포로로 잡혔다. 일본군은 배수로를 따라 포로들을 세워 놓고 처형할 계획이었다. 그들은 총알을 아끼기 위해 총을 쏘는 대신 중국인 병사들을 총검으로 찔러 비튼 다음, 경련으로 실룩대는 몸뚱이들을 한 명씩 배수로에 차넣었다. 아버지가 차례가 바로 다음으로 다가왔을 때, 그를 처형할 사람이 그의 손목에서 번쩍거리는 시계를 알아봤다. 상하이에서 변호사로 잘나가던 시절의 기념품이었다. 일본 병사는 시계를 낚아채려고 소총을 내려놓았다. 두뇌회전이 빠른 안누오의 아버지는 재빨리 움직였다. 경비 너머로 시계를 던지고는, 병사가 전리품을 잡으려고 허둥대는 찰나에 도망쳤다.

상하이까지 가기 위해, 아버지는 적의 순찰대와 중국인 밀고자들을 모두 피해야 했다. 그는 도시와 마을, 주요 도로를 피해 다녔지만, 언제 마주칠지 모를 공산당도 조심해야 했다. 국민당과 공산당은 일본이라는 적에 대항해 함께 싸우기로 약속했지만, 어느 쪽도 상대를 믿지 않았고, 충돌이 잦았다. 그는 가족들에게 자신이 어떻게 진흙투성이 논을 헤치며 물소들 사이에 숨었는지, 베이징에서 항저우로 이어지는 대운하 경로를 따라 내려오는 삼판을 얻어탈 수 있었는지, 그리고 어떻게 겨우 일본군 전초기지를 몰래 지나쳤는지 들려주었다. 일본 제국 육군이 자신들이 점령한 광대한 영토 내의 모든 마을, 들판, 수로를 감시하는 것은 불가능했다. 일부 외딴 마을에 사는 사람들은 중국이 전쟁 중이라는 사실조차 모르고 있었다. 아버지는 오는 길 내내 파커 만년필, 가죽 구두, 독서용 안경을 물물교환해야 했다. 상하이에 도착할 때쯤, 그에게는 실밥이 다 드러난, 입고 있던 옷 외엔 아무것도 남지 않았다.

아버지는 무마의 의자에 앉아서 긴장감 넘치는 이야기로 세 아이의 마음을 사로잡았다. 안누오는 마루에 책상다리를 하고 앉아서, 손으로 턱을 괴고 있었다. 아버지가 말하는 동안 어린 여동생 리닝은 환한 표정으로 아버지 무릎 위에 올라앉았다. 안누오는 아버지가 따뜻한 미소를 지으며 리닝을 꼭 껴안자 부러움을 느꼈다. 아버지는 한 번도 나를 저런 표정으로 본 적이 없다고 아이는 생각했다. 그렇지만 자신도 아버지에게 친근하게 다가갈 수가 없었다. 찰리도 아버지의 관심을 간절히 바라는 듯, 아버지가 말하기도 전에, 재빨리 차를 한 잔 가져다주었다. 안누오는 그런 일을 할 수가 없었다. 나는 뭐가 잘못된 걸까? 소녀는 초조한 마음이 들었다.

다행히 안누오는 그런 일로 오래 안달복달할 필요가 없었다. 아버지는 다시 떠날 채비를 할 동안만 머물렀기 때문이었다. 준비가 마무리되자, 그는 저항군에 합류할 계획을 세웠다. 의심을 피하기 위해 안누오의 어머니는 평소의 일상대로 움직였다. 일을 끝내고 집으로 돌아오는 길에, 무마는 안누오의 아버지가 필요로 하는 옷과 안경, 신발과 다른 물건들을 사 왔다. 안누오는 아버지가 어머니가 취업해서 독립적으로 살아가는 상황을 생각보다 기껍게 받아들이지 않는다는 것을 알아차렸다. 그는 어머니의 일 이야기가 나오면 눈살을 찌푸렸지만, 아무 말도 하지 않았다. 아이들만큼이나 그도 아내의 재정적 지원에 의지하고 있었다.

여러 가지 위험에도 불구하고, 아버지는 상하이의 거리로 나가보지 않을 수 없었다. 그는 적의 비밀요원과 중국인 배신자들로 넘쳐나는 거리를 누비는 지하 저항군의 전사였다. 게다가 상하이의 수많은 클럽에서 봉 비방bon vivant(친구·좋은 음식·술 등으로 인생을 즐기며 사는 사람)으로 살던 옛 시절의 오랜 친구가 자신을 알아볼지도 모를 위험이 언제 어디서나 도사리고 있었다. 도시의 인구는 5백만 명이 넘었고,

PART TWO : 포위 공격

난민들 수는 계속해서 불어나고 있었지만, 외국 조계지는 좁아서 전체 넓이가 10제곱마일도 채 되지 않았다. 변장을 위해, 아버지는 그가 평소 즐겨 입던 서구식 정장 대신 중국 남성들이 입는 긴 가운을 걸쳤다. 그는 서양식과 중국식이 뒤섞인 평범한 옷차림에 중절모를 눈 아래로 눌러썼다. 한 번은 리닝을 데리고 나가서 이제 겨우 걸음마를 뗀 아기를 방패 삼아 얼굴 앞에 안고 나간 적도 있었다. 무마는 그게 더 이목을 끈다고 남편을 나무랐다.

어느 날 그는 중국이 적인 일본과 모든 외국 세력들을 제거할 것이라고 말했다. 또한 중국은 소비에트가 러시아를 파괴했듯이 빨갱이들이 중국을 파멸로 이끌지 못하도록 공산당의 위협도 물리칠 것이라고 했다. 그런 말을 하는 동안, 아버지는 누구도, 심지어 아마도 엿들을 수 없게 목소리를 낮췄다. 그러나 종잉은 어차피 위협이 되지 않았다. 그녀는 벌써 오래전부터 그들의 상황을 파악하고 있던 충직한 하인이었다.

몇 주 후, 안누오의 아버지는 다시 한번 밤의 캄캄한 어둠 속으로 사라졌다. 가족들은 언제 그가 돌아올지, 아니 돌아오기는 할는지 알 수 없었다. 안누오는 그다지 신경 쓰지 않았다. 그녀에게 아버지는 한 번도 돌아온 적이 없는 것과 마찬가지였다.

8장

베니, 14세

1942년 가을, 상하이

베니가 세인트존스 중학교에서 첫해를 시작할 무렵, 학교로 향하는 길 주변에 늘어선 플라타너스들은 하나둘 잎을 떨어뜨리고 있었다. 그러나 선생님이 중국 한자와 일본 한자 사이의 비슷한 점늘에 관한 설명을 늘어놓을 동안, 소년은 자리에 앉아 있기조차 힘들었다. 아무도 수업에 관심이 없었다. 상하이 학생들은 일본어를 공부하려 들지 않았다. 일본어를 배우라는 점령군의 명령에 저항하기 위해서였다. 베니는 아버지를 통해 점잖은 일본인들을 만나본 적이 있어서 학생들과 똑같은 분노를 느끼지는 않았다. 그러나 시시때때로 일본인 학생감의 감독을 받으며 적의 언어를 가르치라는 명령을 받은 중국인 교사는 학생들만큼이나 열의가 없어 보였다. 모두가 그저 수업이 끝나기만을 기다렸다. 베니는 교실 창문 너머 넓은 운동장에서 눈을 떼지 못했다. 학교 육상팀 친구 몇 명이 다른 상하이 사립학교와의 시합을 위해 연습 중인 듯했다. 소년은 팀원들과 우정을 나누는 것이 좋긴 했지만 실은 운동을 더 열심히 하길 원하는 아버지 때문에 육상부에 들어간 터였다. 베니는 단거리를 그럭저럭 괜찮게 뛰었다. 그러나 자신이 아버지처럼 챔피언이 될 수는 없다는 사실을 알고 있었다. 베니는 아버지가 가장 좋아하는 운동인 무술보다 배드민턴이 더 좋았다. 아버지는 이 영국인들의 게임을 두고 코웃음 쳤지만, 당시 배드민턴의 인기가 상하이를 휩쓸고 있었고 베니도 학교 팀에 들어가고 싶었다.

운동장 바로 너머에는 온갖 배로 붐비는 쑤저우 천이 흘렀다. 매일 수백 척의 삼판(중국식 작은 돛단배)과 바지선들이 황푸강을 향해 느릿느릿 떠내려갔다. 어느 날은 베니와 같은 반 아이들이 지켜보는 가운데 바지선 한 척이 샛강이 굽이치는 쪽으로 다가왔다. 바지선의 일꾼은 긴 막대로 무거운 짐을 실은 배를 밀어내느라 온 힘을 쏟고 있었다. 배가 가까워지자 싣고 있는 짐들이 확연히 눈에 들어왔다. 전리품인 피아노, 카펫, 가구와 그 외 귀중품들이었는데 심지어 녹여서 총알로 만드는 데 쓸 금속 라디에이터도 실려 있었다. 모두 부유한 가정의 물건들로, 어쩌면 세인트존스 학생들의 친척에게서 빼앗은 것들일지도 몰랐다. 대부분의 약탈품은 일본 점령군과 그 부역자들의 상하이 주거지로 흘러 들어갔다.

베니 뒤에서 누군가 "도둑놈들", "아귀떼들" 이라고 중얼거렸다. 베니는 뒤돌아보지 않았다. 그런 가시 돋친 말이 베니를 향한 것은 아니었지만 그래도 소년은 얼굴이 새빨개졌다. 일본이 승인한 왕징웨이 정권의 경찰국장으로 아버지 이름이 종종 뉴스에 나왔다. 베니는 가끔 다른 학생들이 화난 목소리로 귓속말하는 것을 듣긴 했지만 아무도 대놓고 뭐라고 하지는 못했다. 공식적인 학교 정책으로 정치 문제에 중립을 지키던 세인트존스 같은 학교에서 그런 일은 부적절하게 느껴졌을 것이다. 도시에 있는 24개가량의 사립학교들은 아마도 영국과 미국의 기숙학교에서나 존재했을 교양과 예절을 흉내 내며 정치와 전쟁으로부터 아이들을 보호하려 했다.

어머니는 중학교, 초등학교와 캠퍼스를 함께 쓰는 세인트존스 대학의 울타리와 제한된 출입이 전쟁의 여파에서 아들을 보호해주리라 믿었다. 그래서 베니가 열한 살이 되자 기숙학교에 입학시키고 세인트존스 중학교 내에서 지내게 했다. 초소에서는 경비원이 제스필드 공원 맞은편 학교 정문을 감시했다. 캠퍼스로 자전거를 타고 오는 학생들은 공원 입구에서 내려 세인트존스 정문을 걸어서 통과하는 데 약간의 요금을 내야 했다. 그러나 관리가 잘 된 공원조차도 안전하지는 않았다. 베니의 학교 친구인 프랭크 귀는 공원에서 사람을 죽이도록 훈련받은 사나운 일본 군견의 공격을 받았다. 적의 순찰대는 이제 상하이 전역을 자유롭게 돌아다녔고, 누구도 순찰대의 제멋대로인 폭력에서 안전하지 못했다. 프랭크는 팔과 다리를 물렸지만, 바지 주머니의 지갑 덕에 엉덩이 쪽은 다치지 않았다. 세인트존스의 경비들이 급히 아이를 병원으로 데리고 가서 치료와 함께 광견병을 대비해 고통스러운 처치를 받게 했다.

베니는 일요일 저녁마다 기사가 운전하는 차를 타고 학교로 돌아왔기 때문에 군견들과 마주친 적은 없었다. 그는 엄숙한 회색 벽돌 건물, 높이 자란 나무들과 푸르른 캠퍼스의 들판, 철조망으로 둘러싸인 울타리가 있는 이 피난처에서 대부분 시간을 보내는 또 한 명의 학생일 뿐이었다. 다른 학생들이 이따금 속삭일 때를 제외하면 누구도 아이의 부모가 국민당이건, 공산당이건, 조직폭력배나 부역자이건 공연히 법석을 떠는 일은 없었다. 모두는 아니라도 많은 세인트존스 학생들은 부유했다. 다른 학생들은 중산층 가정 출신이었고, 몇몇은 장학금을 받았으며 교사들의 자녀는 학비를 내지 않고 다녔다. 하와이, 동남아, 미주 등 먼 곳으로 이주한 중국인들도 자녀들을 상하이의 기숙학교로 보냈다. 심지어 유대인 난민을 포함한 유럽인 학생들도 소수 있었다. 배경이야 어찌 되었든, 학교에서 이 학생들은 무엇보다 스스로 "세인트존스인"이라고 여겼다.

월요일부터 금요일까지, 베니는 검소한 기숙사에서 지내며 청교도적인 소박한 일상을 보냈다. 오전 6시 45분에 학교 종소리에 잠을 깨면 뒤이어 나팔소리가 넓은 잔디밭에서 아침 운동을 하도록 학생들을 불러냈다. 식당에서의 아침 식사 후에는 예배당에서 기독교 학생들을 위한 아침 예배가 있었는데, 기독교가 아닌 학생들은 참석하지 않아도 상관없었다. 학교 시작을 알리는 종이 8시에 다시 울렸다. 수업은 4시에 끝났고, 학생들은 중국 최초의 현대식 대학 체육 센터에 있는 세인트존스 체육관과 수영장에서 많은 클럽과 스포츠 프로그램에 참여하며 시간을 보냈다. 식당에서 저녁 식사가 끝나면 저녁 기도가 이어졌고, 학생들은 기숙사 방이나 도서관의 희미한 불빛 아래에서 공부를 했다. 기숙사의 불은 열 시가 되면 꺼졌고, 매일 밤 점호가 있었다. 베니는 학교생활이 즐거웠고, 매주 주말이 지나면 학교로 돌아오기 바빴다. 소년은 안전한 캠퍼스에서 100년 된 장뇌목樟腦木에 올라가거나 학교에 있는 나무다리로 쑤저우 천을 건너며 야외에서 시간 보내기를 좋아했다. 베니는 대부분 학생이 그렇듯 겨우 몇 분 거리에 있는 집이 그립지 않았다. 소년은 유모와 경호원, 다른 하인들과 부모님의 끊임없는 감시에서 벗어날 수 있어서 기뻤다.

　게다가 학교에는 베니가 좋아하는 친구들이 있었는데, 데니스 유와 조지 쳉이 가장 가까운 단짝이었다. 세 사람은 자기들끼리 학교에서 클럽을 만들고는 베니, 데니스, 조지의 머리글자를 따서 BDG 클럽이라고 불렀다. 소년들은 공부와 운동을 함께 했고, 캠퍼스를 돌아다니며 자전거를 탔다. 교내 식당이 지겨울 때면, 같이 학교 정문 바로 바깥에 모여 있는 포장마차로 길거리 음식을 사 먹으러 나가곤 했다. BDG 클럽은 학교 밖에서 헤이즐우드 아이스크림(1926년에 상하이에서 출시된 아이스크림 브랜드), 베이크라이트 비스킷(상하이 베이크라이트 회사에서 만들었던 비스킷)이나 팁탑 토피를 사 먹을 만한 현금을 늘 가지고 있었다. 심지어 데니스와 조지에게는 모터사이클이 있어서 소년들은 상하이 거리를 누비다 비앙카에서 샌드위치를 먹거나 밤 크림 케이크를 먹으러 키슬링에 들렀다. 상하이가 뜨겁고 습기가 가득한 시기가 되면, 셋은 신야新雅라는 근사한 광둥식 레스토랑으로 향했는데, 그곳에는 에어 컨디셔닝의 기적이 완비되어 있었다.

　소년들은 공통점이 많았다. 데니스와 조지의 부모는 일본인들, 그 부역자들과 유리한 공존 관계를 구축한 부유한 사업가들이었다. 두 아이의 아버지들은 베니 아버지처럼 일본인이나 괴뢰 정부와 직접적인 관련은 없었지만 그들의 사업은 점령하에서 번창하고 있었다. 이들 가족이 몇몇 창의적인 사람들처럼 석탄을 태우는 장치를 설치한 차가 아니라, 휘발유를 쓰는 차를 계속 사용한다는 사실 자체가 부와 특별한 지위를 나타내는 분명한 척도였다.

　베니는 세인트존스에서 학생들에게 기대하는 서구식 예절의 본보기가 되려고 최선을 다했다. 학교에서는 품위 있는 에티켓이 무엇보다 우선시되어서 학교 편람에 "좋은 매너는 신사의 행동을 특징짓는다." "정중함은 사교 생활의 윤활유가 된다."라는 충고가 실려 있었다. 예절 수업 시간에 학생들은 서양 음식 앞에서 어떤 식사 도구를 쓰는지 배웠다. 폭스트롯과 왈츠를 배우는 댄스 수업을 듣고서는 세인트메리, 맥타이어, 그리고 다른 사립 여학교의 학생들과 파티에서 즐겁게 연습을 했다. 세심한 훈련에도 불구하고, 때때로 베니의 행동이 경찰국장의 아들로서 기대되는 품행에 미치지 못할 때도 있었다. 몇몇 세인트존스 학생은 자기 차를 가지고 있었다. 베니는 차가 없었지만, 운전해볼 기회는 있었다. 열다섯 살이 되자 베니는 아버지의 검은색 뷰익을 몰고 학교로 가서는 그대로 덤불을 들이받았다. 차는 손상된 데가 거의 없었지만 아버지는 화가 머리끝까지 나서, 목이 속을 너무 채운 소시지처럼 경찰복 칼라 밖으로 불거져 나왔다.

"죄송해요, 아버지" 베니가 아래를 내려다보며 웅얼거렸다. "다시는 이런 일 없을 거에요." "내가 이런 일이 다시는 없도록 확실히 해주마." 아버지가 무서운 목소리로 단언했다. "너는 이제 운전은 금지다." 그러나 그날 느지막이, 청장은 동료들에게 아들의 배짱이 제법 두둑하다고 자랑했다. "날 닮았으니 그럴 수밖에." 얼마 지나지 않아, 판 나리는 집에 독일제 경찰용 모터사이클을 가져와서는 명목상 경호원용이라고 둘러댔다. 그러나 자동차처럼 운전이 금지된 것이 아니었으므로 곧 베니는 굉음을 내며 친구들과 모터사이클을 탔다. 특권층 소년 셋은 적이 점령한 도시를 놀이터처럼 쏘다녔다.

세인트존스 캠퍼스가 베푸는 평등한 분위기 덕에, 학생들 간의 차이점은 매 주말, 아이들이 대부분 집으로 돌아갈 때쯤에야 명확해졌다. 일부 학생은 하얀 유니폼을 입은 운전기사가 번쩍거리는 리무진

문을 열어주는 자동차로 향했다. 수업료 감면을 받는 교직원 자녀들은 근처 대학 사택으로 걸어갔고, 장학금을 받는 학생이나 더 가난한 집 아이들은 자전거를 타거나 트램을 타는 곳까지 걸어갔다.

집에 돌아갈 때가 되면, 베니는 덮개를 씌운 포드 윌리스 GP와 아버지가 보낸 건장한 경호원을 찾았다. 경호원은 옆구리에 권총을 차고 차렷 자세로 서 있었다. 베니를 태우고서 차는 제스필드 40번지의 영국 튜더 스타일의 사유지로 되돌아갔다. 거기에서의 생활은 이전의 주말보다 훨씬 더 근사하게 느껴졌다. 어머니는 그 큰 집을 새로운 예술품, 카펫, 샹들리에, 영국식 정찬용 식기와 국민당원의 집에서 "징발"한 다른 물건들로 다시 꾸몄다. 무엇이든 싫증이 나면, 또 다른 사치품으로 바꿔 들여놓았다. 베니가 가족에게 계속해서 찾아오는 행운에 의구심을 가질 이유는 없었다. 같은 반의 많은 다른 부유한 친구들 역시 전쟁에도 불구하고 호화롭게 사는 듯이 보였다. 그리고 어쨌거나 아버지는 사람들이 존경하고 두려워하는 경찰국장 판 나리였다. 세련된 새집에서 살며 다행히도 베니는 임기 동안 배드랜즈에 만연한 범죄를 억제하지 못한 아버지를 향해 비판이 거세어지는 것을 알아차리지 못했다. 상하이 서구의 도박, 매춘, 그리고 그 밖의 온갖 도락은 통제 불능 수준이어서 도쿄 국회의 일본 정치가들조차 경악할 정도였다. 왕징웨이 정권은 상납과 뇌물수수로 악명이 높아서 "몬테카를로 정부"라고 불렸다. 왕징웨이는 실제로 프랑스 조계지에 카지노를 소유하고 있었다. 그러나 판 나리는 배드랜즈에 만연한 범죄를 억제할 방도가 없었다. 그 역시 돈을 거두어들이느라 바빴다.

1941년 후반, 아버지는 76에서 다른 직위로 강등되어 "특수경찰소장"이란 직함을 받았지만 베니는 그런 사실을 알지 못했다. 청장으

PART TWO : 포위 공격

로 거의 2년을 보내고 나자, 판 나리는 돈벌이가 되는 청장 지위에 덤벼드는 다른 경쟁자들을 더는 물리칠 수 없었다. C. C. 판의 자리는 다른 중국인 괴뢰 경찰이 차지했다. 그러나 높은 지위에 있는 친구들이 많은 덕분에 판은 다른 동료들처럼 다른 도시로 추방되지는 않았다. 판 가족의 생활방식에도 별다른 영향은 없었다. 일요일 저녁 만찬, 운전기사가 모는 자동차, 무장한 경호원과 베니 어머니의 사치스러운 습관들은 모두 그대로 계속됐다. 베니 역시 전처럼 BDG 클럽 친구들과 어울리며 파티에 다니고, 학교가 끝난 후 좋아하는 식당에 들르곤 했다. 판의 전성기는 여전히 이어지고 있었다.

그러나 베니는 1941년 12월 8일 이후 상하이가 어떻게 변했는지 깨닫지 못했다. 하룻밤 사이에 한때 보호받던 외국 조계지가 지난 4년간 상하이의 중국 관할구역을 강압적으로 지배해 온 일본 점령군의 좋은 사냥감이 되어 버렸다.

미국계 선교학교인 베니의 캠퍼스에서는 운 좋게 중국을 빠져나갈 길을 찾은 몇몇이 고국으로 돌아가면서 미국인 교사의 수가 급감했다. 상하이에 머물기로 한 연합국 국적의 교사라면 누구나 미국, 영국, 네덜란드, 그리고 기타 국가를 나타내는 A, B, D 혹은 X라고 표시된 붉은 색 완장을 차야만 했다. 일부 몇 명은 남아서 견뎌보기로 했지만, 외국인 교사 대부분은 상하이를 떠났다. 당연한 일이었다.

세인트존스의 총장 F. L. 호크스 포트가 피난 대열에 합류하자 대학은 이 77세의 미국인을 대신해서 처음으로 학교를 이끌 중국인 총장을 임명했다. 윌리엄 주 리앙 성은 중국에서 스포츠와 체육 교육에 있어 선도적인 역할을 한 인물이었다. 성 총장의 최우선 과제는 이 미국계 학교를 계속해서 열어두고 일본인들이 캠퍼스를 점거하지 못하도록 막는 것이었다. 일본군은 이미 헤이그가의 자오퉁 대학과 같은 다른 학교들을 장악한 상태였다. 상하이 서부 기차역 근처 쑤저우 천에 인근한 세인트존스의 전략적 위치 때문에, 장제스 장군이 직접 성 총장에게 학교를 열어두고 일본군 손에 떨어지지 않도록 해달라고 요청했다고 전해진다. 성 총장은 베니의 아버지에게 점령군 장교들을 어떻게 다루어야 할지 자문을 구했다. "저들이 요구하는 대로 하세요. 일본군을 도발해서는 안 됩니다." 판이 충고했다. 의무적인 일본어 수업 외에도, 캠퍼스를 감시하기 위해 일본인 정찰원이 학교 주변에 상주하게 됐다. 성 총장은 또한 몇몇 저명한 일본인 기독교인들을 교수진에 추가했다. 이런 일련의 조치들이 캠퍼스의 일부 사람들을 놀라게 했지만, 덕분에 학교는 계속해서 문을 열었다.

일본의 세력이 커지면서, 상하이에서 연합국 국민의 지위는 날이 갈수록 위태로워졌다. 1943년 초, 미국과 영국은 국민당 정부와 상하이 지역의 중국 주권 회복을 위한 조약을 체결했다. 이들 국가가 누렸던, 그래서 중국을 분노와 모욕감에 시달리게 했던 치외법권의 한 세기가 그렇게 끝났다. 영국과 미국은 괴뢰 정권의 주석인 왕징웨이의 친일 선전宣傳과 제국주의에 대한 비난에 대항해서 중국을 연합국 편에 남겨둘 필요가 있었다. 그러나 이런 움직임은 외국계 상하이 주민들 사이에 큰 충격으로 다가왔는데, 이들의 특권과 지위가 중국의 법적 권한으로부터의 면책에 달려있기 때문이었다.

이에 뒤질세라, 히틀러-히로히토-무솔리니 추축국의 파트너였던 프랑스의 비시 정권도 곧 비슷한 방식으로 중국 주권을 인정했다. 영미권의 영향력이 약해지면서 판 소장 나리처럼 일본에 우호적인 관료들은 어느 때보다 지위를 확고히 하는 듯 보였다.

1943년 여름까지, 미국인과 영국인 교사들, 그리고 그 가족들 모두가 세인트존스에서 자취를 감췄다. 그중 많은 사람이 체포되어 상하이 주변 수용소로 보내졌다. 남은 외국인 교사는 비시 정권의 프랑스나 그 외 추축국과 중립국 출신 혹은 나치로부터 탈출한 무국적 유대인 교사뿐이었다. 세인트메리의 음악 교사 중 한 사람은 뮌헨 출신의 유대인 오페라 가수였다. 그러나 이제 1800년 중반 선교사들이 처음 중국에 들어온 후 처음으로 세인트존스와 다른 외국계 학교에서 중국인들이 지도적인 위치에 올랐다. 성 총장을 비롯한 학교 직원들은 학생들처럼 수감된 동료들을 정기적으로 방문해서 자신들의 얼마 안 되는 음식과 옷가지를 교도소의 울타리 너머로 건네주었다.

　　베니는 한 번도 그런 면회에 따라가지 않았다. 아버지가 십 대라면 신체를 단련해야 한다며 날마다 복싱 레슨을 듣게 하는 바람에 너무 바빠진 탓이었다. 베니는 매일 학교가 끝나고 아버지의 백인 경호원이 자신을 태우고 리도 극장 옆 버블링 웰 거리에 있는 복싱 체육관에 데려가면 그곳에서 샌드백을 치고, 트레이너와 스텝과 주먹을 피하는 법을 연습했다. 키만 삐죽 크고 말랐던 아들이 근육이 단단한 젊은이로 변해가자 아버지는 흐뭇해했다. 이따금 판 소장 나리는 공식적인 행사에 아들과 함께 참석했고, 또 어느 때는 베니가 아버지를 대신해 혼자 가기도 했다. 깔끔하게 다려진 정장을 입고 넥타이를 맨 소년은 고개를 들고 등을 꼿꼿하게 세운 채 열다섯, 열여섯보다 좀 더 나이 들어 보이려고 애썼다. 아버지는 한 번도 그런 말을 한 적이 없었지만 베니는 자신이 판 나리처럼 보이도록 훈련받고 있다고 느꼈다. 그리고 그는 그 역할이 무척 마음에 들었다.

9장

빙, 13세

1942년, 상하이

영국과 미국이 일본을 상대로 선전포고를 하자 상하이랜더들의 생활은 빠르게 바뀌어 갔다. 1941년 12월 8일 이후, 14세 이상의 모든 연합국적 소유사는 번드 근처 해밀턴 하우스에 가서 일본 헌병대에 등록을 하고 밖에 다닐 때 언제나 둘러야 하는 붉은 완장과 함께, 신분 확인 번호를 받아야 했다.

더욱 나쁜 일은 일본이 모든 적국인들이 소유한 은행 계좌를 동결한 것이었다. 적국인은 매달 겨우 2천 위안만 인출할 수 있었는데 사치스러운 상하이 생활방식에 익숙한 외국인들에게는 쥐꼬리만 한 금액으로, 사실상 그들의 수입이 중국인 하인들이 받는 정도의 수준으로 줄어든 것이었다. 날마다 일본군은 연합국 출신 외국인들이 어디를 갈 수 있는지, 무엇을 해도 되는지, 어떻게 생활해야 하는지를 더욱 심하게 제한하는 새로운 명령을 발표했다.

혹독한 금욕적인 생활에 직면한 연합국적인들은 사정이 많이 어려워졌다. 많은 외국인들이 미국 전화, 가스, 전기 회사나 영국계 급수소, 경찰서, 항구, 세관에서 일하고 있었는데 이제 이런 회사와 기관들은 모두 일본의 통제를 받아 전쟁물자 지원에 동원됐다. 연합국 출신 상하이랜더들은 적에게 감독을 받는 직장을 그만두면 곤궁한 상태로 중국에 갇히게 될 것이었다. 판 나리의 옛 동료였던 많은 수의 영국인 순경들은 상하이시 경찰 소속으로 남아 저항 세력을 모두 진압하라는 일본의 의지를 그대로 실행에 옮기고 있었다. 고향의 미국인과 영국인 동료들은 이들 경찰이 적을 위해 하는 일을 알게 되자 그들이 적에게 협력했다고, 심지어 반역행위를 했다고까지 비난하면서 화를 내며 손가락질했다.

　　1939년 독일의 체코슬로바키아와 폴란드 침공 후, 유럽에서 전쟁이 시작되었을 때, 덴마크는 중립국이었다. 상하이에 거주하는 덴마크인으로서 크리스티안 야를데인은 그의 덴마크 여권이 자신의 가족들을 보호해주리라는 기대가 있었다. 진주만 공습 전, 프랑스 조계에 위치한 그의 집에서는 바깥의 전쟁 상황에도 불구하고 여전히 평소와 다름없는 일상이 계속됐다. 언니는 사교 생활로 바빴고, 빙과 마는 아기 올레를 돌봤다. 크리스티안은 전과 같이 상하이 수자원공사에서 엔지니어로 일했는데, 회사에서는 그에게 외화로 월급을 지급했다. 물가가 천정부지로 치솟는 전시 상황에서는 외화가 금보다 나았다. 그는 다른 상하이랜더들과 함께 계속해서 오후의 하이 티(오후 늦게나 이른 저녁에 요리한 음식, 빵, 버터, 케이크를 보통 차와 함께 먹는 것)와 더불어 세 시간짜리 점심시간 "티핀"(인도식 영어로 '점심시간'이라는 뜻)을 즐겼다. 크리스티안은 4시 정각에 아파트로 돌아와 진한 영국 차와 그가 가장 좋아하는 러시아계 유대인 빵집에서 사 온 두껍게 썬 검은 빵을 먹었는데, 보통은 장어나 물고기 혹은 돼지기름에 튀긴 다른 고기와 양파가 함께 나왔다.

그러나 커져만 가는 세계 전쟁은 모든 것을 혼란에 빠뜨리기 시작했다. 언니 부부를 강타한 첫 번째 충격은 1940년 4월 9일, 독일이 덴마크를 침공하면서 찾아왔다. 코펜하겐 정부는 즉시 제3제국에 항복하면서 독일, 일본, 이탈리아와 함께 추축국 일부가 되었다. 이들 커플은 그 사실이 일본 점령하의 상하이에서 이점이 될 수 있을지 궁금했다.

덴마크인으로서 크리스티안은 완장을 차라는 요구를 받지 않았을 뿐 아니라, 다른 상하이랜더들이 직면한 굴욕적인 금융 제재의 대상도 아니었다. 그에게는 비슷한 처지의 동료가 많았는데, 조국이 없는 백계 러시아인, 아슈케나지 유대인들(독일·폴란드·러시아계의 유대인)과 인도 시크교도들처럼, 추축국이 점령한 국가의 국적을 가진 사람들도 역시 면세 대상이었기 때문이었다. 그러나 모든 연합국적인들이 등록을 해야 했던 날로부터 일주일 후, 크리스티안은 덴마크 영사관 직원으로부터 명령서를 받았다. 그는 가족 중 모든 덴마크인의 이름과 연락처를 제출해야 했다. 점령지 상하이의 모든 사람이 이런 일을 겪어야 했다.

언니가 자랑하던 평소의 낙관주의도 차츰 사라지고 있었다. "다음은 뭐야? 유럽에서 온 유대인들 말로는 여기가 그 사람들이 마지막 방편으로 삼은 항구라던데, 그럼 우린 어디로 가야 해?" 그녀가 말했다. 남편은 대답으로 어깨를 으쓱할 뿐이었다. 그와 언니는 근처에 사는 유대인들과 친하게 지냈는데, 그들은 나치 독일에서 달아난 후, 미국, 캐나다, 영국 그리고 그 외 다른 나라에서 입국을 거절당한 사람들이었다. 약 2만 명에 달하는 아슈케나지 유대인들이 그곳에 도착했을 때, 상하이는 세계에서 이들을 기꺼이 받아들여 주는 유일한 주요 항구였다. 빙은 마와 함께 매일 산책하며 유대인들이 겪은 시련에 관해 알게 되었는데, 마는 수염을 길게 기르고, 몇몇은 야물커(유대인 남자들이 머리 정수리 부분에 쓰는, 작고 동글납작한 모자)를 쓴 외국인 남자들을 가리켜 보이곤 했다.

급변하는 상황에 뒤질세라, 크리스티안과 언니는 매일 신문과 잡지를 꼼꼼히 들여다봤다. 그중에는 크리스티안이 친구들에게서 빌려 오거나 서로 바꿔 읽는 것도 있었다. 그는 일본의 감독 아래 계속 출판이 허용된 몇 안 되는 영어신문 중 하나인 상하이 타임스의 정치 선전 기사에서 전쟁에 관한 진짜 소식을 가려내려고 애썼다. 언니는 남편의 맞은편에 앉아서 중국의 주요 일간지인 션바오申報를 읽곤 했다. 그도 아니면, 라이프 지의 기사와 상하이 타블로이드 신문들을 대충 훑어봤다. 두 사람이 기사에 관해 영어로 이야기를 나눌 때면, 빙은 새로운 단어를 이해하고 배우려 애쓰면서 관심을 가지고 귀를 기울였다.

마는 언니가 다 보고 난 뒤, 션바오의 머리기사를 훑어보고, 나중에 자신의 친구들과 이 모든 내용에 관해 의견을 나눴다. 그들이 중국 신문에 실린 영화배우들에 관한 최근 가십을 분석하는 것을 들을 때면 열세 살 된 빙의 얼굴에는 생기가 돌곤 했다. 빙이 가장 좋아하는 잡지는 라이프 지였다. 대부분 글은 읽을 수 없었지만, 그 잡지 덕분에 소녀는 세상 사람들이 어떻게 살아가고 있는지 처음으로 접하게 됐다. 빙의 중국어와 영어 어휘는 점점 더 풍부해졌다. 정규교육은 그만뒀지만, 소녀는 공부를 계속하기로 마음먹었다.

"독일인들이 이곳에서 일본이 사용했던 것과 같은 폭격 전략으로 런던의 시민들에게 밤낮없이 폭탄 세례를 퍼붓고 있다는군." 크리스티안이 어느 날 신문을 보다 고개를 들고 말했다. "사상자 수가 제1차 대전 때보다 더 많을 거야."

1943년 초, 일본군은 상하이랜더들이 혹시나 하고 두려워하던 명령을 발표했다. 모든 연합국 시민들이 곧 감금된다는 내용이었다. 크리스티안과 언니는 친구와 이웃들이 트럭에 실려 여덟 개의 혼잡하고 지저분한 수용소 중 하나로 이송되는 것을 속수무책으로 지켜보았다. 그들 대부분은 영국인과 미국인 남녀, 그리고 아이들이었다. 일부는 짐꾼처럼 몇 마일을 걸어서 직접 자기 짐을 날라야 했다. 유명한 사순, 하르둔, 카두리(오랫동안 상하이에서 살았던 바그다드 출신의 부유한 유대인 가문들) 가문은 영국 시민이었기 때문에, 그들 역시 억류 대상이었다. 친일 신문인 상하이 타임즈에 따르면 "제5열 활동(스파이, 공작원, 정보 계열 또는 (주로 이념적인) 내부의 적을 일컫는 은어)을 막고, 적국자들의 안정된 생활을 보장하기 위해" 약 6,700명가량의 미국, 영국, 네덜란드 그리고 그 외 다른 국가의 시민들이 1943년 1월부터 7월 사이에 수감됐다. 아이러니하게도, 이런 논리는 1942년에 미국 정부가 일본계 미국인 12만 명을 감금하는 데에 사용되었고, 이에 일본 선전원들은 현 상황에 대한 비판은 위선이라고 비난하며 이런 내용을 때맞춰 언급하기도 했다.

빙은 자신만만한 언니가 그렇게 걱정하는 모습을 여태껏 본 적이 없었다. 언니는 자신의 덴마크인 남편 같은 남자들도 역시 끌려갈지 모른다는 생각에 불안해했다. 남편은 수용소에 감금되지는 않았지만,

최근에 직장에서 해고당한 상태였다. 일본 점령 당국은 외국인 직원을 일본 민간인이나 친일 중국인으로 대체하려고 했다. 이제 집에는 수입이 없는 상태였고, 언니는 둘째 아이를 배고 있었다. 또 다른 남자아이, 피터가 그해가 가기 전에 태어났다.

처음에 크리스티안은 빙이 두 아이를 돌보는 동안 온종일 파이프 담배를 피우고 신문을 읽으며 집에 있었다. 그는 곧 아파트에서 하루를 보내는 데 싫증이 났고, 대신 덴마크와 다른 비동맹국 출신 친구들을 만나러 나갔다. 그들은 근처 공원이나 유대인 난민이 하는 비엔나 카페에서 차 한 잔을 시켜놓고 몇 시간씩 홀짝이며 시간을 보냈다. 일본 점령지인 상하이에 남아있던 사람들을 위한 일자리가 부족해서, 카페는 이렇다 할 목적 없이 불안해하는 외국인들로 만석이었다.

돈이 바닥나고 전쟁은 끝날 기미가 보이지 않자 언니는 행동에 나섰다. 언니는 자신의 능숙한 영어와 어설프나마 가능한 다른 언어들 덕에 무역회사에서 타이피스트로 일자리를 얻었다. 그녀는 그곳에서 몇 달 정도 일했는데, 상품을 어떻게 사고파는지 관찰하기에 충분한 시간이었다. 그리고 나서 언니는 독립해서 자기 사업체를 차렸다.

먼저, 그녀는 영어 이름을 골랐다. 여배우 베티 그레이블을 좋아했기 때문에, 그 이름을 따서 베티 야를데인이 됐다. 그리고 그녀가 한동안 알고 지내던 모든 남자들에게 연락을 했는데, 함께 춤을 추었거나 혹은 시시덕거렸던 사람들, 무엇보다 일본인들에게 관심이 있었다. 언니는 자신의 무기가 무엇인지 잘 알고 있었다. 그녀의 외모, 재치 그리고 남자를 설득해서 무슨 일이든 하게 만드는 능력이 바로 그것이었다. 그리고 결국은 남자들이 돈을 가지고 있었다. 필요한 물건이 있다고? 아파트나 창고를 찾는 사람을 알고 있다고? 언니와 예전부터 인연이 있던 일본인들 중 한 사람은 카키색 천을 팔기 위해 화물로 들여온 참이었다. 언니는 구매할 사람을 찾아주겠다고 했다. 그녀는 도로에 나가 도매상과 소매상들에게 말을 걸며 그들이 무엇을 필요로 하고, 무엇을 처분하고 싶어 하는지 알아냈다. 거래가 성사될 때마다 언니는 수수료를 받았다.

외국인들과 어울리고, 그들 언어를 쓰는 것이 편한 데다 남의 눈을 의식하지 않는 언니의 성격은 구금된 외국인들, 도시를 떠난 사람들이 살던 아파트를 중개하는 데 이점이 되어주었다. 그녀는 매번 임대가 성사되면 "키 머니"(중개인이나 주인에게 주는 웃돈)라는 것을 청구했는데 이것은 중개료보다 훨씬 많은 금액의 상하이 특별 요금으로, 물론 언니는 중개료도 함께 받아냈다.

빙은 언니가 온 가족을 먹여 살리려고 낯선 사람들을 수완 좋게 상대하며 스스로 변해가는 모습이 신기하고 놀랍게 느껴졌다. 언니는 또한 비용을 줄이기 위해 과감한 조치를 했다. 그녀는 크리스티안을 설득해서 아파트의 두 개의 침실 중 하나를 임대하기로 하고, 공간을 새로 꾸며 그들 가족이 방 세 개 대신 두 개를 쓰도록 만들었다. 빙이 아이들을 돌보기 위해 들어와 살게 되는 바람에, 언니, 크리스티안, 두 아이와 빙, 이렇게 다섯 식구가 더 좁아진 집에서 복닥거렸다. 마는 그대로 두 블록 떨어진 작고 값싼 아파트에 머물렀다.

세입자는 쉽게 찾을 수 있었다. 남자는 푸젠성 출신 중국인 사업가였는데 일본의 주요 대학 중 하나인 게이오 대학을 졸업했고, 당시 상하이에 있는 일본 회사에서 일하고 있었다. 그의 여자친구도 함께 이사했다. 언니나 크리스티안은 그가 일본인들을 위해 일한다는 점에 개의치 않는 듯했다. 점령지 상하이에서 일본인과 관련이 없는 일을

PART TWO : 포위 공격

찾기란 점점 더 어려워지고 있었다. 빙에게 세입자들은 좋은 사람들처럼 보였고, 별다른 소란 없이 자기들끼리 조용히 지냈다. 이제 아파트에는 일곱 명이 살게 되었으므로, 빙은 누구에게라도 방해가 되지 않으려고 최선을 다했다.

1943년 빙의 삶에 또다시 예상 밖의 일이 일어났다. 언니가 다른 여자아이를 입양해서 그러지 않아도 식구로 북적이는 집으로 데려왔다. 아메이는 열세 살로, 빙처럼 버려진 아이였다. 버려진 소녀들이 중국 전역에 넘쳤지만 빙은 전에는 한 번도 자신과 같은 아이를 알고 지낸 적이 없었다. 아메이는 기억하기 힘들 정도로 어렸을 때 부모가 자신을 버렸다는 사실을 이야기하면서도 전혀 당황해하지 않았다. 소녀가 아는 것이라고는 자신이 상하이에서 태어났다는 것뿐이었다. 마의 친척 한 사람이 아메이를 입양했지만, 곧 그 집 사정이 어려워졌다. 그래서 마가 아메이를 일손이 더 필요한 언니네 집으로 보내는 게 어떠냐고 넌지시 이야기한 것이었다.

다시 한번, 언니는 집안 내부를 새롭게 바꾸어 놓았다. 전쟁 시기에는 어느 집에서나 누군가 함께 지낼 수 있도록 여분의 공간을 만들었다. 아메이와 빙은 부엌 건너편 좁은 바닥에서 잠을 자야 했는데, 일단 그렇게 정해지고 나자, 아무도 새로 온 소녀에게 별다른 관심을 두지 않았다. 빙만이 예외였는데 그녀는 새 친구를 만난 흥분으로 가슴이 터질 것 같았다. 처음 만난 순간부터 두 소녀는 마음이 맞았다. 아메이는 더 키가 크고, 여러모로 성숙해 보였지만, 빙은 여전히 어린아이 같았다. 새로 온 소녀는 외향적이고 자신감에 넘치는 한편, 빙은 조용하고 수줍음이 많았으며, 쑤저우식의 부드러운 태도가 몸에 배어 있었다. 아메이는 자신이 좋아하는 것과 싫어하는 것을 자유롭게 표현하며 빙은 감히 생각지도 못하는 것들을 아무렇지 않게 이야기하곤 했다. 아메이가 가끔 뒤에서 마의 화내는 말투를 흉내 내는 바람에 빙은 억지로 웃음을 참거나, 그도 아니면 웃다가 마의 노여움을 살까 봐 전전긍긍해야 했다.

빙은 그동안 한 번도 친구를 사귄 적이 없었다. 이제 자신에게도 비밀을 털어놓고, 함께 실없는 이야기를 속삭이고, 밤새 같이 킥킥거릴 누군가가 생긴 것이었다. 빙은 마와 학교 때문에 느꼈던 좌절감, 두 번이나 버려졌다는 수치심과 슬픔, 사랑하는 아버지를 언젠가 다시 찾겠다는 꿈에 관해 이야기했다. 아메이에게 오랫동안 가슴 속에 품어왔던 고통스러운 비밀들을 털어놓고 나자, 훨씬 마음이 가벼워진 듯했다. 심지어 마의 꾸중조차 덜 괴롭게 느껴졌다.

그렇게 빙에게도 드디어 함께 어울릴 친구가 생겼다. 마가 두 손자와 오후 낮잠을 잘 때면, 빙과 아메이는 분주한 조프르 거리를 서로 팔짱을 끼고 걸으며 케세이와 파리 영화관에서 상영되는 최신 영화 포스터를 보고, 고급 상점들과 초콜릿 가게 진열창의 상품이며, 페이스트리와 선명한 붉은 색의 보르쉬(붉은 순무로 맛을 낸 러시아 및 동유럽권의 전통 수프 요리)를 파는 러시아 카페를 감탄하는 눈으로 구경했다.

상하이 여름의 찌는 듯한 더운 날씨가 시원하고 건조하게 변해가던 1943년 가을 어느 일요일, 언니와 크리스티안은 아들들과 함께 차를 빌려 항저우로 나들이를 떠났다. 빙과 아메이는 둘만의 여행을 가기로 마음먹었다. 언니가 슬쩍 찔러 준 몇 위안을 가지고서 둘은 전차(트램)를 타고 번드로 향했다. 두 소녀는 거대한 석조 건물들을 보고서 입을 딱 벌렸고, 행운을 빌기 위해 위풍당당한 홍콩-상하이 은행 건

PART TWO : 포위 공격

물 앞에 서 있는 청동 사자들의 머리를 쓰다듬었다. 그들은 수십 척의 일본 전함과 흰색 바탕에 떠오르는 태양이 자랑스레 그려진 깃발들을 보고서 몸을 떨기도 했다. 두 사람은 큰 백화점이 네 곳이 있는 데에 다다르자, 썬썬 백화점의 에스컬레이터를 타고 오르락내리락했다.

두 소녀가 티베트 로에 있는 영국 경마장에 도착했을 때는 늦은 오후였다. 그 드넓은 구역은 일본인들이 군대를 주둔시키고 중국인과 이제는 수용소에 감금된 외국인들에게서 약탈한 전리품들을 저장하는 장소로 사용되고 있었다. 근처 그레이트 월드 놀이동산은 '피의 토요일' 폭격 후에 재건되어 있었다. 빙은 재치 있는 인형극과 거울 방에서 비춰 보는 일그러진 자기 모습에 배를 잡고 웃었다. 저녁 시간이 가까워지자, 소녀들은 노점상에서 꼬치구이와 조각 멜론, 돼지고기를 넣은 만두, 카레를 넣어 만든 페이스트리, 설탕에 졸인 연근, 온갖 종류의 사탕 중에서 뭘 먹을지 고르며 마지막 남은 동전을 썼다. 불과 6년 전 이곳에서 수천 명이 폭탄 테러로 숨졌다는 사실을 생각나게 하는 것은 아무것도 남아 있지 않았다.

전차(트램)를 탈 돈까지 써버린 두 사람은 집까지 1마일 남짓 걸어서 돌아왔다. 그들이 조프르 거리의 아파트에 도착했을 때, 빙은 녹초가 되었고, 그러면서도 행복했다. 태어나서 처음으로 순전히 즐거운 일로만 하루를 보낸 날이었다.

*
**

"너 때문에 늙은이는 등도 펴질 못하고 일하는데, 너는 어떻게 쓸모없이 게으른 개처럼 종일 먹고, 자고, 싸면서 퍼질러 있니? 그따위 그림이나 보면서 시간을 낭비하고 말이다. 미국에서는 너처럼 쓸모없는 계집애는 아무도 원하지 않을 거다."

마가 또 시작했구나 하고 빙은 알아차렸다. 빙은 보고 있던 라이프 지를 마지못해 옆으로 치웠다. 아침시간은 침구마다 두드려서 빈대를 털어내고, 털려 나온 벌레들이 흩어지기 전에 최대한 많이 발로 밟아 죽이느라 바쁘게 보냈다. 마와 유모가 아기 피터를 돌보느라 신경 쓰는 동안은 빙이 네 살이 된 올레를 데리고 긴 산책을 다녀와서, 아이가 잠들 때까지 함께 놀아줬다. 빙은 아메이가 점심 준비를 위해 얼마 안 되는 그날 배급 식량을 가지고 시장에서 돌아올 때까지 가장 좋아하는 외국 잡지를 보며 잠시 쉬었으면 싶었다. 미국의 넓은 집에서 살며 미소 짓는 사람들의 사진은 전쟁으로 피폐해진 중국에서 살아가는 그들의 삶과 너무도 달랐다.

한 번 흠이 잡히면, 마는 절대로 그냥 넘어가는 법이 없었다. 불평과 악담, 욕설이 끊임없이 계속됐다. 빙은 빗자루를 들고 아메이가 돌아올 때까지 바쁘게 보이려고 애썼다. 적어도 빙에게는 서로를 딱하게 여기는 친구가 있었다. 마는 크리스티안이 그해 일찍 직장을 잃고 나서부터 작은 일에도 화를 참지 못하게 됐고, 그 정도도 전보다 더 심해졌다. 보잘것없는 식량 배급권, 날씨의 변화, 올레의 개구쟁이 행동 등 무엇이든 마의 화를 불러일으켰다. 그리고 빙이나 아메이가 하는 일마다 그랬다.

단 두 가지만이 마가 화를 터뜨리는 것을 막을 수 있었다. 첫 번째는 언니의 남편이 그 자리에 있을 때였다. 마가 하는 말을 모두 알아듣지는 못했지만, 크리스티안은 장모가 쓰는 욕을 알아차릴 만큼 상하이에서 오래 살았다. 그녀도 사위가 자리에 있을 때면 말을 삼갔다.

두 번째는 아편이었다. 긴 아편 담뱃대를 몇 모금 빨고 나면 마는 훨씬 느긋해졌다. 그녀는 아편이 자신의 모든 아픔, 고통 그리고 근심을 덜어준다고 했다. 그러나 그즈음엔 모든 물건의 가격이 치솟아서, 마의 "약"을 구하기가 더 어려웠다. 그리고 그 점이 그녀를 전보다 더 괴팍하게 만들었다.

마의 짜증에서 잠시라도 벗어나기 힘들어지자, 빙은 자신이 더 이상 버틸 수 있을 것 같지 않았다. 공평하게 말하자면, 6년간 끊임없이 계속된 전쟁으로 인한 고생에 마를 포함한 모든 사람의 신경이 날카로울 데로 날카로워져 있었다. 언니는 종종 거래나 물물교환을 하려는 고객을 한 사람도 찾지 못하고 집으로 돌아오곤 했다. 스스로 증명해낸 것처럼 재능 있고 영리한 언니였지만, 그녀조차도 인플레이션과 식량의 부족, 그리고 그로 인해 지나치게 높아진 가격을 따라잡는 데 어려움을 겪고 있었다.

언니와 그녀의 외국인 남편은 다른 많은 사람에 비해 형편이 나은 쪽이었지만, 그들을 둘러싼 상황은 점점 나빠져 갔다. 하인을 둘 돈이 없어서 마가 요리를 하기 시작했다. 이것 역시 그녀의 짜증이 늘게 하는 데에 한몫했다. 매일 밤 배급량을 살피고서, 마는 집안의 가장을 위해 가장 좋은 것을 남겨 뒀다. 심지어 그도 운이 좋아야 달걀 하나, 혹은 얇게 썬 고기 한 조각을 먹을 수 있었다. 음식은 가장 먼저 크리스티안, 다음에 올레, 언니, 그리고 마 순으로 주어졌다. 다행히 피터는 우유만 있으면 되었는데, 클림 분유(미국 보든 사에서 판매했던 분유)로 만든 것이었다. 빙과 아메이는 남은 음식을 먹었다. 아무것도 남지 않을 때면, 소녀들은 옥수수나 보리죽을 먹어야 했다.

빙은 마의 짜증과 먹기 힘든 죽 중에 어느 쪽이 더 싫은지 알 수 없었다. 밤에는 침낭 속에서 두 소녀가 서로 불만을, 좀 더 용기가 생길 때면 각자의 꿈을 속삭였다.

"개들한테 먹이려고 죽을 골목에 가져갔는데, 글쎄 더러운 똥개 한 마리조차 먹으려는 놈이 없더라고." 아메이가 소리쳤다. "개도 못 먹을 음식인 거지."

빙은 씁쓸하게 웃었다. "굶어서 아픈 한이 있어도, 나는 저 죽을 이제 한입도 더 못먹겠어." 그러고 나서, 소녀는 머뭇거리며 아메이에게 요즘 반복해서 꾸는 악몽에 관해 이야기했다. 꿈속에서 아빠는 손을 흔들며 빙을 부르고 있었다. 그러나 아버지에게 달려가면, 손을 잡을 수 있을 만큼 가까워졌을 때 그는 사라져버렸다. 그 자리에 마마 쉬가 나타났는데, 그녀는 수수한 치파오 차림의 우아한 모습으로 빙에게 따라오라는 손짓을 했다. 빙이 막 그녀에게 다가가려 하면, 그녀 역시 사라져버렸다.

"아빠를 어떻게 찾아야 할 지도 몰라. 그렇지만 난 아직도 마마 쉬가 내게 준 주소를 외우고 있어. 마마는 나를 마와 언니에게 두고 떠나기 전에, 혹시라도 내가 연락하고 싶을 때를 대비해서 주소를 외우라고 했어. 네 생각엔 어때? 마마가 꿈을 통해서 나를 부르고 있는 것 같지 않니?"

아메이는 흥분해서 그럴 거라고 대답했다. "그분이 너한테 메시지를 보내는 게 틀림없어. 마치 마가 죽은 조상의 유령들이 자기한테 그런다는 것처럼 말이야."

"마마 쉬는 충칭에서 쑤저우로 돌아올 수 있었을까? 그분이라면 우리를 더 잘 대해줄 게 확실해." 빙이 용기를 내어 말했다.

"가서 한 번 알아보자!" 아메이가 재빨리 대답했다.

깜짝 놀란 빙이 머뭇거렸다.

"달아나잔 말이야?"

아메이가 고개를 끄덕였다. "왜 안돼?"

**

두 십 대 소녀는 계획을 세우기 시작했다. 벌써 11월이었다. 겨울이 다가오고 있었으므로, 두 사람은 빨리 움직여야 했다. 두 사람 수중에는 몇 위안이 있었는데, 세뱃돈과 형편이 좋았을 때 언니가 이따금 주던 잔돈을 모은 것이었다. 그러나 빙은 달아나는 것을 다시 생각해보는 중이었는데 네 살 된 올레가 자신에게 매달릴 때면 특히나 그랬다. 아이는 누나를 찾으며 울 것이 뻔했다. 자신도 올레와 새로 태어난 아기를 그리워하게 될 것이었다. 언니는 빙이 필요했고, 항상 잘 대해주었다. 빙이 막 마음을 바꾸려는 찰나, 마가 소녀가 한 일을 두고 벌컥 화를 냈다.

"가서 황푸강에 확 빠져버리지 그래. 내가 신경이나 쓸 것 같으냐! 너 같은 바보는 아마 어떻게 빠져 죽는지도 모를 테지!" 마는 빙에게 고함을 지르며 밤늦게 잠이 들 때까지 불평을 늘어놓고 줄담배를 피워댔다.

"도망치자." 빙이 아메이에게 말했다.

마지막으로 마마 쉬를 본 지 4년이 지났고, 빙은 그녀에게 무슨 일이 있었는지 알고 싶었다. 마마는 충칭까지 무사히 갔을까? 일본군이 선전 활동에서 자랑스레 떠들던 심한 폭격에도 살아남았을까? 만일 마마가 살아 있다면, 나를 다시 받아줄까? 만일 안된다고 해도, 그녀라면 아빠를 찾을 방법을 알고 있을지도 몰랐다. 빙은 여전히 마음속으로 그런 희망을 붙잡고 있었다.

조심스럽게 도망갈 계획을 세우면서, 두 소녀는 아침 일찍, 아직 모두 잠들어 있는 동안 문지기가 건물 뜰에 있는 대나무 울타리의 문을 열기 전에 떠나기로 마음을 먹었다. 각자 돈이 될 만한 소지품을 넣은 작은 옷 보따리를 들고서 두 사람은 조프르 거리 쪽 울타리를 기어 올라가서, 상하이 북부역으로 향하는 전차(트램) 뒤쪽에 올라탔다. 기차역에 도착하면 그들은 쑤저우행 열차를 탈 계획이었다.

그러나 잦은 폭격으로 인해 기차 운행이 지연되면서 기다리는 시간이 길어지자 역은 사람들로 가득 찼다. 땅거미가 지도록 여전히 기차는 역으로 들어오지 않고 있었다. 아무 데도 갈 곳이 없었던 빙과 아메이는 역의 비좁은 벤치에 끼어 앉아서 기차를 기다렸다. 빙은 그런 것쯤은 상관없었다. 이미 달아나기로 마음먹은 터였다. 소녀는 외워두었던 주소를 어느 한 부분이라도 잊지 않으려고 안간힘을 쓰며 계속해서 되뇌었다. 마마 쉬의 삼촌이 사는 집 주소였다. 긴 하루가 지나고, 두 사람은 함께 차가운 벤치 위에 웅크리고서 잠이 들었다.

다음 날 아침, 그들은 배고픔을 참는 데 도움이 될까 싶어 찐빵 조금과 말린 생강 몇 조각을 사는 데 몇 푼을 썼다. 마침내 쑤저우행 열차가 도착하자 군중들이 무시무시한 파도를 일으키며 앞으로 몰려갔다. 빙과 아메이는 그 물결에 휩쓸려 앞으로 밀려갔고, 어떻게 해서든 기차간으로 기어 올라갔다. 쑤저우역에 도착했을 때쯤 두 사람 수중에는 마마 쉬의 삼촌 집 주소로 데려다줄 자전거 택시를 탈 돈조차 남아 있지 않았다.

둘 중 좀 더 세상 물정에 밝았던 아메이는 가지고 있는 것보다 좀 더 많은 돈이 필요하리라 생각했다. 집을 떠날 때, 소녀는 자신의 보따리에 크리스티안의 가죽 실내화를 쑤셔 넣었다. 유럽식 슬리퍼는 여전히 새것처럼 보였다. 소녀들을 슬리퍼를 팔려고 기차역에 있는 이 가게 저 가게를 돌아다녔다. 아니나 다를까, 가게 주인 중 한 사람이 슬리퍼를 사주었다. 돈이 생기자 소녀들을 자전거 택시에 올라탔고, 곧 마마 쉬의 삼촌 집 문 앞에 도착했다.

빙이 침을 꿀꺽 삼키자, 아메이가 옆구리를 찔렀다. 빙은 주먹을 쥐고 무거운 나무문을 소리 나게 두드렸다.

성긴 턱수염을 기르고 학자풍의 긴 회색 가운을 입은 나이 든 남자가 문을 열었다. 빙은 그를 바로 알아보았다.

"아저씨, 저 마마를 찾으러 왔어요." 빙이 말했다. "충칭으로 떠나기 전에 마마가 혹시 연락할 일이 생기면, 아저씨께 가보라고 했어요. 아저씨가 어디에서 마마를 찾으면 되는지 알고 계실 거라고요. 마마는 쑤저우에 돌아왔나요?"

노인은 수염을 쓰다듬으며 말했다. "빙, 마지막으로 널 본 지 벌써 5년이나 됐구나. 그땐 아직 어린아이였는데, 벌써 이렇게 자라서 훌륭한 숙녀가 되었어." 그가 부드럽게 말했다. "그렇지만 나도 내 조카가 어디 있는지 모른다. 일본군들이 이곳을 장악하고 있어서 내륙에서 오는 편지를 받을 수가 없어. 내가 마지막으로 소식을 들은 게 2년 전이다. 그때는 조카가 충칭에 있었지. 나는 매일 그 애를 돌봐달라고 부처님께 기도를 드린단다."

빙은 실망한 기색을 감추려고 고개를 숙였다. 친절한 마마 쉬와 행복하게 다시 만날 수 있으리라고 감히 상상했다니. 아메이가 위로하려고 빙의 팔 위에 손을 올렸다. 그 모든 계획을 세웠는데, 이제 막 다른 골목에 다다른 것이었다.

나이 지긋한 아저씨는 빙을, 그리고 아메이를 찬찬히 살펴보았다.

"너희들 여기에서 며칠 동안은 머물러도 된다." 그가 말했다. "미안하지만 그 이상 있으라고는 못 하겠다. 여기도 일본군 때문에 사는 게 어려워. 만일 네가 쑤저우에 계속 남아 있겠다면, 지낼 곳과 일자리를 알아봐 줄 순 있을 거야. 그렇지만 그게 내가 해줄 수 있는 전부란다."

빙은 천천히 고개를 끄덕였다. 소녀는 쑤저우에서 어떻게든 지내봐야겠다고 생각했다.

안누오, 8세

1943년, 상하이

"Twinkle, twinkle, little star. How I wonder what you are…(반짝, 반짝, 작은 별. 아름답게 비치네…)" 안누오는 순간 잠시 망설였다. 그러고 나서 아이는 어렵사리 말을 이어갔다. 영어로 시를 암송하는 동안, 소녀는 아이들과 선생님들로 가득한 교실 구석구석까지 들리도록 목소리를 높였다. 그러면서 아이는 그 순간이 최대한 빛날 수 있도록 하늘을 향해 팔을 높이 들어 올렸다.

상하이에서는 전통적으로 많은 학교들이 3학년 때부터 영어를 가르치기 시작했다. 안노오가 지난 2년간 다닌 페탱 초등학교에서는 영어 대회를 개최하고 있었는데 점령 당국의 명령에 따라 일본어 대회로 바꾸기 전 마지막으로 열리는 대회였다. 안누오는 중국인들에게는 너무 낯선 괴상한 문법과 독특한 "he—she—it" 구문에도 불구하고, 영어에 재주가 있었다. '장첸'이라는 가명을 쓰는 조용한 소녀는 수줍음을 극복하고서 우승을 거머쥐었고, '장첸: 1등'이라고 적힌 아름다운 상장을 받았다. 무마에게 무척이나 상을 보여주고 싶었던 안누오는 페탱 거리 275C 번지에 있는 집으로 한걸음에 달려갔다. 무마는 제약회사의 영업 때문에 아직 일터에 있었으므로, 안누오는 상장을 열한 살 난 오빠 찰리에게 자랑스레 보여주었다. 찰리는 길모퉁이 노점에서 빌린 책을 읽다 고개를 들고서는 "여, 장첸 대단한걸."이라고 감탄하고는 다시 책으로 눈을 돌렸다.

안누오는 창가에서 어머니 모습이 나타나길 기다렸다. 평소에도 아이를 괴롭히던 공포가 어김없이 찾아왔다. 잔혹한 일본군 보초병이 어머니의 신분증명서가 가짜라는 걸 알아내면 어쩌지? 만일 무마가 집에 돌아오지 못하면 어떻게 하지?

무마는 아이들이 등하교할 때 정신을 바짝 차리고 일본 순찰대를 피하도록 여러 차례 연습을 시켰다. 만일 누군가 안누오를 불러세우면, 소녀는 고개를 숙여 절을 하고는 '장첸'이라는 이름의 아이로 협조적으로 행동해야 했다. 집에서도 안전하다고 느끼지는 못했다. 일본군 주둔지가 가까이 있었고, 쿵쿵거리는 무거운 장화 소리가 종종 들려올 때마다 가족들은 심야 검문을 떠올리며 겁에 질리곤 했다.

마침내 어머니 모습이 아래 인도에 나타났다. 안누오는 어머니가 느리게 계단을 올라오는 발소리를 들을 수 있었다. 무마가 자신의 큰 의자에 편안하게 자리를 잡자, 안누오는 등 뒤에서 상장을 꺼냈다.

"이게 뭐지? 일등? 아주 잘했구나!" 무마는 안누오를 올려다보며 칭찬하는 미소를 지었다. "어서 우리한테도 일등상을 어떻게 받았는지 보여줘야지?" 무마는 찰리와, 리닝, 그리고 아마인 종잉을 불러서 함께 안누오의 발표를 보자고 했다. 그러나 그녀는 먼저 누가 듣고 있지 않은지 확인하려고 창밖을 흘끗 내다보았다.

안누오는 고개를 높이 들고, 손을 위로 들어 올리며 공연을 시작했다. 마지막에 가족들이 손뼉을 치자, 안누오는 자랑스러운 기분에 가슴이 부풀었다. 전쟁에 관한 모든 생각이 잠시나마 사라지는 것 같았다.

*
**

1944년 초순의 어느 날 오후, 안누오는 벌써 4학년 수업을 마치고 집에 돌아와 있었는데, 하늘에 뜬 겨울 해가 뉘엿뉘엿 질 무렵, 누군가 가볍게 문을 두드리는 소리를 들었다. 소녀는 종잉을 불렀다. 예상치 못한 방문객이 누구인지 살짝 문을 열고 내다본 아마는 집안으로 낯선 남자를 들여보냈다. 남자는 머리가 온통 헝클어져 있었고, 옷은 지저분했다. 처음에 안누오는 거지가 집안에 들어왔다고 생각하고서 바라보고 있었다. 갑자기 아이는 궁금한 생각이 들었다, 혹시 아버지일까?

그런 생각이 떠오른 것과 동시에 남자가 성난 목소리로 말했다. "너는 아버지한테 이따위로 인사를 하는구나?"

안누오는 얼굴이 화끈거렸다. 아이는 1939년 아버지가 장쑤성의 저항군에 합류하러 떠난 후 2년 전에 딱 한 번 그를 본 것이 다였다. 이번에도 아버지는 마지막에 보았을 때처럼 누더기가 된 옷 외엔 수중에 아무것도 지닌 것 없이 돌아왔다.

안누오가 채 대답을 하기도 전에, 다섯 살배기 리닝이 아기다운 새된 목소리로 소리를 지르며 달려왔다. "아버지, 아버지, 드디어 집에 왔어요!"

아버지는 리닝을 들어 올려 꼭 끌어안았다. "쉿, 큰소리를 내면 안 돼. 우리 '나이 바오즈'奶包子, 귀여운 우리 만두! 이웃이 우리가 말하는 소리를 들으면 안 된단다." 안누오는 슬그머니 방을 나왔다. 아버지는 소녀가 없어진 것도 알아차리지 못했다.

그날 저녁 무마는 집에 돌아와서 남편이 있다는 것을 알고는 안누오처럼 깜짝 놀랐다. 그녀는 즉시 가족들에게 모두 목소리를 낮추고, 특히 집주인과 이웃이 근처에 있을 때는 아무 일도 없는 것처럼 행동하라고 일렀다.

"당신은 집 안에 있을 땐, 창가에서 떨어져 있는 게 좋겠어요." 그녀는 남편을 바라보며 말했다. "지난 2년 간, 여기 생활은 훨씬 더 어려워졌어요. 일본 사람들이 통제를 강화해서 어디에나 첩자들이 있는데다, 일본인과 꼭두각시 중국인들이 집마다 명단을 만들어뒀어요. 그자들이 동네에 바오지아保甲 밀고자 망을 조직해서는 모든 사람을 감시하고 있고요. 심지어 외국인들도 바오지아 반장을 두고 있어요. 어느 때보다 위험한 시기에요."

일본군 보초병들은 주요 교차로와 다리에서 신분증명서를 확인하는 한편, 점령지 상하이의 모든 사람들을 감시하기 위해 첩자와 감시원으로 된 조직을 만들었다. 이런 바오지아 신분 확인제 아래에서, 상하이 사람 모두에게 번호와 신분증이 발급되었다. 누구든 이 신분증을 항상 소지해야 했고, 거리에서, 식당에서 다른 공공장소에서 일본 당국의 누군가 요청하면 언제든 제시해야 했다. 쌀과 식용유, 그리고 다른 필수품 배급권은 등록된 사람에게만 지급되어서 바오지아의 눈을 벗어나기란 불가능해졌다. 동네마다 중국인 꼭두각시와 일본인 우두머리에게 보고하는 감시원이 있었다. 식당 사환과 하인들은 그들이 일하는 시설과 가정의 사람들을 감시하라는 명령을 받았다. 모든 사람이, 심지어 외국인들까지도 출생자, 사망자, 밤을 지내고 가는 손님과 집을 비운 가족들을 기록해야 했다. 적의 감시 아래 숨어있기가 점점 더 어려워졌다.

1944년까지 상하이와 다른 점령당한 중국 지역에서는 적이 고갈된 군수물자를 보충하기 위해 중요한 자원을 쥐어 짜내려고 어느 때보다 더 심하게 민간인들을 압박하고 있었다. 태평양에서는 미국이 일본을 상대로 어느 정도 성과를 내고 있었지만, 안누오의 아버지가 근거지로 삼았던, 장쑤성의 중국 저항군들은 적에게 심각한 패배를 당했다. 일본군 병사나 중국 공산당에게 포로로 붙잡히는 것을 피하려고 아버지는 또다시 난민처럼 꾸미고 논과 작은 마을들을 이리저리 누비며 도망쳐 와야 했다. 상하이에서 그는 다시 돌아갈 채비를 할 수 있었다. 안누오의 어머니는 일하러 영업 구역을 도는 동안, 다시 한번 더 아버지가 필요로 하는 옷과 안경, 파커 펜, 시계, 그것도 되도록이면 롤렉스를 찾아 조심스럽게 쇼핑을 해야 했다. 이번에는 상황이 훨씬 더 위험했고, 물건을 구하기도 더 어려웠다.

아버지가 집에 돌아온 후, 떠들썩해진 분위기에 휩싸인 안누오는 목이 따끔거리는 것에 처음에는 그다지 신경 쓰지 않았다. 원래는 건강한 아이였지만, 소녀는 낯선 사람들 사이에서 여러 달 동안 생활하면서 전보다 몸이 약해져 있었다. 안누오는 비로소 자신이 아프다는 것을 깨달았을 때도 아무 말도 하지 않았다. 아버지를 방해하고 싶지 않았다. 아이가 음식에 거의 손을 대지 않는다는 것을 누구도 알아차리지 못했다. 그 주에 안누오는 열이 심하게 났다.

그제야 어머니는 안누오가 묽은 국 한 숟가락도 삼키기 힘들 정도로 아프다는 것을 알았다. 그러나 안누오를 병원에 데려가면 가족들의 신분이 탄로 날까 봐 무마는 아이를 그냥 집에 있게 했다. 잘못하면 일본의 무시무시한 비밀 군사 경찰인 켐페이타이(헌병대憲兵隊의 일본어 독음)나 76의 괴뢰 경찰에게 끌려가는 끔찍한 일이 생길 수도 있었다. 그들 모두 아버지와 같은 국민당원들을 계속해서 뒤쫓고 있었다. 숙련된 의사인 어머니는 아무렇지 않게 보이도록 행동하기 위해 낮 동안은 아마와 아버지에게 아이를 보살피게 하고 계속 일하러 다니며 딸을 치료해보려고 애썼다.

그러나 안누오의 상태는 나빠져만 갔다. 목이 붓고 아파서 숨을 쉬기가 힘들었다. 걱정이 된 어머니는 일하는 도중에 안누오가 어떤지 보러 집에 들렀다.

"아이는 괜찮아. 하루종일 아무 소리 없이 조용했어." 안누오의 아버지가 말했다. "뭐라고요?" 어머니는 깜짝 놀라 되물었다. "애가 조용하다는 건 나쁜 신호라고요!" 어머니는 안누오를 병원에 데려가는 것을 더 이상 미룰 수가 없었다.

부부가 아이를 데려가는 것은 너무 위험했다. 자전거 택시를 타는 동안 추위에 떨지 않도록 아픈 아이를 잘 감싸 안은 후, 무마는 상하이에 사는 남편의 누이 중 한 사람에게 데려가서 안누오를 세인트 루크 병원으로 데려다 달라고 부탁했다. 그녀는 심지어 시누이에게 그들 가족이 어디 사는지도 알리지 않았다. 바오지아 밀고자들이 76에 갖다 바칠 만한 정보는 아무것도 알려주지 않는 편이 나았다.

병원에서 의사는 안누오를 한 번 보고는 곧바로 아이의 병을 진단했다. 디프테리아가 중증으로 진행된 상태였다. 그는 소녀의 고모를 나무랐다. "왜 이렇게 오래 기다렸어요? 한 시간만 더 지체했으면, 아이는 죽었을 겁니다." 안누오는 너무 아파서 유령처럼 보였다. 정신이 흐릿한 나머지, 소녀는 자신이 정말 유령이 된 것 같았다. 의사들은 "장첸"을 상태가 안정될 때까지 아동 병동에 격리해야 한다고 했다. 아이가 너무 약한 데다, 집으로 돌려보내기엔 디프테리아의 전염성이 너무 강했다. 의사들은 상하이의 혼잡하고 건강에 좋지 못한 생활환경이 걷잡을 수 없는 전염병의 창궐로 이어질까 봐 우려했다. 일본은 이미 흑사병, 콜레라, 탄저병, 그 외 다른 치명적인 세균에 감염된 벼룩을 담은 특수 폭탄으로 중국인들을 공격한 적이 있었다. 어떤 전염병이라도 빠르게 번지게 된다면 전쟁으로 약해진 주민들에게 엄청난 타격이 될 수 있었다.

안누오의 열이 내리기까지 며칠이 흘렀다, 아니, 며칠이 아니라 몇 주였을까? 아이는 자신이 병실에 있다는 것을 알아차릴 만큼 정신이 맑아졌다. 아무런 장식도 없는, 깨끗하게 소독된, 하얀색 방이었다. 가족은 아무도 없었다. 어머니는 어디 있는 걸까? 소독용 알코올 냄새, 살균제 냄새와 소녀를 불안하게 만드는 다른 냄새들이 진동하는 병원 안은 낯설고 무서웠다. 안누오가 누워 있는 침대와 수직을 이루는 다른 병상에는 여섯 살 정도 되어 보이는 소년이 누워 있었다. 그 아이도 열이 심했다. 가족들이 온종일 소년을 둘러싸고 있었는데, 특히 손자를 너무나 사랑하는 할머니는 곁을 떠나는 법이 없었다. 할머니는 계속 아이와 함께 있다 밤이 되어서야 어쩔 수 없이 집으로 돌아갔다. 안누오는 누군가 "장티푸스"라고 말하는 것을 듣고서 그것이 자신이 앓은 디프테리아만큼 나쁜 병이 틀림없다고 생각했다. 남자아이를 보러 오는 사람이 많아서 안누오는 되려 심한 외로움을 느꼈다. 자신을 만나러 오는 사람은 아무도 없었다. 안누오는 소년의 가족들

몇 명이 자신을 동정하는 눈빛으로 본 것 같다고 생각했다.

마침내 어머니가 상태를 확인하러 들르긴 했지만, 일 때문에 겨우 몇 분 정도밖에는 시간을 내지 못했다. 다른 사람은 아무도 오지 않았고, 안누오가 다시 어머니를 보기까지 며칠이 흘렀다. 매번 면회는 짧았다. 가끔 어머니는 앉지도 못하고 가야 했다.

안누오는 관심을 쏟는 사람들이 저렇게 많다니 그 소년이 무척 운이 좋은 아이라는 생각이 도리없이 들었다. 자신의 가족들이 숨어지내야 한다는 것을 알고 있었지만, 그 소년이 받는 애정 어린 보살핌이 부럽기는 마찬가지였다. 손자가 끙끙대거나 훌쩍거릴 때마다 할머니는 벌떡 일어나 이마를 시원한 수건으로 찜질해주기도 하고, 베개를 두드려 불룩하게 만들거나, 이야기를 들려줬다. 그녀는 자신이 서양 의학이나 외국식으로 훈련받은 의사들을 믿을 수 없다는 점을 분명히 하곤 했다. 의사들이 나가면, 그녀는 악령을 쫓아줄 이 신, 저 신의 이름을 부르고, 손자가 건강을 되찾게 해달라고 기도를 읊조렸다. 안누오는 그 규칙적으로 반복되는 기도 소리를 듣고 있으면 마음이 편안해졌는데, 찾아오는 사람 한 명 없는 긴 시간 동안 그나마 작은 위로가 되어주었다.

어느 날, 의사의 엄격한 지시에도 불구하고, 할머니는 손자에게 주려고 집에서 만든 죽을 조금 가져왔다. 장티푸스 균이 아직 그의 장에 남아 있었기 때문에, 아이는 거의 아무것도 먹지 못하고 계속해서 배가 고프다고 투덜거리고 있었다. 소년이 맛있는 냄새가 나는 죽을 게걸스럽게 먹기 시작하자 안누오는 마치 자신이 먹는 것처럼 느껴졌다. 조금이라도 먹을 수 있으면 좋겠다고 생각하며, 소녀는 돌아누워서 눈을 감았다. 곧 졸음이 쏟아졌다.

안누오는 갑작스러운 할머니의 비명에 잠을 깼다. 소년이 경련을 일으키고 있었다. 그리고는 그대로 멈췄다가 목구멍에서 무시무시한 꼬르륵 소리를 내며 이내 몸이 굳어졌다. 안누오는 차마 계속 보고 있을 수가 없었다. 갑자기 주변이 조용해졌다. 순간 할머니가 소리를 지르며 울부짖었다. 간호사들이 방으로 뛰어 들어왔다. 안누오는 이불을 뒤집어쓴 채 소년의 하얀 얼굴과 정면을 향해 뜬 그의 눈을 바라보고 있었다. 자신의 눈앞에서 소년의 작은 몸이 시들어가는 것처럼 보였다. 소년의 영혼이 이 방 어딘가 떠돌고 있는 것은 아닐까? 안누오가 잠이 들 때까지만 해도, 아이는 살아 있었다. 그러나 이제 그는 유령이 되어버렸다.

그 애의 침대는 너무 가까워서 손이 닿을 정도였다. 너무 가까워서 소년의 유령이 자신을 만질 수 있을 것만 같았다. 겁에 질린 안누오는 침대 구석에서 몸을 웅크리고 있었고, 소녀의 심장은 터질 듯 두근거렸다. 아이는 시체와 주변의 오싹한 광경을 뒤로 둔 채 돌아누웠다. 소년의 시신은 혼비백산한 친척들이 병실로 들이닥칠 때까지 몇 시간 동안이나 그대로 놓여 있었고, 들어서는 사람마다 매번 더 큰 소리로 비명을 지르고 흐느껴 울었다. 안노오는 자신이 본 무서운 장면과 울음소리를 떨쳐 버리려고 애썼다. 누군가 마침내 소년의 시체를 가져가려고 들어오자, 안누오는 눈을 꼭 감았다. 그러나 아이는 소년이 유령으로 변한 뒤에 시신의 얼굴에 남아 있던 고통스러운 표정을 잊을 수가 없었다.

저런 일이 내게도 일어나는 걸까? 소녀는 궁금했다. 어쨌든, 의사 말로는 자신도 거의 죽을 뻔했다고 했었는데. 안누오는 무서우면서도 궁금한 것들이 많았지만 물어볼 사람이 아무도 없었다. 달래줄 사람도 없었다.

홀로 방에 남은 안누오의 곁을 지키는 것은 두려움뿐이었다. 며칠이 지나고 어머니가 들렀지만, 안누오는 유령이 된 소년에 관해 이야기하거나 자신을 불안하게 만드는 것들을 물어볼 수 없었다. 면회는 너무 짧았고, 아이들은 부모를 귀찮게 하면 안 된다고 배웠기 때문이었다. 그러나 밤이 되면 안누오는 잠을 이루지 못했다. 잠이 들면, 소년의 유령에 시달렸다. 악몽 때문에 어쩔 수 없이 깨어 있어야 했다. 좀 괜찮은 날이면 무마가 자신에게 특별한 음식을 가져다주는 꿈을 꿀 때도 있었다. 상하이 샤오롱바오 만둣국, 러시아 빵집에서 파는 프티 푸르(커피·차와 함께 내는 아주 작은 케이크 또는 쿠키), 그리고 자신이 가장 좋아하는 군밤도 있었다. 아이는 어머니가 침대 곁에 앉아 밤껍질을 벗기고 귀한 알맹이를 자신에게 먹여주는 상상을 했다. 그런 상상만으로도 안누오는 기분이 조금 나아지곤 했다.

안누오가 집에 가도 좋다는 의사의 허락을 받기까지 몇 주가 흘러갔다. 아이의 퇴원을 기대하며 어머니는 음식이 든 작은 통조림 몇 개를 가져다주었다. 통조림 속에는 죽순이며 밀 글루텐 같은 것들이 들어 있었다. 정말 오랜만에 먹는 평범한 음식들이었고, 안누오가 여태까지 먹어본 것 중에 가장 맛있었다. 암시장에서나 파는 별미들은 어머니가 비싼 값을 치르고 산 것이 분명했다. 안누오의 표정이 밝아졌다. 꿈이 현실이 된 것이었다. 마침내 안누오는 퇴원할 수 있었다. 아이는 페탱 거리에 있는 아파트로, 오빠와 여동생, 그리고 종잉이 기다리고 있는 곳으로 돌아가고 싶어 견딜 수가 없었다. 아버지는 안누오가 병원에 있는 동안 장쑤성의 적의 점령 지구로 돌아가고 없었는데, 이 소식을 들은 소녀는 오히려 안심했다.

안누오는 학교로 돌아가 4학년의 놓친 부분을 따라잡을 수 있기를 간절히 바랐다. 그러나 어머니는 소녀에게 나쁜 소식을 전했다.

"넌 아직 다 나은 게 아니야. 병원에서는 더 이상 위험하지는 않다고 보고 퇴원을 시켜줬지만, 아직은 다른 사람에게 병을 옮길 수 있어. 그러니 회복할 때까지 집에 있어야 해."

안누오는 모두에게서, 심지어 어린 여동생에게서조차도 격리된 채, 아파트 안에서 죄수처럼 지내게 됐다. 어머니는 안누오를 방 하나에 들여보내면서 소녀가 숨 쉬는 공기만으로도 다른 사람을 아프게 할 수 있다고 설명했다. 어머니는 가족들이 지켜야 할 새로운 위생 습관을 몇 가지 만들었다. 그녀는 아이들에게 각자가 쓰는 젓가락으로 공동으로 사용하는 접시에 든 음식을 집는 것 역시 건강에 해롭다고 이야기했다. 어머니는 두 가지 색깔의 젓가락을 가져다 놓았다. 붉은색은 다 같이 사용하는 접시에 든 음식을 집을 때 쓰는 것이었고, 검은색은 개인적으로 사용하고, 함께 쓰지 못하게 했다. 아무도 안누오의 식기나 음식을 만져서는 안 됐다. 소녀는 집안에서 기피인물이 되어 방안으로, 그리고 자기 자신 속으로 더 깊숙이 틀어박혔다. 학교로 돌아가는 것은 생각조차 할 수 없게 됐다. 대신 안누오는 창가 옆에 자리를 잡았다. 그곳에서 아이는 상하이의 시간이 자기 곁을 스쳐 지나가는 모습을 볼 수 있었다.

오빠인 찰리는 안누오를 대신해 세상을 향한 눈과 귀가 되어주었다. 오빠가 학교에서 돌아오면, 소녀는 그날 자신이 창문에서 본 것들을 이해할 수 있게 설명해 달라고 조르곤 했다. 왜 길에 차들이 이렇게 없는 거야? 외국인들은 다 어디로 가버린 거지?

안전하게 거리를 유지하려고 애쓰면서도, 열두 살의 찰리는 인내심을 가지고 자신이 알고 있는 것을 동생에게 이야기해 주었다. 기름이 없어서 더 이상 아무도 자동차를 사용할 수가 없어. 일본인들과 반역자들이 모두 가져가 버렸지. 어떤 사람들을 자기 차를 석탄을 태워서 달릴 수 있도록 개조했지만, 일본인들이 석탄까지 쓸어갔어. 쌀이랑 좋은 음식을 쓸어갔듯이 말이야. 차도 대부분 빼앗아 갔는데, 아직도 차를 가지고 있는 사람들은 적인 일본인들이나 중국인 반역자들뿐이야. 일본 그리고 독일과 전쟁 중인 나라 사람들은, 그러니까 미국이나, 영국, 캐나다 사람들은 외곽에 있는 특별 수용소로 보내졌어. 그렇지만 독일, 일본, 프랑스, 덴마크, 포르투갈 사람들이랑 백러시아인들은 시내에 많이 남아 있어. 유대인들은 수용소로 보내지진 않았지만, 훙커우로 이주하라는 명령을 받았어. 모든 게 변하고 있어. 붉은색 터번을 두른 시크교도 경찰만 그대로 남아서 교통정리를 하고 경찰봉으로 중국인들을 때리고 있어.

찰리는 오빠다운 충고로 이야기를 끝맺었다. "병이 낫더라도, 무척 조심해야 해. 일본군 병사들이 어디에나 있으니까."

**

찰리는 학교에서 집으로 돌아오기 전에 길에 물건을 늘어놓고서 행인들에게 몇 푼씩을 받고 책을 보게 하거나 빌려주는 노점 가판대에 들르곤 했다. 찰리는 만화나 사진이 있는 잡지들을 훑어보는 것을 무척 좋아했다. 가끔 집으로도 책을 가져왔는데, 안누오는 그 책들을 삼킬 듯 열심히 읽었다. 쿵후 소설, 삼총사와 다른 번역서들, 홍루몽과 같은 중국 고전들로, 안누오는 오빠가 가져오는 책을 모조리 다 읽었다. 몇 달이나 격리돼있는 동안, 소녀에게는 책만이 전쟁과 병에서 벗어날 수 있는 진정한 탈출구였다. 안누오의 상태는 나아졌지만, 오래 외출해도 좋을 만큼 몸이 튼튼해진 것은 아니었다. 종종 아이는 슬그머니 곁에 앉아서 어머니와 종잉이 암시장에 관해 이야기하는 것을 듣곤 했다. 암시장에서는 아무리 큰돈을 줘도 흰쌀을 구하기가 거의 불가능했다. 두 사람은 이웃의 누가 밀고자일지 추측하고 일본 순찰대와 마주치지 않도록 최선의 경로를 계획하곤 했다. 안누는 날마다 미친 듯이 오르는 물가를 두고 어른들이 하는 이야기에서 기초적인 산수와 경제학을 배웠다. 소녀는 그들이 상하이에서 사용되는 각 화폐 간의 상대적인 가치를 계산하는 데에 귀를 기울였는데, 국민당의 위안화, 왕징웨이 괴뢰 정부의 위안화, 미국 달러와, 작은 금괴들, 그리고 멕시코의 은화 등이었다. 점령지 상하이에서의 복잡한 일상생활은 안누오에게 학교 교육 대신이 되어주었다.

종잉이 아무리 배급받은 식량으로 입맛에 맞게 식단을 꾸려보려해도, 거친 붉은 쌀과 제한된 식용유, 그리고 다른 음식들은 안누오의 허약해진 몸에 제대로 영양분을 보충해주기에 부족했다. 디프테리아 때문에 너무 수척해진 소녀는 작은 아파트를 돌아다닐 만한 기운도 없었다.

페탱 거리에 있던 아파트 벽 너머로 일본과의 7년 간의 전쟁에는 변화가 일어나기 시작했다. 일본의 검열관과 선전원들은 전선에서의 잇따른 패배를 감추고 자국의 힘을 치켜세웠지만, 그들도 상하이의 모든 사람들이 뻔히 아는 사실을 숨길 수는 없었다. 1944년 6월 9일, 미국인들은 상하이에 대한 첫 공습을 실행에 옮겼다. 미국은 곧 정기적으로 이 '바다 위 도시'(上海)의 상공에 B—29 폭격기를 보내 일본의 군사 시설을 공격했다. 찰리는 안누오에게 비행기 사진을 보여주며, 중국 커티스 호크(중일 전쟁 초반 중국 공군의 주력 기체 중 하나였던 복엽 전투기. 1933년 커티스 사에서 개발)와 플라잉 타이거 워호크(중일 전쟁 당시 미국인 자원자들로 창설돼 대대 규모로 중화민국 편에서 싸운 항공 용병부대인 플라잉 타이거즈에서 사용한 커티스 사의 P-40B 전투기)의 차이점, 미국 머스탱기(제2차 세계 대전 시기 미 육군 항공대에서 운용한 프로펠러 전투기), B-24 리버레이터 기(제2차 세계 대전시 미국 육군 항공대의 주력 대형 폭격기. 미국의 항공기 제작사 콘솔리데이티드 사에서 개발·제조), 그리고 B-29 수퍼포트리스 기(미국 보잉 사가 제작한 4발 엔진을 가진 프로펠러 전략폭격기)의 차이점, 일본 미쯔비시의 "제로" 폭격기와 가와사키 사가 만든 폭격기가 어디가 다른지를 알려주곤 했다. 안누오는 공습이 있을까 봐 참을성 있게 창문으로 바깥을 지켜봤다. 밤이 가까워지면, 아이는 종잉이 점령군과 괴뢰 당국이 명령한 대로 암막 커튼을 치는 것을 도왔다.

일본군은 1945년 초쯤에는 매우 약해져서 미국 B-24, B-29 폭격기가 머리 위로 윙윙거리며 날아다니는 소리가 매일 정오가 되면 일과처럼 들려왔다. 군수품 저장고와 주둔지를 보호하기 위해 일본군은 더 많은 집, 학교, 사무실 건물을 차지하고, 그곳에 병사와 보급품을 숨겨두었다. 군수품들이 빅터 사순이 지은 아시아 최대의 주거용 건물인 임뱅크먼트 빌딩 1층으로 옮겨졌다. 일본인들은 도시 중심부로 숨어 들어가면서 연합국 공격에 맞서 민간인들을 인질로 삼을 계획이었다.

미국의 상하이 공습 소식은 안누오의 아버지가 있는 먼 장시성의 국민당 기지까지 전해졌는데, 국민당군의 정보망 덕분이었다. 그는 상하이가 더 이상 가족들에게 안전하지 않으리란 걱정에 아내에게 인편으로 전갈을 보냈다. '직장과 아파트를 버리고 지금 즉시 아이들을 데리고 멀리 상하이 남서쪽으로 약 500마일 거리에 있는, 자유중국의 일부인 장시성 주둔지로 오시오. 나와 그곳에서 만납시다.'

1945년 초, 안누오는 막 열 살이 됐다. 아이는 어머니가 아버지의 연락을 받고 불안해하는 것을 알 수 있었다. 장시까지의 여정은 6년 전의 마지막 여행보다 훨씬 더 어려울 터였다. 게다가 겨울이었다. 그들은 적진을 우회하고 강을 건너, 눈 덮인 산길을 지나가야 할 것이었다. 세 아이를 데리고 전쟁터를 건너가는 것보다, 옛 프랑스 조계지에 남아 있는 편이 더 안전하지 않을까? 게다가 안누오의 어머니가 일해서 모아 둔 돈이 키 머니부터 보증금, 팔거나 다른 물건과 바꾸려고 약품과 샘플을 조금씩 모아놓은 것까지 모두 그 아파트에 묶여 있었다. 그러나 안누오의 아버지는 그런 점을 무시하려 했다. 그는 다시 연락을 보내서 아내에게 모든 것을 버리고 떠나라고 지시했다. 그녀가 자신의 말을 따르게 하려고 그는 황푸강 건너 푸동에 국민당군 소대를 보내 그의 가족을 호위하게 했다.

안누오는 자신의 똑똑하고 능력있고, 아름다운 어머니가 남편으로부터의 새로운 지시 때문에 고심하는 모습을 보는 것이 당황스러웠다. 어쨌거나 어머니는 아버지가 없던 여러 해 동안 그들의 생존을 책임져 왔다. 그러나 어머니가 받았던 현대적인 교육, 그런 생활방식과 감수성도 그녀를 남편의 명령에 복종하도록 강요하는 중국 전통의 무게를 이길 수는 없었다.

적어도 안누오에게는 신이 나서 기대하고 있는 것이 한 가지 있었다. 자신이 격리 상태에서 해방되리라는 점이었다. 아이는 여러 달 동안 밖으로 나가지 못해서 다리 근육이 쇠약해져 있었다. 무마는 길고, 힘든 여정이 될 것이라고 얘기했다. 안누오는 신경 쓰지 않았다. 그저 빨리 밖으로 나가고 싶을 뿐이었다.

안누오의 어머니는 여행에 관해 이야기하면서 가장 허약한 아이에게 오래 눈길을 주었다. "안누오, 이번 여행은 쉽지 않을 거야. 그렇지만 최선을 다해야 해." 앞으로 다가올 어려움은 모른 채, 안누오는 힘차게 고개를 끄덕였다. 아이는 마침내 새장 같은 집에서 벗어날 수 있어서 기뻤다. 게다가, 종잉도 함께 가기로 했다. 모든 것이 다 잘 될 거라고 소녀는 생각했다.

바깥으로 나오자, 안누오는 걸음마를 배우는 아이처럼 휘청거렸다. 처음에는 종잉이 도와주었지만, 소녀는 곧 좀 흔들리긴 해도, 기운차게 혼자 설 수 있었다. 1945년 2월 초, 다섯 사람, 네 명의 "장"씨와 종잉은 푸동의 외딴 지역을 향해 출발했고, 그곳에서 그들은 국민당 지하 저항군 병사로 이루어진 호위대를 만났다. 만일 누구 하나라도 일본군에게 발각되면, 그들은 즉결 처형당할 터였다.

군인들은 걸어가고, 여자와 아이들은 달수레에 올라탔다. 달수레에는 나무로 된 바퀴 한 쌍 위로 앉을 수 있도록 양쪽에 널빤지가 놓여 있었다. 바싹 여윈 일꾼들이 울퉁불퉁한 시골길 위로 수레를 밀었다. 안누오는 떨어져서 무거운 바퀴에 뭉개질까 봐 찰리에게 꼭 매달렸다. 그들이 남중국해를 마주한 해안가에 도착하자 병사들은 여자와 아이들을 어깨에 둘러메고 물살을 헤치며 작은 어선 쪽으로 다가갔다. 안누오의 가족과 병사들은 배의 비린내 풍기는 화물칸 바닥에 꽉 들어찬 통조림 깡통 속 정어리처럼 비좁게 누워 있었다. 배가 일본군 전초선前哨線을 지나갈 때면 총알이 휙휙 스쳐 지나가는 소리가 들렸다. 일단 바다로 나가자 낡아빠진 보트는 파도 위에서 장난감처럼 들까부르며 흔들렸다.

다음날 그들은 저장성 남부의 해안에 도착했다. 그곳 역시 적이 장악하고 있는 지역이었다. 한 병사가 닭 깃털 뽑듯 안누오를 배에서 들어올려 바퀴가 셋 달린 마차에 내려놓았다. 그들이 일본군을 피해 거친 시골길을 지나칠 땐, 마차가 너무 심하게 덜컹거려서 아이는 뼈가 다 부서질지도 모른다고 생각했다. 길이 점차 좁아지자, 그들은 가마꾼들이 어깨에 메고 나르는 의자 가마로 바꿔탔다. 가마를 사용할 수 없는 곳에서는 걸어갔는데, 저장성을 지나 남쪽으로 가서, 서쪽으로 푸젠성을 가로지른 다음, 다시 저장성을 향해 북동쪽으로 이동하는 전체 400마일이 넘는 여정이었다.

밤에는 농가나 판잣집, 시골 여기저기에 흩어져 있는 사당으로 쓰이는 작은 가족묘 등에서 잠을 잤다. 그들은 지저분한 방에서 복닥거리며, 혹시라도 재빨리 도망쳐야 할 경우를 대비해서 옷을 다 입은 채로, 차갑고 축축한 바닥 위에서 잤다. 병사들은 다른 오두막에서 잠을 청했다. 운이 좋으면 근처 농가에서 먹을 것을 사고, 여행 대부분은 삶은 달걀을 먹으며 버텼다.

그들이 장시성을 향해 천천히 이동하는 동안, 이 수줍고 섬세한 도시 소녀는 자신을 몰아세워 가며, 지형이 험한 지대와 바위투성이 개울을 전전긍긍 건너갔다. 마지막으로 여행 중 가장 어려운 부분에 이르자, 그들은 안누오가 누구를 잡고 건너기에 너무 좁은 가파른 산길을 일렬로 걸어가야 했다. 한쪽에는 깎아지른 듯한 산비탈이 있고, 다른 한쪽으로는 천 피트 아래까지 들쭉날쭉한 바위 절벽이 늘어서 있었다. 가끔 비가 내리면 그 길은 미끄러운 진흙탕으로 변했다.

어느 순간 안누오는 다리가 휘청거리기 시작하면서 문제가 생긴 것을 알아차렸다. 발 저쪽은 천 길 낭떠러지였다. 한 번 미끄러지면

바닥이 보이지 않는 나락이 자신을 집어삼킬 것 같았다. 가장자리에서 미끄러질까 봐 두려워서 움직이지도 못하고 아이는 겁에 질려 그 자리에 주저앉고 말았다.

"안누오, 여기서 멈출 순 없어. 일어서야 해!" 엄마가 애원했다. 안누오가 한 발을 움직이자, 돌멩이가 절벽으로 굴러떨어졌다. "아래를 보지 마." 엄마가 침착하게 말했다. "한 발 내려놓고, 그 앞에 다른 발을 놓는 거야. 넌 할 수 있어." 안누오는 일어서야 한다고 스스로 마음을 다잡았다. 그날 밤, 안누오 일행은 그 근방 가문 소유인, 조상을 모시는 작은 사당을 발견했다. 그 안에서 그들은 삶은 달걀을 먹고, 가족이 모시는 신과 혼령들 사이에서 잠을 청했다. 잠이 안누오에게 작은 평안을 가져다주었지만, 아침 해가 밝으면 다시 용기를 내어 산길을 가야 한다는 사실이 머릿속을 떠나지 않았다.

4개월간의 고된 여행은 안누오가 상상했던 것보다 훨씬 더 힘들었다. 어쨌든 아이는 그저 계속 걸었다. 그들이 마침내 6월에 장시성에 도착하자, 그 모든 것이 기적처럼 느껴졌다. 어느 흐리고 서늘한 날, 그들은 국민당 정부의 전초기지에 도착했지만, 아버지는 그곳에 없었다. 지칠 대로 지친 가족들은 기숙사 같은 셋방으로 이사했다. 드디어 아버지가 전쟁터에서 돌아오자 가족은 재회의 기쁨으로 함께 울고 웃었다. 그는 가족들을 거의 작은 집 한 채 크기의 커다란 사당으로 거처를 옮기게 했지만, 그러고 나서는 공식적인 임무로 바빠 대부분 집을 떠나 있었다. 안누오는 아버지를 거의 보지 못했다.

외딴 지역들을 통과하는 길고 괴로운 여정 동안, 이 작은 무리의 여행자들은 전쟁 소식을 전혀 듣지 못했다. 그들은 장시성에 도착할 때까지 독일이 항복했다는 사실을 모르고 있었고, 심지어 일본의 패배가 가까워진 것도 실감하지 못했다. 그들이 장시성에 도착하고 겨우 두 달 뒤, 안누오의 아버지가 소리치며 숙소로 달려왔다. "전쟁이 끝났어! 드디어 전쟁이 끝났다고. 일본이 항복했어!" 그와 안누오의 어머니는 서로 껴안고 웃으며 펄쩍펄쩍 뛰었다. 안누오 역시 기쁘고 놀라워서 소리를 질렀다. 소녀는 이제껏 아버지와 어머니가 그토록 기뻐하거나 서로 포옹하는 모습을 본 적이 없었다.

그러나 당시에는 모든 사람이 서로를 껴안고 환호하고 있었다. 기쁨에 찬 축하가 온통 주변에서 터져 나오고 있었다. 사람들이 길과 골목으로 한꺼번에 쏟아져 나와 소리를 지르고, 뛰어오르며, 웃고 울었다. 폭죽이 터지고 총성이 울려 퍼졌고, 사찰에서는 종소리가 들려왔다. 끔찍한 8년간의 전쟁이 끝났다! 안누오가 기억하는 한 전쟁은 내내 열 살 소녀의 어린 삶에 그림자를 드리웠다. 심지어 어머니와 아버지조차도 눈앞에 닥친 전쟁에 대한 두려움 없이 평온했던 시절의 기억이 희미할 지경이었다. 돌연 정부와 국가를 재건하기 위해 경험 많은 국민당 관리들이 급히 필요하게 됐다. 안누오의 아버지는 비행기로 상하이에 파견되어 떠났다. 안누오와 남은 가족들은 내륙에 살고 있던 수백만의 이주민들과 함께 배로 돌아가야 했다. 그들은 다른 사람들과 함께 양쯔강을 따라 예인선에 끌려가는 혼잡한 바지선에 올랐다. 안누오는 돌아가는 배 위에서의 몇 주를 다른 아이들과 전쟁 이야기를 나누며 보냈다. 넬리 쑹 타오 같은 아이는 충칭에서 수없이 많은 폭격을 목격했는데, 폭탄이 떨어지고 나면 넝마주이들이 반지와 다른 귀중품을 찾아 조각난 시신들 사이를 뒤지며 다니는 것을 보았다고 했다. 강 위의 항해는 가족들이 겪은 지난번 긴 여행보다 덜 힘들었고, 경로는 더 곧발랐다.

안누오의 아버지는 다른 국민당 관리들과 함께 떠나기 전에 아내에게 아이들을 데리고 상하이가 아니라, 항저우로 이사하게 될 거라고 알렸다. 그는 전후의 상하이가 몹시 혼란스러울 것이라고 믿었다. 여러 곳의 병사들이 그리로 모여들고 있었고, 길거리에서 폭력 사태가 일어날 가능성이 있는 것은 물론, 부역자들에 대한 체포와 처형도 이루어질 터였다. 아버지의 선언에 안누오의 어머니는 깜짝 놀랐다. 그녀가 "미세스 장"의 신분으로 모아 두었던 돈은 여전히 상하이에 있었다. "상관없어." 그가 잘라 말했다. "간단한 해결책이 있지. 그 돈은 다 포기하는 거야."

더 이상의 논의는 없었다. 그는 이미 한더친 장군과 모든 것을 조율해 놓은 상태였는데, 장군은 본인의 가족을 항저우로 보내는 중이었다. 아버지의 높은 지위 덕분에, 안누오의 가족은 국민당원들이 일본 관리들과 그들의 중국인 앞잡이들에게서 되찾고 있던 저택들 중 하나로 이사하기로 결정되었다. 안누오의 어머니는 아무것도 묻지 못하고 아버지가 바라는 대로 따라야 했고, 안누오는 그렇게 항저우에서 새로운 생활을 시작할 참이었다.

11장

베니, 16세

1944년, 상하이

세인트존스 중학교에서의 마지막 해인 3학년이 되자 복싱 수업은 베니를 건장한 젊은이로 바꿔 놓았다. 잘 재단된 정장이 운동으로 다져진 체격을 돋보이게 했고, 일요일 저녁 파티 자리에서 부유하고 영향력 있는 상하이 인사들에게 아들을 소개할 때면 C. C. 판 소장의 얼굴은 자랑스러움으로 빛났다.

그런 특별한 순간들을 제외하면 소년은 학교에서 돌아오는 주말에도 아버지를 거의 보지 못했다. 그쯤 판 나리는 일요일 식사 후 바로 자리를 뜨는 것이 습관처럼 되어 있었다. 베니는 아버지가 높은 지위 때문에 할 일이 많겠거니 생각했다. 그리고 실은 아버지의 엄격한 눈을 피할 수 있어 기뻤다.

베니의 어머니 역시 상류층 부인들과 만나고, 판 소장과 동행하는 의무적인 사교 활동에 참석하거나 밤늦게까지 마작 놀이를 하며 바쁘고 만족스러워 보였다.

쾌활하고 매력적인 남자들이 우아한 어머니에게 늘 관심을 보이며 사치스러운 선물을 퍼부어댔다. 판 부인은 흠잡을 데 없이 깔끔하게 제복을 차려입은 일본 고위 관리나 상하이 사교계의 부유한 바람둥이, 혹은 쑤저우와 항저우의 예술가 등 모든 손님에게 친절하고 상냥했다. 어느 일본인 사업가는 베니의 어머니에게 애완견을 한 마리 선물했는데 똑똑하고 충성스러워서 값이 비싼 일본 스피츠 종이었다. 이 하얗고 사람을 잘 따르는 개는 언제나 어머니 곁을 지키며 휑뎅그렁한 저택에 명랑하고 가정적인 분위기를 가져다주었다.

부모님처럼 각자 생활을 유지하는 것이 상하이 상류층에게는 드문 일이 아니었다. 기혼남들은 첩이나 정부, 무희와 기생, 그리고 창녀들과 함께 시간을 보냈다. 부인들 역시 여흥거리를 찾았다. 남편의 추태를 받아들이지 못한 현대적인 상하이 여성들은 점점 이혼 쪽으로 마음을 돌렸다. 하지만 베니의 어머니는 그렇지 않았다. 어머니 역시 그 시절 현대적인 여성에 속했지만, 전통과 체면을 지켜야 했다. 설사 결혼 생활이 불행했다고 해도, 그런 말을 절대 입 밖으로 내뱉지 않았다.

베니와 판 가문家의 아이들은 제스필드 로 40번지와 상하이에서 모두 잘 지내고 있었다. 계엄령과 일본의 엄격한 검열로 인해, 점령지 중국인들은 1942년의 미드웨이 해전을 시작으로 태평양을 가로질러 솔로몬 제도의 과달카날과 마셜 제도, 그리고 1944년에는 마리아나 제도와 필리핀에 이르기까지 일본의 계속되는 패배 소식을 대부분 듣지 못했다. 라디오는 금수품이었지만 상하이에서조차도 일본이 약해지고 있다는 조짐은 보였다. 제국군은 너무 많은 병사를 잃는 바람에 베니보다 훨씬 어린 소년들이 도시 내 일본 시민 중에서 징집되고 있었다.

그중 어느 것도 베니의 만족스러운 생활에 방해가 되지는 않았다. 오히려 1944년 판 가족은 베니의 누나인 애니의 결혼 준비에 몰두해 있었다. 어머니는 첫아이의 결혼을 도시에서 가장 멋진 사교 행사로 만드는 데 여념이 없었다. 판 부인은 상하이의 가장 큰 무도회장인 파라마운트에 예식과 피로연을 마련했다. 프랑스 실크 웨딩드레스를 입은 누이는 무척 예뻤다. 아버지는 영국식 모닝코트와 연미복을 입고 가장 멋지고 우아한 모습으로 다이아몬드가 박힌 파이프에 담배를 피우고 있었다. 그러나 베니에게는 어머니야말로 그날의 스타였다. 어느 때보다 아름다운 모습의 어머니는 심지어 신부보다도 빛났다.

베니는 처음 맞춘 턱시도를 입고, 장식띠와 윈저 노트로 맨 넥타이를 매자 자신이 무척 어른스럽게 느껴졌다. 도린이 오빠에게 에롤 플린(1909년~1959년, 호주 출신 미국 남자 영화배우)을 닮았다고 말하자 소년은 얼굴이 붉어졌다. 파라마운트의 유명한 필리핀 오케스트라의 연주에 맞춰 몸을 흔들며 베니는 조명이 아래쪽에서 비추는 유리로 된 댄스 플로어 위를 떠다니는 듯한 기분이 들었다. 마법과 같았던 그날, 화려하게 차려입은 베니의 가족들은 모두 함께 있었고, 행복했다.

결혼식의 흥분은 곧 베니의 중학교 졸업식으로 이어졌다. 판 가문 家의 장남은 마침내 아버지와 삼촌이 그랬듯 세인트존스 대학에 입학하게 되리라는 기대에 부풀어 있었고, 여전히 사람을 치료하는 의사가 되고 싶었다. 베니에게는 하얀 실험실 가운을 입고 모든 이의 존경을 받으며 캠퍼스를 돌아다니는 의대생이야말로 선망의 대상이었다. 세인트존스 대학의 6년제 의학 프로그램은 미국 펜실베이니아 대학과의 공동 학위과정으로 예과와 의대 본과로 운영되고 있었다. 베니는 가을 학기에 시작하는 프로그램에 들어가기로 했고, 부모님이 허락하리라는 확신도 있었다. 그저 기쁜 마음으로 기다리는 일만 남은 듯했다.

*
**

1945년 초여름, 상하이 시민들은 미군이 일본의 이오지마와 오키나와를 점령한 사실을 아직 모르고 있었다. 더구나 오키나와는 미국이 B-29(보잉B-29 슈퍼포트리스. 제2차 세계대전에서 사용된 미국의 전략 폭격기로 히로시마에 원자폭탄을 투하한 폭격기로 유명하다)를 더 자주 보내 일본과 상하이의 일본 거점을 폭격할 수 있는 군기지로 바뀌어 있었다. 이따금 폭탄이 목표물을 빗나가기도 했는데, 한 번은 미군의 폭탄이 실수로 홍커우의 유대인 게토에 떨어져 수백 명의 민간이 죽거나 다쳤다.

상하이 서구에 위치한 세인트존스와 세인트메리에 다니던 학생들은 폭탄이 잘못 떨어질까 봐 걱정하기 시작했는데 특히 어느 날 오후, 200대 이상의 미군 비행기가 도시를 폭격하던 때에는 더욱 그랬다. 근처 기차역에 공습이 예상되자 세인트메리 학생들은 스스로를 보호하기 위해 테니스 코트에 별과 줄무늬로 커다란 성조기를 그렸다. 학생들은 그렇게라도 연합국의 동정심을 불러일으킬 수 있길 바랐다. 그 무렵이 되자, 일본이 곤경에 처해 있다는 사실이 모두에게 분명해졌다.

드디어 기다리던 소식이 들려왔다. 1945년 8월 15일, 일본군 장교들은 히로히토 일왕의 쉿소리 섞인 음성을 확성기로 듣기 위해 국제 정착지의 영국 경마장에 모였다. 일왕은 "새롭고 너무나 잔인한 폭탄이" 히로시마와 나가사키를 파괴했다고 발표했다. 일본이 항복하고 있었다. 2주 후인 9월 2일, 공식적인 항복이 USS 미주리호 선상에서 이루어졌다. 상하이에서는 집 밖으로 쏟아져 나온 사람들이 거리를 가득 메우고서 함께 축하했다. 8년간의 일본과의 전쟁, 그리고 점령이 끝났다. 마침내 중국 5억 인구가 기뻐할 날이 온 것이다!

그러나 모두가 환호한 것은 아니었다. 베니의 아버지와 같은 관리들은 이 소식에 경악했다. 한때 일본의 힘에 편승했던 이들이 이제 그 빚을 갚을 차례였다. 상하이의 꼭두각시 시장으로 판 나리를 경찰국장에 임명했던 천궁보陳公博는 왕징웨이가 수술 도중 갑작스럽게 사망한 후, 1944년 말 괴뢰 부역 정부의 수장이 되었다. 일본이 패전하자 도쿄로 도망쳤지만, 미국 점령군이 첸을 중국으로 돌려보내는 바람에 쑤저우에서 반역죄로 체포, 수감되어 재판을 기다리는 신세가 됐다. 천은 자신이 평화를 위해 목소리를 냈고, 중국인들이 일본에 입는 피해를 줄이기 위한 완충재 역할을 했다고 주장했다. 항변은 소용이 없었고 천은 처형됐다. 아내와 정부情婦 역시 반역자로서 재판을 받았다.

베니의 아버지는 정권이 바뀌기 전에 계획을 세울 시간이 얼마나 있을지 계산하며 특수경찰 동료들과 함께 숨어있었다. 국민당 정부는 여전히 육로로 몇 주가 거릴 만큼, 멀리 떨어진 중국 내륙에 있었다. 많은 부역자들이 최소한 며칠은 출구를 모색할 시간이 있으리라고 예상했다. 어쨌거나 일본군은 여전히 상하이와 다른 곳에서 순찰을 돌고 있었다. 장제스과 미군은 혹시라도 공산주의자들이 도시 문을 열게 하느니 차라리 패전한 일본군이 질서를 유지하기를 원했다.

장군은 심지어 일본인들에게 북부 농촌 지역에서 중국 공산당에 대항해 계속해서 싸울 것을 주문했다. 부역자였던 관리들은 마오의 공산주의자들보다 장제스의 국민당을 선호했던 미국인들이 미 공군 편대에 수십만 명의 국민당 관리와 병사들을 해방된 난징, 상하이, 그리고 다른 해안 도시로 실어 오라는 명령을 내린 것을 모르고 있었다.

1945년 9월 27일 아침, 군용 트럭들이 제스필드 로 40번지의 정문을 통해 들이닥쳤을 때 마침 베니는 집에 있었다. 붉은 벽돌 계단을 뛰어 올라온 무장한 병사들이 저택으로 들어가는 화려하게 조각된 문을 세차게 두드렸다. 아버지는 서재에 있었다.

자신의 3층 침실에서 아래층의 소란을 들은 베니는 복도로 달려 나와 윤기가 흐르는 마호가니 난간 위로 몸을 숙이고 홀을 내려다보았다. 그는 제복을 입은 국민당 군인들이 제스필드 로 76번지 상하이 서구 특별경찰본부의 소장인 C. C. 판을 체포하기 위해 집으로 들이닥친 것을 보고 깜짝 놀랐다. 맞춤 양복을 깔끔하게 차려입은 아버지는 아무런 항의도 하지 않고, 군인들이 자신을 손을 묶도록 내버려 두었다. 베니와 아이들이 아연실색해 쳐다보았지만, 아버지는 앞을 똑바로 바라보며 그들과 동행했다. 어머니는 사람들이 판 나리를 다른 죄수들과 함께 트럭 뒷좌석에 태우는 동안, 말없이 그저 현관 근처에 서 있었다. 베니는 트럭 뒷문이 닫히기 직전에 계단을 뛰어 내려와 진입로로 나갔다. 그는 몇몇 죄수들이 일요일 만찬에서 보았던 사람 같다고 생각했다. 기관단총을 든 무장한 경비원들은 트럭이 떠날 때 대기 상태인 채로 서 있었다.

일부 국민당 병사들이 뒤에 남았다. 지휘관은 큰 소리로 명령을 내뱉기 시작했다. "괴뢰 정부와 부역자들의 모든 재산은 훔친 것이다.

모두 즉시 이곳을 떠나라. 아무것도 가져가서는 안 된다!"

아버지가 구속되었다는 충격에서 회복할 틈도 없이 병사들이 사람들을 모두 집 밖으로 몰아냈다. 여덟 살 난 프랜시스와 열 살인 에드워드, 십 대였던 누이동생 세실리아와 도린도 그중에 있었다. 애니는 결혼해서 남편과 함께 살고 있었다. 베니는 누나가 이런 끔찍한 장면을 보지 않아서 정말 운이 좋았다고 혼자 중얼거렸다. 병사들 중 한 명이 어머니의 팔을 잡자, 어머니는 그 손을 홱 뿌리친 뒤, 고개를 꼿꼿이 세우고 조용히 걸어 나갔다. 모두 밖으로 나오자 국민당 군인들이 문을 쾅 닫았다. 누군가 재빨리 문에 "적의 꼭두각시들에게서 몰수함. 중국 전시 당국의 재산"이라고 쓰인 표지를 붙여놓았다.

그 지휘관은 판 가족을 돌아보고는 다시 한번 말했다. "당장 나가. 너희가 있을 곳은 길거리라고."

"그렇지만 어디로 가란 말이에요?" 열여섯 살이었던 여동생 세실리아가 떨리는 목소리로 물었다.

장교가 가족들의 발밑에 침을 뱉었다. "너희는 충직한 중국인들이 너희 아버지의 고문실로 끌려갔을 때 그 사람들이 어디로 가는지 궁금해했었나? 길거리야말로 적의 꼭두각시들에게 딱 맞는 곳이지. 나가라고!"

모두 저택 정문 밖에 서 있게 되자 어린 프랜시스가 울먹이기 시작했다. 어머니는 가장 어린 자식 둘을 가까이 끌어당기며 말했다. "어디로 가야 할지 내가 알아." 베니는 아버지가 몇 블록 떨어진 예전 프랑스 조계지에 또 다른 집을 가지고 있었다는 것을 알고서 깜짝 놀랐다. 그곳은 아버지의 개인 은신처로 문제가 생기거나 안전가옥이 필요할 때를 대비해 마련해 둔 장소였다. 아버지가 정부들과 시간을 보내던 곳이기도 했다. "거기까지는 걸어가야 해." 어머니가 말했다.

그 때 뒤에서 익숙한 목소리가 들려왔다. "아니요, 부인. 제가 자전거 택시를 잡겠습니다. 집안의 돈을 좀 숨겨서 가지고 나왔습니다."

아버지의 오른팔과 같았던 하인이었다. 베니의 아마도 가족들과 함께 있겠다고 했다. "저는 마님이 아이였을 때 마님의 아마였고, 마님 첫째 자식의 아마이기도 했어요." 유모가 베니의 어머니에게 말했다. "이제 와서 마님을 떠날 수는 없지요. 그렇지만 마님이 그런 데로 가야 하신다니 속상하네요."

그 집은 저택보다는 훨씬 작았지만, 모두가 지낼 수 있을 만큼 넓었다. 집안의 모든 물건들이 아버지를 그대로 보여주고 있었다. 상하이 의용대에서 C 중대의 지휘관으로 근무하던 시절의 훈장, 허리띠와 칼, 상하이시 경찰의 경관 모자, 개인용 총기 컬렉션, 보이스카우트 부단장 배지와 휘장까지 모두 거기에 있었다. 어머니가 이제 이 도시에서 어떻게 다시 얼굴을 들고 다닐지 고민하는 동안 베니는 자신이 아버지의 비밀 은신처에 와 있다는 것이 기묘하게 느껴졌다. 나는 이 사람을, 아버지를 제대로 알고는 있었던 걸까? 아버지는 정말 감옥에 갈 만큼 나쁜 사람이었을까?

그리고 학교 문제가 있었다. 베니는 자신의 단 하나의 꿈이었던 대학 첫 학기 일부를 놓치게 될 터였다. 그렇지만 내가 알던 모든 것들이 산산이 조각나고 있는데, 어떻게 그런 걱정을 할 수 있을까? 큰 저택과 고상한 사람들과의 근사한 파티들, 시중들던 하인들, 모든 것이 사라졌다. 심지어 작은 하얀 개조차도 없어졌다. 자동차, 모터사이클, 멋진 가구와 모피 코트, 그랜드 피아노와 빅트롤라 축음기(미국 음반회사인 빅터 사가 1906년부터 출시한 내장형 축음기 시리즈)도 마찬가지였

다. 이제 그런 물건들은 국민당원들이 말했던 것처럼 판 가족 같은 반
역자나 한지엔漢奸의 소유가 아닌 중국 인민에게 속하는 장물 贓物로
서 회수되고 있었다.

베니와 어머니, 그리고 동생들이 가진 것이라고는 몸에 걸친 옷과
아버지의 은신처뿐이었다. 적어도 머물 곳은 있는 셈이었다. 그러나
며칠 지나지 않아 또 다른 국민당 군인들이 문을 두드렸다. 세찬 노크
소리가 건물 전체에 울려 퍼졌다.

"나와, 나와! 너희같은 한지엔들이 숨을 곳이 있을 거라고 생각했
나? 이 집은 충직한 중국 인민의 것이다. 당장 나가서 너희들이 도둑
질했던 가난한 사람들 중 한 명이 된 기분이 어떤지 느껴보라고!"

가족들은 또다시 밖으로 쫓겨났다. 베니는 마지막으로 나오면서
곁눈질로 집에서 오래 일해온 하인이 옆방에서 아버지가 가장 좋아
했던 독일제 모제르를 포함해서 판 나리가 아끼던 권총들을 마음대
로 집어 들고 있는 모습을 보았다.

"저놈이 일러바친 거예요!" 베니가 어머니에게 속삭였다.

이제 정말 베니 가족은 집도 없는 신세로 폭풍우라도 몰아치면 현
관에 몰려드는 지저분한 난민들 틈에 끼어들 판이었다. 이제 어떻게
하면 좋을지 물어보려 돌아서자 어머니가 멍한 눈빛으로 서 있었다.
어머니의 손이 떨리고 있었다.

베니는 잠시 망설이다가 말했다. "어머니, 지낼 곳을 찾아봐야 해
요. 도움을 청할 만한 데가 없을까요?"

어머니는 작은 목소리로 고개를 가로저으며 "없어."라고 속삭이
듯 말했다. 베니는 똑똑하고 유능한 어머니가 이런 모습을 보이는 걸
본 적이 없었다. 놀랐지만 아들은 어깨를 똑바로 폈다. "좋아요. 제가

친척들에게 가서 물어볼게요. 어머니는 아이들을 데리고 프렌치 파크에 가서 기다리세요."

공포가 베니를 흥분하게 만든 것만 같았다. 소년은 전력을 다해 뛰었다. 근처 삼촌의 집에 다다랐지만 아무도 문을 열어주지 않았다. 베니는 목소리를 높여 집안의 친척들이 들을 수 있을 만큼 크게 소리쳤다.

"삼촌, 들여보내 주세요. 판네 아들 베니에요."

"미안하지만 우리는 도와줄 수가 없어. 얼른 가거라. 우리까지 한지엔이란 꼬리표를 붙일 순 없어." 삼촌이 닫힌 문 뒤에서 대답했다.

"그렇지만 어린 동생들은 도움이 필요해요. 걔들은 아직 어린애들이고 갈 데도 없다고요."

"미안하지만 다시는 오지 마라."

한 집, 한 집, 베니는 생각나는 친척들 집은 죄다 뛰어다녔다. 몇몇은 보는 앞에서 문을 쾅 닫아버리기도 했다. 다른 사람들은 대답조차 하지 않았다. 부모님의 일요일 파티에 초대해 달라고 조르던 바로 그 가족들이었다. 파티에 와서 좋은 음식과 샴페인, 비싼 시가를 즐기던 사람들이었다. 베니가 어릴 때 친척들은 미소를 띠며 입에 발린 말을 해주곤 했다. 이제 그 사람들은 아이들에게조차 손을 내밀어주지 않았다. 그것은 쓰라린 교훈이었다.

그래도 그들을 탓할 수 없었다. 베니는 사람들이 아버지처럼 감옥에 갈까 봐 두려워한다는 것을 알았다. 일본군이 전쟁에 지고, 국민당이 돌아왔다. 고발당한 한지엔들에게 어떤 일이 기다리고 있을지는 아무도 몰랐다. 몇몇 반역자로 추정되는 사람들이 도시 외곽의 마을에서 맞아 죽었다는 소문이 나돌고 있었다. 바뀐 정부가 어떤 변화를 가져올지 모두 두려워했다.

다음 집, 그 다음 집을 향해 달리면서 베니는 계속해서 할아버지가 계셨으면 하고 바랐다. 할아버지는 몇 해 전에 돌아가셨다. 얼마나 그리웠는지 모른다. 그리고 이제 소년은 정말 할아버지가 필요했다. 할아버지라면 물어볼 필요도 없이 우리를 들여보내 주셨겠지. 그렇지만 그제야 판가의 장남은 할아버지가 이런 수치스러운 날을 보지 않고 돌아가셔서 다행이라는 생각이 들었다.

마침내 베니는 홍커우의 쑤저우천 건너편에 있는 아버지의 형 집을 찾아갔다. 큰아버지는 증조할아버지가 지은 원래 판 가문의 집들이 모여 있던 곳의 작은 구획에서 살고 있었다. 소년은 그곳에서 둥글게 말려 들어간 증조할머니의 무서운 손톱 앞에 절을 하곤 했다. 조카의 간청에 큰아버지는 집으로 가족들을 데려와도 된다고 허락했다.

이 소식을 전하러 프렌치 파크로 서둘러 돌아왔을 때, 깜짝 놀랄 만한 일이 하나 더 베니를 기다리고 있었다. 아버지의 경호원 중 한 사람이 어머니 가까이 서 있었다. 어머니는 시선을 멀리 둔 채 베니에게 말했다.

"나는 수치스러운 배신자의 아내로, 난민처럼 살아갈 수는 없어." 단조로운 목소리였다.

어머니가 쏟아내듯 말했다. 상하이에 남아서 잘난 척하는 마작 친구들, 나한테 아양 떨던 가게 점원들, 우리 집 파티 초대장을 두고 서로 싸우던 여자들과 얼굴을 맞댈 수는 없어. 길에서 마주치면 그것들은 고개를 쳐들고 눈을 피하겠지. 그런 일을 참고 살 수는 없어. 나는 떠나서 쑤저우에서 이 사람과 살겠어. 어머니는 베니가 아이들이 모두 머물 곳을 찾아서 안심이라고 했다.

그렇지만 제가 찾아내지 못했으면 어떻게 하실 건데요? 베니는 소리치고 싶었다. 아들은 아무 말도 하지 않았다.

떠나기 전, 어머니는 아이들에게 마치 학교에 보내듯 "착하게 굴고, 큰오빠 말을 잘 들어야 한다."라고 했다.

베니는 어머니가 아버지의 하인과 함께 떠나는 것을 보면서 할 말을 잃었다. 열일곱 살이었던 베니는 이제껏 어떤 것도, 심지어 자기 자신조차 책임져 본 적이 없었다. 기숙학교로 떠날 때까지 하인들이 소년을 씻기고, 옷을 입히고, 식사를 차려 주었다. 심지어 무엇하나 결정할 필요도 없었다. 지금 이런 일이 생기다니 벼락을 맞은 것만 같았다. 어머니는 네 명의 동생들을 자신에게 남겨둔 채, 다른 남자와 도망을 치고 있었다. 아버지는 어딘가에 갇혀 있었고, 어떻게 찾을 수 있는지도 몰랐다. 대학에 가서 의사가 되겠다는 꿈은 무너져 버렸다. 천국과 지옥이 뒤바뀐 것이다.

호, 21세

1945년, 상하이

전시의 상하이는 호 차우를 변하게 했다. 호는 실리적인 직업학교의 교실과 여름에는 너무 더워서 땀 때문에 책과 과제물에 보기 흉한 자국이 남고, 겨울에는 너무 추워서 물잔의 물이 밤새 얼어버리는, 대충 지어놓은 다락방에서 십 대 시절을 보냈다. 심지어 방의 하나뿐인 5와트짜리 전구는 일본의 가혹한 전시 긴축 기조 때문에 믿을 수 없으리만큼 자주 깜빡였다. 지주인 차우씨네 장난기 많은 둘째 아들은 허튼짓은 하지 않는 학생으로, 진지한 젊은이로 변해갔다. 상하이로 타고 오던 배 위에서 재앙에 가까운 일을 겪은 호는 도착한 순간부터 이 분주한 도시를 전쟁과 위험, 이별이나 상실과 같은 단어와 연결 짓게 됐다. 그에게 상하이는 열심히 노력하고, 공부해야 할 장소였지, 놀기 위한 곳이 아니었다. 더구나 어머니는 그 때문에 꽤 큰돈을 썼다.

그는 실업계 학교에서 과학의 실제 응용에 대해 배울 수 있는 것은 모두 배우며 중화직업학교에서의 4년을 수월하게 보냈다. 창수 출신의 이 소년은 심지어 다른 아이들이 그레이트 월드 大世界 놀이동산에서 재미있게 놀거나 그가 살고 있던 상하이 집 바로 옆에 있는 리도 댄스 클럽에 몰래 숨어 들어가거나, 혹은 인기 있는 극장 중 한 군데에서 최신 영화를 보는 것을 지켜보면서도 자신의 약속을 지키느라 공부에 집중하고 말썽이 될 만한 일은 멀찌감치 피했다. 곁길로 새기에는 그의 어깨에 너무 많은 것이 걸려있었다.

1942년에, 호의 어머니와 형 호선은 일본군이 점령하고 있던 지역을 거쳐 메드허스트 거리에 머물고 있던 다른 가족들과 겨우 다시 만날 수 있었다. 호는 거의 모두 하얗게 세어버린 어머니의 머리카락과 거친 세월이 얼굴에 새겨넣은 주름을 보고 슬퍼졌다. 어머니는 곧 한눈팔지 말고 바르게 생활하라는 할머니와 누나 완위의 조심스러운 충고에 목소리를 보탰다. 호 나이 또래의 다른 소년들은 가족들을 돕기 위해 돈을 벌고 있었지만, 호의 어머니는 여전히 아들이 공부하는 것을 독려했다. 중국 가정들은 어려움을 겪으면서도, 간혹 집안의 장래가 유망한 남자아이의 교육을 지원해주려고 많은 친척이 돈을 모아 주었고, 심지어 그 투자가 언젠가 성과를 거둘 것이라는 희망으로 해외의 대학원에 보내주기도 했다. 호는 가족들이 자신이 언젠가 가치 있는 무언가를 이뤄낼 수 있으리라고 믿어주는 것이 고마웠다. 매일 밤 잠자리에 들기 전, 호가 생각하는 것은 늘 똑같았다. 어머니, 좋은 아들이 되기 위해 최선을 다할게요. 저를 자랑스럽게 생각할 날이 꼭 오게 할게요.

호를 돌아다보게 만드는 것은 단 한 가지, 매끄럽게 번쩍이는 날렵한 자동차였다. 소년은 자동차라면 뭐든 정신을 못 차릴 만큼 좋아했다. 데소토(1928년부터 1961년 모델 연도까지 크라이슬러의 데소토 부서에서 제조 및 판매한 미국 자동차), 포드, 벤틀리, 르노, 라살(제너럴모터스사의 캐딜락 산하 브랜드에서 만든 자동차로 1927년부터 1940년까지 생산), 뷰익, 시트로엥 등 소년은 그 아름다움, 실용성, 그리고 자동차를 창조해낸 과학을 숭배하다시피 했다. 그는 중국이 외국 수입품에 대한 의존에서 벗어나기 위해서 자동차, 트럭, 비행기를 자체 생산할 필요가 있다고 믿었다. 호는 그런 일이 이루어질 수 있고, 자신이야말로 그 일을 해낼 사람이라고 확신했다. 그것이 소년의 꿈이었다.

그해 말, 호는 반 수석으로 실업학교를 졸업했다. 학교의 선생님들은 그의 재능을 알아보고 "중국의 MIT"인, 상하이의 자오통 대학 上海交通大學에 지원해보라고 격려했다. 전국에서 가장 높이 평가되는 대학 중 하나인 그곳은 1896년에 황제가 직접 설립한 학교였다. 많은 졸업생들이 성공적으로 해외에서 석사와 박사학위를 취득하고, 중국의 다리, 댐, 발전소의 건설을 담당하고 있었다. 호는 자오대에 관해 알면 알수록, 역시 이름 있는 학교인 만큼 그도 그곳에서 공부해야겠다는 확신이 더욱 강해졌다.

그러나 대학에 가면 가족에게 계속해서 금전적인 부담을 주게 될 것이 뻔했다. 그는 음식과 다른 필수품의 가격이 치솟고 있다는 사실을 알고 있었기에, 어머니에게 대학에 지원하는 일에 관해 어렵사리 물어보았다. 놀랍게도 어머니는 망설이지 않고 공부를 계속하라고 말했다. 누나와 형이 둘 다 일하고 있으니, 어머니는 그럭저럭 꾸려갈 수 있으리란 자신이 있었다. "나한테 필요하면 팔 수 있는, 혼수로 가져온 보석이 아직 좀 있다. 전쟁이 끝나면 다시 우리 땅에서 소작료를 거둘 수 있을 거야. 나는 네가 그 대학에 꼭 지원했으면 좋겠구나."

자오대의 입학시험은 호가 여태 치렀던 어떤 시험보다 어려웠다. 그는 겨우 30명의 기계공학과의 정원에 들기 위해 수백 명의 다른 중학교 졸업생들과 경쟁하고 있었다. 많은 학생들이 푸단 중학교나 선교학교처럼 더 좋은 학교에 다녔다. 그는 직업학교에서 자신이 해왔던 준비가 그들만큼 치열하지 못했다는 것을 알고 있었다. 그러나 시험 결과 게시되던 날, 그는 자신의 이름과 점수를 금방 찾을 수 있었다. 30명 중 27등이었다. 시험에 붙은 것이다.

1943년 가을에 시작된 자오대에서의 첫 학기는 호의 자신감을 시험대에 올려놓았다. 교실 좌석은 시험점수에 따라 결정됐다. 그의 자리는 교실 맨 뒷자리 27번이었다. 언제나 1등만 해왔던 소년은 마지막 줄 익숙하지 않은 자리에 앉아야 하는 것이 못 견디게 부끄러웠다. 뒷자리에서 칠판 글씨가 보이지 않게 되자, 자신이 근시라는 것도 알게 됐다. 그는 금속 테의 두꺼운 안경을 쓰기 시작했다. 사소하다고 느껴지는 일에 낭비하는 시간을 줄이려고 다른 소년들이 포마드를 발라 클라크 게이블 같은 머리 스타일을 만드는 데도 아랑곳없이 호는 두피가 보일 정도로 머리를 짧게 잘랐다. 두꺼운 안경과 넓은 이마, 짧게 깎은 머리까지 그는 여느 때보다 더 책벌레처럼 보였다.

일단 교실을 똑똑히 볼 수 있게 되자, 그는 자신의 경쟁심을 더 가다듬을 수 있었다. 교실 내에서의 신분 상승을 위해, 그는 전보다 더 열심히 공부하려고 노력했다. 중고 자전거를 한 대 사자, 시간을 절약하게 되고 일본군의 순찰을 피하기도 더 쉬워졌다. 어느 학생은 한 일본군 병사가 상하이의 가장 번잡한 도로 중 하나인 난징로를 가로질러 앞뒤로 왔다 갔다 행군하기로 마음먹은 탓에 하루 수업을 거의 통째로 빼먹어야 했다. 손에 총검이 달린 라이플을 들고 혼자 움직이던

이 병사 때문에 몇 시간 동안 교통이 마비됐다. 운전기사가 모는 차를 탄 사업가들, 자전거 택시 속 사교계 인사들과 인력거꾼들, 수레를 끄는 사람들, 그중 누구도 이 정신 나간 병사를 방해할 엄두를 내지 못했다.

1944년 자오대 2학년생이 된 스무살의 호는 할머니의 다락방에서 학생들로 가득 찬 기숙사로 짐을 옮겼다. 가능한 한 검소하게 생활하며 끊임없이 공부하는 동안 호는 한 걸음씩 꾸준히 교실 1번 좌석을 향해 다가갔다. 자오대의 교수들은 그에게 미국의 대학원에 가는 것을 생각해보라고 권했다. 그러나 전쟁 기간, 국민당 정부는 최고 점수를 받은 사람들에게 해외 유학에 필요한 허가와 비자를 수여하는 국가고시를 열지 않고 있었다. 매우 부유하고 연줄이 좋은 사람들만이 여행 제한을 피해 자식들을 중국 밖으로 내보낼 수 있었다. 호와 같은 학생들은 비자 프로그램이 재개되기만을 기다려야 했다. 그를 가르치던 교수들은 기회가 생기면 재빨리 잡으라고 강조해서 말하곤 했다. 그들은 미국에서 공학 학위를 받으면 자오퉁 대학 출신이라는 영예에 좋은 마무리가 될 테고, 가족들이 그에게 투자한 것이 백배의 보상으로 돌아올 거라고 했다.

호가 이런 교수들의 충고를 가족들에게 이야기하자, 어머니는 다시 한번 열성을 보였다. 아들이 미국에서 더 높은 학위를 받아 온다면, 집안의 큰 명예가 될 것이었다. 어머니는 어떤 희생을 치르더라도 그를 지원해주겠노라고 약속했다.

호의 꿈은 차츰 더 뚜렷해지고 있었다. 그는 언젠가 중국에서 직접 자동차를 만들 수 있도록 미국에서 세계 최고의 엔지니어들, 그리고 과학자들과 함께 공부하고 싶었다. 캠퍼스 주변, 가기歌妓들의 쾌활한 목소리도 그를 방해하진 못했다. 그만큼 동기가 뚜렷하지 못했던 학교의 다른 친구들은 옛 외국 조계지와 배드랜즈에 성행하던 카바레, 도박장과 유곽, 아편굴의 먹잇감이 됐다. 그러나 호는 아니었다.

그러나 여전히 상하이에는 그보다는 덜 퇴폐적이지만 호의 집중을 흩뜨릴 수 있는 다른 일들이 있었다. 대학 내에서 시위와 정치적 선동이 자주 일어난 탓에, 자오대는 열성적인 정치 활동으로도 잘 알려져 있었다. 지하 공산당원, 국민당원과 다른 중국의 정당들은 언제나 자오대 학생들을 당원으로 데려오고 싶어 했다. 많은 그의 급우들은 중국을 현대화하는 데에 과학적인 방법을 활용할 수 있기를 열망했다. 호 또한 그랬지만, 그는 이미 수도 없이 가족들에게 정치 활동을 피하라는 충고를 들어왔다. 누구나 학교에서 자취를 감춘 이상주의적인 학생들의 이야기를 알고 있었는데, 비극적인 최후를 맞은 경우가 대부분이었다. 호에게도 이상은 있었지만, 그는 동시에 실제적인 사람이었다. 그는 자중하며 꿈에 집중하는 것이 자신이 조국을 위해 할 수 있는 최선이라고 믿었다. 학과 성적이 가장 좋은 학생으로서, 그는 필시 미국 대학원에서 공부하게 될 터였다. 그리고 나면, 그는 중국에 자동차 공장을 짓고서, 가족들에게 상당한 부를 가져다줄 것이었다.

*
**

호가 자오대의 마지막 학년이었을 때, 학생들이 몰래 급조해 두었던 금지품인 라디오 너머로 놀라운 소식이 전해졌다. 1945년 8월 6일, 미국은 일본 히로시마에 치명적인 새 "원자폭탄"을 투하했다. 폭발은 너무나 강력해서 도시를 초토화하고, 그 광대한 세력 범위 내의 모든 것을 파괴했다. 3일 후에는 또 다른 원자폭탄이 나가사키를 유린했다. 수천 명의 일본 민간인들이 폭발로 잿더미가 되거나 목숨이 위태로울 정도의 화상을 입었다. 자오대의 과학자와 엔지니어들은 이 무기가 방출한 강력한 에너지가 어느 정도였을지 추측하고, 또한 그것이 8년간의 전쟁을 멈추기에 충분한지 궁금해하며 부산을 떨었다.

8월 15일, 그들은 일본 천황으로부터 직접 그 질문의 답을 얻었다. 적이 항복하고 있었다!

호는 다른 학생들과 함께 거리로 뛰쳐나왔다. "끝났어요, 끝났어요! 일본이 패하고, 중국이 승리했어요!" 기쁨에 찬 호는 전혀 낯선 사람들과 어울려 춤을 췄다. 그는 자전거에 뛰어올라, 메드허스트 로를 향해 최대한 빨리 페달을 밟았다. 문을 밀어젖히며 그가 소리쳤다.

"엄마, 누나, 형! 소식 들었어? 전쟁이 끝났어!"

그들이 다 같이 기뻐서 펄쩍 뛰자 어머니는 두 팔로 자식들을 감싸 안았다. "이제 우리도 창수 집에 돌아갈 수 있겠구나," 그녀가 웃자, 얼굴 위로 눈물이 흘러내렸다.

그러나 호의 캠퍼스에서는 항복 선언 후에도 8년 동안 잔혹하게 도시를 점령했던 바로 그 일본 군인들이 계속해서 거리를 순찰하자 곧 사람들의 분노가 뒤따랐다. 분노에 찬 학생들이 모여 전쟁이 끝난 후에도 일본군이 중국인들-공산당-과 북동부에서 100여 차례의 충돌을 일으키며 여전히 싸우고 있다는 게시판의 뉴스를 읽었다. 이는 국민당과 미국의 직접적인 명령에 따른 것이었다. 1945년 9월 2일 미국 미주리 호 갑판에서 공식적인 항복이 있고 난 뒤에도 상하이에서만 10만 명 이상의 제복 차림의 무장한 일본군들이 여전히 도시를 장악하고 있었다. 많은 학생들은 "일본을 공산당을 저지하는 데에 이용하겠다"라는 결정이 워싱턴의 최고위급에서 이루어졌다고 믿었다.

상하이 주민들은 증오하는 일본군들이 자신들을 가로막고 있는 동안, 씨근거리고 있을 수밖에 없었다. 다시 한번, 조심스러운 호의 가족들이 그에게 문제가 될 만한 일은 피하라고 타일렀다. 그러나 이렇게 지체하는 바람에 일본과 독일 장교들에게는 전리품을 챙길 충분한 시간이 주어졌다. 많은 병사들이 간단히 군복을 버리고 홍커우의 일본인 민간인 구역으로 섞여 들어가는 동안, 브릿지 하우스의 켄페이(헌병) 고문 기술자들은 그들의 전쟁 범죄 기록을 불태웠다. 수용소에 억류된 6,600명에 달하는 상하이랜더들을 이런 불확실한 상황이 곤혹스러웠다. 그들은 어디로 가야 하는지도 모르는 채 낡아빠진 수용소를 떠나기를 주저하고 있었다.

그쯤 미군 병사들이 도착해 일본군을 무장 해제하고 부대를 해산시키며 공산당이 들어서기 전에 국민당원들을 내륙지방에서 데려오기 시작하자 주민들에게 이러한 일련의 조치들은 안도감으로 다가왔다. 항복 이후, 미 제10공군 승무원들이 다코타 수송기를 몰고 11만명의 국민당 관리와 정예부대들을 상하이와 다른 주요 도시로 거듭 실어나르는 임무를 시작했다.

1945년 9월 19일, 기쁨에 차서 환호하는 군중들이 황푸강 양쪽 둑에 줄지어 서서 상하이 항구로 들어오는 연합군 함대의 기함인 USS 록키 마운트 호를 환영했다. 이 광경이야말로 끔찍한 전쟁이 끝났음을 알리는 명백한 증거였다. 호의 가족들은 전쟁을 겪고도 무사히 살아남은 것을 다 함께 축하했다. 할머니와 요리사는 호가 창수를 떠난 뒤로는 한 번도 맛보지 못한 고향 음식으로 특별한 식사를 준비했다.

곧이어 미국 전체 함대인 4, 6, 그리고 7함대, 세 척이 영국 해군

기동부대와 함께 그 뒤를 따랐다. 상하이에서의 새로운 서열은 로키마운트 호가 항구의 가장 좋은 자리를 차지하면서 명확해졌다. 그곳은 일본 이즈모 호가 일본 점령기에 넘겨받기 전까지 100년 가까이 영국군을 위한 특별 지정 구역이었다. 얼마 지나지 않아, 10만 명 이상의 미국 해군, 육군, 공군 병사들, 태평양의 외딴 섬과 정글에서 싸우다, 이제는 제대를 기다리는 농장 출신 소년들이 소문난 상하이의 사람들과 환락 속으로 자유롭게 풀려났다.

호와 다른 학생들은 상하이의 상점들이 하룻밤 새 거의 하나 걸러 하나씩 휴식과 유흥에 굶주린 병사들을 맞아들이는 술집으로 변하는 것을 놀란 눈으로 지켜봤다. 매춘이 그 어느 때보다 더 노골적으로 성행했다. 미군 지휘부는 성병을 억제할 수 있을 때까지 몇몇 사창가의 출입을 금지한다고 선언했다. 이 시행 불가능한 명령은 자오퉁 캠퍼스에서 많은 이들의 비웃음을 샀는데 학교가 배드랜즈에 위치한 탓에 학생들은 이런 악의 온상들과 그곳에 열광하는 손님들을 훤히 볼 수 있었다.

미국인들은 상하이를 새롭게 바꾸기 시작했다. 심지어 길을 건너는 단순한 일에도 전보다 더 세심한 주의가 필요했다. 백 년 동안 상하이는 좌측통행인 영국식 교통 규칙을 지켜왔다. 이제 미군들이 빠른 지프와 트럭을 타고서 정반대 방향으로 상하이 거리를 질주하고 있었다. 일본의 검열에서 벗어난 신문들은 열심히 미군 병사들 때문에 일어난 사고와 사망 사건에 관한 사항들을 기사에서 자세히 다루어 상하이 지역 주민들을 경악하게 만들었다. 그러나 미국인들은 결국 우측통행을 만들어냈다. 1946년 1월 1일, 도시의 모든 교통을 길 오른쪽으로 바꾸어서 진행하라는 명령이 내려졌다. 많은 사람들이 그러면 도시가 멈추게 될 거라고 예언했다. 그 일련의 과정이 호의 흥미를 끌었는데, 특히 상하이가 별다른 차질 없이 적응해가자 더욱 그랬다. 도시에 대한 대영제국의 영향력은 빠르게 약해져 갔다.

그리고 권력과 재산이 패자에게서 승자에게로 한꺼번에 옮겨갔다. 처음에는 반역자와 부역자들, 같은 중국 동포를 고통 속으로 몰아넣으며 잇속을 챙긴 일본 꼭두각시들을 체포하는 것에 모두 갈채를 보냈다. 그러나 전범들을 처벌하라는 요구는 무차별적인 비난으로 불붙듯 번져갔다. 앙심을 품은 대상이 있고, 약간의 권력이라도 가진 사람이라면 누구든 상대를 손가락질하며 "한지엔!"이라고 외치면 됐다. 평화를 향한 초반의 낙관론은 부역자 고발이 옛 점령 지역에 독이 든 구름처럼 퍼져나가자 곧 기가 꺾였다. 동료와 이웃, 교사와 대학 총장들이 체포되는 동안, 오히려 누구나 알고 있는 반역자들, 심지어 나치나 다른 추축국 관리들까지도 기소를 피하고, 복귀한 국민당 정권에서 한 자리씩을 꿰찼다.

이런 악랄한 목소리들은 자오퉁 대학과 다른 대학의 학생들까지 물들이기 시작했다. 전쟁 동안 상하이에 머물렀던 호와 급우들은 자신들이 웨이자오대(가짜 자오대)를 다녔다며 공개적으로 비난받게 된 것을 알게 됐다. 일부 복귀한 국민당 관리들이 진정한 애국자들과 "진짜" 자오퉁 학생들은 1937년 이후, 충칭에 전시 수도를 건설하라는 장 총사령관의 요청에 호응해 내륙으로 향했다고 우겼다. 실제로, 자오퉁 출신 몇몇을 포함해 여러 대학의 교수들과 학생들이 상하이에서 내륙지방까지 천 마일 가까운 거리를 걸었고, 그 과정에서 많은 이들이 병에 걸리고, 죽어갔다. 충칭까지 갈 수 있었던 사람들은 교과서나 실험실, 칠판과 같은 편의 시설이나 물품도 없이 임시대학을 세웠다. 전쟁이 끝나자, 복귀한 자유중국의 임시 자오대 학생들과 상하이에 있던 호의 캠퍼스, 두 개의 자오퉁 대학 문제가 부각됐다.

항복 후, 몇 주, 몇 달이 흐르면서 이러한 분열은 캠퍼스마다 커져만 갔다. 재회의 기쁨을 나누는 대신 적의 점령하에서 생활했던 학생들이 이제 비난에 시달렸다. 호와 다른 "가짜" 학생들은 일본의 꼭두각시, 부역자로 불리고 있었다. 비난하는 사람들의 일부는 그들이 보낸 끔찍한 세월에 대해 비난할 대상을 찾는 분노에 찬 복학생들이었던 한편, 다른 이들은 앙갚음하거나 명예가 실추된 사람들을 딛고 올라설 기회로 봤다.

자신의 학적이 위협받자 호의 불편했던 마음은 공포와 경악으로 바뀌었다. 일본의 점령 아래 살아가는 것은 결코 쉬운 일이 아니었다. 그의 가족 역시 전쟁으로 인해 고난을 겪었다. 그런데 이제 그동안 기울였던 온갖 노력과 가족의 희생 후에 그가 이루어낸 모든 것이 폄하되고, 조국에 대한 충성심마저 의심받고 있었다. 더욱 곤란한 것은 상하이에 머물렀던 학생들이 내륙에서 온 학생들보다 학문적으로 더 실력이 뛰어나다는 사실이었다. 돌아온 학생들은 탄탄한 교육에 필요한 필수적인 도구들이 부족했고, 그런 부분이 겉으로도 드러났다.

1946년 복귀한 국민당 정부는 상하이에 남아 있던 교사와 학생들에게 "재전환" 훈련 프로그램을 이수하도록 강요했다. 그들은 호와 같은 "가짜 학생들"이 부역자나 반역자들처럼 "부패"했다고 선언했다. 그들은 심지어 호와 동료 학생들을 "진정한" 자오대 학생이 갖춰야 할 정치적 이해가 부족한 "꼭두각시 학생"이라고 불렀다. 새로운 교육부에서는 점령 당시 상하이 대학과 중등학교 졸업자의 학력이 합법적인지 의문을 제기했다. 이런 상황에서 국민당 이념에 관한 특별 프로그램이 만들어졌고, 당국은 관련된 모든 학생이 그 과정을 수강하게 했다. 또한 시험에서 떨어진 학생과 졸업생들은 "부패"했다고 간주되어, 명예가 실추되고, 그들이 받은 학위와 학점은 쓸모없어질 것이었다. 교사들은 또한 그들에게 당에 대한 충성심과 국민당 행동 원리에 관한 지식이 있다는 것을 증명해야 했다.

호는 이 상황이 소름 끼치면서도 화가 치밀었다. 가족들과 함께 그 힘겨운 내륙으로의 탈출에 합류하지 않았다는 이유만으로 왜 오명을 뒤집어써야 한단 말인가? 그는 1937년에 겨우 열세 살이었다. 그의 나이든 할머니도 아픈 형도 그런 여정을 견뎌낼 수 없었다. 어떻게 적이 점령했던 8년 세월 동안 상하이의 수천 명의 학생이 모두 부패한 일본의 꼭두각시가 되었다는 말이지? 이념적으로 열등하다는 비난에, 호는 자신의 꿈이 더러운 황푸강에 던져진 돌멩이처럼 추락해서 흔적 없이 사라지게 될까 봐 걱정스러웠다.

호가 희망을 버리기 시작한 바로 그즈음 그는 몇몇 동료 학생들이 이 엄청난 불공정에 맞서 싸우고 있다는 사실을 알게 됐다. 학교 활동가들은 건물 계단에 서서 그들이 적인 일본을 지지하기라도 한 것처럼 취급받아서는 안 된다고 소리쳤다. 호는 그들이 하는 말을 들어보려고 걸음을 멈췄다. 학생들은 그들이 난징의 왕징웨이 정권에 합류하지도, 76에 있던 판다의 괴뢰 경찰을 돕지도 않았다고, 강하게 주장했다.

고발한 사람들은 상하이의 많은 학생과 교사들이 일본에 저항하다 체포되어 처형되었다는 사실은 모른단 말입니까? 혹은 상하이 전역의 학생들이 일본어 공부를 거부했던 것은 알고 있습니까?

국민당의 제재에 반대하는 시위가 들불처럼 번졌다. 상하이의 노동자들 역시 수년간의 궁핍과 압제로부터의 구제를 촉구했다. 전후 불안이 확산되면서, 학생들과 노동자들이 매일 더 격렬하게 폭발하는 듯한 도시 전역의 대규모 시위에 힘을 합쳐 연합했다.

호는 자신이 이러한 여론에 마음에 끌리는 것을 느꼈다. 그는 시위를 조직한 사람들과 같은 생각이었다. 어쨌거나, 그들은 전쟁이 일어나는 동안 아직 어린아이들이었다. 그들을 반역자라고 비난하고 그들의 인생을 망쳐 놓는 것은 불공평하고 터무니없는 짓이었다. 호에게는 다른 사람에게 의지하기보다, 스스로 미래를 위해 직접 일어서야 한다는 말이 이치에 맞아 보였다. 기숙사의 학생들이 그들을 지지할 것이냐고 묻자, 호는 그중 일부가 비밀 공산주의자라는 소문에도 불구하고 시위에 동참하기로 한 것이 스스로도 놀라웠다. 그러나 상관없었다. 그는 모두에게 자신이 반역자가 아니라, 학생일 뿐이라는 점을 모두에게 보여줘야 했다.

대규모 동원을 위해 모든 학생들에게 옛 공공조계에 있는 주요 철도의 종착역인 상하이 북역에 모이라는 요청이 있었다. 호는 자오퉁 학우들이 5마일 거리를 행진하게 되자, 그 무리와 함께 발맞추어 걸었다. 그 역시 "모든 학생과 교사에게 공정한 대우를!" 그리고 "일반인들이 아닌 진짜 반역자들을 처벌하라!"라고 소리쳤다. 가는 길에 다른 학교에서 온 남녀 학생들로 대열은 크게 불어났다. 상하이 대학교, 퉁지, 세인트존스, 푸단, 오로라를 비롯해 상하이의 지적 생활의 중요한 부분을 차지하던 그 밖의 다른 여러 학교에서 모여든 학생들이었다.

호는 자신을 둘러싼 다른 수천 명의 학생들의 열정에 자신도 힘이 솟는 듯했다. 그는 논리정연하게 의견을 말하는 학생 지도자들이 다른 사람들에게 자신만을 위해 싸우지 말고 모두의 공정한 대우를 위해 일어나라고 촉구하는 모습을 눈이 휘둥그레져서 지켜봤다. 일부에서는 중국의 여러 정당들에게 반목을 끝내고 중국을 재건하기 위해 서로 협력할 것을 요구했다. 다른 몇몇은 복귀 중인 국민당이 부패했다고 비난했다. 미국 해군이 베이징 대학 학생을 강간했다는 소문을 듣고 분노한 일부 학생들은 "외국인 악마들은 중국을 떠나라!", "양키, 고 홈!"이라고 외쳤다.

엄청난 수의 시위대가 북부역에 도착하자, 시위하던 학생들은 선로로 몰려들어 몇 시간 동안 모든 기차가 오고 가지 못하도록 막았다. 수백 명의 학생이 텅 빈 열차를 점거하고, 기관차를 빼앗아 재건된 수도인 난징으로 몰고 가겠노라고 소리쳤다. 그러나 그중 아무도 엔진 작동법을 모르자 학생들은 주춤했다.

바로 그 때 한 무리의 자오대 공학도 학생들이 도우러 와서, 기차에 올라타고는 기관차를 장악했다. 아버지가 철도회사에서 일하는 자오퉁 학생 한 명이 거대한 엔진에 시동을 걸었다. 기차는 자오대 학생들을 운전석에 태우고, 난징으로 향했다. 호는 난징으로 가지 않았다. 그날 하루는 그 정도면 충분했다. 그는 대표로 나선 자오대 학생들이 해낸 일에 뿌듯해하며, 캠퍼스로 돌아왔다. 그날은 또 처음으로 호가 스스로 뭔가 의미 있고, 자신보다 더 큰 무언가를 이뤄내었다고 느낀 하루였다.

가족들에게 낮에 있었던 일에 관해 이야기하자, 식구들은 그가 예상했던 그대로 반응했다. 소스라치게 놀란 어머니는 국민당 비밀경찰이 아들을 체포하러 오지 않을까 걱정했다. 누나인 완위는 그가 요주의 인물로 감시대상명단에 오를 수도 있다고 말했다. 형 호선은 혹시라도 총소리를 들으면 땅에 납작 엎드리라고 했다.

다행히 가족들에게 학생들의 행동이 성공적이었다는 것을 증명할 수 있게 되자 호는 한시름 놓을 수 있었다. 국민당 교육부는 "가짜" 학생들이 정치 이념 수업을 듣고, 통과한다는 조건으로 그들이 대학 성적에 대한 학점을 전부 받을 수 있도록 하겠다고 결정했다. 그 정도 는 호가 기꺼이 받아들일 수 있는 조건이었다. "가짜" 학생들은 큰 승 리를 거뒀고, 호는 드디어 외국으로 유학을 가게 될지도 몰랐다.

*
**

1946년 봄, 호는 학과에서 수석으로 졸업한 지 얼마 되지 않아, 기다 리던 소식을 들었다. 교육부는 국가고시를 실시해 가장 높은 점수를 받은 사람들에게 유학증서를 발급할 것이라고 발표했다.

전쟁 동안 유학생선발시험이 시행되지 않은 데다, 지난 8년간 대 학을 졸업한 사람이라면 누구나 이 새로 시행하는 시험에 응시할 자 격이 있다는 점을 감안하면 경쟁은 치열할 터였다. 게다가, 정부는 이 제 시험에서 높은 점수를 받은 학생들이 유학증서를 발급받기 전에 외국 대학에서 먼저 입학 허가를 받을 것을 요구했다.

유학증서를 받은 학생들은 또한 학비와 여타 비용을 지급할 수 있 도록 중국 위안화를 외화로 환전하는 것도 허용되겠지만, 불안정한 경제 상황에서는 그조차도 쉽지 않을 것이었다. 그런 경우가 아니라 면 특별한 연줄이 없는 호와 같은 평범한 중국인에게는 외화 환전이 금지되어 있었다. 일본 점령 시기에 일반인들이 중국 돈을 외환으로 환전할 수 있는 허가를 받기란 불가능했다. 이제 통제권을 되찾은 국 민당 정부는 지독한 인플레이션 압력을 안정시키려는 노력으로 중국

통화에 대해 엄격한 제한을 두었다. 1940년에는 100위안으로 돼지 한 마리를 살 수 있었고, 1943년에는 닭 한 마리를, 1945년에는 생선 한 마리를, 그리고 1946년에는 겨우 달걀 하나를 살 수 있었다. 1947년이 되자, 그 돈으로는 성냥 한 갑조차 집을 수 없었다.

호는 등록금과 수수료 등을 내기 위해 미국 달러가 필요한 상황이었지만, 미국 정부가 외국인 학생들에게 등록금을 포함해 적어도 미국에서 필요한 1년 치 돈을 가져올 것을 요구한다는 사실을 알고 낙담했다. 호는 그해에 들 천 달러와 다음 해에 드는 돈도 부담할 수 있다는 것을 보여주려면 천 달러가 더 필요했다. 1947년에 그 정도의 돈은 미국인들에게도 꽤 컸고, 중국인들에게는 천문학적인 액수였다. 호는 가족에게서 많은 돈을 지원받아야 했을 뿐 아니라, 심지어 달러로 받아야 했다. 돈이 충분한지 확실히 해두기 위해 호의 어머니는 다시 한번 창수의 농부들에게 소작료를 받으러 가야 했다. 그녀는 2백만 명의 일본군이 무장해제되어 중국에서 일하고 있던 또 다른 2백만 명의 일본 민간인들과 함께 본국으로 송환된 후, 고향인 창수로 향하는 여행 경로가 더 안전해지길 몇 달 동안 기다렸다. 호의 어머니와 누나 완위는 창수에 처음으로 돌아와서 벽과 바닥에 난 총알구멍과 폭탄으로 움푹 팬 자국들을 발견했다. 다행히, 모두 수리가 가능한 것들이었다. 오래된 하인들이 돌아오기 시작했고, 집은 곧 들어가 살 수 있게 되었다. 그러나 국민당 정부가 여전히 통제권을 다져가는 전환기였던 탓에, 도둑들이 돌아다니고 있었고, 무법상태로 인한 위험이 심각해졌다. 간혹 국민당과 공산주의자 사이의 충돌이 일어나고 있었는데, 공산주의자들은 차우가문과 같은 지주 가족들을 몰아내야 한다고 농민들을 선동했다.

호는 어머니와 누나의 안전이 걱정됐다. 그들과 함께 가고 싶었지만, 어머니는 군대나 갱들이 항상 징집 가능한 장정이나 표적을 찾아 헤매고 있는 시기에 호와 같은 젊은이가 여행하는 것이 더 위험하다고 생각했다. 실망한 젊은 공학도는 어머니와 누나가 잘 때 방에 설치해 둘 간단한 기계식 경보기를 고안해냈다. 만일 침입자가 들어오면 그 장치는 방의 다른 쪽에서 큰 소리를 내게 되어 있었다. 호의 말에 따르면, 그 소리가 침입자의 주의를 분산시켜 누나와 어머니가 도망칠 수 있게 해줄 것이라고 했다. 다행히 호의 발명품을 시험해 볼 일은 생기지 않았지만, 덕분에 모두가 좀 더 편안한 마음으로 잠들었다.

졸업 후, 호는 공과대에 있는 자동차 연구소의 연구원으로 일하기 시작했다. 덕분에 그는 학교 식당에서 밥을 먹고, 실험실에서 공짜로 잠을 잘 수 있었다. 그는 상하이 공공시설위원회에서 황푸강의 유입을 연구하는 일자리를 하나 더 구했다. 두 가지 일을 하면서 호는 대학원에 갈 돈을 모을 수 있었지만, 국가고시를 준비할 시간은 거의 없었다.

천년이 넘도록 수 세대에 걸쳐 제국의 관리가 되는 시험을 쳤던 중국인들처럼, 호는 가능한 모든 시간을 시험을 준비하는 데 쓰기 위해 혹독한 복습 일정에 들어갔다. 그는 어떻게 해서든 잘 해내야만 했다.

시험이 끝나고 며칠 후, 각 학생의 이름과 시험에서의 순위가 모두 적힌 결과가 신문의 한 면에 통째로 실려 발표됐다. 호는 자신의 이름을 찾아 명단을 훑어보았다. 그는 정부로부터 전액 장학금을 받을 수 있는 최상위권에는 들지 못했다. 호는 놀라지 않았다. 그는 영어와 중국어 실력이 최상위에 들 만큼 뛰어나지 못했다. 마침내, 그는 자신의 이름을 찾았다. 그가 미국에서 공부할 수 있도록 해줄 유학증

PART TWO : 포위 공격

서와 외화 환전 자격을 받을 수 있는 점수였다.

호는 기쁨에 차서, 이 좋은 소식을 가족들에게 알렸다. 미국에서 학위를 받으면 명예와 지위, 그리고 가족에게 보답할 기회를 얻을 수 있을 터였다. 1946년 12월 4일, 스물두 살이었던 호는 난징의 교육부로부터 공식 통지서를 받았다.

관계자 제위:

이로써 차우 호(원문 그대로)가 자비 해외유학생을 위한
정부고시에 합격하여 모든 외국 대학교의 대학원에 입학할
자격을 갖추고 있음을 증명한다.

편지를 읽는 동안, 호의 얼굴에는 보기 드문 미소가 떠올랐다. 이제 곧 그는 자신의 길을 가게 될 것이라고, 바로 그 순간 그는 확신하고 있었다.

빙, 16세

1945년, 쑤저우

쑤저우로 달아나서도 마마 쉬의 흔적을 찾지 못하는 바람에 몹시 실망한 빙은 상하이로 돌아가는 것이 아무런 의미가 없다고 생각했다. 그곳의 식량난은 나아질 리 없었고, 마는 그들에게 더 화를 내고, 짜증을 부릴 것이 뻔하다고 입양된 두 소녀는 의견을 같이했다. 그들은 마마 쉬의 삼촌이 쑤저우에서 일자리와 살 곳을 찾아주겠다고 한 제안을 받아들이기로 했다.

삼촌은 그렇게 되자 큰 쑤저우 세관에서 일하는 딸에게 괜찮은 일자리를 알아봐 달라고 부탁했다. 전쟁이 시작되고 일본 점령군이 세관을 접수한 후, 삼촌의 딸은 하녀를 찾고 있는 일본인 동료가 있다는 이야기를 들었다. 그 동료가 아메이를 고용했다. 그리고 세관 사무국의 중국인 부부가 자신들이 일하러 나가 있는 동안, 어린 세 아이를 돌봐 줄 사람을 찾았다. 그 부부는 빙에게 숙식을 제공하겠다고 했

PART TWO : 포위 공격

다. 월급은 없지만 대신 죽어도 먹기 싫은 옥수수죽을 먹지 않아도 되겠지. 빙은 일을 받아들였다. 그나마 아메이와 가까운 곳에 살게 되어 다행이었다.

1945년 중반, 아메이와 빙이 쑤저우에 1년 가까이 머물렀다. 시간은 빨리 흘러가는 듯했고, 매일 같은 생활이 반복됐다. 빙은 그런 점이 그다지 신경 쓰지 않았다. 마마 쉬가 돌아오기를 기다리며 하루하루를 견딜 뿐이었다. 심지어 열여섯 살이 되어서도 빙은 친절했던 쑤저우 여인이 자신을 다시 데려가고 싶어 할 것이라고 믿었다. 만일 어떤 이유에서건 그렇지 않다면, 마마 쉬가 돌아와서 아빠와 원래 가족에게 연락이 닿게 해줄지도 모른다고 생각했다. 어쩌면 가족들이 나를 원할 수도 있어. 빙은 자신의 상황에 관해 큰 기대는 하지 않았지만, 여전히 마음속 작은 불씨를 꺼뜨리지 못했다. 지금 당장은 머물 곳이 있었고, 어린아이들을 돌보는 일도 좋았다. 빙은 아이들에게 자신이 한 번도 받아보지 못한 애정을 쏟아부었고, 아이들도 빙에게 그 사랑을 돌려줬다. 그거면 충분했다.

8월, 여름의 더운 김이 도시의 운하에서 솟아오르는 것이 보일 때쯤, 일본의 항복이 가까웠다는 소식이 들렸다. 사람들은 각자 집에서 통금 때문에 닫아둔 문밖으로 쏟아져 나와 좁은 골목에 서서 환호성을 질렀다. 빙은 이 상황이 믿기지 않았다. 그러나 그녀가 함께 살고 있던 부부를 포함해, 일본이 운영하는 세관에서 일하던 사람 전부가 그들이 모두 해고되거나 일본인과 함께 일했다는 이유로 체포될 거라는 소문을 듣고 웅성거리게 되자 소문은 사실임이 확실해졌다.

아메이를 고용한 일본인들은 겁에 질려 어쩔 줄 몰라 하며 그녀에게 상하이로 돌아가는 것을 생각해보라고 재촉했다. 아메이는 빙에게 자신과 함께 가겠느냐고 물었다. 그러나 전쟁은 끝이 났어도 빙은 쑤저우 엄마가 반드시 돌아와서 자신을 괴롭히던 질문에 대해 답을 해주리라고 생각했다. 빙은 친구가 떠나는 것이 섭섭했지만, 자신은 쑤저우에 그대로 남기로 했다. 마마를 기다리겠노라고 마음을 정했다.

*
**

1946년 초, 일본의 항복이 있고 나서 몇 달 후, 빙은 누군가 자신이 살고 있던 아파트의 문을 두드리는 소리를 들었다. 그녀는 아메이, 그리고 언니와 그들이 함께 살던 건물의 문지기를 보고서 깜짝 놀라고 말았다. 세 사람은 그날 아침 상하이에서 기차를 타고 온 참이었다.

"빙, 널 찾아서 사방을 돌아다녔어," 언니가 말하자 저음의 목소리가 건물 안에 울려 퍼졌다. 빙은 언니 목소리가 얼마나 컸는지 잊고 있었다. 빠르게 쏘아붙이는 상하이 사투리로 언니는 빙에게 두 사람이 2년 전에 달아나고 나서부터 내내 찾아다녔다고 말했다. 그녀는 건물 문지기와 다른 사람들에게 둘을 찾게 도와달라고 했지만, 운이 없었다. 그러다 일본이 항복하고 난 후, 문지기가 길거리에서 아메이를 알아봤다. 언니는 그녀가 머물고 있던 곳을 알아낸 다음, 돌아와 달라고 했다.

아메이가 돌아온 후, 언니는 빙에 관해 물었다. 처음에 아메이는 빙이 쑤저우에 머물러 있길 원한다는 걸 알고, 모른다고 딱 잡아뗐다. 그러나 언니는 끈질겼고, 차츰 아메이는 언니가 진심으로 빙을 걱정하고 있다는 것을 깨달았다. 쑤저우로 향하는 철로가 여행을 할 만큼 안전해지자, 언니는 아메이게 자신을 빙에게 데려다 달라고 부탁했다. 그리고 혹시 이탈한 군인이나 다른 불량배를 마주칠 경우를 대비해 문지기와 함께 가기로 했다.

"빙, 우리와 같이 상하이로 돌아가자," 언니가 애원하듯 말했다. "우리 모두 네가 그리웠어. 올레가 너를 보고 싶어 해. 너를 계속 찾는다고. 마도 보고 싶어 하고, 크리스티안도 마찬가지야. 우리는 모두 네가 돌아왔으면 해."

빙은 너무 놀라서 아무말도 할 수가 없었다. 그녀는 빨간색 립스틱을 칠하고 서구식 머리 모양을 한 언제나처럼 멋진 언니의 모습을 멍하니 바라봤다. 쑤저우의 여자들은 아름답기로 유명했지만, 그들의 외모는 좀 더 수수한 편이었다. 언니는 상하이 여자의 전형이었다. 맵시 있고, 솔직하며, 상하이 여자들 특유의 맹렬함이 있었다.

빙이 아메이에게 물었다. "마가 화내지 않아? 정말 나를 보고 싶어 해?" "정말이야, 빙. 모든 게 훨씬 좋아졌어." 아메이가 대답했다. "크리스티안이 좋은 직장을 얻었고, 제대로 된 음식도 다시 먹을 수 있어. 마는 전보다 더 차분해졌어. 올레는 학교에 다니고, 피터는 이제 걷고, 말도 해!"

빙은 생각에 잠겨 바닥만 내려다 봤다. 그녀는 거의 2년 가까이 쑤저우에 있었다. 그동안 그녀는 혹시 마마 쉬에게서 연락이 오지 않았는지 알아보러 계속해서 삼촌을 찾아갔지만 아무런 소식도 들을 수 없었다. 마마 쉬는 죽은 게 아닐까? 그녀도 일본이 충칭을 폭격할 때 죽은 수천 명 중 한 사람이었던 걸까? 마마 쉬가 쑤저우로 돌아오지 않으면 어떻게 하지? 반면에, 언니는 정말로 그녀가 돌아오기를 원하는 것처럼 보였다. 누군가 자신을 원한다는 느낌이 낯설었던 빙은 망설였다. 그리고는 어깨를 펴며 말했다.

"알았어요. 같이 갈게요."

상하이로 돌아오는 기차 안에서 빙은 검게 그을린 건물의 잔해와 황폐해진 땅 위로 펼쳐진 넓은 공간 속에 마을과 농장이 휙휙 스쳐 지나가는 것을 지켜봤다. 마지막으로 아메이와 함께 이 길을 여행했을 때, 그들은 열네 살의 가출 소녀들이었다. 삼촌 집 문을 두드리기만 하면, 자신을 맞아들이고 학교에 다시 보내줄 마마 쉬를 찾을 수 있으리라고 생각했다니 자신이 얼마나 순진했었는지를 빙은 떠올렸다. 어쩌면 마마 쉬를 다시는 만날 수 없을지도 몰랐다. 그렇게 되면 아버지와의 연결고리를 영원히 잃어버리게 될 터였다. 그렇지만 만일 그녀가 가족을 찾게 된다고 해도, 다시 한번 그들이 자신을 거부할지도 몰랐다. 그러면 상하이에 있는 마는 어떨까? 빙은 마가 내뱉을 것이 분명한 혹독한 말도 두려웠다. 불안과 슬픔, 그리고 후회의 눈물이 빙의 뺨을 타고 흘러내리기 시작했다.

빙을 달래기 위해, 언니는 최대한 달래는 듯한 목소리로 말했다. 자신이 빙을 찾아 쑤저우에 더 일찍 올 수 없었던 건, 수백 대의 미군 폭격기가 상하이시 상공을 날아다니며 일본이 항복할 때까지 도로와 다리, 철로를 파괴했기 때문이라고 했다. 상하이에서의 생활이 전보다 나아졌다고도 했다. 통행금지와 바리케이드는 사라졌고, 이제는 미군들이 치안을 맡고 있었다. 미군은 어디에나 있었고 가는 곳마다 돈을 써댔다. "그러니까 조심해야 해," 언니가 충고하듯 말했다. "넌 이제 예쁜 아가씨가 됐어. 군인들이 원하는 건 딱 한 가지야. 어느 나라 군복을 입었든 마찬가지지." 빙은 그 충고가 여러 해 전, 마가 언니와 언니의 친구들에게 했던 말과 똑같다는 것을 깨달았다.

아메이는 빙에게 미국인, 영국인 그리고 다른 유럽 사람들이 상하이 전역에 흩어져 있던 수용소에서 풀려난 이야기를 해주었다.

"그 사람들은 엄청나게 여위고 볼품없는 모습으로 돌아왔어. 뼈만 남은 몸 위로 너덜너덜한 누더기를 걸치고 있었다니까. 거지처럼 보이는 외국인이라니 상상이 가니? 일본인들과 그 꼭두각시 중국인들이 모두 차지하는 바람에, 그들 중 많은 사람들은 집도 없어졌어. 국민당이 돌아와서 점쟁이가 산가지 넣은 산통 흔들 듯이 모든 걸 흔들어놨지." 아메이는 일본 민간인들이 전부 본국으로 추방되던 상황을 자세히 설명했다. 그중에는 조프르가의 이웃에서 식당을 운영하던 두부인처럼 친절한 사람들도 있었다. "이젠 일본 꼭두각시 노릇을 하던 사람들이 감옥에 갈 차례인 거야. 76의 살인마들 특히나 더. 그 치들은 총살형 감이라고!"

언니는 몇 가지 좋은 소식을 덧붙였다. 언니의 남편은 미국 석유 회사인 텍사코에서 중요한 직책을 맡았는데, 월급을 미국 달러로 받았다.

그들이 조프르가의 낯익은 아파트에 도착하자 빙은 그간의 변화를 흡수하듯 주위를 조심스레 둘러보았다. 건물들이 이루는 단순한 선과 회색 벽돌이 전보다 훨씬 선명해 보였다. 전쟁 시기 모든 것을 뒤덮었던 그을음과 먼지가 없어진 탓이었다. 대리석으로 된 건물 로비는 번쩍이며 윤이 났다. 일본군이 뜯어가 버린 난방 파이프와 라디에이터가 있던 쪽의 벽에는 큰 구멍이 입을 벌리고 있긴 했지만, 전쟁의 참혹했던 세월 동안 흐릿해졌던 엘리베이터의 청동 장식은 다시금 빛을 발하고 있었다.

빙은 들어서자마자 아파트가 더 널찍해 보인다는 것을 알아차렸다. 푸젠성 출신의 세입자와 그의 여자친구는 이사 나가는 중이었고, 좀 더 넓은 공간을 만들기 위해 가구를 뒤로 밀어놓고 있었다. 등화관

제용 암막 커튼은 사라지고 없었다. 빙이 채 더 둘러보기도 전에, 여섯 살이 된 올레가 뛰어와 그녀를 껴안았다. 빙이 쑤저우에 있는 동안 아이는 부쩍 자라 있었다! 그동안 피터는 아버지 곁에 서서 수줍게 이 모습을 지켜보고 있었다.

크리스티안이 활짝 웃으며 말했다. "집에 온 걸 환영해, 빙. 애야, 빙에게 인사하렴."

그녀에게서 눈을 떼지 못한 채 어린 소년이 소리쳤다. "니 하오?" 빙은 유라시아 혼혈인 남자아이가 아기 같은 목소리로 중국어를 하는 것을 듣자 기뻐서 웃음을 터뜨렸다. 형인 올레가 빙의 허리에 팔을 감고 있는 것을 보면서 피터는 달려와서 그녀의 다리를 끌어안았다. 빙은 아이들이 보여주는 애정에 뺨이 발그레해졌다. 그리고 그녀는 고개를 들어 마를 보았다. 빙은 마음을 다잡았다.

다행히 마는 차분했다. 그녀의 입꼬리가 살짝 위로 향하는 듯했다. 빙은 불안한 마음으로 킥킥거리는 웃음을 참았다. 마가 미소를 짓다니? "걱정을 많이 했다, 빙. 네가 돌아와서 기쁘구나." 마가 말했다.

빙이 깜짝 놀라서 아메이쪽을 흘깃 쳐다보자, 아메이는 미소를 지으며 고개를 끄덕였다. 어쩌면 이 사람들은 정말로 나를 원하는 걸지도 몰라, 그녀는 조심스레 자신에게 속삭였다. 집안을 새로 정리하면서 빙은 언니, 크리스티안, 그리고 어린 피터와 함께 지내고, 아메이는 올레를 데리고 마와 함께 있기로 했다. 아침마다 가족들은 모두 언니네 아파트에 모여 아침을 먹은 후 저녁 식탁이 치워지고, 잠자리에 들 시간이 될 때까지 함께 하루를 보냈다. 모든 것이 빙에게는 너무나 익숙하게 느껴졌다. 그 이상이야, 빙은 생각했다. 마치 집에 돌아온 것 같았다.

일본 점령기 이후 상하이에서는 곳곳에서 새로운 정권이 들어섰다는 것을 알리는 신호와 더불어 다른 놀랄만한 일들이 생겨나고 있었다. 떠오르는 태양과 만卍 자가 그려진 깃발을 흰 태양과 파란 하늘을 그린 국민당기와 별과 줄무늬의 성조기가 대신했다. 장제스의 거대한 초상화가 난징 로와 도시 주변의 다른 전략적 요충지 곳곳에 걸렸다. 1943년에 외국 조계는 없어지고 이제는 "구 공공조계" "구 프랑스 조계"라는 명칭으로 변했지만 사람들은 모두 이전처럼 "프렌치 타운"과 "잉글랜드 타운"이라는 더 단순한 이름을 선호했다. 거리의 이름도 국민당 영웅을 기리기 위해 바뀌었는데, 조프르 거리는 저명한 국민당원의 이름을 따서 린썬林森(1868~1943, 중국 청나라의 혁명운동가 겸 사회운동가, 중화민국의 정치인) 로가 되었다. 대부분의 사람들은 새로 붙여진 이름을 무시하고 익숙한 상하이식 옛 명칭을 고수했다. 사업장에서는 잡지나 신문 광고를 내며 주소란에 옛 이름과 새로운 이름을 둘 다 기재했다.

가장 극적인 변화는 국민당과 공산당 사이의 긴장 상태에 관한 미국의 "불간섭" 정책에도 불구하고 하룻밤 새 미군과 미국의 원조가 어디에서나 눈에 띄게 된 것이었다. 수만 명의 양키 부대가 공산당을 막도록 50만 국민당 군을 중국 북부와 만주 등지로 공수하면서 9억 달러 규모에 달하는 미국의 전쟁 유휴 설비가 장의 군대를 위해 속속 도착했다. 약 53,000명의 미 해병대는 국민당이 들어설 때까지 대신 베이징을 점령하고 있었다. 다른 미군 병사들은 중국에 남아 있던 일본 군인과 민간인들을 찾아서 체포한 후 이제 미국이 점령 중인 일본으로 돌려보내는 일을 하느라 바빴다. 1945년 12월 23일 트루먼 대통령이 보내는 중국 특사 자격으로 조지 마셜 장군이 상하이에 도착했다. 난징 로, 조프르 거리, 그리고 다른 상점 거리에서 빙은 새로 도착한 미군 병사들이 목적지로 데려다줄 인력거를 잡으려고 인력거 끌채를 움켜잡고 "야후!"라고 소리치는 모습을 보고 깜짝 놀랐다. 아메이는 킥킥거리며 신규 배치된 미군들이 거의 매번 이런 이상한 의식을 되풀이하는데, 인력거꾼들에게 그들을 싣고 달리는 삯으로 듣도보도 못한 금액을 낸다고 했다. 상하이에서 인력거를 이용하던 기존고객들은 요금의 급격한 인상을 우려해서, 이런 바보짓에 치르는 금액을 제한하는 규제 조치를 요구했다.

크리스티안과 같은 상하이랜더들은 미국의 노력이 전쟁으로 파괴된 나라에 안정을 가져다주기를 바라며 이들을 환영했다. 지역 신문들은 마셜 장군과 그의 후임자인 앨버트 웨드마이어 장군의 노력을 대서특필했다. 이들은 공산당과 국민당 사이의 심각해지고 있는 내전의 휴전 협정을 중개하라는 임무를 맡은 미군 사령관들이었다. 빙은 크리스티안과 언니가 장제스가 공산당과의 교전 중지 협상을 거절한 것을 두고 주고받는 이야기에 흥미를 느끼며 귀를 기울였다. 언니 부부와 그들의 여러 친구들은 장 수하의 관리들이 전리품으로 각자 주머니를 채우느라 바빠서, 평화로운 새 질서 구축을 위해 일할 여력이 없다고 믿었다. 미국과 유엔으로부터 약 5억 달러어치의 긴급 구호물자가 쏟아져 들어왔지만, 들어오는 것과 거의 동시에 상점 진열대와암시장으로 흘러 들어갔다. 초콜릿, 스팸, 군용 식량, 미국 담배, 껌, 그리고 다른 긴급 구호품들이 알 수 없는 통로를 거쳐 모리배들의 손에 들어갔다.

언니를 가장 짜증스럽게 했던 것은 일본 관리들과 중국인 꼭두각시들에게서 빼앗은 귀속재산을 차지해 한몫 잡으려고 충칭과 내륙의 다른 국민당 거점지역에서 상하이로 끊임없이 몰려드는 뜨내기들이었다. 전쟁 전의 원래 주인들에게서도 불만이 터져 나왔다. 누구나 어떻게 횡재를 얻었는지 떠들어대는 정부 하급관리들의 자랑 섞인 이야기를 하나쯤은 알고 있었다. 마작 테이블에서는 언니의 친구들이 일본군이 점령 기간에 중국인들에게서 쥐어 짜낸 금괴에 관해 불만을 쏟아내며, 그 금이 어디로 사라졌을지 각자의 추측을 내어놓았다. 언니의 남편은 게임의 규칙이 바뀌지 않았다는 사실을 씁쓸하게 지켜봤다. 바뀐 것은 깃발뿐이었다.

그 밖의 상하이 사람들은 국민당 정부 통치하의 미래가 위태로워졌다는 것을 알고 도망칠 궁리를 하고 있었다. 언니네 집 세입자는 푸젠성 출신으로 도쿄에서 대학을 다닌 젊은이였는데, 자신은 어떤 정치 이념에도 관심이 없다며 전쟁 기간에는 살아남기 위해 일본기업에서 일했을 뿐이라고 말했다. 그런 그의 이력이 이제는 큰 골칫거리가 되었다.

"전 공산당과 함께 일하러 북으로 갈 겁니다. 기술이 있는 사람은 누구나 받아준다고 들었어요." 그가 설명했다. 그 젊은이는 공산당이 옌안延安(중국 산시성(陝西省)) 북쪽에 있는 도시. 오르도스와 웨이수이분지渭水盆地를 잇는 군사 요충지)의 산악 지대에서 경제적, 정치적 기반을 서서히 구축해가며 힘을 키우고 있다는 사실을 친구들에게 들어서 알고 있었다. 붉은 군대의 정예 게릴라 병사들은 패배한 일본군과 국민당군 양쪽과 싸우는 중이었고, 그들의 막대한 무기고를 손에 넣은 상태였다. "공산당은 국민당이 꺼리는 사람들을 받아줄 거에요. 저는 공산당에 합류할 생각입니다."

언니는 그의 계획을 듣고 깜짝 놀랐다. "국민당이 사기꾼일지도 모르지만, 공산주의자들은 미쳤다고," 라고 언니가 딱 잘라 말했다. 빙은 이 도회적인 젊은이와 그의 멋쟁이 여자친구가 공비들과 산속 동굴에서 함께 있는 장면을 상상해보려고 애썼다. 그녀는 두 사람이 떠나는 것이 반가웠다. 덕분에 간이침대를 놓을 공간이 생겨서 바닥에서 자지 않아도 되기 때문이었다.

크리스티안이 텍사코 사의 엔지니어로 다시 일자리를 얻게 되어서 언니는 신이 나 있었다. 전쟁의 세월이 언니를 어떤 일에도 맞설 수 있도록 만들었지만, 이제는 더 이상 일할 필요가 없었다. 미국 회사들은 강변에 늘어선 미군 함대의 보호를 받으며 모두 돌아왔다. 무엇보다도 텍사코 사가 직원들에게 지급하는 미국 달러는 전후 중국에서 금만큼 가치가 있었다. 집안에 돈이 더 많아진다는 것은, 언니가 암막 커튼을 밝은 꽃무늬가 있는 것으로 바꾸어도 마가 계속되는 인플레이션에 전처럼 스트레스를 받거나 잔소리를 하지 않는다는 사실을 의미했다. 언니는 남녀 가리지 않고 친구들과 함께 파티와 식사로 저녁 시간을 보내던 일상으로 돌아갔지만, 그녀의 남편은 집에서 시가를 피우고 셰리 주를 홀짝이며 혼자서 카드놀이를 하는 것을 더 좋아했다. 이제 빙과 아메이는 예전처럼 물건을 많이 들여놓은 상점에서 쓸 수 있도록 용돈을 받았다. 심지어 프린스턴에서 교육받은 K. C. 우 吳國楨가 새로운 상하이 시장이 되면서 난민 노숙자의 수를 줄이려는 노력도 있었다. 추운 겨울밤이 지나면 길거리에 얼어 죽은 채 발견되는 시체를 줄이기 위해, 수천 명의 난민을 이전 군대 야영지가 있던 곳으로 이동시키고 식사와 잠자리를 제공했다. 확실히 상하이 사람들의 생활은 더 나아져 있었다.

빙이 돌아온 것이 올바른 결정이었는지 자신에게 되물을 때면 여동생 그리고 딸로서 그만큼의 대우를 받고 있다는 사실은 인정해야 했다. 그녀를 하녀나 샤오야터우小丫頭—거의 노예와 다름없는 생활을 하던 어린 소녀—로 대하는 사람은 없었다. 상하이에는 고향을 잃고 버림받은 소녀들이 넘쳐났고 빙은 자신도 그들과 같은 신세가 될 수 있었다는 사실을 알고 있었다. 언제나처럼 미신을 믿는 마는 빙이 떠나 있는 동안 꿈을 꾸었는데 창저우에서 태어나자마자 죽은 어린 딸이 환생하는 꿈이었다고 했다. 창저우라면 다름 아닌, 빙이 나서 자란 곳이었다. "너는 죽은 내 딸이 환생한 애가 틀림없다." 마는 빙이 돌아오고 얼마 되지 않아 이렇게 못을 박았다. 빙은 만일 그런 일이 정말 일어날 수 있다면, 그 운명이 자신을 우씨네 가족에게로 데려온 것이리라 생각했다.

*
**

1946년 봄, 빙이 열일곱 살이 되자, 언니는 그녀를 근처 미용실에 데려가서 파마를 하게 했다. 그리고 쇼핑을 하며 빙에게 유행하는 드레스 몇 벌을 사주었다.

"이제 너도 남자들이 쫓아다닐 나이가 된 거야. 세련된 남자를 잡으려면 너부터 행동을 세련되게 해야 해." 언니가 충고했다. "넌 배워야 할 게 많아." 언니는 빙에게 여자들만의 비밀을 알려주기 시작했다. 그녀는 빙을 자신이 가장 좋아하는 나이트 클럽에 데려가서 자기 친구들과 어울려 차와 코카콜라를 홀짝이게 했고, 간단한 댄스 스텝도 가르쳐주었다. 담배를 피우고, 매니큐어 칠한 손톱을 번쩍이면서 언니는 유력한 후보들을 살펴보고 빙에게 충고를 해주곤 했다.

"남자가 권하면 담배를 피워도 돼, 그렇지만 그 남자가 담뱃불을 붙여줄 때까지 기다려. 그러고 나서 한 모금 빨아. 그렇지만 들이마시면 안 돼, 그러면 숨이 막혀서 캑캑거리게 돼." 언니가 알려줬다. "남자가 춤추자고 하면, 안될 게 뭐가 있어? 가서 재미있게 놀아. 그렇지만 남자가 좀 더 심각한 관계가 되길 원한다면, 먼저 그 사람이 네게 '필요한 것들'을 줄 수 있는지 알아봐야 해."

그리고 곧바로 언니와 언니의 친구들은 남자가 원하는 여자에게 제공해야 하는 '네 가지 필요한 것들'을 읊어댔는데, 금으로 된 액세서리, 다이아몬드 반지, 모피 코트, 그리고 살 곳이었다. "그 남자가 이런 걸 너한테 해줄 수 없으면." 그들이 말했다. "시간 낭비할 필요 없어."

곧 빙은 자신이 배운 것을 시험해 볼 기회가 생겼다. 그녀는 충칭에서 전시를 보내고서 상하이로 돌아온, 젊고 잘생긴 기자의 눈을 사로잡았다. 그가 빙에게 데이트를 신청했고, 두 사람은 영화를 보러 갔다. 그가 빙을 집에 데려다주자, 언니는 재빨리 남자의 상황을 파악했다.

"그 남자는 돈이 없어." 언니가 콧웃음을 쳤다. "잊어버려."

다음에 그가 빙에게 연락을 하자, 언니는 빙에게 그 남자와 마의 아파트에서 만나라고 했다. 마의 아파트에는 실내에 화장실이 없어서, 요강인 마통馬桶,(나무·사기 등으로 만든 똥 오줌통)을 사용해야 했다. 그가 떠나고 나서, 마는 요강을 살펴보고서 판결을 내렸다. "그 남자 오줌이 좀 이상하구나. 매독에 걸렸을지도 몰라."

이제 그 남자가 전화하지 못하게 하는 일이 빙의 몫이 됐다. 당황한 그녀는 더듬거리며 설명을 했다. "언니가 그러는데 당신이 네 가지 필요한 걸 주지 못하면, 당신을 만날 수 없대요."

"뭐라고요?" 그는 그 네 가지가 무엇인지 듣고 나서는 쏘아붙였다. "전쟁이 막 끝났고 나는 그나마 운이 좋아서 충칭에서 살아서 돌아올 수 있었다고요! 누가 그만한 돈을 가지고 있답니까? 당신 언니는 꽃뱀이 틀림없어!"

그가 떠나고 나서, 빙은 아메이에게 그가 말한 "꽃뱀"이 무슨 뜻인지 물었다.

"남자한테서 돈만 바라는 여자를 말하는 거야," 아메이가 자신은 다 알고 있다는 듯 대답했다. "그것도 엄청 많은 돈을 말이야."

빙은 화가 났다. 어떻게 그 남자는 언니한테 그렇게 무례한 말을 할 수가 있지?

"가버려서 속이 다 시원하네!" 그녀가 소리쳤다.

아메이가 웃었다. "너무 순진하게 그러지 마, 빙. 남자들은 자기들 좋자고 여자들을 쫓아다니는 거야. 만일 여자가 원하는 걸 얻을 수 있으면, 그게 뭐가 잘못이야? 언니 남편을 봐. 완전 늙다리라고! 그래도 두 사람은 서로 원하는 걸 얻었고, 만족스러워 보이잖아."

빙은 이마를 찌푸렸다. 그녀는 언니와 크리스티안을 한 번도 그런 식으로 생각해 본 적이 없었다. 두 사람은 그녀에게 잘해줬고, 그녀는 그들의 두 아들을 사랑했다. 그것이면 충분했다.

그녀의 짧은 첫 번째 로맨스는 금세 끝이 났지만, 빙은 이제 다른 누군가를 부추기고 싶은 마음이 생기지 않았다. 그녀는 그 기자와는 거북한 마음 외에는 다른 감정을 느낄 만큼 길게 데이트하지 않은 데다, 이제 또 다른 탐색 과정을 거쳐야 한다는 것이 달갑지 않았다. 게다가, 가족들은 곧 이사를 가야했다. 이번에는 호텔이었다.

크리스티안의 중국인 친구 중 한 사람이 건설회사를 소유하고 있었는데, 그는 이 덴마크 사람이 상하이에서 텍사코의 건설 프로젝트를 담당하고 있다는 것을 알고서 비위를 맞추고 싶어 했다. 중국에서의 사업을 확장하고 있던 텍사코는 외국인 경영자들을 겨냥해 홍차오 지역에만 여러 채의 서구식 주택을 지을 계획이었다. 그 친구는 한때 자신의 정부를 위해 마련해 둔 큰 호텔 방에서 크리스티안과 그의 가족이 임대료를 내지 않고 살게 해주겠다고 제안했다. 근처의 건물로 이사하는 것이라, 가족들은 많은 돈을 절약할 수 있을 터였다. 그들은 원래 살던 집의 주인에게서 보증금을 되찾았고, 필요 없는 가구는 팔 수 있었다. 크리스티안, 언니, 피터, 그리고 빙은 호텔 방으로 이사했고, 아메이와 올레는 몇 블록 떨어져 있지 않은 마의 아파트에서 그대로 살기로 했다. 1947년 네 사람은 조프르 거리와 뒤 루아 알베르 가 모퉁이의 웨이다伟達 호텔로 이사했다. 빙은 밤에 창가에 서서 길 건너편 케세이 극장의 빛나는 네온사인을 보자 가슴이 설렜다.

크고, 밝고, 현대적인 호텔에는 거울과 우아한 황동 장식이 있는 번쩍이는 엘리베이터가 있었다. 그들이 묵는 방은 2층에 있었지만, 빙은 세 살 된 피터를 데리고 가서 몇 시간이고 엘리베이터를 타고 놀게 해주었다. 커다란 욕실의 바닥과 벽, 세면대는 하얀 대리석으로 되어 있었다. 언니는 가구를 정리해서 잘 곳과 생활공간을 만들었다. 그들은 예전 아파트에서 테이블과 의자를 가져와서 등유 버너용 풍로와 함께 작은 조리 공간을 꾸몄다. 언니와 크리스티안은 큰 침대에서, 피터는 그 옆의 어린이 침대에서 잤다. 빙의 간이침대를 놓을 자리가 없었다.

빙은 다시 마루에서 침낭을 깔고 자게 됐지만 상관 없었다. 그녀는 호텔이 좋았다. 발코니에 서면, 아래의 번화한 거리 풍경이 눈에 들어왔다. 저녁이면 하얀색 유니폼을 입은 운전사들이 번쩍거리는 차를 호텔 입구에 세웠다. 테 없는 모자를 쓴 사환들이 차 문을 열려고 달려들었다. 몸에 딱 맞는 수 놓인 치파오나 치렁치렁한 프렌치 가운을 입고 보석으로 치장한 여자들의 실크 스타킹을 신은 다리가 차 문 사이로 나타나는 장면을 지켜보는 것도 재미있었다. 올백으로 빗어넘긴 머리의 말쑥한 남자들이 이런 여성들에게 팔을 내밀고 나서 곧 함께 호텔 안으로 사라졌다.

가끔 빙은 언니와 언니의 친구들과 호텔 댄스 클럽에 갔다. 클럽의 빛나는 조명과 필리핀 밴드가 연주하는 음악은 매혹적이었다. 특별한 경우, 유명한 미국 흑인 음악가들이 온다는 소식이 전해지면 손님들이 몰려들었고, 매끄러운 모자이크 바닥 위로 사람들이 떠다니듯 춤을 췄다. 마치 할리우드 영화에서 막 빠져나온 듯한 마법 같은 장면이었다. 그 마법이 눈앞에서 일어나는 일이라는 점만이 달랐다. 너무 가까이에 있어서 그런 일상을 손에 넣을 수 있을 것만 같았다.

호, 24세

1947년, 상하이

1947년 5월 첫 몇 주간, 미국 대학들은 예비 합격생들에게 우편으로 가을 학기 입학 통지서를 보냈다. 5월 22일에 호는 MIT와 미시간 대학 양쪽 모두로부터 기계공학 박사과정 합격 통지서를 받았다. 그는 특히 중국의 모든 공대 졸업생들이 두 학교에 지원했으리라는 것을 알고 있었기에, 가장 바랐던 이들 대학에서 입학 허가를 받은 것이 더없이 기뻤다.

호는 어떤 학교를 선택해야 할지 결정할 수가 없었다. 미시간 대학교는 가족들에게 금전적으로 덜 부담스러운 선택이 되겠지만, MIT는 유명하고 평판이 좋았다. 그는 비자를 신청하기 위해 서류를 준비하는 동안, 갑자기 MIT에서 온 편지에 서명란이 비어 있는 것을 알아차렸다. 그는 서명 없이 편지가 받아들여질지 확인하기 위해 비자 관련 당국에 들렀다. 그들의 대답은 확실하게 "안 된다."라는 것이었다.

그를 대신해 어려운 결정이 내려졌다. 그는 미국 자동차의 고향인 미시간으로 가기로 했다.

국민당과 공산당 사이의 갈등이 악화일로로 치닫고 있었기 때문에, 서둘러 준비하느라 호는 허비할 시간이 없었다. 1947년 초, 미국의 조지 마셜 장군은 자신이 장제스을 공산당과의 협상 테이블에 끌어들이려는 시도를 포기했음을 분명히 했다. 마오쩌둥과 저우언라이는 회담에 동의했지만, 장제스가 거절했다. 마셜 장군이 자신은 중국을 떠날 것이며, 미군 대부분을 철수시키겠다고 선언했다. 세계 대전은 2년 전에 끝났고, 현재 상하이에 주둔하고 있는 이들을 포함해 전 세계 수십만 명의 미군 병사들이 동원 해제와 본국 송환을 요구하며 시위를 벌이고 있었다. 일단 미국이 중국에서 철수하면 장제스의 국민당은 자력만으로 공산당을 상대해야 했다. 내전이 터지면 정부가 규정을 어떻게 바꿀지 알 수 없었다. 이미 경제 상황은 한층 더 불안정해지고 있었다.

호는 몇 주 더 기다린 뒤, 7월 19일에 여권과 출국비자를 받았다. 박사과정 시작이 두 달도 채 남지 않았으므로 그는 태평양을 건너 미국으로 승객을 나르는 유일한 회사인 아메리칸 프레지던트 라인즈에서 삼등석 편도승선권을 샀다. 가격은 171달러로 그것만도 벌써 큰 액수였지만, 앞으로 가족들이 쓰게 될 돈의 극히 일부에 불과했다.

상하이에서 샌프란시스코로 가는 전후 첫 번째 여객 수송은 진주만 습격 이후 '리벳공 로지'(제2차 세계 대전 때, 미국의 방위 산업체에서 징집된 남성들을 대신해서 일하던 여성 노동자들을 일컫는 말)가 건조한 수천 척의 수송선 중 단 두 척의 배, USS 제너럴 M. C. 메이그스 호와 제너럴 고든호가 담당하고 있었다. 호는 8월 24일에 출발하는 제너럴 고든호에 승선하게 됐다. 16일간의 항해 후, 그는 앤아버에서 기차를 탈 계획이었다. 그러면 9월 13일 개학에 딱 맞춰 도착할 것이었다.

그러나 호는 출발할 때까지 경계심을 늦추지 않았다. 다른 학생들은 유학을 포기하게 만드는 문제에 맞닥뜨리기도 했다. 호가 살던 곳에서 겨우 몇 블록 떨어진 곳에 살고 있던 뤄뤄 장 판이라는 맥타이어 졸업생은 호와 똑같이 장애물들을 모두 극복한 상황이었다. 그녀는 유학증서를 받기 위한 국가고시를 통과했고, 일리노이 교육 대학의 대학원 과정에 합격했으며, 여권과 비자, 승선권도 받았다. 여행 가방도 모두 꾸려놓은 참이었다. 그러나 마지막 순간 가난한 학자였던 그녀의 아버지는 필요한 만큼의 외화를 마련하지 못했다. 뤄뤄는 배에 타지 못했다. 대신 그녀는 미국에서 교육을 받을 기회, 그리고 중국에서 도망칠 기회를 잃었다는 사실에 부모와 함께 울었다.

*
**

떠나는 날 아침, 호는 어머니, 형, 그리고 삼촌들과 함께 택시를 타고 브로드웨이가의 상하이 홍커우 선착장으로 향했다. 호는 들뜬 나머지 며칠 동안 잠을 거의 이루지 못했다. 그들이 도착하자, 선착장은 이미 사람들로 붐비고 있었다. 세관을 통과해 삼등칸에 늘어선 300여 개의 침대 사이 자신의 침상 위에 가방을 던져두고서 호는 다시 부두로, 가족들에게 돌아왔다. 그때쯤 같은 반이었던 친구 몇몇이 그를 배웅하려고 와서, 농담을 던지며 놀려댔다. "미국에서 1등 하는 박사가 되더라도 네 옛 친구들을 잊어버리지 마!"

가족들은 그에게 선물 세례를 퍼부었다. 셔츠, 여행 중에 먹을 수 있는 음식, 50만 위안—미화로 13달러가량—등이었다. 작별 인사를 할 때가 되자, 어머니는 그의 팔을 붙잡고 울기 시작했다. 호의 형이 어머니의 손을 부드럽게 떼어냈다. 부두에서 거리를 향해 가는 동안 어미는 계속해서 뒤돌아보며 불렀다. "호, 내 아들, 호야!"

호는 눈물을 보이지 않으려고 애썼다. "어머니는 내 이름을 부르고 또 부르셨고, 그 모습에 마음이 아팠다." 그는 누나가 그에게 준 새로 산 일기장에 이렇게 썼다. "그러나 이제 나는 내 미래를 책임져야 하므로 슬퍼할 수만은 없다." 그리고 만 리 여행길이 시작됐다.

*
**

미국 배 위에서의 생활은 호에게 다가올 타국에서의 삶을 처음으로 엿볼 기회가 되어주었다. 끈적거리는 8월의 더위를 식히기 위해, 그는 샤워를 했는데, 그런 새로운 기구는 처음 경험하는 것이었다. 근처에는 식수대가 있었는데, 역시 처음 보는 것이었다. 조심스레 몇 모금 마시고 나자, 끓일 필요도 없이 깨끗한 물을 계속해서 만들어내는 놀라운 장치 덕에 갈증이 풀렸다. 삼등석 식당에서는 길긴 하지만 질서 정연한 줄에 서서 소시지, 감자, 당근, 쌀, 빵, 차, 그리고 상하이에서 귀한 물품인 설탕이 나오길 기다렸다. 음식량이 엄청났는데, 특히 설탕 때문에 그는 깜짝 놀랐다. 그날 밤 그는 "All you can eat"(먹을 수 있을 만큼 양껏)이란 새로운 미국식 표현을 적어두었다.

호를 포함해 300명이 넘는 중국에서 가장 똑똑한 젊은이들이 학업을 계속하기 위해 미국을 향해 가고 있었다. 그중 52명은 그와 같이 자오퉁 대학교 졸업생이었고, 33명이 미시간 대학으로 가는 사람들이었다. 이 학생들이 미국에서의 생활을 준비하기 위해 선상에서 모임을 하곤 했는데, 모임 주제는 학교로 가는 교통수단에서부터 미국 문화며 추운 미시간에서 겨울을 나는 법에 이르기까지 다양했다. 호는 모임마다 모두 참석했고, 자원해서 모든 사람의 이름이 들어간 명부를 작성했다. 각자 목적지를 향해 흩어진 후에도 계속해서 연락을 할 수 있도록 하기 위해서였다.

대양을 건너는 여행은 호에게 새로운 개념을 가르쳤는데 바로 '여가생활'이란 것이었다. 그는 공부할 책을 몇 권 가지고 오긴 했지만 거의 펴보지 못했다. 대신 그는 브리지 게임을 하고, 영화를 보고, 새로 얼굴을 익힌 사람들과 함께 시간을 보냈다. 학생 대부분은 남자였지만, 여성들도 몇 명 있었고 그중에는 여자 교수도 있었다. 호는 한 번도 여학생들과 학교를 함께 다녀본 적이 없었는데, 그들 역시 학업에 관해 큰 꿈을 가지고 있다는 것을 알고서 놀랐다. 어느 순간 호는 배에 미국인 승객들과 선원들이 많은데도 자신이 영어를 많이 연습하고 있지 않은 것을 알아차렸다. "여행을 통틀어 미국까지 중국어만 사용하며 지낼 수 있을 것 같다." 그는 영어를 좀 더 많이 사용하기로 결심하면서 이렇게 적었다. 같은 이유로 다른 상하이 학생인 밍초리의 아버지는 아들이 캘리포니아에 있는 옥시덴털 대학에 등록해야 한다고 우겼는데, 그는 아들이 미국 동북부에 있는 대학에 가면 대부분 시간을 다른 중국인들과 보내게 될까 봐 걱정했다.

언제 어디서나 공학자인 호는 그 작동원리를 이해하기 위해서 열심히 배의 내부를 조사했다. 그는 마치 얼음 위를 미끄러지듯 강한 파도를 헤치고 나갈 수 있는 선박의 특성에 감탄했다. 바다의 광활한 아름다움은 그 푸른색, 회색, 검은색의 다양한 색조로 그를 매료시켰다.

배가 난바다에 이르자, 멀미하는 승객들이 식사를 거르기 시작했다. 호 역시 속이 메스꺼워졌지만, 식사비를 이미 지불했기에 끼니는 모두 챙겨 먹기로 했다. 그는 미국인들의 습관에 대해 주의 깊게 메모해두었다. 그는 왜 사람들이 식사때마다 빵을 먹고 싶어 하는지 궁금했지만, 곧 쌀밥은 많은 수의 중국 승객만을 위한 것이라는 사실을 깨달았다. 쌀밥은 그들 대부분에게 친숙한 유일한 품목이었다. 한주가 끝날쯤 학생들은 똑같은 미국 음식에 싫증을 느끼게 됐다. 호와 같은 선실을 쓰던 사람은 "아내가 보고 싶은 것보다 더 중국 음식이 그립다."라며 투덜거렸다.

한가지 호의 마음을 괴롭히는 것이 있었다. 엄청난 양의 음식이 버려진다는 점이었다. 그는 상하이의 굶어 죽어가는 거지들을 떠올렸다. "누구든 식사때마다 남은 음식의 양에 놀라서 소리를 지를 정도다."라고 그는 일기에 썼다. "남은 음식은 모두 바다에 버려지는데, 셀 수 없이 많은 상자와 병들도 함께 버려진다."

항해 11일째에 배는 호놀룰루에 정박했다. 호는 다시 육지에 발을 내디디고 싶어 견딜 수가 없었다. 모든 삼등석 승객들은 하선하기 전에, "노란 물고기(중국인 불법입국자를 일컫는 속어) 찾기"라는 밀항자를 찾는 일을 위해 소집됐는데, 실제로 밀항자를 발견하면 어떻게 해야 하는지에 대한 지시는 없었다. 항구에는 엄청난 수의 군중이 그들을 환영하러 나왔는데, 그중에는 중국 영사관 대표들도 있었다. 가족들에게 보내는 편지를 부친 후, 호와 친구들은 호놀룰루를 관광했다. 가장 인상 깊었던 것은 선이 칠해진 매끄럽고 넓은 도로 위의 깍듯한 교통질서였다. 운전자들은 교통경찰이 없는 교차로에서 보행자들이 흰색으로 표시된 지점에서 길을 건너는 동안 잠시 멈춰 섰다. 그는 상하이에 북적이는 수백만의 사람들도 과연 이렇게 질서를 지킬 수 있을지 의문스러웠다.

15일째 되던 날 저녁 무렵, 캘리포니아 해안이 시야에 들어왔다. 작별 인사를 하고, 배의 사무장과 정산을 마무리 지은 후, 호는 배가 극적인 곡선을 이루는 금문교의 주삭主索 (현수교에 사용된 주 케이블) 아래를 지나칠 때 환호성을 지르며 갑판으로 모여드는 사람들 사이로 섞여들었다. 그는 미국으로 공부하러 가는 이 모든 재능 있는 학생들과 함께라면, 언젠가 그들도 중국에 이런 다리를 건설할 수 있으리라고 생각했다.

1947년 9월 8일 이른 아침, 호는 샌프란시스코에 들어섰다. 그의 마음속엔 열정이 넘치고 있었다. "오늘부터는 모든 것이 새로울 테지. 나는 이제껏 보지 못했던 것을 보고, 전에는 듣지 못했던 것을 듣게 될 것이다." 그는 그날 밤 일기장에 이렇게 썼다. "새로운 경험을 통해 배우면서 나는 인생에서, 많은 것을 이뤄낼 수 있으리라."

*
**

여행을 함께했던 친구들은 샌프란시스코에서 제각기 길을 떠났다. 고향에서는 국민당과 공산당 사이의 내전이 점점 더 격렬해졌다. 학생들이 상하이를 떠나고, 위안화를 달러로 순조롭게 바꿀 수 있었던 안정된 시기는 찰나의 순간에 불과했다. 이제 호의 어린 시절 내내 맹위를 떨치던 폭풍은 다시금 불붙은 분노로 폭발하려 하고 있었다. 호와 동료 학생들은 멀리 떨어져 있었기에, 그들이 곧 뒤따를 집단 탈출의 최선봉에 있다는 사실을 알지 못했다.

PART THREE

탈출

15장

베니, 20세

1948년 말, 상하이

어스름한 새벽 끝자락, 하루의 첫 햇살 속에 어둠이 차츰 옅어지고 있었다. 베니는 이불 속에 누워 세인트존스 대학의 기숙사 천장을 응시하고 있었다. 새벽의 이 고요함이 소중하게만 느껴졌다. 아버지가 중국 인민의 반역자, 한지엔으로 체포되고 베니의 가족이 불행의 구렁텅이로 굴러떨어진 뒤, 지난 3년 동안 매일같이 겪어온 일상의 불안에서 잠시나마 벗어날 수 있는 시간이었다. 오늘처럼 재판을 기다리며 감옥에 갇혀 있는 아버지를 만나러 가야 하는 날엔 특히 그랬다.

감옥에 대해 생각하는 것만으로도 아픈 기억이 생생하게 되살아났다. 도와줄 친척도, 돈도 없이 혼자서 네 명의 어린 동생들을 책임지기가 얼마나 힘들었는지. 다른 열일곱 살 소년이었다면 상황을 살피고서는 어머니처럼 도망쳐 버렸을지도 모를 일이었다. 베니는 그럴 수가 없었다. 장남이었으므로, 가족을 돌보고 부모를 공경하는 일이

자기 몫이었다. 그러나 너무 힘들 때면 가족을 위험에 빠뜨린 아버지와 자식들을 내버려 두고 떠난 어머니가 원망스럽기도 했다.

절박해지자 베니는 자신조차 몰랐던 지략이 솟아났고, 이제는 사치가 되어 버린 자존심 따위는 던져버리게 됐다. 판 집안의 다섯 아이가 큰아버지 집의 방 하나에 들어간 지 얼마 지나지 않아, 열여섯 살이던 세실리아는 더는 이런 상황을 참을 수가 없었다. 누이동생은 도망쳐서 비행기 무선 통신사인 항공병과 결혼해서 그와 함께 홍콩으로 이주했다. 파라마운트 무도회장에서 동화책에나 나올 법한 결혼식을 올렸던 애니 누나와는 달리, 세실리아의 차례에 근사한 결혼식 따위는 없었다. 베니로서는 그저 여동생이 더 나은 삶을 찾길 빌어주는 수밖에 없었다. 그나마 한 가지 좋은 소식은 세인트메리스 홀에서 열네 살 된 도린이 기숙사로 돌아올 수 있게 허락하고, 필요한 비용은 나중에 지불하도록 해준 것이었다.

걱정해야 할 동생이 제일 어린 두 명만 남게 되자, 베니는 자신도 학교로 돌아갈 생각을 하기 시작했다. 벌써 대학 1학년의 첫 학기는 놓쳐버렸다. 학교에 돌아가기 위해서는 두 동생을 돌보는 일과 학비 모두 도움이 필요했다. 베니는 이번에는 아버지의 옛 동료들을 찾아다녔다. 한때는 자신의 머리를 쓰다듬으며 샤오판이라고 칭찬했던 사람들이었지만 대부분은 고개를 가로젓거나, 혀를 찼고, 그것도 아니면 아예 말조차 섞으려 하지 않았다. 그러나 아버지 친구 중 두 사람만은 이야기를 들어주겠다고 했다. 베니는 그들의 차가운 태도와 교활한 눈동자, 그리고 볼썽사납게 큰 덩치는 물론, 두 사람이 아버지와 의형제를 맺은 청방 사람일 가능성도 무시하려고 애썼다. 어쨌거나 이제 판 나리의 아들은 그들 도움이 필요했다.

"존경하는 삼촌들, 아버지의 불행으로 우리 가족에게 많은 어려움이 생겼습니다. 저는 의사가 되려고 세인트존스 대학에 갈 예정이었지만, 학교에 갈 돈이 없습니다. 아버지는 항상 도움이 필요하면 삼촌들을 찾아가라고 하셨어요. 의대 예과와 본과 6년에 드는 학비에 어떻게든 도움을 주실 수 없을까요? 아버지가 풀려나시면 그 돈을 갚아주실 거에요. 혹시 그게 안 되면, 제가 의사가 되어서 꼭 갚겠습니다." 베니는 말하는 동안 존경의 표시로 고개를 숙이고 있었는데, 그러면 두 사람의 굳은 표정을 보지 않아도 됐다.

그들은 망설였다. "6년? 6년 후에 무슨 일이 일어날지 누가 알아!" 그리고서 두 사람은 등을 돌리고서 의논을 했다.

곧 얼굴에 마맛자국이 있는 남자가 말했다. "샤오판, 우리는 오랫동안 너희 아버지와 함께 일했고 네가 자라는 것을 봐왔다. 네 아버지는 항상 우리 편이었으니 지금 우리가 널 돕길 바라실 거다. 네 아버지를 봐서 학비를 대주겠지만 딱 4년뿐이다. 그 이상은 안 돼."

베니는 숨을 깊이 들이마셨다. 그는 언제나 6년제 의과대학 프로그램에 들어갈 생각이었다. 만약 이 돈을 받게 되면, 꿈을 포기해야 했다. 그러나 베니는 거절할 입장이 못되었다. "고맙습니다, 삼촌들. 정말 감사드려요. 신세 진 것은 평생 잊지 않겠습니다."

"고마워할 필요 없다. 언젠가는 너도 우리가 베푼 호의를 갚아야 할 테니까."

두 사람이 자리를 뜨자 베니는 그들이 자신에게 어떤 식으로 이 빚을 갚으라고 할지 생각하느라 얼마간 당황한 채로 고개 숙여 인사를 했다. 그러나 적어도 이제 자신에게는 대학에 가서 스스로 뭔가 해볼 기회가, 자신의 미래를 한 조각이나마 되찾을 기회가 생긴 것이었다.

베니가 세인트존스에서의 생활을 시작하려면 아직 마지막 난관이 남아 있었다. 자신이 대학에 가 있는 동안, 열한 살 된 에드워드와 아홉 살 프랜시스를 큰아버지 집에 둘만 있게 할 수는 없었다. 그렇다고 아이들을 돌보면서 공부를 할 수도 없는 노릇이었다. 친척들은 아무도 그들을 받아주지 않을 터였다. 가능한 해결책은 단 한 가지, 어머니에게 도움을 청하는 수밖에 없었다.

자신과 동생들을 버리고 떠난 이후로 베니는 한 번도 어머니를 본 적이 없었다. 어머니는 자식들이 살아 있는지 알아볼 생각조차 하지 않았다. 베니는 어머니가 아버지의 경호원이었던 남자와 쑤저우천 근처에서 살고 있다는 것을 알고 있었다. 다른 방법이 있었다면 어머니를 만나는 일만은 피하고 싶었다. 새로운 삶을 사는 어머니의 부끄러운 모습을 보고 싶지 않았다.

어머니가 자신을 피할지도 모른다고 생각한 베니는 미리 알리지 않고 찾아가기로 했다. 동생들을 데리고 쑤저우까지 기차를 타고 가서 어머니를 놀라게 할 생각이었다. 일단 문 앞까지 찾아가야 했다. 거절하려면 아들의 눈을 똑바로 바라보고 안 된다고 말하게 할 생각이었다.

막상 세 사람이 주소를 찾아 갔을 때, 다시 한 번 깜짝 놀란 쪽은 베니였다. 몇 달 만에 마주한 어머니의 배가 불룩하게 부풀어 있었다. 그 모습을 본 베니는 정신이 멍해지고 말았다. 어머니가 임신했으리라고는 상상도 하지 못했다. 그렇지만 상황에 휩쓸릴 수는 없었다. 베니는 어머니의 눈을 피하며 말했다. "어머니, 저희를 좀 도와주세요." 아들이 애원했다. "저 세인트존스에 다닐 방법을 찾았어요. 어머니가 늘 원하셨던 것처럼요. 그렇지만 대학에 가서는 애들을 돌봐줄 수가 없어요. 에드워드와 프랜시스는 제대로 철들 기회도 없이 외톨이가 될 거예요. 제발 애들을 도와주세요. 제발 좀 저를 도와주세요!"

어머니는 한참을 말없이 서 있었다. 그 시간이 너무 길게 느껴져서 베니가 돌아설까 생각한 때였다. 어머니는 침묵을 깨고 아들을 어린 시절 별명으로 불렀다. "롱롱, 나를 너무 나쁘게 생각하지 말아다오." 그 순간 그 목소리의 따뜻함 때문에 베니는 너무나 사랑했던 어머니, 자신을 귀여워하던 어머니에게 상냥한 마음조차 들었다. "너는 항상 좋은 아들이었어. 세인트존스에 가렴." 에드워드와 프랜시스는 어머니 손을 잡고 집 안으로 들어갔다.

베니는 당황해서 아무런 기쁨도 느껴지지 않았다. 아기가 생기다니, 그것도 아버지의 경호원의 아이를 가지다니? 그는 뛰다시피 그 자리를 재빨리 떠났다. 베니는 모퉁이를 돈 후, 가로등 쪽으로 비틀거리며 걷다가 몸을 구부리고는 토했다.

*
**

베니는 1946년 봄 학기가 되어서야 그토록 사랑해온 대학에서 새로운 생활을 시작할 수 있었다. 곧 열여덟 살이 되지만, 이미 한 학기 내내 결석했기 때문에 같은 반 친구들과 함께 졸업할 길은 없었다. 그러나 대학에 오지 못했을지도 모르는 상황에 그런 것은 별다른 문제가 되지 않았다.

평온한 캠퍼스로 돌아오니, 마치 집에 온 것 같았다. 베니는 열한 살 때부터 기숙사생으로 그곳에 살았고 그 큰 저택보다 학교에서 더 많은 시간을 보냈다. 가족들에게 불행이 닥치기 전, 가장 행복했던 시간이었다. 100년 된 장뇌목 그늘에 책을 들고 앉자, 베니는 마음이 편안해졌다. 마침내 그도 회색과 붉은색으로 된 대학의 벽돌로 된 회관으로 걸어 들어갈 수 있었다. 어렸을 때 소년은 대학생들을 우러러보곤 했는데, 이제 그들 중 한 사람이 된 것이다.

BDG클럽의 데니스와 조지는 충실하고 진정한 친구로 곁에 남아 있었다. 베니에게는 더 이상 여윳돈이 없었지만 세 사람은 변한 것이 없다는 듯 여전히 함께 어울렸다. 이제 그는 캠퍼스에서 과외와 잡일을 해서 한 푼이라도 벌어야 했다. 주말이면 친구들이 저녁 식사와 파티를 핑계로 베니를 집에 초대해 마음 편히 자고 가도록 했다. 그가 달리 갈 곳이 없고, 학교에서는 주말에 아무런 음식도 나오지 않는다는 것을 알고 있었기 때문이었다.

그러나 베니에게는 모든 것이 바뀌어 있었다. 수치심이 사라지지 않았다. 상하이 사람들이 일본 전범과 중국인 배신자와 부역자 그리고 아버지와 같은 꼭두각시 관리들에 관해 끊임없이 쏟아져 나오는 뉴스에 사로잡혀 있는 동안에는 그럴 수가 없었다. 세인트존스의 전 총장을 포함한 무고한 사람들에 대한 비난도 거세게 일었는데, 윌리엄 Z. L. 성 총장의 드러난 죄라고는 적의 점령기 동안 학교를 열어두었던 것뿐이었고, 그마저도 일정 부분 당시 판 나리의 충고를 따른 것이었다. 이제 성 총장은 베니 아버지가 있는 티란차오提籃橋 감옥에 수감되어 있었다.

"한지엔, 한지엔! 오늘 상하이 고등법원의 판결을 읽어보세요!" 신문 행상이 목청껏 외치며 캠퍼스 정문 바로 앞에서 신문을 팔고 있었다. 한지엔이란 꼬리표는 베니의 인생을 혼란에 빠뜨렸다. 한 학생이 신문을 사면, 매번 다른 사람들도 그 주변에 모여들었다. 모두가 "배신자이자 부역자인 C. C. 판"에 대해 알고 있었다. 그리고 그 한지엔의 아들이 한때는 씀씀이 컸던 학창시절 친구인 베니라는 것도 알았다. 이 고상한 학교에서는 누구도, 적어도 베니 앞에서 아버지에 관해 말하는 일은 없었다. 그러나 사람들에게서 무언의 경멸 섞인 태도가 느껴졌다. 그는 최선을 다해 어색하고 불편한 상황을 피하려고 애썼다. 의학을 공부할 수 없었기 때문에, 조금이라도 빨리 학위를 마칠 수 있도록 학점이 가장 덜 요구되는 전공을 선택했다. 아이러니하게도 베니가 가장 피하고 싶었던 정치학이 마침 그랬다. 다행히 세인트 존스에서 그는 미국 정치학에 열중할 수 있었다. 중국인 부역자들과는 아무런 관련이 없는 주제였다.

하지만 아무리 베니가 노력해도 비열한 반역자들에 관한 뉴스를 억지로 듣지 않을 방법은 없었다. 뉘렌베르크와 도쿄의 전범 재판소가 세계 무대에 오른 것처럼 현지 공범자들의 기소는 뜨거운 화두였다. 베니는 마침내 왜 상하이 사람들이 "76"번지를, 아버지의 본부이자, 자신이 자전거 타던 장소를 지옥보다 더 무서운 곳이라고 부르며 끔찍스러워했는지 알게 됐다.

신문 기사에는 물고문이며 사람을 베고 태우고, 굶기고 가학성 구타와 전기 충격, 그리고 그 밖의 잔혹 행위에 대한 끔찍한 세부 사항이 함께 실려 있었다. 아버지는 이 사실을 알고 있었던 것이 분명했다. '어떻게 모를 수 있었겠어? 아마 아버지도 직접 고문에 가담했을 거야.' 베니는 친구들이 괴물 같은 한지엔의 아들인 자신을 미워한다고 상상하며 계속되는 불안감에 시달렸다.

두 친구의 우정에도 불구하고 베니는 외로웠다. 배드민턴부와 육상팀 혹은 전에 좋아했던 다른 운동부에도 이제는 들어가고 싶지 않았다. 대신 녹지 끄트머리의 대성당으로 쓰이는 교구 교회 안에 조용히 앉아 있고만 싶었다. 첨탑에 커다란 십자가가 달린 석조 건물이었다. 지난해까지만 해도 베니는 종교에 대해 깊이 생각해 본 적이 없었다. 중학교에서 예배는 의무사항이었다. 성공회 예배에 참석하긴 했지만, 지루한데도 들어야 하는 수업들처럼 별다른 의미는 없었다. 그런 면에서 베니는 학교 신문인 '다이얼'에 실린 전형적인 학생이었다. "전반적으로 살펴보면, 세인트존스 학생들은 종교에 다소 무관심하다. 이 학교 대부분 학생은 어떤 종교도 믿지 않는다. 학교 예배에 참석하는 것은 일종의 피할 수 없는 전통처럼 여겨진다."

그것은 마음속 혼란스러움이 베니를 교회로 이끌기 전의 일이었다. 처음에 그는 교회 뒤쪽 매끄럽게 옻칠을 한 신도석에 조용히 앉아 있곤 했다. 어느 날 합창단 지휘자인 그레이스 브래디 선생님이 베니를 알아봤다. 브래디 선생님은 세인트존스에서 여러 해 동안 일해 온 샌디에이고 출신의 미국인 전도 교사였다. 베니는 중학교 시절 선생님에게 영어와 음악 수업을 들은 적이 있었는데 언제나 그 친절한 태도에 마음이 끌렸다.

"안녕, 베니! 너 왜 다른 아이들이랑 같이 운동장에 나가지 않니?" 선생님이 쾌활한 목소리로 물었다.

"모르겠어요, 브래디 선생님." 베니는 신발을 내려다보며 속삭이듯 대답했다.

"그 말은 어쩐지 내가 기억하는 베니답지 않은걸. 말해보렴, 무슨 생각을 하고 있니?"

곧 베니는 여태껏 참고 있던 두려움을 쏟아냈다. 아버지가 저지른 끔찍한 일들과 어머니가 자신을 버리고 간 것, 자신이 가족의 잘못에 죄책감을 느끼고 있고, 그래서 모든 사람이 당연히 자기를 미워할 거라는 이야기를 털어놓았다. 그는 자신도 부모님처럼 불행해질 운명이고 거기에 대해 자기가 할 수 있는 일은 아무것도 없을까 봐 두려웠다.

브래디 선생님은 베니가 말하는 동안 얼굴을 찬찬히 살피며 옆에 앉아 있었다. 그가 갑자기 터져 나온 눈물에 하던 말을 멈추자, 선생님은 손을 잡고 눈을 들여다보며 말했다. "베니, 주님은 자비로우시고 다른 사람의 잘못 때문에 너를 벌하지 않으실 거야. 아버지의 죄는 네 탓이 아니야. 만일 네가 하나님을 마음에 받아들이게 되면, 그분이 네 안에 있는 선한 마음을 찾도록 도와주실 거고, 어떻게 하면 아버지보다 더 나은, 더 다른 사람의 아픔을 함께할 수 있는 사람이 될 수 있을지 알려주실 거야."

선생님과 서늘하고 조용한 예배당 안에 앉아 있던 베니는 기독교의 신이 자비롭다는 것을 알고 감사한 마음이 들었다. 아버지와 같은 운명을 맞지 않아도 된다는 것 역시 그랬다. 베니는 브래디 선생님의 조언에서 커다란 위안을 얻었다.

"내 말만 믿지 말고 교회 친목회에 나와서 직접 성경을 읽어보렴. 성가대도 좋아하게 될 거야. 내 기억으로는 너는 노래하는 목소리가 좋았지."

선생님의 격려로 베니는 학교 성가대에 들어가 희망을 주는 노래들에 화음을 보탤 수 있었다. 일요일이면 어김없이 예배에 참석했고, 조지와 데니스네 집에서 하룻밤을 보낼 때도 설교 시간에 맞춰 학교로 돌아왔다. 초월적인 세계에 마음을 열면서 베니는 이전에 무시했던 설교도 조금씩 이해하기 시작했다. 그는 차츰 저녁 교회 친목회와 성경 수업에도 가게 됐다. 성가대 활동을 하고, 예배당과 성소를 빗자루로 쓸고 청소하며 교회에 도움이 되려고 했다. 얼마 지나지 않아 베니는 친목회의 예배를 이끌게 됐다.

조용히 명상에 잠겨 있을 때면 베니는 아버지가 영락^{零落}하기 전, 자신의 삶을 돌이켜봤다. 아버지를 곤경에 빠뜨린 것 때문에 세상과 일본에 대해 원망을 품었을 수도 있었다. 그는 아버지가 적을 돕고, 같은 중국인들을 희생시켜 가족에게 위험과 입에 담지 못할 수치심을 안긴 것에 대해 화가 나 있었다. 아버지가 적에 협력하는 것도, 엄청난 자금의 출처도 모른 채, 매일의 호사를 즐기며 그토록 무지했던 자신에게도 화가 났다. 신의 도움으로, 베니는 모든 것을 새로운 시각으로 보기 시작했다. "사랑하는 주님," 그가 기도했다. "제 아버지가 76번지에서 한지엔 노릇을 하는 동안 그저 안락한 삶을 누린 저를 용서해 주세요. 주님, 다른 사람들의 고통 위에 만들어진 삶을 살았던 우리 가족을 제발 용서해 주세요."

베니가 대학에서 지내는 동안, 그레이스 브래디 선생님은 계속해서 그를 지도하고 응원해주었다. 주말에는 종종 여러 학생을 학교 내에 있는 자신의 작은 집에 초대해 간단한 저녁을 대접하기도 했는데 그곳에서 베니는 언제나 환영을 받았다. 상하이 겨울의 습기 찬 추위가 찾아오면, 선생님은 베니에게 도움을 줄 가족이 없다는 것을 알고, 여분의 담요며 필요한 물건들을 챙겨주곤 했다. 그가 낙담했을 때에도, 계속해서 삶을 꾸려가도록 격려를 아끼지 않았다. 브래디 선생님과 교회를 통해 베니는 정신적인 가족과 안식처를 찾을 수 있었다. 1947년 베니는 기독교인으로서 세례를 받기로 했다. 그는 자신을 용서하는 법을 배우고 있었다. 그리고 마침내 다시 고개를 들고 살아갈 수 있게 됐다.

베니는 새로운 신앙을 통해 힘을 얻었지만, 가족들이 맞닥뜨린 냉혹한 현실을 무시할 수는 없었다. 그는 장남으로서 감옥에 있는 아버지를 찾아가고, 세인트메리에 있는 여동생 도린을 돌봐야 했다. 1945년 9월 판 나리가 체포되고서 처음 얼마 동안 베니는 꽤 자주 아버지를 면회하러 갔다. 다음 차례에는 누가 총살대 앞에 서게 될지 아무도 모를 때였다. 수감 후 약 8개월이 지나자 상하이 시장 시절, C. C. 판을 경찰국장에 임명했던 괴뢰 정부의 주석 천궁보陳公博가 전범으로 재판을 받고 처형됐다.

　전쟁이 끝나고 3년이 지난 지금, 베니의 마음가짐은 달라져 있었다. 학교에서 티란차오 감옥으로 향하기 전에 베니는 먼저 헤이그 대로변 따셩릴롱 있는 고모 댁에 들렀다. 아버지가 갑작스레 승진을 거듭하기 전에 그가 아주 행복한 어린 시절을 보냈던 바로 그 집이었다. 고모는 연락이 닿는 몇 안 되는 친척 중 한 명이었고, 집에서 만든 음식을 먹을 수 있도록 조카를 초대하기도 했다. 고모는 언제나 아버지에게 가져갈 음식이 든 통 몇 개와 옷가지 등을 준비해주었다. 그곳에서 베니는 트롤리를 타고 옛 프랑스 조계지를 거쳐 번드를 지나 북쪽의 홍커우로 가서 더 동쪽에 있는 티란차오 부근으로 향했다. 예전 공공조계의 끄트머리까지 약 3마일가량 트롤리를 타고 가야 17에이커의 땅에 75만 제곱피트 이상을 차지하는 거대한 문과 우뚝 솟은 콘크리트 벽으로 둘러싸인 아시아 최대의 감옥에 다다랐다. 도시 구획 하나 전체보다 더 넓은 곳이었다.

　영어로는 워드 로드, 중국인들에게는 티란차오라는 이름으로 알려진 이 악명 높은 감옥은 영국인들이 공공조계를 운영했던 1901년부터 단계적으로 건설되었다. 각각 4층 높이의 11개의 옥사로 이루어진 이 거대한 석조 지하 감옥은 무시무시한 장소로 수천 명의 재소자들이 약 3천 개의 감방에 빽빽이 들어차 있었고, 무장한 시크교도들이 이곳을 순찰했다. 전쟁 중에는 경찰국장이었던 판 나리가 수없이 많은 죄수들을 이리로 보냈다. 76번지의 심문에서 겨우 살아남은 사람들이었다. 베니의 아버지가 자신이 협력했던 일본 전범들과 나란히 재판을 기다리며 티란차오 감옥에 함께 갇혀 있다니 묘한 일이었다.

어떻게 해서인가 베니의 아버지는 사형 집행을 간신히 모면했다. 감옥에서 보낸 3년 동안 아버지는 살아남았을 뿐 아니라 고통스러운 기색도 없었다. 다른 죄수들처럼 초췌하거나 너저분해 보이지도 않았다. 베니는 아버지에게 어떻게 감방에서 그런 모습을 유지할 수 있는지 물어볼 엄두는 나지 않았지만, 추측은 할 수 있었다. 아버지에게는 영향력 있는 친구들로 이루어진 거대한 네트워크가 있었다. 많은 이들이 국민당과 청방, 경찰, 교도소 내부 고위직에 있었다. 베니는 가끔 아버지가 언젠가 상처 하나 없이 감옥을 나올지도 모른다는 상상을 했다. 사실 그렇다 해도 베니는 자신이 전혀 놀랄 것 같지 않았다.

아버지가 잘 지내고 있는 것 같아서인지 베니는 면회를 전처럼 자주 가지는 않았다. 면회라고 해도, 무뚝뚝한 교도관들의 감시를 받으며 두 사람이 어색한 시간을 잠시 함께 보내는 것이 다였다. 베니는 차마 아버지에게 자신을 괴롭혀온 질문들을 할 수 없었다. 아버지가 적인 일본을 도와서 중국인 애국자와 반일 저항자들을 고문하고 죽였나요? 정말 전쟁 중에 같은 처지의 중국인들을 희생시켜 부자가 된 건가요? 어떻게 동족에게 등을 돌리고 적에게 협력할 수 있었죠? 어떻게 가족들이 이런 일을 겪게 해요?

*
**

헤이그가에 사는 고모는 베니에게 교도소에 가면 교도관들의 분위기를 잘 살펴보라는 말을 했다. 국민당 정부의 불안정한 상황과 곧 정부가 무너질지도 모른다는 공포 때문에 교도소 내에 어떤 변화가 일어나고 있을지 모른다고 했다. 국민당은 상하이 전력회사와 다른 작업장에서 일하는 근로자들을 지하 공산당원으로 의심해 대대적인 검거를 진행 중이었다. 많은 이들이 인기 있는 노동계 지도자 왕샤오허처럼 티란차오에 수감되고 있었다.

"국민당이 공산주의자들을 색출하느라 바빠서 네 아버지에 대해 생각할 겨를이 없을 테니 운이 좋지 뭐니." 고모가 지레짐작하며 말했다. "저렇게 많은 국민당 관리들이 상하이를 떠나려고 짐을 싸고 있으니 어쩌면 일부 죄수들은 풀어줄지도 몰라."

베니가 티란차오 구역에 도착했을 때는 아직 아침나절이었다. 그는 리틀 비엔나라는 이름으로 알려진 지저분한 3, 4층짜리 주택 몇 블록을 지나쳤는데, 1943년 일본인들이 지역 나치 당국의 명령으로 동유럽에서 온 수천 명의 유대인 난민들을 감금했던 곳이었다. 당시 많은 이들이 크리스탈나흐트(깨진 유리의 날, 1938년 11월 9일 나치 대원들이 독일 전역의 수만 개에 이르는 유대인 상점을 약탈하고, 250여 개의 시나고그(유대교 사원)에 방화했던 날)와 같은 학살이 뒤따를까 봐 두려워했지만, 일본인들이 유대인을 비롯해 자신들과 같은 유색인종에 대한 히틀러의 "최종 해결책"(제2차 세계 대전 도중 나치에 점령된 유럽 지역에서 대량 학살을 통해 유대인을 체계적으로 전멸시키려 했던 계획)을 거부했다고들 했다. 이들 아슈케나지 유대인들(독일·폴란드·러시아계의 유대인)은 가난한 사람으로, 상하이에서 가장 유명한 공공기관들을 세운 영향력 있는 가문 출신의, 부유하고 전통을 내세우는 세파르디 유대인(유대인 가운데 주로 스페인·포르투갈 등 이베리아반도에 정착한 이들과 그 후손을 일컫는다) 엘리트들과는 달랐다. 그런 유대인들은 모두 판 나리가 아는 사람들이었다.

아버지를 면회하러 가면서 베니는 리틀 비엔나와 붐비는 거리의 카페들을 여러 번 지나쳤는데, 그럴 때 이들 유대인 난민들과 그 이전의 백러시아인들 사이의 비슷한 점들을 깨닫곤 했다. 양쪽 모두 낯선 나라에 아무것도 없이 도착한, 고국에서 추방된 사람들이었다. 만일 여러 급우들이 하듯 홍콩으로 도망친다면 자신도 이 유대인들처럼 이전에 경험했던 삶을 재현하기 위해 노력하게 될지 궁금했다. 일부 유대인은 세인트존스에 교사로 채용됐다. 많은 수의 외국인 교사들이 수용소에 억류된 후에는 특히 더 그랬다. 이제 리틀 비엔나에 사는 유대인의 수는 훨씬 줄어 있었는데, 국제 구호 활동을 통해 많은 국적 없는 난민들이 미국, 호주, 브라질 그리고 신생 국가인 이스라엘로 떠났기 때문이었다. 베니는 오헬 모셰(히브리어로 '모셰의 천막'이라는 뜻) 회당을 지나다 그곳에서 결혼식이 진행되고 있는 것을 보았다. 죽음과 불운의 요새 바로 건너편에서 축하와 소생蘇生의 장면이 펼쳐지고 있었다. 인생의 아이러니가 아닐 수 없었다.

나무로 된 육중한 문짝이 달린 우뚝 솟은 교도소 정문에서 베니는 돌담의 작은 창문으로 제복 입은 교도관에게 말을 걸었다. "죄수 판 지제를 만나러 왔습니다." 아버지의 정식 이름을 대자 경비원은 투덜거리며 다음번 수위들에게 검문을 받으려고 대기하는 사람들 쪽으로 가라는 손짓을 했다. 수위들은 방문자의 이름을 적고, 음식과 담배, 따뜻한 옷과 담요, 필기용 종이가 든 작은 꾸러미들을 확인했다. 다음 단계의 보안 검색대로 넘어가며 그는 돌로 된 요새 내부로 더 깊숙이

들어갔다. 긴 테이블과 딱딱한 벤치가 놓인 간소한 면회실에 도착하기까지 무척 긴 시간이 흐른 것처럼 느껴졌다. 그는 고모가 했던 말을 떠올리며 간수들에게서 긴박한 변화의 기미를 찾아보려 했지만, 언제나처럼 그저 무표정한 모습을 보일 뿐이었다.

갑자기 죄수 몇 명이 우르르 방안으로 끌려 들어왔다. 그중에는 허리를 꼿꼿이 세운 자존심 강해 보이는 아버지도 있었다. 깨끗이 면도한 얼굴에, 머리는 상하이시 경찰에서 일하던 시절 자신이 좋아했던 스타일대로 짧게 잘려있었다. 이 생기 없는 감옥에서조차 아버지는 날카롭고 강해 보였다.

"잘 지내셨어요? 아버지" 넓은 테이블의 방문자 쪽 좌석에 앉아있던 베니는 마치 어린 시절 제복을 입은 아버지에게 아침 점검을 받으려고 줄을 섰을 때처럼 기합이 들어간 목소리로 밝게 말을 걸었다.

면회 시간에 신체적 접촉은 금지되어 있었지만, 허락된다고 해도 베니와 아버지는 사람들 앞에서 애정을 표현하는 법이 없는 형식적이고 전통적인 부자간이었다. 아마 그런 방식이 아니라면 어떻게 하더라도 베니에게는 이상하게 느껴졌을 터였다.

"아버지, 건강해 보이세요. 다섯째 고모가 준비해 준 음식을 좀 가져왔습니다."

"나 대신 고맙다는 인사를 전해 다오. 학교는 어떠니? 미국에 초점을 맞춰 공부하기로 한 건 잘한 일이다."

고개를 끄덕이면서도 베니는 아버지가 아직도 교도소 밖의 인맥을 통해 자신이 어떻게 지내는지 알고 있다는 것이 놀랍지 않았다. 감옥에서의 생활도 아버지의 기를 꺾지는 못했다. 만약 전쟁이 다른 식으로 끝이 났다면, 아마 자신과 이런 대화를 아버지와 할아버지 두 사람 모두의 단골 클럽이었던 르 세르클 스포르티프 프랑세에서 나누었을 것이라고 베니는 상상했다. 우아한 실크 정장이나 푸른색 서지 경찰복을 입은 아버지가 한 손에는 시가, 다른 한 손에는 스카치위스키 잔을 들고 있는 모습을 떠올릴 수 있었다.

베니는 무슨 말을 해야 할지 고민했지만 정작 중요한 이야기는 입 밖에 내지 못했다. 대신 두 사람은 겨울철 추위라거나, 세인트존스의 운동 경기들, 아버지가 학생이었을 때와 마찬가지로 맛없는 학교 식당의 음식 등 일상적인 이야기를 나눴다. 베니는 아버지가 어머니에 관해 묻지 않아서 기뻤다. 그랬다면 아버지에게 거짓말을 할 수는 없었을 텐데, 어떻게 어머니가 아버지의 하인과 살고 있고, 그 남자의 아이를 가졌다고 이야기할 수 있을까? 한편으로는 아무것도 묻지 않는 아버지를 보고, 이미 그런 상황을 다 알고 있다는 확신이 들기도 했다.

베니가 말하지 않았지만 걱정하고 있는 문제들을 알아차린 것처럼, 아버지는 천장을 올려다보며 마치 소리 내어 생각하듯 말을 꺼냈다. "전쟁 때에는 좋은 선택이란 없다. 가끔 덜 나쁜 선택을 할 수 있을 뿐이야."

그러고 나서, 아버지는 베니를 똑바로 바라봤다. "너도 이제 어른이니 어려운 선택을 해야 할 일이 생길 게다. 뭐가 자신에게 옳은 길인지는 너만이 알 수 있어."

잠시 베니는 아버지가 자신의 급우들이 공산당이 큰 승리를 거두기 전에 계속해서 홍콩과 , 그 외 다른 지역으로 떠나고 있다는 것을 알고 있는 게 아닌가 하는 상상을 했다. 베니의 친구들, 심지어 홍콩에 있는 여동생 세실리아까지 모두 상하이가 공산당에게 무너지기 전에 탈출하라고 그에게 강요하고 있었다. 베니는 그런 일에 대해서는 아무 말도 하지 않았다. 아버지가 말한 것처럼, 그도 스스로 갈 길을 정해야 했다.

얼굴이 마치 개처럼 생긴 수위가 면회 시간이 끝났다는 신호로 호루라기를 불자 다행이라는 생각까지 들었다. 베니는 아버지에게 음식 꾸러미와 옷가지를 건네며 말했다. "안녕히 계세요, 아버지."

아버지는 일어서며 말했다. "요즘 상하이 상황이 어렵다는 건 알고 있다. 면회 오기 힘들더라도 걱정은 말아라. 나는 아직 여기에 인맥들이 좀 있다." 아버지는 국민당 정보국장이자 누구나 두려워하던 첩보지휘관 다이리에게 직접, 상당한 금액을 대가로 판 나리에게는 아무런 해를 끼치지 않겠다는 약속을 받았다고 이전에 털어놓은 적이 있었다. 그러나 다이리는 이미 1946년 의문의 비행기 추락 사고로 죽고 없었다. 베니의 아버지에게 아무런 위해도 생기지 않은 것은 사실이었다. 그러나 만일 공산당이 점령하게 되면, 무슨 일이 일어나게 될지 누가 안단 말인가?

판 나리는 등을 꼿꼿이 세우고 정면을 바라본 채 걸어 나가서는, 휑뎅그렁한 감옥의 어둠 속으로 다른 죄수들과 함께 사라졌다.

바깥으로 나오자, 오후의 그림자가 길게 드리워져 있었다. 길가 카페에서 커피를 홀짝이는 노인들의 경계하는 시선에는 아랑곳없이 사람들은 가족들과 한가롭게 길을 거닐었다. 결혼 피로연의 흥겨운 분위기가 회당 밖으로까지 흘러나오고 있었다. 베니는 마음이 한결 가벼웠다. 아버지의 말이 감사하게 느껴졌다.

*\
**

서양의 새해 첫날이 지나고 소의 해를 맞는 음력 설이 다가오면서 도망칠 것인지 아니면 상하이에 그대로 머무를 것인지에 관한 결정이 더욱 시급해졌다. 상하이의 엘리트들은 도망치는 데 필요한 표를 놓고 마치 날뛰는 폭도들처럼 싸워댔다. 베니의 가장 친한 친구들도 공산주의자들이 베니네 가족과 같은 사람들을 국민당이 한 것보다 더 가혹하게 다룰 거라며 그에게 떠나라고 재촉했다. 학교에서는 점점 빈 책상이 늘어났다.

베니는 전에도 탈출할 기회가 있었다. 가장 친한 친구 중 한 명은 자기 가족들과 도망칠 때 함께 떠나자고 했었다. 여동생 세실리아도 계속해서 항공병인 자신의 남편과 함께 홍콩으로 오라고 애원했다. 중국항공공사의 무선 통신사인 매제는 베니를 비행기조종실에 몰래 태우고 올 수 있었다. 적어도 세실리아는 그렇다고 우겼다.

세인트존스의 '다이얼'은 여러 학기에 걸쳐 학생, 교사와 교직원 중 떠난 사람들의 이름을 지면에 실었다. 어떤 사람들은 도망치는 것은 애국심을 버리는 짓이라고 주장했다. 철학 교수인 E. 쉬 선생은 학생들에게 "그 누구도 우리의 조국과 중국 시민이라는 책임으로부터 도망쳐서는 안 된다."라고 말했다. 그렇지만 "도서관은 걱정스레 신문을 훑어보고 최신 기사에 관해 토론하는 우려 섞인 표정의 학생들로 가득 차 있다. 기사들만큼이나 온갖 소문들이 무성하다. 토론의 주요 주제는 '당신은 상하이를 떠날 것인가?' 하는 질문이다. 혼란이 진정되고 모든 것들이 정상궤도로 돌아오기에는 얼마간 시간이 걸릴 듯하다." 라고 다이얼은 전하고 있었다. 학교 신문은 모든 것이 곧 정상으로 돌아올 것이라고 암시하고 있었지만, 문제는 아무도 남길 원하지 않는다면 어떻게 될 것인가였다.

학교에서는 친구들이 예고나 작별 인사도 없이 사라져갔다. 어쩌면 그들 자신도 떠난다는 사실을 몰랐을 것이다. 베니의 기숙사에 살던 리차드 린 양은 어느 날 오후, 하인이 데리러 와서는 그 길로 갑자기 떠나게 됐다. 리차드의 아버지는 아들에게 황푸강의 어느 배 위에서 열리는 가족 만찬에 참석하라고 했다. 리차드는 그날 밤 학교로 돌아오지 않았는데, 자신의 모든 소지품을, 심지어 애지중지하던 우표 컬렉션까지 모두 두고 갔다. 아무도 리처드가 원해서 그 희귀한 청나라 우표를 남겨두고 갔으리라고는 믿지 않았다. 친구들은 리차드의 아버지가 대가족들을 모두 배 위로 불러 모으려고 저녁 식사라는 핑계를 대고는 모두를 데리고 감쪽같이 상하이를 빠져나갔을 거라고 했다. 그렇게 하지 않으면 몇몇 가족은 떠나려 하지 않으리라는 걸 알고 있었기 때문이었다.

리차드에겐 잘된 일이야. 그 가족들 모두에게 잘된 일이지, 베니는 생각했다. 하지만 나는 어떻게 해야 하지? 여태껏 베니는 어딘지도 모를 곳에서 난민으로 사느니 중국에서의 자신의 미래가 좀 더 확실하리라는 생각에 도망치게 도와주겠다는 제안을 거절했었다. 그는 어린 시절부터 보아온 상하이 거리에서 살던 뼈만 앙상한 난민들과 리틀 비엔나에서 시간을 보내던 남자들, 그리고 수없이 많은 다른 사람들 생각에 사로잡혀 있었다. 리차드와 그 친구들은 자신을 위해 어려운 결정을 내리고, 모든 일을 해결해 줄 부모가 있었다. 만일 베니의 아버지가 감옥에 있지 않았다면, 자신도 마찬가지였을 터였다.

그러나 이제 베니는 혼자 미래를 마주하고 있었다. 아버지는 그에게 앞으로 힘든 선택을 해야 할 거라고 말했었다. 어쩌면 아버지는 적인 일본에 협력하기로 한 자신의 결정을 말하고 있었던 것일지도 몰

랐다. 베니는 자신의 선택이 그처럼 똑같이 불투명한 것이라는 생각
이 들었다.

그는 일어날 일의 장점과 단점을 저울질해 보았다. 홍콩에서는 세
실리아가 자신을 부르고 있었고 그곳에서 여동생과 함께 살 수도 있
었다. 그러나 너무 많은 사람이 홍콩으로 도망치는 바람에, 그 영국
식민지는 이미 난민으로 바글거렸다. 나도 그런 백만 명 중의 한 명이
되겠지. 그리고 대만이 있었다. 많은 상하이 사람들이 남서 해안의 작
은 섬으로 향하고 있었다. 그러나 국민당은 아버지를 감옥에 보낸 사
람들이었다. 대만에서 환영받으리라고 생각하는 것은 무모한 일이었
다. 그곳에서는 베니에게 아무런 기회도 없을 것 같았다.

돈도 인맥도 없는 배신자의 아들로서 베니가 가진 유일한 이점이
라고는 세인트존스에서 받은 교육뿐일 것이었다. 그리고 졸업을 하려
면 아직 한 학기가 더 필요했다. 대학 졸업장마저 없다면 자신에게는
아무것도 없는 셈이었다. 땡전 한 푼 없는 난민이 되면, 심지어 억지
로 청방에 가입해야 할지도 몰랐다. 베니에게 등록금을 빌려준 "존경
하는 삼촌들"을 포함해 청방의 여러 두목들은 이미 홍콩으로 도망쳐
있었다. 그런 숙명을 피할 가장 좋은 방법은 상하이에 남아 대학 졸업
장을 받는 것이었다.

16장

안누오, 13세

가끔 안누오는 전쟁 후의 이런 평화가 꿈은 아닐까 자신을 꼬집어봐야 했다. 상하이 상공의 폭격기들을 피하려고 험준한 지역을 거치며 4개월 동안이나 위험한 여행을 한 후였다. 안누오는 항저우에서의 너무나 조용하고 쾌적한 생활이 마치 끓는 가마솥에서 꺼내져 시후(항저우 서호 杭州 西湖) 호수가 이 유명한 도시의 그림처럼 아름다운 풍경 속으로 풍덩 떨어진 것처럼 비현실적으로 느껴진다는 사실을 인정해야 했다.

처음 아버지가 상하이에 머물며 가족들을 항저우로 보내기로 결정하자 평소 침착했던 어머니는 눈에 띄게 당황했다. 특히 자신이 힘들게 모은 저축을 남편이 모두 포기하게 했을 때는 더욱 그랬다. 반면, 아버지는 소금 상인으로서의 민간인 생활을 다시 시작하며 상하이에서 즐거운 시기를 누릴 수 있었다. 어쨌거나 안누오에게 항저우에서의 지난 3년은 삶에 반가운 안정이 찾아온 시기였다. 국민당원인 아버지는 그들이 살았던 어떤 곳보다 크고 아름다운 서양식 주택을

                                                       PART THREE : 탈출

배정받았다. 예로부터 항저우는 아름다운 경치로 사랑받아 왔었다. 가족들이 그렇게 유명한 지역에 있는, 전쟁 징발 주택에 살 게 된 것은 그만큼 아버지의 충성스러운 공로를 인정받은 것이기도 했다. 심지어 장 대원수의 장자인 장징궈도 자기 가족을 항저우로 데려왔다.

수많은 고위급 국민당원들과 그들의 자녀들이 머물게 되면서 이미 "귀족 학교"라는 별명을 가지고 있던 항저우의 유명한 헝다오 학교에 더 큰 관심과 갈채가 쏟아졌다. 이곳 학생 중에는 대원수의 손자들도 있었는데, 어머니가 안누오를 보내고 싶어한 학교이기도 했다. 그러나 안누오는 디프테리아에 걸린 후 거의 3년 동안 학교를 쉰 상태였다. 그전에도 학교를 드문드문 다녔을 뿐이었다. 찰리의 책과 만화를 모두 빨아들이듯 읽어서 읽기 능력은 뒤처지지 않았지만, 수학에 대한 이해는 형편없었다. 그런데도 어머니는 이 여자 중학교 입학 시험에 소녀를 등록시키고는 자신 있게 시험장까지 동행했다. 쉬는 시간에 안누오는 자신이 수학 문제 열 개 중 아홉 개를 풀지 못했다고 털어놓았다. 어머니는 안누오가 시험에 떨어져서 체면을 잃을 거란 생각에 몹시 속이 상해서는 화를 내며 가버렸다. 안누오는 시험이 끝나고 혼자서 집을 찾아와야 했다. 1945년 말, 놀랍게도 아이는 시험을 통과해서 열 살에 "귀족 학교"에 입학 허가를 받았다. 다른 학생들의 수학 실력이 그보다도 못했던 것이 틀림없었다.

**

문학은 안누오가 가장 좋아하는 과목이었다. 1948년 열세 살이 되자, 소녀는 학교 도서관의 거의 모든 고전을 읽게 됐다. 여전히 혼자 앉아서 안나 카레니나나 삼국지를 읽는 것을 좋아하는 수줍은 여자아이였다. 학교에서는 몽환적인 시며 연필로 그린 반 친구들 그림으로 공책을 가득 채웠다. 집에 오면 집 앞에 서 있는 우아한 목련 나무 아래에 앉아 책을 읽거나 봄이면 분홍색 꽃잎 위로 햇빛이 춤추는 모습을 지켜보곤 했다. 집이 워낙 넓어서 안누오의 두 할머니와 사촌 몇 명도 이사를 왔다. 목련이 필 때면, 평소엔 늘 시무룩한 친할머니가 신이 나서 웃으며 꽃잎들을 모아서는, 요리사에게 얇은 반죽을 씌워 신선한 꽃잎을 한 장 한 장 튀겨내게 했다. 그 섬세한 맛을 생각만 해도 안누오는 군침이 돌곤 했다.

소녀에게 최근의 보물은 중국어로 번역된 '바람과 함께 사라지다'였다. 중국에서 나오자마자 히트를 한 이 책을 사기 위해 아이는 설날 받은 세뱃돈 일부를 썼다. 안누오는 미국 남북전쟁에서 패배한 편에 있었던 오만하고 젊은 여자 주인공이 친밀하게 느껴졌다. 중국 역시 일본과의 오랜 싸움 직후에 벌어진 내전으로 고통받고 있었다.

안누오에게 항저우에서의 생활은 아버지가 없을 때가 가장 좋았다. 다행히 그런 경우가 대부분이었다. 아버지는 몇 달에 한 번 항저우에 올 때면 언제나 그의 곁을 지키는 동료들을 데려왔다. 즉석에서 파티를 열고 대도시에서 온 친구들을 대접하는 것보다 그를 더 기쁘게 하는 것은 없었다. 상하이에서 4시간 동안 기차를 타고 도착할 때쯤엔 그들 모두가 한껏 들떠 있었다. 아버지와 일행의 기분을 맞추려고 모두가 이리저리 뛰어다니느라 집안이 온통 북새통이 되곤 했다. 상냥한 안주인인 어머니는 무엇이든 급히 차려낼 수 있는 음식으로 계획에 없던 파티를 준비하면서도 손님들을 맞이하는 데에 부족함이 없었다.

안누오는 그 전부터 아버지가 자신을 마음에 들어 하지 않는다는 것을 알아차렸다. 자신이 태어나고 여러 해 동안 채 몇 번도 보지 못했으면서 늘 딸의 흠을 잡았다. 쟤는 너무 예민해, 혹은 너무 둔해. 잘 웃지도 않고 리닝처럼 귀엽지도 않아. 소녀는 아버지가 싫어하는 그의 못생긴 여동생을 생각나게 했다. 한번은 항저우에서 안누오가 오빠와 사촌에게 철없는 장난을 한 적이 있었다. 그날 아버지가 집에 있다가 그녀에게 화를 내며 소리를 질렀다. "넌 절대 인생에서 행복이든 뭐든 누릴 수 없을 거다. 크면 어떤 남자도 널 원하지 않을 거야! 결혼한다고 해도 실패하고 말 걸!"

마음이 상한 안누오는 자신이 뭘 했길래 아버지가 그런 말을 퍼부을 정도로 화가 났는지 짐작조차 할 수 없었다. 그가 자신을 미워한다고 결론을 내린 소녀는 되도록 아버지를 피해야겠다고 마음먹었다. 아이는 자신이 결코 행복을 찾지 못할 것이라고 했던 그의 사나운 말들을 마음속에서 지웠다. 원래도 조용한 편이었지만, 소녀는 자기 안으로 더 깊이 움츠러들었고 크게 우울하진 않았지만 좀처럼 행복을 느끼지 못했다.

아버지가 즉흥적으로 여는 파티는 안누오에게 가장 큰 숙제였다. 소녀는 얌전히 단정하게 앉아, 가끔 그녀나 그녀가 하는 말에 관심도 없는 어른들 앞에서 억지로 말을 해야 하는 것이 싫었다. 더구나 아버지가 흠이라도 잡으려는 듯 모든 상황을 지켜보고 있었다. 아이는 아버지를 화나게 할까 봐 두려웠을 뿐 아니라 왜 자신의 어머니만큼이나 교육을 받은 몇몇 여성들이 열 살짜리 여동생처럼 어린애 같은 목소리로 말을 하는지 이해할 수 없었다. 또는 왜 그렇게 많은 남자들이 마치 세상에 관한 모든 답을 가지고 있는 양, 자신을 부풀리는지도 알 수 없었다. 안누오는 열여섯 살이 된 오빠가 부러웠다. 중학생이 된 오빠는 기숙사에 들어가 있어서 이런 저녁 식사를 참고 견딜 필요가 없었다. 소녀는 얼른 자리를 빠져나와서 위층 침실로 가고 싶었다. 거기에서라면 혼자 책을 읽으며 먼 환상의 세계에 틀어박힐 수 있어서였다.

그러나 이상한 새로운 기계 덕분에, 안누오는 파티에 대한 태도를 바꾸게 됐다. 한 번은 아버지가 축음기를 집에 가지고 왔다. 어른들이 한참 먹고 떠들고 난 후, 누군가가 "발을 가만히 있지 못하겠다"는 말을 꺼냈다. 하인들이 거실의 가구들을 한쪽으로 밀고서 카펫을 걷어올린 다음 바닥에 윤을 냈다. 아버지는 축음기를 돌아가게 하고서, 몇몇 유명한 밴드의 음악을 틀었다. 그리고서 모두가 춤을 추었다. 예의 바르게 격식을 차리던 남녀들이 마치 귀신에 씌기라도 한 듯 벌떡 일어나 서로를 어루만지며 음악에 맞춰 몸을 움직였다. 안누오는 처음으로 어른들이 춤을 추는 모습을 보고서 입이 딱 벌어졌다. 남들이 보는 앞에서 이성 간에 서로의 몸에 손을 대다니? 심지어 아버지와 어머니조차 서로 껴안고 춤을 추는 모습을 보고 깜짝 놀란 소녀는 이런 장면이 중국인으로서 용인되는 행동에 대해 여태까지 배운 모든 것과 완전히 상반된다는 사실을 깨달았다.

놀랍게도 아버지는 안누오와 리닝이 춤을 배우게 했는데 아버지의 친구들과 춤을 출 여성 파트너가 언제나 부족했기 때문이었다. 곧 안누오는 인기 있는 상하이 밴드의 음악에 맞춰 폭스트롯과 탱고, 스윙을 추게 됐다. "테네시 왈츠" 같은 미국 곡들이 나오면 누구나 할 것 없이 댄스 플로어로 향했다. 안누오는 저녁 식사가 끝나고 음악이 나오길 바라면서 아버지의 깜짝 방문을 손꼽아 기다리기 시작했다. 안누오는 '발을 가만히 있지 못하게' 됐고, 전보다 더 행복했다.

그러나 그즈음 바깥의 분위기는 나빠지기 시작했다. 미국인들이 상하이를 떠나고 있었는데, 이 사실은 실망스럽게도 미국 대통령이 국민당 지원에 시들해졌다는 것을 암시했다. 인플레이션과 경제적 불안으로 인해 시장에서, 전차 속에서, 심지어 학교에서도 정부에 대한 노골적인 불만의 소리가 더 커졌다. 안누오의 아버지는 옷을 군복에서 비즈니스 정장으로 바꿔입긴 했지만, 여전히 장제스에게 충성했다. 그는 공산당을 경멸했는데 단지 그들의 정치사상 때문만이 아니라 그의 부대가 공산당에게 게릴라식 공격을 받았던 개인적인 경험 때문이기도 했다. 아버지는 그들의 반역 행위가 일본에 대항해 싸우던 국민당의 노력을 갉아먹었다는 장의 견해에 동의했다.

1948년 가을, 날씨가 선선해지면서 아버지의 연찬宴饌에서 벌어지는 언쟁은 더욱 열기를 띠었고, 더 다급한 기운이 감돌았는데, 손님들은 도망쳐야 할지를 놓고 서로 의견을 주고받았다. 그들은 공산당이 국민당을 상대로 몇 번의 군사적으로 중요한 승리를 거둔 뒤로 만주와 북동부 지방에서 더욱 강해지고 있다고 했다. 이런 승리는 매번 공산주의자들에게 그들이 빼앗은 무기와 함께 사기가 저하된 국민당 군대에서 도망쳐 나온 탈영병들을 부대로 유입하는 중요한 통로가 됐다. 공산주의자들은 확실히 베이징, 난징, 쑤저우, 항저우 그리고 최고의 보상이 될 상하이를 향해 남쪽으로 돌진해 올 것이었다.

안누오는 계단 맨 위쪽에 앉아 토론이 끝나고 음악이 시작되기를 기다리곤 했다. 어느 날 특히 격렬했던 토론에서 소녀는 한 남자가 "북쪽의 상황은 매일 더 비참해지고 있어요. 대원수의 군대가 상황을 호전시킬 수 있는지 알려면 도대체 얼마나 더 기다려야 됩니까?"라고 말하는 것을 들었다.

또 다른 사람은 "도망치게 되면 아직 이길 기회가 있는 시점에서 국민당 군대를 약하게 만들 겁니다."라고 비난했다. "우리는 우수한 미제 무기와 훈련을 갖추고 있습니다. 미국인들은 중국이 스탈린의 손아귀에 들어가는 걸 절대로 그냥 두고 보지 않을 거라고요."

사람들의 수다 너머로 아버지의 울림 있는 목소리가 높아졌다. 능변인데다 위풍당당한 전직 치안판사는 판결을 내렸다. "현실을 직시합시다. 대원수는 세 번의 주요 전투에서 패했고, 빨갱이들은 양쯔강 북쪽을 장악했소. 다리를 저는 종마로는 황소를 앞지를 수 없는 법이지." 아버지가 계속해서 말하는 동안 방안은 조용했다. "충성스러운 국민당원으로서, 우리 종마가 다리를 셋씩이나 절뚝이는 것 같다고 말하는 게 고통스럽긴 합니다. 그렇지만 일단 빨갱이들이 양쯔강을 건너 상하이를 함락시키면, 중국 전체를 잃게 될 겁니다."

누군가 날카로운 목소리로 "그렇다면, 우리 모두 지금 짐을 싸야 하는 거 아닌가요?"라고 물었다. 거북한 듯 긴장된 분위기 속에 아무도 그 질문에 대답하지 않자 안누오는 안절부절못했다.

갑자기 모두가 가지고 있으면 손해를 볼 마작 패를 떨구듯 먼 지역의 이름들을 한꺼번에 떠들어댔다. 홍콩. 대만. 싱가포르. 인도네시아. 필리핀. 말레이반도. 인도차이나. 브라질. 어떤 여자는 전쟁의 여파로 여전히 혼란스러운 유럽으로는 가지 않겠다고 하면서 "그리로 가느니 차라리 상하이에 있는 게 나을 거예요."라고 우겼다.

호주와 미국은 누군가 말만 꺼내도 사람들의 코웃음을 샀다. "정신 차려요! 거긴 '백호주의'정책 때문에, 우리는 비자를 받을 수가 없어요. 그리고 미국은 4대 가문처럼 부유하거나 작가인 후스胡適나 린위탕林語堂처럼 유명한 미국인들만 받아줍니다."

안누오를 포함해 중학교 학생이라면 누구나 그런 이름들을 알고 있었다. 중국을 통치하는 4대 가문은 장제스 장군의 친척들인 장蔣씨, 장군의 부인인 쑹메이링의 친척인 쑹宋씨, 공자의 직계후손이자 쑹메이링의 여동생과 결혼한 재벌 쿵샹시孔祥熙의 쿵씨, 그리고 장제스의 협력자로서 충성스러울 뿐 아니라 엄청난 부를 갖춘 첸陳씨로 이루어져 있었다. 이들은 모두 전쟁 기간 엄청난 부와 권력을 쌓았다. 미국에서 교육받은 매력적인 대원수 부인과 그녀의 친척들이 국고에서 돈을 빼돌려 미국 은행의 비밀 계좌에 숨겨두었다는 소문도 돌았다. 조지 마셜 장군은 언젠가 다음과 같이 보고했다. "(충칭에서) 워싱턴 D.C.로 '중요한 비밀문서'를 급송 중이던 비행기 한 대가 강에 불시착하게 됐는데, 구조 당시 쑹 일가가 미국으로 보내는 달러를 기내에 싣고 있었던 것으로 드러났다."

안누오의 아버지와 저녁 식사에 초대된 그의 친구들과 같은 국민당원들은 상하이 중산층 출신으로 그런 엘리트 최상층과는 거리가 멀었다. 프롤레타리아 노동자, 농부, 양쪽 군대의 보병들에게 비하면, 굶주릴 걱정 없이 유복하게 살아가는 부자처럼 보였지만, 그중 실제로 재력가인 사람은 거의 없었다. 그런데도 장씨 일가의 족벌주의와 부패 혐의가 국민당을 지지하는 아버지의 충성심을 꺾지는 못했다. 아버지가 아는 한, 그런 것들은 모두 대원수와 그 부인을 공격하는 공산주의자들의 선전에 불과했다.

1948년 연말을 앞둔 어느 날, 저녁 식사에 초대된 손님들은 특히 침울한 분위였는데, 최근에 있었던 국민당군의 패배 소식 때문이었다. 안누오는 음악이 다시 시작되길 바라며 층계에 앉아 있다. 시끄러운 사람들의 잡담 너머로 두 사람의 커다란 목소리가 오가는 것을 알아차렸다. 목소리의 주인은 아버지와 칠촌 아저씨였다. 그들은 대만을 놓고 논쟁을 벌이고 있었다.

"이번 위협을 심각하게 받아들여야 해, 육촌!" 안누오는 아버지의 목소리가 진지하다는 것을 느낄 수 있었다. "내가 다 같이 대만까지 안전하게 데려갈 수 있어. 그러면 우리는 국민당 정부가 대만으로 이전을 마치기 전에 거기서 자리를 잡을 수 있다고."

"대만? 나도 대만에 가본 적이 있어. 거긴 정말 후진 동네라고." 칠촌 아저씨가 맞받아쳤다. "거기 사람들은 자기네가 여전히 일본 식민지라고 생각해. 우리말이 아니라 일본어를 쓴다고. 날생선도 먹는다니까! 옷도 일본인들처럼 입고, 잠도 다다미 위에서 자. 자동차도 없고, 가로등도 없고, 화장실도 없다고! 땅을 파서 만든 구멍 위에 쪼그리고 앉아 볼일을 봐야 해. 상하이 사람이 시골뜨기들이랑 섞여 그런 미개한 곳에서 산다는 건 있을 수 없는 일이야!"

안누오는 뚱뚱한 칠촌 아저씨가 쪼그리고 앉은 모습을 상상하고는 웃음이 터지려는 걸 애써 참았다.

아버지는 소녀가 전에 한 번도 들어본 적이 없는 다급한 목소리로 대답했다. "육촌, 내가 이렇게 빌게. 제발 가족이랑 아이들을 생각하라고. 자네도 공산당 놈들이 자네 같은 부유한 자본가들에게 무슨 짓을 할지 알지 않나. 빨갱이들이 양쯔강을 건너고 나면 가망이 없어!"

"난 전쟁과 일본군의 압제에도 살아남았어." 칠촌 아저씨가 대꾸했다. "적어도 공산당은 같은 중국인이잖아. 빨갱이들이라고 일본 놈들보다 더 나쁘겠어? 우리는 이번 고비에서도 살아남을 거야."

"난 자네가 마음을 바꿨으면 좋겠어. 내가 대만으로 떠날 준비를 하고 있으니, 우리와 같이 가세나." 그녀는 아버지가 힘주어 말하는 소리를 들었다.

"괜히 우리 표까지 챙기려고 애쓰지 말고 그럴 힘이 있으면 자네 식구들 표나 구하도록 해. 대만이나 홍콩으로 가는 표를 구하는 게 점점 불가능해지고 있다던데. 더 좋은 방법은 자네가 표를 몽땅 사버리는 거야. 다른 겁먹은 토끼들에게 그걸 팔면 부자가 될 걸세."

안누오는 머릿속이 빙빙 돌기 시작했다. 우리는 또다시 도망가게 되는 걸까? 친일파들이 가득한 낙후된 지역으로? 안누오는 무거운 돌덩이 같은 것이 자신을 짓누르는 것 같았다. 그렇지만 역시 이번에도 많은 학교 친구들이 벌써 떠나고 없었다. 아버지의 친구이자 상관인 한더친 장군은 그랜드 피아노만 보관을 위해 안누오의 집에 맡겨 놓은 채 이미 가족들을 대만에 데려다 놓았다. 그러나 칠촌 아저씨는 그곳이 마치 넓은 바다 한가운데 처박힌 진저리나는 논뙈기라도 되는 것처럼 말했다. 만일 스칼렛 오하라가 사랑하는 타라를 버리고 어느 원시의 섬으로 떠나야 한다면 그녀는 뭐라고 할까?

*
* *

다음날 아버지와 동료들은 상하이로 돌아갔다. 얼마 지나지 않아 안누오는 어머니가 옷가지와 사진, 다른 소지품들을 정리하는 것을 보았다. 평소 같았으면 어머니에게 캐묻는 것이 버릇없는 일일까 봐 안누오는 아무런 말도 하지 않았을 터였다. 그러나 너무 큰 변화가 눈앞에 다가오고 있었으므로 안누오는 이야기를 꺼냈다.

"우리 언제 대만으로 가요?" 아이는 애써 태연한 척하며 물었다.

"곧 떠나야 할 거야. 여기 머무는 건 안전하지 않을 테니까."

"그렇지만 저 많은 가족 친지들이랑 친구들을 남겨놓고 어떻게 떠나요?" 안누오는 참지 못하고 불쑥 말을 내뱉고 말았다.

어머니는 일하느라 올려다보지도 않은 채 차분한 목소리로 대답했다. "넌 이제 어린아이가 아니다. 새해가 되면 열네 살이야. 네 할머니가 결혼하셨을 때와 같은 나이지. 때로는 아무리 싫더라도 반드시 해야 하는 일이 있는 법이다. 게다가 우린 겨우 6개월, 길어야 1년만 떠나 있을 거야. 그다음엔 돌아올 거고." 대만에 겨우 여섯 달만 있는 거야? 안누오는 금세 기분이 좋아졌다.

**

1949년 초, 음력 설이 지나자 안누오의 아버지는 친척들에게 그들과 함께 떠나자고 설득하는 것을 포기했다. 도망치려고 야단법석인 상황이 광란으로 치닫고 있었으므로 그는 자기 가족들에게 집중할 필요가 있었다. 대만으로 가는 표를 구하는 것은 거의 불가능해지고 있었고, 전직 국민당 관리에게도 그것은 마찬가지였다. 그러나 한더친 장군의 영향력으로 아버지는 가까스로 비행기 표 다섯 장을 구하는 데 성공했다. 장군이 아버지를 높이 평가하고 있는 것은 분명했다. 표를 자기 친척들에게 줄 수도 있었기 때문이었다. 비행기로 가는 편이 배를 타는 것보다 나을 거야, 아버지가 말했다. 대만으로 향하던 중에 이미 과적 여객선 몇 척이 침몰해서 수천 명이 바다에서 사망한 사건이 있었다. 다시 한번 아이들과 살림을 챙겨 짐을 꾸리는 일이 어머니에게 떨어졌다. 안누오의 가족들은 위험을 피해 도망친 일이 너무 많아서 짐을 싸는 것이 거의 일상처럼 느껴질 정도였다. 이번에 안누오의 어머니는 아이들마다 꼭 필요한 것을 담은 작은 가방을 하나씩 들어야 한다고 말했다. 옷을 조금이라도 더 가져가려면 식구들은 여행

당일 옷을 여러 벌 껴입어야 할 것이었다. 아이들은 각자 특별한 물건을 하나씩 가져갈 수 있었다.

안누오는 그간 모아 둔 장신구와 노리개들을 찬찬히 살펴보았다. 이 중에서 어떻게 하나만 고르지? 소녀는 가지고 갈 수 없는 보물들은 자신이 돌아올 때까지 안전한 곳에서 주인을 기다리도록 숨겨놓기로 했다. 어머니는 충직한 아마인 종잉이 대만에는 가지 않겠다고 했지만 남아서 집을 지키며 친척들을 돌볼 것이라고 했다. 안누오의 가족들과 함께 많은 일을 겪은 종잉이었지만 대만은 너무 멀다고 말했다. 그녀는 자신처럼 보잘것없는 아마는 공산주의자들을 두려워할 이유가 없다고 덧붙였다.

대만에 가져갈 특별한 물건을 며칠 동안이나 고르고 고르던 안누오는 결국 결정을 내렸다. 자신이 가장 좋아하는 책인 '바람과 함께 사라지다.'를 가지고 가기로 한 것이다. 스칼렛을 생각하면 도망치는 일도 더 기분 좋게 느껴졌다. 어쨌거나, 소녀는 자신에게 되풀이해 말했다, 내일은 내일의 태양이 뜰 거야.

더 이상 걱정도, 말다툼이나 토론도, 계획도 할 수 없는 순간이 왔다. 안누오는 오빠와 여동생, 어머니와 함께 콩나물시루처럼 사람들로 들어찬 상하이행 기차에 올라탔다. 그들은 상하이에서 아버지를 만난 다음, 대만으로 가는 비행기를 타기로 했다.

비행기라니! 기대로 부푼 안누오는 참기 힘들 만큼 기차가 느려터진 것도 거의 잊어버릴 지경이었다. 그들이 거북이걸음처럼 느릿느릿 항저우를 떠나자 마치 기차가 뒤로 움직이는 것처럼 느껴졌다. 혼잡한 기차 통로는 사람들과 그들이 가지고 탄 온갖 가재도구들로 꽉 들어차 있었다. 안누오는 그들이 마치 끓어오르는 냄비에서 도망치려고, 너나 할 것 없이 서로를 타고 오르는 게들 같다는 상상을 했다.

아이는 자기 근처에 서 있는 뚱뚱한 남자를 지켜보았다. 땀방울이 그의 둥근 뺨을 타고 턱으로 흘러내리고 있었다. 그는 주기적으로 중절모를 들어 올려 젖은 머리를 손수건으로 닦았다. 기차에 탄 다른 모든 사람들처럼 그도 가방에 다 넣지 못한 여분의 옷을 껴입고 있는 것이 분명했다. 안누오도 겨울 코트 아래로 속옷과 드레스를 겹겹이 입고 있어서 더웠다.

통로 건너편에서는 어머니가 열 살 된 리닝을 무릎 위에 올려놓고 앉아 있었다. 항저우에서 무마와 찰리는 좌석 두 개를 잡기 위해 뒤처진 안누오와 리닝, 그리고 그들의 가방을 잡아끌며 기차로 달려갔다. 보통 4시간 걸리던 110마일 거리의 여행은 더 이상 그들을 지체하게 할 문제가 없다면 지금 움직이는 속도로 하루가 꼬박 걸릴 것 같았다. 안누오는 겨우 차지한 좌석 하나에 찰리와 함께 비좁게 끼어 앉아 있었다. 소녀는 기차에 뛰어오르려는 사람들이 그렇게 끝도 없이 밀려드는 것은 일본과의 전쟁 중에도 본 적이 없었다.

느릿느릿 이동하는 동안 어찌 된 일인지 객차 안이 더 붐비게 되자, 절박해진 사람들은 차체를 붙잡고 매달리며 가능한 모든 공간에 몸을 밀어 넣었다. 어떤 사람들은 열린 창문 턱에 걸터앉아 안쪽으로 넣은 다리를 덜렁거리며 상체로 기차 바깥면을 껴안았다. 그런 모습이 몹시 불편하고 위험해 보였다. 그렇지만 창문턱에 앉은 사람들은 기차 바깥 발판 위에 서서 팔만 기차 객실을 향해 뻗은 사람들보다는 그래도 형편이 나았다. 가장 위태로운 것은 지붕 위에 앉아 있던 사람들이었다. 기차가 갑자기 기울어지거나 낮게 달린 나뭇가지나 전선이 기차 위를 스쳐 지나갈 때마다 몇몇 운 나쁜 사람들이 기차에서 쓸려

내려갔고 함께 합창하듯 비명을 지르며 아래로 곤두박질쳤다.

안누오는 기차에 필사적으로 매달려 있는 사람들을 생각하지 않으려고 애썼다. 그러자 오히려 전쟁 때 산길에서 깎아지르는 듯한 절벽 아래로 떨어지지 않으려고 겁에 질려 애쓰던 끔찍한 기억이 되살아났다. 소녀 주변으로 사람들이 불안해하며 서로를 경계하는 눈빛으로 바라보고 있었다. 어떤 사람들은 누군가 실수로 자기 물건을 건드리기만 해도 쏘아붙였고, 또 어떤 사람들은 눈물을 흘리며 훌쩍거리고 있었는데 안누오는 그것이 흥분 때문인지 아니면 걱정 때문인지 알 수가 없었다. 불쾌한 악취가 객차 안을 휘감고 있었는데, 땀과 아드레날린, 공포와 혼란이 뒤섞인 냄새가 풍겼다. 그리고 오랫동안 옷장에 넣어두었다가 버리고 오기엔 너무 아까워서 두껍게 겹쳐 입은 옷에서는 심한 좀약 냄새도 났다. 이런 것들은 전쟁으로부터 도망치며 어린 시절을 보낸 안누오에게 친숙한 감각이었다.

그들이 상하이에 도착할 무렵 하늘은 벌써 어두워져 있었다. 기차 위에서 그저 하루 대부분이 아니라 며칠은 보낸 것처럼 느껴졌다. 사람들이 문을 향해 달려 나가자 붐비는 객차들이 활기를 띠었는데, 모두 중국 밖으로 나갈 방법을 찾거나 적어도 그들이 방금 떠난 곳보다는 더 안전한 곳으로 갈 수 있기를 바라고 있었다. 무마는 세 아이를 가까이 불러 모아 각자 가방을 단단히 붙잡고 있으라고 말하며, "흩어지지 말고 다 같이 있어야 해. 빠릿빠릿 움직이면서 아버지가 어디 계신지 찾아보렴."하고 일렀다.

마침내 실타래처럼 엉켜있던 사람들의 수가 줄어들자, 안누오는 플랫폼에 올라서며 서늘한 저녁 공기를 가슴 깊이 들이마셨다. 소녀는 4년 동안이나 자신이 태어난 도시에 돌아오지 않았고 이곳이 얼마나 번화한지 잊고 있었다. 잠시 후, 아버지와 이모부가 그들을 찾아냈다. 아버지는 무마의 가방을 거머쥐고 리닝의 손을 잡고서 그들을 대기하고 있던 차로 데려갔다. "너희들 너무 늦게 왔잖아! 가서 좀 쉬어야 해." 아버지가 재촉했다. "우리 비행기는 내일 아침 일찍 출발할 거다."

그들이 슈슈 이모부와 어머니의 여동생인 이냥姨娘(방언으로 '이모'라는 뜻이 있다)의 아파트에서 밤을 보낼 때, 안누오의 아버지는 마지막으로 다시 한번 가족을 데리고 대만으로 가자고 슈슈 이모부를 설득하려 했다. 이모부는 솔직하게 대답했다. "난 그냥 미국 회사에서 일하는 변호사일 뿐이야. 나는 국민당도 아니었고, 자본가나 지주도 아니라고. 공산주의자들은 날 괴롭히지 않을 걸세." 그는 계속해서 만일 그가 떠나고 싶다고 해도 불가능한 일이라고 말했다. 그는 장남으로, 나이 든 부모님을 돌봐야 할 의무가 있었다. 슈슈 이모부의 부모는 상하이를 떠나지 않겠다고 했고, 이모부는 그들을 두고 갈 수 없었다. 다음 날 아침 두 가족은 어둠 속에서 작별 인사를 했다.

"오래 가 있진 않을 거야." 안누오의 엄마가 약속했다.

"올해가 가기 전에 돌아올 테니까." 안누오의 아버지가 그들을 안심시켰다.

혼잡한 공항 안, 안누오와 찰리는 창가에 서서 활주로에 깊게 팬 구멍들을 바라보고 있었다. 공산주의자들이 바로 얼마 전 퍼부어댄 폭격의 증거였다. 비행기가 정말 이리로 날 수 있을까? 찰리가 자못 궁금한 듯 큰 소리로 말했다. 안누오는 입을 굳게 다문 어머니를 보고서는 아무런 말도 하지 않았다. 그들이 군 수송기에 올랐을 때 이미 좌석은 사람들로 꽉 들어차서 안누오와 찰리는 가방 위에 걸터앉아야 했다. 모두들 6개월 안에는 돌아오리라고 확신하는 듯했다. 안누오는 벌써 돌아와 중학교 책상 앞에 앉아 있는 자기 모습을 그려보고 있었다.

안누오는 이륙할 때 속도감과 엔진이 내는 굉음을 느낄 수 있었다. 그러나 밖으로 난 작은 창문과는 너무 멀리 떨어져 있어서 서로 밀어붙이는 낯선 사람들 외엔 아무것도 볼 수 없었다. 첫 비행기 탑승이 이렇다니. 땀, 담배, 마늘, 그리고 좀약 냄새가 뒤섞인 익숙한 악취가 다시 한번 아이를 감싸자, 안누오는 찰리가 예전에 도망치면서 배 위에서 그랬던 것처럼 멀미를 하지 않을까 걱정스러웠다. 누군가 바람이 통하지 않아 답답하지만, 비행시간이 짧아서 가는 데 겨우 몇 시간밖에 걸리지 않을 거라고 했다. 소녀 뒤에 있던 한 아기가 비행기 뒤쪽을 향해 큰 소리로 울기 시작했지만, 신경 쓰는 사람은 아무도 없었다. 근처에 앉아 있던 한 여자는 비행 내내 소리죽여 울었는데 상하이에 어린 두 아이와 나이 든 어머니를 두고 온 것 때문이었다. 남편은 그녀를 위로하려고 애썼다. "잠깐만 가 있는 거야. 금방 다시 만날 거라고." 그는 다른 사람들 모두가 믿고 싶어 하는 말을 되풀이했다. 안누오는 어머니 쪽을 흘끗 쳐다보았다. 어머니가 외할머니를 항저우에 두고 온 것을 후회하고 있다는 것을 알고 있었기 때문이었다. 그러나 안누오는 어머니 얼굴에서 아무것도 읽을 수 없었다.

화물 수송기는 동중국해를 끼고 본토 해안을 따라 남쪽으로 400마일을 비행한 후 대만 섬 가까이 다가가고 있었다. 안누오는 비행기가 하강하는 동안 프로펠러가 회전하며 날카로운 소리를 내자 마음을 가다듬었다. 안누오처럼 세상 물정 모르는 학생들도 공산주의자들을 피해 다급하게 도망치다가 충돌 후 추락한 과적 비행기의 끔찍한 이야기를 들어본 적이 있었다. 미국 대통령 시어도어 루스벨트의 손자인 쿠엔틴 루스벨트 2세를 포함해 저명한 미국인들이 이런 추락 사고로 사망했다. 소문으로는 넝마주이들이 해안가로 떠밀려온 짐이며 심지어 조각난 시체들 사이에서도 보석과 귀중품을 뒤져 가져갔다고 했다. 비행기가 덜컹거리고 흔들릴 때마다 안누오는 그들도 암울한 사고 통계 수치에 포함되는 게 아닌가 초조해했다. 소녀는 찰리를 훔쳐보았는데, 오빠는 비행이 거의 끝난 데다, 그럭저럭 멀미도 하지 않아서 기분이 좋아 보였다. 그는 안누오를 보고 다 괜찮다는 듯 평소처럼 장난꾸러기 같은 미소를 지어 보였다. 찰리의 자신감은 전염성이 있었다. 소녀도 천천히 숨을 내쉬었다.

소녀에게서 멀지 않은 곳에서 아버지와 비행기에 타고 있던 다른 남자들이 대만에서 잠시 머무는 동안 무엇을 할지 떠들썩하게 이야기하는 소리가 들렸다.

"우리는 대만인들을 다시 중국인이 되도록 가르칠 의무가 있다고요." 이전에 대만을 다녀왔던 여행이 어땠는지 설명하던 남자가 말했다. "일본은 거기 사람들을 세뇌해서 자신이 누구인지 잊어버리게 했어요."

또 다른 남자 한 명이 코웃음을 쳤다. "이 작은 섬 동네 촌놈들에게 누가 신경이나 쓴대요? 우리에게 시급한 일은 오로지 군대를 재편성해서 빨갱이들을 무찌르는 것뿐입니다."

"아니 뭘 가지고 싸운단 말이요?" 아이 근처에 있는 누군가 비웃으며 물었다. "트루먼의 지원과 미국의 군사력이 없다면, 붉은 군대가 대만으로 쳐들어오는 걸 막는 것만도 힘에 부칠 겁니다."

안누오는 사람들의 말을 무시했다. 소녀는 어떤 것을, 이 낯선 장소에 환상을 품게 해줄 만한 것이라면 무엇이든 생각해내려고 애썼다. 머릿속에는 아무것도 떠오르지 않았다. 아이는 중국 최고 학교 중 하나에서 공부했지만, 다른 학생들이 국민당인 가족들과 함께 이 섬으로 도망칠 때까지도 대만이나 대만의 역사, 또는 대만 사람들에 대해 단 한 번도 배운 기억이 없었다.

비행기가 활주로 위로 미끄러지자, 안누오는 혹시 추락하게 될까 봐 찰리의 팔을 꽉 붙들었다. 그런 일은 일어나지 않았고, 아이는 안도의 한숨을 내쉬며 부모님 쪽을 돌아봤다. 평소처럼 어머니는 침착한 표정이었고, 아버지는 다른 승객들과 농담을 주고받고 있었다. 그 장면은 소녀가 깊이 묻어두었던 기억을 되살아나게 했다. 몇 년 전 지금처럼 불안정했던 시기에 어머니는 버스에서 떨어졌고, 안누오는 엄마가 죽었다고 생각했다. 그 끔찍하게 무서웠던 순간이 갑자기 다시 소녀를 사로잡았다. 그러나 이제 아이는 그런 생각을 떨쳐버렸다. 비행기 문을 향해 선 소녀는 기대감으로 눈을 크게 뜨고서 이 낯설고 낙후된 고장을 처음으로 마주하려 기다리고 있었다.

빙, 19세

1년 가까이 루아 알베르가의 웨이다 호텔에 머물게 되면서 빙은 그 널찍한 싱글룸에 점차 익숙해졌다. 언니와 크리스티안, 그리고 피터는 한쪽 모퉁이의 침대와 간이침대에서 잤고, 빙은 밤에 화장실 옆의 임시 주방 근처 바닥에 침낭을 펼치고 잠을 잤다. 그러고도 빙과 아메이가 이제 다섯 살, 아홉 살이 된 피터와 올레를 데리고 놀 수 있는 공간은 충분했다. 낮에 크리스티안과 언니는 주로 집을 비웠는데, 남편은 텍사코 칼텍스 사의 사무실에 있었고, 언니는 친구들과 어울리느라 바빴다. 모두 모여 저녁을 먹은 후에는 마가 내켜 하지 않는 올레를 데리고 밤을 보내러 근처 릴롱에 있는 자신의 작은 방으로 향했다.

    몇 달 전, 아메이는 풍채가 좋은 이란 출신 유대인과 결혼했다. 그는 클럽과 댄스 홀에 가는 걸 좋아했던 언니네 모임 중 한 사람이었다. 그는 가끔 남아서 저녁 식사를 함께하곤 했는데, 아메이와 눈이 맞아 달아나기 전까지는 아무도 두 사람 사이를 의심하지 않았다. 저녁이 되면 아메이는 신혼인 남편과 함께 남곤 했다. 빙은 너무 잘됐다고 생각했고 아메이가 그녀를 잘 대해주는 사람을 만나서 기뻤다. 게다가 하나뿐인 친구를 여전히 매일 만날 수 있었다.

마와 아메이, 그리고 올레가 밤을 보내러 가고 나면, 빙은 피터가 잠자리에 들 준비를 하게 했다. 그러고 나면, 쉬면서 언니와 언니의 남편이 언제나 같은 주제를 두고 벌이는 토론에 귀를 기울였다. 언제 떠나야 하는가? 어디로 갈 것인가? 어떻게 모든 걸 새로 시작할 것인가? 그들은 길었던 일본 점령기를 간신히 버텨냈다. 수많은 다른 사람들처럼 그들 역시 공산당이 일본인보다 더 나쁠지가 궁금했다.

"너무 오래 지체했던 러시아인들은 가진 걸 모두 잃었어. 그 사람들이 상하이에 도착해서 찾을 수 있었던 일자리라고는 경호원이나 댄스 홀 무희가 다였다고." 언니가 코웃음을 쳤다.

"그 사람들은 적어도 목숨은 부지했어, 떠나지 못하고 볼셰비키에 학살당한 사람들과 달리." 그녀의 남편이 상기시키곤 했다. 여기에 문제의 핵심이 있었다. 상하이 사람 중 누구도 죽음을 무릅쓰고 남으려는 사람은 없었지만, 그렇다고 초라하게 "흰 피부의 중국인"이 된 백러시아인들이 겪은 행로를 따르고 싶어 하지도 않았다.

덴마크 시민으로서, 크리스티안은 아내와 두 아들과 함께 본국으로 돌아가는 비자를 얻는 데 아무런 문제도 없으리라 생각했다. 물론 그 계획에 빙은 포함되어 있지 않았고, 그녀도 그런 기대는 하지 않았다. 입양된 처제라니 당연히 자신은 아무런 의미가 없겠거니 생각했다. 마마 쉬가 충칭으로 떠날 때처럼 뒤에 남겨지겠구나. 그러나 이제 그녀는 더 나이가 든 만큼 자신감도 커졌다. 상하이 부근에서 혼자 알아서 살아가면서 자신을 지킬 수 있었다. 적어도 마와 아메이는 남아 있겠지. 빙은 언니와 아이들이 보고 싶을 것 같았지만, 그들도 몇 년 지나 공산당 정권이 무너지고 나면 다시 돌아올 터였다. 모두가 그렇게 말했다.

여기까지는 언니와 크리스티안의 의견이 같았다. 그러나 두 사람은 어디로 가야 할지 결정할 수가 없었다. 크리스티안은 덴마크로 돌아가고 싶어 하지 않았다. 중국에서 40년을 보낸 후라, 돌아가면 너무 숨이 막힐 것 같았다. 게다가 언니와 아이들은 덴마크어를 전혀 못 했다. 그는 대신 호주를 생각하고 있었다. "현대화된 국가인 데다, 영어가 공용어라고." 그가 조심스레 다시 한번 말을 꺼냈다. 빙은 혼자 꿍하는 소리를 냈다. 호주라는 말만 들어도 언니는 벌컥 화를 냈다.

" 몇 번을 얘기해야 알아듣겠어요? 호주는 백인들만 받는다고요!" 그녀가 꾸짖듯이 말하곤 했다. "당신은 괜찮다고 쳐요, 그러면 나는 어떡해요? 절반은 중국 사람인 우리 애들은요?"

미국은 모든 이들의 리스트에 들어 있었다. 특히 유럽과 아시아의 여러 국가는 여전히 전쟁으로 인한 피해를 복구 중이어서 더 그랬다. 크리스티안 야를데인과 같은 북유럽 사람들은 비자를 받을 수 있었지만, 언니와 아이들은 가능성이 희박했다. 미국 의회는 최근 수천 명의 무국적 유대인과 유럽 난민들의 입국 비자를 허용했지만, 중국인은 이야기가 달랐다.

"미국에 중국인 입국을 금지하는 법이 있었다는 것 몰라요? 중국인만 말이에요! 심지어 지금도 한 해 백다섯 명의 중국인들만 이민이 허락된다고요. 전 세계 어느 나라를 거쳐 오든지 상관없이 말이에요." 언니는 화가 나서 씩씩거리며 이야기했다. "중국인 중에서도 가장 연줄이 많고, 돈 많은 사람들이 그 자리를 차지하겠죠." 만약 모든 것을 운에 맡기고 필요한 비자를 신청하기로 하더라도, 그 과정에서 몇 주, 혹은 몇 달이 소요될 수 있었다. 그때가 되면 떠나기엔 너무 늦을지도 몰랐다.

홍콩은 바로 광둥성 국경 너머에 있어서 그들 가족도 비교적 쉽게 갈 수 있었다. 그러나 공산당이 손을 뻗기도 그만큼 쉬웠다. 한편, 언니는 홍콩 주재 미국 영사관의 일부 직원들은 매수가 가능하고, 따라서 비자가 개당 미화 삼천 달러에 팔리고 있다는 소문을 들었다. 그들 네 명이라면 한갓 소문에 걸어보기에는 너무 엄청난 액수의 돈이 필요할 터였다. 만일 나온다던 비자도 없이 돈만 빼앗기는 사기를 당한다면 그들은 홍콩에서 오지도 가지도 못한 채 큰 빚을 지게 될 것이 뻔했다.

언니 부부는 싱가포르, 필리핀, 말레이, 그리고 동남아시아 다른 지역들은 제외했다. 이미 너무 많은 중국인들이 이들 국가로 도망치고 있었고, 크리스티안이 일자리를 구하는 데 어려움을 겪을 수도 있기 때문이었다. 중국인과 다른 난민들이 대거 유입되면서, 커지고 있는 반反외국인 정서도 고려해야 했다. 두 사람은 적어도 한 가지에는 의견을 같이했는데, 대만은 중국 국민당 보수 강경파를 위한 곳일 뿐, 그들처럼 정치와 부패가 더러운 동전의 양면 같다는 사실을 알게 된 사람들을 위한 장소는 아니라는 점이었다. 브라질, 아르헨티나, 그리고 페루는 이민 조건이 좀 더 유연해서 가능성이 있었다. 브라질은 중국, 독일, 이탈리아와 그 외 다른 국가 출신 전문 인력들의 이민을 장려했다. 그러나 남미는 너무 멀고, 미개발 국가들이 많았다. 게다가 두 사람 다 스페인어나 포르투갈어를 알지 못했다.

다음날이면 두 사람은 전날 중단했던 논쟁을 가장 최근의 소문에서 얻은 새로운 정보를 추가해서 계속 이어가곤 했다. 그러나 1948년 여름이 되어 만주와 북부 3개 성에서 국민당이 잇달아 패배하자 부부가 매일 밤 나누는 대화는 더욱더 긴박한 어조를 띠게 됐다. 이제 공산주의자들이 "해방"시킨 지역들이 수도 베이징을 둘러싸고 있었다. 마오쩌둥 주석 휘하의 공산당 지휘관들은 일본군에 대항하던 기존 게릴라 활동을 더 큰 규모로 전환하는 데 성공했다. 붉은 군대는 이탈하는 많은 수의 적군 병사들을 포섭해서 국민당 부대를 격퇴할 수 있게 됐다. 게다가 전체 해방 구역을 아우르는 토지 개혁 노력 덕분에 공산당은 각 지역에서 상당한 지지를 얻고 있었다. 붉은 군대가 양쯔강과 상하이를 향해 남하하는 동안, 사기가 저하된 데다 지나치게 넓은 지역에서 좁은 전선을 이루며 흩어져서 싸워야 하는 국민당 군대는 매번 중요 전투에서 패배하며 50만 명에 달하는 병력을 잃고 있었다. 이제 주요 전투지역에서 상하이까지는 불과 400마일 거리밖에 되지 않았다.

**
*

지역경제가 더욱 혼란 속으로 빠져들면서, 빙은 크리스티안이 읽는 영어신문에서 새롭고 전문용어처럼 들리는 단어들을 발견했다. '하이퍼 인플레이션'도 그중 하나였다. 언니는 이렇게 설명했다. "그건 가격이 일본 점령기보다 더 빠르고 높게 치솟아서 미친 듯이 오르고 있다는 의미야. 끝이 보이지 않는 거지." 빙은 고개를 끄덕였다. 상하이 사람이라면 누구나 상점 진열대 너머로 가게 점원이 가격표의 가격에 선을 긋고, 새로 훨씬 더 높은 금액을 휘갈겨 써넣는 장면을 불안하게 지켜본 경험이 있었다. 가끔은 하루에 몇 번씩 가격표에 X자가 그려질 때도 있었다. 전쟁 기간 허리띠를 졸라매게 했던 인플레이션도 사람들이 시시각각 곱절로 오르는 가격에 대비하게 만들지는 못했다. 1948년 6월에 쌀 한 가마니 가격은 6백7십만 위안이었다가 몇 주 만에 6천3백만 위안까지 뛰었다.

엄청난 물가상승에 따른 극심한 불만을 해소하기 위해 1948년 8월 19일, 장제스는 아들인 서른여덟의 장징궈 소장少將에게 악화일로의 금융 위기를 바로잡으라는 지시를 내렸다. 아버지의 첫 번째 결혼에서 태어난 젊은 장은 금융감독관으로서 자신의 권력을 사재기, 주가조작, 암시장 투기, 그리고 가격 부풀리기를 막기 위한 새로운 정책을 공표하는 데 사용했다. 그는 불안해하는 도시민들에게 새로운 규칙이 가장 지독한 투기꾼 집단인 부자와 권력자, 연줄이 있는 자들을 포함한 모든 사람에게 적용된다고 말했다. 이들 투기꾼은 사재기를 통해 물품이 부족하게 만든 뒤, 가격을 올려서 다시 파는 식으로 엄청난 이익을 남기면서 막대한 부를 축적했다.

호텔 방에서 일상적인 주제의 대화를 벗어나면, 어른들의 불만은 이런 경기국면을 향했다. 크리스티안은 장 정부가 이제라도 통제 불능의 인플레이션을 심각하게 받아들이길 바랐다. 언니와 마는 여전히 회의적이었는데, 장징궈가 내린 가장 극적인 명령이 일대 혼란을 불러일으켰을 때는 특히 그랬다.

새로 임명된 금융감독관은 시민들에게 가지고 있는 모든 금과 은, 외화, 그리고 옛 중국 위안화를 정부에 넘기라고 명령했다. 이를 위반할 시에는 사형에 처하겠다고 공언했다. 그러나 중산층과 부유층은 날뛰는 물가에 대한 주요 대비책으로 모아 둔 귀금속과 안정적인 외환을 단단히 간수했다. 이런 공포심을 누그러뜨리려고 젊은 장은 새로 발행되는 화폐가 그만큼의 가치를 지니게 될 것이라고 장담했다. 의혹을 품는 사람들을 설득하기 위해 그는 "사재기하는 사람들은 공공의 적이다.", "새 금본위 화폐를 훼손하는 사람은 참수형에 처한다." 등 트럭에 삼엄한 경고를 부르짖는 확성기를 매달아 옛 외국 조계지 전체를 돌아다니게 했다. 정부는 벽이나 바닥에 숨겨둔 금, 은 혹은 다른 금속들을 찾아낼 수 있는 특별 금속 탐지기를 가지고 있다고 주장하며 도시를 공포에 떨게 했다.

처음에는 장징궈의 경제 개혁이 어느 정도 효과가 있는 듯했다. 그는 많은 사업가를 체포했고, 요란하게 팡파르를 울리며 몇몇 조무래기 암거래상들을 처형했다. 정부의 위협에 겁을 먹은 많은 상하이 중산층들이 그들이 평생 모은 재산을 정부에 넘겼다. 심지어 마조차도 그래야 할까 생각했지만, 얼마 안 되는 저축을 자기 손으로 가져가지는 못했다.

그러나 의도는 좋았던 젊은 장도 그가 세력가인 청방 두목 두웨성의 아들을 감옥에 집어넣으면서 선을 넘고 말았다. 그것만으로는 자신이 이 문제에 진지하다는 것을 보여주기에 충분치 않았는지, 장징궈는 그의 양어머니인 장제스 부인(쑹메이링)의 조카, 데이비드 쿵도 체포했다. 자신이 가장 아끼는 조카가 감옥에 있다는 사실을 알자마자 장제스의 부인은 의붓아들의 사무실에 뛰어 들어가 그의 뺨을 때렸다. 그러고 나서, 그녀는 남편에게 전보를 쳤고, 소문에 따르면 총사령관은 소식을 듣고서 베이징에서 장군들과 중요한 회의를 하다 말고 가족 간의 위기를 해결하러 나왔다고 했다.

새어머니의 손에 크게 체면을 구긴 후로 장징궈의 평판은 엉망이 됐다. 화폐 개혁안을 폐지하도록 강요당하면서 그는 부유한 협잡꾼들을 감옥에서 풀어주었다. 그의 통화 전환 계획은 정부가 침체 중인 경제 상황에서 폭리를 취하는 부유하고 타락한 이들에게 맞서지 못한다는 것이 확실해지면서 엄청난 실패로 끝나고 말았다. 새로 발행된 화폐는 즉시 인쇄에 쓴 종이보다도 더 값어치가 떨어지며 폭락했다. 새로운 화폐를 사용하라는 정부의 명령에 따랐던 사람은 누구 할 것 없이 가지고 있던 모든 것을 잃었다. 그들 소유였던 금, 은 그리고 외화는 이제 장제스의 금고에 들어가서 모리배의 주머니를 채우고 있었다.

중국의 경제는 다시 한번 빠르게 곤두박질쳤다. 반면 마는 자신이 속지 않았다는 것에 무척 기뻐했다. "다른 사람들은 다 깡말랐는데, 자기는 점점 살이 찌는 정치가들을 믿으면 안 되고 말고," 마는 빙에게 말했다.

하이퍼인플레이션이 걷잡을 수 없이 심해지자, 채소 몇 가지를 사려고 거의 가치도 없는 위안화를 바구니, 손수레, 그리고 삼륜 자전거에 넘치도록 실어 나르는 사람들을 상하이 거리에서 흔히 볼 수 있게 됐다. 중국 위안화로 정해진 월급을 받는 사람들은 돈을 받자마자 더 가치가 떨어지기 전에 써야 했다. 노동자들은 현금이 아닌 쌀과 필수품으로 임금을 지급하라고 요구하며 파업에 들어갔다.

수많은 상하이의 부유한 자본가들은 경제 붕괴로 마지막 희망마저 놓고 말았다. 이제는 상하이에 남는 것이 떠나는 것보다 더 위험해졌다. 선견지명이 있었던 사람들은 이미 도망칠 계획을 세워 둔 상태였다. 그들은 홍콩에 장소를 빌리고, 거기에 가장 중요한 자산들을 옮겨놓았다. 은행 계좌, 공장 장비, 주요 직원들과 장남들이 바로 그런 자산들로, 국가가 몰락할 때 그들이 지켜낼 수 있길 바라는 것들이었다. 크리스티안은 다행히 월급을 미국 달러로 받았는데, 무너지는 중국 새 위안화에 비해 달러는 금보다도 더 가치가 있었다. 그러나 그의 중국인 동료들은 파산 상태에 놓였다. 상하이의 중산층은 장제스 정부가 열심히 일하는 사람들의 돈을 훔치려고 다시 한번 거짓말과 속임수를 썼다고 말하며 분통을 터뜨렸다. 중산층이 벌거숭이가 되고, 일반 노동자와 가난한 사람들은 뼛속까지 난도질당했다. 일반인들이 더는 기본적인 생필품을 살 여유조차 없어서, 모든 분야의 고용인들이 파업과 작업 중단을 하는 바람에, 도시는 매일 혼란스러웠다. 그날그날 전차, 버스 그리고 도시의 다른 교통수단들이 계속 운행하고 있는지도 알 수 없게 됐다.

상하이랜더들은 떠날 계획이 있는지가 아니라, 언제 떠날지를 의논하는 시점이 왔다. 장의 시간이 얼마 남지 않았다는 데 모두가 동의했다. 많은 사람들은 조지 마셜 장군이 트루먼 대통령의 국무장관으로 임명되어 상하이를 떠났을 때 곧바로 도망치지 않은 것을 후회했다. 쑹메이링 여사가 타임지의 발행인인 헨리 R. 루스처럼 영향력 있는 미국인 친구들의 도움을 받아 합심해서 벌인 의회 로비에도 불구하고, 국민당 정부의 무능과 부패를 목격한 마셜은 미국이 장에게 더 이상의 군사적인 지원을 하는 데에 반대했다.

시민들의 커지는 불안과 잇단 군사적 패배에 직면한 국민당은 1948년 상하이에 계엄령을 선포했다. 정부는 통행금지를 시행하고 신문과 라디오 방송국에 검열관을 보내서 외신과 중국 언론을 막론하고 모든 뉴스를 걸러내게 했다. 신문에는 "검열관에 의해 제거됨"이라는 설명이 붙은 빈칸들이 등장했다. 그러나 군사적으로 연달아 큰 패배를 당했다는 소식을 감추는 것은 불가능했다. 숨겨둔 밀수품 라디오를 통해 수백만의 중국인 병사와 민간인들이 죽었다는 소식이 전해지는 때라 그럴 수가 없었다. 국민당은 그들이 상하이를 끝까지 지키겠다고 단언했지만, 그 말을 믿는 사람은 아무도 없었다. 번드를 감독하던 사무직 노동자들은 하나같이 길게 줄을 선 쿨리(중국과 인도의 하층 노동자. 특히 외국인이 짐꾼, 광부, 인력거꾼 등을 가리키던 말)들이 "헤이 호, 헤이 호"를 외치며 금, 은, 그리고 외환으로 된 중국 국고 전체를 황푸강에 정박한 국민당 선박에 옮겨 싣는 모습을 볼 수 있었다. 모두 대만으로 향하는 배들이었다. 그 선박들은 또한 약 4천 상자에 달하는 중국 최고의 예술 명품들도 같은 섬으로 운반하고 있었다. 국민당 관리들은 문서, 장비, 차량과 전구, 치약, 나사 등 쓸 수 있는 것은 무엇이든 챙겼고, 그럴 수 없으면 공산당 "도적 떼"의 손에 들어가지 않도록 파괴했다.

1948년 11월, 신문들은 진행 중인 대규모 탈출을 주요뉴스로 다루고 있었다.

> 상하이에서 서둘러 탈출하는 중국인들: 앞다투어 상하이를 벗어나려는 인파가 어제부터 급속도로 불어났다…. 북쪽 역에서 전례 없는 군중들이 이미 만원이 된 기차에 표를 사서 타기 위해 싸움을 벌였다……. 오후에는 사람들이 기차에 타려고 몰려드는 통에 네 명이 밟혀 죽었다. 번드에서는 군중들이 이미 과적한 배에 오르지 못하도록 소방 호스를 든 선원들이 물줄기를 뿌려 사람들을 저지했다.

새해가 다가오자, 언니와 크리스티안은 떠날 때가 되었다고 결정했다. 그들은 논쟁을 끝내고 가장 안전한 덴마크를 목적지로 정했다. 가족은 미국까지 배를 타고 가서, 거기에서 다시 기차를 타고 뉴욕으로 간 뒤, 덴마크로 향하는 배를 타기로 했다. 그러려면 해야 할 일이 많았다. 먼저 상하이를 출발하는 배의 표를 구하고, 덴마크 여권과 미국 비자를 받고서, 미국 정부가 그들을 추방하려 들 때를 대비해 한 명당 각각 500달러의 채권을 구입해야 했다.

상하이 주재 영사관에서 덴마크 여권과 미국 비자를 받는 것은 쉬웠던 반면, 상하이를 떠나는 배표를 구하는 일은 외국인에게도 거의 불가능에 가까웠다. 기차역, 항구, 그리고 부두의 매표원들에게는 어디로 가는 좌석이든 차지하려고 싸우는 사람들이 물결처럼 몰려들었다. 절박해진 이들이 친구와 지인 모두에게 도움을 청하면서, "당신 누구 알아?"란 말이 무엇보다도 귀한 화폐 역할을 했다.

빙은 크리스티안의 영어신문에서 공황매도(겁에 질려 급히 파는 행위)에 관한 기사를 읽었다.

자동차, 아파트, 가격은 싸지만 구매자가 없다: 계속해서 악화되는 정치적, 군사적 상황이 지역 내 아파트와 주택, 자동차, 냉장고, 생활용품의 공급에 급격한 증가를 가져왔다. 폭풍이 몰아치기 전에 서둘러 떠나려는 수많은 상하이 주민들은 이전에는 미화로 수천 달러에 달했던 재산이 갑자기 눈 녹듯이 사라져버렸다는 것을 깨달았다.

1949년 1월 31일에 붉은 군대가 가까운 항구 도시인 텐진을 점령한 지 얼마 되지 않아 베이징까지 장악하자 숨 막힐 듯한 공포가 호텔 방을 채웠다. 빙은 언니가 그렇게 불안해하는 모습을 본 적이 없었다.

이제 공산당이 수도 난징을 향해 남쪽으로 밀고 내려오는 것을 막을 것은 아무것도 없었다. 그러고 나면, 다음은 상하이 차례였다.

천만다행으로 다음날 언니는 일본 점령기간 동안 알고 지내던 사업가와 연락이 닿았다. 거의 2천 달러에 달하는 현금에다, 비어 있는 아파트에서 얻은 멋진 영국제 가구 몇 점, 그리고 옷감 여러 필과 물물교환으로 1949년 5월 4일에 샌프란시스코를 향해 출발하는 고든호의 일등석 표 4장을 구입했다. 가족들이 모여 찾아온 행운을 축하하는 자리에서 언니는 빙에게 속삭였다. "걱정하지 마. 너도 같이 데려갈 방법을 찾을 테니까." 빙은 심지어 자신이 태어날 날짜도 정확히 모르는데, 어떻게 여권을 구할 수 있을지 알 수 없어 어깨만 으쓱할 뿐이었다. 그러나 언니는 빙의 이름과 사진이 들어 있는 파란색 중화민국 여권을 만들어 와서 그녀를 놀라게 했다! 거기에는 싱가포르가 출생지로 되어 있었고, 원래 나이보다 한 살 더 많은 생년월일이 적혀 있었다. 언니는 자신의 댄스 클럽 친구 중 한 명에게 특별히 부탁해, 여권을 발급받는 데 도움을 받았다고 했다.

여권 안에는 놀라게 하는 것이 한 가지 더 있었다. 미국으로 가는 관광 비자였다. 언니는 그 비자를 받기 위해 다른 댄스 클럽 친구인 영사관에서 일하는 미국인에게 들렀다고 자랑스럽게 말했다. 중간 관리자급인 이 사무원은 베티와 그녀의 여자친구들을 자기 아파트에서 여는 파티에 몇 번 초대했었는데, 눈썰미가 좋은 언니는 그가 비자에 찍는 도장을 안전하게 보관하기 위해 매일 밤 집으로 가져온다는 것을 알아차렸다. 그녀는 그 미국인의 집에 다시 한번 갈 일을 만들어서, 다른 친구들이 주의를 흩뜨리는 동안, 빙의 여권에 공식 방문 비자 도장을 몰래 찍어왔다. "이제 네 표만 구하면 돼. 나만 믿어!" 언니가 외쳤다. 빙은 여전히 회의적이었지만 온몸에 전율이 흐르는 것을 느끼지 않을 수 없었다. 그러나 언니와 크리스티안에게는 출국을 위해 해야 할 일들이 여전히 많이 남아 있었다. 알고 보니 미국에서 인정하는 대리인을 통해 입국 조건인 500달러짜리 채권을 구하는 것이 표를 구하는 것보다도 더 어려운 일이었다. 시간이 촉박해지자 크리스티안은 어느 유럽인 친구가 자기 친척이 채권을 구할 수 있다고 한 말을 믿어보기로 했다. 크리스티안은 그 친구의 친척에게 몇천 달러를 건넸다. 그러고 나서 남자가 자취를 감췄다. 정신없이 찾아다닌 끝에 크리스티안은 그 친구의 친척이 돈을 갖고 달아났다는 결론을 내릴 수밖에 없었다. 빙은 그가 그렇게 화를 내는 것을 처음 보았는데, 창백한 얼굴이 새빨개졌고, 목에는 핏줄이 불거졌다. 화가 난 채 여러 말이 오간 후에, 크리스티안의 친구가 빼앗긴 돈의 절반을 갚기로 했다. 나머지 반을 잃어버렸지만, 어쨌든 그들 가족은 필요한 채권을 결국 손에 넣을 수 있었다.

공산군은 1949년 4월 양쯔강에 거의 도달해 있었다. 상하이 방위의 최고 책임자인 국민당 장군 탕엔보는 도시 둘레에 10피트 높이의 목조 벽을 세우기로 했다. 궁지에 몰려 애를 태우던 시민들은 이 벽의 유일한 목적은 목재업계에 있는 탕의 친구들의 주머니를 불리는 것이라고 말하며 이런 어리석은 짓을 비웃었다. 나무 벽이 공산당의 진격을 막는 데 아무런 도움이 되지 않으리라는 것을 누구나 빤히 알고 있었다. 5월 2일, 공포에 질려 탈출하려는 사람들의 아우성이 너무 심해지자 중국항공공사는 모든 승객을 거의 즉시 탑승하게 해서, 자리가 차는 대로 바로 출발할 수 있도록 기존 비행 일정을 중단했다고 발표했다.

언니네 가족이 출발할 날짜가 다가올 때쯤, 붉은 군대는 쑤저우, 항저우, 그리고 난징을 포함한 인근 도시들을 점령했다. 공산당이 막 상하이를 포위할 조짐을 보이는 동안 언니와 크리스티안은 출항 날짜인 5월 4일을 초조하게 기다리고 있었다.

빙은 다시 혼자 남을 준비를 했다. 상관없어, 그녀는 자신에게 말했다. 빙은 언니가 계속해서 표를 구하는 중이고, 심지어 떠날 준비를 하는 중에도 알고 있는 모든 사람에게 고든호의 표를 한 장 더 구할 수 있을지 물어보고 있다는 것을 알고 있었다. 그러나 언니가 정말 표를 구할 수 있으리라고는 전혀 기대하지 않았다.

그리고 배가 출발하기 하루 전날, 전화벨이 울렸다. 언니의 지인 중 한 명이 전하길, 자신의 친척이 떠나지 않기로 갑자기 마음을 바꾸는 바람에 표를 살 수 있는 여권과 비자를 가진 사람을 찾는 데 어려움을 겪고 있다고 했다. 언니는 3백 달러를 주고 그 표를 낚아챘다. 표를 손에 들고 집에 돌아온 언니는 기운이 넘쳤다. "여기 네 표를 구해왔어. 이제 우리랑 같이 미국으로 가는 거야. 얼른 짐 싸!" 그녀가 소리쳤다.

빙은 언니의 말에 곧이곧대로 대답할 수가 없었다. 믿을 수 없다는 듯, "그렇지만 마는 어떡하고?"라고 질문할 뿐이었다.

언니가 곧바로 대답했다. "다 정해졌어. 마는 여기 여동생들이 있어. 그리고 네가 같이 가서 우리 아이들 돌보는 걸 도와주면 좋겠다고 생각해서."

언니의 말은 사실이었다. 그날 오후 집으로 찾아갔을 때, 마는 빙을 기다리고 있었다. "언니랑 같이 가야 한다. 둘이 가면 서로 도움이 될 거야." 그러고 나서, 마는 침대 아래로 손을 넣어서 색이 바랜 작은 손가방을 꺼냈다. "나는 이걸 처음 상하이에 왔을 때부터 가지고 있었다. 네게 주마."

마에게 그렇게 수도 없이 심한 말을 듣고 난 후라, 빙은 막상 이런 친절은 전혀 예상하지 못하고 있었다. 그녀와 10년을 함께 살았지만, 마음 쓰고 있다는 것을 보여준 상냥했던 순간은 채 몇 번도 되지 않았다. 한편 생각해 보면, 빙을 낳은 창저우의 어머니는 딸을 버렸다. 마마 쉬도 마찬가지였다. 마만이 그녀와 계속 함께 있어 주었을 뿐만 아니라 달아난 후에도 다시 받아준 유일한 사람이었다. 슬픔으로 가슴 한편이 아렸지만, 적어도 마는 상하이에서 혈혈단신은 아니었다.

그리고 아메이가 있었다. 하나뿐인 친구에게 작별 인사를 하는 것이 가장 힘든 일이 될 것이었다. 빙은 가장 친한 친구가 아이를 낳을 때 곁에 있어 줄 수 없을 뿐 아니라 다시는 서로를 보지 못할 수도 있었다. 아기가 태어나고 나면 아메이와 그녀의 이란계 유대인 남편은 다른 유대인들과 함께 이스라엘로 떠날 계획이었다. 그러나 아메이는 빙의 행운에 진심으로 기뻐하며 친구에게 잔소리를 늘어놓았다. "슬퍼하지 마, 우리 둘 다 이제 새로운 인생을 시작하는 거야."

빙은 상하이와 중국을 떠난다는 사실에 별다른 회한은 없었다. 일단 배에 오르면 다시는 아버지를 볼 수 없으리란 것도 알았다. 빙은 무언가 가슴을 찌르는 듯한 익숙한 아픔을 느꼈다. 그러나 이제는 자신의 미래를 생각할 때였다. 전에는 꿈도 꾸지 못한 일이었다. 덴마크나 미국, 또는 어디가 됐든 자신이 내리게 될 곳에서 새로운 인생을 시작할 터였다. 비로소 불운은 뒤로하고 떠날 때가 온 것이다. 그렇게 생각하자 빙은 낯선 기분에 사로잡혔다.

그것은 바로 '희망'이었다.

다음 날, 상하이에서의 마지막 아침이 밝자 모두 잠자리에서 일찍 일어났다. 세관을 통과하려면 황푸강의 아메리칸 프레지던트 라인즈(미국 해운 기업) 선착장에 일찌감치 도착해야 했다. 마는 아파트에서 그들에게 작별 인사를 했다. 그녀는 아이들의 머리를 쓰다듬고서 크리스티안에게 고개를 끄덕여 보였다. 언니에게는 형편이 괜찮아지면 편지와 돈을 보내라고 했다. 그러고 나서 마가 팔을 뻗어 빙의 손을 잡자 그녀는 깜짝 놀랐다. "네게 욕을 퍼붓던 때만 기억하고 있다는 것 안다." 마가 말했다. "너를 위해서였어. 내가 가르쳐 준 걸 잊지 말아라. 너는 좋은 딸이었다. 몸조심하거라."

빙은 무슨 말이든 하려고 했지만, 뭔가 목에 걸린 듯 아무 말도 할 수 없었다. 그녀는 자신이 실제로 아는 유일한 어머니에게 고개를 끄덕이며 작별 인사를 했다.

언니와 두 아들은 크리스티안과 함께 그가 준비한 차에 올랐다. 네 사람의 짐이 너무 많아서 빙이 탈 자리가 없었다. 그녀는 대신 손가방을 들고서 자전거 택시에 올라 번드로 향했다.

*
**

빙은 상하이 홍커우 부두에 도착한 뒤에 대만으로 향하던 어느 대학생이 모는 차에 하마터면 치일뻔하고서는 몹시 허둥대고 있었다. 그녀는 출항을 위한 탑승 수속을 하는 시간에 겨우 맞춰 언니를 찾고 나서야 가까스로 정신을 가다듬을 수 있었다. 탑승 수속을 기다리는 줄에 서 있던 빙은 천천히 주변을 둘러보며 상하이에서의 마지막 순간을 기억에 새겨두려 했다. 모두들 감정에 겨워하는 표정이었다. 사람들은 곧 시작될 여정에 대한 흥분으로 활기를 띠고 있었다. 그들에게서 불확실한 미래에 대한 불안과 탈출할 기회를 잡았다는 안도감이 함께 느껴졌다. 크리스티안은 혼란스러운 상하이를 떠나게 된 것을 진심으로 기뻐했다. "여긴 굉장한 도시였어. 그렇지만 이젠 지옥이 돼 버렸지," 그가 고별사를 하듯 말했다.

어디선가 난데없이 아메이와 그녀의 남편이 나타났다. 친구는 임신으로 무거운 몸을 하고서도 빙과 가족을 찾을 때까지 어떻게든 사람들 틈을 헤치고 온 것이었다. 빙과 아메이는 손을 꼭 잡고 외롭고 버려진 소녀였던 두 사람이 처음 만났던 몇 해 동안 얼마나 딱 붙어 지냈는지 기억했다. 그들은 언젠가 다시 만나자고 약속했지만, 아마도 그런 일은 일어나지 않으리라는 것을 두 사람 다 알고 있었다.

일단 제너럴 고든호의 갑판에 오르자 빙은 눈 앞에 펼쳐진 번드의 스카이라인을 볼 수 있었다. 그녀는 하마터면 뭍으로 내려가 이 모든 일이 실수였다고 말할 뻔했다. 실제로 그런 일이 일어나기 전에 그녀는 삼등실을 찾아 내려갔다. 사람들로 가득 찬 선실에 남아 있는 것이라곤 해먹 몇 개가 다였다. 빙은 잠자리는 나중에 걱정하기로 하고, 언니의 선실을 보러 일등실로 가는 계단을 올라갔다. 그곳도 비좁기는 마찬가지였다.

작은 방에는 언니와 피터 외에도 여섯 명이 더 있었는데, 나이 지긋한 독일인 부인과 중국인과 혼혈인 그녀의 세 딸, 그리고 필리핀에서 왔다는 중국인 여성이 딸과 함께 타고 있었다. 크리스티안과 올레는 남성용 구역에 있는 똑같이 붐비는 선실로 향했다.

언니, 크리스티안, 그리고 아이들이 있는 곳 근처의 주갑판(主甲板)에 멀찌감치 서 있던 빙은 유럽인, 미국인 그리고 중국인들이 뒤섞여 환호성을 질러대는 무리에 둘러싸였다. 수줍음 많은 십 대 소녀에게 영어, 프랑스어, 그리고 상류층의 교양있는 만다린어를 쓰는 다른 승객들은 너무나 똑똑하고, 세련되어 보였다. 고국으로 돌아가는 미국인 중 일부는 상하이에서 태어나 자란 사람들이었고, 다른 사람들은 동양의 파리라 불리던 도시의 품으로 행운과 모험을 찾아온 이들이었다. 평생에 걸친 선교 활동을 뒤로하고 떠나는 무겁고 더워 보이는 검은 수녀복을 입은 수녀들과 나치의 죽음의 수용소를 탈출해 어쩌다 상하이까지 왔지만 이제 다시 자유를 찾아 미국으로 가는 여행길에 오른 유럽 출신의 유대인 피난민들도 있었다. 그리고 아주 많은 수의 중국인들이 서양식 양복과 아름다운 드레스를 화려하게 차려입고 있었다.

선장이 낮고 애처로운 소리를 내는 배의 경적을 몇 번인가 울리자, 제너럴 고든호는 부두를 빠져나왔다. 빙은 강기슭을 향해 넋이 나간 듯 손을 흔들었다.

"안녕, 아빠" 빙은 그 빈 자리에 가슴이 조여드는 것만 같았다.

"이제 다시는 볼 수 없겠죠." 그녀가 속삭였다.

"안녕히 계세요, 마마 쉬. 전쟁을 무사히 견뎌내셨길요."

"안녕, 상하이."

눈가가 젖어왔지만, 눈물은 흐르지 않았다. 그녀는 자신이 상하이에서 겪었던 괴롭고 힘겨웠던 일들, 불운과 상실의 기억을 모두 뒤로한 채 떠나고 싶었다. 누구도 자신처럼 버려진 여자아이를 운이 좋다고 하진 않겠지만 이제는 행운이 그녀를 찾아온 것이 분명했다. 결국 여기까지 왔구나, 빙은 어깨를 펴며 생각에 잠겼다. 전쟁의 가장 잔인했던 시기에 상하이는 그녀에게 피난처가 되어주었다. 그리고 이제 떠날 때가 온 것이었다.

바다에서의 3주 넘는 시간은 끝없이 울렁대는 흐릿한 기억으로 남았다. 배가 기울어질 때마다 해먹이 출렁이는 바람에 자다 깨기를 반복하며 밤을 보내고서 빙은 매일 아침 간신히 잠자리에서 기어 내려왔다. 속이 괜찮은 날에는 삼등실 식당에서 따뜻한 차와 맛없어 보이는 외국 음식을 조금 삼킬 수 있었다. 그다음엔 뱃멀미로 머리가 멍한 하루를 언니와 아이들과 함께 보내기 위해 일등실로 향했다. 저녁 식사 시간이 되면, 그녀는 주갑판 저 아래의 해먹으로 돌아갈 각오를 했다.

빙은 얼른 육지에 도착하기를 바랐다. 그러나 배가 샌프란시스코만에 들어오자, 입국 심사관들은 그녀를 사무장의 사무실로 데려간 뒤, 배에서 내리지 못하게 했다. 빙은 공포로 몸이 얼어붙는 듯했다. 이 사람들이 내 여권과 비자가 가짜라는 사실을 알아차린 걸까? 이제 나는 미국의 감옥으로 끌려가게 될까? 혹은 더 나쁜 상황이 벌어져서 상하이로 돌려보내지는 건 아닐까?

빙이 출발하는 장소에 나타나지 않자, 언니는 그녀를 찾을 때까지 쿵쾅거리며 배 안을 뒤지고 다녔다. 이민국 직원들을 보고 상황을 눈치챈 언니는 상냥한 미소를 만면에 띄우고서 달콤한 목소리로 말했다. "제 여동생은 영어를 썩 잘하지 못한답니다. 도움이 필요하신가요?" 탐탁지 않은 듯 그가 퉁명스레 대답했다. "당신 여동생이 미국에 입국하는 데 필요한 5백 달러 치의 채권을 가지고 있다는 기록이 없단 말입니다. 이 여자는 젊고, 중국인이오. 만일 불법입국자가 되는 경우, 그녀를 돌려보내는 데 500달러가 듭니다. 채권이 없으면 배에서 내릴 수 없어요." 갑자기 문제가 명확해졌다. 빙의 표를 너무 서둘러 사는 바람에 항해 전에 채권을 살 시간이 없었다. 언니는 그런 실수가 눈에 띄지 않길 바랄 뿐이었다.

이제 그들은 배가 다시 바다로 나가기 전에 가능한 한 빨리 빙을 위해 채권을 사들여야 했다. 그러지 못하면, 빙은 계속 배에 탄 채, 어딘지도 모를 곳으로 항해를 계속해야 했다.

언니는 5백 달러 채권을 발행할 수 있는 대리인을 찾도록 크리스티안을 시내로 보냈다. 빙을 위해 채권을 사려면 그들이 가진 현금을 축내야 했다. 그녀가 배에 억류되어 있는 동안 언니와 아이들은 바닷가에서 기다렸다.

몇 시간 후, 태양이 금문교의 탑 뒤로 떨어질 때쯤, 크리스티안이 의기양양한 표정을 지으며 돌아왔다. 입국심사관이 여권에 6개월간 체류할 수 있는 비자 도장을 찍어주자, 빙은 바로 풀려났다. "미국에 오신 것을 환영합니다." 직원 한 사람이 심드렁하게 덧붙였다.

언니도 가만히 앉아서 시간을 보내지는 않았다. 아이들이 근처에서 갈매기들을 쫓는 동안 그녀는 곤경에 빠진 아름다운 아가씨를 도와주려는 친절한 남자들과 말을 틀 수 있었다. 그들의 도움을 받아 언니는 가족들이 밤을 보낼 수 있도록 콜럼버스가의 저렴한 하숙집을 수소문해 두었다.

그들이 하숙집에 도착했을 때, 빙은 주인이 일본인이라는 것을 알고서 깜짝 놀랐다. 처음에 빙은 바짝 긴장했다. 전쟁의 끔찍했던 기억이 모든 중국인의 마음속에 여전히 생생하게 남아 있었다. 일본인들은 체포 후 송환되어서 상하이에는 남아 있는 사람이 거의 없었다. 그러나 이곳의 일본인들은 미국식 억양의 영어를 쓰는 미국인이었다. 언니와 크리스티안은 걱정하는 기색이 아니었다. 빙은 그제야 마음을 놓았다.

가족들은 가방을 내려놓고, 씻고서 옷매무새를 가다듬은 후 저녁을 먹으러 밖으로 나갔다. 신문 가판대를 지나던 그들은 이틀 전에 공산당이 그들이 살던 도시를 점령했다는 사실을 알고서 깜짝 놀라고 말았다. 상하이가 함락된 것이다! 언니는 계속해서 "세상에. 맙소사!"란 말을 되풀이했고, 크리스티안은 기사를 자세히 읽으며 덴마크어로 계속 중얼거렸다. 그들은 점령 당시 상황이 대체로 평화로웠다는 것을 알고서 감사한 마음이 들었다. 눈을 감고 마와 아메이를 떠올리던 빙은 도시가 일본과의 전쟁 때 당한 것과 같은 대량 살상을 면했다는 사실이 고마웠다.

그들은 곧 자신들이 차이나타운이라고 불리는 지역에 들어선 것을 알아차렸다. 빙은 미국의 생소한 풍경을 보고 감탄을 금치 못했다. 상하이와 달리 거리는 깨끗하고, 공기에서는 상쾌한 냄새가 났다. 배에서 내렸을 때는 햇살이 너무 강해서 눈이 아플 지경이었다. 무너진 건물도, 폭탄이 떨어져 생긴 구덩이도 없었고, 건물 외벽에는 기관총 탄알 구멍도 보이지 않았다. 전쟁의 기미라고는 전혀 느낄 수 없었다.

생각에 빠져있던 그녀는 현실로 돌아와 올레와 피터의 손을 꼭 잡았다. "여기가 집이랑 얼마나 다른지 알 수 있겠어? 심지어 이 차이나타운도 중국이랑은 달라. 미국에 온 걸 환영해," 그녀는 신기해서 눈을 반짝이고 있는 아이들을 향해 미소 지으며 말했다.

18장

호, 23세

1947년 9월, 호 차우가 공학 박사 학위를 따기 위해 미시간 대학교에 도착한 후, 앤아버에서의 생활은 별다른 문제 없이 순조롭게 흘러갔다. 상하이에서 오는 배 위에서 몇몇 대학원생들을 알게 된 호는 캠퍼스 근처 크로스 가 428번지에서 다른 중국인 학생 다섯 명과 함께 아파트를 빌렸다. 생활은 각자 알아서 해야 했는데 그중 누구도 직접 요리나 청소를 해본 적이 없었기 때문이었다.

9개월이라는 기록적인 시간 안에 호는 대부분의 강의에서 A+를 받으면서 석사 학위에 필요한 조건을 모두 갖췄다. 수업은 전부 영어로 진행됐지만, 수학과 과학이 만국 공통의 언어 역할을 해주었으므로 큰 어려움은 없었다. 단 하나뿐인 A—가 가장 낮은 점수였다. 그는 자랑을 늘어놓지도 싱글거리며 다니지도 않았다. 그는 공학에서 탁월한 실력을 쌓고 싶었기에 상하이의 중학교 시절부터 그래온 것과 똑같이 날카로운 집중력을 발휘했다.

그러나 계속해서 여러 가지 걱정거리들이 대학원이며 그가 중국에 건설하고 싶은 자동차 공장에 관해 수년간 세운 세밀한 계획들을 위협했다. 돈, 아니 더 정확하게는 가족들이 돈을 외화로 바꾸기 어려워진 것 때문에 모든 계획이 틀어질 수도 있었다. 그는 미국에 도착하자마자 상하이에서 가져온 천 달러로 통장을 개설했다. 그 돈은 호의 가족들이 중국 위안화를 미국 달러로 바꿀 수 있는 특별 허가를 받은 후에야 손에 넣은 것이었다. 계획상으로는 돈이 바닥나면 가족들이 위안화를 환전해 그에게 달러를 보낼 수 있도록 다시 허가증을 받기로 되어 있었다.

그러나 가족들이 보내온 편지에 따르면, 필요한 돈을 환전하는 것이 점점 더 어려워지고 비용도 비싸지고 있었다. 1946년 호가 학교에 지원하기 전에 그의 가족이 1달러로 바꾸는 데에 약 3,400위안이 필요했다. 1947년 봄까지 1달러는 14,000위안이 됐다. 1948년에는 단돈 1달러가 암시장에서 백만 위안에 거래됐다. 만일 돈이 떨어지면 그는 심각한 상황에 부닥치게 될지도 몰랐다. 미국에서는 법으로 외국 학생이 일하는 것을 금지하고 있었으므로 그것이 가장 큰 걱정거리였다. 호가 되도록 석사 학위를 빨리 따기 위해 자신을 몰아붙인 것도 같은 이유에서였다. 최고 성적을 받고 말겠다는 허영심 때문이 아니라 돈이 부족했기에 어쩔 수가 없었다. 그가 학업을 빨리 마칠수록, 가족에게 이런 성가신 부담을 지우는 일도 그만큼 빨리 끝낼 수 있었다.

호는 자신을 버티게 해주었던 상하이에서의 일과를 그대로 따르며 방, 강의실 그리고 도서관을 꼭짓점으로 삼각형을 그리는 생활을 계속했다. 식사는 매일 몇 가지 채소를 넣은 삶은 국수와 기름에 튀긴 돼지갈비, 그리고 달걀로 해결했는데, 메뉴는 늘 한결같았다. 모험이라고 할 만한 일이라고는 근처 도시인 입실란티에 가서 윌로런(미시간 주, 입실란티의 교외 지역) 자동차 공장에서 자동차가 어떻게 생산되는지 구경하는 것이었다. 그는 파티에 드나들거나 춤을 추러 다니지도 않았다. 데이트는 생각지도 못했다. 중국인 여학생은 숫자가 너무 적었고, 그가 아는 여학생들은 다들 사귀는 사람이 있었다. 미시간은 다른 학교보다 더 많은 수의 외국인 학생들을 입학시키고 있었지만, 대부분이 남학생들이었다. 그렇긴 해도, 호는 배로 태평양을 건너 여행하는 동안 이미 몇몇 여학생들과 친하게 지낸 적이 있었는데, 딸을 외국으로 유학 보낼 정도로 부유한 집안 출신들이었기에 그는 어머니가 이들과의 교제를 허락하리라는 것을 알고 있었다.

만날 만한 다른 중국인 여성이 없었으므로, 공학과의 중국인 대학원생들과 어울리는 것이 호의 주된 소일거리가 되었다. 그들은 모여서 미국과 학교에서 이런저런 일을 처리하는 방법이며 어떻게 중국인 아가씨들을 만날 수 있을지 이야기했다. 가끔은 "미국식 중국 요리"를 내놓는 그 지역 중국 음식점에 모여 값싼 저녁 식사를 함께하기도 했다. 모두들 미국식 중국 음식이 그리워하는 고향 요리와는 거의 닮은 데가 없다며 투덜거렸다.

그즈음 모인 사람들의 주된 토론 주제는 고향의 상황이었다. 미국 뉴스는 중국에 관한 제대로 된 정보는 거의 담고 있지 않았기 때문에, 학생들이 최근 소식을 알기 위해서는 가족들이 보내온 편지에 의지할 수밖에 없었고, 모임에 와서는 각자 알게 된 것을 공유했다. 호는 편지를 무척 많이 받았기 때문에 다른 학생들의 부러움을 샀다. 몇 주간 그는 편지를 여러 통 받았는데, 매번 가족들에 관한 세세한 이야기와 급격하게 기우는 정치 상황에 관한 소식으로 채워져 있었다.

고향에서 오는 편지는 가능한 한 빨리 박사과정을 끝내려는 호의 열의에 기름을 붓는 격이 됐다. 가족들은 종종 극심한 인플레이션과 그의 학업을 위해 미국에 달러를 보내는 것은 물론이고, 필수품을 사는 것조차도 얼마나 어려운 일인지 편지에 털어놓았다. 누나인 완위는 1948년에 다음과 같은 편지를 보냈다.

> 동생에게,
> 창수에 별다른 소식은 없어. 그렇지만 이곳 인플레이션은 끔찍할 정도여서 상하이보다 심할 정도야. 많은 물품이 여기에서는 더 비싸.
> 농부들에게 소작을 더 많이 줘야 했어. 물가가 미친 듯이 오르고 있어. 정해진 월급으로 생활하는 사람들은 입에 풀칠조차 하기 힘들 지경이야. (후략)

집에서 오는 편지가 매번 더 어려운 상황을 전해오자, 호는 자신이 가족들에게 지우고 있는 부담 때문에 마음이 괴로웠다. 비자 제한으로 금지되어 있긴 했지만, 그는 돈을 얼마간이라도 벌어야겠다고 마음먹었다. "하늘은 높고 황제는 멀리 있다." ('천고황제원天高皇帝遠', 원래는 중앙 권력이 미치지 않아 지방 토호의 횡포가 심하다는 뜻이지만 여기에서는 감시의 눈이 멀다는 의미로 쓰였다) 라는 중국 속담의 정신대로, 호는 엄밀히 봤을 때 법을 어기지 않으면서도 문제를 해결할 방법을 찾을 수 있으리라고 확신했다. 호는 학교 게시판을 꼼꼼히 살펴보고, 다른 학생들과 교수들에게 묻고 의논하면서 대학의 승인을 받아 실무 경험을 쌓을 수 있는 '인턴십'에 관해 알게 됐다. 만일 급여를 제공하는 인턴십을 찾을 수 있다면, 생활비를 아껴 돈을 저축할 수 있을 것이고, 그런 경우라면 이민귀화국(INS) 규정에서 금지하는 일도 아닐 터였다. 호는 스스로 영리한 상하이 사람답게 문제에 대한 우아한 해결책을 찾은 것이 몹시 기뻤다. 이제 그가 할 일은 그런 인턴십을 제공하는 회사를 찾는 것뿐이었다. 학생들 간의 인맥을 통해 호는 중국계 미국인 사업가들이 설립하고, 뉴욕 차이나타운의 상인들이 자금을 댄, 차이나 모터스라는 신생기업을 알게 됐다. 이 회사는 중국에 판매할 자동차와 다른 기계들을 생산하기 위해 뉴욕시 바로 외곽에 있는 뉴저지주, 린든에 공장을 열고 있었다. 차이나 모터스는 그가 세우고 싶었던 바로 그런 종류 회사였다.

호는 이곳에 편지를 보낸 후, 생산기술부에서 공학 실습생으로 일할 수 있는 인턴십을 제안받자 뛸 듯 기뻤다. 그는 공구 설계와 선정, 공장 운영 및 설계도 관리를 보조하는 일을 하고 매달 180달러의 생활비를 받기로 했다. 중국 기준으로는 엄청난 액수였다. 그는 가족들에게 보내는 편지에 이런 기쁜 소식을 적어 보냈다. 당시 상하이의 살림집에 살고 있던 형 호선이 보낸 답장은 호가 졸업한 직후에 도착했다.

1948년 6월 10일

너는 젊고, 똑똑하잖니. 계속 열심히 노력해서 우리를 실망시키지 말아다오. 나도 차이나 모터스란 회사 이름을 들어본 적이 있어. 거기에서 일하게 되었다니 잘됐구나. 그곳 중국인들과 좋은 인맥을 쌓아두고, 외국인 거물들도 좀 알아두렴. 나중에 돌아오면, 그런 사람들이 모두 도움이 될 거야. 공장에 가게 되면 중국인에 대한 차별이 있거나, 이민국과 문제가 생길지도 모르니 조심하렴. 중국의 인플레이션은 너무 심해서, 매일 모든 물건값이 치솟고 있어. 외국에서 온 물건은 더 비싸니 실크 스타킹을 좀 보내주렴. 네가 보낸 웸블러 넥타이는 정말 값나가는 거라 자주 맬 엄두가 안 나더구나.

**

1948년 여름, 드디어 석사 학위를 손에 쥔 호는 미시간을 떠나 뉴저지로 향했고, 재빨리 린든 근처의 오래된 공업 도시인 엘리자베스에 값싼 방을 구했다. 숙소에서 공장까지는 루트 1 도로(미국 플로리다주 키웨스트에서 메인주 포트 켄트를 연결하는 2369 mi의 국도)를 따라 버스를 타고 가면 잠시였다.

근처에 거대한 제너럴 모터스 자동차 조립 공장이 있다는 사실에 들뜬 호는 열정적으로 차이나 모터스에서 새로운 생활을 시작했다. 그가 맡은 첫 번째 프로젝트는 자동차가 아니라, 차이나 모터스가 생산하기로 계약한 냉각 장치에 관련된 일이었다. 생활을 유지하는 데 드는 돈과 집세를 제외하면 호에게는 일주일에 10달러 정도의 여유가 생겼다. 호는 첫 월급을 받자 어머니에게 5달러를 보냈다. 어머니는 아들에게 돈은 남겨뒀다가 먹는 데에 더 신경을 쓰라고 다음 편지에서 나무랐다.

집에서 오는 편지 중에는 그의 형편으로는 감당하기 힘든 물건을 사서 보내달라는 것도 있었다. 그중 몇 가지에 대해서는 그도 고개를 가로저었다. 가족들은 내가 미국에서 돈을 벌고 있으니 부자가 됐다고 생각하는 걸까? 호는 의아했다. 보내온 목록에는 무선 라디오, 문자판에 조명이 달린 시계, 실크 스타킹, 장착용 카메라 플래시, 지인들을 위한 라이프지 구독권, 현미경, 롤라이플렉스 카메라, 보터네어 넥타이, 그리고 축음기용 새 바늘 등이 있었다.

호는 좀 더 돈을 모으기 위해 집세가 더 싼 방을 찾았다. 그는 가족들에게 페인트가 벗겨진 어두운 복도나 공장에서 나오는 그을음과 냄새에 관해서는 이야기하지 않았다. 주변의 피폐한 환경은 상하이의 우아한 빌딩들은 물론이고, 메드허스트 거리에 있던 그의 다락방에 비해서도 우울하기 짝이 없었다. 그는 어쩌다 생기는 5달러짜리 지폐와 함께 고향에 보내는 물건을 살 돈을 대기 위해 집까지 옮겨야 했던 사실은 쓰지 않았다. 항공우편 요금으로 또 돈이 들어갔고, 그는 소포가 가족들에게 제대로 도착했는지조차 알 길이 없었다.

돈 걱정을 좀 덜자 호는 급속도로 상황이 나빠지고 있는 고국에 관한 기사들을 읽게 됐다. 그의 가족들은 정기적으로 사정을 적어 보냈는데 편지에는 끔찍한 현실이 상세히 묘사되어 있었다.

1948년 7월 6일, 상하이에서 북서쪽으로 약 300마일 떨어진 안후이安徽성, 화이난淮南시에 살고 있던 매형은 편지에 이렇게 쓰고 있었다.

공산군은 카이펑開封(상하이 북서쪽으로 약 500마일 떨어진 중국의 고대 수도)을 점령했네. 공산당은 이전과는 전혀 다른 로켓포를 사용하고 있어. 게다가 그들은 이제 젊은이들이 국민당이 지배하는 지역에 가고 싶어 하면 비교해보라고 보내주기도 해. 그렇게 풀려난 학생 중 많은 이들이 공산당 선전원이 됐지. 이제 미화 1달러는 백만 위안 가치가 있으니 자네는 정부 관리의 월급보다 더 많이 버는 셈이야. 자네가 미국에 계속 머무를 수 있다면, 정말 행운인 거지.

호의 누이는 이런 메모를 덧붙였다:

화이난의 우리 집은 이제 국민당 병사들이 차지하는 바람에 창수로 돌아와야 했어. 군인들에게 우리가 쓸 공간도 좀 남겨달라고 부탁했지만, 들은 척도 하지 않았어. 그따위로 행동하는 병사들에게 너무 화가 나. 모두가 국민당 군대를 미워해. 심지어 어떤 사람들은 그놈들을 쓸어버리게 세계 대전이 한 번 더 일어나길 바랄 정도야.

집에서 오는 편지에는 위안화를 미국 달러로 바꿀 때의 여러 가지 문제들도 상세하게 쓰여 있었다. 먼저 호가 중국 정부에 허가서 발급을 신청해야 하고, 관련 부서에서 그에게 허가서를 보내게 되어 있었다. 그리고 위안화를 미국 달러로 바꾸어 송금하도록 허락하는 증서를 그가 다시 중국의 가족에게 우편으로 부쳐야 했다.

1948년 7월 12일에 형 호선은 편지에서 다음과 같이 썼다.

외환 신청 승인을 받았으니, 곧 돈을 바꿀 수 있게 됐어. 그렇지만 신문에서는 정부에서 새로 발표한 외국환 판매 절차는 무척 까다로운데다, 환율도 그다지 좋지 않다고 하더라. 어머니께 사정은 말씀드렸고, 네게 돈이 가도록 최선을 다하마. 큰돈이니 나중에 네가 벌어서 갚을 수 있으면 좋겠구나.

가족들이 호에게 돈을 갚아주었으면 하는 마음을 내비친 것은 그때가 처음이었다. 호는 늘 그래야겠다고 생각하고 있었지만, 이제 달러당 4백만 위안까지 환율이 오르자, 형은 그런 기대를 확실히 해두고 싶었다. 심지어 암시장에서는 어이없게도 공식 환율의 두 배 가까이 값을 부르고 있었다. 어머니는 소작인을 설득해서 25억 위안이 넘는 소작료를 환전하려고 거뒀지만, 그마저도 호가 등록금을 내는 데 필요한 천 달러를 더 보내기에는 돈이 부족했다.

2주 후인 1948년 7월 30일, 호의 형이 편지를 썼다.

> 우리 지역 파업이 해결돼서, 기본 급여가 생활비와 가파른 인플레이션에 맞게 조정되고 있어. 나는 1억 위안을 받게 되는데, 식구들을 겨우 먹여 살릴 정도야. 내 월급을 암시장에서 환전하면 한 달에 15달러가 돼.

호가 결코 듣고 싶지 않았던 소식이 곧 전해졌다. 창수의 가족들이 사는 집 앞까지 내전이 들이닥친 것이었다. 2만 명의 국민당 부대가 고향에 집결하고서 차우 일가를 주시하고 있었다. 이런 섬뜩한 소식에도 불구하고, 어머니는 아들을 안심시켰다. "걱정일랑 말아라. 이곳이 안전하지 않다면 떠날 테니까 너는 항시 마음 편히 있도록 해." 호는 어느 때보다 더 걱정스러웠다.

1948년 8월 10일 호선이 보낸 편지는 상하이의 끔찍한 인플레이션 문제를 해결하기 위해 총사령관(장제스)의 아들, 장징궈가 얼마나 처절하게 노력하고 있는지 묘사하고 있었다.

> 국민당 정부 말로는 미국의 증원부대가 곧 도착한다고 하니 현재 상황이 개선될지도 모르겠다. (장제스 치하) 국민당은 새로운 경제 개혁을 발표하고 있어. 정부는 온 국민이 가진 금을 나라를 위해 전부 걷어쥐길 원하고 있어. 사람들 말로는 화폐를 개혁한다더라. 국민당 군대는 공비共匪들을 쓸어버리려고 하지만 카이펑開封을 잃은 데다, 세 군데 성省의 수도도 함락되는 중이라

상황은 몹시 불안해. 전황이 이렇게 좋지 않은 한, 경제는 안정을 찾기 힘들 거야.

국민당 정부가 통제 불능의 상태로 치닫자, 호의 가족들은 수중의 금, 은, 외환과 옛 위안화를 제출하라고 시민들에게 강요하는 장징궈의 경제 개혁과 통화 조정에 대해서 걱정하는 편지를 그에게 잇달아 보냈다. 상하이에 살고 있던 다른 사람들처럼 차우가족도 정부의 방침에 따를 것인지를 고심해서 결정해야 했다.

1948년 8월 14일에 보낸 편지에서 호의 어머니는 다음과 같이 쓰고 있다.

내 아들, 호야. 소작료를 받을 수 있을지 아직 확실히 알 수는 없지만, 우리에게 돈을 보낼 필요는 없다. 네가 가지고 있으렴. 나 때문에 너무 걱정하지 말아라. 나야 간소하게 살아가면 되는걸. 회사에서 열심히 일하고, 몸조심하거라. 먹는 것도 좀 신경 쓰렴.

1948년 8월 16일에 보낸 편지에서 호선은 이렇게 썼다.

드디어 외화가 들어왔어. 내가 오늘 아침에 미화 900달러를 환전했단다. 이 돈을 미시간주, 앤아버의 네 주소로 보낼게. 네가 일하는 공장으로는 돈을 보낼 수가 없어. 여기 상황은 무척 심각해. 생활비가 점점 오르고 있고, 상공업은 더 이상 제 기능을 못해.

호선은 1948년 9월 4일에 다시 편지를 보냈다.

내가 보낸 달러는 받았니? 8월 19일에 장징궈가 화폐 개혁을 한 뒤로는, 일반 개인들은 금이나 미국 달러를 지니고 있지 못하게 됐어. 사람들이 돈을 인출하려고 은행으로 달려가고 있어. 엄청나게 많은 군중이 몰려들고 있단다. 이런 온갖 불안한 상황 때문에, 물가는 점점 더 오르고 사람들은 미친 듯이 물건을 사들이고 있어. 장징궈는 투기꾼과 질 나쁜 사업가들을 체포하고 있지만, 사람들은 새 화폐 제도를 믿지 않아.

어머니와 함께 창수에서 지내고 있던 누나 완위는 1948년 9월 9일에 이런 글을 써서 보냈다.

폭우 때문에 목화 수확량이 절반으로 줄었어. 어머니는 그 일로 고민하고 계셔. 내가 위로해 드리려고 하고 있지만, 너무 걱정하지는 마. 어머니는 네가 공부를 계속하고 싶어 할 테니, 우리가 돈을 더 보내야 할 거라고 염려하셔. 올해는 수입이 나빠서 돈을 충분히 구할 수 있을지 모르겠다. 이래저래 걱정이 많네. 어머니가 요즘 무척 예민해지셔서, 기분이 좀 나아질까 싶어 네가 장학금을 받는다고 말씀드렸어.

1948년 10월 10일에는 매형이 화이난에서 편지를 보냈다.

상황이 전보다 더 나빠졌어. 사람들은 겁에 질렸고, 국민당은 도시를 하나씩 빼앗기고 있어. 최근 전투에서 여러 번 지고 나서는, 수천 명이 일자리를 잃는 바람에 사는 게 더 위험하고 어려워지고 있어. 자네처럼 외국에 있는 사람들은 정말 운이 좋은 거야. 두 갈래로 나뉘어서 밀려 내려오는 북쪽의 공산군이 국민당에게 큰 위협이 되고 있지만, 아직 도망치는 사람들은 많지 않

아. 한편으로는 다른 데서 생계를 유지하기가 어렵고, 다른 한 편으로는 공산당이 일본만큼 나쁘지는 않을지도 모르니까. 국민당은 엄청나게 선전을 해대고 있고, 모두 그 말과 실제 사이에는 큰 차이가 있다는 걸 알고 있어. 그러나 이런 온갖 혼란 속에서는 보통 사람들은 몸에 달린 것 빼고는 모두 잃게 되겠지.

1948년 10월 22일, 호선은 상하이의 상황에 관해 써서 보냈다.

정부는 사람들에게서 무척 많은 금과 외화를 빼앗아 갔어. 게다가 담배와 술에 붙는 세금도 인상해서 사재기가 더 심해졌지. 도시 전체에서 제일 싼 물건은 영화 관람권이야. 그랜드 극장 입장료가 겨우 0.4 위안밖에 안 돼. 가장 비싼 건 자전거 택시비야. 운전사들이 매기는 요금을 정부가제한할 수가 없으니까. 화폐 개혁은 허황된 꿈이 될지도 모르겠다. 우리는 네가 되도록 빨리 돌아오길 바라지만, 상황이 정말, 정말 안 좋아. 정부군이 패배한 전투에서 많은 사람이 죽었어. 내 생각엔, 공비들이 점점 더 강해지고 있는 것 같아. 상하이는 안전하지 못해.

*
**

비참한 내용을 담은 편지를 받을 때마다 호는 매번 심하게 동요했고, 낙담한 나머지 숨을 들이키곤 했다. 그는 일에 집중하려고 애썼다. 달리 뭘 할 수 있을까? 국민당 정부가 더 깊은 나락으로 떨어지는 동안, 차이나 모터스에서 일하고 있던 호와 동료들은 상하이와 그곳에 있는 사람들 모두의 인생을 파괴할지도 모를 끔찍한 전투며 혁명을 떠올리며 절망에 빠졌다. 중국, 특히 상하이에서 도망치려는 광란의 탈출이 본격적으로 시작됐다. 시간이 흐르면서, 호의 가족들도 편지에서 피난을 생각해보고 있다고 했다.

1948년 12월 10일에 보낸 편지에서 호선은 이렇게 썼다.

오랜만에 편지를 보낸다. 너는 어떻게 지내니? 집이 그립지는 않니? 전쟁에 대해서 할 말이 많구나. 중국 중부의 상황은 무척 암울해. 국민당은 매번 전투에서 지고 있고, 곧 붉은 군대에 패할 것 같아. 베이징, 상하이와 수도(난징)가 위험해서, 이곳 상황은 무서울 지경이야. 많은 사람들이 떠날 생각을 하고 있어. 기차와 버스에 엄청난 숫자의 피난민들이 올라타고 있어. 너무 혼잡해서 말로 표현하기 힘들 정도야. 현 군사 작전은 화이하이淮海(양쯔강 북쪽 지역)에 초점을 맞추고 있어. 양쪽 군대 모두 80만 명 이상의 희생자를 냈어. 이번 전쟁은 중국에서 일어난 가장 비극적인 학살이야. 국민당의 장래는 어둡기 짝이 없다. 공산군에게 많은 물자가 있으니, 전쟁은 앞으로 몇 달 더 계속될 거야. 어쩌면 국민당의 공군 부대가 전황에 변화를 가져올지도 모르지. 나는 상황이 정말, 정말 나빠지지 않는다면, 상하이에 머무르기로 마음을 정했어. 끝까지 남아 있는 게 피난민이 되는 것보다 더 나쁠 것 같지 않아. 많은 친척들이 우리 집으로 들어와 함께 살고 있어. 상하이의 은행과 정부 부서가 중요한 서류를 모두 배에 실어 보내고 있다는 이야기를 들었어. 모든 상황이 끔찍하리만큼 좋지 않아. 우리 상하이 사람들의 미래는 어떻게 될까? 앞으로 힘든 일이 많을 거란 생각이 든다.

1948년 12월 11일, 완위의 편지.
지난 며칠 동안 창수에서는 여러 가지 소문이 돌았어. 사람들은 도망갈지 남아 있을지를 저울질하고 있어. 우리 지방의 많은 사람들은 상하이로 도망가고 있지만, 상하이의 부자들은 홍콩이나 , 혹은 심지어 미국으로까지 도망치고 있어. 엄마와 나는 아직 창수를 떠나지 않았어. 우리가 겁을 먹지 않아서가 아니라, 첫째, 고향에 우리 재산이 있어서고, 둘째, 우리 대가족 모두가 다른 도시로 옮겨가는 데는 돈이 너무 많이 들어. 셋째, 나는 상하이에서 일자리를 찾고 싶어. 넷째, 남편이 임시로 난징에서 일하고 있어. 그이가 대만으로 갈 기회가 생길지도 모르지만, 가능성은 희박해.

1948년이 저물어 갈 무렵, 호의 가족들이 보내오는 편지는 계속해서 장제스 군대와 국민당 정부의 마지막 순간을 기록하고 있었다. 북동쪽에서는 공산당이 창춘長春으로 퇴각하던 국민당 2개 부대를 둘러싸고 여러 달 동안 성벽 속의 도시를 포위 공격해서 10만 명에 가까운 군인과 15만 명에 달하는 민간인들을 굶어 죽게 했고, 남은 사람들에게서는 항복을 받아냈다. 동시에 공산당은 부유한 지주들의 땅을 가난한 사람들에게 나눠주겠다는 토지 개혁을 약속함으로써 수백만 농부들의 지지를 얻었다. 이제 인민 해방군이라고 불리는 붉은 군대는 백만이 넘는 국민당 군을 죽이거나 포로로 잡았고, 전투에 진 부대의 전차, 중포, 탄약, 그리고 다른 무기를 포함한 주요 화력을 빼앗았는데, 무기 대부분은 미국에서 만들어진 것들이었다. 보병부터 장군에 이르기까지 수십만 명의 국민당 군이 공산당에 투항하고 있었다. 새로 병력을 보충한 공산군은 양쯔강 이남과 상하이시로 진격할 준비를 마쳤다.

호는 차우 주택가에 진을 친 군인들이 돌아다니며 원하는 것은 뭐든 먹어 치우고 다니는 장면을 상상하자 가슴이 철렁 내려앉았다. 그는 상하이의 공포로 인한 사재기 현상이며 예금 인출사태, 그리고 사람들이 월급을 받으면, 쓸모없는 종이돈보다 조금이라도 더 값이 나가는 걸 사기 위해 달려가는 모습을 그려볼 수 있었다. 무엇보다도 그는 천정부지로 치솟는 인플레이션에 더해 국민당 정부가 계속해서 모든 세금을 인상하면서 가족들이 얼마나 고통을 겪고 있을지 짐작할 수 있었다. 그는 가족들이 더 이상 돈을 보내는 일이 불가능하리라는 것을 알고 있었다.

고향에서 생긴 문제는 곧 호의 인턴십이 어느 때보다 더 중요해졌다는 것을 의미했다. 가족들 생각에 가슴이 아플수록, 호는 계획 단계 및 금형 작업의 기계화에서부터 완성된 제품을 생산에 이르기까지 엔지니어의 설계가 어떻게 생산으로 이어지는지에 집중할 필요가 있었다. 그는 몇몇 다른 엔지니어들과 함께 중국에서 대량생산 될 수 있을 만한 3륜 구동 자동차의 간단한 시제품을 만들었다. 호와 동료들은 차이나 모터스가 입주한 거대한 공장 건물 안에서 그들이 만든 작은 차를 타고 돌아다녔다. 사람들은 그 차에 "플레이보이"라는 별명을 붙여주었다.

호는 집에 편지를 보낼 때면, 가족들에게 자신이 잘 지내고 있다는 것을 확인시키려고 일부러 명랑한 글투를 쓰곤 했다. 가족들은 큰 재난을 맞닥뜨리고 있는데 자신은 미국에서 안전하게 지내면서 괜히 걱정거리만 하나 더 늘이는 것은 아무런 의미가 없었다. 그는 공장과 사업의 전망, 자동차 시제품을 만든 일 등을 낙관적으로 묘사했다. 그는 스스로 공장을 만들겠다는 꿈을 향해 계속해서 나아가고 있다고 단언했다. 가능한 한 자주 그는 5달러짜리 지폐와 함께 공장이나 뉴욕에서 찍은 자신의 사진을 어머니에게 보냈다.

그러나 사실 차이나 모터스의 상황이 그저 좋지만은 않았다. 회사는 중국 시장에 제품을 판매하겠다는 희망을 품은 뉴욕, 로스엔젤레스, 그리고 샌프란시스코 차이나타운 상인들의 투자금에 의존하고 있었다. 국민당 정부의 경제 상황이 곤두박질치면서 사업 계획은 무산되고, 투자자들은 모험을 포기하고 있었다.

호가 처음 회사의 문제를 알아차린 것은 12월 초, 급여 지급이 일주일 연기되었을 때였다. 그러고는 지급이 아예 중단됐다. 급료를 받지 못하면 호는 집세를 낼 수가 없었다. 그는 방을 포기하고, 동굴 같은 공장으로 이사했는데, 춥고 난방이 되지 않는 건물 내 오래된 소파에서 잠을 잤다.

새해가 시작됐지만, 호는 자기 문제로 허우적거리고 있었고, 상하이는 극심한 경제적 혼란을 겪고 있었기에 형과 누나가 어머니에게 집안 땅 일부를 팔자고 말하는 중이었다. 농촌에서는 공산주의 영향을 받은 지역에 토지 개혁 운동이 번지는 바람에, 농지를 사겠다는 사람을 구하기가 어려워졌을 뿐 아니라, 소작인들에게 소작료를 걷기도 힘들어졌다. 창수에 있던 차우 일가의 많은 친척들이 상하이에 있는 집으로 이사하게 되자 집안은 발 디딜 틈이 없었다. 가족들은 더 이상 일손을 거느릴 형편이 못 되어서 하인들을 내보냈다. 더 충격적인 것은 큰 지주였던 호의 삼촌 중 한 명이 공산당의 토지 개혁 조치의 압력을 견디지 못하고 스스로 목숨을 끊은 일이었다. 마우 주석은 이미 지주들이 농민 계급의 적이라고 선언한 바 있었다.

호와 친한 다른 친구들이 받은 편지에는 지방 농촌 지역에서 벌어지는 부유한 지주들을 노린 대규모 집회에 관한 내용이 쓰여 있었다. 공산당 해방 지역에서는 지주들이 토지 개혁이라는 이름으로 "숙청" 되고 있었고, 그들에게서 압수한 토지는 재분배되었다. 노르웨이 선교사들은 지주와 공산당의 다른 표적들이 심하게 구타, 고문당한 뒤, 누구든 그들을 돕는 사람에게는 사형선고를 내린다는 조건으로, 알거지가 되어 풀려나는 것을 목격했다. 일부 기사는 공산당이 중국 북부 지역에서 세력을 얻게 되면서 지주 가구 중 1/6이 이러한 정치 운동으로 인해 가족 중 최소한 한 명이 살해당했다고 추정했다. 호는 이런 사건들이 가족들에게 결코 좋은 징조일 리가 없다는 것을 알아차렸다.

그리고 나서 1949년 1월 1일에 호선은 편지를 보냈다.

당장 미화 900달러나 아니면, 네 형편으로 보낼 수 있는 만큼 돈을 보내줘. 어머니와 나는 밤낮으로 불안해하고 떨고 있어. 이번에는 정부에서 세금을 더 많이 내라고 하는구나. 우리가 그 돈을 내지 않으면, 체포될 수도 있어.

호의 형은 불과 몇 달 전에 보낸 900달러를 돌려받고 싶어 했다. 호는 박사과정 공부를 그 돈에 의지하고 있었지만, 처리 수수료가 두 배가 되어 손실이 있는데도 가족들이 돌려달라고 할 때는 매우 다급한 상황임이 분명했다. 상하이에 있는 가족에게 돈을 보낼 방법을 찾아 허둥대던 호는 그의 중국인 동료가 해준 충고를 따랐다. 그는 상하이의 싱후아 은행을 통해 가족들에게 미국 달러를 송금했는데, 그렇게 하면 홍콩 달러로 환전할 수 있었다. 그는 가진 돈 전부를 보냈다.

1949년 초까지 상하이에서는 사업가, 지식인, 상인, 중산층과 부유층, 국민당 충성파, 외국인, 지주, 기독교 개종자, 유라시아인, 겁먹은 불안한 사람들의 대규모 탈출이 한창이었다. 시골에 사는 사람들은 지역 도시로 향했는데, 그런 곳이 밀려오는 군대로부터 좀 더 안전하리라고 생각했다. 한편, 지방 도시 사람 중, 방편이 있는 사람들은 인구가 많은 도시가 더 안전하길 바라고 상하이로 도망쳤다. 물론 상하이에서 공산당을 두려워할 만한 이유가 있는 사람들은 중국을 탈출하기 위해 서두르고 있었다. 너 나 할 것 없이 더 안전한 곳을 찾아 도망치려 하고 있었다. 넓은 땅을 소유한 호의 가족들은 혁명의 분노를 살 것이 분명했다. 그러나 여전히, 농민군이 중국 전체는커녕 상하이 같은 도시를 장악할 수 있으리라고는 생각조차 할 수 없었다.

호는 가족들을 도울 수 없는 데다, 자신에게 닥친 문제를 해결하려고 전전긍긍하면서 심한 무력감을 느꼈다. 그는 학생 비자 자격을 유지하기 위해 대학에 등록해야 했는데, 특히 차이나 모터스의 인턴십이 어려움에 부닥치게 되자 더욱 그랬다. 그는 공부를 계속하기 위해 미시간 대학에 급히 연구비를 신청했지만, 바로 지급될 수 있는 기금은 없었다. 그는 미친 듯이 자신을 학적에 등록시켜 주고, 비자를 보증해줄 수 있는 다른 학교를 찾기 시작했다. 필사적이었던 그는 뉴욕 대학교 기계공학과의 한 교수를 설득해 자신을 박사과정 학생으로 받게 하는 데 성공했다. 호는 아무런 재정적 지원을 받지 못하지만, 인턴십 덕분에 등록금을 낼 만큼의 현금이 있었다. 어쨌거나 학생 비자를 유지하게 되어 추방당하지 않게 된 것이다.

이런 불확실성의 소용돌이 속에서 호는 1949년 1월 21일, 장제스 총사령관이 자신의 정치적 라이벌인 리쭝런李宗仁에게 직위를 넘겨주며, 어쩔 수 없이 국민당 정부의 총통 직에서 사임하게 된 것을 알게 됐다. 장의 군대가 후퇴하고 있고, 그의 정부가 실패했다는 사실을 충격적으로 확인하게 하는 소식이었다. 그의 사임은 "장, 직위 이양"이란 제목으로 뉴욕타임스 1면을 장식했다.

호와 다른 학생들은 너무 불안해진 나머지 매일 의논하러 모여들었다. 가족들에게 무슨 일이 일어나고 있는지 짜맞추어 보는 데 도움이 될지도 모를 정보라면 무엇이든 얻기 위해서였다. 고향에서의 지각변동이 너무 충격적이라, 파란색 얇은 항공우편 봉투가 도착할 때마다 받아 드는 호의 손이 떨렸다.

장이 사임하면서, 공산당 지도자 마오쩌둥은 새로운 총통인 리 장군과의 협상을 시도하기 위해 일시적으로 공격을 중지했다. 그러나 장은 여전히 정부와 자금의 실질적인 통제권을 쥐고 있었다. 별다른 권력도, 병사들과 관리들에게 급료를 지급할 돈도 없었던 리는 흥정을 할 만한 처지가 못 되었다. 그와 마오쩌둥의 평화회담이 실패로 돌아가자, 공산군은 다시 양쯔강을 향해 진격을 계속했다.

1949년 1월 22일, 장제스가 총통직에서 물러난 바로 다음 날, 차이나 모터스는 문을 닫았다. 호는 한 달 넘게 급여를 받지 못한 상태였다. 그는 직장만 잃은 것이 아니라, 잠잘 곳도 없어져 노숙자가 될 형편이었다.

*
**

호는 평생 자신을 위해 대신 중요한 결정을 내리고 무엇을 해야 할지 이끌어주는 어머니와 누나, 그리고 형에게 의지했다. 가족들을 만나기 위해 상하이로 돌아가야 하는 것일까? 그렇게 되면 적어도 이런 비참한 시기에 가족이 함께 있을 수 있을 터였다. 미국에서 과연 그가 일자리를 찾을 수 있을까? 호는 겨우 6개월 전, 아직 그의 장래가 더없이 밝아 보였던, 태평양을 건너는 배 위에서 자원해서 작성했던 자오통 대학 학생들의 명단에 눈을 돌렸다. 자오통 동문 간의 이러한 연결망은 호처럼 중국에서의 격변에 휘말린 학생들에게 생명줄이 되어

주고 있었다.

　그는 상하이와 중국 북부 출신들에게 인기 있는 지역인 컬럼비아 대학 근처 맨해튼의 모닝사이드 하이츠에 살고 있던 몇몇 자오퉁 졸업생들에게 연락했다. 그들은 전쟁 때 중국 가정들에서 그랬듯, 웨스트 114번가에 있는 작은 아파트 바닥에 잠자리를 마련해 줄 수 있다고 했다. 그는 고마워하며 그 제안을 받아들였다.

　동시에 호는 가족들이 요청하는 것 이외에도 생계를 위해서 현금이 필요했다. 그러나 마음을 정할 수가 없었다. 그는 박사 학위를 받아 고향에 돌아가리란 기대를 품고 미국에 온 것이었다. 가족들도 그가 목표를 이루기를 기대하고 있는 건 아닐까? 호는 어머니에게 자신의 이런 상반된 감정과 그가 공학 박사 학위를 위해 계속 공부해야 할지, 미국에서 계속 일을 해야 할지, 그것도 아니면 고향으로 돌아가야 할지 질문을 담아 편지를 보냈다. 자신을 둘러싼 세계가 무너지고 있었음에도 호의 어머니는 즉시 답장을 보냈다.

　1949년 1월 23일자 편지에서 호의 어머니는 다음과 같이 썼다.

아들아, 내게 미국에서 교육을 더 받아야 할지, 아니면 직업을 찾아야 할지 물었지? 일을 하려무나. 공부는 그리 급하지 않아. 더 이상 여기서 환전을 할 수 있을지조차 모르겠다. 지금은 앞을 내다보기가 무섭구나. 우리는 상당히 비관적으로 생각하고 있어. 돌아올 생각은 하지 말아라. 언젠가 상황이 안전해지면, 그때 오면 된다.

　어머니의 편지 끄트머리에 호의 형이 침울한 어투로 휘갈겨 쓴 추신이 있었다.

네가 이 편지를 받을 때쯤, 우리가 어디 있을지 모르겠다. 모든 것이 너무 빨리 변하고 있어. 정말 재앙과 같은 시간이 흐르고 있고, 앞으로 어떤 일이 닥칠지 모르겠다. 각자 자기 몸을 챙기는 수밖에. 언젠가 우리가 다시 만날 수 있길 바란다.

가족들이 보낸 편지를 읽으며 호는 온몸의 피가 빠져나가는 것 같았다. 식구들을 다시 볼 수 있을까? 형이 한 말은 작별 인사일까? 그의 눈에 눈물이 차올랐다. 이제 뭘 해야 하지? 뭘 할 수 있을까? 그의 본능은 집으로 달려가서 가족들과 함께 있으면서 언제나 아들을 위해 희생했던 어머니를 위로하라고 말하고 있었다. 그러나 어머니는 그에게 돌아와서는 안 된다고 했다. 호는 힘든 선택을 두고 괴로워했다.

그는 백 명 남짓한 학생들이 중국으로 돌아가려고 한다는 것을 알게 됐다. 일부는 배우자와 아이들 곁에 있으려고 고향으로 돌아가길 원했고, 다른 사람들은 돈이 떨어져서 차라리 상하이로 가는 편이 낫겠다고 생각했다. 또 다른 사람들은 조국을 재건하기 위해 공산당에 합류하기를 원했다. 마지막 그룹에 속하는 그의 몇 안 되는 지인들에게는 공산주의 이데올로기에 대한 애정보다는 오랫동안 고통 속에 살아온 중국인들을 돕겠다는 열성이 더 큰 동기로 작용하는 듯했다. 이런 이유 중 어느 것도 호에게 설득력 있게 느껴지지 않았지만, 비좁은 아파트 바닥에 누워서 잠 못 이룰 때면 그런 생각들이 호의 마음을 더 복잡하게 만들었다. 어느 날 밤 그는 놀랍게도 자신이 미국에서 삶을 꾸려가는 동안 스스로를 의지하기 시작했다는 것을 깨달았다.

돈이 절실히 필요했던 호는 다른 차이나 모터스 직원들이 밀린 임금을 받기 위해 변호사를 고용했다는 소식을 들었다. 그 역시 밀린 임금 312달러에 대한 청구 신청을 했다. 그는 어머니의 조언을 따라 박사 학위를 마치러 미시간 대학에 돌아가는 일은 포기하기로 했다. 결국 연구비를 받게 된 것을 알고 놀라긴 했지만 어쩔 수 없었다. 그는 이미 뉴욕대학교의 첫 번째 기계공학 박사과정생으로 등록하기로 한 상태였다. 호는 이런 위기 상황에는 뉴욕에 있는 편이 더 나으리라고 생각했다. 그곳에서라면 덜 고립되고, 더 쉽게 일자리를 찾을 수 있을지 몰라서였다.

호를 괴롭히는 다른 걱정거리는 등록금을 낼 수 없게 되면, 어떻게 학생 비자 자격을 유지할 것인가 하는 문제였다. 만일 이민 당국과의 일을 그르치게 되면, 추방당할 수도 있었다. 어떻게 해야 할지 알수 없었던 그는 디트로이트의 INS 사무소에 편지를 보내 차이나 모터스의 도산과 언젠가 미시간으로 돌아갈 수도 있지만 우선 NYU에 등록한 사실을 알렸다. 그는 자신이 일자리를 찾고 있다거나 전 고용주인 차이나 모터스를 고소 중이라는 말을 하지 않았는데 그런 일 역시 INS에 문제가 될 수 있었다.

불안하게 몇 주를 보낸 뒤, 호는 자오퉁 대학 인맥 덕분에 시간제 일자리를 얻게 됐다. 미국에서 중국에 관한 인기 있는 책들을 써서 호평받은 뉴욕의 저명한 중국 지식인 린위탕林語堂(임어당)이 자신을 도와 중국어 타자기를 설계할 똑똑한 엔지니어를 찾고 있었다. 반갑게도 이 일로 호는 차이나 모터스에서 받던 봉급보다 더 많은, 매달 200달러의 급료를 받게 됐다. 수입이 생기자 호는 몇몇 친구들과 함께 웨스트 115번가 620번지에 아파트를 빌렸는데 역시나 중국인들이 많이 사는 콜롬비아 대학 근처였다.

1949년 4월까지 공산당은 베이징과 톈진에서 잇따른 승리를 거두며 거침없는 기세로 남하하고 있었다. 호에게는 놀랍고도 다행스럽게도 뉴스에서 이들 대도시에서 약탈이나 대량 살상 행위는 일어나지 않았다고 보도했다. 그런데도 공포에 질려 상하이를 탈출하는 사람들의 수는 엄청난 규모로 늘어났다. 하급 관리들은 하나같이 도시를 빠져나가는 관용 교통수단을 이용하려고 구실을 찾는 듯했다. 미국에서 교육받은 상하이 시장, K. C. 우는 이전에는 시민들에게 진정을 촉구했었지만, 이제는 자신이 갑작스러운 병으로 중국을 떠나 치료받아야 한다고 발표했다. 그가 다시 돌아올 것 같지는 않았다.

호는 누나와 매형이 상하이 서쪽 안후이성의 어딘가로 도망치는 중이라는 소식을 들었다. 그들은 필사적으로 대만으로 갈 방법을 찾으며 공산당 군대를 피해 다니는 동안, 용케도 호에게 다급한 편지를 보낼 수 있었다. 1949년 4월 2일에 보낸 그들의 스산한 전갈은 다음과 같았다.

중국으로 돌아오지 말아라. 상황이 정말 안 좋아. 미국에서 정확한 소식을 듣고 있는 거니? 양쯔강 북쪽에는 어딜 가나 공산군이 있어. 중국 북동부에서 있었던 일은 정말 충격적이었지. 국민당 최고 정예부대인 신일군新一軍과 신육군新六軍조차도 공산군을 물리치지 못했어. 만일 미국이 돕지 않았다면, 국민당 정부는 그 즉시 무너졌을 거라고 확신해. 모든 게 상상을 초월해. 국민당 정부는 전황이 좋은 척하며 사람들을 속여왔어. 놈들은 모든 게 정상인 양, 의회 회기를 시작했고 심지어 새로 총통도 뽑았어. 항저우에서 송나라가 망할 때처럼 허세를 부리는 거지. 엄청나게 많은 영토를 잃었는데도, 그들은 여전히 모든 게 괜찮은 척하고 있어. 공산당이 들어서는 게 우리 가족에게 이롭지는 못할 거야. 우리는 지주에다 프티 부르주아니까.

돌아오지 말라고? 사랑하는 가족들과 그가 소중히 여겼던 모든 것들이 파괴될 위기에 처했는데, 어떻게 혼자 안전한 곳에서 지켜보기만 하란 말인가? 호는 기회가 있을 때마다 동료 학생들과 함께 모여 중국 특파원들과 통신사 기자들이 발표하는 최신 뉴스에 관해 의논하면서 걱정을 나누는 수밖에 없었다. 호는 자신과 같은 상황의 학생들이 많이 있는 뉴욕에 머물기로 한 것이 반갑게 느껴졌다. 적어도 그는 중국의 위기를 자주 보도하는 뉴욕타임스를 항시 찾아볼 수 있었다.

1949년 4월 21일, 인민해방군은 양쯔강을 건넜다. 장강은 수 세기에 걸쳐 부유한 남동부 지역을 적군에게서 보호해주었지만, 이 거대한 자연 장벽도 더 이상 역할을 하지 못했다. 이틀 후, 더 나쁜 소식이 들려왔다. 공산당이 국민당 정부의 수도인 난징을 점령했다. 정부 관리들은 전면 방어를 통해 상하이를 "국민당의 스탈린그라드"로 만들겠다고 공공연히 맹세했지만 이미 대부분 국외로 도망친 후였다.

그달 말쯤에 국민당은 상하이 사람들이 가치 없는 위안화, 식량 부족, 정부의 무능력에 대항해 폭동을 일으켜 자신들에게 등을 돌릴까 봐 두려웠던 나머지 도시를 대표하는 고층 건물 위에 기관총을 설치하고 포탑에서 아래의 주민들을 겨냥하게 했다. 햇병아리 신병들은 야전 장비를 죄다 갖추고 파크 호텔과 케세이 호텔의 고급 레스토랑에 난입해 식사 중이던 손님들을 놀라게 하고서 호화스러운 호텔 내부에 임시 숙소를 차렸다. 다른 병사들은 여러 외국 기자들의 숙소였던 브로드웨이 맨션즈 호텔의 엘리베이터를 보고 넋이 나가서, 입주자들이 기다리는 데도 몇 시간 동안이나 오르락내리락하며 그 안에서 나오지 않았다. 더 끔찍했던 것은 거리에서의 행각이었는데, 국민당 군인들은 점심시간 군중들이 지켜보는 가운데 아메리칸 클럽 외부를 비롯해 주요 시내 보도와 교차로에서 반체제인사, 암거래상, 그리고 공산주의자로 의심되는 사람들을 즉결 처형했다. 국민당 군대는 곧 벌어질 전투를 대비해 번드에 있는 영국 영사관 옆 퍼블릭가든에 개인 참호를 팠다.

매일 들려오는 뉴스는 호를 더욱 불안하게 했다. 그는 끊임없이 어머니나 형이 빗나간 국민당 군의 총알에 맞거나, 두 사람에게 물건 살 돈이 조금이라도 있다면 시장에서 사람에게 짓밟힐까 봐 걱정스러웠다. 5월 중순까지 플라잉 드래곤 작전으로 상하이 유대인들이 캐나다로 공수되는 동안, 대사관들은 미국인, 영국인, 그리고 다른 외국인들에게 도시를 떠나라는 마지막 경고를 보냈다. 상하이의 국민당 경찰은 남아 있는 사람들을 철저히 단속하기 위해 계엄령을 동원하고 있었다. 정부의 체포와 처형, 재산 징발, 국내외 기자에 대한 엄격한 검열, 마을과 주택 파괴로 많은 이들이 공산당보다 국민당을 더 두려워했다.

5월 24일 밤, 상하이 주민들은 공산당이 푸둥(상하이 동부)에서 번드를 향해 쏘아대는 미사일과 각종 화기가 밤하늘을 밝히는 모습을 보려고 옥상으로 올라갔다. 1949년 5월 25일 자 뉴욕 타임스는 호가 두려워하던 소식을 머리기사로 실었다. "붉은 군대 상하이 입성, 서부와 중부 장악. 국민당 군대 도주"

호는 살아오면서 그만큼 불안했던 적이 없었다. 미국 전역의 다른 중국인 학생들처럼 호와 그의 친구들은 함께 모여 서로에게서 위안을 구했다. 그들은 신문과 라디오에서 보도하는 기사를 샅샅이 뒤지고 한 마디 한 마디가 "해방"의 규모와 그들의 가족, 조국, 그들 자신에게 미칠 영향을 이해하는 데 도움이라도 될 것처럼 분석했다.

상하이에서는 공산당이 도시 내 생활과 업무는 평소와 다름없이 진행될 것이라고 서둘러 발표했다. 두뇌 유출과 자본의 이동을 늦추고, 도망치지 않은 부유층과 중산층을 진정시키기 위해 공산당 중앙위원회는 그들이 구상한 "합리적 개혁"이 덜 극단적이고, 덜 무섭게 들리도록 "혁명이 아닌 진화"라는 이름으로 정책을 발표했다.

호의 동료 학생 중 많은 이들은 국민당이 쫓겨난 것에 무척 기뻐했다. 미국 내 중국인 학생들은 국민당의 부패를 잘 알고 있었기에 퇴각하는 군대에 대해서 동정하는 사람은 거의 없었다. 그들은 고통을 겪은 중국인들에게 새로운 새벽이 밝아오고 있다고 믿었다. 그러나 호는 여전히 회의적이었다. 형과 누나가 변화하는 정치적 동향에 관해 써 보낸 완고한 편지에 영향을 받은 호는 정치와 정치인들로부터 멀찌감치 비켜있는 것이 가장 안전하다는 것을 알고 있었다. 국민당에 대한 비판을 해왔지만, 그들 가족은 구체제 편에 서 있었다. 그의 매형은 엔지니어로서 국민당을 위해 일했고, 누나로부터 한동안 아무런 소식도 듣지 못했기에 호는 그들 가족이 무사히 대만에 도착했기를 바라는 수밖에 없었다.

무엇보다 호를 미치도록 괴롭힌 것은 혼란이 가장 극심했던 몇 주 동안 가족 중 누구에게서도 편지 한 통 받지 못했다는 사실이었다. 그것은 다른 학생들도 마찬가지였다. 모두가 간절히 가족들의 운명을 알고 싶어 했기에, 여분의 돈이 있는 사람들은 홍콩이나 싱가포르에 있는 친척들에게 전보를 쳐서 조금이라도 정보를 알아내고, 그들이 얻은 소식을 공유하려 했다.

상하이가 함락하고 몇 주 후, 마침내 호 앞으로 얇은 파란색 봉투가 도착했다. 형이 보낸 편지로 공산당이 도시를 점령한 지 2주 후인 1949년 6월 9일 날짜가 적혀 있었다. 호는 형이 보낸 편지가 이전과는 전혀 다르다는 것을 알아차리고 충격을 받았다. 글씨체는 호선의 것이 맞았지만, 글투는 생소했다. 우선, 형은 더 이상 늘 그랬던 것처럼 공산당을 "공비"라고 쓰고 있지 않았다. 호는 누군가 형에게 편지를 받아쓰게 한 것은 아닌지 의심스러웠다.

동생에게

이곳은 해방이 찾아왔어. 5월 24일 밤 내내 총소리가 들려고 나서, 상하이는 해방됐단다. 우리는 괜찮아. 조금 겁이 났을 뿐이야. 홍차오 근처 많은 사유지가 파괴됐어. 상점, 공장, 그리고 은행이 모두 다시 문을 열었지만, 경기는 나빠.

모든 것이 "군사통제위원회"의 감독하에 있어. 앞으로 어찌 될지 알 수가 없구나. 우리는 나름대로 살아가기 위해 최선을 다하고 있어. 인민해방군은 정말 좋은 원칙들과 근면 성실한 정신을 갖추고 있어. 이제 나라 전체가 전쟁 후 제대로 된 국가를 건설하려는 열망에 차 있다. 좋은 일이라고 생각해. 우리 고향인 창수는 열흘에 걸쳐 해방을 맞았어. 역시 다행이지. 두 번째 삼촌과 세 번째 삼촌이 창수에 계셔. 어제는 다른 삼촌이 상하이에 오셨는데, 많은 양의 쌀을 공산당에 헌납하고 싶다고 하셨어. 어머니는 요즘 아주 잘 지내셔. 그러니 너도 몸조심하도록 해. 너도 알다시피 우리 인민 정부는 전문 기술을 가진 사람들을 소중하게 대하니 돌아올 일은 걱정하지 마. 네가 장학금을 받은 건 지난번 보내준 편지에서 읽어 알고 있어. 정말 다행이다. 뉴욕에 계속 있을지, 미시간으로 돌아갈지는 네가 결정하도록 해. 누나와 매형은 대만에 있어. 상하이에서는 소식이 닿지 않으니 네가 대신 안부 전해 주겠니? 어머니는 건강하시고, 아이들은 여전히 널 생각하고 있어.

호의 세계는 걷잡을 수 없이 소용돌이치고 있었다. 형은 변심한 걸까? 아니면 진실을 쓰기가 너무 두려웠던 걸까? 호는 어머니에게서 아무런 소식을 듣지 못했고, 누나의 행방도 알 수가 없었다. 그가 아는 중국인 학생들 모두가 똑같은 불안한 질문을 스스로에게 던지며 두려움에 사로잡혀 있었다. 가족들은 어디 있을까? 안전한 걸까? 나는 중국으로 돌아가야 할까? 만일 미국에 머물게 되면, 어떻게 살아가야 하는 걸까?

질문은 너무 많은데, 알고 있는 것은 너무나 적어서 호는 궁지에 몰린 듯 어쩔 줄을 몰랐다. 그는 과학자였지 점쟁이가 아니었다. 그러나 한 가지는 분명해 보였다. 그가 어떤 길을 선택하든 간에 그것이 자신이 예상하거나 헤아릴 수 없는 방식으로 미래를 결정지으리라는 사실이었다.

19장

베니, 21세

1949년 5월, 상하이

1949년 봄 내내 상하이는 금방이라도 무너질 듯한 분위기였다. 심지어 세인트존스 캠퍼스의 고립된 환경에서도 베니는 공산당의 점령을 기다리며 잔뜩 긴장하고 있었다. 아직 피난을 가지 못한 외국인들은 각국 정부로부터 지금이 "마지막 기회"라는 경고를 받았다. 그러나 세인트존스에 있던 사람 모두가 사태의 변화에 낙담한 것은 아니었다. 다른 여러 학교와 마찬가지로 베니의 학교에도 지하 공산주의자와 그 동조자들이 있다는 사실은 공공연한 비밀이었다. 그들 중에는 부유한 집안 출신도 있었다. 이들 숨어 있는 공산주의자들은 즉결처형을 당하리라는 것을 알고 있었기에 자신을 드러내려 하지 않았다.

그러나 상하이 사람들의 가장 큰 걱정은 붉은 군대가 가까워지는 것이 아니라, 파탄 난 경제 때문이었다. 국민당군의 연이은 패배 이후로 시행된 삼엄한 계엄령하에서 6백만 주민들의 생활은 점점 더 피폐

PART THREE : 탈출

해졌다. 엄격한 통행금지령 때문에 사람들은 병든 가족을 돌보러 가든, 길모퉁이의 "라오후자오"老虎竈에 뜨거운 물을 사러 가든, 이유와 상관없이 오후 6시부터 오전 6시 사이에는 밖으로 나다닐 수 없었다. 명령을 위반하면 총살당할 수도 있었다. 상하이의 유명한 환락가들이 영업이 정지되면서 경제는 더욱 침체됐다. 국민당 병사들만이 통행 금지 시간에 밖으로 나갈 수 있었는데, 이 틈을 이용해 기계류와 각종 유물, 물품과 서류, 그리고 중국 전역에서 가져온 보물을 대만으로 향하는 배에 실었다.

4월 21일에 공산당이 양쯔강을 건넌 후, 국민당이 세인트존스, 자오대와 푸단을 비롯한 상하이의 15개 대학을 폐쇄하라는 명령을 내리자 베니는 머물 곳을 찾아 헤매야 했다. 국민당은 대학 폐쇄가 학생들의 안전을 위한 일이라고 주장했지만, 그 말을 믿는 사람은 없었다. 뉴스 보도에서는 학생들이 공산당 지지를 위해 모여들 것을 예상해서라고 전했다.

베니는 친구들과 계속 연락하던 몇 안 되는 친척들의 도움으로 한동안 지낼 곳을 찾았다. 고맙게도 세인트메리홀은 문을 닫지 않아서 도린은 안전했다. 그러나 아버지가 어떻게 지내는지는 알 길이 없었다. 베니는 탈란차오 근처에서 벌어진 전투 때문에 여러 달 동안 면회를 가지 못하고 있었다. 국민당이 벌이는 길거리 처형의 여파가 감옥 안으로 번지지 않기를 바랐다.

붉은 군대가 상하이에 가까이 올수록 그 소식이 베니에게는 더욱 기묘하게 느껴졌다. 공산당이 도시를 포위하고 언제라도 공격할 채비를 하고 있던 5월24일에는 영국 총영사 R. W. 얼크하르트와 끝까지 버티고 있던 다른 영국인들이 모여 "제국의 날"(대영제국의 국경일로 Victoria 여왕의 생일이기도 하다)을 축하했다. 한때 유력했던 개항장의 거물들은 번드 2호(상하이 번드에는 1호부터 33호까지 번호가 붙은 유럽 건축 양식의 건물들이 늘어서 있었다) 건물에 있는 우아한 상하이클럽의 '롱바'에서 점심을 먹으며 쇠퇴하는 제국을 위해 건배를 했다.

몇 블록 떨어진 곳에서는 더욱 기상천외한 일이 벌어지고 있었다. 상하이의 국민당 수비대가 난징루南京路에서 홍커우紅口 공원까지 화려한 깃발을 흔들며 '승리 퍼레이드'를 벌이고 있었다. 지프 차들이 지나가고, 군인들이 "공산당의 침략에 끝까지 저항하라"라고 쓰인 전단을 뿌리며 행진했다. 베니와 친구들은 이것을 "후퇴 퍼레이드"라고 불렀다. 행진이 끝난 후, 부대와 차량은 우쑹커우吳淞口 선착장을 향해 계속해서 이동했고, 그곳에서 동중국해와 대만으로 향하는 배에 올랐다.

그날 밤새도록 폭탄이 터지는 소리와 기관총 소리가 어둠 속에서 간간이 들려왔고, 매캐한 화약 냄새와 고무 타는 냄새가 공기 속으로 가득히 퍼져나갔다. 다음 날인 5월 25일 아침, 멀리서 이따금 들려오는 폭발음을 제외하면 상하이는 섬뜩하리만큼 잠잠했다. 깨어나 보니 수천 명의 공산당 부대원들이 큰 거리마다 줄지어 서 있었다. 누더기가 된 녹색 제복 차림의 시골 소년들이었다. 그들은 천과 짚으로 만든 신을 신고서 쿵쿵대는 발소리도 없이 조용히 시내로 행진해 들어왔다. 오전 7시 30분경, 군인들은 옛 프랑스 조계지의 주요 도로를 따라 달리며 신속하게 번드를 향해 나아갔다. 동료들이 이미 해상에서 퇴각 중이라는 것을 모르는 듯한 후위부대 국민당 병사들의 저항이 '허빈다러우 河濱大樓 건물과 쑤저우 천 우체국 근처 몇 곳에서 있었을 뿐이었다. 최후의 한 사람까지 싸우겠다고 선언했던 상하이 방위 책임자인 국민당 사령관 탕언보 장군 본인도 붉은 군대가 도시로 진군했을 무렵에는 이미 광저우로 향하고 있었다.

베니는 자신이 머물고 있던 동네의 조용한 골목 너머로 걸음을 옮겼다. 봄철 푸른 잎들이 무성한 넓은 거리로 나오자, 끝도 없이 줄지어 잠들어 있는 병사들의 모습이 눈앞에 펼쳐졌다. 수천 명의 남자들, 베니보다 훨씬 더 어려 보이는 소년들이 인도 위에 마치 수없이 많은 잘 깎은 나무 말뚝들처럼 누워 있었다. 몇 주간의 전투를 치른 후라, 병사들은 밝은 햇살과 아침 차량 소리에 아랑곳없이 잠을 잤다.

인근 교차로에서는 붉은 별 무늬가 두드러지는 녹색 군모를 쓴 공산당 병사들이 바로 전날까지 국민당이 지키고 있던 방책에서 보초를 서고 있었다. 베니는 작은 무리의 지역 주민들이 조금씩 가까이 다가가는 것을 지켜봤다. 호기심이 사람들의 경계심을 누그러뜨리고 있었다. 베니 역시 이들이 시민들을 약탈과 강간, 살해를 일삼지 않고서도 거대한 도시를 점령할 수 있는 새로운 부류의 군인들일지 궁금했다. 일본군과 퇴각하던 국민당 양쪽 모두의 특징이었던 폭력 사태가 급증하는 일은 없었다. 구경꾼 중에는 외국인 기자들도 섞여 있었는데, 놀랍게도 피로에 지친 군인들은 뜨거운 차와 음식, 심지어 따뜻한 물조차도 정중하게 거절했다. "인민해방군은 인민들에게서 아무것도 빼앗지 않습니다." 활기찬 느낌의 젊은 병사가 대답했다.

만일 상하이 사람들이 거리에 늘어서 있는 초라하지만, 규율 바른 병사들 때문에 어리둥절해졌다면, 지쳐서 게슴츠레해진 눈을 한 시골 소년들 역시 동양의 파리에서 잠을 깨고는 놀라움을 감추지 못했다. 병사들 중에 그토록 우뚝 솟은 고층 빌딩, 웅장한 저택과 멋진 자동차, 혹은 그들 눈에 외국인들 만큼이나 이질적으로 느껴지는 서구화된 중국인을 본 이는 거의 없었다.

세인트메리스 홀에서 도린과 다른 몇몇 소녀들은 어느 선생님의 오두막에서 유탄이 날아드는 쪽을 비켜서 바닥에 옹기종기 모여앉아 밤을 보냈다. 베니는 여동생이 무사하다는 것을 알고 난 후, 근처 자신의 학교는 상황이 어떤지 확인하지 않을 수 없었다. 베니를 맞은 건 수많은 병사들이었다. 2천 명의 붉은 군대 병력이 학교 명소인 장뇌목 옆 풀밭 위에서 자고 있었다. 다른 때라면 기도하러 성당에 들렀을 테지만, 그곳 역시 신도석이며 바닥 위 잠들어 있는 병사들이 차지하고 있었다. 퇴각하는 국민당 군대가 벌인 혼란과 약탈과는 대조적으로 공산당의 승리는 평화롭다시피 했다.

몇 번인가 시 경계 바깥, 동쪽의 푸둥과 우성, 서쪽 훙차오에서 전투가 벌어졌다. 소규모 국민당 부대가 번드 근처에서 사력을 다해 싸웠지만, 동료들에게 버림받았다는 사실을 깨닫고는 항복했다. 남겨진 다른 국민당 병사들은 그대로 군복을 벗고 속옷만 걸친 채 번잡한 도시 속으로 사라졌다.

해방군이 들어서며 어떤 변화가 있었는지 궁금했던 베니는 티베트로에 있던 돌아가신 할아버지의 옛집에서 멀지 않은 난징로로 향했다. 시내 중심부는 어지러운 상태로, 국민당이 승리 퍼레이드를 했던 바로 그 블록에서 24시간도 채 되지 않아 공산당의 승리를 환영하는 열광적인 축하 행사가 벌어지고 있었다. 국민당 깃발은 노란색 별이 그려진 붉은 깃발로 재빨리 바뀌었다. 열정에 찬 젊은이들이 구경꾼들에게 공산주의의 이점을 외치거나 반제국주의 구호를 제창하며 행진했다. "인민해방군 만세! 인민해방군을 환영합니다!" 그들이 소리쳤다. 마오쩌둥의 거대한 초상화들이 상하이의 높은 건물 위를 덮으며 하룻밤 사이에 모습을 드러냈는데, 이 순간을 비밀리에 준비해 온 수많은 지하 공산당 지지자들의 작품이 분명했다. 중국신민주주의 청년당('중국 공산주의 청년단', 공청단의 1949년 당시 명칭) 소속의 소년, 소녀들이 군대를 환영하는 수천 개의 화려한 포스터를 붙였다. 완장을 찬 십 대들이 국민당과 함께 달아나 버린 교통경찰을 대신했다. 붉은 카네이션이 담긴 커다란 바구니를 든 소녀 당원들은 붉은 군대 병사들의 윗옷 단추 구멍에 꽃을 꽂아주었다.

베니는 바깥쪽에 서서 세인트존스에서 본 적이 있는 몇몇을 포함한 대학생들의 모습을 지켜보고 있었다. 그들은 지금 일어나고 있는 혁명의 중추인 농민 사이에 인기 있는 익숙한 양거秧歌(중국 화북 지방의 모내기 노래)에 맞춰 몸을 천천히 흔들고 있었는데, 외국인들이 "공산당 콩가 춤"이라고 부르는 세 개의 기다란 줄로 나란히 서서 구불구불 거리를 지나갔다. 축제는 전혀 끝날 기미가 없었지만 베니는 거기에 동참하지 않았다. 아버지가 여전히 감옥에 있는 한 그럴 수가 없었다. 그리고 그런 분위기에서 물러나 있는 사람은 베니만이 아니었다. 잇따른 축하 행사에 싫증이 난 다른 사람들은 학교나 여타 사업장들이 문을 닫는 동안에도 계속해서 문을 연 영화관 안으로 몸을 피할 수 있었다. 버블링웰로 앞의 마제스틱 극장에서는 베티 데이비스 주연의 〈디셉션〉이, 케세이 극장에서는 〈지금은 누가 그녀에게 키스하는지〉가 상영되고 있었다. 베니는 과외로 버는 얼마 안 되는 수입을 영화를 보는 데 낭비할 수가 없었다. 상하이 경제는 전보다 더 요동을 칠 것이 분명했기에 그는 씀씀이에 바짝 신경을 곤두세워야 했다.

무엇보다 베니는 공산주의자들이 학생들을 예정대로 졸업할 수 있게 해주기를 바랐다. 세인트존스에서 수업이 재개되자 그는 조용히 감사 기도를 올렸다. 새로운 규칙들이 즉시 시행되었는데 그중에는 예배당에서의 아침 기도를 중단하는 것도 포함되어 있었다. 놀라긴 했지만, 예상하지 못했던 것은 아니었다. 베니는 저항해서는 안 된다는 것을 알았다. 대신 해방 후 몇 주 동안 캠퍼스에서 야영하고 있던 인민해방군 병사들에게 감사를 표하기 위한 친공산주의 집회가 열렸다. 행사를 맡은 학생들은 인민혁명에 대한 병사들의 헌신에 찬사를 보냈다. 베니는 자기 방에서 혼자 기도하며 예배를 드렸다.

친공 단체가 캠퍼스의 새로운 학생 지도부로 부상했다. 베니 같은 학생들은 급우들 중 누가 숨은 공산주의자였는지 알고서 놀랐다. 한동안 여자 기숙사가 급진주의의 온상이라는 소문이 있긴 했다. 학교 친구였던 타오푸잉은 베니처럼 오래된 매판 집안 출신이었는데, 자기 여동생이 지하 공산당원이었다는 것을 그제야 알게 됐다. 이제 공공연히 모습을 드러낸 친 공산주의 단체는 이 선교 학교를 당의 정치 원리들에 부합하도록 만드는 것이 최우선 과제라고 선언했다. 영어가 더 이상 수업에서 쓰이지 않게 되면서, 세인트존스 교육의 특징 중 하나가 사라지게 됐다. 세인트존스에서의 영어 위주 수업은 선교사들이 추구한 "노예 교육"의 일부였다는 비난을 받았다.

그 후로 전국 각지에서는 중국어를 학습과 교역에 쓰이는 언어로 가르치게 될 터였다. 베니의 미국 정치학 강좌를 비롯한 모든 수업이 중국어로 진행됐다. 베니는 어떻든 상관없었다. 어느 언어로든 쉽게 수업 과정을 끝마칠 수 있었다. 여름이 끝날 때쯤이면 9월 졸업장을 받는 데 필요한 학점을 모두 채울 수 있었다. 이제 대학을 졸업하게 되면 그 역시 떠나는 일을 생각해 봐야 할지도 몰랐다.

상하이에 새로 임명된 공산당 시장인 첸이陳毅 사령관은 불안해하는 도시 주민들에게 인민해방군에 잘 협조하면서 평소와 다름없이 생활할 것을 요구하는 동시에 이들을 서둘러 진정시키려고 애썼다. 며칠 안에 트롤리와 트램 운행이 재개되었고 전기와 수도도 다시 연결되었다. 교전 중에 파손된 열차 선로와 다리가 수리되고 도로의 방책들이 재빨리 치워졌다. 강을 통한 운수가 다시 시작되어 배 몇 척은 한동안 떠들썩했던 항구로 되돌아갈 수 있게 됐다. 국민당이 물길에 설치해 놓은 수천 개의 수뢰水雷를 제거하고 정부 건물들은 무장 해제 해야 했다. 공산당 지도부가 한때 영국 주도 하의 상하이 시의회 본당이었던 한커우 로의 번드를 따라 세워진 대규모 정부 청사로 이동했기 때문이었다.

국민당의 금원권을 대체할 새로운 통화인 런민비人民幣가 도입되고 있었다. 상하이의 몇몇 영리한 위조범들은 곧바로 새 지폐를 위조하려 나섰지만, 즉시 붙잡혀 체포됐다. 노란색 커다란 별 하나와 작은 별 네 개가 그려진 붉은 깃발이 세관과 항만청, 그리고 상하이와 난징의 해방을 기념하는 새로운 우표를 발행한 종합우체국 위로 번드 여기저기에서 나부꼈다. 가장 인기 있었던 조치 중 하나로 공산당은 6월 24일, 국민당이 국민의 권리를 침해했다며 사람들이 그토록 싫어했던 통행금지와 이웃끼리 서로 감시하게 하는 바오지아保甲 제도를 없앴다.

떠들썩한 선전을 앞세우며 공산당 경찰국장들은 베니 아버지가 그 자리에 있을 때 하지 못한 일들을 손쉽게 해냈다. 그들은 배드랜즈의 범죄업계를 신속하고 효율적으로 폐쇄했다. 매춘부, 댄스홀 무희, 도박꾼, 아편 거래상과 중독자들은 의무적으로 공산당 재교육을 받아야 했다. 당국은 무도장, 도박장, 그리고 기타 업주들에게 탈세 혐의로 엄중한 벌금을 부과했다. 비협조적인 주인이나 경영자들은 체포되어 처벌을 받았다. 규제와 유흥업 과세의 강화 때문에 점점 많은 업소가 문을 닫았다.

새로운 정권 아래 몇 주가 지나가자 베니는 공산당이 상하이를 긍정적인 방향으로 변화시킬 수 있을 것 같았다. 많은 사람들이 이런 초반 조치들이 필요하고 유익한 것들이라고 환영했다. 특히 국민당 치하에서는 너무나 아쉬웠던 경제적 안정 때문에 더욱 그랬다. 그러나 베니는 여전히 아버지가 걱정되었고, 위험을 무릅쓰고라도 티란차오 감옥에 가보려면 새로 바뀐 면회 절차가 발표되기를 기다려야 했다. 그러는 동안, 그는 공산당 정부가 아버지와 다른 죄수들을 석방해주기를 바랐다.

상하이는 5월 말에 해방되었고 국민당은 퇴각 중이었지만 공산당은 아직 중국의 광대한 영토를 모두 장악하지는 못한 상태였다. 양쪽 군대 사이의 충돌이 남쪽과 서쪽에서 이어졌다. 국민당은 심지어 대만에서 상하이에 공습을 감행했는데, 미제 비행기를 보내 도시를 폭격하고, 자베이와 난타오 등지에서 민간인들을 죽였다. 중일 전쟁에서 일본군이 완전히 무너뜨렸던 바로 그 지역들이었다. 공산당에게는 공군은커녕 대공 방어 시스템도 없었으므로 장제스의 군대가 상하이항을 폭격하고, 지상의 민간인들을 총살하는 데에 아무런 제재도 할 수 없었다. 일본의 제로기(미쓰비시 중공업이 제작하고, 1940년 일본 해군 항공대에 도입된 경량급 전투기로 태평양 전쟁 당시 일본군 해군의 주력 함상전투기)조차도 상하이에 그런 짓을 한 적은 없었다고 공산당 통제 하의 언론은 강조했다. 국민당 전투기는 공산당 해역에 진입을 허락받은 상업용 영국 선박인 '안키세스'를 실수로 폭격했다. 다행히 모든 승객과 승무원은 구조됐지만, 이 사고로 내전이 아직 끝나지 않았다는 것이 분명해졌다.

베니는 길었던 4년을 보내고, 가장 행복한 순간을 맞이했다. 1949년 9월 14일 세인트존스의 졸업장을 손에 쥔 날이었다. 드디어 졸업을 한 것이다. 축하 행사도, 그를 응원해주는 사람도 없었다. 대극장과 같은 호화로운 장소에서 졸업식이 열렸던 지난 시절의 화려하고 요란한 분위기는 자취를 감췄다. 이제 세인트존스처럼 선교단체가 설립한 학교들은 매우 불확실한 미래를 맞이하고 있었다. 베니는 대학이 혹여 강제로 문을 닫게 되기 전에 자신이 그렇게 바라던 졸업장을 받을 수 있어서 감사할 따름이었다.

이제야 그는 자신의 장래에 대해 생각해볼 수 있었다. 베니는 곧 난징에 있는 중국 YMCA 사무총국에 일자리를 구했다. 세인트존스의 전 총장이었던 투위칭涂羽卿 박사가 당시 YMCA의 사무총장 자리에 있었는데, 투 박사가 베니에게 비서직을 제안한 것이었다.

베니는 교회를 위해 일할 수 있다는 사실 자체에 흥분했다. 난징은 상하이에서 기차로 불과 두어 시간 정도밖에 걸리지 않아서 가끔 아버지를 만나러 가기에도 충분히 가까운 거리였다. 기독교 교회 지도자들이 공산당 지배하에도 중국에 머무르기로 한 것은 희망적인 신호였다. 그 사람들이 중국에 남기를 두려워하지 않는다면, 나도 걱정할 필요가 없지 않을까? 베니는 생각했다.

신이 자신을 위해 어떤 계획을 세웠든, 베니는 잘 해낼 자신이 있었다. 어쨌거나 그는 힘들었던 지난 시간을 잘 견뎌왔다. 그러나 아직 떨쳐내지 못한 걱정거리가 한 가지 남아 있었다. 여동생 도린 때문이었다. 자신이 난징에서 일하게 된다면, 여동생은 상하이에 혼자 남아야 했다. 사람을 의심할 줄 모르는 여동생은 베니에게는 늘 물가에 내놓은 아이 같았다. 동생을 데리고 갈 수만 있다면. 하지만 도린은 난징에 가는 일에 관심이 없었고, 함께 간다고 해도 베니에게는 동생을 거둘 능력이 아직 없었다. 그렇지만 아무래도 그는 순진하고 세상 물정 모르는 열여덟 살짜리 동생을 의지할 사람도 없이 상하이처럼 큰도시에 혼자 남겨둘 수가 없었다. 만약 도린에게 무슨 일이라도 생긴다면, 그는 자신을 절대로 용서하지 못할 것 같았다. 베니는 길을 알려주십사 기도하는 것 말고는 어찌해야 할지 몰라 마음이 갑갑했다.

다행히 홍콩에서 둘째 누이인 세실리아가 보내온 편지 한 통에서 해결책을 찾을 수 있었다. 셋째 아이의 출산을 앞둔 세실리아는 도린이 홍콩에 와서 아이들을 돌봐주었으면 했다. 그러면 모든 것이 해결되겠다고 베니는 신이 나서 생각했다. 도린은 세실리아와 함께 있으면 안전할 테니 형제들 모두 의지할 곳을 찾은 셈이었다.

베니가 졸업하고 몇 주 후, 인민해방군은 중국 남서부에 남아 있던 주요 저항 세력을 물리쳤다. 10월 1일 마오쩌둥 주석은 자신이 선택한 수도 베이징의 천안문 광장에서 수백만 관중을 앞에 두고 "중국 인민이 분연히 일어섰다!"라고 선언했다.

공산당 정부는 중국을 떠나는 것을 더욱 어렵게 만드는 절차를 포함하는 규정을 신속하게 도입했다. 이전에는 표만 있으면 누구나 홍콩으로 떠날 수 있었다. 이제 상하이를 떠나려는 사람은 누구나 출국비자를 신청해야 했다. 국민당 치하에서는 값만 치르면 규정을 피할방법이 항상 있었다. 공산주의자들에게 그런 느슨한 틈이 있을 것 같지 않았다. 이미 필요한 출국 비자를 받는 것이 점점 더 어려워지고있었다. 게다가 홍콩이 난민으로 넘쳐나는 바람에 영국 당국은 중국인들의 홍콩 입국을 제한하고 있었다. 전례가 없는 일이었다.

베니는 직장 때문에 난징으로 떠날 준비를 하며, 추가적인 규제가 있기 전에 도린을 곧 홍콩으로 보내야 한다는 것을 깨달았다. 그러나 여동생은 갑자기 망설이기 시작했다. 도린은 오빠와 부모님에게서 너무 멀리 떨어지게 된다는 점에 초조해하고 있었다. 그간의 사정에도 불구하고, 도린은 가족들 곁에 있고 싶어 했다.

지체할 겨를이 없었던 베니는 어쨌든 도린의 출국 허가를 신청하기로 했다. 출국 비자 없이는 상하이를 떠나는 기차표를 살 수 없었기 때문에 표는 나중에 사야 했다. 도린을 설득할 수 없을 때를 대비해 자신도 비자를 신청했다. 둘 중 누구라도 표를 살 수 있도록 하기 위해서였다. 곧 베니는 공식적인 답변을 받았다. 그의 비자 신청은 거부됐다. 너무 많은 지식인들이 상하이에서 도망치고 있었다. 그러나 도린은 출국 허가를 받았다.

공식적인 출국 허가증과 캠퍼스에서 허드렛일 해서 모은 돈을 가지고서 베니는 상하이 북부역으로 서둘러 갔다. 도시의 모든 사람이 같은 생각을 하고 있는 듯했다. 베니는 오래전 복싱 훈련으로 만들어진 여전히 단단한 근육 덕에 군중들 틈을 헤치고 매표소에 닿았다. 그는 이틀 후에 상하이에서 광저우로 떠나는 기차표를 겨우 살 수 있었다. "불평하지 마. 한 장이라도 구했으니 운이 좋은 거야." 베니가 현금을 가득 담아온 자루를 비워내자 우락부락해 보이는 매표원이 큰소리를 쳤다. 이 표가 도린을 세실리아에게 900마일 더 가까이 데려다줄 것이다. 여동생이 광저우에 도착하면 그곳에서 홍콩으로 가는 국경은 멀지 않았고, 도움을 받을 수 있는 교회 연줄도 있었다.

베니에게는 상하이를 떠나도록 도린을 설득할 시간이 많지 않았다. "우리는 이곳 상하이에 괜찮은 가문도, 미래를 위해 도움을 받을 수 있는 꽌시關係(중국 사회에서 중요하게 여겨지는 인맥)도 없어." 그가 말했다. "홍콩에 가면 공산주의자와 결혼할 필요도 없을 거고. 상하이 상황이 안정되면 언제든 돌아올 수 있어." 결국 그는 여동생을 납득시켰다. 도린이 떠나는 날 아침, 베니는 동생이 짐 싸는 것을 도왔다. 옷가지며 신분 증명 서류와 함께, 도린은 베니의 마지막 남은 현금과 아버지가 체포되기 전부터 자신이 지니고 있었던 작은 금 장신구 몇 개를 가져갔다. 짐은 작은 가방 하나에 모두 들어갔다. 도린은 기차표를 주머니에 찔러 넣었다.

베니와 도린은 상하이 북부역에 도착해서 어머니가 두 사람을 기다리고 있는 것을 발견하고는 깜짝 놀랐다. 하이힐을 신고, 깃이 높은 비단 치파오를 입은 어머니는 언제나처럼 고운 얼굴에 우아한 모습을 하고 있었다. 어찌 된 셈인지 어머니는 도린이 떠난다는 사실을 알고 있었다. 그리고는 딸에게 남아 있으라고 애원했다.

"나와 같이 쑤저우에 가서 살자." 어머니가 부탁했다. "네가 가버리면, 우린 다시는 못 보게 될 거야."

베니는 어린 두 동생을 맡기고 난 후에 어머니를 한 번도 본 적이 없었다. 그는 자식들을 다 버린 사람이 이제 와서 도린에게 마음이 쓰인다는 사실이 믿기지 않았다. 어머니는 새로 태어난 아기들 때문에 도린의 도움이 필요해진 것이리라. 베니가 애원하는 어머니에게 맞서지 않으면 동생의 마음이 흔들릴지도 몰랐다.

"너는 젊고, 새로운 삶을 살 기회가 있어." 그가 도린에게 말했다. "그 기회를 잡아!"

플랫폼에서는 승객들이 기차에 오르고 있었다. 도린은 기차에 타기 전에 공산당 세관 검사관에게 출국 허가증을 제시하고 그들이 하는 질문에 순순히 답해야 했다. 여동생은 플랫폼에서 새로운 정권의 정치색뿐만 아니라 실제 그 색깔 때문에 "붉은 집"으로 불리는 건물로 들어갔다. 베니와 어머니는 불편한 침묵 속에 도린을 기다렸다.

안에서는 경멸하는 듯한 눈초리로 검사관이 밀수품을 찾아 열심히 도린의 가방을 뒤졌다. 검사관은 짐을 들추는 동안 거드름을 피우며 누구든 새로운 인민공화국을 떠나려는 사람은 반혁명분자임이 틀림없다고 말했다. 금 장신구를 발견하고서 그는 도린이 불법적인 목적으로 물건을 숨겼다고 몰아세웠다. 관리들은 소지품을 모두 압수하고는 그녀를 붉은 집 밖으로 밀어냈다. 도린은 울음을 터뜨리며 베니에게 달려와 검사관들이 가진 것 전부를 빼앗아 갔다고 말했다.

도린이 자리에 서서 울고 있는 동안 기관사가 기적을 울렸고 차장들이 다니며 탑승 전 마지막 신호라고 소리쳤다.

베니는 큰소리로 한 가지만 물었다. "기차표는 어디에 있어?" 갑자기 기억난 듯 도린은 엉덩이에 손을 뻗었다. "주머니 안에 있어."

"그거면 됐어." 베니는 큰 소리로 말하고, 출발하는 기차를 향해 동생을 들쳐메듯 데려갔다. 그가 여동생을 기차 문 쪽으로 몰아붙이자, 어머니는 딸의 팔에 매달리며 나이가 더 들면 자신을 돌봐줄 사람이 필요하다며, 도린에게 가지 말고 남으라고 애원했다.

"안돼, 가면 안 된다. 다시는 널 못 볼 거야!" 어머니는 하이힐을 플랫폼에 박아넣듯 버티고 서서 도린을 끌어당기며 새된 소리를 질렀다.

베니가 힘이 더 셌다. 그는 기차가 막 출발하려는 찰나 여동생을 가까스로 찻간에 밀어 넣었다.

열린 문 앞에서 도린이 오빠에게 소리쳤다. "나 돈이 한 푼도 없어. 옷도, 아무것도 없어. 어떻게 해야 돼?"

"광저우에 있는 YMCA로 가!" 베니가 큰소리로 대답했다. "내가 연락해 둘게."

베니가 잘 가라고 손을 흔들자, 도린은 미덥지 않은 듯, 눈을 크게 뜨고 말없이 그를 돌아봤다.

"다시는 못 만날 거야!" 어머니가 울부짖었다.

베니는 자리를 잡고 앉은 도린의 창백한 얼굴을 찾아내고는 기차가 앞으로 나아가는 동안 계속해서 손을 흔들었다. 그는 어머니가 더 나은 삶을 살 수 있는 단 한 번의 기회를 딸에게서 빼앗으려 했다는 사실에 놀란 나머지 그쪽을 보지 않으려고 애썼다. 그러면서도 슬픈 생각에 가슴이 쑤시듯 아팠다. 한때 그렇게 사랑했던 어머니가 알아볼 수 없게 낯선 사람이 되었다는 것을 깨달았다.

한 가닥 기차 연기가 회색빛 하늘로 사라져 보이지 않게 되자 그제야 베니는 손을 내렸다. 그는 어머니를 흘끗 보고서는 말없이 있었다. 어머니는 벤치에 앉아서 마치 메트로놈이 달린 듯 앞뒤로 몸을 흔들었다. 그리고는 아들을 노려봤다.

"너, 내 맏아들인 니가 어떻게 어미 속을 이렇게 아프게 하니?" 어머니가 울부짖듯 말했다.

힘들게 숨을 삼킨 베니는 아무런 대답도 할 수 없었다. 어머니 입에서 나오는 한 마디 한 마디가 비수처럼 가슴에 꽂히는 느낌이었다.

도린이 가버리자, 더는 할 말이 없었다. 순간 어머니가 베니 쪽을 힐끗 보았다. 아들은 반쯤은 자신의 대학 공부에 관해 물으려는 걸까 생각했다. 어렸을 때 어머니는 자신이 조금이라도 잘하면 칭찬해주고 언젠가 아버지처럼 될 거라고 다독였다. 그러나 이제 어머니는 목을 길게 빼고 쑤저우로 가는 다음 열차를 확인할 뿐이었다.

"안녕히 가세요, 어머니." 그가 침묵을 깨뜨리고 조용히 말했다. 베니는 어머니를 다시 볼 날이 있을까 궁금해하며 돌아섰다.

PART FOUR

전쟁의 긴 그림자

20장

호, 25세

1949년, 뉴욕

호가 형으로부터 공산당의 상하이 해방에 대한 열성을 드러내는 비밀스러운 편지를 받은 후, 한때 다복했던 그의 가족에게서는 더 이상 소식이 없었다. 가족들의 안전에 대한 걱정과 그들을 도울 수 없다는 무력감으로 인한 죄책감에 시달리던 호는 뉴스와 편지에서 그와 동료들이 얻을 수 있는 정보라면 무엇이든 짜맞추어 보느라 다른 일에는 거의 집중할 수가 없었다.

그것만으로는 충분하지 않았는지, 또 다른 재앙이 그에게 닥쳐왔다. 7월에 미국 이민귀화국INS은 그에게 청문회에 출두하라는 통지를 보냈다. 호는 이미 INS에 시간제로 일할 수 있도록 허가를 요청하는 편지를 보낸 적이 있었다. 그가 만일 이번 청문회에 가지 않거나 가서 무슨 말이라도 잘못하는 날에는 추방당할 수도 있었다. INS가 이미 그가 일하고 있다는 사실을 알게 되어도 역시 추방당할 수 있었다. 누군가 그를 밀고했으면 어쩌지? 월급을 돌려받기 위해 차이나 모터스를 고소한 것이 실수였을까?

호는 INS에 구금되어 연방수사국FBI에 심문, 수감, 그리고 추방될 것이라고 협박당한 다른 학생들을 알고 있었다. 호는 중국의 가족들이 공산당이라는 거센 바람에 휘날리는 낙엽처럼 위태로운 상황임을 알고 있었기에 자신의 공포심을 가라앉히려고 애썼다. 그는 가족들의 충고가 절실하게 필요했지만, 이제는 그들이 어디에 있는지조차 알 수 없었다. 자신에게 닥친 곤경을 생각하는 것만으로도 그는 긴장해서 식은땀이 났다.

호는 미국에서 추방될 가능성을 고려해야 했다. 그렇지만 어디로 간단 말인가? 공산당이 지배하는 중국으로? 아니면 그가 한 번도 가본 적이 없는 대만으로? 반면에 그가 미국에 머물 수 있게 된다면 미국 내에서 거세어지고 있는, 중국인이라면 누구나 표적으로 삼는 반공주의의 파도에 휩쓸릴 수도 있었다. 그의 가족들은 단 한 번도 공산주의를 지지한 적이 없었다. 그가 마지막으로 소식을 들었을 때, 누나와 매형은 공산당에게서 벗어나 대만으로 도망치려 하고 있었다. 그러나 그런 사실은 그다지 중요하지 않을지도 몰랐다. 대부분의 미국인은 중국인은 모두 똑같고, 일본인이나 한국인, 또는 아시아 국가 중 어디 출신이든 크게 다르지 않다고 생각하는 듯했다.

미국에 있는 5~6천 명에 달하는 중국인 학생들 대부분은 중국의 가족들에게 의지해 경제적인 지원을 받고 있었기 때문에, 그와 똑같은 곤경에 처해 있었다. 학생들은 살아갈 방법을 찾아야 했지만, 일하는 것이 금지되어 있었다. 이런 학생들 외에도 임시 비자를 가진 3~4천 명의 중국인 전문직 종사자들 역시 미국에 발이 묶였다.

일부 동정적인 미국인들이 언론사와 정치인들에게 편지를 써서 워싱턴과 INS가 학생들이 일을 할 수 있도록 허가해 줄 것을 촉구했다. 이미 1949년 1월에 매사추세츠주 케임브리지에서 전미학생협회가 INS 부국장에게 중국 학생들이 시간제로 일하는 것을 허용하도록 규칙을 변경해 달라고 요청했다. 또한 협회는 학생들이 일할 시간을 낼 수 있도록 학점을 다 채워야 한다는 조건을 폐지하라고 권고했다. 여학생회와 교회 단체, 그리고 대학 행정가들도 비슷한 탄원을 했다.

그러나 호가 이러한 복잡한 딜레마 상황에 관해 기본적인 정보를 얻을 수 있는 곳은 어디에도 없었다. 다시 한번 그는 가장 믿을 만한 조력자들에게 눈을 돌렸다. 바로 발이 묶인 다른 중국인 학생들이었다. 뉴욕 지역에는 여러 단과 대학과 종합대학을 다니는 약 300명의 학생들이 있었다. 가장 많이 모여 있는 곳은 컬럼비아로, 그것이 호가 이 대학 근처에 살기로 선택한 이유 중 하나였다. 그는 동료 학생들과 학생회나 인터내셔널 하우스, 혹은 비공식적으로 모여 서로를 위로할 수 있는 곳이라면 어디서든 만나곤 했다. 가족들이 홍콩으로 도망간 학생들이 유용한 세부 정보가 담긴 편지를 받을 가능성이 가장 컸다. 영국 식민지로부터의 편지는 금지되지 않은 데다, 홍콩으로 난민들이 꾸준히 유입되면서 중국의 상황에 관한 최신 정보가 계속해서 전해지기 때문이었다. 반면 상하이와 대만에서 오는 편지는 검열관들이 면밀히 검사한 후, 별다른 특징이 없는 내용들만 보낼 수 있게 했다.

검열을 우회하기 위해, 일부 사람들은 암호에 의존했다. 고향을 떠나지 않기로 결심한 상하이 사교계의 어느 학식 있는 사람은 해외로 도망친 가족에게 메시지를 담은 사진을 보내기로 미리 정해두었다. 만일 그가 서 있는 사진을 보내면, 모든 것이 괜찮다는 뜻이었다.

만일 그가 앉아 있으면 상황이 나쁘다는 의미였다. 결국 가족들이 받아 본 사진 속에서 그는 아예 드러누워 있었다.

몇몇 학생들은 꾸지람으로 소식을 전해 들었다. 뉴욕의 마운트 빈센트 대학에서 미술을 공부하고 있던 화가 치니는 자기 가족들이 풍족한 지위를 잃게 되리라고는 생각지도 못했다. 그녀는 1949년 봄 어머니에게 새 치파오 드레스를 부탁하는 편지를 쓰고서 호되게 현실을 깨달을 수 있었다. 그녀의 어머니는 퉁명스러운 답장을 보내왔다. "너는 여기 중국에서 무슨 일이 일어나고 있는지 몰라. 상하이에서는 생활이 엉망이 됐어. 이리로 돌아오거나 대만으로 갈 생각은 하지 마라. 모든 게 혼란스럽구나. 네가 지금 가진 걸로 만족해라. 그런 하찮은 것들은 조르지 말고."

학생들은 고향에서의 불안한 사건들을 바라보는 견해에 있어 결코 의견이 일치하는 법이 없었다. 컬럼비아의 한 단체인, 〈중국인학생회〉Chinese Students Club는 여러 해 동안 사교 모임 역할을 해왔다. 일부 회원들은 이 학생회가 중국에 관해 목소리를 높여야 할 윤리적인 의무가 있다고 주장하는 반면, 다른 학생들은 활동에서 정치적인 요소를 제외하길 원했다. 드러내놓고 친공산주의 성향인 학생들은 자신들만의 캠퍼스 단체를 조직하기로 하고, 〈중국학생협회〉Chinese Students Association라고 이름 지었다. 두 집단 사이의 대립이 너무 격해지자 컬럼비아대학 행정실에서는 두 그룹 모두의 캠퍼스 시설 사용을 취소하면서 어느 쪽도 교내 단체로 인정하지 않기로 했다.

호는 공부를 위해 미국에 도착했을 때, 〈중국학생기독교총연합회〉Chinese Students' Christian Association라는 단체에 가입했다. 미국에서 가장 큰 중국인 학생 단체 중 하나였던 CSCA는 1900년대 초부터 YMCA

의 후원을 받았다. 호는 가족들이 종종 충고한 대로 정치를 피해왔지만 기독교 단체는 해가 없으리라고 생각했다. 게다가 중국인 여학생들을 만나기에 바람직한 장소이기도 했다. 1949년 초에는 CSCA의 전국 지도자가 컬럼비아에 자주 모습을 드러냈는데, 그는 폴 린이라는 이름의 중국계 캐나다인이었다. 린과 그의 아내인 아일린이 새로운 중국을 건설하는 것을 돕도록 학생들에게 귀국을 독려하면서 두 사람이 공산주의 정부의 열렬한 지지자라는 사실은 곧 분명해졌다.

상하이 해방 이후, 중국 내에서 국민당의 시대가 끝나고 공산당이 곧 나라를 장악할 것이라는 데에 의심의 여지가 없어지자, 미국 내부에서는 중국 공산당 잠입자들에 대한 공포가 빠르게 커졌다. FBI는 중국인 학생에 대한 감시를 강화하고 정보원 역할을 해줄 "호의적인" 학생들을 찾아냈다. 연방 요원들이 중국 학생단체와 그 지도자들을 조사하기 위해 전국으로 흩어지면서 호가 가입한 〈중국학생기독교총연합회〉는 FBI의 집중적인 조사를 받게 됐다. 폴 린에게는 "광적인 친공산주의자"라는 FBI 꼬리표가 붙었다.

그들이 학생과 중국인 학자들을 광범위하게 인터뷰하게 되자 FBI의 감시는 비밀일 수가 없게 됐다. 누구나 FBI의 심문을 받았거나 직접 연락을 받은 사람을 알고 있었다. 저명한 중국인들도 이런 심문을 피할 수 없었다. 그중에는 친국민당 중국 로비 단체의 영향력 있는 인사였던 헨리 R. 루스가 이사장으로 있던 뉴욕 중국연구소의 소장 폴 치 멍(孟治 1900~1990) 박사도 있었다. 이제는 기밀이 해제된 당시 비밀 인터뷰 기록에 따르면 멍 소장은 FBI에게 미국에 있는 중국 유학생의 80% 이상이 공산당 정부에 동조하고 있다고 믿지만, 그 학생들이 모두 공산주의자라는 의미는 아니라고 말했다. 다른 FBI 정보원들은 적어도 90% 이상이 공산당 정부에 동조하고 있다고 추정하면서도 다시 한번 이것은 많은 이들이 구제불능으로 부패했다고 여기는 장제스 정권에 대한 강한 거부감의 표현일 것이라고 선을 그었다. 그러나 자세한 내용을 알지 못하는 FBI 요원과 미국 정치인들에게 장제스 반대 세력과 친공산주의자 간의 정치적 차이점은 별다른 의미가 없었다. 그들에게는 모든 중국인들이 잠재적인 공산주의자였다.

변덕스러운 미국 정치 분위기는 학생들의 상황을 더 악화시킬 뿐이었다. 중국인들의 운명은 풍전등화와 같은 상황이었기에, 이들을 어떻게 할 것인가에 관한 의회 토론은 긴장감을 더했다. 1924년부터 시행된 이민법 규정에 따르면 학업을 마치거나 그만두면 학생 비자가 만료됐다. 워싱턴에서는 중국인 학생들이 중국으로 돌아가는 것을 허락할 것인지, 그리고 만일 학생들이 강제로 미국에 머무르게 된다면 그들의 비자 신분은 어떻게 할지에 관한 논쟁이 이어졌다. 일부 정치인들은 학생들이 미국에서 받은 교육으로 공산주의자들을 돕지 못하도록 중국으로 돌아가는 것을 막아야 한다고 생각했다. 다른 사람들은 모든 중국인을 미국에서 몰아내려 했던 반중 배타주의자들의 전통적인 관점에서 "황화黃禍"(황색 인종이 진출하기 때문에 백색 인종에게 미칠 것을 염려하는 침해나 압력. 청일 전쟁 때에 독일 황제 빌헬름 2세가 일본의 진출에 대한 반감에서 이를 주창) 인구가 조금이라도 느는 것을 두려워했다. 그들은 발이 묶인 약 1만 명에 달하는 중국 학생들과 비이민자들에게 어떤 형태로든 체류를 허가하는 데에 강하게 반대했는데 이 숫자는 연간 미국으로 입국이 허락되는 중국 이민자 할당치인 105명을 훨씬 넘는 것이었다.

당시로서는 어려운 문제였다. 수십 년간 중국인들을 미국에 들어오지 못하게 하는 것이 목적이었던 인종 배제 정책은 이제 미국에서 교육받은 중국인들을 마오의 품으로 보내는 데 반대하는 정치인들의 의도와 상충했다. 호는 자신의 제한된 선택지를 저울질하면서 매우 조심스럽게 발을 내디뎌야 한다는 것을 알고 있었다. 특히 다른 학생들이 저지른 실수에 관한 이야기가 퍼지기 시작하면서 더욱 그랬다. 예를 들어, 마리아 리 코는 난민으로 등록하기 위해 학생 비자를 포기했는데 그러고 나서 중국 난민을 위한 몇 안 되는 쿼터가 다 차버렸다는 것을 알게 됐다. 갑작스레 그녀는 추방될 위기에 처하게 됐다. 불굴의 결단력으로 그녀는 오하이오주 의원에게 자신을 미국에 머물도록 허락하는 (특정의 개인·법인에 관한) 개별 이민 법안을 하원에 제출하도록 설득하는 데 성공했다. 백여 명의 다른 중국인들도 미국에 남을 수 있도록 비슷한 개별 하원 법안을 겨우 요청할 수 있었다.

**

몇 주를 걱정에 휩싸인 채 믿을 만한 친구들과 의논하며 보낸 후, 호는 복잡한 변명을 늘어놓기보다 INS 검사관들에게 솔직하게 대답하는 편이 낫겠다고 마음을 정했다. 청문회가 열리게 된 것도 그가 노동 허가를 요청하는 편지를 보내서 생긴 일이었으므로 어쩌면 자신을 호의적으로 볼지도 몰랐다. 호가 청문회에 참석하기 위해 내키지 않은 발걸음을 억지로 옮기며 콜럼버스가 70번지로 향할 때쯤 그는 모든 것을 말하기로 결심한 상태였다. 그는 자신이 여태껏 일을 해왔다는 사실을 털어놓았다. 이제 적어도 INS가 그 사실을 알아차릴까 봐 걱정할 필요는 없을 터였다. 날카로운 눈매의 요원은 그를 노려보며 세부적인 내용을 요구했는데 호에게 기관의 조사와 심의가 기다리는 동안 처벌 조치와 추방 가능성이 있다고 알려주었다.

호는 이민국의 심판에 대비해 마음의 준비를 했다. 그는 자신이 수감이나 추방, 혹은 둘 다 당할 수 있다는 사실을 알고 있었다. 어느 쪽이 더 가혹한 운명이 될지는 알 수 없었다.

청문회가 있고 나서 일주일 후, 그는 INS 뉴욕 지구의 국장 대행인 에드워드 J. 쇼너시로부터 편지를 받았다. 편지에는 호가 전에 일하고 있다는 사실을 부인한 점에 대해서는 아무런 언급도 없었다.

기록에 따르면 귀하는 입국 조건이었던 규정을 위반하고 선서 하에 허위 진술을 함으로써 고의로 위반 사실을 은폐하려 시도한 것으로 보입니다. 귀하의 경제적 자활을 위해 고용이 필요로 한 것으로 판단되어, 앞서 언급한 시간제 근로 허가요청은 승인되었으나 만약 더 이상 입국 조건이었던 규정의 위반 사항이 있을 시에는 적절한 조치가 취해질 것임을 당부하는 바입니다.

호는 그 편지를 여러 번 다시 읽고서야 자신이 위험을 벗어났다는 사실을 확신할 수 있었다. 규정을 위반했음에도 불구하고, 이제 그는 시간제로 일할 수 있도록 허가를 받은 것이었다. 그는 마침내 자신이 INS에 대한 두려움 없이 일자리를 구할 수 있게 된 것을 깨달았다. 그러나 기쁨은 거의 느껴지지 않았다. 그는 여전히 가족들에게서 아무런 소식도 듣지 못하고 있었다. 그는 식구들이라면 이번 일을 기뻐할 것이라고, 그들이 무사히 살아 있다면 그럴 것이라고 믿었다.

다른 중국 학생들은 그만큼 운이 좋지 않았다는 것을 호는 알고 있었다. FBI는 심지어 조사를 위해 그의 룸메이트 중 한 명을 사무실로 불러내기도 했다. 호와 다른 룸메이트들은 그를 안심시키려고 애썼다. 어쨌거나 호의 INS 결과는 긍정적이었기 때문이었다. 그러나 그가 조사받으러 간 뒤 돌아오지 않자 호 일행은 불안해졌다. 친구들은 조심스레 그의 행방을 수소문했지만, 젊은이는 종적을 감춘 듯했다. 그들은 곧 친구가 체포되어 자유의 여신상에서 내려다보이는 엘리스섬에 수감되어 있다는 사실을 알게 됐다. 일련의 사건들을 정리하며 그들은 어느 정보원이 FBI와 접촉해서 룸메이트를 안보에 위협이 되는 인물로 지목한 것으로 결론지었다. 그 밀고자는 룸메이트 애인의 질투심 많은 전 남자친구였던 것으로 밝혀졌다. 그가 앙심을 품고 FBI에 연락한 것이었다.

호와 친구들은 그런 비열한 고발이 실제로 친구의 체포로 이어질 수 있었다는 사실에 간담이 서늘해졌다. 그런 일이 상하이에서 일어났다면 아무도 놀라지 않았을 것이었다. 어쨌든 그들 세대 전체 학생들이 부역자라는 누명을 쓴 적도 있었다. 그러나 호는 미국은 중국과는 다를 것이라고 기대했다. 그러나 대신 이곳에서는 권력이 있는 미국인들이 일제히 미국 내 모든 중국인이 적의 잠입자들로 "제5전선"을 형성하고 있다고 주장했다. 미국 상원의원 조지프 매카시는 중국에 관한 전문지식을 갖춘 미국 외교관들이 공산주의 동조자라는 혐의를 제기했는데 이것은 정부 직원, 교사, 동성애자, 할리우드 작가와 배우들이 국가 안보에 심각한 위협을 불러일으켰으므로 조사와 숙청이 필요하다는 그의 주장의 일면에 불과했다.

**

미국에서 호의 법적 지위는 이제 비교적 안전해졌지만, 발이 묶인 학생이자 난민으로서 자신의 자리를 찾는 것은 여전히 어려운 일이었다. 대부분의 미국인은 중국인 이민자들은 모두 식당이나 세탁소에서 일한다고 생각했는데 실제로 이전 세대 중국인들이 미국에서 찾을 수 있었던 몇 안 되는 일자리이기도 했다. 어디를 가도 호와 그의 동료들은 웨이터나 세탁부냐는 질문을 받았다. 박사 학위로 무장했지만, 직업이 없었던 그들은 모든 중국인은 육체노동자일 것이라는 가정에 불쾌감을 느꼈다.

물론, 중국 망명자들의 면면은 복잡하고 다양했다. 발이 묶인 많은 수의 학생들은 경제적으로 궁핍한 상태였지만 미국 언론들은 장제스 부인과 그녀의 친척들처럼 미국 내 가장 부유한 엘리트들에만 관심이 있는 듯했다. 부인의 오빠이자 전 재무장관 쑹쯔원은 5번가 1133번지에 호화로운 집을 가지고 있었다. 장제스 부인은 뉴욕에서 최고급 주택가 중 하나인 이스트 리버의 그레이시 스퀘어 10번지에 자주 머물렀는데, 그곳은 언니 아이링과 그녀의 엄청나게 부유한 남편인 금융가 H. H. 쿵(쿵샹시 孔祥熙)이 소유하고 있었다.

그런 초엘리트들이 뉴욕 사교계의 가십난에 가끔 등장하곤 했다. 상하이에서 부패 혐의로 수감된 적이 있는 장제스 부인이 가장 아끼는 조카인 데이비드 쿵은 게이라는 소문이 돌았고, 그의 여동생 자네트는 항상 남자처럼 옷을 입고 다녔는데 "부인"이 2명이라고 알려졌다. 일부 하원의원들은 이 남장을 즐기는 조카 때문에 장제스의 부인이 레즈비언이 아닌가 의심했다.

이들 엘리트 망명자들은 대부분 외교 여권을 통해 미국에 입국했기 때문에 다른 중국인들이 미국에서 맞닥뜨렸던 FBI와 INS의 수사를 면책특권으로 피할 수 있었지만, 그들조차 편견 섞인 고정관념에서 늘 자유로울 수는 없었다. 재력가였던 쑹쯔원은 5번가에 있는 그의 아파트를 사기 위해 무려 전 재무장관이었던 헨리 모건소에게서 쑹이 그 구역에서 중국인 세탁소를 열지 않을 것을 보증하는 편지를 구해야 했다. 그럼에도 대부분의 학생들은 이들 부유한 국민당 망명 자들에게 경멸감만을 느끼고 있었는데 그들을 조롱하듯 상하이의 몰락한 백러시아인들처럼 "백중국인"이라고 불렀다.

그러나 경제적으로 갖가지 환경에 놓여 있었던 학생들에게 이런 불확실성과 혼란은 큰 피해를 주었다. 호보다 훨씬 부유한 집안 출신의 학생들이 곤경에 처했다. 아버지가 선상의 가족 만찬을 핑계로 상하이 밖으로 낚아채듯 데려갔던 세인트존스 학생이었던 리처드 린양은 로스엔젤레스의 캘리포니아 대학까지 갈 수 있었지만 불안해진 나머지 웨이터, 주유소 점원 등으로 일하거나 경마장에서 경주마에 돈을 걸고, 할리우드 전쟁 영화에서 단역을 구하는 데에 대부분 시간을 보냈다. 상하이에서 가장 번창했던 직물 제조회사 P. Y. 탕의 장남인 잭 탕은 아버지가 운영하던 중국 회사가 무너지자 어쩔 줄 몰라 하며 MIT에서 허둥거렸다. 공산주의 혁명이 일어나기 전 잭의 인생은 이미 모든 계획이 세워져 있었다. 집안의 장남으로서 그는 번성하는 가업을 이어받아, 언젠가는 다음 세대의 가장이 될 터였다. 그는 그런 미래를 염두에 두고 학업을 계속해 왔다. 그런데 이제 모든 것이 사라지고 말았다. 아버지는 홍콩에서 가문의 직물 사업을 새로 시작해야만 했다. 잭은 극심한 스트레스로 병에 걸렸고 몇 달 동안이나 몸져누워 있었다. 그가 중국 바깥의 세계에서 자신의 자리를 다시 그려보게 되었을 때쯤에는 1949년 한 해를 허송세월한 뒤였다.

호는 공부를 포기하거나 아플 여유조차 없었다. 그러나 그의 삶이 불확실한 혼돈의 소용돌이에 휘말리게 되자, 과학 수업에서의 성적이 곤두박질쳤다. 처음 있는 일이었다. 부진한 성적은 호의 낙담과 방황을 더욱 부추길 뿐이었다.

이런 학생들에 대한 가혹한 냉전冷戰식 반응은 그들 사이에 중국으로 돌아갈 것인지를 놓고 논쟁을 불러일으켰다. 약혼자 또는 배우자와 자녀가 있거나 나이 들어가는 부모가 있는 사람들은 식견이 있는 "차이나 핸드(중국통)"들을 쫓아내 버린 INS, FBI, 국무부가 중국으로 돌아가는 것을 더 어렵게 만드는 규정과 절차를 도입하자 절망할 수밖에 없었다. 일부는 단순히 미국에서의 금전적인 압박과 좁은 취업문이 너무 벅차다는 것을 깨달았기 때문에 고향으로 돌아가길 원했고, 다른 사람들은 떠들썩한 이상주의자들, 폴 린과 아일린 린과 같은 친공산주의자들에게 감화되어 중국의 빛나는 미래를 건설하는 데에 도움이 되길 열망했다. 많은 학생들이 고향으로 돌려보내 달라고 아우성치자 FBI와 INS는 이들이 본국 송환을 계획하는 영향력 있는 대중 운동을 만들어 갈까 봐 우려했다.

이에 미 국무부는 학생들의 송환 요청을 접수하기 위해 중국 지원과를 신설하고서 조사를 위해 요청자 명단을 곧바로 INS로 보냈다. 특히 과학기술을 공부한 이들은 "국가 안보에 해가 될 수 있다"라는 이유로 송환이 금지됐다. 이러한 점은 심지어 호처럼 심각한 이민법 위반을 저지른 과학자나 기술자조차도 마찬가지였지만, 예술과 문학, 인문 사회과학을 전공한 학생들은 재빨리 송환이 승인되어 국무부가 비용을 대고 대만이나 홍콩 등 상하이와 가장 가까운 미국 수교 지역으로 보내졌다.

한편, 미국 정치인들이 발이 묶인 학생들과 학자들을 어떻게 할 것인지 토론을 벌이는 동안 중국의 새로운 공산당 정부는 그들에게 연락을 취해 고향으로 돌아오라고 호소하고 있었다. 베이징 정부는 해외에 있는 중국인 학생들에게 편지를 쓰는 캠페인을 조직하고 새로운 중국의 행로를 계획하는 데에 힘을 보태도록 조국으로 돌아올 것을 촉구했다. 편지 중 몇 통은 저우언라이 총리가 직접 쓴 것이었지만 대부분은 학생 가족들이 보낸 것으로 공산주의 정권이 그들을 두 팔 벌려 환영할 것이라고 안심시키는 내용을 담고 있었다. 학생들이 무리 지어 귀국할 때마다 중국 언론은 찬사를 아끼지 않았다.

호는 그런 편지를 받지 못했다. 그는 편지를 받은 학생들이 부러울 지경이었다. 적어도 그들은 가족이 살아있다는 것은 알 수 있었다. 그러나 몇몇이 집으로 돌아오라는 편지에 이어 곧바로 다른 내용의 메시지를 받게 되자 그와 친구들은 앞서 편지들이 강압에 못 이겨 쓴 것들이 아닐까 의심하기 시작했다. 새로 도착한 메시지는 앞의 돌아오라는 이야기와 장밋빛 약속들은 무시하라는 내용이었다.

1949년 미국에 있었던 5~6천 명의 중국인 학생 중, 약 100명 정도만이 중국으로 돌아갈 수 있는 허가를 받았다. 미국 정부가 공산주의 국가로 가는 모든 여행길을 막았기 때문에 수많은 사람들이 국무부의 승인 없이 유럽을 거쳐 우회하는 방식으로 은밀하게 떠나갔다. 다른 사람들은 새로운 인민공화국과 외교 관계를 수립한 캐나다로 비자도 없이 건너간 뒤 그곳에서 고향으로 돌아갔다. 상반된 감정 속에서도 호는 귀국을 심각하게 생각해볼 수가 없었다. 가족들이 미국에 그대로 있으라는 말을 그토록 확실하게 일러둔 이상 다른 도리가 없었다.

마침내 호는 형에게서 새로운 편지를 받았다. 호는 애가 타서 서두르다 찢어질까 봐, 화장지처럼 얇은 편지지를 조심스레 다루면서 마음을 가라앉혀야 했다. 1949년 9월 20일 상하이에서 호선이 보내온 메시지는 침울했다.

우리가 연락한 지 넉 달이 좀 넘었는데 마치 백 년은 지난 것 같구나. 내 아내가 7월 20일에 결핵으로 세상을 떠났다. 너무 마음이 아프구나... 우리 걱정은 너무 하지 말아라. 정말 힘든 시기이긴 하지만 우리가 잘 해낼 수 있을 거라고 믿고 있다. 누나와 편지는 주고받고 있는지? 누나에게 우리 소식과 내 안부를 전해주렴. 온 나라가 해방된 후에는 어쩌면 우리도 다 함께 만나 다시는 헤어지지 않고 지낼 수 있을지도 모르겠다.

형수가 죽었다는 소식은 충격으로 다가왔다. 형수는 호보다 겨우 몇 살 위였고 형과의 사이에 어린아이가 있었다. 그는 그 짤막한 편지에서도 호선의 아픔이 느껴져서 어떻게든 형을 위로하고 싶었다. 그러나 그는 멀리 떨어져 있는 데다 중국과 미국 사이의 우편 배달이 너무나 불안정한 시기여서 아무것도 할 수가 없었다. 그는 장례식 비용에 보탤 수 있게 몇 달러라도 보내고 싶었다. 그러나 주변 사람들이 새 공산당 정부가 모든 우편물을, 특히 미국에서 온 것들을 일일이 조사하고 있으므로 조심해야 한다는 말을 듣고 그마저도 할 수가 없었다. 돈을 포함해 미국에서 온 것은 무엇이든 불온한 것으로 여겨질지도 몰랐다. 게다가 FBI와 다른 미국 기관에서도 중국으로 오가는 편지들을 확실히 감시하고 있었다. 호는 양쪽 모두를 조심해야 했다.

호가 누나에게서 소식을 듣기까지는 한 달이 더 걸렸다. 누나와 매형, 조카들은 어찌어찌해서 대만에 도착해 있었다. 10월 22일에 누나는 남편이 일자리를 찾은 대만 지룽基隆에서 편지를 썼다.

중국의 상황은 날이면 날마다 나빠지고 있어. 대만도 좋지 않긴 마찬가지지만 적어도 여기엔 전쟁은 없어. 광저우와 샤먼廈門(중국 푸젠福建 성 남동부의 한 섬을 이루는 항만 도시)은 모두 점령당했어. 국민당과 공산당은 여전히 진먼 金門섬을 놓고 싸우고 있어. 대만을 잃는다면 우리는 갈 곳이 없어질 거야. 하지만 여기 대만에서 우리는 지금 또 다른 걱정거리가 있어. 이곳 현지인들은 다른 지방에서 온 우리 같은 사람들에게 몹시 화가 나 있어. 대만 사람들은 우리를 와이성런外省人이라고 불러. 이 사람들은 1947년 2.28과 같은 학살이 또 일어날까 봐 두려워하고 있어. 혹시 그런 일이 일어난다면 우리 본토 사람들 역시 고통받게 될 거야.

매형에게 무슨 일이 있었는지 아니? 일부 현지인들이 그를 미워해서, 일을 제대로 할 수가 없어. 그렇게 우리 와이성런들 역시 여기서 차별을 겪고 있어. 많은 사람들이 미군이 와서 우리를 보호해주길 바라지. 우리는 스스로를 보호할 힘이 없어. 좀 더 나은 삶을 위해 공산당에게서 도망쳐 대만으로 왔어. 늘 어디론가 달아나면서 언제까지고 도망치며 살고 싶지는 않아.

누나가 보내온 편지는 호를 더욱 불안하게 만들었다. 대부분 중국인처럼 그도 대만이나 대만의 역사가 생소했지만 누나가 언급한 학살이란 말이 걱정스러웠다. 호는 좀 더 상세한 내용을 알고 있는 학생들에게서 국민당이 1947년에 일어난 봉기에서 수천 명의 대만인들을 죽였고 그 일이 2월 28일에 일어나서 2.28이라고 불린다는 사실을 알게 됐다. 그는 누나네 가족들이 대만에서 더 큰 혼란을 겪을까 봐 염려스러웠지만 적어도 그들은 살아 있었다. 호는 뉴욕이라는 멀지만, 안정적인 지점에서 가족들을 위해 새로운 역할을 하게 됐다. 이제 멀리 흩어진 가족들이 정보와 조언, 그리고 지원을 얻기 위해 그에게 의

지하고 있었다. 늘 어른들의 말을 따르는 막내였던 그로서는 이런 일들이 묘한 반전처럼 느껴졌다.

대만과 미국 사이에 정기적인 우편 업무가 제자리를 잡자 상하이에 있는 어머니나 형에게서보다 누나로부터 훨씬 더 자주 편지가 오기 시작했다. 완위와 그녀의 남편은 언제나 중국에서 일어나는 일에 관해 아주 세부적인 내용과 그들의 의견까지 기꺼이 그에게 전해주었다. 그러나 대만의 장제스 정부에 대단히 비판적이었던 미국 내 중국인 학생들은 국민당 비밀경찰이 미국까지 그 엄중한 세력을 뻗치고 있다고 주의를 주었다. 많은 이들이 국민당이 학생들을 감시하도록 미국에 스파이를 심어두었다고 믿었다. 호는 국민당과 미국 정부가 그들의 우편물을 감시하고 있지는 않을까 하는 걱정에 누나에게 몇 번이고 편지를 쓸 때 좀 더 조심하라고 일렀다.

1949년 12월 2일, 누나 완위와 매형에게서 좀 더 긴 편지가 왔다. 이번에도 지룽에서 온 것이었다.

우린 잘 지내. 상황은 나날이 나빠지고 있고, 대만은 무척 불안한 상태지만 말이야. 집이 너무 그리워. 우린 여기 갇힌 채 진퇴양난에 빠져있어. 이곳 생활은 너무 따분하고 지루해. 가끔 나는 우리 인생에 더 이상 행복은 없는 게 아닌가 싶어져. 우리는 둘 다 너무 멀리 떨어져 있네. 집으로 돌아갈 날이 언제고 오기는 할까?

사랑하는 어머니는 평생 우리 모두를 걱정하며 고생만 하셨지. 어머니는 혼자 우리를 기르셨는데, 이제 우리는 엄마를 돌봐드리지 못해. 나는 심지어 편지도 보낼 수가 없어. 우리가 여기에서 잘 지내고 있다는 걸 어머니한테 알릴 방법이 없겠니? 마음 편히 계시라는 편지라도 보내고 싶은데 혹시 어머나한테 문제가 생길까 봐 보낼 수가 없어.

우리는 잘 있지만 이곳은 물가가 비싸. 우리는 필요한 돈을 간신히 벌고 있어. 최근에 타이베이에는 상하이 이주민 상인들이 무척 많아졌어. 온갖 오래되고 유명한 상하이 상점들이 타이베이에서 문을 열고 있단다. 상하이 식품점들도 생겨나고 있어. 심지어 고향의 유명한 간식거리들도 등장했어.

이곳 대만에서 듣기론 본토의 상황이 크게 변하고 있다고 해. 우리가 상상했던 것만큼 상황이 좋지 않아. 많은 사람이 확신을 잃었어. 내 동료 중 한 사람의 고향에서는 공산당이 500명을 체포하고, 22명을 죽였어. 지주와 "불순분자"들이었다고 하더라. 공산당의 인가를 받아 부유한 사람들을 죽이고 권력이 이 그룹에서 저 그룹으로 옮겨가도 가난한 농부들의 상황은 마찬가지야. 역사를 통틀어 수많은 왕조가 지나친 빈부격차로 인해서 무너졌어. 사람들은 공산당 내부에는 부패가 없다고들 하지만, 밀월 기간이 끝나면 정부는 게을러지고 이익을 위해 못 할 짓이 없겠지. 수천 년 동안 역사를 통해 겪은 일이니까. 어쩌면 내가 너무 비관적인지도 모르지만, 그게 사실인걸.

미국 정부가 호와 같은 과학자와 기술자들이 미국을 떠나는 것을 막고, 가족들도 그에게 중국에 돌아오지 말라고 하면서 호는 그때까지 한 번도 고향으로 삼을 생각이 없었던 나라에서 살아가게 될 가능성을 받아들여야 했다.

호는 자신의 상황을 정확하게 따져보았다. 그는 이제 취업이 허락된 것은 확실하지만, 자신이 스물다섯 살이고, 결혼을 생각해야 할 때라는 사실에 주목했다. 미국에 있는 중국인 학생 중에 남녀 성비는 여학생 한 명에 남학생 열 명 정도의 수준이었고, 그가 있는 공학회에는 여자가 한 명도 없었다. 몇몇 남학생들은 알파 람다 파이, "FF"[*], 파이 람다와 같은 이름의 중국인 남학생 사교 클럽에 가입했지만 호는 그런 것들에 관심이 없었다.

뉴욕에서는 중국인 대학원생인 어느 사회과학자가 중국인 남학생의 데이트 습관에 관한 석사 논문을 완성했다. 그의 연구 결과는 호의 동료와 친구들 사이에 화두가 되었다. 설문 조사에 응한 남학생의 45%는 "미국에 있는 대부분의 중국 여학생들은 자만심이 강하고", "비싸게" 군다고 믿었다. 반면, 여학생들은 큰 차이로 잠재적인 결혼 상대를 찾는 데에 관심이 있는 것으로 집계됐다. 그 연구자는 많은 수의 남자들이 짝을 구하기에 압도적으로 낮은 확률 때문에 위축되어 있다고 결론지었다.

호는 그렇게 낙담한 남자들 중 하나는 되지 않겠다고 결심했다. 그는 자신의 상황을 분석하면서 결혼 상대로 적합한 중국 여성을 얻기 위한 사활을 건 경쟁에서 자신이 강력한 도전자라고 믿었다. 그는 똑똑하고, 비자 문제가 없었고, 엔지니어로서 전망이 좋은 직업을 가지고 있었다. 집안도 좋았다. 만일 중국에 있었다면, 어머니와 가족들이 이미 신붓감을 물색하거나 아예 정해놓았을 터였다. 그러나 미국에 갇힌 상태에서는 가족의 도움이나 간섭 없이 스스로 아내감을 찾아야 했다. 이 문제에 관해서도 역시 그는 철저히 혼자 모든 것을 해결해야 했다.

....

[*]　Flip Flap fraternity (중국인 남학생 사교 클럽)

21장

안누오, 14세

1949년 이른 봄, 대만

비행기가 섬의 수도 타이베이 바로 동쪽에 있는 도시 지룽의 공항에 착륙하는 순간부터 안누오는 상황이 그들 모두가 원하는 대로 흘러가지 않을지도 모른다는 불안한 느낌을 받았다. 화물 수송기 속에서의 답답한 비행이 끝난 후 내뱉은 안도의 한숨은 비행기의 문이 열리고 숨 막힐 듯 뜨겁고 습한 공기가 들이닥치자 당황스러운 헐떡임으로 바뀌었다. 안누오는 항저우의 차가운 3월 날씨에 걸쳐 입었던 여러 겹의 무거운 겨울옷들을 차례로 벗어던지기 시작했다. 열일곱 살된 오빠 찰리와 열 살인 어린 여동생 리닝도 똑같은 행동을 하고 있었는데, 비행기에 타고 있던 다른 사람들도 모두 마찬가지였다. 갑작스러운 강한 열기의 충격에 어른들도 놀란 듯했다.

바깥에서는 아스팔트에서 증기가 솟아오르는 가운데, 기울어가는 햇빛이 안누오 위로 내리쬐고 있었다. 끈적끈적해진 피부 위로 느껴지는 축축한 공기는 비행기가 안전하게 착륙했을 때 소녀가 느꼈던 기쁨을 희석시키고 있었다. 이 지역에 대해 또 무엇을 모르고 있었던 걸까? 심지어 5년 전 안누오의 가족들이 넉 달간의 고된 여행 끝에 도착했던 장시성의 외딴 마을도 이곳보다는 더 매력적으로 보였다.

어쨌거나 아버지의 전 상관인 한더친韓德勤 장군이 그들의 도착을 기다리고 있었다. 그는 장쑤성 국민당 저항군의 사령관이었다. 안누오는 일본과의 전쟁이 끝나고 그들이 항저우에 살던 시절부터 그의 아이들을 알고 있었다. 안누오의 아버지는 그 후 민간인이 되었지만, 한韓 장군은 장제스 정부에 남았고, 지금은 타이베이 국민당 정권의 관리였다.

이번에는 행운의 손길이 안누오의 가족에게 닿았다. 한 장군은 그들이 빌릴 집을 구해 놓았는데, 그즘 새로 도착한 너무나 많은 피난민들이 살 곳을 찾지 못하고 있었다. 뜨겁게 달아오른 차를 타고 처음 지룽 공항에서 타이베이로 가는 동안, 안누오는 대지와 꽃, 푸르른 나무에서 풍겨오는 짙은 향기가 안개 낀 여름날, 항저우의 시후西湖를 생각나게 한다는 것을 알아차렸다. 그러나 소녀는 도로와 열차 선로를 따라 늘어선 텐트와 달개집 주위로 할 일 없이 무리 지어 모여 있는 병사들을 보고 충격을 받았다. 많은 사람들이 러닝셔츠와 밑단을 접어 올린 군복 바지만 걸치고 있었다. 아이는 임시 막사에 웅크리고 앉아 담배를 피우며 카드놀이를 하고, 손으로 찰싹찰싹 때리며 파리와 모기를 쫓는 이들이 전쟁에서 패한 국민당 군대라는 것을 깨달았다.

타이베이로 차를 몰고 가면서 본 도시 외곽의 집들은 소녀가 여태껏 보아 온 것들과는 전혀 다른 모습으로, 곡선을 이루는 일본식 지붕과 창문이 달린 단층의 자그마한 목조 가옥들이었다. 아이에게는 이 고장 사람들이 더 낯설게 느껴졌는데, 말쑥하게 차려입은 도시 사람들이 아니라 상하이의 인력거꾼이나 쿨리를 연상시키는 헐렁하고 볼품없는 옷을 입고 있었다. 그들의 피부는 햇볕에 그을린 갈색이었고 맨발에는 나무로 만든 샌들을 신고 있었다. 다리에는 스타킹을 신지 않아서 붉은 모기 물린 자국이 그대로 드러나 보였다. 안누오는 이전의 생활과 어느 것 하나 비슷한 점을 찾을 수 없어서 놀란 눈으로 주변을 빤히 바라봤다. 소녀는 여태 자신이 무엇을 기대해야 할지 모르고 있었지만, 그 기대가 이런 모습이었을 것 같지는 않았다.

⁎

안누오가 느낀 첫인상은 섬에 살고 있던 6백만 명의 지역 주민들을 당황하게 만든 다른 수십만 명의 피난민들이 본토에서 무리 지어 도착하면서 받은 인상과 크게 다르지 않았다. 400년 전, 포르투갈 상인들은 이 푸른 숲이 우거진 열대의 섬을 '아름다운 섬'이라는 뜻의 '일랴 포르모자Ilha Formosa'라고 불렀다. 다른 서양 제국주의 열강들은 포르모사라는 이름을 사용했다. 이 고장 사람들에게 섬은 그저 대만(대만)이었다.

대만 주민들은 대부분 푸젠성 출신의 중국인들로 여러 세대에 걸쳐 100마일 거리의 해협을 건너온 사람들이었다. 그들은 이 비옥하고 초록이 우거진 섬에서 농사를 짓고 물고기를 잡아 생활했다. 1895년 제1차 청일 전쟁이 끝난 후 전쟁에 패한 중국이 대만을 양도하자, 일본은 이곳을 나머지 아시아를 향한 팽창주의 설계의 시험장으로 만든다는 계획을 세웠다. 일제는 학교, 철도, 탄광, 공장, 그리고 병원을 지었고 문맹률과 생활 수준을 높여 놓았다. 또한 대만인들에게 일본어와 일본식 주택, 의복, 관습을 익히도록 강요하면서 원래의 언어와 문화를 금지했다. 일본은 사람들의 생활을 면밀하게 감시하며 정부와 산업을 통제했다. 일제에 협력한 대만인들은 보상을 받았지만 저항하는 사람들은 탄압당했다.

새로 도착한 많은 피난민들처럼 안누오의 가족도 국민당에 대한 현지 대만인들의 끓어오르는 분노를 전혀 알아차리지 못했다. 1945년 일본이 항복하자 장제스의 중화민국은 대만의 지배권을 넘겨받았다. 처음에 대만인들은 동포인 중국인들을 환영했지만, 승전국이 된 중국의 국민당은 지역민들을 적국 국민으로 취급하며 정복자로서 섬에 들어왔다. 중국 본토에서 온 새로운 주인들은 알고 보니 일본인들보다 더 가혹했는데, 행상을 하는 한 여성을 가혹하게 단속하고서는 이에 대해 항의하는 군중들에게 총을 쏘았다. 다음날인 1947년 2월 28일에 대규모 폭동이 시작됐다. 상하이의 신문 편집자 존 W. 파월에 따르면 국민당은 "아마도 국민당 정부 역사상 유례없는 공포정치"를 펼치며 그 후 며칠간 대만인 수천 명을 살해했다. 국민당 군대는 나중에 상하이에서 그랬던 것처럼, 대만에 계엄령을 내리고 대만인 지도자, 교사, 지식인들을 체포하고 처형했으며 신문사를 폐쇄하고 반대파를 억압했다. 2.28* 이후 2년이 지난 1949년 안누오의 가족이 도착했을 즈음에는 이미 백만 명 넘는 국민당 당원과 그들의 가족, 그리고 지지자들이 다급하게 퇴각하며 대만으로 피신해 있었고, 그보다 더 많은 수의 사람들이 들어오는 중이었다. 그중 대부분은 각자의 트

---

* 1947년 대만에서 벌어진 국민당 정부에 대한 반정부 봉기와, 이에 대응해 국민정부에서 비무장 반정부 시민들을 학살한 사건

라우마에서 헤어 나오지 못하고 있었기에 이곳 섬의 갈등을 알아차리지 못했다. 타이베이에 있는 마창띵馬場町, '말 들판'이라는 이름으로 알려진 장소는 반체제 인사들의 처형장이었다. 거기가 바로 안누오의 가족들이 살게 될 곳이었다.

마창띵의 집은 또 다른 충격이었다. 안누오와 찰리는 부모님보다 먼저 달려가서 지붕이 있는 비좁은 현관을 거쳐 두 개의 비어 있는 방으로 들어갔다. 벽장도 의자도 없었고, 아무것도 걸려 있지 않은 벽에 나무와 종이로 된 미닫이문뿐이었다. 양쪽 방의 바닥에는 짚으로 짠 돗자리가 깔려 있었다.

그들은 한더친 장군이 이 집이 침대나 의자가 없는 일본식 가옥이라고 설명하는 것을 조용히 듣고 있었다. 이제 그들은 일본인들이 다다미라고 부르는 짚으로 엮은 돗자리 위에 앉아서 밥을 먹고, 잠을 자게 될 것이었다. 바깥 복도에는 음식을 만들고 물을 데우는 데에 쓰이는 구식 숯불 화로가 있었다. "어쨌거나" 장군은 그들에게 일러두었다. "이 섬은 50년이나 일본의 식민지로 있었소. 많은 풍습이 중국식보다는 일본식이지." 안누오는 몇 달 전 칠촌 아저씨가 깔보듯 내뱉었던 말을 기억하고 있었다. 그는 대만 사람들이 여전히 스스로를 일본인이라고 생각한다고 했다.

그러자 소녀는 아저씨가 대만에 대해 불평했던 다른 중요한 이유가 생각났다. 일본식 가옥에는 변기나 실내 화장실이 없다는 것이었다. 바깥, 집 뒤쪽으로 땅에 변소로 사용하는 구멍이 뚫려 있을 뿐이었다. 거기에서 볼일을 보려면 쭈그려 앉는 수밖에 없었다. 마치 매일 아침 상하이의 릴롱 주택 사이로 분뇨를 모으는 사람들이 돌아다니며 근처 농가에 비료로 쓸 오줌똥을 모으던 것처럼, 일주일에 한 번씩 사람이 와서 오물을 치웠다. 어머니 말로는 이런 일이 또한 전염병과 기생충을 퍼뜨리는데, 그 때문에 중국의 거의 모든 어린이가 장을 감염시키는 벌레들을 쫓아줄 커다란 알약을 먹어야 한다고 했다.

음식은? 하인도 없이, 하인을 고용할 돈도 없이 어떻게 여기서 지낸단 말인가? 안누오는 궁금했다. 아이는 아버지가 국민당 저항군에 합류하기 위해 떠나 있었던 짧은 시간을 제외하고는 어머니가 요리나 청소를 하는 것을 본 적이 없었다. 그러나 무마는 언제나처럼 침착한 모습이었다. 중국 전역을 옮겨 다니는 동안 어머니는 온갖 힘든 일을 고스란히 떠맡아야 했지만 결코 불평하는 법이 없었다. 더구나 장군 앞에서 아버지가 체면을 잃게 하지는 않을 터였다. 안누오에게 이런 점은 가지고 있는 불만을 입 밖에 내서는 안 된다는 무언의 교훈으로 다가왔다. 어머니는 온화한 미소와 함께 예의 바르게 고개를 끄덕이며 장군에게 감사를 표했다. 덥고 습한 공기와 긴 비행기 여행에도 불구하고 어머니는 머리카락 한 올 흐트러짐이 없었다. 우아한 백조 같다고 안누오는 생각했다. 나도 이렇게 어설프고 못생긴 새끼 오리 같지 않고 좀 더 무마를 닮았다면. 그럼 아마 아버지도 나를 좋아할 텐데.

"감사는 필요 없습니다. 그렇게 예의 차리지 않으셔도 돼요." 장군이 대답했다. "부군은 제 장교 중에서 가장 뛰어난 이들 중 하나였고, 국민당의 대의를 따르는 진정한 당원이니까요." 그리고 그는 목청을 가다듬고서 안누오의 아버지를 바라보았다.

"한 가지 더 말해 둘 게 있어. 미안하지만, 자네 능력에 맞는 일자리를 찾지 못했네. 중국 전역에서 많은 수의 학식 있고, 숙련된 인재들이 대만으로 도망쳐 오고 있지만 마땅한 일자리가 충분치 않아서 말일세."

순간 언변이 좋은 아버지가 입을 다물고 아무 말도 하지 않았다. 백만 명이 넘는 국민당원들이 본토에서 퇴각해 오면서 이 섬의 자원을 압도하고 있는 것이 사실이었다. 게다가 국민당은 정부 전체가 큰 혼란에 빠져 있었다. 본토의 행정부는 붕괴 중이었지만, 아직 항복은 하지 않은 상태였다. 장제스 대원수는 중국 총통직에서 물러났음에도 여전히 군의 최고 사령관과 당 대표직을 유지했고, 국고 대부분을 손에 넣고서 타이베이에서 측근들과 함께 스스로 높은 지위에 올라 있었다. 중국 전역에서 엄청난 숫자의 전직 국민당 고위 공무원들과 지식인들이 대부분의 본토 성보다 면적과 인구 면에서 더 작은 섬인 대만으로 갑자기 몰려온 터였다. 새로운 정부에는 쓸 만한 일자리가 훨씬 적을 것이었다. 벌써 당내 파벌들과 서로 경쟁 중인 군벌들이 권력을 다투고 있었다. 한더친 장군은 안누오의 아버지에게 어떤 당 임명직이 생겨날지 지켜보자고 했다.

그러나 안누오의 가족은 상하이를 떠나면서 돈을 거의 가져오지 않았다. 심지어 아버지가 일을 하고 있던 때에도 돈이 아버지 손에서 너무 아무렇게나 흘러나가는 바람에 가족들은 종종 마음을 졸이곤 했다. 안누오가 보기에, 어머니가 집안을 책임지고 있을 때가 가정 형편이 가장 좋았던 것 같았다. 그 무렵에는 가끔 특별한 간식을 사 먹을 만한 돈도 있었다.

아버지가 입을 열었다. "제가 전쟁 기간 물질적인 이득을 전혀 생각하지 않고 복무하며 조국에 몸 바쳤다는 것을 누구보다도 더 잘 아시지 않습니까? 대만으로 오면서 저희는 모든 걸 다 버리고 와야 했습니다."

한 장군은 손을 들고 말을 가로막았다. "더 말할 필요 없네. 적당한 자리가 생길 때까지 자네 가족들에게 필요한 돈은 얼마든지 내가 빌려줌세."

장군은 떠나려고 돌아서기 전 가족들에게 다음과 같이 충고했다. 난민들이 너무 많이 몰려들고 있으므로 공산당 첩자나 섬으로 숨어 들어오려는 위험인물들의 위협을 항상 경계할 필요가 있다. 새로 도착한 사람들은 여권과 신분증을 엄중하게 검사받고 있는데 난민 대부분은 안누오의 아버지처럼 잘 알려진 국민당원이 아니기 때문이다. 게다가, 일부 대만인들은 중국의 통치 복귀에 불만을 품고 있다고 장군은 경고했다. 국민당은 1947년에 일어난 대만의 2.28 봉기를 진압할 수 있었지만, 군은 문제를 일으키는 자들을 뿌리 뽑고 제거하기 위해 섬에 계엄령을 내려야만 했다. "언제나 경계를 늦추지 말고, 본토에서 온 다른 믿을 만한 국민당원들과 가깝게 지내도록 하게."라고 장군은 말을 마쳤다.

**

안누오는 어머니가 그들이 살게 된 일본식 가옥의 문제에 단호하게 대처하는 모습을 감탄하며 지켜봤다. 아이 중 누구라도 불편한 집이며, 구식 변소를 놓고 불평할라치면 어머니는 그들의 상황이 훨씬 더 나쁠 수도 있었다는 점을 상기시켰다.

"길가에 있던 사람들처럼 텐트나 판잣집에 살게 되지 않은 것만으로도 우리는 운이 좋았어." 그녀가 아이들에게 말했다. 안누오는 어려움을 견뎌내며 매번 괴로운 상황에서도 최선을 일구어내는 어머니의 능력이 얼마나 특별한 것인지 알 수 있는 나이였다.

일본식 집의 얇은 벽 너머로 그들을 기다리고 있었던 것은 역시 만만치 않은 도전이었다. 모기, 바퀴벌레, 도마뱀과 뱀이 곳곳에 있었다. 사람들은 게다라고 불리는 일본식 나무 샌들을 신고서 달각달각 소리를 내며 다녔다. 현지 사람들은 안누오와 가족들을 똑바로 되쏘아보았다. 도시풍의 옷차림, 가죽 신발과 창백한 피부가 모두에게 "새로 도착한 본토 사람"이란 점을 광고하듯 드러내고 있었다. 대만인들은 그들을 모든 외부인을 일컫는 말인 '와이성런'外省人이라고 부르면서, 자신들을 본래 섬에 속한 사람이란 뜻으로 '번성런'本省人이라고 불렀다. 혹시 있을지도 모를 지역 사람들의 적대감에 관해 미리 한 장군이 경고한 것을 기억하며, 새로 도착한 그들 가족은 섬의 상황에 거리를 두고 신중한 태도를 취했다.

타이베이서의 처음 몇 주 동안 안누오는 매일 아침 어머니가 길거리 시장에 장을 보러 갈 때면 그 곁에 바싹 붙어 다녔다. 안누오와 안누오의 부모는 몇 가지 중국 방언들을 할 수 있었지만, 그 중 어느 것도 이곳 동네 가게에서는 쓸모가 없었다. 대만 방언은 본토에서 섬과 가장 가까운 지역인 푸젠성의 방언과 제일 비슷했고, 그들이 알고 있던 북부의 방언과는 전혀 달랐다. 안누오의 어머니는 무엇을 원하는지 알리려고 손짓과 표정을 사용해가며 필요한 쌀과 달걀, 그리고 약간의 채소를 살 수 있었다. 냄비와 숯 몇 덩어리도 사야 했다.

작은 일본식 집에서는 제대로 된 식사를 준비하는 일이 특히 어려웠다. 안누오의 어머니는 전에는 한 번도 그런 구식 화로에서 음식을 해본 적이 없었다. 숯불과 성냥을 들고 소란을 피웠지만, 불은 잘 붙지 않았다. 어느 순간 무마가 오래전 언젠가 종잉이 불을 피우던 장면을 기억해낸 듯했다. 그녀는 급히 안누오를 보내 불쏘시개로 쓸 마른 잔가지와 풀을 모아오게 했다. 이내 두 개의 작은 방에 새로 짓는 밥 냄새가 구수하게 스며들었다. 그러나 곧 밥 타는 냄새가 코를 찌르고 냄비에서 시커먼 연기가 피어오르자, 기대는 실망으로 변했다. 그날 밤 식구들은 타서 딱딱해진 밥알들을 긁어내 천천히 씹으면서 아무런 말 없이 저녁을 먹었다.

여느 때처럼 어머니는 걱정도 실망도 내비치지 않았다. 아버지는 어색한 침묵을 깨려는 듯, 다 같이 육즙이 진한 진화화퇴金華火腿 (저장성 진화에서 유래한 일종의 햄. 도축한 돼지의 뒷다리를 염장한 후, 햇볕에 말린다)를 씹어먹는 척하자고 말했다.

찰리가 불쑥 끼어들었다. "음, 그래도 이게 우리가 전쟁 동안 먹던 옥수수죽보다는 훨씬 맛있어요."

안누오도 덧붙였다. "장시성 산길에서 먹었던 삶은 달걀만큼이나 먹을 만한 걸요, 뭐."

곧 그들은 새로운 집에서 만든 첫 음식을 앞에 놓고 함께 킥킥거리며 웃고 있었다.

어머니가 화로를 사용하는 데 익숙해지고, 곧 고슬고슬한 흰 쌀밥을 다시 먹을 수 있게 되자 가족들은 모두 안심했다. 몇 주 만에 어머니의 작은 부엌에서는 먹을 만한, 심지어 맛있는 음식들이 나오기 시작했다. 안누오는 일본식 집에서 여러 가지 문제와 씨름하는 어머니의 얼굴에 떠오른 낯익은 표정을 알아차렸다. 일본이 점령하고 있던 상하이에서, 문을 두드리는 일본군을 되돌려 보냈을 때와 똑같은 단호한 표정이었다. 그때처럼 어머니는 가족의 안전과 행복을 위해서 필요한 일이라면 무엇이든 하리라 마음먹고 있었다.

가족들의 일상에서 일어난 가장 극적인 변화는 아버지에 관한 것이었다. 안누오의 삶 대부분의 시기에 아버지는 구이저우성에서 국민당 치안판사로 근무하고, 장쑤성과 장시성에서 일본군과 싸우고, 상하이에서는 소금 상인으로 일하느라 가족들 곁에 없었다. 한때 병사들을 지휘했던 아버지는 이제 아내와 아이들 위에 군림했다. 그는 자식들이 하는 모든 일을 끊임없이 감시하고, 지휘하고, 통제했다.

가족의 최고 사령관으로서 아버지는 아무런 설명도 없이 온갖 규칙과 구속을 만들어냈다. 타이베이의 부족한 대중교통 때문에 많은 아이들이 자전거를 타고 학교에 다녔다. 하지만 류씨 집안 아이들은 자전거를 타는 것이 일절 금지되어 있었다. 버스 운행이 믿을 만하지 않은 것은 문제가 되지 않았다. 아이들은 종종 차가 오길 하염없이 기다려야 했다. 자전거를 타면 자립심이 강해지게 된다. 자립심은 곧 반항과 용납할 수 없는 농탕질로 이어질 수 있었다.

아이들이 다닐 학교를 알아보던 부모님은 곧 대만에서 가장 평이 좋은 여자 중등학교가 타이베이 중심부에 있는, 정부청사 본관 옆 타이베이 제일여자고등학교라는 사실을 알게 됐다. 타이베이 제일여고의 아름다운 교정은 상하이의 가장 훌륭한 사립학교들처럼 높은 울타리로 둘러싸여 있었고, 정문을 통과해야만 출입할 수 있었다.

명문인 제일여자고등학교에 다니고 싶다고 한 것은 안누오 자신이었다. 소녀는 아버지의 감시가 견디기 힘들었고 이 학교가 자신에게 구원의 통로가 되리라 믿었다. 그녀는 제일여고 졸업생들에게는 '타이다'臺大란 이름으로 알려진 일류대학인 국립대만대학교의 입학이 사실상 보장된 것과 다름없다는 이야기를 들었다. 타이다 졸업생은 해외 대학원에 갈 수 있도록 비자를 얻을 기회가 어느 곳보다 많았다. 제일여자고등학교에 다닐 수만 있다면 이 숨 막히는 대만이라는 섬에서 벗어날 수 있을지도 몰랐다.

안누오의 가족은 학기가 끝날 무렵 대만에 도착했기 때문에, 평소라면 소녀는 학기가 다시 시작하는 9월이 될 때까지 기다려야 했다. 그러나 1949년 대만으로의 대규모 탈출이 일어나자 학교에 다녀야 할 나이의 아이들이 넘쳐났다. 국민당은 엄청난 숫자의 학생 유입을 수용하기 위해 여름에 추가 학기를 개설했다. 새로 온 학생들이 어느 학교에 다닐지 결정하기 위해 학년 중간에 특별 입학시험이 치러질 예정이었다. 상위 1%의 점수를 받은 아이들만이 가장 좋은 여학교 혹은 남학교에 들어가기를 바랄 수 있었다.

다시 한번, 안누오의 미래가 시험에 달려 있었다. 제일여자고등학교에 들어가려면 중국 전역에서 도망쳐 온 다른 학생들과 경쟁해야 하는 상황이었다. 시험 당일, 안누오는 입학만 하게 된다면 학교 공부를 전보다 훨씬 더 열심히 하겠다고 스스로에게 맹세했다.

며칠 후, 안누오는 버스를 타고 벽보에 붙은 결과를 보기 위해 학교로 갔다. 소녀는 1등부터 순서대로 순위가 매겨진 학생들 이름이 적혀 있는, 길게 붙어 있는 여러 장의 종이 위에서 자신의 이름을 찾아야 했다. 놀랍게도 소녀의 이름이 거의 맨 위쪽에 있었다. 그녀는 자신이 꿈꾸던 학교에 특별 학기 입학시험을 치르고 합격한 100여 명의 학생 중 한 사람이었다. 안누오는 잘못 보았을지도 모른다는 생각에 눈을 비볐다. 그리고 다시 한번 살펴봤다. 여전히 거기에 이름이 있었다.

이때까지도 열네 살 소녀는 자신이 전쟁과 상황이 데려가는 곳이라면 어디로든 휩쓸려가는 가시엉겅퀴 같은 존재에 불과하다고 생각했다. 그러나 어머니가 일깨워주었듯 안누오의 나이에 할머니는 결혼해서 자신의 살림을 꾸리는 법을 배웠다. 이제 나도 내 미래를 위해 나설 때가 됐어. 안누오는 자신에게 말했다. 학교가 그 수단을 제공할 터였다. 그러나 그녀는 때가 오길 기다려야 했다. 한편, 안누오의 아버지는 딸을 전보다 더 심하게 옥좼다. 소녀는 다른 아이들의 집에 놀러 가는 것도 허락되지 않았는데, 나쁜 영향을 받을까 봐서였다. 같은 이유로 안누오는 수학여행을 가거나 친구들과 놀러 나갈 수도 없었다. 그가 경계심을 가지고 지켜보지 않으면, 아이들이 어떤 해로운 사술邪術에 걸려들지 누가 알겠는가? 타자 치는 법을 배우는 것도 허락되지 않았다. 이유는 없었다. 음악도 들어서도 안 됐는데, 주의를 산만하게 하고, 사람을 타락시키는 나쁜 영향을 끼칠 것이 확실해서였다. 십 대 자녀들이 이성과 춤을 추거나 교제해서도 안 됐다. 그가 안누오와 여동생에게 춤을 가르쳤다는 사실은 중요하지 않았다.

숨 막히는 규칙들은 그 자체로도 괴로웠는데 아버지의 못마땅한 시선은 특히 큰딸에게 쏠렸다. (아버지 말에 따르면) 안누오는 제대로 할 줄 아는 게 하나도 없었다. 심지어 아이가 아무것도 하지 않을 때도 그는 딸의 허물을 찾아냈다. 입술이 너무 두껍고, 코가 못생겼다. 이도 좋지 않고, 다리는 너무 짧고 두껍다. "저 앤 아무래도 별로야." 아버지는 말하곤 했다. 그런 말은 안누오가 전에도 다 들어본 것들이었지만, 항저우에서는 아버지가 자주 집을 비웠다. 대만에서는 그가 항상 자신을 노려보고 있었다. 아이는 자기 집에 갇힌 듯한 기분이었다. 아버지가 안누오를 주된 희생양으로 삼아 퇴각 중인 국민당군을 섬으로 몰고 갔던 공포와 피해망상을 가족들에게 쏟아내면서 섬 전체를 쥐락펴락하던 계엄령이 안누오의 집까지 스며들었다.

*
**

대만으로 탈출하는 행렬이 줄어들 기미가 보이지 않자, 장제스 총사령관은 대만의 비상 경계 태세를 그대로 유지했다. 어느 신문은 "공산당의 위협으로 공황 상태에 빠진 상하이에서 고위 공무원들, 부유한 사업가와 지주들이 값진 화물들을 가지고 섬으로 도망쳐 오면서 대만에는 역사상 아마도 가장 많은 인구가 유입되고 있다."라고 보도했다. 국민당 정부는 공산주의자들이 침투하지 못하도록 늘 경계하도록 했고, 모든 남녀, 어린이들은 공산당의 침략에 대비해 섬을 지킬 준비를 해야 했다.

항시 존재하는 공산당 침투의 위협은, 무시무시한 비밀경찰이 반대파를 짓밟고 체포, 납치, 투옥과 처형으로 현지 대만인들을 압박한 것처럼, 어떤 식의 불만이든 억누르는 데 도움이 됐다. 이렇게 난폭한 국민당의 경찰국가는 백색 테러로 유명해졌는데, 이는 장제스가 이미 20년 전 상하이에서 벌였던 좌파와 노조 간부 제거 활동에 붙여진 이름과 같았다.

안누오의 아버지는 공산당 잠입자며 문제를 일으키는 대만인들에 대해 국민당이 보이는 집착에 보조를 맞췄다. 그는 가족들에게 공산당 치하에 사느니 죽는 편이 낫다고 통보하듯 말했다. 그는 "빨갱이들이 대만으로 쳐들어오면, 난 스스로 목숨을 끊겠어."라고 선언했다. "너희들 모두 바다에 뛰어드는 걸 보고 나서, 나도 바닷물에 빠져 죽을 거야." 그가 명령조로 말했다.

본토에서 빨갱이들이 완전한 승리를 향해 진격 중이라는 소식이 전해질 때마다, 섬으로 도망쳐 온 사람들이 다음번은 그들 차례라고 절망하는 동안, 국민당은 군사적 통제를 더욱 강화했다. 심지어 미국 정부의 지원도 시들해지고 있었다. 1947년 국민당과 공산당 사이에 합의를 이끌어 내는 데에 실패한 경험이 있는 국무장관 조지 마셜은 하원에서 "미국이 아무리 많은 군사적, 경제적 지원을 하더라도, 장제스 정부가 세를 회복하고 정권을 유지하게 할 수는 없을 것"이라고 말했다. 국민당에는 다행스럽게도, 하원의 보수적인 공화당 의원들이 꾸린 "차이나 블럭China Bloc"은 1948년의 중국 원조법China Aid Act을 마셜 플랜에 묶어 장제스 정부를 위한 경제 군사 연합 원조에 약 6억 달러를 조달했다.

그러나 쑹메이링 여사가 백악관에 머물면서 국민당 지지를 호소하기 위해 하원에 초대받아 연설하던 시대는 지났다. 안누오는 그들이 살던 작은 집 방안을 가득 채우고 있던 분노와 절망, 둘 다에 차츰 익숙해졌다. 한편에서는 아버지가 증오하는 공산당을 신랄하게 비난하느라 여념이 없었고, 다른 한편으로 어머니는 외할머니를 설득해 대만으로 함께 모셔 오지 못한 것을 사무치게 후회하고 있었다.

소녀의 부모와 같은 난민들이 상하이에서 그들이 누리던 삶을 애타게 그리워하는 동안, 어른들의 비탄과 슬픔에 둘러싸인 안누오와 본토 출신의 다른 젊은이들이 내릴 수 있었던 결론은 단 한 가지, 대만에는 그들을 위한 미래가 없다는 점이었다.

*
**

안누오는 학교로 가는 버스를 타기 위해 다른 아이들보다 훨씬 더 일찍 일어나야 했다. 운이 좋으면 버스 안 꽉 들어찬 땀투성이 사람들 사이로 비집고 서 있을 만한 공간이 남아 있을 때도 있었다. 자전거를 탈 수 있다면 더 좋았겠지만, 소녀는 집을 벗어나 학교에 갈 수 있다는 사실만으로도 기뻤다. 제일여자고등학교 학생이라는 점을 분명하게 보여주는 교복은 그녀가 우수한 학생임을 나타내는 자랑스러운 표식이었는데, 붉은 넥타이에 녹색 블라우스, 검정 치마와 재킷을 입고 머리는 귀밑으로 짧게 잘랐다. 학교 친구들은 중국 전역에서 온 아이들로, 몇몇은 안누오처럼 상하이 사투리를 썼다. 상하이말을 하는 아이들을 찾기는 쉬웠다. 테레사 첸 루이는 능숙한 바느질 솜씨로 오빠의 낡은 바지로 교복 치마를 만들었는데, 주머니가 달린 그 A라인 스커트는 전교생의 부러움을 샀다. 모두들 맥타이어 여학교 출신인 테레사가 상하이 스타일로 옷을 만들었다고 했다. 안누오가 여전히 알아들을 수 없었던 것은 몇몇 대만 소녀들이 사용하는 그 지역 사투리였지만, 다행히도 수업은 만다린어로 진행됐다. 훨씬 전부터 국민당은 북방어를 표준말로 정해 놓았다. 하루가 끝날 무렵, 안누오는 다시 한번 차로 한 시간 거리인 마창딩으로 자신을 데려다줄 버스를 기다리곤 했다. 버스 안은 늘 그렇듯 찜통처럼 더웠다. 같은 반 친구들은 자주 다른 아이 집에 놀러 가곤 했지만, 안누오에게 그런 일은 역시 금지되어 있었다.

일을 구하지 못한 아버지는 한가한 다른 역전歷戰의 용사들과 가깝게 지냈다. 그들은 본토에서 들려오는 소식을 꼼꼼히 훑고 계속되는 빨갱이들과의 전쟁을 여러모로 곱씹으며, 어느 파벌이 장 대원수의 눈에 들고, 눈 밖에 나게 되었는 지와 최근 도착한 사람들에 관한 가십을 주고받으며 하루하루를 보냈다. 안누오의 아버지에게 그런 친구는 넘칠 만큼 많았다. 1949년 가을, 바이충시白崇禧 장군(1893년 ~1966년, 이슬람교를 믿는 후이족回族 출신으로 군사적 재능이 뛰어났다)은 자신이 이끌던 부대와 함께 하이난섬으로 퇴각했고 그러고 나서 대만으로 보내졌다. 이 중국 남부 출신의 이슬람교도이자 대단히 훌륭한 장군 휘하 국민당의 가장 용맹스러운 군대 중 하나가 후퇴한 것은, 곧 최종적인 패배를 의미했다. 그러나 70여 명의 대가족과 함께 대만에 도착한 바이 장군은 자신이 대원수가 가장 신뢰하는 측근 무리에 들지 못한 탓에 이 작은 섬에서 끈 떨어진 뒤웅박 신세가 되었다는 것을 깨달았다. 한때 권력자였던 아버지처럼 수많은 상하이 사람들이 목적을 잃고, 방탕하게 살며 전락하는 것을 목격했던 그의 아들인 바이셴융(1937년~ , 대만 출신의 저명한 소설가, 학자)은 평단의 찬사를 받은 그의 소설『타이베이 사람들』과『불효자』에서 고향을 잃고, 재산을 빼앗긴 당시 대만인들의 모습을 담았다.

안누오의 아버지와 그의 친구들은 생각지도 못한 일이 일어나 대만이 공산당에게 함락될 경우, 어디로 탈출할 것인가를 놓고 끊임없이 토론을 벌였다. 홍콩과 동남아시아는 중국과 너무 가까웠다. 하와이로 갈 수 있다면 좋겠지만, 미국 영토 내로 들어갈 수 있는 비자를 얻기가 어려울 터였다. 아버지는 가족들과 브라질로 이주하는 것이 어떨까 하고 말을 꺼냈는데, 브라질 정부는 중국인을 포함해, 기술이 있고 교육받은 사람들을 환영하는 듯했다. 몇몇 가족들은 싱가포르, 몸바사, 그리고 케이프타운으로 향하는 화물선을 타고 떠났고, 결국 남아메리카에 도착했다. 안누오와 같은 나이인 비비안 쉬는 부모님과 열 명의 형제자매와 함께 상파울루까지 두 달간의 여행길에 올랐는데, 가는 동안 배 위에서 포르투갈어를 배울 생각이었지만 성공하지는 못했다.

가능성 있는 피난처에 관한 소식을 들을 때마다 아버지는 친구들과 새로운 계획을 세웠다. 아버지가 브라질에 관심을 보이며 흥분하자, 안누오는 가슴이 철렁 내려앉는 것만 같았다. 만약 또다시, 이번에는 훨씬 더 멀고 낯선 지역으로 이주하게 되면, 그녀의 탈출 계획은 어떻게 되는 걸까? 안누오는 이런 이야기가 아무 말이나 떠들어대는 것 말고는 달리 할 일 없는 남자들의 허풍이길 바랐다. 그녀의 가족은 브라질로 갈 여행 경비는커녕, 식료품을 사고 버스 요금을 낼 돈도 모자랄 판이었다.

마창딩에는 안누오네처럼 본토에서 온 가족들이 많이 살고 있었다. 어떤 사람들은 그 동네에서 사형집행인의 총소리가 들린다고 했다. 그렇지 않아도 친척과 친구들로 붐비는 집들이 매일 새로운 사람들이 도착하면서 더 꽉꽉 들어찼다. 모두 그때까지 관심을 가져본 적도 없는 섬에서 시간을 보내며 그들의 완패로 끝날지도 모르는 공산당과의 결전을 초조하게 기다리고 있었다. 안누오의 아버지처럼 한때 명망 있는 직업을 가졌던 수많은 남자 어른들이 돈이 되는 직업을 얻고, 본토를 수복해 탈출할 계획을 세우느라 여념이 없었다. 좀 더 사업가 기질이 강한 상하이 사람들이 샤오롱바오小籠包와 그 지역의 다른 음식을 파는 작은 찻집들을 열자, 피난민들은 그곳에서 사랑하는 사람들, 옛 시절의 영광과 친숙한 모든 것들을 잃고 떠나왔다는 끝을 알 수 없는 슬픔에 빠져 나날을 보냈다.

*
**

이런 자포자기의 시기에 어머니에게 기회가 왔다. 대만으로 수백만 명의 난민이 들이닥치자, 심각하리만큼 의사 수가 부족해졌다. 의료 인력 부족이 보건상의 재앙으로 이어지지 않도록, 의사들과 활동하고 있지 않은 의료 전문가들을 재교육시키기 위한 특별 프로그램이 시작됐다. 친구와 지인들은 안누오의 어머니에게 그녀의 의학 지식을 활용해 보라고 권했다.

　어느 늦은 밤 안누오는 더위 때문에 잠을 이루지 못하고 다다미 위에 누워 있었다. 일본식 가옥의 종이로 만든 벽 너머에서 부모님이 이야기를 나누고 있었고, 소녀는 어머니가 낮은 목소리로 하는 말을 알아들으려고 애썼다. "우리 아버지는 좋은 일을 하라고 나를 의대에 보내주셨어요."라고 말하며 그녀는 덧붙였다. "그리고 월급을 받으면 형편에 보탬이 될 거예요."

　아버지가 뭐라고 하는지 알아듣기란 어렵지 않았다. 즉시 화 난 목소리로 분명한 대답이 돌아왔다. "당신이 일 시작하면, 우리는 곧바로 이혼이야."

　그 뒤로는 침묵만이 흐를 뿐이었다. 안누오는 어머니가 아버지의 위협에 맞서길 바랐다. 딸은 어머니가 해준 이야기를 떠올렸다. 어머니가 어떻게 이미 그녀의 발을 망가뜨리기 시작한 전족을 멈추게 하고, 뭐라고 오빠들과 함께 학교에 가게 해달라고 애원했는지 안누오는 들어서 알고 있었다. 어머니는 의사가 되기 위해 싸웠고, 안누오의 아버지를 만족시키기 위해 자신의 꿈을 억눌러왔다. 그러나 아버지가 멀리 떠나 있는 동안 어머니가 점령기 상하이에서 일자리를 구한 덕분에 가족들은 긴 전쟁의 세월을 견뎌낼 수 있었다.

　그러나 다시 한 번, 어머니는 마지못해 아버지의 말을 따랐다. 그는 손님들을 더 잘 대접하도록 아내에게 마작을 배우라고 했고, 그렇게 어머니는 마작에 중독되어 갔다. 의사들의 권고에 따라 그녀는 약한 심장을 위해 담배를 피우기 시작했다. 아버지는 어머니의 끊임없는 관심을 요구했다. 아버지의 아내로서만 살아가며, 그녀는 키마저 작아진 듯했다. 안누오는 자신의 잠재력을 결코 그런 식으로 내버리지 않겠다고 결심했다. 소녀는 그것이 무엇이 됐든 자신이 가진 재능 모두를 활용하고 싶었다.

*
**

어머니가 잠자코 받아들일 수 없는 일이 딱 한 가지 있었다. 그녀는 바닥에 앉는 것을 견딜 수가 없었다. 무마는 놀라우리만큼 끈질기게 의자가 필요하다고 하소연하곤 했다. 매일 저녁 식사 때마다 어머니는 어색하고 불편해 보이는 모습으로 몸을 뒤틀며 안절부절못했다. 그녀의 다리는 너무 뻣뻣했고, 망가진 발은 부어올라 있었다. 어머니는 자신의 옷차림에도 어울리지 않는다고 말했다. 일본식으로 억지로 바닥에 앉는 일은 미개할 뿐 아니라 그 끔찍한 적을 물리치기 위해 모든 것을 걸었던 중국인들에게 용납할 수 없는 일이었다. 그녀는 의자를 원했다.

안누오의 아버지는 그들이 얼마 안 되는 돈을 가구에 쓸 만큼 오래 대만에 머물지 않을 거라며 어머니가 의자를 사는 것을 허락하지 않았다. 안누오가 기억하는 한, 어머니가 아버지 말에 대놓고 반대하는 모습을 본 것은 그때가 유일했다. 아버지는 변함없이 어머니의 말을 반박했다. "곧 집으로 돌아갈 텐데, 그런 데에 돈을 낭비할 이유가 없어."

어느 날, 학교에서 돌아온 안누오는 깜짝 놀랐다. 큰 방 다다미 위에 고리버들로 만든 의자 몇 개가 놓여 있었다. 아버지가 그 의자들을 사서 작은 일본식 집에 들여놓은 것이었다. 여느 때와 다름없이 부모님은 그 일에 관해 아무런 말도 하지 않았다. 그들은 마치 의자가 원래부터 그 자리에 계속 있었던 것처럼 굴었다. 그러나 안누오는 어머니의 만족감을 느낄 수 있었다. 소녀는 이제껏 내성적인 어머니가 그처럼 기뻐하는 모습을 본 적이 없었다.

안누오와 형제들은 의자에 차례로 털썩 주저앉아서 다리를 흔들었고 딱딱하고 멋진 의자를 두고 다 함께 웃음을 터뜨렸다. 재미있게 놀던 안누오는 갑자기 그 의자가 단 한 가지 사실을 의미한다는 점을 깨달았다. 국민당의 승리가 임박했다는 공식적인 정부의 선전에도 불구하고, 아버지는 그들이 곧 대만을 떠나지 못하리라고 결론 내린 것이 틀림없었다. 그녀는 이제 항저우의 학교로 돌아가지 못할 것이었다. 유모 종잉이나 다른 가족들과 다시 만나는 일도 없을 터였다. 정신이 번쩍 들게 하는 깨달음에 소녀는 흥분이 가라앉는 걸 느꼈다.

결국 안누오의 아버지는 어느 미국 협회의 어업 국장으로 일하게 됐다. 아버지의 월급은 미국 달러로 지급되고, 운전사가 딸린 자동차까지 제공됐다. 집안 형편이 훨씬 좋아지자 그들은 한더친 장군에게 진 빚도 갚기 시작했다.

＊＊

1949년 10월 1일, 마오쩌둥은 중화인민공화국 건국을 선언했다. 소비에트 사회주의 공화국 연방은 즉시 중국의 공산당 정부를 인정했고, 미국은 계속해서 대만의 중화민국만을 유일한 중국의 합법 정부로 대우했다.

따라서 1950년 1월 5일, 트루먼이 솔직하게 중국과 대만에 대한 자신의 입장을 다음과 같이 천명하자 장제스는 매우 놀라고 또 실망했다.

[미국은 대만의] 현 상황에 개입하기 위해 군사력을 사용할 의도가 전혀 없다. 미국 정부는 중국 내전의 개입으로 이어질 행동 방침은 취하지 않을 것이다. 마찬가지로, 미국 정부는 포모사[대만]의 중국군에게 군사적 원조나 조언를 제공하지 않을 것이다.

미국 내 중국 로비 단체에 속해 있던 장 대원수와 그 부인의 영향력 있는 친구들은 그들이 보기에는 트루먼 정부가 중국을 마오의 공산주의자들에게 내어준 것과 다름없다며 정면으로 공격했다. 더글라스 맥아더 장군은 중국에 대한 공격을 내켜 하지 않는 최고 사령관과 공공연하게 의견을 달리했다. 그와 동시에 매카시 상원의원은 국무부의 "중국통"들을 의심쩍은 공산주의 동조자로 지목하는 수식어구로 미국을 뒤흔들기 시작했다.

트루먼의 거절은 국민당의 고립과 공산당의 침투에 대한 두려움을 심화시켰다. 대만이 명백한 경찰국가가 되어감에 따라 계엄령은 더욱 사람들을 죄어왔다. 섬은 군인들로 가득했는데, 혹시 모를 불온 분자에 대한 수색이 쉴 새 없이 이어지며 대원수의 철권 통치를 강화했다. 외신 기자들은 정부의 공식 입장에서 벗어난 기사를 쓰는 경우 비자가 취소됐다. "친공산주의자"라는 꼬리표는 바로 죽음을 의미했다.

1950년 3월 1일, 장제스는 자신의 총통직 복귀를 선언하며, 총통 대행(리쭝런)을 몰아내고 권력을 더욱 공고히 했다. 그는 타이베이를 "중국의 임시 수도"로 선언했다. 장제스는 마치 망명 부처郙處들이 작은 섬 대신 여전히 중국 전역을 통치하고 있는 것처럼 타이베이에 본토 정부를 다시 수립했다. 전직 사령관, 고위 관리, 학자, 그리고 장교들이 정부의 급여를 받는 자리를 얻으려고 줄을 섰고, 장은 지위고하를 막론하고 그가 신뢰할 수 있는 사람들을 데려다 자신의 권력 아래 군대와 당, 정부로 끌어들였다. 현지 대만인들은 그들이 전보다도 더 찬밥 신세 된 것을 깨달았다. 대만인 지도자들을 지역 사회와 멀리 떨어진 곳에 가두기 위해 대만 동쪽 해상에 있는 뤼다오綠島 섬에 거대한 정치범 수용소가 세워졌다. 어느 사업가가 말한 것처럼 "그들은 우리 대만인을 국민당의 노예처럼 느끼게 했다. 우리는 전체 인구의 4/5를 차지하지만 우리의 지도자를 뽑거나 정책을 세우는 데 거의 또는 전혀 발언권이 없다." 본토로 곧 돌아가리라는 환상이 깨어지자 국민당 정부는 방수포로 만든 임시 숙소에 꽉 들어찬 수십만의 병사들과 그들의 가족들을 위한 거처 마련을 더 이상 미룰 수 없었다. 장은 그의 퇴각한 군대를 재편성하고 그의 정부가 쥐엔춘眷村이라고 부르는 대형 도시 주거 단지를 건설했다. 각 군인 가정은 이백 제곱피트 너비의 땅을 할당받았고, 그들 중 수천 명에 이르는 사람들이 상자 모양의 허술한 구조물에 밀어 넣어졌다.

장제스는 군인들과 그 가족들을 여러 쥐엔춘에 모아놓음으로써 전투 준비가 완료된 그의 부대가—미국의 원조가 있을 시— 즉시 행동에 들어가, "본토를 탈환"할 것이라고 주장할 수 있었다. 수천 명의 국민당 병사들이 항구 도시인 샤먼廈門시 부근 중국 해안에서 겨우 1마일가량 떨어져 있는 작은 섬, 진먼金門에 땅을 파고 요새를 만들기 시작했다. 그곳에서 국민당 대공세를 시작하게 된다면, 어쩌면 트루먼의 원조를 끌어낼 공산당과의 대치를 만들어낼 수도 있을 터였다.

장 총통은 미국과 소련 사이의 냉전이 한층 더 격해지리라 확신하며 기회를 노리고 있었다. 또 다른 전쟁이 일어난다면, 이를 기회로 그는 미국의 도움을 받아서 본토를 수복하기 위해 다시 한번 군대를 일으킬 것이었다. 트루먼이 얼마나 국민당을 경멸하든 간에 그는 자신이 중국 공산당에 대한 미국의 유일한 대안이라고 굳게 믿었다. 추방된 이들의 섬은 그들이 미·중 공통의 적과 벌일 전면전에서 미국의 지원을 기다릴 준비를 했다.

사방에서 긴장이 고조되는 조짐이 보였다. 안누오는 또다시 전쟁이 일어나는 걸까 초조하게 생각했다. 아이는 학교로 가는 버스를 타고 "우리는 본토로 돌아가 싸울 것이다!"란 애국적인 문구가 적힌 현수막이 물결처럼 끝없이 늘어선 거리를 지나쳐갔다. 중국 고전에서 빌려온 구호들이 "산을 바다로 돌려놓으리!"라고 약속하고 있었다. 전쟁에 이겨 본토로 돌아가겠다는 희망은 공허해 보였지만, 장 총통은 계속해서 폭격기를 보내 상하이와 다른 해안 도시들을 공격했다.

그렇지만 트루먼 치하 미국은 중국에서의 손실을 줄이고 철수하고 있었다. 대만에 있는 장제스의 중화민국은 이제 스스로 상황을 헤쳐 나가는 수밖에 없었다. 미국의 지원을 잃게 되자, 끊임없는 걱정이 안누오를 괴롭혔다. 가족 모두를 차갑고 어두운 바다로 끌고 들어가겠다던 아버지의 협박이 언제든 곧 현실이 되어 닥쳐올 것만 같았다.

22장

빙, 20세

빙은 샌프란시스코의 분주한 콜럼버스 가를 따라 서늘한 여름 공기 속을 활기차게 걸어가고 있었다. 다섯 살배기 피터의 손을 꼭 잡고서 그녀는 차이나타운 길가의 채소가게로 향하고 있었다. 언니가 최근에 그들에게 닥친 난관을 해결할 방법을 찾을 때까지 값싼 음식으로 버티려는 것이었다.

  며칠 전 크리스티안과 올레는 뉴욕으로 향하는 기차에 올랐다. 그곳에서 두 사람은 덴마크로 향하는 배로 갈아탈 예정이었다. 그들 가족이 가진 현금은 점점 바닥을 드러내고 있었고 크리스티안은 덴마크에 있는 그의 연금과 은행 계좌에서 돈을 찾아야 했다. 일단 그가 코펜하겐에 도착하면, 다른 가족들이 그와 합류할 수 있도록 돈을 보내오기로 했다. 떠나기 전, 크리스티안은 자신의 얇은 가죽 지갑에 손을 넣었다 꺼내며 언니에게 50달러를 건넸다.

"이게 뭐예요?" 언니가 믿을 수 없다는 듯 물었다.

"우리가 이걸로 얼마나 버틸 수 있을 것 같아요?"

"미안해, 여보. 그렇지만 내가 줄 수 있는 건 이게 다야." 그가 침착하게 대답했다.

"올레와 나는 뉴욕으로, 거기서 덴마크까지 거의 푯값만 가지고 가야 해. 어떻게든 이런 상황을 헤쳐나갈 수 있는 사람이 있다면 바로 당신이겠지. 적어도 방값은 이달 말까지 내뒀어."

언니는 더 이상 다른 말을 하지 못했다. 크리스티안이 옳았다. 그녀는 전쟁 동안 자신의 상하이식 매력과 재치만으로 일곱 가족을 부양했던 사람이었다. 빙 역시 걱정하지 않았다. 그녀는 언니가 무엇이든 해낼 수 있다고 굳게 믿고 있었다.

하숙집으로 돌아오면서 빙은 스톡턴 가를 따라 노스 비치의 이탈리아인 구역으로 가는 길을 택했다. 그녀는 콜럼버스가 너머에는 중국인이 거의 없다는 사실을 알아차렸다. 이 중국인 아가씨는 사람들이 자신에게 차가운 눈길을 길게 두는 것을 느끼고 마음이 불편해졌다. 그녀가 차이나타운에서 받는 감탄의 시선과는 다른 것이었다. 그곳에서는 그녀가 지나가면 남자들이 식당과 가게의 문과 창문으로 몰려들어 멍하니 쳐다보곤 했다. 그녀는 상하이 아가씨들이 으레 그러듯 파마한 머리를 뒤로 젖히고 고개를 빳빳이 들고서 그들 모두를 모른 척했다.

동시에 빙은 차이나타운의 주민들이 궁금했다. 사람들의 얼굴, 간판의 서예 글씨, 그리고 가짜처럼 보이는 탑들만 제외하면 그녀는 그곳에서 중국과 비슷한 점이라고는 찾아볼 수 없었다. 게다가 차이나타운의 주민 대다수는 상하이에서 남쪽으로 멀리 떨어진 광둥성의 타이산 지역 출신이었다. 빙은 그들이 쓰는 타이산 사투리를 알아들을 수 없었다. 그들과 의사소통하려면 크리스티안과 언니가 주고받는 말을 듣고 겨우 익힌 몇 마디 안 되는 영어를 사용해야 했다. 처음에 빙은 그런 점이 너무 신경 쓰였지만, 곧 자신이 그럭저럭 지내는 데 필요한 영어 실력은 충분하다는 것을 깨달았다.

언니도 할 일 없이 지내지는 않았다. 하숙집의 방세를 내야 하는 날이 며칠 남지 않게 되자, "베티 우"는 빙에게 적당한 남편감을 찾아 주는 작업에 착수해서 더 좋은 식당과 사업장, 가족 협회 회관과 사교 클럽, 심지어 몇몇 화려한 나이트클럽까지 누비고 다녔다. 그런 미혼 남들을 찾는 것은 어렵지 않았다. 1882년에 만들어진 중국인의 미국 입국을 금지했던 엄격한 중국인 배척법은 1943년 중국을 제2차 대전 연합국 측에 편입시키기 위해 폐지됐다. 그러나 이민자 수를 제한하는 할당제가 곧바로 부과되면서 매년 세계 어느 나라에서 오든 105명의 중국인만 입국이 허락됐다. 그러나 수십 년 동안 제한적이었던 법 때문에 거의 모든 중국 여성이 입국에서 제외되었고 이미 미국에 살고 있던 중국 남성이 시민권을 얻거나 미국 여성과 결혼하는 것을 금지하면서 차이나타운은 독신 남성들이 주를 이룬 사회가 될 수밖에 없었다. 그럼에도 언니는 빙을 아무나와 이어 주려 하지 않았다. 미래가 있고, 미국 시민권이나 노동 허가증을 가진 사람이어야 했다. 그리고 빙이 미국까지 오는 데 언니가 쓴 비용을 갚아줄 만큼 돈도 있어야 했다. 첫 번째 심사에서부터 언니는 후보감을 찾아냈고, 그 젊은이를 하숙집으로 초대해 빙을 만나게 했다.

약속한 시각, 빙은 그들이 살던 건물의 바깥 현관에서 초초하게 기다리고 있었다. 그녀는 자신이 방문 비자로 미국에 입국했기 때문에, 계속 이곳에 머물려면 6개월 안에 결혼할 남자를 찾아야 한다는 사실을 알고 있었다. 언니처럼 까다롭지는 않았지만, 그녀에게도 자신만의 기준이 있었다. 그녀는 문으로 다가오는 젊은 중국 남자를 재빨리 살펴보았다. 그는 키가 크고 호리호리했고 올백으로 넘긴 머리에 셔츠와 슬랙스 위로 단추가 달린 카디건 스웨터를 단정하게 입고 있었다. 꽤 호감이 가는 인상이라고 빙은 생각했다. 그리고 매우 미국식이었다.

"당신이 빙이군요." 그가 부드럽게 미소 지으며 말했다. "나는 레이먼드예요. 당신 언니가 당신을 만나보라고 하더군요."

빙은 고개를 끄덕였다. "만나서 반가워요." 그녀는 최대한 노력을 기울인 영어로 천천히 조심스럽게 대답했다.

그는 안심한 듯 "다행이에요. 영어를 하시는군요. 타이산어도 하세요?" 하고 물었다.

"아니요. 저는 상하이 말을 해요. 그리고 만다린어를 조금 할 수 있고요. 당신은요?"

그가 고개를 흔들자, 그녀가 덧붙였다."괜찮아요. 당신이 하는 영어를 알아들을 수 있어요. 당신 영어는 진짜 미국인 같아요."

"글쎄요, 미국인처럼 말할 수 있어야겠죠?" 그가 웃으며 말했다. "이 꼬마보다도 더 어릴 때 여기 왔으니까요." 그가 고갯짓으로 피터를 가리키며 말했다. "어때요, 좀 걷다가 점심을 먹으러 갈까요?"

피터를 보호자 삼아 빙은 레이먼드와 함께 차이나타운 가장자리에 있는 작고 쾌적한 공원인 포츠머스 광장으로 걸어갔다. 두 사람은 페리 빌딩으로 천천히 걸어갔는데, 그곳에서 레이먼드는 우아한 모습의 베이 브릿지를 가리켰다. "1936년에 다리가 개통했을 때, 저도 바로 저기 엠바카데로(스페인어로 '부두'라는 뜻의 샌프란시스코 동쪽의 해안 거리) 따라 난 길 어디쯤 서 있었어요." 그가 자랑스레 말했다.

차이나타운으로 돌아와서 레이몬드는 빙과 피터를 그 동네 중국 인들로 붐비는 웨이벌리 플레이스의 간이식당으로 데려갔다. 레이몬 드는 "콤보" 런치를 주문했는데 빙은 처음 듣는 단어였다. 진한 그레 이비 소스를 넣은 연한 소고기와 볶음밥, 에그 롤과 완탕이 함께 나왔 다. 빙은 중국에서는 이런 음식을 한 번도 본 적이 없다고 했다. 레이 몬드는 재미있어하며 미국에서는 중국인들이 중국인이 아닌 사람들 도 먹을 수 있는 음식을 만들기 위해 그 지역에서 나는 재료들로 임 시변통해야 했다고 설명했다. "박궈이(白鬼: 백인을 가리키는 광둥 사투 리)들은 너무 색다른 음식은 먹어보길 꺼리니까요." 그가 타이산 말로 "하얀 귀신"이란 단어를 사용하며 말했다. 빙은 그가 일부 젊은 상하 이 남자들이 그러듯 부풀리지 않고 미국에 관해 말하는 솔직한 태도 가 마음에 들었다. "보콰이들이 중국 음식을 먹지 않으면, 우리는 모 두 굶어 죽을 겁니다. 심지어 교육을 받은 중국인들도 미국에서는 세 탁소와 식당이 아니면 일자리를 찾을 수 없으니까요." 레이먼드 자신 도 차이나타운에서 웨이터로 일했는데, 야간 근무조라서 차이나타운 의 다른 노동자들이 하루를 마치고 근처 식당에서 저녁을 먹는 시간 이 훌쩍 지난 밤늦은 시간까지 일을 해야 했다.

레이몬드는 빙을 하숙집까지 바래다주었다. 빙이 그에게 고맙다 고 말하고 낮잠을 자도록 피터를 방으로 데려가자, 언니는 이야기나 하자며 레이몬드에게 말을 걸었다.

"내 동생은 멋진 아이에요, 그렇게 생각하지 않아요?" 베티가 벌 꿀처럼 달콤한 말투로 기분을 맞춰주듯 말했다.

레이먼드가 그렇다고 하자, 베티는 좀 더 밀고 나갔다. "여러 젊은 이들이 그 애와 결혼하는 데 관심이 있겠지만, 난 빙이 미국에서 미래가 있는 괜찮은 남자를 꼭 찾게 하고 싶어요. 당신은 직장이 있나요? 노동 허가증은?" 그가 두 번 다 고개를 끄덕이자, 언니는 미소를 지으며 그 말이 얼마나 반가운지 이야기했다. 그녀는 음모를 꾸미듯 목소리를 낮추며 말했다. "그런데 문제가 좀 있어요. 공산당 때문에 너무 급하게 중국을 떠나면서 우린 생활에 필요한 돈을 거의 가지고 나오지 못했어요. 내 동생과의 교제를 진지하게 생각하는 사람이라면 먼저 내게 빙의 뱃삯과 채권을 사느라 쓴 돈 천 달러를 갚아주어야 해요."

레이먼드는 길고 낮은 소리의 휘파람을 불었다. "달을 따달라고 하는 게 낫겠군요! 차이나타운에서 그 정도 돈을 가진 남자는 많지 않아요."

빙의 구혼자 후보를 쫓아버릴까 봐 언니는 충격이 덜하도록 말투에 변화를 주었다. "지금은 그런 일은 걱정하지 말아요. 당신이 정말 저 애가 좋다면 우리를 도와줄 친구들을 알아봐 줄 수도 있잖아요. 그렇지만 너무 오래 기다리게 하진 말아요. 서둘러 경제적인 도움을 받지 못하면 우리는 추방될 수도 있으니까요." 속눈썹 너머로 레이먼드를 올려다보던 그녀는 갑자기 좋은 생각이 떠올랐다. "하긴 당신처럼 젊은 사람들은 돈이 많지 않겠죠. 그렇지만 좀 더 나이가 많은 사람 중에 아는 사람은 없어요? 나는 곧 나이 많은 남편과 이혼할 생각이에요. 혹시 내게 소개해 줄 만한 사람은 없어요?"

처음에 레이먼드는 말없이 입을 다물고서 잠시 생각에 잠기는 듯했다. 그러고 나서 그가 말했다. "제가 아는 광둥성 사람이 있어요. 그런데 그 사람이 상하이 여자분을 만나보고 싶다고 말하는 걸 들은 적이 있어요. 이름은 리 추에요. 옷차림은 좀 화려하지만, 어쩌면 그런 점을 좋아하실 수도 있겠네요." 그는 조심스레 살피듯, 베티에게 오래 시선을 두었다. "그가 당신을 만나보고 싶어 할지 알아볼게요. 그 사람이라면 도움을 줄 수 있을 거예요."

레이먼드는 빙에게 구애하지 않기로 했지만 '리'라는 사람에 관한 약속은 지켰다. 며칠 지나지 않아 수염을 기르고 주트 슈트(상의는 어깨가 넓고 기장이 길며 바지는 통이 넓은 남성복. 1940년대에 유행했다)를 입은 40대로 보이는 중국 남자가 언니를 찾아왔다. 언니는 그와 외출할 준비를 해두고 있었다. 그녀는 가장 매혹적인 붉은색 치파오를 입고, 패드를 넣은 브래지어와 거들, 핸드백, 그리고 거기에 어울리는 붉은 하이힐까지 갖춰 신고 있었다.

"언니, 영화 배우 같아요!" 빙이 문을 열어주러 나가기 전에 그 모습을 보고 감탄하며 말했다. 그녀는 자신이 언니의 특별한 매력 근처도 가지 못하리라는 걸 알았다.

베티는 립스틱을 고쳐 발랐다. "고마워, 빙. 행운을 빌어주렴." 그녀가 윙크를 하며 말했다.

만일 리가 폭풍 같은 매력을 지닌 상하이 여성을 찾고 있었다면, 베티는 허리케인이었다. 그는 함께 저녁을 먹고 쇼를 관람하러 차이나타운의 멋진 나이트클럽인 "포비든 시티(자금성)"로 그녀를 데려갔다. 그날 저녁이 채 지나기도 전에, 그는 베티에게 청혼했다. 그녀는 던질 공을 이미 준비해놓고 있었다. 그녀는 그가 무척 마음에 들지만, 덴마크에 있는 남편과 이혼할 때까지는 그와 결혼할 수 없다고 했다. 남편이 자신을 부르러 사람을 보내면 그때 이혼할 생각이라고 했다.

게다가 그러는 동안, 그녀는 추방될지도 모를 일이었다. 일주일 안에 가진 돈은 다 떨어질 테고, 갈 곳도 없기 때문이었다.

리는 망설이지 않고 베티가 이혼 후에 자신과 결혼해 준다면, 그녀와 빙, 피터가 살 곳을 마련하겠다고 했다. 그녀는 동의했다.

다음 날, 리는 차이나타운 북쪽 끄트머리에서 몇 블록 떨어진 브로드웨이에 있는 방 세 개짜리 주택을 빌렸다. 그는 그 집에 가구며 접시, 조리 기구 등 그들이 필요한 건 무엇이든 마련해 주었다. 빙과 언니, 피터가 방 두 개를 썼고, 리는 부엌에서 떨어져 있는 작은 방에서 잠을 잤다. 그는 심지어 언니에게 식료품을 살 현금도 주었다.

그들이 빌린 하숙집의 임대 기간이 끝나가고 있었으므로 타이밍은 완벽했다. 빙은 그가 그들에게 그토록 너그러운 것과 언니의 조건을 받아들였다는 데 깜짝 놀랐다. 그는 자신의 방에서 잠을 잘 때 외엔 집에 없었다. 남자는 직업이 있는 것 같지 않았지만, 항상 돈이 있었다. 빙은 혹시 그가 갱이 아닐까 의심스러웠다. 그러나 언니에게 무례하게 굴고 싶지 않았기에, 그녀는 그런 추측을 입 밖에 내지는 않았다.

먹고 사는 일이 잠시나마 해결되자 베티는 빙의 남편감을 손에 넣는 일에 속도를 내기 시작했다. "너랑 결혼할 노동 허가증을 가진 남자를 찾기 전에 네 비자가 만료되면, 우리와 같이 덴마크로 가자꾸나. 그렇지만 거기 가서도 결혼은 해야 해. 덴마크에서라면 백인 남자 중에서 고르는 수밖에 없겠지만." 빙도 미국에서 중국인 남편을 찾는 편이 나으리라는 생각이었다. 그녀는 지금껏 그래왔듯 자기 앞에 마련된 운명이라면 무엇이든 받아들일 것이었다. "걱정하지 마." 언니가 말했다. "너는 젊고 예뻐. 남자들은 강아지 같아. 냄새를 맡으면 쫓아오게 되어 있어. 내가 괜찮은 사람을 찾아줄게."

레이먼드도 가끔 들르곤 했다. 그저 친구로서의 방문이었다. 때때로 그는 빙과 피터를 데리고 차이나타운에 있는 그레이트 스타 극장에 주간 상영하는 영화를 보러 가거나 광둥어로 중국인이 아니라는, 또는 "외국인"이란 의미의 로판에게 인기 있는 식당인 클린턴스 카페테리아에 점심을 먹으러 갔다. 빙은 미국에 관해 그가 해주는 이야기를 듣는 것이 즐거웠다. 그는 차이나타운에서는 많은 중국인이 수상쩍은 이민 서류를 가진 "서류상 아들" 혹은 "서류상 딸"이라는 것이 공공연한 비밀이라고 했다. 1906년 샌프란시스코에 큰 지진과 화재가 발생해서 도시의 출생 기록이 모두 전소된 일이 있었는데, 이 일을 기회 삼아 중국인 몇 세대가, 대부분 광둥성 출신이며, 중국인 배척법 때문에 중국에 아내를 남겨두고 온 미국에서 태어난 중국인 아버지가 있다고 우길 수 있게 됐다. 이민 심사관을 설득할 수 있었던 경우, 이렇게 해서 중국계 미국인의 자녀라는 사람들이 미국 시민으로 입국할 수 있었다. 이것은 미국으로 들어가는 까다롭기 짝이 없는 방법으로 자칫하면 샌프란시스코만의 에인절 아일랜드 이민국에서 수개월 동안 혹독한 심문을 받으며 긴 수감 생활을 해야 했다. 그러나 심문을 통과해 입국을 허락받은 사람들에게는 그럴 만한 가치가 있었다. 레이먼드의 말에 따르면, 차이나타운의 많은 사람들에게 이런 종류의 과거 기록이 있다고 했다.

이민국이 거의 모든 중국인을 추방하려고 혈안이 되어 있는 때엔특히나 빙이 만나는 사람 중 누구도 자신이 서류상 아들이라는 것을 인정하지 않을 터였다. 그러나 몇몇 빙에게 구애하는 사람들은 그녀에게 비자가 만료되기 전에 결혼할 시민권자나 영주권자를 찾을 때

조심하라고 말해주었다. 그들이 들려준 이야기 중에는 등골이 오싹한 것들도 있었다. 캘리포니아와 다른 곳에서 화난 백인 마피아의 표적이 되어 린치를 당한 중국인들도 있었고, 종종 중국인들과 다른 아시아인들을 상대로 한 이민국 직원들의 가혹하고 선택적인 법 집행이 투옥이나 추방으로 이어지기도 했다. 어떤 사람들은 이민국 끄나풀이 널려 있어서 가짜 서류를 가진 중국인이라면 누구에게든 덤벼들려고 할 테니 경계심을 늦추지 말라고 했다. 빙은 덴마크로 가는 게 낫지 않을까 하는 생각이 들기 시작했다.

레이먼드는 그녀에게 불법도박장을 운영하는 차이나타운의 겉만 그럴싸한 놈들을 조심하라고 충고했다. 이런 갱들은 여자들을 납치해서 매춘부로 일하게 한다고 그가 말했다. 게다가 그들에겐 총도 있었다. "당신은 다정한 사람이에요. 사람들이 당신의 상냥함을 나약하다고 받아들일 수도 있어요. 당신 언니라면 이 동네가 어떻게 돌아가는지 알 겁니다. 그녀 가까이 붙어 있어요. 문제가 생기더라도, 로판 경찰을 부를 생각은 말아요. 그들은 중국인들을 도와주지 않아요." 그가 덧붙였다. 레이먼드는 빙에게 산 호세에 있는 농장에서 꽃을 수확하는 일자리를 알아봐 주겠다고 했다. "그쪽에선 항상 들에서 일할 일꾼을 찾고 있어요. 시간당 75센트를 줘요. 회계장부엔 올리지 않죠." 그가 목소리를 낮추며 빙에게 말했다.

빙은 레이먼드의 이야기를 예의 바르게 듣고 있었지만, 언제 이민국에 잡혀갈지도 모를 위험을 감수할 수는 없었다. 게다가, 품위 있는 상하이 아가씨라면 중국의 농부들처럼 구부정한 허리에 갈색으로 탄 피부를 한 농장 일꾼으로 일하지 않을 것이었다. 미국에서 다른 사람들이 겪는 어려움을 듣고 나자 그녀는 불안하면서도 동시에 배에서 내릴 때 자신의 수상쩍은 서류가 별 탈 없이 통과한 데 감사한 마음이 들었다. 빙 역시 서류에 비밀이 있었다. 언니는 그녀에게 위조한 여권에 대해 누구에게든 한마디도 해서는 안 된다고 주의를 주었다.

언니는 빙에게 입양되었다는 사실도 비밀로 하라고 했다. 그러나 빙은 버려져서 입양되었다는 낙인이 어떤 것인지 이미 잘 알고 있었다. 자신이 마치 가지고 있을 필요 없는 빈 병이 된 기분이었다. 그러니 누가 부모도 자신이 태어난 날짜도 모르는 여자와 결혼하고 싶어 할까? 빙은 언니가 자신을 진짜 여동생처럼 대해주고, 바깥세상에는 친혈육이라고 말해주는 것이 너무나 고마웠다. 물론 빙도 이런 비밀을 밝힐 생각은 전혀 없었다.

몇몇 구혼자들이 그녀의 관심을 끌었다. 빙은 특히 차이나타운 바로 너머 멋진 유니온스퀘어에 있는 울워스에 점심을 먹으러 그녀와 피터를 데려가 준 어느 잘생긴 젊은이가 좋았다. 빙은 그 청년의 친절한 성격에 끌렸다. 그는 식당에서 일했고, 그녀를 마음에 들어 하는 것 같았다. 빙은 그가 언니와 "대화"를 나눈 후에도, 여전히 자신을 만나기를 원한다는 것을 알고 놀랐다. 그것이 두 사람 사이에 뭔가 더 진행될 수 있다는 의미인지 그녀는 궁금했다.

다음 데이트 때 그는 빙과 그녀와 늘 함께 오는 어린 보호자를 샌프란시스코 시내에서 열리는 아이스 스케이팅 쇼에 데려갔다. 함께 즐거운 오후를 보내고서 브로드웨이에 있는 집으로 돌아오는 길에 두 사람은 잠시 멈춰 피터가 비둘기를 쫓아다니는 동안 공원에 앉아 있었다.

"나는 당신을 많이 좋아해요, 빙," 그가 말했다. "그렇지만 당신 언니가 요구하는 건 내게 불가능한 일이에요. 우리가 함께 외출하는 건

이번이 마지막이 될 겁니다. 나는 이제 오지 못할 테니, 당신에게 좋은 시간을 보내게 해주어야겠다고 생각했어요."

빙은 자신의 발을 내려다보았다. "미안해요." 그녀가 말했다. "당신은 정말 제게 잘해주셨어요. 모두 다 고맙게 생각해요."

그는 떠나기 전에 마지막으로 자기 생각을 이야기했다. "그게, 많은 남자들이 상하이 여자를 조심하라고들 해요. 상대를 밀어붙여 원하는 걸 얻는다고요. 당신은 전혀 그런 사람이 아니에요. 그렇지만 당신 언니는 다르다고 생각해요."

빙은 그나 혹은 다른 누군가가 그렇게 떠나는 것에 크게 신경 쓰지 않았다. 그녀는 이미 여러 해 전에 누구와도 너무 가까워지지 않는 법을 배웠다. 그렇지만 그녀도 언니가 자신의 구혼자들에게 너무 비싼 대가를 요구하는 것은 아닌지 걱정이 되기 시작했다. 그게 아니라면, 그간의 불운이 상하이에서부터 자신을 따라온 건 아닐까 불안했다.

그러나 언니는 행운이 찾아오길 기다리고 있는 사람이 아니었다. "네 운은 네가 만드는 거야." 언니가 말했다. 부지불식간에 그들의 후원자가 된 리의 통 큰 인심에 안주하는 대신 언니는 차이나타운에 돈이 제법 있을 법한 사람을 계속해서 물색하고 있었다. 차이나타운이 만들어진 초기에 도시 정치인들에게 무시당하고 선거권조차 빼앗긴 중국인들은 직업, 조상이 살던 지역, 그리고 가문에 따라 조직된 강력한 연합들로 자신들만의 고유한 자치 네트워크를 발전시켜 왔다. 베티는 그런 다양한 사령부들을 누비고 다녔는데, 거의 전적으로 남자들이 주도권을 쥐고 있었다.

차이나타운에서 가장 영향력 있는 조직 중 하나로 중국 샌프란시스코 주류 사회와 함께 지역 사회의 이해관계를 처리하는 육대공사 六大公司(영문명 Chinese Consolidated Benevolent Association)가 있었다. 이 단체는 국민당에 확고한 충성심을 지키고 있어서, 중국 본토에서 의 잇따른 패배조차 조직의 반공 열기를 고조시켰을 뿐이었다. 협회 의 중앙홀 내부에는 장제스의 초상화가 눈에 띄게 전시된 국민당기 와 함께 걸려 있었다. 중국 내전과 이념적 분열의 징후는 차이나타운 곳곳에서 볼 수 있었다. 피비린내 나는 싸움, 내부 고발, 정치적 사찰, 그리고 갱들 간의 폭력사태는 베티에게 점령기의 상하이를 떠올리게 했다. 그녀에게는 익숙한 분야였다.

세련된 상하이 여성의 모든 매력을 한 몸에 지닌 베티는 차이나 타운의 고명한 어르신들을 매혹하고 애타게 했다. '이'라는 성을 가진 어느 변호사는 규모가 큰 '이'씨 가문 협회 소속이었다. 베티는 주저 없이 그에게 아름답고 순수한, 그리고 결혼적령기인 여동생과 그녀가 비자로 인해 겪고 있는 곤란한 상황을 털어놓았다.

"그 애는 눈이 크고, 입술은 도톰한 데다, 맵시도 얼마나 좋은지 몰라요. 게다가 음식도 잘한답니다. 그 앨 잡는 남자는 정말 운이 좋 은 거예요."라고 베티는 그에게 장담했다. 그 변호사는 어쩌다 샌프란 시스코만 건너편 오클랜드에 친척을 방문하러 온 뉴욕주에 사는 '존 이'라는 같은 가문의 남자를 알게 됐다. 변호사의 말에 따르면, 그는 마흔 줄의 홀아비로 은행에서 일하는 사람이었는데 결혼 상대를 찾 고 있었다.

베티는 존이 집으로 빙을 만나러 오도록 만남을 주선했다. 포동포 동하고 머리가 벗어지기 시작한 남자가 다가오자, 빙은 순간 몹시 당 황하고 말았다. 그는 아버지뻘이라고 해도 될 만큼 나이가 많아 보였다. 그가 정말 사십 대라고 해도, 그녀 나이의 두 배였다. 언니는 문으로 향하면서 빙에게 크리스티안이 자신보다 서른 살이 많다는 사실을 상기시켰다. 빙은 마음을 가라앉히고, 좀 더 찬찬히 남자를 살펴봤다. 남자는 상냥한 미소를 짓고 있었다. 그는 정장을 입고 있었는데, 그녀가 데이트했던 사람 중에 그런 옷을 가진 사람은 아무도 없었다. 그는 그녀에게 줄 꽃을 들고 있었다. 그는 중국어는 타이산 사투리밖에 할 줄 몰라서 두 사람은 영어로 대화를 했다.

"만나서 너무 반가워요, 빙." 그가 살짝 고개를 숙이며 말했다. "저와 점심을 같이 드시겠어요?"

빙은 애써 웃음을 참았다. 그는 꽤나 격식을 차렸다. "저도 기꺼이 점심을 같이하고 싶어요. 제 조카인 피터를 함께 데려가도 될까요?"

"물론이죠." 그가 기분 좋게 웃으며 대답했다.

그들은 샘 우라는 식당에 갔는데, 빙이 다른 구혼자들과 가본 적이 있는 값싼 음식점이었다. 그러나 존 이는 특별한 점이 있었다. 다른 많은 남자들과 달리, 그는 자기 이야기만 하지 않고, 빙에 관해서 알고 싶어 했다. 빙은 자신이 겪고 있는 어려움을 티 내지 않으려고 조심하면서 밝은, 그러나 아직은 희미한 미래를 그려보았다. 그녀는 존 이의 부인이 몇 해 전에 죽었고, 두 사람 사이에 아이는 없었다는 사실을 알게 됐다. 그는 여러 해 동안 뉴욕의 차이나타운에서 살면서 BOC*Bank of China*의 출납원으로 일하고 있었다. 그는 오클랜드에 사는 형제자매들을 만나러 한 달 동안 휴가를 얻은 참이었다. 그는 그녀에게 뉴욕에 관한 이야기를 들려주고, 상하이에서 그녀의 삶은 어땠는지 물었다.

점심 식사가 끝나자 그는 빙에게 자신을 다시 만나고 싶은지 물었다. 그녀는 잠시 생각했다. 그녀는 그의 온화한 성격이 마음에 들었다. 그는 선뜻 미소를 짓는 친절하고 쾌활한 사람 같았다. 그가 일하는 회사는 국민당 정부 치하에서 가장 큰 은행 중 하나였다. 그런 그의 직장도 식당이나 세탁소보다 더 유망해 보였다. 빙은 그를 다시 만나고 싶다고 대답했다. 그들은 다음날 만나서 점심을 함께했다. 빙은 그와 있을 때 안전하고 보호받는 기분이 들었다. 그는 오클랜드 여동생네 집에서 머무르고 있어서 빙을 만나려면 샌프란시스코까지 죽페리 선이나 버스를 타고 와야만 했다. 그 점도 빙에게 좋은 인상을 남겼다. 문제는 시간이었는데, 휴가가 곧 끝나면 그는 뉴욕으로 돌아가야 했다.

두 번째 데이트가 끝날 무렵, 언니가 그와 따로 이야기를 나눴다. 그가 빙과 결혼하기를 원한다면, 미국까지의 여행 경비에 이민 채권에 든 비용까지 더해 그녀에게 2천 달러를 주어야 한다는 말이었다. 옆방에서 듣고 있던 빙은 놀라서 숨을 삼켰다. 언니가 다른 남자들에게 말했던 것의 두 배나 되는 돈이었다!

존은 당황했다. 2천 달러는 엄청난 액수였다. 그는 쑹쯔원이나 쿵샹시처럼 중국 금융계의 거물이 아니라 일개 은행 출납원으로 돈을 모으기 위해 힘들게 일해 온 검소한 남자였다. 그는 베티에게 아직 마음을 정하지 못했고, 뉴욕으로 돌아가면서 그녀가 말한 조건을 생각해보겠노라고 말했다. 작별 인사를 하며 그는 빙에게 부드러운 말투로, 그러나 점잔빼지 않고 이야기했다. "나는 당신이 무척 좋아요. 그러나 이 일은 생각을 좀 해봐야겠습니다. 당신 언니는 당신을 결혼시키려는 건가요, 아니면 팔아치울 생각인 겁니까?"

언니는 사람을 알아보는 육감이 좋았을뿐더러 돈 냄새를 맡을 줄 알았다. 그녀는 금세 존 리의 가치 평가를 끝냈다. 그는 빙에게 관심이 있는 다른 사람들보다 나이가 많았고 은행에서 여러 해 동안 일했다. 중국 식당에서 일하는 사람보다는 더 돈을 많이 내는 게 당연했다. 그리고 그는 광둥 출신이었는데, 상하이 사람들이 사치스럽다고 악명이 높은 만큼, 광둥 사람들은 검소한 것으로 정평이 나 있었다. 그는 제법 많은 돈을 저축해 둔 것이 분명했다.

베티가 돈을 두 배로 부른 데는 다른 이유도 있었다. 그녀는 아직 남편과 아들이 덴마크에 무사히 도착했다는 사실을 확인해 줄 편지 한 장조차 받지 못한 상태였다. 크리스티안은 그녀에게 덴마크로 올 경비를 보내주기로 되어 있었다. 게다가 그때까지 적당한 남편감을 찾지 못하면, 빙의 푯값도 필요하게 될지 몰랐다. 베티도 리를 영원히 붙잡고 있을 수는 없었다. 그가 언니의 이혼을 기다리며 그들을 먹여 살리는 일에 넌더리를 내는 건 시간문제일 뿐이었다. 그녀는 만약을 대비해서 출구 전략이 필요했다.

한 달이 지났지만, 존 이에게서는 아무런 소식이 없었다. 빙은 언니가 너무 많은 돈을 요구했다는 생각이 들었다. 그녀는 그가 자신에게 했던 말을 언니에게 전하진 않았지만, 잊지는 않고 있었다. 의심을 떨치려는 듯 언니는 말했다. "그는 꼭 돌아올 거야. 두고 봐."

그러는 사이, 다른 구혼자들이 계속해서 빙을 찾아왔다. 그녀가 아직 결혼할 상대를 정하지 못했다는 소문이 돌았다. 그러나 빙은 관심이 없었다. 그녀는 존을 기다려야 하는지 모르는 채, 다른 새로운 사람을 만나고 싶지 않았다. 그녀는 그의 편안하고 유쾌한 태도가 마음에 들었다. 그가 나이가 많다는 점은 그녀에게 더 이상 별 문제가 되지 않았다. 오히려 그의 나이가 주는 안전함 그리고 안정적이라는 느낌이 있었다. 그녀가 전에는 알지 못했던 것이었다.

빙은 존 이가 거절하면 어찌해야 할지 몰랐다. 그녀는 이웃에 사는 또 다른 젊은 중국인 여성도 비자 문제로 어려움을 겪고 있다는 사실을 알게 됐다. 중국 항공사 CNAC의 승무원이었던 마거릿 쑹은 상하이에서 공산당이 승리한 직후에 타고 있던 비행기가 미국에 착륙했다. 여러 CNAC 비행사들은 비행기를 몰고 중국 본토로 망명했지만, 발이 묶인 승무원인 마거릿은 추방될 위기에 맞닥뜨렸다. 그러나 다행히 그녀가 묵고 있던 호텔의 숙박객 중에 저명한 존 T. S. 마오 가톨릭 신부가 있었는데, 그가 중국인 가톨릭교도 학생들이 미국 대학에 다닐 수 있도록 지급되는 장학금을 끈기 있게 알아봐 주었다. 그는 마거릿이 미국에 머물 수 있도록 도와주고 있었지만, 정규교육이라고는 3학년까지 다닌 것이 다였던 빙에게 대학은 선택지가 될 수 없었다.

9월 중순 어느 날, 드디어 전보가 도착했다. 덴마크에서 온 전보였지만 크리스티안이 아니라, 그의 형이 보낸 것이었다. 언니의 남편은 대서양을 횡단하는 덴마크행 배 위에서 병에 걸렸다. 그는 배가 코펜하겐에 도착하자마자 병원에 입원했다. 덴마크어를 한 마디도 모르는 불쌍한 올레는 두 달이 넘도록 삼촌네 식구들과 함께 지내고 있었다.

전보는 두 마디가 다였다. "덴마크로 올 것. 지체하면 안 됨." 언니는 재빨리 움직여야 했다. 덴마크까지 갈 경비도 충분하지 않았다. 그래도 가장 기대해 볼 만한 것은 뉴욕의 존 리였다. 그녀는 공중전화로 가서 오클랜드에 사는 그의 여동생에게 전화를 걸었다. "여보세요, 플로렌스? 저 베티예요, 기억하시죠? 상하이에서 온 베티 우 말이에요. 당신 오빠 존은 제 여동생이랑 결혼할 생각이 있나요? 우리가 곧 덴마크로 가야 해서 말이에요. 오빠한테 좀 전해주시겠어요? 빙이랑 결혼하고 싶으면, 서두르셔야 할 거라고요. 아니면 그 앨 놓치게 될 거에요."

존 이는 메시지를 전해 받았다. 빙은 상냥한 여자 같았다. 그녀는 그가 기대했던 것보다 더 아름답고 유쾌한 사람이었다. 자신이 카페테리아나 다른 값싼 식당에 데려가도 개의치 않았고, 온종일 마작이나 하며 돈 자랑을 늘어놓는 부유한 차이나타운 상인들의 응석받이 부인들과도 달라 보였다. 그러나 2천 달러는 엄청난 액수였다. 그녀를 미국으로 데려오는 데 그만큼 큰돈이 들었을 것 같지 않았다. 그 정도 금액이라면 그가 미국에서 평생 모은 돈 전부와 맞먹을 정도였다. 중국인에게나 돌아오는 하찮은 일을 수십 년간 해오며 자신이 애써 모은 돈이었다. 그는 기본적인 부기를 배우고, 영어 실력을 키우려고 야간 학교에 다녔다. 그러고 나서야 은행 출납원으로 일할 수 있게 됐다.

다른 한편으로 그는 너무 오래 홀아비로 지낸 데다, 미국에는 결혼을 생각할 만한 중국인 신붓감이 거의 없었다. 그는 빙이 조카를 대하는 태도도 마음에 들었다. 만일 운이 좋아 아이를 가지게 된다면, 좋은 엄마가 될 것 같았다. 그러나 그녀는 너무 어렸다. 그녀가 정말 자기 나이의 두 배가 넘는 남자와 함께하길 원할까? 그는 빙의 언니에게 자신이 마흔 살밖에 되지 않았다고 거짓말을 했었다.

존은 이 문제를 자신의 상사이자 가장 가까운 친구인 베른 리에게 의논했다. 그는 존이 일하는 은행 지점의 지점장으로, 수년 전 뉴욕 지점이 처음 문을 열었을 때 존에게 일할 기회를 주었던 사람이었다. 그 시절엔 중국인들은 은행을 신뢰하지 않았고, 특히나 본사가 중국에 있는 은행이라면 더욱 이용을 망설였다. 중국어 신문들은, 심지어 머나면 미국 땅에서도 중국 은행들의 파산, 통화 붕괴, 그리고 어디에나 만연한 부패에 관한 기사를 실었다. 고객의 마음을 얻기 위해 존과 베른은 차이나타운의 식당 근로자, 세탁소 직원, 선원과 상인들에게 은행에 관해 알려주고, 어째서 돈을 은행에 맡기면 안전하고 이자도 받을 수 있는지 일일이 설명하며 집집이며 점포마다 찾아다녔다. 두 사람은 결국 바우어리 가街에 BOC*Bank of China*의 차이나타운 지점을 유지할 수 있을 만큼의 충분한 예금을 확보하는 데 성공했다. 게다가 베른은 차이나타운의 몇 안 되는 유부남 중 한 사람이었다. 그러면 어찌해야 할지 알 것 같았다.

존은 자신의 믿음직한 친구에게 걱정거리를 털어놓았다. 돈 문제, 빙이 너무 젊다는 것, 그녀를 쥐고 흔드는 언니에 관해 이야기했다. 그중에는 그가 이미 지난번 여행에 휴가를 다 써버렸다는 사실도 있었다. 베른은 요점을 하나하나 짚어가며 말했다. 존에게 돈이 더 필요하다면 베른은 그를 도와줄 생각이다. 직원의 결혼이라는 특별한 경우에 은행은 그에게 휴가를 한 달 더 줄 수 있다. 빙의 나이와 그녀의 언니에 관해서는, 베른이 존에게 물었다. "자네는 그 여자를 사랑해? 그녀를 사랑할 수 있을 것 같아? 만일 자네가 그녀를 사랑한다면, 나머지는 해결해 갈 수 있을 거야."

친구의 질문에 존은 잠시 멈칫했다. 그랬다, 그는 그녀를 사랑할 수 있을 것 같았다. 사실, 그가 베티의 터무니없는 요구를 고려하고 있다는 것만으로도 빙에게 특별한 감정을 느끼고 있다는 의미이긴 했다. 게다가 캘리포니아로 돌아가는 데 드는 비용도 생각해야 했다. 그는 신중하고 검소한 남자였다. 다른 여자였다면 아마 잠시도 생각할 필요 없이 그만뒀을 일이었다.

다음 날, 존은 여동생에게 전화를 걸어 메시지를 전해 달라고 했다. 빙에게 내가 그녀와 결혼하길 원한다고 전해줘. 2주 후에 도착할 수 있을 거라고도.

빙은 무척 기뻤다. 이미 10월이었고, 그녀의 비자는 11월 26일에 만료될 예정이었다. 이제 그녀는 덴마크에 갈 필요가 없었다. 적어도 미국에서라면 그녀도 영어를 그럭저럭 사용하며 지낼 수 있었다. 영화 속의 사람들처럼 존을 사랑할 만큼 그를 잘 알지는 못했지만, 그를 좋아했다. 그녀는 남편감을 찾는 일에 큰 기대가 없었던 데다, 더 나쁜 상대를 만날 수도 있었다. 여기 자신을 진심으로 원하는 사람이 있었다. 그녀의 아버지와 어머니도 그녀를 원하지 않았다. 그녀를 처음 입양했던 마마 쉬도 마찬가지였다. 존 이는 그녀를 위해 2천 달러라는 돈을 낼 정도로 그녀를 원했다. 그럴게요. 그녀는 그와 결혼해도 좋을 것 같았다.

언니는 빙보다 더 신이 나 보였다. 그녀는 예비 신부를 붙잡고 춤을 추며 "행복한 날이 다시 찾아온 거라고!" 노래를 불렀고, 피터는 이 광경을 보고서 배를 잡고 웃어댔다.

갑자기 브로드웨이의 작은 집이 왁자지껄 활기가 넘쳤다. 언니는 가지고 있던 현금으로 빙의 수수한 혼수용 옷가지를 사기 시작했다. 새 신발, 나이트가운, 란제리 등이었다. 뉴욕의 추운 날씨를 위한 코트도 필요했다. 두 사람은 빙을 위해 새 드레스 몇 벌을 재봉질해줄 재단사를 찾았다. 단 한 번 입을 웨딩드레스는 사는 것은 사치였다. 대신 그들은 빙이 다시 입을 수 있는 드레스를 만들도록 맞춤용 옷감을 따로 골라두었다.

여행 계획도 세워야 했다. 언니는 자신과 피터를 위해 덴마크로 가는 배표를 예약했다. 두 사람은 뉴욕까지 기차로 가서 거기에서 다시 코펜하겐으로 가는 배를 탈 예정이었다. 그녀는 도착해서 어떤 일이 벌어질지 알 수가 없었다. 크리스티안이 많이 아프면 덴마크를 떠나지 못하게 될 수도 있었다. 그러나 전쟁과 그 전후의 혼란을 겪으며 언니는 만약의 경우, 최악의 상황에 대비하는 법을 배웠다. 그녀는 대안이 될 계획이 필요했다.

만약 덴마크에서 일이 잘 풀리지 않으면, 언니는 미국으로 돌아오겠다고 결심했다. 그러나 그녀는 이민 비자를 취득하기 위해서는 최소 2천 달러가 들어 있는 미국의 은행 계좌가 필요하다는 것을 알게 됐다. 존 이의 "지참금"이 있으면 덴마크까지 갈 표는 살 수 있었지만, 미국에 돌아오는 데 필요한 돈으로는 충분치 않았다. 그녀는 보석 몇 개를 팔기로 했다. 그녀는 가장 비싼 것으로 골랐다. 크리스티안이 결혼하기 전에 그녀에게 사주었던 다이아몬드 반지였다. 반지를 다른 사람 손에 넘기기는 싫었지만, 감상에 젖을 때가 아니었다. 난민들은 어디에 가든, 살아남기 위해 뭐든 팔아야 했다. 그리고 그녀는 생존의 법칙을 누구보다도 더 잘 알고 있었다.

언니는 반지에 관해서 누구에게 이야기를 꺼내야 할지 정확히 알고 있었다. "물주"인 리였다. 그는 베티가 크리스티안과 이혼하면, 결혼하기로 약속하고 그녀를 먹여 살리고 있었기에 결혼반지를 판다고 하면 기뻐할 터였다.

리가 그날 밤 집으로 돌아오자, 베티는 그의 넋을 빼놓을 옷차림을 하고 있었다. "리, 자기, 좋은 소식이 있어요." 그녀가 사근사근한 목소리로 말했다. "끔찍한 내 남편이 이제야 이혼할 준비가 됐다고 전보를 보내왔어요." 그녀는 그래서 이제 곧 덴마크로 가야 한다고 설명하고, 돌아오면 그와 결혼하겠다고 말했다. 그녀는 또 그에게 귀국 비자에 2천 달러가 필요하다는 이야기도 했다. "결혼반지를 좋은 값에 팔 수 있도록 도와줄래요? 이제 그 반지는 더 이상 필요가 없으니 말이에요." 그녀가 반지를 자랑하듯 내밀자, 커다란 다이아몬드가 밝게 빛났다. "이 반지는 10년 전에 미화로 5천 달러나 주고 산 거예요." 그녀는 상하이 사람다운 허세를 부리며 가격을 부풀려 말했다. "그 가격에 팔아줄 수 있겠어요, 당신?"

그녀의 이혼 절차를 밟기 시작했다는 소식을 듣고 기분이 좋아진 리는 반지를 자세히 들여다보며 신음하듯 말했다. "5천 달라나? 호프 다이아몬드(세계 최대의 인도산産 블루 다이아몬드)라도 되는 건가? 걱정 말아요. 전당포를 하는 친구 중에 다이아몬드를 잘 아는 사람이 있거든. 내게 맡겨요."

다음 날 밤, 리가 돌아와서 말했다. "내 친구가 그러는데 이 반지를 5천 달러나 주고 샀다면 속은 거라더군. 아무리 잘 쳐줘도 2천5백 달러라고 합디다." 베티는 곰곰이 생각해보는 듯했다. 크게 손해를 보고 팔아야 한다는 말에 그녀는 짧게 불평을 하고는 잠시 망설이고 나서 반지를 팔기로 했다. 빙은 포커페이스 아래로 언니가 기뻐하고 있다는 것을 알아차렸다. 리는 다음 날 반지를 팔아오겠다고 약속하고 떠났다. 빙과 단둘이 남게 되자, 언니는 흥분해서 속삭였다. "저 사람이 좋은 가격을 받아왔어. 이제 준비는 다 된 거야!" 다음 날, 리가 들러 2천5백 달러 현금을 툭 하니 내놨다. 언니는 곧바로 예금 계좌를 개설했다. 그것으로 그녀가 만일 미국으로 돌아오길 원하게 될 경우, 걸림돌이 될 큰 장애물을 넘은 셈이었다.

빙이 노크 소리를 듣고 문을 열자, 10월 중순의 황금빛 햇살이 집 안으로 쏟아져 들어왔다. 문을 두드린 사람은 존 이였다. 그는 한 손에는 여행 가방을, 다른 한 손에는 데이지 꽃다발을 들고 서 있었다. 그는 막 뉴욕에서 도착해서 가장 먼저 빙을 만나러 온 것이었다.

그는 인사도 없이 그녀만을 바라보고 있었다. "정말 나와 결혼해서 뉴욕에서 살길 원해요?" 수줍어하는 듯한 목소리로 그가 물었다.

빙은 움츠러들지 않고 그와 시선을 마주쳤다. 그녀는 고개를 끄덕이며 단호한 목소리로 대답했다. "네. 정말이에요."

존은 활짝 웃고는 빙에게 꽃다발을 건넸다.

그때 베티가 현관으로 달려 나왔다. 존은 코트 안주머니에 손을 넣어 두툼해 보이는 봉투를 꺼내서 그녀에게 주었다. "여기 2천 달러에요. 세어보세요." 그가 말했다. "나중에 속였다는 말은 듣고 싶지 않아요." 그녀가 돈을 모두 세고 만족스러워하자, 그가 물었다. "영수증도 주실 거죠?" 그의 말투는 농담조였지만 빙은 그 말의 절반은 진심이라는 것을 느낄 수 있었다.

언니가 대답했다. "앤 이제 완전히 당신 사람이에요. 결혼식만 끝나면."

"그럼 시간 낭비하지 말죠." 그는 이렇게 말하고서는 빙의 손을 잡고 혈액 검사를 받으러 간 다음, 결혼 허가증을 받기 위해 시청으로 향했다. 두 사람은 네바다 주의 리노로 갈 예정이었다. 거기서라면 치안판사 앞에서 곧장 결혼할 수 있을 것이었다. 빙은 작은 가방에 짐을 싸서 밖으로 나갔다.

리노에 가기 전에 그들은 존의 여동생 플로렌스를 만나기 위해 오클랜드에 들렀다. 플로렌스는 두 사람을 기다리며 며칠 동안 어린 신부의 건강과 임신을 돕는 전통적인 타이산 약탕을 준비해놓고 있었다.

플로렌스는 짙은 색의 걸쭉한 액체가 담긴 컵을 빙에게 내밀었다. "얼른 마셔버려요." 플로렌스가 말했다. "이걸 마시면 오늘 밤에 좀 도움이 될 거예요." 그녀는 빙에게 의미심장한 미소를 지어보였다.

빙은 망설였다. 그녀는 이제 곧 시누이가 될 사람의 기분을 맞춰 주고도 싶었다. 선택의 여지가 없었으므로 그녀는 고약한 냄새가 나는 음료가 든 컵을 들어 올렸다. 마시자마자 빙은 머리가 멍해지고 토할 것처럼 속이 메스꺼워지기 시작했다. 이런 기분은 전에도 한 번 경험한 적이 있었다.

"혹시 이 안에 알코올이 들어 있나요?" 빙이 경련을 일으키다 숨을 헐떡이며 물었다.

"알코올 알러지가 무척 심하거든요."

"겨우 위스키 반 병 정도에요." 플로렌스가 대답했다. "그렇게 많이 넣은 것도 아닌데."

빙은 피부가 가려워지면서 발진이 생겼다. 그녀는 리노로 가는 동안 내내 아팠다. 거기까지 어떻게 갔는지, 혹은 결혼식은 어땠는지 거의 기억조차 나지 않을 정도였다. 그날 밤 빙이 호텔에서 심하게 앓으면서 신혼 첫날밤은 엉망이 되고 말았다. 플로렌스가 뭐라고 믿었든 간에 그 특별 탕약은 그녀가 첫날밤을 보내는 데 전혀 도움이 되지 못했다. 다음 날, 빙과 존은 며칠 동안 그의 일가족들을 만나러 오클랜드로 돌아왔다. 중국식 레스토랑 주인이었던 한 친척이 결혼 피로연을 크게 열어주었다. 200명 가까이 되는 이씨 집안사람들이 피로연에 왔지만, 언니는 샌프란시스코에서 그곳까지 올 수가 없었다. 빙이 아는 사람이라고는 존과 플로렌스가 다였다. 게다가 모두 타이산 사투리를 써서 빙은 손님들과 이야기를 나눌 수도 없었다.

다른 신부였다면 입을 삐죽거리며 토라졌을지도 모른다. 그러나 빙은 신경 쓰지 않았다. 그녀는 어디서든 주변 인물로 살아가는 데 익숙했고, 그런 일로 괴로운 마음이 들지도 않았다. 자신의 결혼 피로연이라고 해도 마찬가지였다. 그녀가 매번 고개를 끄덕이고 미소를 지을 때마다 그런 행동들 모두가 진심으로 행복한 마음에서 우러나온 것이었다. 이제 그녀에게는 집이 생겼다. 존과 그녀만의 집이었다. 두 사람은 곧 뉴욕으로 떠날 것이다. 빙은 평생 다른 사람들이 바라는 대로만 살아왔다. 이제야 그녀는 자기 인생을 살게 된 것이다.

23장

도린과 베니, 19세, 21세

1950년, 광저우 그리고 난징

베니와 어머니의 모습이 시야에서 사라지기 전에 한 번이라도 더 보려고 도린이 젖은 뺨을 대고 있었던 기차 유리창은 온통 눈물 자국으로 흐려져 있었다. 어머니는 플랫폼 끝에 다다를 때까지 계속해서 기차를 쫓아왔다. 마치 딸을 다시 끌어당기려는 듯 팔을 뻗은 채였다.

도린은 기차에서 빠져나와 뒤로 멀어지는 그 모습을 향해 달려가고 싶은 마음과 싸워야 했다. 그토록 애타게 간청하는 어머니를 밀어내다니, 그것도 한 번도 내게 뭔가를 요구한 적이 없는 어머니를 거절하다니 나는 도대체 어떻게 돼 먹은 딸일까? 도린은 자신을 향해 손을 흔드는 베니를 보고서야 간신히 마음을 추스를 수 있었다. 오빠의 믿음직한 미소가 마치 그녀가 옳은 일을 하고 있다고, 다 괜찮아질 거라고 알려주는 것 같았다

규칙적으로 흔들리는 열차 안에서 승객들이 잠들어 있는 동안, 도

린은 전쟁과 반역죄로 얼룩지지 않았더라면 자신의 삶이 어땠을지 상상했다. 이제 열아홉 살이 되었으니 대학에 가서 언젠가 아름다운 결혼식을 올리게 되겠지. 똑똑하고 매력적인 오빠는 의사나 정치가, 그도 아니면 도시의 퇴폐적인 유혹에 몸을 던지는 것 외에는 아무런 목표도 없는 부유하고 유력한 집안의 말썽꾸러기 아들로 상하이의 악명 높은 바람둥이 중 한 명이 되었을 것이다. 도린은 그런 꿈 같은 삶을 사는 대신 이제 공산당으로부터 달아나는 피난민 틈에 끼여 이 기차 속에 앉아 있었다. 유쾌하고 즐거운 마음 대신 어머니를 두고 떠나온 것, 오빠 돈으로 자신의 기차표를 샀다는 죄책감에 짓눌렸다. 베니에게 새로운 삶을 위한 기회가 될 수도 있을 돈이었다.

나는 앞으로 어떻게 해나가야 하는 걸까? 하인들의 보살핌을 받으며 응석받이로 자란 셋째 딸이었다. 아버지가 감옥에 갇히고 어머니가 떠난 후에도 자신이 책임져야 할 일은 아무것도 없었다. 베니 오빠가 항상 그녀를 돌봐 주었다. 이제 도린은 4년간 보지 못했던 언니, 만나 본 적도 없는 형부와 조카들과 지내기 위해 이국땅으로 향하고 있었다.

낯선 사람들로 가득 찬 기차에서 돈도, 음식도, 갈아입을 옷도 없이 혼자였다. 도린은 마침내 눈물마저 말라 가는 듯했다. 3일간의 여행 동안, 소녀는 흔들리는 기차 속에서 갖가지 후회와 의구심을 제외하고는 그저 멍한 상태로 흐릿한 창밖만 보며 앉아 있었다. 그러나 베니가 YMCA로 가라고 했던 말이 떠올랐다. 그 말대로 하리라고 생각했다.

다음 날, 근처에 앉은 한 가족은 혼자서 여행하는 이 슬픈 모습의 소녀를 보고 불쌍한 생각이 들었다. 그중 곱사등에 친절한 눈을 한 할머니가 도린에게 차가운 참마 뿌리를 건넸다. 도린은 껍질까지 모두 집어삼키고서야 자신이 얼마나 배가 고팠는지 깨달았다.

도린은 자신의 가족들이 어떻게 될지 궁금했다. 그녀가 알던 사람들은 하나같이 공산당을 "빨갱이 도둑놈"이나 더 심한 말로 불렀다. 아버지의 경호원이었던 백러시아인은 들어주는 사람만 있으면 누구에게나 공산주의의 해악에 관해 경고하곤 했다. 국민당은 중국의 나쁜 점은 무엇이든 공산주의자들 탓을 했다. 그리고 이제 그 공산주의자들이 실제로 정권을 장악했다.

기차가 광저우역에 도착하자 도린은 우울함을 떨쳐버리려고 애썼다. 먼저 YMCA로 가는 방법을 알아내야 했다. 적어도 광저우의 기차역은 상하이역보다는 작고 그만큼 압도적인 느낌도 없었다. 도린에게는 여전히 상하이 여자의 대도시다운 분위기가 풍겼다. 어려서 조부모와 판씨 대가족에서 배웠던 광저우 사투리로 그녀는 몇몇 철도 직원에게 도움을 청했다. 그들이 알려준 대로 자전거 택시에 오르면서 도린은 자신에게 돈이 한 푼도 없다는 사실이 얼굴에 드러나지 않기를 바랐다.

YMCA에 도착하자 도린은 운전사에게 안에 들어가서 도움을 청할 동안 기다려달라고 부탁했다. 수수한 서양식 옷을 입은 중국 여성이 소녀를 기다리고 있었다. "당신이 도린이군요." 여자가 영어로 말했다. "나는 미스 링이고 YMCA 간사예요. 오빠 전화를 받았어요. 자전거 택시는 제가 알아서 할게요. 걱정하지 말아요. 여기는 안전해요."

미스 링은 베니가 상하이 YMCA 지국으로 간 다음, 그곳에서 광저우에 있는 YMCA로 연락해서 여동생의 절박한 상황을 전했다고 설명했다. 자전거 택시비를 치른 다음 미스 링은 도린을 큰 부엌으로 데리고 갔다. 요리사가 간단한 식사를 준비해 주었다. 도린은 배가 고팠지만, 굶주린 거지처럼 보이지 않으려고 미스 링 앞에서 최대한 예의를 갖췄다. 소녀가 국을 들이마시지 않으려고 남아 있는 자제력을 몽땅 동원하는 동안 미스 링이 말했다. "필요한 만큼 여기 머물러도 돼요. 아가씨한테 맞는 옷이 어디 있을 거예요. 쉬고 나서, 생계를 위해 사무실에서 할 수 있을 만한 일을 몇 가지 보여줄게요." 도린은 곧 넓은 기숙사 방의 간이침대 위에 쓰러졌다. 방에는 자신처럼 갈 곳 없는 여성들이 함께 지내고 있었다. 그러나 베니 덕분에 이제 그녀는 언니가 있는 홍콩에서 기차로 겨우 몇 시간 거리인 곳에 와 있었다.

**

도린이 안전해지고, 홍콩 가까이에 이르자, 베니는 난징에 있는 YMCA 사무총국에서 일하기 위해 이사할 준비를 했다. 베니의 상사이자 후원자인 투위칭 박사는 세인트존스 대학의 총장으로 있던 시절, 외국인 성공회교도 직원 중 일부에게 비난을 받았다. 공산주의자들이 권력을 잡자 그들은 박사가 더 급진적인 학생들을 지나치게 묵인해왔다고 생각했다. 그러나 이제 YMCA에서 일하는 베니의 동료들은 투유칭 박사가 공산주의자 학생들을 "온화하게" 대했던 것이 새로운 정권이 자신들에게 아량을 베풀게 하는 데 도움이 되길 바랐다. 베니는 난징으로 오게 된 것이 기뻤다. 여기에는 그의 가족에 관해 아는 사람도 없을 것이고, 고통스러운 과거를 떠올리게 하는 것도 더 적을 터였다. 게다가 끊임없이 일어나는 정치적인 동요도 베니가 상하이를 떠나고 싶었던 이유 중 하나였다. 국민당군이 대만의 벙커에 숨어 미제 비행기와 폭탄으로 계속해서 공습을 해오자, 도시는 공포에 떨며 모두 초비상 상태가 됐다. 공산주의자들은 그동안 게릴라전에 의존해 왔고, 소련으로부터의 물자 원조도 거의 받지 못하던 때였다. 승리는 했지만, 그들에게는 공군도, 대공 방어 프로그램도 없었다. 1950년 2월이 되자 상하이에 대한 국민당군의 지속적인 폭격이 매우 심해져서 이따금 전기와 수도마저 끊어졌다.

그러나 이러한 공습은 혁명의 열기를 가라앉히는 대신 오히려 사람들 사이의 분노와 급진적인 변화를 요구하는 아우성에 기름을 부은 격이 되었다. 새 공산당 정권은 남아 있는 국민당의 자산과 비밀 반대 세력을 반드시 색출해 내겠다고 공표했다. 전 재무장관 쑹쯔원 소유였던 페탱가의 저택은 공산당 본부가 됐다. 베니는 그 위풍당당한 빌라를 자주 지나치곤 했었다. 신문에서는 "제국주의자의 주구"인 쑹이 아내와 측근들과 함께 파리와 뉴욕으로 도망쳤으며, 장제스 부부는 안전을 위해 수백만 달러의 현금을 미국으로 가졌다고 보도해 많은 중국인들을 화나게 했다. 다른 기사에서는 장 가문, 쑹 가문, 쿵 가문과 다른 세간의 주목을 받는 국민당 인물들이 외교 여권을 이용해 전쟁으로 고통받는 중국인들을 돕기 위해 조성된 자금 수백만 달러를 빼돌렸다고 보도했다.

베니는 수구 세력에 대한 분노가 계속해서 불붙듯 커지는 것이 아버지에게 좋은 징조가 아닐까 봐 두려웠다. 매일 뉴스 기사에서는 국민당이 통치 말기에 저지른 다수의 즉결 처형과 같은 잔학 행위에 대해 보도했다. 공산당은 10만 명 이상의 국민당 군인들을 포로로 잡아 그중 지위가 높은 이들을 C. C. 판이 갇혀 있는 거대한 티란차오 감옥으로 보냈다.

인민 재판소는 암거래와 절도에서부터 국민당 자산 소유에 이르기까지, 다양한 불법행위로 기소된 범죄자들의 밀린 사건들을 검토하고 있었다. 거의 매일, 고발된 반혁명분자들이 상하이 공원과 공공장소에 모여 야유하는 군중들 앞에서 조리돌림을 당했다. 이전 프랑스 조계 내 경견장競犬場과 공공조계에 있던 경마장은 공개적인 상호비판, 판결, 그리고 즉결 처분을 위한 무대가 되었다. 이런 참혹한 쇼가 공지될 때마다 베니는 진저리를 치며 자신에게 묻곤 했다. 이번이 아버지 차례일까?

마침내 상하이를 떠나야 하는 때가 오자, 베니는 난징으로 가는 기차를 탔다. 역은 대체로 조용했다. 마지막으로 도린과 어머니와 왔을 때 경험했던 광란에 빠진 군중도 없었다. 국민당 정부의 수도였던 난징은 중국에서 두 번째로 큰 도시였지만 260만 명의 인구는 상하이 600만의 사람들보다 비교적 평온해 보였다. 베니는 YMCA 건물에 있는 방으로 이사했고, 그곳에서 이방인의 사정을 이해해주는 동료애뿐 아니라, 가족에 대한 수치심을 감추어 주는 익명성을 얻을 수 있었다. 투 박사의 비서로 일하는 동안, 보고서와 편지들을 타자로 치면서 베니의 영어 실력은 더 좋아졌다. 게다가 얼마간 돈도 저축할 수 있었다. 무엇보다 기뻤던 것은 중국에서 기독교 활동이 계속되도록 돕는 하나님의 일을 하고 있다는 점이었다. 이런 식으로라도 베니는 아버지가 저지른 잘못을 조금이나마 속죄하고 싶었다.

중화인민공화국이 수립된 후 처음 몇 달이 지나자, 정부는 공공질서에 대한 통제를 강화하는 동시에, 경제와 필수 공공 서비스가 제대로 작동하게 하려 애썼다. 새 정권은 겁에 질린 자본가들에게 공장과 상점들을 중단 없이 운영할 수 있다는 점을 서둘러 확신시켰다. 프티 부르주아 지식인과 숙련직 전문가들에게도 비슷한 약속이 이루어졌다. 공산주의자이든 아니든 간에, 국가는 이미 꽤 진행된 대규모 탈출에 전문직, 기술자, 기업가와 경영자 계급 전체를 잃을 수는 없었다. 심지어 YMCA와 다른 기독교 단체들을 비롯해 외국 선교사들도 미래는 불확실할지언정 적어도 교회 문은 열어두어도 된다는 말을 들었다.

그러나 달이 지날수록 혁명정부는 더 엄격해지고 요구 사항이 많아졌다. 새 정부는 국가를 운영하기 위해 돈이 필요했다. "능력에 따라 일하고 필요에 따라 분배한다."라는 마르크스주의 원칙 아래에 부르주아 계급이 가장 무거운 짐을 져야 했다. 분기 등등한 노동위원회가 실시한 청문회에서는 기업주들에게 무거운 세금과 함께 고용인에 대한 높은 임금을 부과했다. 사업을 줄이고 노동자가 운영하는 재판소에서 상호 비판에 직면하는 것이 두려웠던, 놀랄 만큼 많은 수의 사업가들이 상하이 고층 빌딩에서 투신자살하고 있었다. 아래 거리의 보행자들은 떨어지는 시신을 피하고, 자칫 운 나쁜 희생자가 되지 않으려 건물에 바싹 붙어 걸었다. 상하이 전역의 학교에서는 예술보다는 응용과학이 더 강조되는 한편, 학생들은 정치사상에 관한 새로운 수업을 들어야만 했다. 세인트존스 대학에서는 이전에 그토록 각광받던 영어 교육과정이 사라졌다.

베니는 교회 친목회와 일요일 예배에 참석하는 일이 점점 줄어들었다. 더 많은 서양인 선교사들이 중국을 떠나면서 YMCA와 다른 기독교 기관의 장래는 어두워져만 갔다. 1949년 베니가 학교를 졸업했을 때에는 177명의 교사 중 33명이 외국인이었다. 1년도 채 지나지 않아, 서양인 교사는 겨우 5명만 남게 되었다.

난징과 다른 도시들에서는 열성적인 혁명가들이 대지주와 자본가들에게 죄목이 적힌 고깔모자를 씌우고, 이들에 대한 대규모 재판을 벌이기 위해 집회를 조직했다. "제국주의자의 주구들"이 저지른 범죄에 관해 "노동자 인민을 교육"하기 위해서였다. 피고들은 사상개조를 위해 공개 비판을 받아야 했다. 사상적 변화를 돕기 위해, 재산은 몰수 후, 재분배되었다. 농촌에서는 엄청난 수의 중국의 가난한 농부들이 "비참함을 토로하고" 비열한 지주들이 자신이 저지른 범죄와 잔학행위를 직시하도록 민중대회를 열었다. 대규모 집회가 폭력적으로 변할 때면 많은 사람들이 맞아 죽었다. 혁명 이후 몇 달 동안, 이 토지개혁 운동의 일환으로 백만 명 이상의 지주들이 살해된 것으로 추정된다.

YMCA에서의 업무로 인해, 이런 사건들에 관한 뉴스가 베니의 책상을 거쳐 갔다. 새로운 보고서가 도착할 때마다 그는 도린을 홍콩으로 보내길 잘했다는 생각이 더욱더 확고해졌다. 그 일에 관해서는 너무나 감사한 마음마저 들었다.

*
**

광저우의 YMCA에 도착하자마자 도린은 홍콩에 있는 언니에게 광저우에서 선전深圳까지 가는 단거리 구간 기차표를 살 돈을 보내 달라고 재촉하는 편지를 썼다. 선전에서는 영국령 홍콩의 첫 번째 기차역인 로우羅湖까지 국경을 가로지를 수 있었다. 세실리아는 도린에게 기차표를 살 여유가 없다는 답장을 보내왔다. 형부가 다니던 중국항공공사는 중일전쟁 기간, 히말라야를 넘어 항공기로 국민당군에게 보급품을 수송했던 유명 항공사였지만 재정상의 불확실성이 회사를 휘젓고 있었다. 공산당의 승리 이후, 홍콩의 기업들은 경제 불안으로 인한 잦은 노동쟁의에 직면했다. 조종사 중 몇몇은 심지어 제멋대로 비행기를 몰아 공산당에 귀순하기도 했다. 편지에는 형부의 일감이 너무 일정치 않아서 아이들을 먹일 돈도 겨우 구할 정도라고 했다. 기차표 값을 모으려면 시간이 걸릴 터였다.

도린은 기다리는 것쯤은 상관없었다. 간사인 미스 링이 YMCA에서 그녀가 할 만한 일을 잔뜩 찾아주었다. 도움이 될 수 있어서 감사한 마음이었던 도린은 자신의 영어 실력이 장점이 되어서 기뻤다. YMCA에서의 생활은 세인트메리스 홀에서 기숙사생으로 살아가던 것과는 거리가 멀었지만, 기다리는 동안 지낼만한 안전한 장소가 있다는 것 자체가 행운임을 그녀는 알고 있었다.

광저우는 엄청난 수의 난민들이 홍콩으로 건너가려는 희망을 안고 밀려드는 바람에 계속해서 팽창했다. 많은 사람들이 길거리 외엔 잠잘 곳이 없었다. 국민당이 장악하고 있던 마지막 중요 도시 중 하나였던 광저우는 또한 본토에서 중화민국 여권을 마지막으로 발급하는 장소 중 하나이기도 했다.

미국을 비롯해 많은 나라가 여전히 중화민국을 유일한 합법 정부로 인정하고 있었기 때문에, 중국을 탈출하는 데 필요한 여행 서류를 구하기 위해 전국에서 난민들이 쏟아져 들어왔다. 심지어 혁명이 일어난 지 1년 후에도 광저우와 선전은 여전히 영국령 홍콩과 포르투갈령인 마카오로 향하는 관문이었다. 그러나 이들 식민지가 백만 명 이상의 난민들로 옴짝달싹 못 하는 통에, 이런 통로들이 곧 막힐지도 모른다는 소문이 돌았다. 도린은 그저 자신이 국경을 건널 때까지만이라도 국경이 열려 있길 바라는 수밖에 없었다.

몇 달 내로 언니에게서 기차표를 보낸다는 소식이 왔다. YMCA의 미스 링과 새로운 친구들과 눈물에 젖은 작별 인사를 하고— 그들 역시 곧 떠나리라는 것을 알고 있었다— 도린은 선전의 중국 쪽 국경 마을로 향했다. 그곳에서 국경 너머 영국령인 로우로 건너가서 형부를 만날 예정이었다.

기차 안은 사람들과 짐으로 들어차 질식할 지경이었다. 상하이에서 기차를 타고 오던 때의 쓰라린 기억이 떠올랐다. 적어도 이번에는 도린도 희망적인 기분이 들었다. 대학에 가서 외국, 심지어 미국에서 공부할 기회가 생길지도 모른다는 기대가 생겼다. 열차가 선전의 종착역에 다다르자, 모든 승객은 기차에서 내려 마지막 구간을 걸어가야 했다. 도린은 YMCA에서 만난 친구들에게 국경을 표시하는 작은 다리를 건너도 된다는 허가를 받기 전에 몇몇 국경 경찰을 거쳐야 한다는 이야기를 들었다. 그러고 나면 카오룽九龍과 홍콩섬 너머 인구가 적은 신제新界에 위치한 로우에 도착할 터였다.

친구들이 미리 어떤 일을 겪을지 알려주었는데도 도린은 국경 경비대로 향하는 긴 행렬에 들어서자 긴장이 됐다. 중국 쪽 출구의 경찰은 상하이역의 끔찍한 검사관들이 했던 것처럼 모든 사람의 가방을 뒤져보고 있었다. 그녀는 검사하는 사람들이 귀중품을 제대로 숨기지 못한 여행객들에게서 돈이며 금, 보석들을 압수하는 것을 지켜봤다. 출국하는 중국인들은 홍콩 돈으로 5달러에 해당하는 것만 국외로 가지고 갈 수 있었다. "이것들은 중국 인민의 소유물이지 제국주의자의 주구와 그 종들의 것이 아니야," 경찰들이 말했다. 도린의 수중에 그들이 가져갈 만한 물건은 아무것도 없었다. 금세 가보라는 듯한 손짓이 돌아왔다.

홍콩 쪽을 향해 계속해서 걸어가자 도린은 곧 영국군 제복을 입은 영국인과 중국인으로 구성된 또 다른 경비대와 마주쳤다. 짐꾸러미를 확인하는 대신 이쪽 경비대는 질문을 던진 뒤, 대답에 따라 일부 사람들을 돌려보내고 있었다. 도린은 긴 줄의 끝에 서 있었는데도 입국을 거절당한 사람들의 고통스러운 울부짖음과 애원하는 목소리를 들을 수 있었다. "우리는 정말 멀리서 왔어요. 지나가게 해주세요!", "어머니가 중병을 앓고 계세요. 어머니를 뵈러 가야 한다고요!" 경비대는 꿈쩍도 하지 않았다. 아무도 그녀에게 이런 절차는 이야기해 준 적이 없었다. 이건 새로운 함정일까? 줄 앞쪽까지 다다르자 도린은 어깨를 펴고, 작은 목소리로 기도를 중얼거렸다. 군인이 그녀에게 영어로 광둥어를 할 줄 아느냐고 물었다.

"하이—야!"—네!—그녀는 광저우에 머무는 동안 조심스레 갈고 닦은 광둥어로 확실하게 대답했다.

"홍콩에서는 어디서 머무를 예정이지? 빨리 대답해." 그가 쏘아붙였다.

도린은 빠른 광둥어로 언니의 주소를 내뱉었다. 그러자 홍콩 경비대는 그녀를 안으로 들여보내 주었다. 목적지를 증명할 만한 서류나 증거를 요구하지는 않았다. 영국인들은 원래 그 지역 출신인 사람들만 입국을 허가하고 상하이처럼 먼 지역에서 오는 난민들은 더 이상 들어오지 못하게 막으려고 했다. 안타깝게도 광둥어로 대답하지 못한 사람들은 그 자리에서 즉시 돌려보내졌다. 이러한 새로운 요구 조건이 생기기 전까지는, 중국인들이 식민지를 출입하는 데 아무런 제한이 없었다. 이제, 난민과 공산주의자들이 들어오지 못하도록 변화가 생긴 것이었다.

로우에 들어서며 도린은 상하이에서도 고향 말투를 잃지 않았던 광둥성 출신 조상들을 향해 감사의 말을 속삭였다. 다른 중국인들은 경비들의 마음이 바뀌기 전에 그곳을 벗어나려는 듯 재빨리 걸어갔다. 비싸 보이는 서양 옷을 입은 몇몇 사람들도 축 늘어진 채 초췌해 보였다. 도린은 그들이 출국 승인을 받을 때까지 역 구내에서 잠을 자야 했을 것이라고 짐작했다. 그 사람들 역시 자기 가방을 직접 옮겨야 했으리라는 것도. 땅을 보며 걷던 도린은 갑자기 자신이 중국 국경을 지나쳐 영국령 홍콩 땅에 들어와 있다는 것을 깨달았다! 소녀는 마중 나온 사람들을 훑어보다 중국항공공사의 유니폼을 입은 남자를 발견했다. 그쪽으로 급히 달려가던 도린은 그 사람이 정말 자신의 형부라는 것을 알아차렸다. 소녀는 가까스로 흥분을 누르고 침착하게 고개를 숙였다. 격식을 차린 중국식 인사였다. 상대도 조심스레 고개를 끄덕였지만 "성공했네요. 홍콩에 온 걸 환영합니다!"라고 말을 건넸다. 그를 따라 로우에서 홍콩섬 건너편 카오룽 반도로 가는 다음 기차에 올라탔다. 도린은 얼굴 가득 안도의 미소를 띤 채, 자리에 조용히 앉아 있었다. 곧 안전한 가족의 품에 다시 안기게 되리라.

　　카오룽 역에 도착하고 나서, 두 사람은 도린이 가족들과 함께 살았던 상하이의 옛 프랑스 조계지의 따성릴롱 주변의 골목길보다도 훨씬 더 붐비는 구불구불한 거리와 샛길을 따라 걸었다. 콘크리트로 만들어진 아파트들은 이제껏 본 어떤 건물보다 더 높고 폭이 좁아 보였고, 머리 위 가게 간판들과 빨래를 널기 위해 걸어둔 대나무 장대들이 도로 위로 튀어나와 있었다. 형부는 돌아서 그 건물 중 하나로 들어갔고, 그들은 어둡고 좁은 계단을 여러 층 터벅터벅 걸어 올라갔다. 좁은 아파트 중 하나에 들어서자, 도린은 너무나 기뻤다.

"언니, 언니를 만나려고 정말 오래 기다렸어!" 세실리아가 수줍게 엄마 치마에 매달린 한 살과 두 살 난 두 딸을 소개하자 도린이 큰 소리로 말했다.

"네 뱃값을 모으느라 정말 힘들었어." 언니가 대답했다. "편지에 쓴 대로 형부 일거리가 일정치 않아. 네가 도우러 와서 다행이야. 곧 새로 아기가 태어날 거야."

도린은 숨을 삼켰다. "상하이에서 이민국 경찰이 모든 걸 빼앗아 가버려서 광저우에서 오는 기차표를 살 수가 없었어."

"그거야 네 잘못이지. 왜 돈을 제대로 숨겨두지 않았니? 베니 오빠도 너도 그놈들이 훔쳐 갈 거란 걸 알았어야지." 세실리아가 딱 잘라 말했다.

세실리아는 도린을 조금 떨어진 조그마한 부엌으로 데리고 갔다. "여기서 지내게 될 거야. 하녀랑 같이." 도린이 가방을 내려놓자마자, 언니는 자신이 기대하는 바를 명확히 했다. "너는 하녀를 도와서 집 안일을 하고 아이들을 돌봐줘야 해."

갑작스레 비좁은 아파트의 몇 군데는 벗겨지기도 한 빛바랜 벽지와 변색되고 습기로 얼룩진 천장이 열아홉 살 된 도린의 눈에 들어왔다. 전에는 한 번도 이렇게 좁고 사람이 많은 건물에서 살아본 적이 없었다.

"당연히 내가 아마와 같이 아이들을 돌볼 거야. 그리고 어쩌면 하루에 몇 시간 정도는 학교에 갈 수도 있지 않을까?" 도린이 용기를 내어 물었다.

"학교? 너 같은 여자애가 왜 학교를 더 다녀야 하지? 큰 언니 애니랑 나는 네 나이에 결혼했어. 너는 세인트메리스 졸업장도 있잖아.

그걸로 충분해." 세실리아가 마치 내뱉듯이 말했다. "넌 여기 홍콩에 있는 난민들이 다 눈에 보이질 않니? 너는 학교 다닐 만한 돈이 없고, 우리도 마찬가지야." 언니는 단호한 투로 "흥!" 소리를 내고는 그 이야기를 끝내버렸다.

도린은 언니의 매정한 말에 깜짝 놀랐다. 자신이 언니를 도우러 왔다는 것은 알고 있었지만 이런 일은 예상하지 못했다. 그러나 한편으로는 하녀 한 사람이 요리와 청소, 그리고 빨래를 다 감당하지 못하리라는 것도 짐작할 수 있었다. 홍콩의 학교에서 학업을 계속하는 대신 도린은 언니의 두 딸을 돌보고, 하녀를 도와 빨래를 비롯해 필요한 일은 무엇이든 하며 나날을 보내기 시작했다.

도린은 몸을 뉠 침대와 머리 위 지붕이 있다는 것만으로도 감사해야 한다는 것을 알고 있었다. 매일 더 많은 수의 난민들이 흘러들어 왔고, 모두들 홍콩의 끔찍한 주택 부족에 대해 떠들어댔다. 지역 신문에 따르면, 100만 명 이상의 중국인들이 식민지로 들어와서 하룻밤 사이에 인구가 거의 두 배로 늘어났다.

제2차 세계 대전이 끝날 무렵, 홍콩의 인구는 60만 명이었다. 1950년에는 그 수가 폭발적으로 늘어서 공식적인 인구만 236만명이 되었다. 비행기와 배, 기차로 혹은 걸어서 도착한 새로운 난민들은 좀 더 싼 숙소를 찾으며 단기간 머무는 곳에 가진 돈을 모두 써버리고 빈털터리가 됐다. 많은 이들이 진흙투성이의 산비탈 위에 임시로 세운 천막에서 사는 노숙자로 전락했다.

동시에 홍콩 정부는 공산당과 국민당 선동가들이 정치적 불만을 불러일으켜 식민지를 전쟁터로 만들까 봐 우려했다. 큰 손해를 일으키는 파업과 노동 불안은 계속해서 혼란을 초래했다. 홍콩의 경제는 중국에 의존하고 있었기에, 본토의 공산당에 대한 어떤 식의 금수 조치도 식민지에 즉시 엄청난 영향을 미쳤을 것이다. 또한 붉은 군대가 국경을 넘어 신제로 향한다면, 영국은 전혀 물리적으로 홍콩을 방어할 수 있는 상황이 아니었다.

**

언니 집에서 허드렛일을 하는 하녀가 된 것은 큰 충격이었지만 도린은 감히 불만을 입 밖에 낼 수가 없었다. 돈에 대한 걱정이 세실리아를 성마른 사람으로 만들어 놓았다. 셋째 아이가 태어난 뒤로—역시 여자아이였다—세실리아의 기분은 더욱 나빠졌다. 기회만 있으면 여동생을 괴롭혔다.

"얼른 네가 우리한테 빚진 방세와 식비를 갚아줄 남편을 찾아보는 게 어때?"라고 세실리아는 말하곤 했다. "넌 이미 노처녀야. 빨리 결혼하지 않으면 아예 때를 놓치게 될 거라고!"

도린은 언니가 이런 일로 잔소리를 해댈 때마다 자신의 귀와 뺨이 빨개지는 것을 느낄 수 있었다. 하지만 그녀는 언니들과는 달랐다. 애니와 세실리아는 둘 다 열일곱 살 때 결혼했다. 세실리아는 남편과 도망쳤을 때 중학교도 채 마치지 못한 상태였다. 언니들은 언제나 패션이나 사회적 지위에 더 관심이 많았다. 어머니와 함께 윈도쇼핑을 다니고 인기 많은 여자아이들과 어울려 다니며 부잣집 소년들의 관심을 끌려고 애썼다. 아버지의 체포로 집안이 풍비박산 나자 세실리아는 굴욕적인 상황을 맞느니 항공병인 남편과 도망가는 쪽을 택했다.

도린에게 지위와 돈은 그리 중요하지 않았다. 교육을 받고, 머리 쓰는 일을 하고 싶었다. 그런 면에서 그녀는 베니를 더 많이 닮았다.

일요일 화려한 파티에서 애니와 세실리아가 같이 시시덕거릴 부잣집 바람둥이들을 찾아다닐 동안, 베니와 둘이서 재담才談을 주고받던 기억이 흐뭇이 떠올랐다. 이제 도린은 언니가 끊임없이 뱉어내는 폭언을 참고 들어야 했다. 세실리아는 도린에게 부자 남편을 찾으라고 강요하지 않을 때면, 가계에 도움이 되라며 돈 문제로 장광설을 늘어놓았다.

"너는 왜 나이트클럽이나 댄스홀에 가서 밤마다 몇 달러씩이라도 벌어올 생각을 안 하니?" 세실리아는 다그치곤 했다. "상하이 이주민 여자애들은 그런 일을 많이 하고 있다고. 심지어 상류층이었던 애들도 말이야. 춤 몇 곡 춰주고 돈 받으려니 자존심이 상하니? 너는 네가 뭐쯤 된다고 생각해? 우리가 아니었음, 너는 그보다 더한 것도 팔아야 했을 거야!"

도린은 대답할 말이 없었다. 홍콩의 모든 사람들이 먹잇감을 찾아다니는 뱃사람들과 다른 남자들 사이에서 상하이 여자들이 인기 품목으로 취급된다는 것을 알고 있었다. 도린은 언니가 자신을 그런 방향으로 몰아가는 데에 넌더리가 났다. 홍콩의 거친 지역에서 '상하이 누이'上海女는 매춘부와 거의 같은 의미로 쓰였다. 완차이灣仔와 분주한 항구 도시의 부두 근처, 절망적인 상황의 많은 상하이 여성들이 달리 생존할 방법이 없는 것도 사실이었다. 몸을 판다고 소문이 난 상하이 여성들이 어느 집안 출신인지에 관한 가십이 쉬쉬며 퍼져나갔다. 그게 세실리아가 원하는 것일까?

나는 절대로 그런 수준으로 주저앉지 않을 거야. 도린은 자신에게 맹세했다. 결코, 댄스홀이든 어디에서건 웃음이나 영혼을 팔지 않을 거야. 절대로!

언니에게서 벗어나 자신의 삶을 꾸려나가기 위해 도린은 일자리를 알아보기 시작했다. 시간이 나면 갑판 이등석에 타는 데 겨우 몇 푼밖에 들지 않는 흰색과 녹색의 믿음직한 선박, '스타 페리'호를 타고 홍콩섬으로 향하곤 했다. 그녀는 항상 세관의 시계탑(당시에는 카오룽 역에 세관과 시계탑이 있었다. 이후 역은 철거되었지만, 시계탑은 홍콩의 중요 기념물로 그대로 남게 되었다)과 페닌슐라 호텔이 보이는 곳에 자리를 잡으려고 애썼다. 그러면 여객선이 넓은 항로를 가로질러 영국 식민지의 중요 행정 구역인 센트럴中環을 향해 통통거리며 나아가는 동안 호텔과 시계탑이 차츰 멀어져 가는 모습을 볼 수 있었다.

일자리를 찾아 헤매던 도린은 곧 상하이 이주민이라는 것을 드러내지 않는 법을 배웠다. 홍콩에 사는 중국인 대다수는 광둥성 출신이었고, 그들은 북쪽에서 온 난민, 특히 상하이에서 온 난민들을 무척 싫어했다. 난민들이 너무 많다, 도시가 이미 너무 혼잡하다, 홍콩의 특성이 외부인들 때문에 바뀌고 있다, 등 이유는 다양했다. 매일 도린은 "상하이 탈출 계속," "난민을 실은 배가 두 척 더 홍콩 온다," "교통사고량에 반영된 홍콩의 인구 증가"와 같은 기사 제목을 외쳐대는 신문판매 행상들을 지나쳤다.

게다가 상하이 출신 이주민들은 수많은 홍콩인들의 심기를 불편하게 하는 구석이 있었다. 현지 사람들은 상하이 출신들이 과시적이고 거만한 허풍쟁이들인 데다, 검소하고 겸손한 광둥식 가치관을 거스르는 낭비벽이 있다고 여겼다. 홍콩 사람들은 그런 생각을 흔히 다음과 같은 말로 요약했다. "광둥 사람들은 수중에 100달러가 있으면, 1달러 있는 것처럼 행동한다. 상하이 사람들은 1달러만 있어도 100달러 가진 것처럼 행동한다."

홍콩 사람들은 북쪽에서 온 이주민들을 어느 지방에서 왔건 모두 "상하이 사람"이라고 이름 붙이고는 한 덩어리로 똑같이 취급하는 경향이 있었다. 난민과 관련된 모든 나쁜 것들에는 상하이 사람 탓이라는 비난이 따라다녔다. 길거리에서 동전이나 음식 부스러기를 찾아 헤매는 동냥아치들은 당연히 상하이 사람이고, 매춘부들도 상하이 사람, 자동차 보닛에 몸을 던지고는 돈이나 음식을 받아내기 전에는 움직이려 들지 않는 난폭한 거지들도 틀림없이 상하이 사람이라고 뭉뚱그려졌다. 몇몇 광둥 출신 사람들은 남은 음식과 쓰레기를 신문에 싸서 위층 창문 밖으로 던지고는 아래 길거리에서 "상하이" 거지들이 서로 신문지 안에 뭐가 들었는지 보려고 다투는 것을 재미 삼아 구경했다.

홍콩 난민 위기는 영국 식민지 정부가 압도적인 수의 신규 이주민들을 돕는 데 아무런 일도 하지 않기로 한 탓에 더 심각해져 갔다. 도움은커녕, 영국인 감독관들은 문제가 일시적이고, 백만 명이 넘는 난민들이 곧 떠날 것이라는 안이한 생각에 판단을 맡겨버렸다. 실제로 많은 수의 난민들이 떠나고 싶어 했지만, 대부분은 갈 곳이 없었다. 식민지 총독 알렉산더 그랜섬은 "홍콩을 중국 전역에서 밀려오는 난민들을 위해 잘난 무료급식소로 만들 이유는 없다."라며 기본적인 위생 시설이나 주거를 제공하기 위한 대대적인 구호 활동에 반대했다. 홍콩의 영국 당국은 난민이라는 단어를 쓰기를 꺼렸다. 난민이라면 일종의 국제적 인도주의 대응책이 요구될 것이었다. 대신 식민지 정부는 위급한 상황을 "주민 문제"로 지칭했다. 지정학적 상황은 위기를 더욱 복잡하게 만들었다. 중국 본토의 중화인민공화국과 대만에 있는 중화민국 둘 다 중국의 유일한 합법 정부를 자처했지만, 어느 쪽도 선뜻 대규모 탈출을 인정하거나 난민에 대한 지원을 제공하려 들지 않았다. 국제적 이해관계의 대립 속에 "문제의 주민"들은 홍콩이라는 중간지대에서 괴로운 생활을 이어갔다.

기회가 생길 때마다 일자리를 찾는 동안 그만저만한 광둥어 실력이 도린을 일단 구직의 문턱을 넘게는 해주었다. 그러나 상하이 여자다 싶은 꼬투리가 잡히면 그걸로 끝이었다. 백만 명의 새로운 난민들이 홍콩에서 일자리를 찾는 가운데, 실업률은 천문학적 수준으로 치솟았다. 각종 게시판과 상점, 그리고 사람들이 모여드는 곳을 찾아다니면서 그녀는 자신보다 더 경험이 많고 숙련된 상하이 사람들이 너무나 많다는 것을 깨달았다. 예를 들어, 베니와 함께 세인트존스를 다녔던 존 첸은 한때 가업으로 100년을 이어온 하역 회사를 운영하기도 했다. 그는 최고 교육을 받은 난민을 돕기 위해 미국 정부가 자금을 지원하는 '중국 지식인 난민 원조 협회'*Aid Refugee Chinese Intellectuals*라는 단체에 일자리를 구하는 데에만 1년이 넘게 걸렸다. 도린은 그곳의 조수 자격 조건에도 미치지 못했다. 그녀는 심지어 혼혈인 마이라 도스 레메디오스 같은 십 대들과도 경쟁이 되지 않았다. 마이라는 독학으로 타자 치는 법을 익히고, 속기술을 배웠는데, 지금은 난민 캠프로 바뀐 포르투갈령 마카오의 경견장에서 살며 필사적으로 일자리를 찾고 있었다. 마이라 같은 이주민들은 도린보다 더 일자리가 궁했다. 그렇게 극심한 경쟁 속에서 도린은 절망에 빠졌다.

이따금 카오룽의 언니네 집으로 돌아가기 전에 도린은 빅토리아 피크(太平山, 높이 552m의 홍콩섬에서 가장 높은 산)에 올라가 보곤 했다. 산 정상 근처의 공원을 거닐 때면, 그토록 유명한 경치를 알아차리지 못할 정도로 깊은 생각에 빠져들었다.

홍콩으로 온 것이 실수였을까? 그녀는 자신에게 되물었다. 이곳에는 날 위한 삶도 희망도 없어. 도린은 길을 잃은 기분이었다. 사람들로 미어터지는 식민지에서 숨 쉴 공기와 장소를 찾아 숨을 헐떡이는, 중국에서 온 백만 명이 넘는 난민 중의 한 명일 뿐이었다. 가끔 눈을 감으면, 최선의 선택은 자신을 둘러싼 깊고 푸른 바다로 뛰어드는 것뿐이라는 생각이 들었다.

안누오, 15세

1950년, 타이베이

대륙을 되찾을 방법을 모색하던 중 미국으로부터 버림받고서 격분한 총통은 상하이와 본토 해안에 계속해서 폭격기를 보냈다. 그의 공군이 숱한 민간인 사상자를 냈을 뿐만 아니라 총통은 상하이에서 여전히 운영되고 있던 미국 회사들 중 스탠더드 오일과 상하이 전력 회사 역시 목표로 삼았다. 연료와 전기가 공산당에게 도움이 된다는 이유에서였다. 상하이에 남아 있던 몇몇 미국인들은 이러한 폭격과 더불어 장제스가 미국에서 제공한 비행기와 화기를 사용해 그들을 공격해오는 아이러니를 목격했다. 미국 정부는 장제스의 이러한 작전에 항의했지만, 워싱턴을 공산화된 중국과의 전쟁 직전까지 몰아가려는 그의 시도를 막을 수는 없었다. 군대의 통제하에 살아가고 있던 대만 사람들은 본토의 거인과 작은 섬 사이에 임박한 마지막 대결을 놓고 결의를 다졌다. 심지어 안누오처럼 학교에 다니는 아이들도 공포와 불안에 휩싸였다. 겁에 질린 국민에 대한 통제를 강화하기 위해 국민당 정부는 계엄령의 고삐를 더욱 단단히 죄었다. 공포심은 절망에 빠진 난민들을 대만으로 더 많이 몰려들게 했고 사람들은 위험을 무릅쓰고 과적한 배와 비행기를 타고 도착했다. 당시 아들이 지휘하고 있던 장제스의 군대와 비밀경찰은 잠재적인 공산당 잠입자, 스파이, 테러리스트와 반체제인사, 그리고 누구든 정권과 보조를 맞추지 않는 자를 찾아내겠다는 표면상의 구실을 내세워 새로 온 사람들에게 매우 엄격한 심사를 받게 한 후, 그중 많은 이들의 입국을 거부했다. 안누오의 외삼촌 두 사람은 어떻게 해선가 간신히 섬으로 들어올 수 있었다. 어머니의 남동생뿐 아니라 그녀의 오빠, 그의 아내와 딸 일행이었다. 그들은 각각 따로 상하이를 탈출해서 홍콩으로, 그리고 다시 타이베이로 온 것이었다. 그들은 차례로 안누오의 가족을 찾아왔다. 이제 그 작은 집의 다다미는 한 치도 남김없이 들어차게 되었다.

*
**

트루먼 대통령이 대만을 포기하고서 불안한 몇 달이 흐른 뒤, 갑작스레 모든 상황이 다시 한 번 바뀌었다. 1950년 6월 25일, 북쪽으로 700마일 거리의 한국에서 새로운 전쟁이 발발했다. 당시 타이베이 제2여자고등학교 2학년에 재학 중이던 안누오는 수업을 듣고 있었는데, 교장 선생님이 학생 전체를 소집해 걱정스러운 사건이 발생했음을 알렸다. 북한군이 남한을 침공했다는 소식이었다. 한반도에 전쟁이 일어난 것이었다.

안누오의 선생님은 1945년 일본이 항복한 뒤, 미국과 소련이 어떻게 1910년부터 일본의 식민지였던 한반도를 임의로 북위 38도 선에서 둘로 나누게 되었는지 설명해 주었다. 공산당이 집권한 북한은 소비에트와 공산주의 중국과 동맹을 맺은 한편, 남한은 워싱턴과 동맹을 맺었다. 북한의 지도자인 김일성은 스탈린과 마오쩌둥의 군사적 지원을 받아 그의 통치하에 한반도를 통일하기 위해 공격을 감행한 것이었다. 세상은 또 다른 세계 전쟁을 눈앞에 두고 있는 듯했다.

또 전쟁이 일어났다고? 안누오와 학교 친구들은 믿을 수 없다는 듯 망연자실해서 듣고 있었다. 전쟁이 계속해서 그들의 삶을 결정지어 왔기에 아이들은 그 뒤에 따라올 혼란과 참화를 너무나 잘 알고 있었다. 안노오는 이제 막 열여덟 살이 되어 곧 국민당 군대에 복무 신고를 해야 하는 오빠 찰리가 걱정됐다. 대만 남성들은 누구나 1년 동안 군 복무를 해야 했다. 안누오의 머릿속에 불현듯 저공 비행하던 폭격기와 총검을 든 병사들의 모습이 어른거렸다. 소녀는 자신이 목격했던 폭력의 기억이 되살아나지 못하도록 차단하고 앞으로 다가올 것을 미리 막으려는 듯 본능적으로 눈을 감았다.

그날 밤 안누오는 집에서 어른들이 주고 받는 흥분된 이야기를 들으며 공격에 관한 내용을 더 자세히 알게 됐다. 북한은 8만9천명의 공격 부대와 150대의 러시아산 전차를 이끌고 38선을 넘어 미국의 지원을 받고 있던 남한을 기습했다.

주민들은 가까이에서 일어난 전쟁의 포화가 대만을 집어삼킬까 봐 두려워했지만, 섬에서 할 일 없이 시간을 보내고 있던 수천 명의 군인 중 많은 이들은 이 소식에 흥분을 감추지 못했다. 안누오의 아버지와 그의 국민당 동지들은 한국에서의 전쟁으로 인해 미군이 어쩔 수 없이라도 중국 공산당과 대적하게 되길 바랐다. 그것이 대만에 필요한 변화가 될 수도 있었다.

북한의 침공 이틀 후인 1950년 6월 27일, 트루먼 대통령은 불과 6

개월 전 대만을 포기한다고 선언했던 연설과는 완전히 다른 태도를 보였다. "나는 미 공군과 해군에게 한국 정부군에 대한 엄호와 지원을 명령했습니다." 그는 발표문에 이어서 대만에 관해 더 길게 발언했다.

한국에 대한 공격은 공산주의가 독립 국가들을 정복하기 위해 사회 전복顚覆을 이용하는 것을 넘어 이제는 무력 침략과 전쟁을 이용할 것이라는 점은 의심할 여지 없이 분명해졌습니다… 공산군의 포모사[대만] 점령은 태평양 지역 안보와 미국에 직접적인 위협이 될 것입니다. 따라서 나는 제7함대에게 포모사에 대한 어떠한 공격도 막아낼 것을 명령했습니다.

장제스가 공산당과의 갈등을 부채질할 것을 우려한 트루먼은 또한 본토에 대한 도발적인 공습과 기타 군사 작전을 중단할 것을 국민당에 요구했다. 그러나 이에 구애받지 않고 장제스는 즉시 그의 군대에서 "3만 3천 명의 국민당 병사들로 구성된 전투 부대"를 한국에 파견하겠다고 제안했다. 미국 국방부의 장군들은 과연 그럴 만한 가치가 있을지 의문을 제기하며 그의 제안을 거절했다. 그러나 오랫동안 고대하던 미국의 원조가 유입되자 그간 분통을 터뜨렸던 장제스는 그저 심기를 누그러뜨린 정도가 아니었다. 미 해군이 동중국해로 돌아오고 있었다. 대만의 국민당은 미국의 군사적, 경제적 지원이 다시한 번 그들의 국고로 쏟아지길 간절히 바랐다.

워싱턴에서는 전략적으로 중요한 위치에 있는 이 섬이 공산당의 손에 넘어가지 않도록 돕기 위해 대만에 3억 달러를 지원하는 회담이 진행 중이었다. 몇 년 안에, 총 원조는 20억 달러에 이를 것이었다. 양키들이 돌아왔다. 북한이 38선을 넘기 전에는 대만 전역에 미국인 수는 채 100명이 되지 않았다. 이제 이 섬을 한국에서의 군사 작전을 위한 기지로 사용하기 위해 수천 명이 대만으로 들어오고 있었다. 미국의 대규모 지원이 투입되면서, 하루아침에 장제스의 대만에 대한 지배력은 그 어느 때보다 더 강해졌다. 안누오의 아버지와 다른 국민당 외성인들은 공산당으로부터 본토를 되찾겠다는 꿈을 여전히 고수하면서도 섬에서 더 마음 놓고 지낼 수 있었다.

아버지가 새로운 직업을 얻게 되고 대만의 안전이 보장되자, 안누오의 가족은 마침내 타이베이에 있는 더 큰 집으로 이사하게 됐다. 이번 집에는 제대로 된 부엌과 세 개의 침실이 있었고, 무엇보다 가구들이 있어서 안누오의 어머니를 안심시켰다. 그때쯤에는 집에 아버지의 남동생인 또 다른 삼촌이 와 있었는데, 그의 아내와 안누오가 큰오빠, 큰언니라고 불러야 하는 십 대 자녀 두 명도 함께였다. 숙식하는 요리사와 하녀까지 더해져서 사람은 열다섯 명으로 불어났다. 이렇게 북적이는 가족 구성이, 이 섬에 정착한 대부분 본토 가정이 살아가는 전형적인 모습이었다. 함께 사는 친척들이 늘어남에 따라 안누오는 더 찬밥 신세가 됐다. 오빠와 사촌들을 포함한 손윗사람들은 식사나 목욕을 하거나 심지어 화장실을 사용할 때도 순서에서 앞섰다. 식사 시간이 되면, 어른들이 먼저 밥을 먹었다. 다음은 소녀의 오빠와 사촌들 차례였다. 안누오가 상 위에 올려진 그릇에 손을 뻗을 때쯤에는 맛있는 반찬은 다 사라지고 없었다. 안누오의 작은 밥그릇 위에 색감이나 향을 더하기 위해 남겨두는 달걀노른자는 흔적조차 찾기 어려웠다. 아침 식사 후에는 더 나이 많은 아이들이 먼저 도시락을 싸기를 기다려야 했고, 안누오의 차례가 올 때쯤엔 거의 아무것도 남아 있지 않았다. 소녀가 목욕할 차례가 되면 목욕물은 이미 다른 사람들 거의 모두가 쓰고 난 후 회색빛이 되어 차갑게 식어 있었다.

안누오의 여동생 니링은 더 어렸지만, 아버지가 가장 아끼는 아이였다. 아버지는 니링을 위해 제일 맛있는 음식을 꼭 남겨두게 했다. 안누오는 아버지가 자주 지적하는 것처럼 절대 제구실 못할 작고 못생긴 딸이었다. 아버지의 철권 통치 아래 서열에서 안누오는 꼴찌였다.

*
**

집에서는 괴로운 시간을 보내야 했지만, 혹은 어쩌면 그것 때문에 안누오는 학교에서 사촌과 형제들보다 훨씬 더 빛났다. 매일 본토에서 사람들이 더 많이 도착하면서 그녀와 같은 배경을 가진 소녀들이 더 많아졌다. 2학년이 되자, 제일여자고등학교 학생의 30%가 외성인이었고, 그중 많은 아이들이 상하이 출신이었다. 다음 해가 되자 외성인 학생 비율은 50% 이상이 됐다. 학교의 전체 학생들이 점점 친숙하게 느껴지면서, 외부와 격리된 교정은 안노우의 피난처가 되었다. 그곳에서 안누오는 특별했고, 대만의 최고 우등생 중 한 명이었다. 학창 시절은 빠르게, 그녀가 바라는 것만큼은 아니었지만, 흘러갔다.

안누오는 그녀를 제정 러시아, 중세의 프랑스, 미국 서부 혹은 중국 황실로 데려다주는 이야기와 문학작품을 무척 좋아했다. 소녀는 시를 쓰기 시작했다. 열여섯 살에 전국 수필 대회에 나가서 훨씬 나이가 많은 기성 작가 다음으로 2등을 차지했다. 그날 밤 저녁 식사 시간, 안누오는 대가족이 모인 자리에서 자신이 큰 상을 받았다고 열정적으로 말했다. 그러자 곧바로 아버지는 기회를 놓치지 않으려는 듯 딸을 조롱했다. 안누오는 필명으로 자신감 있다는 의미인 "쯔루오"自若를 사용했다. 모든 사람들이 보는 앞에서 아버지는 그녀의 필명을 사서 고생한다는 의미의 "쯔쿠"自苦로 비틀어 놀려댔다. 가족 중 누군가 그녀의 작품을 칭찬하려 하자, 아버지는 마치 쓴 약을 삼킨 것처럼 얼굴을 찌푸렸다. 가족들은 그의 기분을 거스르기보다 안누오를 희생시키며 다 같이 웃음을 터뜨렸다. 조용한 십 대 소녀에게 자랑스럽고 행복한 순간이어야 했던 것이 엄청난 굴욕이 되어 버렸다. 안누오는 다시 글을 쓸 엄두가 나지 않았다. 자신의 상상 속에서 그녀는 매번 꽃이 필 때마다 짓밟히는, 타이베이의 거친 콘크리트 틈새에 자라는 잡초였다.

그러나 일단 집 밖으로 나와 가족들의 조롱에서 벗어나게 되면, 학교에서 안누오의 노력은 결실을 맺었다. 소녀는 반에서 가장 우수한 성적으로 졸업하고 엘리트 대학이자 경쟁률이 높은 국립 대만 대학교, 즉 타이다(臺大)에 입학을 허가받았다. 그녀의 탈출 계획은 여전히 진행 중에 있었다.

안누오의 아버지는 기뻐하는 대신 더 심한 비판과 압박을 가해왔다. 대학에 입학하는 학생들은 학교에 들어오기 전에 그들이 원하는 전공을 정해야 했다. 안누오는 자신을 암울한 현실에서 끌어올려 준 책들에 흠뻑 빠져들 수 있도록 영문학을 공부하고 싶었다. 아버지는 그보다도 그녀가 의학을 공부해서 노년에 그를 돌봐야 한다고 우겼다. 가족 중에서 가장 성적이 좋았던 안누오가 집안사람 중에서 의사가 될 수 있는 그의 유일한 희망이었다.

"영문학? 그걸 어디다 써먹는단 말이야?" 그가 물었다. "어떻게 가족을 도울 건지를 생각해야지. 나는 그런 이기적인 행동은 절대 허락할 생각이 없다. 내 딸로 남고 싶으면, 의학을 공부해야 할 거다!"

안누오는 아버지의 성난 말에 말없이 귀를 기울이고 있었지만, 이번에는 반항심을 억누를 수가 없었다. 그녀는 정말이지 아버지가 명령하는 대로 따를 수가 없었다. 어릴 때 병에 걸린 사람들, 죽어가는 사람들을 목격한 후로, 그녀는 피를 보는 것을 견딜 수가 없었다. 다시 병원에 돌아간다는 생각만으로도 그녀는 토할 것 같았다.

전에는 한번도 아버지 말을 거스른 적이 없는 안누오였다. 이 일로 그녀와 아버지 사이가 교착상태에 빠지자 집안에는 긴장이 배인, 속에서 무언가 끓고 있는 듯한 침묵이 흘렀다. 아버지는 집안의 최고 사령관이었고, 아무도 감히 아버지에게 도전하지 않았다. 어머니나 삼촌들도 마찬가지였다. 안누오는 자신의 대담함에 몸을 떨었다.

안누오의 집 근처에는 타이베이의 주요 수로 중 하나가 지나갔다. 희망을 잃은 수많은 난민에게 그 강은 비참한 삶을 끝내고 싶은 유혹을 던져주었다. 숨이 끊어진 시체들이 보는 사람이 무감각해질 만큼 빈번하게 강에서 끌어올려졌다. 안누오는 수로를 뚫어지게 바라보았다. 물줄기는 아버지의 압박에서 자신을 해방시켜 주겠다고 약속하는 듯했다. 자신이 발을 헛디뎌 깊은 물 속으로 미끄러져 들어갈 때 찾아올 평화가 실제로 느껴지는 것 같았다. 그러나 그럴 때면 도망치기로 했던 계획이 생각나곤 했다. 어쩌면 심지어 미국으로 갈 수 있을지도 몰랐다. 의학 공부를 해서는 결코 거기까지 갈 수 없을 터였다. 그렇지만 인문학을 선택하는 날엔, 아버지가 그녀가 죽는 날까지 욕을 퍼부어 댈 것이었다. 그녀는 빨리 결정해야 했다. 그렇지 않으면 타이다의 입학 허가가 취소될 상황이었다.

아버지와 대치하며 사흘째 되던 날, 안누오는 한 가지 생각이 떠올랐다. 아버지에게 협상을 제안할 만한 것이 있었다. 아버지가 그랬던 것처럼 그녀도 법을 전공하면 되는 것이었다. 그가 어떻게든 자기 분야를 깎아내릴 리 없었다. 그녀는 먼저 어머니에게 그런 생각을 말했다. "문학 대신에 법을 공부할게요. 전 의학을 선택할 수는 없어요." 어머니가 중재하자, 아버지는 마지못해 승낙했다. 법학은 안누오가 원했던 것은 아니었지만, 적어도 학위를 받을 수는 있을 것이었다. 1953년 가을, 안누오는 타이다 법과대학에 입학했다.

**

한편 한국전쟁은 트루먼과 그가 연합군의 최고 사령관으로 임명한 더글러스 맥아더 장군 사이의 공개적인 불화로 이어졌다. 맥아더가 트루먼의 대만과 공산 중국에 대한 불간섭 정책에 반대하고 있었기에 대만은 그들의 공공연한 불화에 두드러지게 등장했다. 미국과 중화인민공화국이 한국전쟁에서 대치하고 있을 무렵, 맥아더는 공식적으로 대통령과 정반대되는 발언을 하고 있었다. 트루먼은 한국이 또다른 세계 대전의 현장이 되지 않게 하겠다고 마음먹은 반면, 맥아더는 장제스의 군대를 이용해 중국을 공격하고 심지어 소련과 주변 국가들을 전면적인 세계 핵전쟁으로 끌어들일 수도 있는 위험을 무릅쓰고 핵무기를 사용하기를 원했다.

1951년 3월 24일, 맥아더는 중국에 대한 군사 작전을 확대하겠다는 의도를 일방적으로 발표함으로써 교전을 끝내려는 트루먼의 노력을 무력하게 만들었다. 2주 후, 트루먼은 그를 해임했다.

비록 전쟁이 공식적으로 끝나지 않았지만, 결국 1953년 한국전쟁의 휴전 협상이 이루어졌다. 남북한을 가르는 국경선은 전쟁 전과 마찬가지로 38선이 되었다. 그러나 한반도는 심한 폭격으로 움푹 팬 분화구가 즐비한 달 표면 같은 풍경이 되어 있었다. 약 5백만 명의 군인과 민간인들이 목숨을 잃었다. 드와이트 D. 아이젠하워 장군이 미국 대통령 선거에서 낙승을 거두자, 공화당 행정부가 집권하면서 장제스을 지지했던 보수적인 중국 로비 세력이 다시 영향력을 되찾았다. 아이젠하워가 임기 중 맨 처음 한 일 중 하나는 트루먼이 내린 공산주의 중국 본토에 대한 국민당의 공격 금지 조치를 없앤 것이었다. 장제스의 표현대로 국민당 군대는 이제 자유롭게 "풀려났고" 대만에서의 그의 아성은 미국의 보호 아래 안전이 무기한 확보됐다. 장 총통과 아들 장징궈는 대만 본성인이든 본토 외성인이든 할 것 없이 어떠한 반대라도 모두 강력하게 진압했다. 미 제7함대가 대만 중화민국의 생존을 보장했지만, 국민들은 값비싼 대가를 치러야 했다.

한국에서의 전쟁과 공산당의 위협은 그저 군대와 비밀경찰들이 더 심하게 사람들을 옥죄게 할 뿐이었다. 안누오가 속한 세대는 규칙을 따르고, 갈등을 피하며, 정부의 감시 대상이 되지 않도록 조심하는 데 익숙했다. 대만의 다른 대학생들처럼 그녀도 정부가 캠퍼스를 급습한다는 이야기를 들었다. 사회 전복 행위나 공산당 동조자로 의심되는 학생들이 종종 학교에서 사라졌고, 다시는 그들의 모습을 볼 수 없었다.

안누오는 그런 위험들을 피하며 학부 법학 과정을 묵묵히 공부했다. 그녀는 너무나 지루했고, 싫어하는 과목을 억지로 공부해야 했다. 하지만 이제 공부는 목적을 위한 수단이라고 그녀는 계속해서 스스로에게 상기시켰다. 대학원에 지원하기 위해, 이 숨 막히는 섬에 벗어나기 위해서 대학 학위가 필요했다. 그녀는 마치 자신의 더 좋은 부분을 닫아 놓은 것처럼 멍하게 대학 시절을 보냈다.

안누오는 거의 열여덟 살이 다 되었을 때 타이다에 입학했다. 멀리 있는 학교 캠퍼스까지 버스로 매일 몇 시간이 걸렸고, 중학교 시절부터의 아버지의 숨 막히는 규칙들이 여전히 적용됐다. 자전거를 타서도 안 되고, 친구를 초대해도 안 됐다. 멀리 여행을 가거나 데이트를 하거나, 남자친구를 사귀는 일도 금지였다. 남자를 만나지 못하게 했지만, 그러면서도 결혼은 엔지니어나 과학자와 해야 한다고 했다. 내가 결혼할 사람을 만날 수나 있을까? 안누오는 초조한 생각이 들었다. 어쩌면 아버지의 오래된 저주가 맞았을지도 몰라. 아무도 나와 결혼하고 싶어 하지 않을 거야.

곧 졸업할 때가 되었을 즈음, 안누오는 그 어느 때보다 쓸쓸하고 외로운 기분이 들었다. 스물두 살 때의 그녀는 여자친구도 많지 않았고, 남자는 만날 시도조차 하지 못했다. 그녀는 마치 어머니가 그랬던 것처럼 아버지의 요구 사항을 만족시키기 위해 자신의 꿈을 억누르고 있었다. 안누오는 자신이 결코 되고 싶지 않았던 사람이 되어가고 있다는 것을 깨달았다. 그녀는 도망쳐야 했다.

25장

호, 26세

1950년, 뉴욕

호가 추방당할 위험 없이 일할 수 있다는 이민국*INS*의 결정이 내려지
자 그의 삶에 드리웠던 먹구름이 조금씩 걷히기 시작했다. 한편, 미국
에서 발이 묶인 모든 중국인의 삶에 영향을 미치고 있던 정치적 폭풍
은 워싱턴에서 뿜어져 나오는 반공주의와 고립주의의 소용돌이로 인
해 더욱 거세질 뿐이었다.

1950년 전직 국무부 직원이자 공산주의자로 의심받던 알제 히
스가 위증죄로 유죄를 판결받고 투옥됐다. 미국인 과학자 해리 골드
는 줄리어스 로젠버그라는 엔지니어, 그리고 그의 아내와 에델과 함
께 소련 정부를 위해 스파이 활동을 한 혐의로 기소되었다. 조지프 매
카시 상원의원이 국무부에서 공산당원 색출을 시작한 가운데 의회는
북유럽 출신을 제외한 모든 이민자의 입국을 제한하는 방안을 검토
했다. 미국 대중 앞에 놓여진 대응책에는 잠재적인 공산주의자와 불

온 분자, "정신병적 인격자", 그리고 "동성애자와 기타 성도착자"들의 배척과 추방이 포함되어 있었다.

퍼져가는 외국인과 공산주의자에 대한 공포증은 모든 중국인을 국가 안보에 대한 위협으로 보는 의심의 눈길도 포함하고 있었기에 호와 동료 학생들은 과연 미국에서 장기적인 미래를 그려볼 수 있을지 의문을 가지게 됐다. 호는 석 달에 한 번씩 맨해튼 콜럼버스가 70번지에 있는 INS 지사에 직접 찾아가 여권을 반납하고 이민자 지위에 변화가 없음을 확인해야 했다. 미국 전역의 다른 중국인 학생들은 더 번거롭게 매달 INS에 출석해야 했다. 호는 버펄로나 다른 먼 곳에 사는 학생들보다 운이 좋았다. 그들은 잠시 잠깐 출석하기 위해 매번 학교 보호자를 대동하고 몇 시간씩 버스를 타고 와야 했다. 일단 INS가 내부 절차를 통해 각 사례를 검토하고 나면, 새로 유효기간이 연장된 여권을 우편으로 돌려줬다. 그리고 나면 이 과정이 다시 반복되는 것이었다.

호와 달리, 그의 동료 중 많은 사람들은 여전히 일하는 것이 금지되어 있었다. 1950년 뜻밖에도 워싱턴의 더 많은 정치가들이 중국 학생들을 강제로 미국에 머물게 하는 동시에 그들이 스스로 생계를 꾸리지 못하게 막을 수 없다는 점을 깨닫게 되면서 실현 가능한 구제 창구가 생겨났다. 특히 중국 공산당이 이러한 기존 정책들을 정치 선전에 이용하고 있는 상황에서는 더욱 그랬다. 하원은 발이 묶인 학생들을 돕기 위해 6백만 달러를 제공하는 중국지역 원조법*China Area Aid Act*을 1950년 통과시켰다. 또한 1948년 전재유민법戰災流民法, *Displaced Persons Act*과 이후 1953년 난민구제법*Refugee Relief Act*를 통해 수천 명의 중국인과 "극동" 출신 난민들이 비자와 영주권을 신청할 수 있도록 허용했다. 난민구제법*Refugee Relief Act*의 경우 해당 숫자는 훨씬 적었지만, 이전에 20만 명의 유럽인들을 난민 자격으로 미국에 입국시켰던 전재유민법*Displaced Persons Act*과 비슷한 조항들이었다.

어찌해야 할지 확신이 없었던 많은 학생들은 지원금 신청을 망설였다. 어쨌거나 그들은 난민이 아니라 학생 신분으로 미국에 온 경우였다. 일부는 상하이의 가난한 거지들, 백러시아인들, 아슈케나지 유대인의 이미지를 떠오르게 하는 난민이라는 꼬리표에 반감을 느껴서 신청을 거부했다.

선택지들을 따져본 후, 호는 조심스럽게 난민 지위를 신청했다. 그러나 국제적인 사건들이 중국 학생들과 그 가족들을, 그들이 어디에 있든지 간에 또다시 혼란으로 몰아넣었다. 1950년 6월 북한이 소련의 지원을 받아 남한을 침공하자, 미국은 이틀 후 공산주의의 확산을 막기 위해 전쟁에 돌입했다. 새로운 국제 위기가 터지자 호와 다른 중국인들은 새로 발발한 전쟁이 그들의 가족이나 각자의 지역, 또는 그들의 불투명한 처지에 어떻게 영향을 미칠지 알 수 없어 주의를 기울이며 상황을 지켜보았다.

중국 공산당이 북한을 돕기 위해 병력 200만을 보내며 전쟁에 뛰어들자, 워싱턴의 관심은 다시 중국을 향했다. 의회 내 강경파는 유엔군 총사령관 더글러스 맥아더 장군과 합심해 공산주의자들과 전면전을 벌이려는 듯했다. 맥아더는 미군 전투기를 보내 북한의 거의 모든 도시와 마을에 네이팜탄을 퍼붓게 했고, 핵탄두를 사용해서 중국과 북한의 국경을 사람이 살지 못하는 방사능 황무지로 만들겠다는 의지를 밝혀 악명을 떨쳤다.

트루먼은 중국에 대한 공격으로 소련권을 핵전쟁으로 끌어들이게 될까 봐 우려해 맥아더의 허세를 무시했지만, 핵무기를 사용할 가능성은 그 자체로 호와 그의 친구들을 공포에 떨게 했다. 그들은 히로시마와 나가사키에서의 핵 홀로코스트의 이미지를 생생히 떠올리며 인구 밀도가 높은 중국 도시에서라면 단 한 개의 원자 폭탄만으로도 더욱 치명적으로, 어쩌면 그들의 가족들까지 포함해 수백만 명의 사람들을 불태우게 되리라는 것을 알았다.

망명객들은 자신들이 미국에서 발언권이 없다는 사실을 잘 알고 있었기에 사적으로 울멍줄멍 모여 현실을 걱정했다. 한편으로 만약 그들이 공산주의 중국에 대한 공격에 반대한다면 친공산주의자로 낙인이 찍혀 미국 정부나, 언젠가 대만으로 가게 된다면 국민당에 체포돼 감옥에 가게 될지도 몰랐다. 그러나 공산당을 비판했다가는 보복으로 중국에 있는 가족들이 피해를 입을 수도 있었다. 발이 묶인 중국 학생 중 수십 명이 그들로서는 미국에서의 강제 억류라고 여겨지는 상황에 너무 실망한 나머지 중국 공산당 총리 저우언라이에게 개입을 요청했다. 저우 총리가 조치를 취했는지는 알려지지 않았지만, 그들의 편지와 서명을 한 학생들의 명단은 곧바로 FBI 파일에 기록됐다. 다른 사람들은 미국 고위 관리들에게 익명으로 억류와 귀국 금지 조치에 대해 불평하는 편지를 보냈다. 이러한 모든 활동들이 FBI의 수사 대상이 되었다.

이미 자오퉁 대학 동문 연락망을 통해 미국에 거주 중인 학교의 가장 저명한 졸업생 중 한 명이 공산주의자로 고발되었다는 소식이 암암리에 들려왔다. 탁월한 로켓 과학자로 유명했던 첸쉐썬錢學森은 MIT와 캘리포니아 공과대학에서 교육받은 후, 제2차 세계 대전 동안 대령 대우로 미군에 복무했다. 그는 미국 미사일 프로그램 개발을 도왔고, 전쟁이 끝난 후에는 칼텍의 교수가 되었다. 첸은 중국에 있는 노부모를 방문할 수 있도록 허락을 구했지만, 미국 정부는 중국 방문 요청을 차단하고 보안 허가를 박탈했으며 출국을 금지했다. 첸과 여러 미국 동료들이 그가 공산주의자가 아니라고 주장했음에도 불구하고 벌어진 일이었다. 그 후 1950년 9월 INS가 이 존경받는 과학자를 체포해 로스앤젤레스의 터미널 섬에 감금했다는 충격적인 소식이 전해졌다. 호를 비롯한 중국인 학자들은 첸이 받은 부당한 처우에 분통을 터뜨렸다. 미국 군대에 충실히 복무했던 경력이 있는 세계적으로 유명한 과학자가 기소되어 감옥에 간다면, 그들이 그 같은, 아니 더 심한 취급을 받는 것을 무엇으로 막을 수 있겠는가?

첸은 기소된 사람들 중 가장 유명한 미국인이었지만, FBI는 차이나타운과 다른 도심지역에 있는 노동자 계급 중국인들에게는 더 가혹한 수단을 사용했다. INS는 세 차례에 걸쳐 브루클린을 급습해서 "거류 외국인"으로 의심되는 중국인 83명을 체포해 엘리스 섬에 수감했다. 신문 기사에서는 "대량의 중국 공산당 인쇄물"이 압수되었다고 발표했다. 차이나타운을 겨냥해 자신의 불법 입국을 시인하고 다른 사람을 밀고하는 이들에게는 사면이 약속되는 "자백 프로그램"이 마련되었다. INS와 FBI는 "중국인 손세탁 연합회"처럼 장제스에 비판적이었던 단체들을 조사했다. 열한 살 정도의 중국 아이들이 길게는 1년 가까이 엘리스섬에 갇혀 있었다.

미국 내 중국인들에 대한 이러한 조치를 옹호하기 위해 존 F. 보이드, 시애틀 INS 지국장은 후에 INS 중앙 본부에 보내는 메모에서 다음과 같이 썼다.

현 상황의 가장 놀라운 면 중 하나는…… 국가 안보에 대한 위협입니다. 중국 대부분은 공산당이 지배하고 있습니다. 일부 중국인들은…… 세뇌당했다는 증거가 보입니다. 이런 사람들은 중국과의 전면전이 일어날 경우, 잠재적인 위험 요소가 될 것입니다. 확실히 지금은 미국에 입국하려 할 때 그들에 대한 통제를 늦출 때가 아닙니다. 그런 완화 조치가 주목받으면 의회에서 우리 업무를 질책하게 될 것입니다.

*
**

한국전쟁이 계속되고, 중국에 대해 핵무기를 쓸 것인가를 두고 언쟁이 오갈 무렵 호는 또 다른 일로 충격에 빠졌다. 그는 뉴저지주 엘리자베스에 있는 징병 위원회로부터 징병 통지서를 받았다. 차이나모터스에 일하러 갔을 때 그는 18세에서 26세 사이의 미국 모든 남성에게 요구되는 선발 징병제(미국 의무 병역 제도)에 등록한 적이 있었다. 1950년 7월, 선발 징병국은 호를 1-A(갑종)로 분류했다. 그는 한반도에서 싸우도록 징집되는 최일선 병력에 들어가게 되어 있었다. 호는 믿을 수가 없었다. 어떻게 그가 중국과의 전쟁에서 싸울 수 있단 말인가? 그는 징병 위원회에 자신이 곧 취득하게 될 난민 지위에 관해 알리고, 그것으로 그의 징병 분류가 바뀔 수 있는지 묻는 편지를 작성했다. 편지를 보낸 후엔 기다리는 것 외엔 아무것도 할 수 있는 일이 없었다. 주변의 미국 청년들은 징집당해 한국으로 보내지고 있었다. 호는 자신도 곧 그 행렬에 합류하게 되는 것은 아닐지 궁금했다.

상황이 더 이상 나빠질 수 없을 것 같았을 때, FBI에서 연락이 왔다. 그들은 호를 만나고 싶어 했다. 이제 난 예전 룸메이트처럼 엘리스섬으로 보내지는 걸까? 아니면 로켓 과학자 첸처럼 감옥에 갇히는 걸까? 약속한 날, 그는 초조한 마음으로 맨해튼 시내에 있는 FBI 사무실로 들어갔다. FBI요원은 그에게 〈중국학생기독교총연합회〉와 어떤 관련이 있는지를 설명하라고 했다. 호는 망설임 없이 솔직하게 대답했다. 그는 협회의 사교 행사에 참여한 것이 다였다. 어떤 정치 활동에도 참여한 적이 없었고 그런 일에 관해 아는 바도 없었다. FBI는 그를 보내주었지만, 이 경험은 호를 몹시 불안하게 만들었다. 과거에는 이력서에 그 협회를 써넣었던 적도 있었지만 이제 두 번 다시 그럴 일은 없었다.

매카시 상원의원과 하원 비미非美활동위원회가 거의 모든 이들을 대상으로 마녀사냥을 확대해가자 미국 내에서는 그 누구도 안전하지 않을 것 같았다. 1950년대 미합중국의 많은 다른 사람들처럼 호와 중국인 망명자들 역시 그저 눈에 띄지 않게 지내며 말썽을 피하고 싶어 했다.

**

1년간 기다린 끝에, 1951년 호는 난민 지위를 인정받았다. 이 새로운 지위에는 보너스가 따라왔다. 그가 학생 신분을 유지하는 한, 매달 150달러의 정부 지원금을 받게 된 것이었는데, 시기가 너무나 적절했다. 중국 타자기를 설계하는 프로젝트가 늦춰지면서 그는 다른 일거리를 찾아야만 하는 상황이었다.

새로 제정된 연방 지원금은 호와 같은 비자를 가진 사람들을 그들이 우스갯소리로 자칭하듯 "생계형 학생"으로 만들었다. 난민 수당을 받기 위해서는 원하든 원하지 않든 공부를 계속해야 했고, 그들 대부분이 대학원생 신분으로 미국에 왔기 때문에 대학 프로그램에 등록

되어 있어야만 했다. 난민 지위를 유지해야만 하는 설득력 있는 이유
는 한 가지 더 있었다. 중국 학생들은 누구나 대부분의 미국 기업들이
교육 정도나 기술 또는 재능과 관계없이 중국인을 고용하지 않으리
라는 것을 잘 알고 있었다. 석사나 박사 학위를 가지고도 찾을 수 있
는 일자리라고는 웨이터나 세탁소 노동자뿐이었던 중국계 미국인 졸
업생들의 이야기가 어디에나 넘쳐났다. 호가 매달 받는 150달러의 난
민 수당은 확실히 허드렛일로 벌어들이는 급여보다 나았다.

운이 좋게도 호는 여전히 뉴욕대학교의 대학원생이었다. 박사 학
위를 받으려면 논문부터 완성해야 했다. 호는 지도교수가 권한 주제
를 받아들여서 재료의 소성塑性에 대해 진동이 끼치는 효과에 관한
이론을 증명하려고 했다. 그 주제는 호의 흥미를 끌었고, 논문을 완성
하는 데 걸리는 시간 동안 그는 지원금을 받게 됐다.

그해 말, 호는 공학 제도자를 찾고 있는 작은 엔지니어링 회사에
관해 알게 되었는데 그곳에 지원해서 보수가 낮은 제도 작업을 제안받
았다. 기계 엔지니어로서 호는 훨씬 더 고등한 작업을 할 자격이 됐다.
그러나 미국 기업들이 중국인 엔지니어를 고용하는 경우가, 설사 있다
하더라도, 드물다는 것을 알고 있었기에 그는 일을 맡기로 했다. 운이
좋게도 호의 새로운 상사는 곧 그의 재능을 알아보고 좀 더 도전적인
프로젝트에 참여할 수 있도록 이민자 지위를 조정하고 보안 허가를 받
으라고 권했다. 회사는 호에게 INS에 보내는 추천장을 써주었다.

미스터 차우는 특별히 훈련된 기계 엔지니어이며, 본 회사에서 그
의 업무는 오늘날 우리 국방 프로그램에 큰 도움이 될 것입니다.
우리 회사는 미스터 차우와 같은 역량을 갖춘 인력을 구해 훈련하

기 위해 모든 노력을 기울였지만, 현재의 조건으로 볼 때 미스터 차우가 직접 업무를 맡아 하도록 고용하는 것만큼 빠르고 효과적인 방법을 찾는 것이 거의 불가능하다는 것을 알게 되었습니다. 미스터 차우의 능력이 국가 이익에 일정 부분 이바지할 수 있도록 지원서를 최대한 빨리 처리해주시기를 요청합니다.

회사의 노력은 결실이 있었다. 그해 말 호는 "기밀"로 분류되는, 의심할 여지 없이 한국전쟁에 사용될 군사 프로젝트에 참여할 수 있는 허가를 받았다. 그렇지만 호가 매번 직접 보고하러 갈 때마다 새삼 깨달았던 것처럼 INS는 결코 멀리 있지 않았다.

1951년 가을, 새로운 정부 절차를 통해 중국인 학자들과 학생들은 "전재유민戰災流民"으로서 특별 이민 지위를 신청할 수 있게 됐다. 이 지위는 그린 카드(노동 허가증)와 비슷해서 난민 학생으로서의 임시 지위와 달리 끊임없는 추방의 위협에서 벗어날 수 있었다. 발이 묶인 중국 학자 중 상대적으로 적은 수의 "가장 바람직한" 사람들만이 전재유민으로 인정받았다. 1951년 9월에 호는 전재유민 지위를 신청했다.

*
**

같은 해, 호는 순전한 우연으로 멋진 여성을 만나게 됐다. 그의 친구 중 한 명이 리버사이드 드라이브에 있는 다른 친구의 아파트에 무언가를 가져다주려고 해서 호도 따라가게 됐다. 그곳은 컬럼비아 근처 호의 집에서 허드슨강까지 이어지는 쾌적한 산책로에 있었는데, 그가 살고 있던 학생 거주지에서 본 어느 곳보다도 멋진 건물이었다. 친구들과 아파트 문 옆에서 잡담을 나누는 동안 한 젊은 여성이 손님들을 맞으려는 듯 다른 방에서 나왔다.

"얘는 내 여동생 쥐린 웡이야." 라고 집주인이 말했다. "뉴욕에 온 지 얼마 안 됐어. 노스캐롤라이나 롤리에 있는 메러디스 대학을 막 졸업했거든."

호는 그녀에게 예의 바르게 고개를 끄덕이고 축하의 말을 중얼거렸다. 그녀는 셜리 템플처럼 뺨에 옴폭 들어가는 보조개를 지으며 선뜻 미소를 보였다. 영리하고 호기심 많아 보이는 그녀의 눈이 친근하게 반짝였고 우아한 옷차림에 교양있고 세련된 태도가 돋보였다. 그는 한눈에 그녀가 상하이 출신이란 것을 알아차릴 수 있었다. 그녀가 상하이 지방 사투리로 그들에게 인사를 건네자, 그는 자신의 추측이 옳았다는 것을 알고서 기뻤다. 그리고 그녀는 영어로, 미국에서는 테레사라는 이름을 쓴다고 했다.

호는 본능적으로 셔츠와 바지를 매만지고서는 키가 커 보이도록 등을 곧게 폈다. 그는 바보같이 들리지 않길 바라며 자기소개를 했다.

"호차우라고 합니다. 만나서 무척 반갑습니다. 전 NYU에서 기계공학 박사과정을 밟고 있어요." 그는 자신이 유망한 분야에 있다는 것을 그녀가 알길 바랐다. "뉴욕에 온 지 얼마나 됐어요?" 호는 언제, 어떻게 중국을 떠났느냐와 같은 민감한 주제는 피했다. "상하이 출신인가요? 우리 가족은 메드허스트 로에 있는 옛 공공조계에 살고 있어요."라고 그가 말을 건넸다. 그녀는 자기 가족은 홍콩에 있지만 그의 집에서 멀지 않은 제스필드로에 살았던 적이 있다고 대답했다.

그녀는 미소를 지으며 그의 질문에 조금도 부끄러워하지 않고 대답했다. 호는 쥐린이 금세 좋아졌고, 그녀와 더 많은 시간을 보내고 싶다는 것을 깨달았다. 그러나 그의 친구는 그녀의 오빠와 볼일을 마쳤고, 호는 거기서 더 꾸물거릴만한 좋은 핑계를 생각해 낼 수가 없었다.

"만나서 반가웠어요." 호는 자신이 말하는 소리를 들었다. "그리고 뉴욕에 오신 걸 환영해요."

그녀가 자신의 말을 이상하게 생각할까 봐, 그는 나가면서 흘깃 그녀 쪽을 보았다. 얼핏 그녀의 얼굴에 미소가 떠오른 걸 본 것 같았다.

다시 밖으로 나온 호는 친구에게 그 젊은 여성과 그녀의 가족에 관해 질문을 퍼부어댔다. 그녀의 아버지는 중국은행*Bank of China* 고위 간부였는데 공산당이 정권을 잡았을 때 중국을 떠나 홍콩으로 갔다. 그리고 용케 아들과 의사인 딸, 그리고 쥔린을 포함한 자식들을 미국 학교에 보낼 수 있었다. 그것이 호가 알 수 있는 전부였다.

그러나 운이 좋게도 그는 곧 헨리 루스 가족이 기증한 이스트 25번가 125번지의 중국연구소 건물에서 우연히 그녀를 만나게 됐다. 루스와 같은 상류 사회 미국인들은 연구소의 프로그램들이며 국민당을 지원하기 위한 로비를 후원했다. 가끔 발이 묶인 중국 학생들이 이 단체의 지하실에서 사교 행사를 열었는데 쥔린은 거기에서 자원봉사를 했다. 그녀가 차와 쿠키를 내오는 걸 돕는 동안, 호는 그녀에게 다시 한번 자신을 소개했다.

그녀는 웃음을 터뜨리며 말했다. "저 당신을 아주 잘 기억하고 있어요, 미스터 차우. 겨우 며칠 전에 만났잖아요." 그러고서 그녀는 다른 손님들에게 인사를 하려고 돌아섰다.

그날 오후 행사에는 그와 같은 미혼 남성들이 몇 명 더 있었다. 호는 자신이 쥔린의 관심을 얻으려면 경쟁을 할 수밖에 없다는 것을 알았다. 그러려면 대담해져야 했다. 쿠키를 하나 더 집으러 가며 그가 물었다. "저와 함께 산책하러 가시겠어요? 아니면 적어도 있다 파티가 끝나고 댁에 바래다 드리기만이라도 하면 안 될까요?

그녀는 잠시 그를 의아한 눈으로 바라보다 호와 시선이 마주쳤다. 고개를 갸우뚱하던 그녀가 말했다. "오빠에게 이야기해두어야겠지만, 네. 그러면 좋겠어요."

차를 마시며 행사가 끝나기를 기다리는 동안 호는 싱글벙글했다. 친구 중 한 명이 그의 들뜬 기분을 눈치채고는 물었다. "쥔린이 네 찻잔에 뭘 탄 거야?"

집으로 돌아오는 길에 쥔린과 호는 공원에 들러, 오후 내내 이야기를 나누었다. 그는 그녀가 상하이에서 제스필드 로의 악명 높은 76번지 옆 중국은행 사택에서 살았다는 것을 알게 됐다. 그녀는 76번지의 무시무시한 괴뢰 경찰들이 사택 진입로에서 국민당에 협력했다는 이유로 은행 회계원 세 명을 쏘아 죽였을 때 바로 그 자리에 있었다. 그 후 그녀의 가족은 나머지 은행 직원들과 함께 쿤밍昆明(윈난성의 수도)으로 도망쳤다. 그곳에서는 언제든 방공호로 뛰어들 채비를 하고 있어야 했다. 가끔 뛰어가는 동안 하늘에서 폭탄이 떨어지는 것을 볼 수 있었다. 전쟁이 끝나자 그녀의 가족은 상하이로 돌아왔고, 그녀는 프랑스 성심 수녀회가 운영하는 오로라 여자대학에 다녔다. 공산주의자들이 상하이에 들어왔을 때, 그녀는 이미 가족들과 홍콩으로 도망친 뒤였다. 미국에서 공부할 수 있는 비자를 얻기 위해 6개월 동안 노력한 끝에, 그녀는 마침내 한 해 전인 1950년 6월에 미국으로 올 수 있었다.

호는 이 영리하고 아름다운 스물두 살의 여성에게 매혹됐다. 그는 그녀에게 창수에 있는 고향 집에 관해, 전쟁 중 상하이로의 탈출이 얼마나 참혹했는지에 관해 이야기했다. 그는 자랑을 늘어놓는 사람은 아니었지만, 그녀가 자신이 최우등생이었고, 자오퉁 대학에서 최고의 기계공학도가 될 때까지 끊임없이 노력했던 시골 출신의 아이였다는 것을, 그리고 그가 전도유망한 젊은이라는 것을 알아주었으면 했다. 호는 자신이 좋은 직업을 가지고 있고, 언젠가 상하이와 대만에 있는 가족들에게 경제적인 도움을 주려고 한다는 말을 꺼내며 그런 이야기들이 너무 부담스럽게 들리지 않게 하려고 애썼다. 수줍어하면서도 그는 그녀에게 중국에서 자동차를 만들려는 그의 꿈과 몇 가지 생각하고 있는 발명품들에 관해서도 이야기했다.

기쁘게도 두 사람은 죽이 잘 맞았다. 쥔린은 그의 가족에 대한 헌신을 불편하게 생각하지 않았다. 그녀는 홍콩에 있는 가족들에게 돈을 보낼 필요가 없었지만, 일자리를 찾아 자립하기로 결심했고 곧 옥스퍼드 대학 출판부의 문서 정리원으로 고용됐다.

그들은 다시 만났다. 호는 그녀에게 미시간에서 같이 살던 다섯 친구들이 어떻게 학사모와 가운 세트를 하나만 빌려서 번갈아 가며 입고 집에 보낼 중요한 사진들을 죄다 찍었는지 이야기해줬다. 그녀는 긴 기차 여행 끝에 도착한 메러디스 대학에서의 첫날 밤에 관해 자세히 들려주며 자조적인 웃음을 지었다. 여사감은 그녀에게 침대 시트 몇 장을 건네주었는데, 쥔린은 그걸로 무얼 해야 할지 몰랐다. 그녀는 그전에 한 번도 침구를 정리해 본 적이 없었다. 그는 미국에서 그토록 많은 음식이 허비되는 것을 보고 깜짝 놀랐다고 했고, 쥔린은 인종 차별에 대해 느꼈던 실망감에 관해 설명했다. 그녀는 노스캐롤라이나에서 대학을 다니는 동안 인종에 따라 분리된 화장실과 "백인 전용", "흑인"이라고 적힌 식수대들을 봐왔다. 중국인인 그녀로서는 어느 쪽을 사용해야 할지 알 수 없었다.

1951년 말, 징병 위원회는 호에게 그가 스물일곱 살이 되었으므로 징병 연령을 넘었다는 점을 명시한 편지를 보내왔다. 무척 다행스럽게도 이제 그는 5-A급으로 재분류되어서 한국전쟁에 소집될 것 같지 않았다.

그러나 그때 실망스러운 소식이 들려왔다. 호의 박사과정 지도교수가 다른 학교의 박사과정 지원자가 그가 열중하고 있던 문제를 해결하는 논문을 제출했다고 알려주었다. 호의 노력이 헛수고가 된 것이었다. 박사 학위를 원한다면 새로운 논문 주제를 찾아 다시 처음부터 시작해야 했다. 호는 직업학교 선생님들이 격려해주던 시절부터 쭉 박사 학위를 따는 것을 중요한 목표로 삼아왔었다. 그러나 나이를 생각하면 그는 새삼 다시 시작하고 싶지는 않았다. 더구나 그에게 더 중요한 목표가 생긴 지금은 그럴 때가 아니었다. 결혼하고 싶은 여자를 만난 것이다.

쥔린에게 그녀가 다른 사람과는 결혼하고 싶지 않을 정도로 자신이 괜찮은 결혼상대라는 것을 보여주기로 결심한 호는 더 나은 일자리를 찾으려고 했다. 운전면허증도 땄다. 그러나 그에게 가장 큰 도전은 춤을 배우는 것이었다. 쥔린은 춤을 무척 잘 췄지만, 호는 스텝이라고는 밟아본 적이 없었다. 그는 몇 번 개인교습을 받고서 그녀가 자신의 서툰 발놀림을 못 본 체해주기를 바라며 그녀에게 춤을 추러 가자고 청했다. 1952년 8월, 그는 미국 셀라니즈 코퍼레이션에서 당시 그의 제도자 월급보다 네 배 넘게 받게 되는 기술직을 제안받았다.

쥔린의 마음을 얻으려던 호의 작전은 성공했다. 그는 상당한 비용을 내고 홍콩에 있는 그녀의 아버지에게 전화를 걸어 결혼을 허락해달라고 했다. 그녀는 이미 가족들에게 그들이 사귀었던 2년 동안 호에 관한 모든 것을 말해 둔 참이었고, 아버지는 결혼을 허락했다. 그러나 호는 공산주의 중국에 대한 통상 금지 때문에 상하이에 있는 어머니에게는 전화를 걸 수 없었다. 그렇지만 그는 어머니가 기뻐하리라는 것을 알았다.

1953년 4월 5일, 호 차우와 테레사 쥔린 윙은 결혼했다. 약 200명의 하객이 브로드웨이와 웨스트사이드 91번가가 만나는 그레이스톤 호텔에서 두 사람의 결혼을 축하했는데, 그레이스톤은 컬럼비아 학생들에게 인기 있는 결혼식 장소였다. 그들은 간략한 축하연에서 잘게 썬 달걀과 다진 간, 햄과 정어리를 넣은 샌드위치를 내어놓았다. 가장 행복했던 날 호에게 유일한 슬픔은 그의 가족 중 누구도 결혼식에 참석하지 못했다는 것이었다. 가족들과 함께할 수 있다면 미국에서의 그의 삶은 완벽할 것 같았다.

빙, 21세

1950년, 뉴욕

오클랜드에서의 결혼 피로연이 끝나고 난 후, 빙과 새신랑인 존 이는
비행기를 타고 뉴욕으로 향했다. 롤러코스터를 태우는 것처럼 요동
치던 비행기는 롱아이랜드의 아이들와일드 공항(JFK 공항의 옛 이름)에
착륙하기 전, 연료 보급을 위해 여러 차례 기착했다. 언니와 피터는
뉴욕으로 가는 대륙횡단열차를 타고 미리 출발했다. 계획은 빙이 먼
저 도착해서 그들이 덴마크행 배에 오르기 전에 만나는 것이었다.

존은 빙의 도착에 맞춰 아파트를 새로 칠하고 단장할 페인트공 몇
사람을 고용했었다. 그러나 그들이 시간 내에 일을 마치지 못하는 바
람에, 존은 타임스퀘어에 있는 값싼 호텔 방을 일주일간 빌렸다. 그가
출근하고 나면 빙은 긴 하루를 맨해튼 중심가를 탐험하며 보냈다. 즐
비한 마천루와 분주히 돌아가는 도시 경관에 감탄사가 흘러나왔다.
타임스퀘어에는 심지어 '친리스'*Chin Lee's*라는 중국 레스토랑도 있었다.

그렇지만 그녀가 샌프란시스코 차이나타운에서 알던 식당들과는 달리, 손님들은 중국인이 아니라 미국인들이었다. 비싼 가격을 보고 나서는 그녀도 거기서 식사할 생각이 사라졌다. 대신 시내를 걸으며 멍하니 이곳저곳을 돌아다녔다. 뉴욕은 모든 것이 상하이보다 더 크고, 더 높고, 더 그럴듯해 보였다. 그러나 도시가 뿜어내는 활기는 바로 알아차릴 수 있을 만큼 친숙하고, 어딘가 위안을 줬다. 샌프란시스코가 쑤저우처럼 편안하고 친근한 곳이라면, 뉴욕은 활력이 넘친다는 점에서 상하이와 똑같았다. 타임스퀘어는 번드 근처와 배드랜즈에 있는 밝은 좀 더 난잡한 구역들을 닮아있었는데, 밝은 불빛과 매춘부들, 그리고 거지들까지도 그랬다. 다만 이들처럼 거리에서 쫓겨 다니는 사람들이 중국인 대신 모두 미국인이라는 점만이 달랐다. 상하이에서 온 젊은 여성에게 이것은 묘한 반전처럼 느껴졌다.

기차가 도착하자 언니는 타임스퀘어 근처의 힐튼 호텔에 방을 잡았다. 피터와 언니는 덴마크행 배를 타기 위해 강을 건너 뉴저지로 가기 전 그곳에서 이틀 밤을 묵을 예정이었다. 두 사람을 만나러 호화로운 로비에 들어서면서, 빙은 저절로 미소가 지어졌다. 당연히 언니라면 아무리 돈에 쪼들려도 멋진 호텔을 고르지, 존이 하듯 수수한 곳은 어림도 없었다. 언니는 빙을 먼저 발견하고는 소리를 질렀다. "너 너무 말랐잖아! 네 남편은 어디가 잘못된 거야? 널 굶기니? 내가 그랬지, 광둥 남자들은 구두쇠들이라고!" 빙은 활짝 웃었다. 그녀는 언니를 만나서 반가우면서도 여행길이 무사하길 빌며 잘 가라는 인사를 할 생각에 벌써 슬퍼졌다. 언제 다시 볼 수 있을지 모르는 두 사람이었다. 주말이 되어 언니가 떠나고 난 후, 로어이스트사이드에 있는 존의 아파트는 칠이 마무리됐다. 택시는 차이나타운 가장자리에 있는 헨리가街 32번지의 엘리베이터 없는 6층짜리 건물 앞에 멈췄다. 그들이 이 낡고 어두운 건물 안으로 들어서자 빙은 뭔가 실수가 있었다고 생각했다. 존은 1층 아파트의 문을 열었다. 빙은 믿을 수 없다는 듯 주위를 둘러보았다. 방들은 작고 비좁았다. 주석 타일이 붙은 천장에 설치된 섬뜩한 빛을 내는 원형 형광등 불빛이 부엌 한가운데 놓인 테이블 겸용인 뚜껑이 달린 욕조를 비추고 있었다. 앞방의 틈이 벌어진 창문은 분주한 거리의 소음과 그을음을 막기에 역부족이었다. 빙은 집에 욕실이 보이지 않는다는 것을 깨닫고 허리를 펴고 우뚝 섰다. 그녀가 묻기 전에, 존이 헛기침을 했다. "욕실은 복도 아래쪽에 있소. 다른 세입자들과 같이 쓰는 공용 욕실이거든."

처음에 빙은 아무말도 할 수가 없었다. 마침내 그녀가 입을 열었다. "상하이에서 살았던 제일 형편없는 집도 여기보다는 나았어요. 우리 정말 여기서 살아야 해요?"

존은 그녀를 보며 애원하는 듯한 표정으로 말했다. "여긴 집세가 한 달에 11달러밖에 안 돼요. 덕분에 내가 당신 언니한테 준 2천 달러를 모을 수 있었던 거요. 일단 한 번 지내봐요. 그게 내가 바라는 전부요." 빙은 마지못해 고개를 끄덕였다. 새로운 생활이 기대했던 것과는 달랐지만, 그녀는 이 상황을 어떻게든 극복해봐야겠다고 생각했다.

뉴욕의 차이나타운은 샌프란시스코보다 규모도 작았고, 중국인의 숫자도 훨씬 적었다. 그러나 여러 세대 동안 각국에서 온 이민자들의 고향이었던 로어이스트사이드의 세입자들과 리틀이탈리아에 둘러싸여 훨씬 더 혼잡해 보였다. 매일 아침 존이 채텀 광장에 있는 BOC 지점으로 걸어가고 나면, 빙도 자신의 일과를 시작했다. 샌프란시스코처럼 뉴욕 차이나타운의 주민 대부분도 타이산과 광둥성 주강 삼각지의 다른 지역 출신들이었다. 샌프란시스코에서 몇 달을 보내면서 빙은 이미 타이산 방언을 조금씩 배우기 시작했는데, 미국에서는 타이산 사투리가 상하이 말보다 더 쓸모가 있었다. 그리고 샌프란시스코에서처럼 빙이 가는 곳마다 식당과 상점, 세탁소의 중국인 점원들이 상하이 여자를 잠깐이라도 보려고 고개를 내밀었다.

어느 날, 빙이 도이어스 거리街를 건너가고 있을 때, 어느 나이 지긋한 여성이 모퉁이 골동품 가게에서 몸을 내밀고는 큰소리로 외쳤다. "Nung Shanghei—ni(당신 상하이에서 왔어요)?"

빙은 깜짝 놀라 몸을 휙 돌렸다. 그 여성은 빙과 같은 상하이 사투리로 말을 거는 게 아닌가! 신이 난 빙이 그쪽으로 가자, 두 사람은 속사포처럼 빠른 상하이 말로 수다를 떨기 시작했다. 그녀의 이름은 미시즈 펑이었다. 그리고 그녀는 상하이 사람은 지나가는 모습만 보아도 알아볼 수 있다고 했다. 그녀는 골동품 가게 주인인 광둥 출신 상인과 결혼해서 뉴욕 차이나타운에서 여러 해 동안 살아온 터라 영어뿐만 아니라, 광둥어, 타이산어, 그리고 상하이 사투리로도 말을 할 수 있었다. "전 차이나타운에 상하이 사람이 있으리라고는 생각도 못했어요." 빙이 털어놓듯 말했다.

"오, 꽤 있어요." 미시즈 펑이 말했다. "주말엔 더 많아지죠. 저 콧대 높은 '업타운' 상하이 사람들은 식사를 하거나 식료품 살 때만 차이나타운에 와요. 하지만 여기에 사는 상하이 사람들도 꽤 있어요. 대부분 당신처럼 젊은이들이죠. 그 사람들은 오후에 차를 마시러 우리 가게에 들르기도 해요. 와서 한 번 만나봐요."

빙은 곧 도이어스 가와 펠 가 모퉁이에서 미시즈 펑이 운영하는 골동품 가게의 단골손님이 됐고, 상하이를 등진 다른 망명객들과 금세 친구가 됐다. 빙처럼 몇몇은 혁명이 임박해져서 중국을 탈출한 사람들이었다. 그 외 다른 사람들은 격동의 전쟁 기간에 미국으로 온 경우였다. 발이 묶인 학생들, 그리고 지식인들과는 달리, 이들 "다운타운 상하이 사람들"은 중국 내 진행 중인 혁명을 위해 미국을 떠나려는 생각이 없었고, 대부분 어쨌든 돌아갈 여비를 마련할 만한 여유가 없거나 위험을 무릅쓰고 떠나기에는 여행 서류에 절차상 무리가 있는 사람들이었다. 빙의 모임에는 메리와 메이빙이라는 자매가 있었는데 한 집안 형제와 나란히 결혼했고 모두 상하이 출신이었다. 두 형제 다 여름 동안 캣츠킬스의 멋진 유대인 리조트에서 일하는 차이나타운 웨이터였다. 한 사람은 태평양 전쟁에서 미군 하사관으로 복무했고, 전후 연방법 덕분에 중국인에게 할당된 105명으로 제한된 이민 인단에 지원할 필요 없이 중국 출신 "전쟁 신부"와 결혼할 수 있었다. 형제 중 다른 한 사람은 상선의 선원이었는데, 배에서 몰래 내려 '싱'이라는 이름으로 된 서류를 사둔 경우였다.

그밖에도 비키라는 이름의 간호사는 중일 전쟁 후에 미국으로 건너와 차이나타운의 상인과 결혼했고, 수잔은 외교단에 속했던 남편과 이혼 후 비자가 만료된 채 미국에 머무르고 있었는데, 그녀는 부로바 시계(1875년 Joseph Bulova가 뉴욕에 개설한 시계 브랜드) 공장에서 일했다. 이들 다운타운에 사는 상하이 사람들은 서로 친해져서 존스 비치나 코니아일랜드로 당일치기 여행을 함께 다녀오기도 했다. 빙처럼 대부분 20대였다. 그중 누구도 업타운의 집세를 감당할 경제력이 안 될뿐더러 어쨌든 차이나타운 밖에서는 중국인에게 집을 세주려는 주인이 거의 없었다. 차이나타운은 집세가 비싸지 않았고, 그들은 자기들만의 다운타운 상하이 공동체를 만들었다.

미국으로 망명한 다른 중국인들처럼, 다운타운 상하이 모임 사람들 모두 중국에 가족이 있었다. 그들은 집에서 어떤 연락이든 오길 애타게 기다렸는데, 심지어 아주 엉성한 것이라도 가족이 무사하다는 소식을 받으면 기뻐했다. 가끔 편지에는 스튜디오에서 찍은 작은 흑백 인물사진도 함께 들어 있었다. 빙은 정식 교육으로는 마지막이었던 3학년 이후로 연습해온 공들인 붓글씨로 마에게 편지를 썼다. 그녀는 마에게 좋은 광둥 남자와 결혼했다는 소식과 뉴욕에서의 생활에 관해 적었다. 빙은 집에서 오는 서신을 하나하나 소중히 간직했다. 빙은 마가 안전하게 지내고 있고, 다른 친척들이 그녀를 잘 돌봐주고 있다는 사실을 알고 안심하면서 때때로 자신이 마를 그리워하고 있다는 걸 깨달았다. 그러나 모임의 중국인들은 상하이를 돌아보면서도, 차츰 그곳에 뿌리를 내리고 있었다. 1950년대 초, 전후 결혼 붐에 합류했던 여성들이 아이를 낳고 있었다. 존의 여동생이 준 그 끔찍했던 "사랑의 묘약"이 효과가 있었던 게 틀림없었다. 빙 역시 아이를 가졌기 때문이었다. 그녀는 남편이 친절하고 털털한 성격이라서 다행이라고 생각했다. 그가 음식을 두고 불평을 하자, 빙은 "그럼, 당신이 음식을 해요."라고 쏘아붙이듯 대답했다. 그리고 그 후로는 정말로 존이 음식을 만들고 저녁 준비를 했다. 그는 자기 나이에 아버지가 된다는 사실에 기뻐했다. 배가 점점 불러오자, 빙은 밤에 공동 화장실에 가려고 어두운 복도를 비틀거리며 지나다녀야 했다. 존은 아기가 태어나면 새로 살 곳을 찾아보겠다고 약속했다.

아들이 태어나자 존은 아기 이름을 헨리라고 지었다. 그들이 살고 있던 거리 이름이었다. 여자아이였다면 건너편 거리 이름을 따서 캐서린이 되었을 것이다. 어린 헨리는 통통하고 쾌활해서 빙과 존이 애지중지하며 자랑스러워했다. 헨리가 태어나서 막 1개월이 되자, 그들은 레스토랑에서 붉게 색칠한 달걀을 돌리는 잔치를 열었다. 빙의 상하이 친구들이 참석했는데, 많은 사람이 어린아이들을 데리고 왔다.

빙이 마지막으로 베티 언니를 본 지도 1년이 훌쩍 넘었다. 빙은 언니가 그리웠지만, 마침내 자신만의 가정을 꾸리게 된 것이 기뻤다. 빙은 매일 헨리를 유모차에 태우고, 차이나타운 부근을 돌아다니며 멀베리가의 콜럼버스 파크에 아이들과 함께 나온 젊은 엄마들과 어울렸다. 그녀는 다운타운 상하이 친구들을 만나러 미시즈 펑의 가게에 들르면서 그날의 나들이를 마무리했다.

그곳에서 빙은 고향에 관한 최근 소식과 미국에서 중국 사람들이 어째서 조심해야 하는지를 들을 수 있었다. 그녀의 친구들은 취두부臭豆腐(두부를 소금에 절여 오랫동안 삭힌 중국 요리)처럼 티를 내며 차이나타운을 감시하는 말쑥한 FBI 요원들에 관해 떠들어댔는데, 그들은 정보원이 될 만한 사람과 함께, 공산주의자들과 추방 대상자들을 찾고 있었다. 집으로 돌아올 때면 빙은 존이 저녁에 요리할 신선한 식료품을 사 오곤 했다. 그녀의 삶은 이제껏 꿈꿔왔던 것보다 더 큰 만족감을 주는 쾌적한 리듬에 빠져들었다.

그때 언니에게서 편지가 왔다. 언니는 뉴욕으로 돌아오고 있었다. 그녀는 혼자였다. 두 아들은 아버지와 함께 호주로 가는 중이었다. 유럽에서는 우편물 배달이 느렸기 때문에, 빙과 존은 언니가 탄 배가 며칠이면 도착할 거라고 계산했다.

그들은 언니가 돌아올 때를 맞춰 준비하느라 야단법석을 떨었다. 빙은 언니에게 새로 태어난 아기와 자신의 새 삶을 보여주고 싶어 안달이 났지만, 존은 몹시 당황해했다. "어휴, 당신 언니는," 그가 끙끙

대며 불평했다. "그 여자가 이 집을 보면 좋은 소리를 할 리가 없어."

존의 예상이 맞았다. 언니가 탄 택시가 그들이 사는 건물 앞에 서자, 빙은 언니만의 독특하고 쩌렁쩌렁한 목소리를 들을 수 있었다. "정말 제대로 찾아온 게 맞아요? 이 쓰레기장 같은 덴 뭐야?" 건물 밖에는 언니가 표범 가죽 코트에 프랑스산 하이힐을 신고 가죽으로 된 여행 가방 여러 개와 함께 서 있었다. 그녀는 실제로 존을 기세로 눌러버렸다. "당신이 이런 데로 내 여동생을 데리고 왔단 말이지? 상하이 여자라면 절대로 이런 집에서 살려고 들지 않을 거라고." 아파트 안에서 그녀는 빙에게 쉴 새 없이 상하이말로 설교를 늘어놓았는데, 결국 같은 이야기의 반복이었다. 너는 남편을 다잡는 법을 배워야 해. 그래서 좀 더 괜찮은 집으로 이사 가게 해야지. 존은 단어를 모두 알아듣지는 못했지만, 언니가 하는 말이 어떤 의미인지는 분명히 알 수 있었다.

그녀는 아기를 보려고 잠깐씩 멈추었다가 다시 잔소리를 퍼부어 댔다. 빙은 갑자기 어렸을 때 마의 온갖 악담에도 버티려 애쓰던 어린 소녀 시절이 떠오르며 아무 말 없이 있었다. 빙은 이런 점에서는 마나 언니가 전혀 그립지 않다는 사실을 깨달았다.

언니는 마침내 마음을 가라앉히고, 빙에게 자신이 코펜하겐에서 올레와 피터를 데리고 기다리는 동안 크리스티안이 차츰 건강을 회복했다고 말했다. 베티가 덴마크에 살 수 없으리라는 결론을 내리는 데까지는 그다지 오랜 시간이 걸리지 않았다. "음식은 형편없지, 날씨는 나쁘지, 겨울엔 온종일 어두침침하다고. 그러니 사람들이 유령처럼 창백한 거야. 나는 그렇게 살 순 없어. 그러지도 않을 거고."

크리스티안도 덴마크에 남기를 원하지는 않았다. 그는 소련과의 냉전이 유럽에 또 다른 전쟁을 불러올까 봐 두려워했다. 그는 항상 호주로 이주하고 싶어 했다. 그래서 두 사람이 상하이에서 탈출 계획을 세웠을 때도 늘 이 부분에서 막히곤 했다. 이번에 그들은 갈라서기로 했다. 크리스티안은 아들들을 데리고 호주로, 베티는 미국으로 가기로 한 것이다. 그는 아내가 이혼을 요구하면, 거부하지 않을 생각이었다.

빙은 언니가 정말로 결혼 생활을 끝내려는 것을 알고 깜짝 놀랐다. 빙은 그동안 베티가 샌프란시스코에서 몇 달 동안 생활비를 댔던 리라는 남자에게 허세를 부리며 그를 속여넘기려는 줄만 알았다. 작은 목소리로 빙은 그럼 언니는 리와 함께 지내려는 거냐고 물었다. 언니는 잠시 멍한 표정을 지었다. "아, 그 사람? 그이는 잘 극복할 거야." 빙은 샌프란시스코에서건, 덴마크에서건, 혹은 점령 시기의 상하이에서건 관계없이 난관을 헤쳐나가는 언니의 능력에 감탄했다. 이제 그녀는 뉴욕을 접수하려는 참이었다.

크리스티안과 두 소년은 덴마크를 떠나 이탈리아를 거쳐 호주로 향했다. 1951년 1월 이탈리아 여객선이 시드니 항에 들어왔을 때, 크리스티안은 언니가 예언한 대로 상륙 허가를 받았지만, 그의 유라시아 혼혈인 아들들은 그렇지 못했다. 어느 호주 신문은 머리기사에서 다음과 같은 질문을 던졌다. "이 둘은 여기 머무를 수 있을 것인가? 출입국 관리소 직원들은 덴마크인 아버지와 함께 제노바에서 배를 타고 도착한 중국계 덴마크인 어린이 2명의 상륙을 오늘 일시적으로 금지했다."

호주의 백인 우월주의 정책은 워낙 정치적으로 민감한 사안이어서, 각각 일곱 살과 열한 살인 피터와 올레의 도착이 인종법 위반으로 간주되며 큰 논란을 불러일으켰다. 아이들이 너무 어린 탓에 캔버

라의 중앙정부는 한바탕 요식상의 곡예 끝에 절반은 중국인인 이 소년들이 체류해도 될지 결정할 때까지 한시적으로 아버지와 함께 지내는 것을 허용하기로 했다. 언니는 아들들이 겪은 시련을 알게 되자, 격분해서 소리쳤다. "저 호주인들이 내 자식들을 저따위로 취급하다니 믿을 수 있니? 저자들은 내가 배에서 내리지도 못하게 했을 거야. 난 절대 나를 이등 시민 취급하게 놔두지 않을 거야. 안 가길 잘했지!"

언니는 맨해튼 어퍼웨스트사이드에 있는 아파트를 빌렸다. 언니에게 체면이 얼마나 중요한지 알고 있었던 빙은 전혀 놀라지 않았다. 베티는 결코 다운타운에 살 사람이 아니었다. 빙은 언니가 자신이 만나러 갈 수 있을 만큼은 가깝고, 존을 안심시킬 만큼은 거리가 있는 곳에 살게 된 것이 반가웠다. 그러나 빙은 자신의 차이나타운 친구들이 베티를 만나고 난 후 깜짝 놀라 자신에게 질문을 퍼부어댈 것이라는 점은 몰랐다. "두 사람이 정말 자매란 말이야?" 그들이 물었다. "두 사람은 모든 면에서 너무 다른데." "그럼요, 자매 맞아요" 두 사람은 모두에게 당연히 그렇다고 말했다.

언니는 빙에게 누구에게도, 심지어 존에게조차도, 그녀가 입양되었다는 사실을 말하지 말라고 일렀다. "사람들은 잔인해질 때가 있어. 그들에게 널 얕잡아볼 이유를 만들어 주면 안 돼. 너랑 나, 우리는 친자매나 다름없어."

빙은 진심으로 베티를 친언니처럼 생각했다. 친구들이 너무 궁금해하면, 그녀는 짧고 간결하게 대답했다. 빙의 가까운 친구인 메이빙이 특히 캐물으려 들었다.

"넌 상하이 어디서 살았니?" 그녀가 물었다.

"조프르 거리에서 좀 벗어난 데였어." 빙은 옛 프랑스 조계지의 가장 크고 긴 거리의 이름을 대며, 사실대로 말했다.

"학교는 어딜 다녔는데?"

이 질문에는 대답하기가 더 어려웠다. 메이빙이 상하이에서 교사로 일했기 때문이었다.

"나는 전쟁 중에 학교를 여러 번 다니다 말다 해야 했어." 빙이 말했다. 빙은 대화가 너무 개인적인 주제로 흐르면 말수를 줄이는 데 익숙했다. 그녀는 어릴 때 다른 사람 눈에 띄지 않으려 몹시 애를 썼던 터라, 남들에게 자신을 조금씩만 드러내는 게 어렵지 않았다. 질문을 피할 수 없을 때면 가볍게 어깨를 으쓱하며 말했다. "그건 전쟁 때 나쁜 기억이어서 말이야."

그 말 한마디면 아무리 호기심 많은 사람이라도 질문을 멈추곤 했다. 중국인이라면 누구나 일본과의 8년간에 걸친 전쟁이 얼마나 지독했는지 알고 있었다. 고통과 불행, 상실을 맛보지 않은 사람은 거의 없었다. 빙의 상하이 친구 중에서 전쟁의 악몽을 불러일으키고 싶어 하는 사람은 아무도 없었다. 심지어 그녀의 남편도 마찬가지였다. 비극적인 전쟁의 세월이 지나간 후, 누구나 차라리 잊고 싶은 가슴 아픈 이야기들을 간직하고 있었다. 이제 미래를 바라볼 시간이었다.

**

1951년 여름, 존이 점심시간에 직장에서 집으로 돌아와 빙을 놀라게 했다. 그는 문을 두드렸고, 빙은 남편이 왜 열쇠를 사용하지 않았는지 의아했다. 빙이 문을 열자, 그는 비틀거리며 들어와서는 침대 위에 쓰러졌다. 빙은 그를 깨울 수가 없었다. 당황한 그녀는 어쩔 줄을 몰랐다. 결국 빙은 헨리를 아기침대에 넣어두고서 몇 블록 떨어진, 가장 가까운 개인병원으로 달려갔다. 진료실에 있던 의사는 그녀와 함께 헨리가로 달려왔다. 아기는 울고 있었고, 한 이웃이 아이를 달래려고 문이 열린 아파트 안에 들어와 있었다.

존은 심각한 뇌졸중이었다. 그는 아직 살아 있었지만, 아무런 반응이 없었다. 의사는 구급차를 불러 존을 차이나타운에 있는 근처 구버너 병원으로 데려갔다. 3주가 지나고 존은 죽었다. 사망 진단서에서 빙은 처음으로 남편의 나이가 40대가 아니라 50대라는 것을 알게 됐다. 그렇지만 어쨌거나 겉으로 건강해 보이던 중년 남성으로서는 충격적인 죽음이었다.

슬픔, 불안, 공포와 같은 감정의 소용돌이가 빙을 휩쓸고 지나갔다. 몇몇 존의 친구들은 그녀가 벨뷰 병원으로 그를 데려갈 구급차를 부르지 않은 탓이라고 비난했다. 그들은 그곳이 훨씬 더 좋은 병원이라고 생각했다. 그러나 빙은 미국의 구급차, 병원, 응급실에 대해서는 아무것도 몰랐다. 그리고 나서 존의 친구와 동료라고 우기는 사람들이 전부 몰려왔다. 대부분은 그녀가 존에게서 이름도 들어본 적 없는 사람들이었다. 그러나 그가 BOC에서 일했다는 이유로 사람들은 그가 돈이 많다고 생각하는 듯했다. 그들은 미망인에게 연락해서 존이 자신에게 빚을 졌다고 말했다.

빙의 친구들은 그녀가 아기를 돌보는 것을 도우며 곁을 지켰다. 존의 상사이자 가장 가까운 친구였던 베른 리는 존의 유언 집행자이자 헨리의 대부이기도 했다. 그는 빙이 존의 재산을 정리하는 것을 도왔다. 언니도 빙을 위로하고 이해관계가 얽힌 일들을 지켜봐 주었다. 존은 생명보험 증서와 약간의 현금이 들어 있는 저축 계좌, 그리고 별 가치 없는 주식들을 조금 가지고 있었다. 병원, 장례식, 묘지 비용을 내고, 이런저런 빚을 갚고 나니 헨리의 교육과 빙을 위해 이삼천 달러 정도 따로 떼어둘 만큼 돈이 남았다.

스물한 살, 낯선 나라에서 한 살도 채 안 된 아이를 데리고 미망인이 된 빙은 새로운 현실에 직면했다. 차이나타운 사람들 몇몇은 그녀가 운이 없는 사람이라고, 팔자가 나쁘다며 혀를 찼다. 빙은 개의치 않았다. 그들은 그녀가 얼마나 나쁜 운을 진즉에 극복하고 살아왔는지, 그리고 그 일이 어떻게 그녀를 강하게 만들었는지 몰랐다. 이제 그녀는 그들이 세 들어 사는 아파트가 고마웠다. 11달러인 집세는 걱정할 필요가 없어서였다.

하지만 다른 문제들이 있었다. 차이나타운의 모든 사람들은 INS와 FBI가 어떻게 체포해서 추방시킬 중국인들을 찾아다니는지 알고 있었다. J. 에드거 후버 국장의 명령에 따라, FBI는 차이나타운 전역에서 공산주의자로 의심되는 사람들을 공공연히 뒤쫓으며 차이나타운의 단체들과 출판물을 불시 단속했다. 미시즈 펑의 골동품 가게에 모이는 상하이 사람들은 자신과 같은 중국인들이 더 삼엄한 감시를 받게 될까 봐 걱정했다. 뉴스 보도에 따르면 몇몇 중국인들이 엘리스섬(뉴욕 만 안의 작은 섬, 이민 검역소(1892~1943)가 있었음)에 억류되어 있다고 했다. 만일 추방되면 그들은 어떻게 될 것인가? 그리고 어디로 가게 될까? 공산당 치하에서 살기 위해 상하이로 돌아가게 될까?

빙의 친구들은 그녀에게 존이 그녀의 이민자 지위를 해결해 두었는지 물었다. 존은 귀화한 미국 시민이었고, 언니를 포함한 모든 사람들이 빙 역시 쉽사리 그렇게 되리라고 생각했다. 존은 심지어 미국 시민의 아내로서 빙의 영주권을 신청하려고 차이나타운의 변호사를 고용하기도 했다. 걱정스러웠던 빙의 친구들은 그녀에게 지위 문제부터 해결하라고 재촉했다. 그러나 존이 죽은 후, 처리해야 하는 더 다급한 다른 문제들이 너무 많아서, 그녀의 이민 문제는 잠시 미뤄두 어야 했다.

존이 세상을 떠나고 몇 달 후, 빙은 프랭크 셰라는 이름의 상하이 남자를 콜럼버스 파크에서 우연히 마주쳤다. 그녀가 종종 어린 헨리 가 뛰어놀 수 있도록 데리고 나오는 곳이었다. 그녀와 존은 뉴저지의 아기용 가구점 주인인 프랭크에게서 아기침대를 산 적이 있었다. 프 랭크는 세인트존스 대학에서 공부했던 사람이라 영어를 완벽하게 구 사했고, 미국에서 산 지도 10년이 넘었다. 그는 한동안 유엔에서 통역 사로 일했고, 아기용 가구점을 사들이기 전엔 여러 가지 잡다한 일을 했었다.

빙은 프랭크 셰가 가진 미국에 대한 폭넓은 지식에 깊은 인상을 받았다. 그는 이 젊은 미망인을 만나러 오기 시작했다. 빙이 그에게 언니의 이혼 계획에 관해 말하자, 그는 플로리다주에서 이혼 소송을 제기하라고 권했다. 그는 자신도 이혼을 겪은 터라 플로리다의 법원 이 뉴욕보다 더 빨리 소송을 처리한다는 것을 알고 있었다. 프랭크는 짧은 휴일 동안 그의 차로 빙과 언니를 플로리다로 데려다주겠다고 제안했다. 언니는 빙을 부추겼다. "안될 게 뭐 있니? 그 남자가 너한 테 다정하게 대하는 데다, 우리를 거기까지 공짜로 데려다준다면야. 가자고!"

빙, 언니, 그리고 아기 헨리는 프랭크의 스튜드베이커(1852년에 설 립된 미국 자동차 제조회사)에 우르르 올라탔다. 이틀간의 운전 끝에 그 들은 햇빛이 쏟아져 내리는 마이애미에 와 있었다. 마치 잡지나 영화 에서나 보던 여행처럼 느껴져서 빙은 이런 상황이 재미있었다. 그들은 값싼 모텔에 방 두 개를 찾아냈고, 빙과 언니, 그리고 헨리가 방 하나를 함께 썼다. 프랭크의 말이 옳았다. 언니의 이혼은 순조롭게 진행됐다. 그들은 마지막 날 밤 축하를 위해 모텔 근처의 작은 식당에 갔다. 모두 한껏 기분이 좋았다. 프랭크와 언니가 중국에 관해 이야기를 시작하기 전까지는 그랬다.

"그놈의 장제스는 한 번도 중국 사람들의 이익을 위해 일을 한 적이 없단 말입니다." 프랭크는 주장했다. "그는 중국을 등쳐먹으며 미국 달러로 제 주머니를 불리는 동안 사람들이 굶어 죽도록 내버려 뒀어요. 그렇게 많은 중국인이 공산당으로 눈을 돌린 건 당연한 일입니다."

"뭐라고? 아니 어떻게 총사령관에게 그 따위 쓰레기같은 말을 늘어놓을 수가 있어!" 언니가 화가 나서 말했다. "당신은 공산당 빨갱이가 틀림없어!"

빙은 헨리를 무릎 위에 앉힌 채 대화가 걷잡을 수 없이 빠르게 흘러가는 것을 난감해 하며 듣고 있었다. 차이나타운에서는 '두 개의 중국' 문제가 불거질 때마다 사람들의 분노가 들끓었다. 지금 언니와 빙의 구혼자가 바로 그런 장면을 만들고 있었다. 빙은 언니가 절대 물러서지 않으리라는 것을 알고 있었다. 그리고 프랭크 역시 그럴 생각이 전혀 없다는 것이 곧 분명해졌다. 두 사람이 상하이 말로 서로에게 욕을 퍼붓기 시작하면서 목소리는 점점 더 커졌다.

"너처럼 대학물 먹은 녀석들은 자기가 정말 똑똑한 줄 알지." 언니가 침을 뱉었다. "너희들은 개똥보다 나을 게 없어."

"빌어먹을, 너 같은 떠버리 창녀 따위가 뭘 알아?" 그는 되쏘아 붙였다. "나는 전쟁 때 충칭에 있었어. 너 따위가 상하이에서 백인 놈들과 놀아날 때 난 그 모든 걸 직접 봤다고. 감히 네가 뭘 알아!"

갑자기 그들은 서로에게 물건을 던져댔다. 프랭크가 마시던 술을 언니에게 던지자, 술잔이 산산 조각났다. 언니는 그의 뺨을 올려붙이고는 그의 금속테 안경을 바닥에 떨어뜨려 부숴버렸다. 경찰이 와서 프랭크를 경찰서로 연행해갔다. 언니는 벌떡 일어서서 빙과 아기를 말 그대로 잡아끌고서 뉴욕으로 돌아가는 첫 버스를 타러 나섰다.

장거리 버스를 타고 오면서 언니는 빙에게 씩씩댔다. "너 한 번만 더 저 쓸모없는 노새 불알 같은 놈을 만나면, 넌 내 동생이 아니야. 우리 사이는 끝이라고!"

*
**

프랭크는 플로리다에 별 탈 없이 돌아왔고 다시 빙을 만나러 오기 시작했다. 빙과 함께 있을 때 그는 매력적이고 상냥했다. 중국의 위대한 시인들이 지은 2행시들과 셰익스피어의 소네트를 들려줬다. 아름다운 연애편지와 시를 써서 그녀에게 건넸다. 그녀가 마이애미에서 봤던 화를 내던 남자는 흔적도 찾아볼 수 없었다. 그들은 그 꼴사나웠던 사건에 관해서 아무런 말도 하지 않았고, 언니 일을 입에 올리는 일도 전혀 없었다.

몇몇 빙의 차이나타운 친구들은 프랭크를 알고 있었다. 마이애미에서 있었던 싸움에 관한 소문이 퍼지자, 친구들은 그녀에게 그를 멀리하라고 충고했다. "그 사람은 화가 나면 참지 못하는 성격이야." 그들이 말했다. "그런 남자랑 엮이지 말라고."

프랭크는 계속해서 그녀를 만나러 왔다. 빙은 누군가에게, 심지어 존에게서조차 그런 아낌없는 관심과 애정을 받아본 적이 없었다. 존은 그녀와 결혼하기를 망설였지만, 프랭크는 그녀에게 반해서 결혼을 간절히 원했다. 존은 돈을 쓰는 데 조심스러웠지만, 프랭크는 그녀를 여기저기 데려가길 원했고, 비용은 신경 쓰지 않았다. 그는 잘생기고, 운동신경이 좋았고, 중국, 정치, 세계 평화에 관한 큰 이상이 있었다. 빙보다는 나이가 많았지만, 나중에 알게 된 존의 나이보다는 훨씬 젊었다. 그는 그녀 자신이 아름답고, 사랑스럽다고, 그리고 특별하다고 느끼게 했다. 전에는 느껴보지 못한 새로운 감정이었다. 빙은 그 점이 좋았다. 게다가 빙은 혼자된 아기 엄마였다. 이 이국땅에서 아들의 미래가 어찌 될지 모를 일이었다. 다른 사람들은 그녀에게 프랭크를 멀리하라고 경고했지만, 보험금이 바닥나면 그 사람들이 나를 도우러 곁에 남아 있을까? 프랭크가 완벽하지 않을지는 몰라도 그는 교육받은 사람이었다. 샌프란시스코에서 그렇게 많은 웨이터들을 만나고 나서, 그녀는 자신이 더 나은 사람을 찾을 수 있을지 확신이 없었다. 메이빙의 남편은 알고 보니 경마장에서 아이들 먹일 식비를 날리는 노름꾼이었다. 언니는 여전히 다음 남편감을 물색 중이었다. 만일 프랭크가 욱하는 성격이라고 해도, 그녀는 그의 친절하고 다정한 모습을 알고 있었다. 확실히 그녀와 함께라면 그도 달라질 터였다.

프랭크는 빙에게 청혼하며 헨리를 친자식처럼 키우겠다고 말했다. 빙은 청혼을 받아들이고 싶었지만, 언니를 어떻게 설득해야 할지 몰랐다. 그녀는 늘 그렇듯 자신의 삶을 좌우했던 두 여성의 말을 따르기보다, 자기 스스로 결정을 내려야 한다는 것을 알았다. 하지만 그러고 나서, 선택은 저절로 이루어졌다. 빙은 자신이 임신했다는 것을 깨달았다. 그들은 1951년 말에 결혼했다. 빙은 빌린 결혼 예복을 입고도 환한 표정이었다.

프랭크는 이 아름답고 젊은 여성을 아내로 맞게 되어서, 그리고 빙의 출산을 앞두고 곧 아버지가 된다는 사실에 무척 기뻐했다.

빙의 새로운 삶은 순조롭게 시작됐다. 프랭크는 뉴저지 어빙턴에 있는 엘리베이터와 지하 빨래방이 완비된 새 고층 아파트를 빌렸다. 그녀는 마침내 복도에 공동 화장실이 있는 아파트에서 이사 나올 수 있었다. 언니는 결혼할 중국인 사업가를 만났는데, 다투었던 일은 뒤로하고 빙을 결혼식에 초대했다. 물론 프랭크는 초대받지 못했다. 언니는 "사람들에게 네가 입양되었다는 말은 하지 마. 특히 프랭크에게는."이라고 여러 번 충고했다. 그런 말을 듣지 않았다 해도, 빙 역시 프랭크에게 말을 할 생각은 없었다. 만약 그가 두 사람이 친자매가 아니라는 사실을 알게 되면, 결코 그녀가 언니를 만나게 두지 않을 것이라고 생각했다. 프랭크가 그녀에게 중국에서의 삶에 관해 물을 때마다, 빙은 늘 그렇듯 상투적인 대답을 했다. "전쟁으로 보낸 세월은 잊고 싶은 나쁜 기억이에요." 그러면 그는 곧 질문을 멈췄다.

빙이 여자아이를 출산하고 나서 두 사람이 막 자리를 잡아가려던 찰나, 그녀는 INS에서 강제추방 청문회에 출석하라는 통보를 받았다. 빙은 겁먹지 않으려고 애썼다. 존이 죽고 나서 8개월 만에 프랭크와 결혼하게 됐을 때, 그녀와 가까웠던 사람들 사이에서 이 소식은 상당한 반감을 샀다. 그중 누군가가 그녀를 신고한 건 아닐까? 프랭크는 빙의 이민자 지위 조정을 위해 존이 고용했던 차이나타운의 이민 전문 변호사에게 그녀를 데려갔다. 변호사는 아무것도 해주지 않았다. INS는 존과 결혼한 직후인 1949년 11월, 즉 이미 2년 전에 빙의 방문비자가 만료되었다며, 그녀를 비자 기간 초과 체류라는 혐의로 기소하고 있었다. 존의 미국 시민권으로 그녀는 영주권을 받게 되어 있었지만, 그가 죽으면서 빙은 이민 법정에서 유죄 판결을 받게 될 상황에 빠졌다. 더 나쁜 것은, 한국전쟁이 진행되면서, 중화인민공화국은 미국의 적이 되어 있었다. 워싱턴의 정치가들은 국내 중국인들의 위협에 대해 경종을 울리고 있었고, 차이나타운에서는 사람들에 대한 감시와 체포, 그리고 추방이 수그러들 기미도 없이 계속됐다. 적어도 빙은 스탠튼 아일랜드의 이민 법정을 혼자 마주하지 않아도 됐다. 모든 절차가 진행되는 동안 프랭크가 그녀와 함께했고, 그의 유창한 영어와 미국식 관행에 대한 지식 덕분에 재판 과정에서 방향을 잃지 않았다. 그는 그녀가 자신의 아내이며, 두 사람에게는 미국 태생의 두 아이가 있다고 증언했다. 이민국 관리들은 어머니와 떨어지게 되면 미국 시민권을 가진 아이들에게 해가 되리라고 판단했다. 빙의 추방은 중지됐고, 그녀는 영주권자로서 미국에 체류할 수 있는 노동 허가증을 받았다. 그러나 이제 INS의 관심이 프랭크에게 쏠렸다. 그는 외교 비자로 미국에 입국한 뒤 유엔을 떠나면서 당국의 눈을 피해 체류 중이었다. 빙을 변호하느라 그는 자신의 약점을 감추는 데 소홀해졌다. INS는 그의 이민 지위에 대한 조사에 착수했고, 그가 몇 년 동안 유엔에서 일하지 않았다는 사실을 발견했다. 연방 요원들이 아파트에 들이닥쳤고, 프랭크를 체포한 뒤 구금시켰다.

존의 생명보험금 덕분에 프랭크는 보석에 필요한 500달러를 내고 뉴어크의 이민자 수용소에서 풀려났다. 그러나 프랭크가 중국에 관해 여러 번 기사를 쓰고, 장제스에 관한 비판을 거침없이 해왔다는 점 때문에 INS는 "특별조사"에 착수했다. 끝이 보이지 않는 청문회, 그리고 법적으로 애매한 상태로 2년이 넘는 세월을 보낸 후, 프랭크와 빙은 두 사람 모두 가본 적 없는 대만으로 추방되리라고 예상했다.

그들에겐 벌써 세 번째 아이가 생긴 데다, 또다시 출산을 앞두고 있어서 여정은 더욱 힘들 터였다.

　이민 절차에서 생긴 스트레스로 약해진 데다, 짧은 기간 동안 임신과 출산을 여러 번 겪으며 지칠 대로 지친 빙은 병에 걸려, 결핵 진단을 받았다. 프랭크의 이민 소송 비용과 아이들에게 들어가는 돈으로 인해 은행 잔고가 바닥을 드러내고 있었기에, 그들 가족에게는 의사에게 낼 돈이 거의 남아 있지 않았다. 무엇보다 가장 걱정스러운 것은 보건 당국에서 아이들을 데려가겠다고 위협하고 있다는 점이었다. 여기서 무슨 일이 더 생길 수 있을까? 빙은 두 번이나 버림받은 아이라는 자신의 나쁜 운이 바뀔 거라고 확신하며 상하이를 떠난 것이 너무나 오래전의 일처럼 느껴졌다. 이제 그녀는 행운이 만일 찾아온다 해도, 과연 자신에게 그 행운을 붙잡을 만한 힘이 남아 있을지 궁금했다.

27장

베니, 23세

1951년, 난징

1951년 5월 분홍빛을 띤 목련이 활짝 필 무렵, 베니는 난징에서의 두 번째 봄을 즐기고 있었다. 그는 1년이 넘게 YMCA 사무총국에서 일하고 있었는데, 어느 날 누나인 애니로부터 전보가 왔다. 베니는 마음을 단단히 먹었다. 메시지는 간단했다.

'아버지가 돌아가셨어. 교도소에 가서 물건을 챙겨오도록 해.'

베니는 순간 심장이 멎은 것 같았다. 그리고 곧 아버지를 위해 조용히 기도했다. 베니는 언젠가 이런 날이 올까 봐 두려워하고 있었다. 즉시 상하이로 간 그는 아버지가 티란차오 감옥에서 처형되었다는 것을 알게 됐다. 알아야 했던 혹은 알고 싶었던 사실은 그것이 전부였다. 아버지가 그토록 오래 살아남을 수 있었던 것이 기적이었음을 인정해야 했다. "적어도 이제 다시는 그 수치스러운 곳에 가지 않아도 되겠군."이라고 그는 혼자 중얼거렸다.

PART FOUR : 전쟁의 긴 그림자

거대한 교도소 정문 바로 너머에서 베니는 아버지의 물건들을 무뚝뚝한 간수에게서 받아들었다. 옷 몇 벌과 금속테 안경 등이었다. 수습할 시신은 없었다. 이미 교도소에서 처리한 후였다.

이게 전부인가? 베니는 궁금했다. 그는 아버지의 장례를 제대로 치르지 못했다는 자책감을 애써 눌렀다. 무거운 문이 뒤에서 쾅 하고 닫히는 소리를 들으며 그는 아버지에게 용서를 빌었다.

베니가 난징으로 돌아오자, 더 충격적인 소식이 들려왔다. 어머니 역시 돌아가셨다는 것이었다. 티란차오 감옥에서의 처형 소식을 듣고 난 후, 어머니의 애인은 공산당이 다음에는 자신들을 잡으러 올 것이라는 결론을 내렸다. 체포와 감금에 이어 처형당하기보다 그는 베니의 어머니를 총으로 쏘아 죽이고, 스스로 목숨을 끊는 쪽을 택했다.

베니는 눈을 감고 아름답고 상냥했던 어머니를 떠올렸다. 그가 어릴 때 자주 그랬던 것처럼 팔을 뻗어 눈 위로 흘러내린 머리카락을 쓸어 넘겨주는 어머니의 부드러운 손길을 느낄 수 있을 것만 같았다. 그때 그는 어머니가 가장 사랑하는 아이였다. 어머니는 그런 점을 숨기지 않았고, 아들이 원하는 것이라면 무엇이든 들어주려 했다. 그 역시 어머니를 몹시 사랑했다. 아버지가 체포되고 어머니가 떠나는 수치스러웠던 사건이 일어나기 전에는, 어머니를 미소 짓게 하는 것보다 더 그를 기쁘게 하는 일은 없었다.

그 모든 불행 끝에 이렇게 되는구나. 흐느낌을 참는 그의 얼굴 위로 뜨거운 눈물이 흘러내렸다. 어머니가 도린에게 던진 불길한 예언이 들어맞고 말았다. 이제 두 사람은, 아니 그 누구도 다시는 어머니를 보지 못하게 되었다. 일본인들에게 협력하기로 한 아버지는 그 결정으로 인해 끔찍한 대가를 치러야 했다. 어머니와 아버지 두 사람 모두 비참한 상황에서 죽음을 맞았다. 그들이 한때 즐겼던 사치스러운 즐거움 중 어느 것도 이럴 만한 값어치는 없었다고 베니는 생각했다. 슬픔의 무게에 고개를 들 수 없었다. 방 안 고요 속에서 그는 무릎을 꿇고 부모님과 한때 자랑스러웠던 가족을 위해 기도를 했다.

베니는 고독 속에서 위안을 찾았다. 점심시간이면 친화이秦淮강을 따라 걷거나 공자 사당 근처의 그늘진 거리를 산책하곤 했는데, 그곳의 짙은 계화꽃 향기가 마음을 달래주었다. 직장에서 베니는 기독교 봉사 활동뿐만 아니라 YMCA 사무총국 비서로서 매일의 업무에 열중했다. 다른 이들에게 하나님의 자비에 관해 이야기하는 것이 그 자신의 아픔에도 위로가 되었다. 그는 난징에 있는 것을 감사하게 여겼는데, 익명으로 지낼 수 있어서일 뿐만 아니라 상하이에서는 특히나 공산당이 이 거대하고 변덕스러운 도시의 주민들을 계속해서 감시하기로 결정한 듯했기 때문이었다. 그곳의 기독교도 동료들은 더 초조해 보였다. 적어도 난징에서 그는 다른 사람들의 비난을 걱정하지 않고 혼자 슬퍼할 수 있었다.

아버지의 유품을 찾아 여행하는 동안, 베니는 누나나 다른 친척들의 집에 들르지 않았다. 아버지에 대한 반혁명분자이자 가장 나쁜 종류의 배신자라는 낙인 때문에, 서로를 만나는 것이 현명하지 못한 일이라는 데에 모두 암묵적으로 동의하고 있었다. 베니는 동생인 에드워드와 프란시스를 찾아볼 엄두도 내지 못했다. 이제 아이들은 공산당 정부의 피보호자였고 아버지 가족 중 누군가로 인해 오명이 더해지면 그들에게 해가 될 수도 있었다. 그 둘이 스스로 살아갈 수 있길 바라며, '적어도 그 아이들도 이제 십 대니까' 하고 그는 마음을 정했다.

공산당은 일반 대중들에게 우익과 반혁명적 행위를 척결하라는 지시를 내리기 시작했다. 베니는 당국이 이웃과 동료, 가족, 심지어 아이들에게까지 국가의 적으로 의심되는 사람들을 보고하도록 강요한다는 이야기를 들었다. 오로라 여자대학의 총장이자 하버드 로스쿨을 졸업한 케네스 왕은 아내 메리와 어린 세 아들과 함께 상하이에 남아 있을 계획이었다. 그러나 일곱 살인 아들이 가족들에게 라디오에서 '미국의 소리'*Voice of America* (전 세계를 상대로 방송하는 미국 정부 국영 국제방송 프로그램)를 듣는 것이 "잘못된 행동"이라며 따지고 들자 그들이 사랑했던 도시를 떠날 때가 온 것을 알았다. 벰 추앙은 상하이의 유명한 가문 출신으로 공산당 간부들이 아이들에게 "비판투쟁대회"를 강요하고 어른들의 잘못에 대해 비판하도록 종용하며 가족들을 임뱅크먼트 빌딩(1930년대 유대계 사업가이자 부동산업자였던 빅터 사순이 상하이에 지은 호화아파트)의 고급 아파트에 가택 연금했을 때 여덟 살이었다. 결국 아이들 중 한 명이 숙부가 반혁명 범죄를 저질렀다고 보고했다. 아이는 칭찬을 받았고, 숙부는 처형당했다.

그러나 붉은 군대가 상하이로 진군해 들어오고 2년이 흐르자 도시는 눈에 띄게 좋은 방향으로 변화했다. 자전거 택시, 짐수레, 화물차와 전차는 혼잡한 거리에서 여전히 자리다툼을 벌였지만, 한때 상하이 붙박이로 여겨졌던 거지와 매춘부들, 암시장의 행상들, 그리고 아편굴은 사실상 사라졌다. 이러한 인상적인 업적은 대중에게 새로운 정권에 대한 신뢰를 심어주었다. 더구나 난징과 상하이 간 열차가 제시간에 운행하고, 기차표와 다른 물품들도 국민당 치하 수년간의 인플레이션 이후 마침내 안정되어 모두 생활이 좀 더 나아졌다. 새 정부가 비난해 마지않는 국민당과 미국 등 제국주의자들의 폭격과 금수조치에도 불구하고 파는 물건의 수는 눈에 띄게 줄었어도 가게 주인들은 영업을 위해 상점 문을 열었다.

해방 이후, 노동자와 농민, 군인과 기타 "붉은" 프롤레타리아들은 억압의 사슬을 끊어줄 혁명을 열광적으로 축하하며 거리로 뛰쳐나왔다. 반대로 대탈출 시기에 도망치지 않았던 "검은" 반혁명세력인 자본가와 지주들은 이러한 격변이 지나가길 기도하며 파란을 견뎌낼 수 있기를 불안한 마음으로 바랐다.

이러한 양극단 사이에 중산층, 즉 숙련된 전문직 종사자, 소상공인, 지식인들로 이루어진 프티 부르주아 계급이 있었다. 저우언라이 총리는 아무것도 두려워할 필요가 없고, 사회주의로의 평화적 이행은 이들에게 피해를 주지 않을 것을 보증하며, 따라서 해외에서 공부하는 그들의 아들딸들이 고국에 돌아와 새로운 중국을 건설하도록 촉구해야 한다고 주장했다. 저우 총리는 돌아오는 젊은이들을 두 팔 벌려 환영할 것이라고 약속했다.

그러나 베니를 비롯해 새 정권의 움직임을 살피는 다른 사람들의 눈에는 베이징에 있는 공산당 중앙위원회가 권력을 강화하기 위해 내리는 이러한 결정들이 어딘가 미심쩍어 보였다. 국가 안보와 필수적인 공공 서비스에 대한 통제권을 얻은 정부는 일상생활의 다른 면에까지 세력의 범위를 넓히기 시작했다. 베니는 학교, 교회, 사업 분야에 부과되는 무거운 세금처럼 점차 증가하는 교회 단체들에 대한 요구와 압력에 어떻게 대처해야 할지 YMCA 사무총국으로 지침을 요청하는 걱정스러운 편지들이 더 많아졌다는 것을 알아차렸다. 로레토 수녀회는 1923년부터 상하이와 중국의 다른 여러 곳에서 여학생들을 위한 학교를 운영해왔지만, 새로운 세금 공격에 익사할 지경이었다. 세인트존스 대학에 남아 있던 미국인 행정직원들은 1,800만 런민비(미화로 약 4,000달러)에 달하는 정부 평가액을 낼 수 있도록 미국 성공회 선교회에서 보내온 돈을 환전하는 것이 거의 불가능하다는 것을 알게 되었다.

많은 선교사가 "혁명 기간" 동안 중국에 머무르려고 했다. 걱정을 달래기 위해 그들은 1949년 2월 26일 저우언라이 총리가 서명한 서한을 주목했다. 편지에서 총리는 "기독교 교회의 신앙과 우리 당의 이념은 다를지 모른다. 그러나 둘 다 인민을 위해 봉사한다는 점에서는 하나다. 기독교의 평범한 사람들에 대한 사랑, 인간성의 육성, 특히 공익을 위한 무한한 노력을 우리 당은 높이 평가한다."라고 했다.

그러나 그것은 혁명이 완성되기 전의 일이었다. 이제 중국에 남아 있던 많은 선교사들은 자신들이 대단히 곤란한 지경에 처했다는 것을 깨달았다. 정부는 더 높은 임금을 지급하고, 세금도 더 많이 내라고 지시하면서 비용을 절감할 수 있는 여지를 대폭 제한했다. 그렇지 않아도 불안정한 경제에 더 많은 실업자가 넘쳐나는 것을 막기 위해, 새 정부는 고용주들이 점원들과 공장 근로자부터 가사 노동자에 이르기까지 누구든 해고하는 것을 금지했다. 고용주들은 우선 일용직 노동자들에게 공산당 정부가 정한 액수의 퇴직금을 지급해야 할 상황이었다. 그러면서 치솟는 세금도 내야 했다.

베니는 이런 변화들이 걱정스러웠다. 정치 선전 문구는 더 요란해져 갔는데, 미국이 1950년 6월 한국전쟁에 개입하고, 대만을 지원하기 위해 제7함대를 보내고서 중국에 핵폭탄을 투하하겠다고 협박한 후에 더욱 그랬다. 이에 대응해 인민해방군 대규모 부대가 얼어붙은 한반도로 향했다. 일부 중국 병사들은 무기나 탄약도 없이 적의 병사를 죽여서 그 무기를 사용하라는 지시를 받았다.

미국과 대만에서 그랬던 것과 같이 중국 본토의 정부도 국가 안보의 명목으로 통제를 한층 강화했다. 마오쩌둥 주석은 "누가 우리의 적敵인가? 누가 우리의 친구인가? 이 질문은 혁명의 첫 번째 질문이다"라고 쓴 바 있었다. 공산당 지도부는 내부의 적을 상대로 "진압반혁명(鎮壓反革命; 줄여서 진반鎮反)" 운동이라고 불리는 새로운 대중 운동에 착수했다. 그 대상에는 이제는 "반혁명적"이고 "우익"이라고 여겨지는 더 전통적이고 "봉건적"인 중국 사회에서 존경받던 지도자들이 포함되어 있었다. 캠페인이 도시로 확대되면서 공산당 간부들은 이들 "악질분자"들에게 "대항"하고, 그들의 오래되고 시대착오적인 행동의 잘못된 점들을 일깨우기 위해 민중대회를 조직했다. 이전의 토지 개혁 운동은 상하이나 난징과 같은 도시의 자본가와 중산층에 큰 영향을 미치지 않았다. 미국 제국주의자들과의 전쟁이 진행됨에 따라, 이번 운동은 상하이의 도시 엘리트들에 대한 고삐를 더욱 바투 쥐게 했다.

종교단체들 역시 반혁명적인 조직으로 규정되었다. 1951년 4월, 베이징 정부는 "기독교 기관 회의"를 소집했는데 이 회의에서 저명한 공산주의자들이 주요 선교사들과 기독교인들에 대해 통렬한 비난을 쏟아냈다. 하룻밤 사이에 이들은 미 제국주의의 앞잡이로 분류됐다. 그것은 공산당이 칼 마르크스가 "대중의 아편"이라고 불렀던 종교와 대결할 준비가 되었다는 신호였다. 베니와 다른 YMCA 직원들은 발밑에서 땅이 요동치는 것처럼 느꼈다.

이 회의에서 중국에 남아 있던 가장 큰 미국 가톨릭 선교단 중 하나인 메리놀회의 프랜시스 자비에 포드 주교와 그의 비서 조안 마리 라이언 수녀는 "거짓 선교를 위장한 간첩 활동"으로 강도 높은 비난을 받았다. 두 사람은 이미 체포되어 투옥된 상태였다. 다양한 교파의 다른 일곱 명의 지도자들이 "미국 제국주의의 침략 도구"가 되었다는 혐의로 고발당했다. 전국 YMCA의 일부 지도자들조차 YMCA 국제 지도부가 "미국 주인"을 위해 "첩보 업무"를 하고 있다고 공격했다. 각각의 사건에서 피고인들은 가까운 친구와 이전 동료로부터 비난을 받았다. 메시지는 분명했다. 당과 관련이 없는 독자적인 종교 단체들은 더는 중국에서 환영받지 못한다는 것을 의미했다.

*
**

난징에서의 베니의 조용한 삶이 위태로워졌다. YMCA는 반역자의 아들에게 더 이상 안전한 곳이 아니었다. 그의 세인트존스 대학 인맥 중 다른 졸업생들이 "흑색 제국주의 대학"에 다닌 것 때문에 수모를 당했다는 이야기가 들려왔다. 공산당 정부하에서 붉은색은 모든 훌륭하고 혁명적인 것을 상징했지만, 검은색은 반혁명적이고 구제 불능의 타락을 의미했다. 그런 사나운 표현들이 베니는 걱정스러웠다.

교회 친목회나 예배가 줄어드는 것을 견뎌냈지만, 이제는 기독교 가르침 자체가 바뀌고 있었다. 공산당은 외국 선교회의 가르침을 당의 이념에 맞게 변화시킨 "삼자애국운동三自愛國運動"을 전개했다. 기독교 교회들은 이 삼자三自를 받아들여야만 했다. 이것은 외국 교회 지도력에 기대기보다 스스로 관리능력을 키우는 자주정치, 외국 교회로부터의 재정적인 독립을 의미하는 자주협조, 선교사들의 개종 활동이 아닌 고유의 선교방법을 추구하는 자주확산, 이렇게 세 가지를 말했다. 성경을 포함한 외국 종교의 교리가 수상쩍게 여겨졌다.

베니는 YMCA를 떠날 때가 되었다는 것을 알았다. 계속해서 머문

다면 그 역시 서양 노예인 양누洋奴, 혹은 외국 앞잡이를 뜻하는 주구 走狗로 지목될지도 몰랐다. 그는 조심스럽게 다른 일을 알아보았고 난징농업대학에 자리가 있다는 것을 알게 됐다. 그곳 도서관에서는 도서 목록에 들어갈 색인 카드를 영어로 타이핑할 사람을 찾고 있었다. 수많은 외국인 거주자와 교육받은 중국인들이 국외로 탈출하면서, 많은 수의 영어책들을 도서관에서 수집하게 됐고, 그 책의 목록을 만드는 작업이 필요했다. "흑색 제국주의 학교"에서 받은 영어 교육 덕에 일자리를 얻다니 얼마나 아이러니한지 베니는 생각했다.

도서관에서의 생활은 베니가 바랐던 정확히 그대로, 세상에서 잊힌 사람으로 살아갈 수 있게 해주었다. 전시의 정치는 그의 부모님에게 유죄 판결을 내렸다. 그는 자신에게 같은 일이 일어나게 하지 않겠다고 결심했다. 가족이 겪은 불행에서 배운 것이 있다면, 남의 눈에 띄지 않아야 한다는 점이었다. 그는 도서관에 목록을 만들 책이 엄청나게 많다는 것을 알고 기뻤다. 도서 카드를 하나씩 타이핑하며 묵묵히 살펴보려면 아주 긴 시간이 걸릴 터였다.

베니는 난징의 번화한 중심가에 있던 YMCA에서 산봉우리에 쑨원의 묘가 있는 쯔신산紫金山(중산鐘山으로도 불리며 난징성南京城 동쪽에 있다) 아래, 조용한 외곽지역에 있는 대학으로 이사했다. 그곳은 베니에게 안성맞춤이었다. 그는 붐비는 도심을 소란스럽게 만드는 여러 대중 운동과 공개비판에서 벗어나고 싶었다.

중국은 냉전의 전환점마다 국내에 남아 있던 상하이의 코스모폴리탄들과 교육받은 엘리트들을 경악하게 만들면서 점점 더 세계 다른 국가들로부터 고립되어 갔다. 중국을 "억제"하고 유엔에서 국가로 인정받지 못하게 막으려는 미국의 노력 탓에, 중국은 다른 국가들과의 교류에 더욱 제약을 받았다. 그러나 베니는 조용한 도서관 한구석에서 영어로 된 출판물과 영문 뉴스를 접할 수 있었다. 그는 그곳에서 중국이 1951년 9월에 티베트를 합병한 후, 수천 명의 티베트인이 망명했다는 사실을 알았다. 또한 맥아더 장군이 핵무기를 사용하겠다고 위협했고, 중국을 공격하기 위해 대만의 국민당 병력을 보내기를 원한다는 기사를 읽었는데, 이는 중국을 목표로 하는 새로운 세계 대전으로 이어질 수 있는 움직임이었다.

베니는 적당한 시기에 YMCA를 그만둔 셈이었다. 1952년에 공산당은 또 다른 대중 정치 운동을 시작했는데, 이번에는 우익 사상을 겨냥한 것이었다. 사실상 모든 외국 종교 기관들은 끝내 폐쇄되었고, 남아 있는 선교사들도 다양한 죄목으로 기소되어 결론적으로는 중국을 떠날 수밖에 없었다. 로레토 수녀회는 경찰이 수녀회가 "인민의 재산"을 훔치지 않도록 감시하는 가운데, 학교 문을 닫아야만 했다. 맥타이어 여학교는 상하이 제3학교라는 프롤레타리아다운 이름의 공립학교로 바뀌었다. 세인트존스 대학은 해체되었다. 의과대학과 농업, 건축, 그리고 공학부가 다른 대학으로 흡수되었다. 일부 유명한 동문들은 범죄자 명단에 이름이 올라있었다. 캠퍼스 건물은 화동정법대학華東政法大學으로 다시 태어났다. 베니 집안의 3대가 교육을 받은 소중했던 학교는 상하이에서의 73년 세월을 뒤로하고 사라졌다.

한바탕 정치적 회오리와 대중 운동이 휩쓸고 간 후에는 더 파괴적이고 격렬한 캠페인이 뒤따랐다. 삼반三反 운동은 부패, 낭비, 관료주의를 표적으로 삼아 당원에 대한 통제를 강화했다. 그 후에는 베니가 속한 사악한 지배층을 겨냥하는 오반五反 운동이 이어졌다. 부르주아 계급은 뇌물, 탈세, 국유재산 절도, 정부 계약 위반, 내부자 거래 등

다섯 가지 독소를 척결하려는 목표 아래 공격 대상이 되었다. 다시 한 번, 전 국민이 사회 독소와 같은 자들을 색출해 맞서 싸우고, 그들이 죄를 고백하고 새사람이 되게 하는 데에 동원됐다.

이런 강도 높은 새로운 정치 운동은 베니에게 상하이를 떠난 것에 감사할 또 다른 이유가 되었다. 만일 그대로 있었더라면, 반역자의 아들로 공개비판 당한 후에 죄를 고백하도록 군중 앞으로 끌려갔을 터였다. 난징에서 그는 상대적이나마 여전히 익명으로 남아 있을 수 있었다.

사람들이 하나 더하기 하나가 셋이라고 하면, 나도 역시 셋이라고 하는 거야. 그는 자신을 타일렀다. 그리고 할아버지가 아편 넣은 파이프를 물고서 해주던 충고를 떠올렸다. "다리 사이로 꼬리를 말아 넣은 개가 나이 든 (오래 사는) 개가 되는 법이다." 베니는 자신과 같은 배경을 가진 사람들을 겨냥하는 최근의 정치적 격변을 겪으며 '꼬리를 내리고' 있으려고 최선을 다했다.

베니는 아버지가 일본에 부역했다는 사실이나 76번지와의 관련을 숨기려 하지 않았다. 어차피 밝혀질 일이었다. 그는 사람들에게 76번지에서 자전거 탔던 일을 이야기했다. 심문관들은 소름 끼치고, 역겨워했지만 당시 그가 겨우 열두 살이었다는 사실을 인정할 수밖에 없었다. 베니는 간신히 반혁명주의자 또는 우파라는 꼬리표를 피할 수 있었다. 다행히 그는 정치적 문제에 관해 공개적으로 의견을 말한 적이 없었고, 아버지가 일본에 협력했던 시기에는 의심 살 만한 짓을 하기에 너무 어렸다. 심문 후에 그는 별다른 일 없이 풀려났다.

베니는 책 속에서 피난처를 찾으려는 듯 도서관 더 깊숙이 틀어박혔다. 교회 예배나 친목회도 없었고, 사람들이 있을 땐 성경을 꺼낼 엄두도 내지 못했다. 대신 그는 소리 없이 주기도문을 반복해서 외웠다. 삼자 운동에 대한 개인적인 항의이자, "셀프 예배"를 드리는 그만의 방법이었다. 그러나 그는 외로웠다. 친구들과 가족이 그리웠지만, 연락할 수는 없었다. 그들도 모두 반혁명적 계급 출신이었기에, 서로 기별을 하는 것만으로도 함께 음모를 꾸몄다는 혐의를 받을지도 몰랐다. 만일 도린과 세실리아와 연락을 주고받는다면 더 큰 문제가 될 수도 있었다. 그들이 홍콩의 제국주의자들 틈에 살고 있었기 때문이었다. 그는 부모님이 돌아가신 직후부터 두 사람에게 편지를 쓰지 않았고, 심지어 도린에게 새로 이사한 곳을 알리지도 않았다.

가끔 그는 제자리에 꼼짝없이 묶인 채로 삶을 통과해 가는 듯한 기분이 들었다. 생활은 단순해서 직원 기숙사의 단칸방에서 잠을 자고, 구내식당에서 식사를 해결했다. 가족의 불행에 대해서는 생각하지 않으려 애썼지만 어떤 기억들은 여전히 그의 마음을 파고들었다. 제스필드 로의 큰 저택에서 벌어지던 멋진 저녁 식사. 파라마운트 무도장에서 열렸던 애니의 결혼식과 유리로 된 바닥을 통해 비추던 휘황찬란한 조명 위에서 춤을 추던 일. BGD 클럽의 데니스, 조지와 함께했던 그 모든 좋았던 기억들이 생생했다. 셋이서 처음에는 자전거를 타고, 나중에는 모터사이클을 타고 상하이 거리를 질주하며, 고작 1달러로 코스모폴리탄에서 달걀과 으깬 감자를 곁들인 스테이크를 먹곤 했다. 아니면 디디에서 마시던 핫초코도 있었다. 베니는 백러시아인 제빵사가 만들던 치즈케이크의 부드럽고 달콤한 맛이 여전히 혀끝에서 느껴지는 것 같았다. 그렇지만 한때 행복했던 기억들은 이제 베니를 기쁘게 하기는커녕, 더 뼈아픈 상실감과 후회를 몰고 왔다.

28장

도린, 20세

1951년, 홍콩

베니의 편지를 받은 것은 홍콩의 무더위가 벌써부터 숨이 막힐 지경이었던 어느 여름 아침이었다. 더 많은 난민이 들어오면서 최소한의 임금을 받는 일자리조차 경쟁이 치열해졌고, 도린은 성과도 없이 일을 찾아 헤매느라 낙담한 채, 최악의 시기를 맞고 있었다. 한국전쟁으로 긴장감이 고조된 상황에서 베니의 편지는 평소보다도 더 늦게 도착했다. 중국 본토를 오가는 우편물은 국경의 이쪽저쪽에서 두 번의 검열을 받았는데, 어디로 향하느냐에 따라 검사관들이 편지에 친공산주의 혹은 반공산주의 타도에 관한 내용이 없는지 조사했다.

판씨 자매는 한동안 오빠로부터 소식을 듣지 못하고 있었다. 불안한 예감을 느끼며 편지를 훑어보던 세실리아가 비명을 지르고 말았다. 도린이 급히 달려와 편지에 적힌 충격적인 소식을 읽어내려갔다. 어머니와 아버지, 두 분이 모두 돌아가셨다. 너무나 고통스러운 불행

속에서 맞은 죽음이었다. 도린은 큰 소리로 울부짖으며 쓰러졌다.

견디기 힘든 소식이었다. 아버지와 어머니가 모두 총에 맞아 돌아가시다니? 두 자매는 순간적으로 부모님을 굶주린 귀신들로부터 함께 구해내기라도 해야 할 것처럼, 그간의 다툼을 접어둔 채 서로를 부둥켜안았다. 도린은 후회와 죄책감으로 눈물을 흘렸다. "내가 어머니 뜻대로 남아 있었더라면 아마 아직 살아계셨을 거야!"라고 울며 소리쳤다. 그다음 번, 빅토리아 피크에 올랐을 때, 도린은 정말 산꼭대기에서 몸을 던질까 생각했다. 아마 그러면 다음 세상에서 어머니와 아버지를 만날 수 있겠지. 자책감에 시달리던 도린은 우울증에 빠졌다. 부모님의 죽음이 너무 가슴 아팠고, 자신보다 겨우 몇 살밖에 어리지 않은 에드워드와 프랜시스가 걱정스러웠다. 베니는 편지에서 두 아이의 안녕이 지금은 공산당 당국의 손에 달려 있다고 적었다.

어느 날 오후 풀죽은 눈으로 길을 걷던 도린은 우연히 운명을 맞닥뜨렸다. 하루만 더 일자리를 찾으러 다니고 나면 빈털터리가 될 상황이었다. 언니의 불평을 듣고 싶지 않았던 도린은 카오룽 침사추이의 좁고 구불구불한 거리를 어슬렁거리고 있었다. 많은 상하이 망명자들이 그곳의 높은 아파트 빌딩에 살고 있었다. 건물은 임대료를 감당하느라 수도 없이 나뉘고 또 나뉘어서 간이침대 하나 놓을 공간조차 부족했다. 붐비는 건물 사이를 걸으며 지나가는 사람들이 내뱉는 상하이 사투리를 들으니 잠깐이나마 고향에 온 듯 조금은 위안이 되었다. 갑자기 그녀는 누군가 귀에 익은 목소리로 "도린! 도린 판!" 하고 외치는 소리를 들었다. 몸을 돌리자 자기 또래의 잘 차려입은 젊은 여자가 손을 흔들고 있는 것이 보였다. 세인트메리스 홀에서 가장 친한 친구였던 메이미 퉁이었다. 도린은 너무 기뻐서 메이미에게 달려갔고, 두 친구는 손을 마주 잡았다.

"어쩐지 너인 것 같더라고. 그래서 따라잡으려고 막 달렸지 뭐니!" 메이미의 입에서 숨 가쁜 말이 흘러나왔다.

"여기서 널 만나다니 믿을 수가 없어! 친구들 모두 다시는 못 보는 줄 알았다고." 도린이 소리를 질렀다. 메이미는 판 나리가 체포되고 난 후에도 그녀를 피하지 않았던 몇 안 되는 친구 중 한 명이었지만, 1948년 말 탈출 열풍이 최고조에 달했을 무렵 가족들과 상하이를 떠나면서 학교에서 사라졌다. 해운사업을 하던 메이미의 아버지와 오빠가 몇 달 먼저 홍콩으로 가서 자리를 잡은 다음, 메이미와 남은 가족들을 불러들였다. 같은 반 친구였던 두 사람은 좁은 길 위 지나가는 사람들 틈바구니에서 그간 있었던 일들을 상하이말로 쉴새 없이 떠들어댔다.

메이미는 홍콩에 온 지 2년이 넘었다. 그녀는 '뮐러 해운 회사'라는 상하이에서 잘 알려진 회사에서 괜찮은 일자리를 얻어 생활하고 있었다. 뮐러는 1860년대 스웨덴에서 홍콩으로 건너온 유대인 집안으로 후에 상하이로 사업을 확장해서 해운, 보험, 부동산 등으로 부를 쌓았다. 프랑스 조계지에서 스칸디나비아풍의, 성처럼 거대한 뮐러 저택을 모르는 사람은 없었는데 도린의 가족이 한동안 살던 곳에서도 멀지 않았다. 메이미의 오빠 제임스는 홍콩의 뮐러 사무실에 대해서, 그리고 상하이에서 자리를 옮겨온 뮐러 경영자들이 직원을 고용할 때 상하이 사람들을 선호한다는 점을 동생에게 이야기해 줬다. 그들은 상하이 특유의 재치있고, 전문가다운 태도를 갖춘 직원을 원했다. 덕분에 다섯 명의 사무원 모두가 세인트메리 출신이었다.

이런 모든 이야기 끝에, 메이미는 가장 중요한 정보를 알려주었다. 그녀는 목소리를 낮춰 그들과 같은 반이었던 이사벨 차오가 미국 영사관에 취직하려고 묄러를 그만두게 됐다고 도린에게 말했다. 이사벨은 반에서 언제나 가장 똑똑하고 침착한 아이였잖아, 메이미가 덧붙였다. 그 애라면 말할 것도 없이 미국인들이 고용할 거야. 그러면 우리 회사에 빈자리가 곧 생기게 되는 거지! 사무실에선 아직 대신할 사람을 찾기 시작하지 않았다고 메이미가 말했다. 도린이 일자리를 원한다면 괜찮은 기회가 될 거라고도 했다.

"일자리를 원하냐고?" 도린의 눈이 커다래졌다. "오, 세상에, 당연하지! 홍콩에 도착하고부터 계속해서 일을 찾아다녔지만, 운이 없었거든. 나 너무 실망하고 있던 참이었어."

다음 날 도린은 자신의 몇 안 되는 드레스 중 하나인 어두운색에 줄무늬가 있는 치파오를 입었다. 너무 화려하지 않은, 사무원에게 어울리는 옷차림이었다. 홍콩의 사람들 사이에서 상하이 여성은 쉽게 알아볼 수 있었는데, 대담한 안목을 가지고 있어서 평범한 드레스를 입고서도 멋져 보였다. 일부 사람들은 이런 점을 하이파이海派라고 불렀는데, 바로 그 소문 사나운 상하이식 태도였다. 홍콩 여성들은 상하이 여성들을 싫어했지만, 이 지역 남성들은 그들에게 거리낌 없이 눈길을 보냈다. 도린은 메이미를 따라 묄러 해운 회사 사무실로 향하는 동안 간신히 초조한 마음을 숨길 수 있었다.

사무실 안에서 도린은 메이미가 설명했던 홀러리스 기계(1888년에 허먼 홀러리스라는 미국인 통계학자가 처음 고안한 것으로, 천공 카드를 이용해 자료를 저장하는 초보적인 수준의 정보처리 기계. 1950년대까지도 활발하게 사용됐다)를 놓고 바쁘게 일하는 여성들을 볼 수 있었다. 가까이 다가가자 도린은 사무실의 젊은 여성들 모두를 알아볼 수 있었다. 중학교 때부터 함께 기숙사에서 생활하며 친자매처럼 지냈던 친구들을 보고 있자니 그녀는 너무 행복한 기분이 들었다. 도린은 그들에게 달려가고 싶은 마음을 애써 눌렀다. 대신 친구들에게 차분한 미소를 보내고는 단정한 자세로 면접을 기다렸다. 담당자가 상하이 사투리로 그녀를 불렀다. 그는 도린을 훑어보며 질문을 퍼부어댔다. "당신도 세인트메리를 다녔다고? 그럼 다른 사람들처럼 영어도 할 수 있고, 서양식 예절도 잘 알겠군? 타이핑은 할 수 있어요?"

그녀는 힘차게 고개를 끄덕이며, 영어로 "Yes, sir!"하고 대답했다. "영어는 유창하게 할 수 있어요. 뭐든 빨리 배우고 타이핑도 빠른 편이고요. 다른 사람들하고도 잘 지낼 수 있을 거예요."

도린은 그 자리에서 채용됐다. 메이미는 그 큰 홀러리스 카드 천공 기계를 어떻게 사용하는지 보여주었다. 유명한 상하이 회사에서 일하게 된 데다, 덤으로 세인트메리 친구들과 함께 지내게 된 도린은 감격스러울 지경이었다. 쉬는 시간에 친구들은 도린에게 한때 그녀처럼 응석받이 상하이 공주님이었던 다른 동급생들에 관한 최근의 가십을 들려주었다. 그들은 지금은 택시를 몰거나 접시닦이로 일하는 예전 상하이 바람둥이들에 관해서 속삭였는데 그나마 그 사람들은 운 좋게 일자리를 구한 경우에 속했다. 더욱 충격적이었던 것은 홍콩에서 가기歌妓(중국의 기생)가 되거나, 댄스홀의 무희로 일해서 돈을 벌고 있는 상하이의 좋은 집안 출신 젊은 여성들의 친숙한 이름이었다. 도린은 언니가 자신에게도 그런 일을 하라고 떠밀었던 것에 관해서는 다른 사람들에게 절대 말하지 않겠다고 마음먹었다.

뮐러 회사의 일자리는 도린에게 수입 이상의 것을 가져다주었다. 그녀는 자신감을 되찾았고, 훨씬 더 행복했던 시절의 자신을 알고 있

PART FOUR : 전쟁의 긴 그림자

는 오래된 친구들을 다시 만날 수 있었다. 예전에 그녀는 최신 유행하는 옷들을, 심지어 밍크코트를 입고 학교에 가곤 했다. 그들 모두가 상하이 중국인 엘리트의 화려한 삶을 살았다. 그 시절에는 그들 중 누구도 직업을, 그것도 오로지 필요에 의해서 직장을 다니게 될 거라고는 상상도 하지 못했다. 도린은 곧 사무기기를 능숙하게 다루게 됐다. 그녀는 펀치 카드, 분류기, 조합기를 이용해 대차대조표와 선적 보고서를 작성했다. 모두가 입을 모아 정보처리 기계가 장래 추세라고 말할 때 새로운 기술을 배울 수 있다는 것이 기뻤다. 게다가 전 세계 고객들과 정확한 미국식 영어를 연습할 수도 있었다.

급료는 한 달에 350홍콩달러였는데, 미화로 40달러 정도 되는 돈이었다. 그녀는 100홍콩달러를 매달 세실리아에게 주었는데, 언니는 도린의 월급이 댄스 홀에서 벌 수 있는 수입에 비하면 푼돈에 불과하다고 깎아내리며 트집을 잡았다. 그러나 도린에게 급료는 큰돈이었다. 그녀는 베니에게 가능한 한 자주, 따로 100홍콩달러를 보냈다. 오빠에게서 오는 정기적인 편지에는 그저 피상적이고 명랑한 이야기밖에 없었다. 그러나 새로 본토에서 도착한 난민들의 말은 달랐다. 식량 배급과 계속되는 식량난, 그리고 굶주림에 관한 이야기들이었다. 홍콩의 친국민당 성향의 선동가들은 수천 명의 "붉은" 노동자와 농민들이 "검은" 자본주의자 적들에게 그들이 노동자에게 저지른 범죄를 고백하라고 다그치고, 이러한 반혁명주의자들을 모욕하고, 구타하고 심지어 죽이도록 부추기는 대중 집회에 관한 이야기를 퍼뜨렸다. 도린은 국민당 쪽 사람들이 공산주의자들에 관해서 하는 말을 다 믿어서는 안 된다는 것쯤은 알고 있었다. 그러나 그들의 집안 배경을 생각하면 베니가 확실히 검은 쪽으로 여겨지리라는 데는 의심의 여지가 없었다. 그녀는 쾌활한 편지에도 불구하고, 오빠의 삶이 편할 리 없다는 것을 알았다. 가능한 대로 오빠에게 가끔 쌀, 기름, 설탕을 돈 대신 보냈다. 그녀는 자신이 조금씩 보내는 물품을 오빠가 사용할 수 있을 거라고 생각했다.

월급에서 남는 돈으로 도린은 버스비와 페리 요금을 냈다. 그러고 나면 새 옷에 쓸 돈은 거의 남지 않았다. 언니네 아파트에서는 더 이상 식사를 하지 않았다. 덕분에 언니의 불평거리를 하나라도 줄일 수 있었다. 다행히 자신들도 상하이에서 온 망명객이었던 뮐러의 소유주들은 고용인들에게 월급 외에 식권을 주었다. 뮐러 사람들은 직원들이 적어도 하루에 한 끼는 괜찮은 식사를 하길 바랐다. 그들은 음식을 살 돈을 지급하면, 사원들이 음식값을 아껴서 다른 필요한 데 그 돈을 쓰리라는 것을 알았다. 식권은 퀸즈 로드 센트럴에 있는 카페 와이즈 맨에서 쓸 수 있었는데, 수프와 요리, 채소와 디저트로 된 서양식 점심 세트가 나왔다.

뮐러 가족의 선심 덕분에 도린과 그녀의 영리한 세인트메리 동기들은 점심을 거르거나 한 끼를 나눠 먹으면 식사권을 장당 4.5홍콩달러에 팔 수 있다는 것을 알게 됐다. 식권 여섯 장을 팔면, 원단을 사서 재단사에게 새 드레스 한 벌을 만들어 달라고 하기에 충분한 돈이 됐다. 코트 한 벌에는 식권 한 달 치가 필요했다. 더 좋은 옷과 좋은 친구들이 생기자 도린은 단짝들과 외출해서 젊은 남자들을 만나기 시작했다. 그런 점도 동생이 결혼도 하지 않고 자기 집에 눌러앉아 짐이 될까 봐 안절부절못하던 세실리아를 안심시켰다.

이따금 도린은 예전 상하이에서 알던 사람들과 마주쳤다. 일부 동급생들은 그녀보다 훨씬 형편이 좋았다. 이사벨 차오는 뛰어난 영어 실력 덕에 미국 영사관에 취직했고, 아버지를 쑹쯔윈을 노린 총알에 잃은 다이앤 탕 우는 친척 아주머니와 로빈슨 로드의 집으로 이사했는데, 그곳은 홍콩 미드 레벨(홍콩에 있는 고급 주거지역)에서 가장 좋은 위치에 있었고, 중국인에게 허락된 주택으로는 최고 수준이었다. 도린은 베니의 몇몇 세인트존스 동급생들을 포함해서 어렵게 지내는 사람들의 소식도 들을 수 있었다. 조지 셴은 겨우 5홍콩달러만 손에 쥐고 도착해서 가족의 친구가 경영하는 어느 자동차 부품 가게 테이블에서 잠을 잤다. 로날드 썬이 세인트존스에서 받은 회계학 학위는 그가 일하기 원했던 영국 회계 회사에서는 별다른 쓸모가 없었다. 상하이에서 존경받던 차이나 프레스(大陸報, 1911년에서 1949년까지 미국식 신문을 발행한 상하이의 주요 신문 매체)의 저널리스트였던 발렌틴 추는 영국인이 운영하는 차이나메일 신문에서 하찮은 일을 주자 그만두겠다고 했다. 중국인이 큰소리를 내는 데 충격을 받은 편집장은 그가 그만두는 게 아니라 해고당하는 거라고 우겼다. 대담한 발렌틴은 "지옥에나 가시지"라고 하고는 나와버렸다. 중국, 인도, 필리핀 출신인 그의 동료들은 따라 나와서 그에게 악수를 청했다. 그들은 영국인에게 맞서는 사람을 한 번도 본 적이 없었다. "나는 상하이 출신입니다." 그가 대답했다. "식민지인 취급을 받고 있지 않을 겁니다." 그렇긴 했지만, 발렌틴과 다른 세인트존스 출신 남자들은 벼룩이 우글대는 방을 전전하며 힘겹게 지냈다.

한번은 트램을 타고 퇴근하던 도린이 어딘가 낯이 익은 젊은 남자를 발견했다. 도린의 시선이 그 남자 쪽을 향하자, 그는 마치 그녀를 피하려는 듯 고개를 휙 숙였다. 남자는 햇볕에 그을린 갈색 피부에 호만틴何文田(홍콩의 몽콕 중심에 있던 지역으로 1950년대 중국 피난민의 정착지가 만들어졌다) 난민 정착국의 수위 유니폼을 입고 있었다. 그제야 그녀는 깜짝 놀라며 남자가 벤 차라는 이름의 세인트존스 졸업생인 것을 알아차렸다. 언니 세실리아와 데이트를 한 적도 있는 사람이었다! 그들이 스타 페리 호로 갈아탈 수 있는 정류장에 도착하자 도린이 이름을 불렀다. 수줍어하는 기색의 벤이 낡은 모자를 벗어들고서 인사를 했다. "도린 판. 좋아 보이네요. 홍콩에 온 지는 얼마나 됐어요?" 두 사람은 스타 페리 호를 타고 오는 동안 그간의 일들을 간략하게 주고 받았다.

벤은 상하이에서 몇 사람이나 칠 뻔하면서 브레이크가 듣지 않는 형의 차를 대만까지 가져갔다. 배를 타고 가면서 그는 갑판에 세워둔 차 안에서 잠을 잤다. 먹을 것이 없어서 선원들과 함께 큰 솥에 밥을 해서 먹었는데, 파리가 너무 많아서 밥을 먹을 때마다 몇 마리씩 같이 삼킬 수밖에 없었다. "세상 물정을 너무 몰랐어요. '사람이 어떻게 이렇게 살 수가 있어?'라고 물었더니, 그 선원이 저를 '샤오 커小可' 즉 쓸모없는 바람둥이라고 불렀죠. 그렇지만 이제는 알아요. 살아남으려면 뭐든 해야 한다는 걸 말이죠. 저도 그랬어야 했고요."

대만에서 벤은 형과 상하이에서 유명한 사업가였던 아버지를 만나 합류했다. 그러나 대만에서는 상업이 제한되어 있었고, 좋은 기회들은 장제스의 측근들에게 돌아가서 그는 새로운 사업을 시작할 수 없었다. 벤은 다시 아버지와 함께 홍콩으로 옮겨왔지만, 이곳에 와서는 더 운이 나빴다. 그의 가족은 모든 것을 잃었다. 벤은 무엇이든 할 수 있는 일을 찾아 헤맸다. 그는 독립해서 도린이 길에서 보던 거친 판잣집 같은 곳으로 이사했다. 벤은 강아지만큼 큰 쥐들과 오두막 안으로 강물처럼 쏟아져 들어오는 빗물에 관해 이야기했다. 그리고 마침내 그에게도 행운이 찾아와서 호만틴 난민 정착국에서 주택 단지를 순찰하는 일자리를 얻을 수 있었다. "적어도 무슨 일이라도 하게 된 거니까. 이제는 그리 나쁘지 않은 데서 살게 됐어요." 그가 털어놓았다.

도린은 그 솔직함에 답하듯 자신이 어떻게 언니네 집에서 하녀보다 하나 나을 것 없이 지냈는지와 다른 세인트메리 친구들과 함께 일하게 된 것, 드레스 값을 모으려고 끼니를 거르고 있다는 이야기를 했다. 페리가 카오룽에 도착할 때쯤엔 두 사람이 함께 이전의 특권을 누리던 생활 속에서 자신들이 얼마나 순진했는지를 비웃고 있었다. 손에 모자를 들고서 벤이 팔을 크게 휘저으며 고개 숙여 절을 했다. "마드무아젤?" 그가 인사를 청하자, 도린은 킥킥거리며 무릎을 굽혔다. "이제 가서 언니와 세인트메리 친구들한테 벤 차가 잘 지내고 있더라고 말해도 됩니다. 정말 전 잘 지내고 있으니까요." 그가 웃으며 말했다.

"또 봐요." 헤어지는 길에 두 사람이 함께 말했다. 그리고 둘 다 아마 그런 일은 없으리라는 걸 알고 있었다.

*
**

도린이 친구들과 센트럴에 점심을 먹으러 갈 때면, 나이와 배경이 각양각색인 남자들이 걸음을 멈추고 상하이 여자들에게 감탄하는 시선을 보냈다. 젊은 여성들은 남자들의 추파를 알아차리지 못한 것처럼 고개를 높이 들고 걸었다. 그들은 함께 외출해서 홍콩에 다시 문을 연 상하이 인기 댄스 클럽 '치로스'(Ciro's. 1940년대 헐리우드의 유명한 나이트클럽 이름과 같다)로 향했다. 그도 아니면 노스포인트의 멋진 댄스 클럽인 리츠로 갔는데, 그 근처는 상하이 난민들로 붐비는 곳이었다. 필리핀 출신의 빅밴드와 커다란 댄스 홀을 갖춘 리츠는 친구들과 함께 몇 시간이나마 옛 상하이에 와 있다고 느끼게 해줬다. 심지어 악명 높은 청방 출신인 두양셩의 심복 중 하나가 그 클럽을 운영한다는 소문도 있었다. 도린과 친구들에게는 그런 친숙한 이름이 오히려 더 매력적으로 느껴질 뿐이었다.

어느 날, 동료 한 사람이 여럿이 데이트하는 자리에, 갑자기 오지 못하게 된 아가씨 대신 도린을 초대했다. 그 동료의 남자친구가 싱글인 다른 친구들을 데려왔다. 그는 난양 코튼 밀(南洋紗廠有限公司, 1947년 홍콩에 세워진 방직공장)에서 일했는데 공장 소유주가 상하이 출신 사업가였다. 홍콩의 새로 설립된 방직 공장과 기타 제조업체들은 상하이에서 망명한 기업가들에 의해 이 항구 도시로 들어왔다. 그들 중에는 상하이에서 가장 성공한 산업가들도 포함되어 있었다. 이들은 경제가 붕괴하고 국민당이 승리할 수 없다는 것을 깨달은 1947년경부터 공장과 기타 자산을 홍콩으로 이전했다.

도린은 데이트 상대가 상하이 사람이라고 생각하고 대신 가겠다고 대답했다. 그러나 앤드루는 광둥 사람이었고, 둘은 처음부터 물과 기름처럼 너무나 달랐다. 그들은 음식, 음악, 홍콩에서의 생활, 날씨 등 모든 것을 두고 다투기 시작했다. 얼마 지나지 않아 두 사람은 서로에게 소리를 질러대고 있었다. 도린의 친구는 그녀를 옆으로 잡아당기며 진정하라고 했다. "꼭 이렇게 소란을 피워야겠어? 내가 널 초대했잖아. 제발 사람 좀 부끄럽게 하지 마. 지금 넌 사람들 앞에서 나를 망신시키고 있다고." 도린은 앤드루와 싸우는 것을 멈췄지만, 계속해서 상하이말로 그를 비웃었다. 친구들만 자기 말을 알아들으리라는 생각에서였다. "이 남자가 헛소리와 거짓말만 늘어놓잖아. 막돼먹은 광둥 출신 아니랄까 봐." 그녀는 계속해서 지껄였다. "나는 홍콩 애들이 싫고, 이 남자는 두 번 다시 보고 싶지 않아!"

도린은 친구를 생각해서 저녁 시간을 버텼다. 앤드루는 예의 바르게 그녀를 바래다주었고, 돌아서면서 그녀에게 상하이말로 작별 인사를 건넸다. 그는 자신에게 던져진 온갖 모욕적인 언사를 다 알아들었던 것이다. 도린은 정말로 자신이 그를 다시 만날 일은 없겠다는 생각을 했다.

몇 달이 흐르고, 큰 태풍이 홍콩을 강타해서 수천 명의 난민이 살고 있던, 진흙과 나뭇가지로 만든 기울어진 판잣집 대부분이 부서졌다. 앤드루는 차를 몰고 도린이 언니와 함께 지내고 있던 건물로 와서 별일이 없는지 살폈다. "터프한 아가씨, 어떻게 지냈어요?" 그가 상하이말로 물었다. 그리고서 그는 도린을 점심 식사에 초대했다. 레스토랑에서 그가 메뉴판을 건네며 말했다. "당신이 주문해요."

도린은 깜짝 놀라서 메뉴판을 다시 그에게 던졌다. "싫어요. 당신이 해요." 둘은 말싸움을 벌였다. 그리고 한바탕 웃고 나자 편안한 분위기가 만들어졌다. 점심 식사 후에 앤드루는 도린을 차에 태우고 신제新界로 향했다. 두 사람은 이야기를 나누기 시작했다.

도린은 앤드루를 통해 왜 현지 홍콩 사람들이 상하이 사람들에 대해 나쁜 인상을 품고 있는지 알게 됐다. 오만하고 영어를 유창하게 하는 상하이 사람들은 홍콩에 와서 같은 중국인들보다 백인 외국인들과 더 잘 지내는 것처럼 보였다. 그러나 온갖 화려함과 과시에도 불구하고, 상하이 사람들은 홍콩의 광둥인들만큼 영리하게 행동하지 못했다. 그는 도린에게 일부 부유한 상하이 사람들에 관한 이야기를 들려주었다. 많은 양의 금을 가지고 홍콩에 온 이들 상하이 출신 부자들은 그들이 홍콩의 금 시장을 장악할 수 있다고 생각했다. 그러나 홍콩 사람들은 동남아에서 귀금속을 밀수하는 대체 통로나 통관과 세금을 피하는 방법 등 지역의 금 거래에 대해 누구보다 더 많이 알고 있었다. 광둥인들은 금 시장을 지켜냈고, 새로 등장한 상하이 부자들은 모든 것을 잃었다.

뒤질세라 도린은 상하이 사람들이 광둥인들에 대해 가지고 있는 생각을 말했다. 광둥 남자들은 여자가 언제 어른들에게 무릎을 꿇고 절을 해야 하는지, 남편 뒤에 얼마나 떨어져서 걸어야 하는지 등 온갖 전통에 얽매인 규칙들로 여자를 지배하려 들었다. 광둥인들은 융통성이 없고, 새로운 사상이나 현대적인 방식을 받아들이려 하지 않은 채, 그저 외국의 것이라는 이유만으로 서구적인 변화를 거부했다. 그리고 상하이 사람들이 지나치게 사치스러운 소비 행태를 보인다면, 그들은 정반대로 너무 인색했다.

그들은 음식에 관해서도 의견을 주고받았다. 상하이 사람들은 맛있는 음식을 좋아한다고 도린이 말했다. 앤드루는 광둥인들은 건강에 좋은 음식을 좋아한다며, 상하이 음식은 죄다 갈색으로 변할 때까지 간장, 소금, 설탕을 넣고 끓인다고 맞섰다. 광둥인은 음식을 쪄서 조리하고, 기름과 소금을 적게 사용하는 맑은 소스를 선호했다. "게다가 도대체 그 상하이 털게는 뭐가 그리 대단한 거요?" 앤드루가 도린에게 물었다. "살이 너무 없어서 먹느라 힘만 들고 말이에요." 곧 두 사람은 각자의 속 좁은 생각을 놓고 농담을 했다.

앤드루는 지역 사람들 눈에 비치는 홍콩을 보여주려고 도린에게 함께 드라이브하자고 청했다. 홍콩의 중국인들은 그들의 생활에 대해 아무런 발언권이 없다고 그가 설명했다. 발언권은커녕, 대영제국의 열등한 졸개인 양 취급당하며 스스로 통치할 능력이 없다고 여겨졌다. 지구 반대편 화이트홀(영국 정부) 내무성에서 백인들이 홍콩을 다스릴 규칙을 만들어내는 동안 "총독 각하"가 홍콩 사람들의 삶을 좌지우지했다.

두 사람은 차를 몰고 카오룽 다이아몬드 힐의 판자촌과 홍콩섬의 노스포인트를 돌아다녔다. 그 지역은 상하이 사람들이 너무 많아서 난민들은 상하이 말만 쓰면서 살아갈 수 있었다. 심지어 미드 레벨의 값비싼 동네에서도 상하이 망명객들은 자기들끼리 모여 살고 있었다. 그런 동네에서는 상하이에서 온 아이들이 어슬렁거렸다. 마틸다 영 같은 여자아이들은 광둥어를 한마디도 알아듣지 못해서 학교에 가기보다 길에서 노는 편을 택했다. 시드니 창과 같은 소년들은 홍콩에서 말썽꾸러기가 되어, 그저 학교에서 벗어나고 싶다고 불을 지르기도 했다. 도린은 상류 사회에 속했던 이 아이들이 상하이에서는 티 댄스(사람들이 오후에 만나 다과를 나누고 춤을 추던 사교 행사)나 사교 모임에서 시간을 보냈으리라는 것을 알고 있었다. 홍콩에서 그들은 사회와 아무런 연결고리가 없는 부적응아가 되어 버렸다. 도린이 그랬던 것처럼 그들의 삶도 온통 혼란에 빠져 있었다.

적어도 그녀에게는 현실을 알려주는 앤드루가 있었다. 그는 공산당을 피해 연필로 그은 듯 눈에 보이지 않는 경계선을 넘어 신제로 들어오는 수천 명의 국민당 군인들에 대해 도린이 눈을 뜨게 해주었다. 식민지에 또 다른 위기를 몰고 온 이 패잔병들은 갑자기 자신들에게 나라가 없고, 속한 데도 없으며, 어떤 국가도 자신들을 원하지 않는다는 것을 알게 되었다. 대만에 있는 그들의 옛 지휘관들은 병사들에 대한 비용을 부담하기를 꺼렸고, 사병들 사이에 공산주의자가 침투한 것은 아닌가 의심스러워하면서 책임을 지려 하지 않았다.

그들이 상대했던 중화인민공화국은 이런 병사들을 전쟁 포로로 삼아야 할 적으로 여겼다. 한편, 영국 식민지 정부는 혹여 이웃한 거대 공산국가를 자극할까 봐, 패잔병들을 인정하고 싶지도 수용할 생각도 없어 보였다. 발이 묶인 병사들은 영국 정부가 그들을 마침내 신제 후미진 곳의 버려진 땅인 레니스 밀(현재의 티우켕렝調景嶺 지역에 해당)로 옮겨가게 할 때까지 금방이라도 쓰러질 것 같은 양철통과 종이 상자로 지은 풍막風幕에 몸을 의지했다.

영국 식민지 정부는 1953년 크리스마스 날 일어난 끔찍한 화재가 5만3천여 명을 길거리로 내몰며 섹킵메이石硤尾 카오룽 지역에 있던 거대한 불법 거주자 판자촌을 파괴할 때까지 홍콩을 집어삼키고 있던 인도주의적 위기를 계속해서 무시했다. 그제서야 영국은 홍콩으로 흘러들어온 난민들이 이제 그곳에 머물게 됐다는 것을 인정해야만 했다. 국민당과 공산당 사이의 끊임없는 정치적 소요에도 불구하고 홍콩 정부는 백만 명 이상의 새로운 거주자들을 수용하기 위해 수도와 위생 시설을 갖춘 대규모 공공 주택 건설에 착수했다.

도린 역시 상하이로, 그녀의 가족이 4대에 걸쳐 살았던 항구 도시로 돌아갈 수 없을지도 모른다는 생각이 들기 시작했다. 그녀는 결코 홍콩에서 머물 생각이 없었지만, 어쩌면 이곳에 어떤 마법이 깃들어 있는지도 몰랐다. 앤드루 덕분에 홍콩은 그녀에게 더 고향같이 느껴지기 시작했다. 도린은 그에게서 결혼 상대를, 어쩌면 미래를, 발견했다. 그곳에서 삶을 꾸려갈 수 있을지도 몰랐다. 그러나 가장 가까운 가족인 베니도 없이 어떻게 고향처럼 편안한 마음이 될 수 있을까? 그녀에게는 상투적인 문구만 적힌 오빠의 짤막한 편지밖에 없었다.

적어도 베니가 살아 있다는 것은 알 수 있었다.

해가 지나면서 편지는 점점 뜸해졌다. 도린은 오빠가 자신이 보낸 돈이나 꾸러미를 받았는지 확인할 길이 없었다. 그리고 편지도 오지 않게 됐다.

29장

애나벨 안누오, 22세

1957년, 타이베이

1957년 봄, 안누오는 아버지의 화를 막아준다는 사실 외에는 아무런 흥미도 끌지 못하는 공부를 하느라 4년이라는 괴로운 시간을 보내고 타이다의 법학 과정을 거의 끝마친 상태였다. 대학 학위를 눈앞에 둔 그녀는 이제 해외 대학원에 진학해서 어쩌면 대만을 떠날 수 있을 것이었다.

오빠 찰리는 군복무를 마치고 이미 2년 전에 미국으로 유학을 떠났다. 다행히 한국에서의 전쟁은 그쯤 교착상태에 빠졌고, 계속해서 미국이 한반도에 머무르면서 공산 중국 본토로부터의 공격을 좌절시켰다. 그러나 찰리에게는 수행해야 할 또 다른 의무가 있었다. 이번에는 국가가 아니라 아버지로부터의 명령이었다. 바로 남은 가족들을 안전한 미국으로 데려가라는 것이었다. "한 사람씩, 열차의 차량들처럼 대만을 떠나는 거다." 그것이 아버지가 세운 전략이었다. "찰리가 기관차가 된다." 안누오는 열차의 두 번째 차량으로 찰리에게 중요한 예비 병력이 될 것이었다. 이것이야말로 그녀가 진심으로 받아들인 임무였다. 그러나 다시 한 번 아버지는 그의 생각만으로 자식의 일에 끼어들었다. 그는 미국에서 간호 인력을 구한다는 광고를 보았다. 그 광고에는 미국은 간호사가 부족하므로 간호학교 입학시험을 통과한 사람은 누구든 미국 학교에 입학할 수 있다고 되어 있었다.

간호학은 아버지의 원대한 구상과 완벽하게 들어맞았다. 간호사라면 그가 나이 들고, 치료가 필요할 때 거의 의사나 다름없이 쓸모가 있을 것이었다. 그리고 물론 언젠가 그를 위한 탈출 수단으로 아이들을 먼저 미국으로 보낸다는 자신의 계획에도 깔끔하게 맞아떨어졌다. 그러나 안누오에게 간호학교라는 전망은 의사가 되라는 것만큼 끔찍한 일이었다. 게다가 그녀는 자신이 선택하는 전공으로 대학원에 합격할 수 있으리라 확신하고 있었다. 그녀는 다가오는 간호학교 시험을 치르라는 아버지의 고집에 발끈했다.

안누오의 반대를 무시하고, 아버지는 그녀를 시험에 등록시켰다. 핑계를 대고 시험을 놓치는 것을 막기 위해, 그는 딸을 학교에서 태워서 시험장까지 데려갈 차와 운전사를 보냈다. 마치 죄수처럼 끌려간 안누오는 혼자 씁쓸하게 마음을 정했다. 그녀는 시험장의 좌석에 앉았다. 시험이 시작할 시간이 되자 안누오는 시험지를 물끄러미 바라봤다. 그녀는 단 한 문제도 답을 쓰지 않고서 백지 답안지를 제출하고 그 자리를 떠났다. 며칠 후, 결과가 신문에 게재됐다. 안누오의 이름은 맨 마지막에 있었다. 머리 끝까지 화가 난 아버지는 그녀가 자신의 계획을 일부러 방해했다고 비난하며 얼굴이 붉으락푸르락해졌다. 이번만은 그녀가 아버지의 권위를 이긴 것이었다. 그녀는 아무런 말도 하지 않고 조용히 자신의 승리를 음미했다.

안누오는 아버지와의 또 다른 다툼이 일어나기 전에 서둘러 미국의 대학원에 지원했다. 유학을 위한 출국 비자를 취득하는 과정은 국민당이 중국 전역을 운영하던 시절과 다름이 없었다. 그녀에게는 대만 대학의 학사 학위와 외국 대학원의 합격 통지서, 교육부가 주관하는 유학생을 위한 애국적이고 "선량한 시민" 시험의 합격점수, 그리고 학비와 생활비를 충당할 돈이 필요했다. 그녀는 자신을 받아줄 만한 등록금과 수업료가 가장 낮은 대학을 물색한 후, 여러 곳에 지원했다. 그녀는 곧 오리건 대학교에서 언론학 전공의 대학원생으로 합격했다는 소식을 들었다. 한때 공부하고 싶던 문학은 아니었지만, 그녀가 너무나 좋아하는 글쓰기 덕을 볼 수 있을 것 같았다.

필수인 교육부 시험에서도 그녀는 당황하지 않았다. 중국 역사와 일반 지식, 국민당 원칙, 그리고 영어가 시험 과목이었다. 안누오는 쉽게 합격했다. 그러나 그녀도 다음에 치를 미국 영사관에서 점수를 요구하는 영어 시험에서는 그만큼 결과를 자신할 수 없었다. 대부분의 대만 대학 졸업생들과 마찬가지로 그녀도 기본적인 읽기 능력은 갖추고 있었지만, 말하기를 연습할 기회는 거의 없었기에 유창한 것과는 거리가 멀었다. 그럼에도 그녀는 합격했고, 미국 학생 비자 승인을 받을 수 있었다.

마침내 안누오는 자유를 손에 넣었다. 그녀는 가족들 위에 군림하려 드는 아버지와 계엄령이 지배하는 섬에서의 생기 없는 삶에서 어서 벗어나고 싶어 견딜 수가 없었다. 그녀는 대만에 아무런 애착도 느끼지 못했다. 어린 시절 내내 숨을 곳을 찾아 이리저리 도망다녀야 했던 그녀는 고향이라고 부를 만한 곳이 없었다. 심지어 그녀가 태어난 상하이도 마찬가지였다. 안누오에게 대만은 그저 또 다른 기착지에 불과했다.

마지막 장애물은 돈이었다. 안누오는 미국에 도착하자마자 미국 은행에 예금할 500달러가 필요했다. 생활에 필요한 돈을 그녀가 충분히 가지고 있다는 것을 보여주기 위해서였다. 아버지는 마지못해 돈을 빌려주었고, 그녀는 대학 입학에 필요한 서류가 정리되자마자 은행 계좌를 남김없이 비워서 그 돈을 돌려보냈다. 그녀는 또한 미국에 도착했을 때 새로운 이름을 갖기로 결심했다. 안누오란 이름 대신 그녀는 자신을 애나벨이라고 부르곤 했다. 그녀는 새로운 이름과 함께 새로운 삶을 갖게 될 터였다. 마침내 그녀가 이뤄낸 것이었다.

**

1957년 9월 애나벨은 대만 화물선을 타고 거칠고 험한 항해 끝에 오리건주 포틀랜드에 도착했다. 그녀는 구할 수 있었던 것 중 가장 푯값과 비용이 저렴했던 이 여행을 30명의 다른 승객들과 함께했는데, 대부분이 학생들이었다. 오리건 대학교의 교수 한 사람이 부두에서 그녀와 다른 여학생들을 만났다. 그들은 간단한 집안일들을 해주는 대신 대학에서 요구하는 영어능력시험을 준비하는 동안 임시로 그의 집에 머물게 됐다. 동급생이 요리하는 동안 애나벨은 청소를 했고, 둘다 그의 아파트 바닥에서 잠을 잤다. 도착하고 한 달이 지난 후, 그들은 예정된 영어 시험을 치렀다. 애나벨은 합격했지만, 그녀의 룸메이트는 시험에 떨어져서 학교를 떠나야 했다.

애나벨은 협동조합주택으로 이사했고, 곧 자신에게 문제가 있다는 것을 깨달았다. 영어능력시험에 합격은 했지만, 학교에서는 어려움을 겪고 있었다. 영어 단어들이 순식간에 지나가서 따라잡을 수 없이 빠르게 흘러가는 물줄기를 대하는 느낌이었다. 다른 학생들이 농담을 듣고 웃을 때, 그녀는 곁에서 혼자 바보가 된 기분이었다. 그러나 석 달이 지나자 그녀는 룸메이트들의 수다가 짜증스럽다는 것을 알아차리기 시작했다. 그녀는 자신이 그들의 바보 같은 대화를 이해할 수 있게 된 것을 알고서 깜짝 놀랐다.

그러나 애나벨은 자신이 비참하고 끔찍하리만큼 고독하다는 사실 또한 깨달았다. 그녀는 너무 오랫동안 엄격한 통제 아래서 살아왔기 때문에, 그 새장에서 나와 홀로 지내는 것이 불안했다. 계엄령이나 아버지가 강제하던 규칙들이 싫었지만 그런 고립된 삶이 주던 보호와 안전함이 그리웠다. 친숙하고 걱정 없는 삶이었다. 대만의 학교에서 그녀는 이름난 집안에, 평판도 좋았다. 미국에서 그녀는 하잘것없는 사람이었다. 그녀가 있건 말건 누구에게도 중요하지 않았다. 그녀는 여전히 춤추는 걸 좋아해서 몇몇 학교 사교 모임에 나갔지만, 항상 맨 마지막에야 춤 신청을 받는 아가씨였다.

대만으로 돌아가는 것은 불가능했다. 그녀는 표를 살 돈도 없고, 그의 원대한 계획을 망쳤다는 이유로 아버지의 멸시 어린 얼굴을 대하고 싶지도 않았다. 마오쩌둥과 공산당은 장제스와 국민당이 본토를 되찾는 데 전념하는 만큼이나 대만 점령을 벼르고 있었다. 아버지의 생각도 그만큼 단호했다. 대만은 치기 쉬운 목표였고, 그는 공산당의 위협으로부터 가족들을 구해내야 했다.

외로움을 달래기 위해 안누오는 외국 학생들을 환영하는 프로그램에 등록했다. 그녀는 그 지역의 한 부부와 그들의 어린 자녀들로 이루어진 "친우 가정"과 짝이 되었는데, 그녀에게 미국 생활을 소개하려고 자원한 사람들이었다. 그들은 애나벨이 외로움을 덜 느끼도록 식사와 가족 행사에 초대하며 매우 친절하게 대했다. 그들의 귀여운 네 살 된 딸아이는 그녀를 보면 반가워서 답삭 손을 잡곤 했다. 어느 날, 그들은 자신들이 얼마나 중국 음식을 좋아하는지 이야기하면서 그녀에게 진짜 중국 음식을 만들어 달라고 부탁했다. 애나벨은 깜짝 놀랐지만 거절할 수가 없었다. 어쨌거나 그들은 그녀를 편견 없이 넓은 아량으로 대해준 사람들이었다. 게다가 그녀는 자신이 겨우 물이나 끓일 줄 안다는 사실을 인정하기가 너무 부끄러웠다. 불안에 떨며, 그녀는 그러겠다고 했다.

그녀의 친우 가족은 애나벨의 걱정이 깊어가는 동안 그들이 맛보게 될 중국 만찬을 간절히 기다렸다. 애나벨은 몇 주 동안이나 위장이 꼬이는 기분이었다. 내가 도대체 무슨 요리를 할 수 있을까? 그러고 나서 그녀는 자신이 미국으로 떠날 때 어머니가 건네줬던 요리책을 기억해냈다. 애나벨은 거기에 적힌 요리법들을 훑어보고 "상하이의 어느 시장에서나 쉽게 구할 수 있는 양념"이 들어간 것은 모두 제외했다. 마침내 그녀는 몇 가지 간단한 재료를 사용하는 요리를 골랐다. 요리책에는 그것이 유명한 쑤저우 음식인 "로큰롤 에그"라고 되어 있었다. 요리법은 꽤 간단해 보였다. 먼저 달걀마다 작은 구멍을 내고 껍질 속 내용물을 제거한 뒤 간장, 소금, 설탕, 다진 파, 갈아놓은 돼지고기를 넣고 반죽을 만든다. 그런 다음 반죽을 껍질 속에 넣어 찐 다음 차려내면 됐다. 쉬운 걸, 그녀는 생각했다.

약속한 날, 애나벨은 그녀의 친우 가족의 집에 12개짜리 달걀 두 묶음과 다른 재료를 가져왔다. 식탁에는 꽃, 양초, 그리고 번쩍거리는 은식기가 차려져 있었다. "너무 설레고 신나요." 집주인들이 기대감에 밝게 웃으며 말했다.

그들이 편안히 앉아 텔레비전을 보는 동안, 애나벨은 음식을 하러 부엌으로 들어갔다. 그녀는 곧바로 첫 번째 문제에 부딪혔다. 전에 한 번도 날달걀을 깨뜨려 본 적이 없었던 그녀는 어떻게 해야 할지 몰라 당황했다. 한 시간 후, 그 집의 부인이 부엌을 살짝 들여다보며 물었다. "별일 없이 다 잘되고 있나요?" 슬쩍 눈길을 주니, 부서진 달걀 껍데기며 날달걀이 조리대와 바닥에 온통 튀어 있는 것이 보였다. 그녀는 자신이 그 난장판을 치우는 동안 남편에게 애나벨을 위해 달걀을 한 묶음 더 사 오게 했다.

다시 사 온 달걀을 받아 든 애나벨은 용감하게 한 번 더 요리에 도전했고, 이번에는 반죽을 일부 달걀 껍데기 속에 집어넣을 수 있었다. 그러나 그 달걀들이 나뒹구는 바람에 넣어둔 내용물이 흐느적거리는 푸딩처럼 변해버린 것은 전혀 예상 밖의 일이었다. 배가 고팠던 네 살짜리 아이가 소리쳤다. "엄마, 난 중국 음식 싫어요. 땅콩버터 샌드위치 주세요!" 얼굴이 빨개진 안누오는 자신의 첫 번째 요리 시도가 그들 가족과의 관계를 어색하게 하고, 그들이 가지고 있던 중국 음식에 관한 생각을 영원히 망칠까 봐 걱정스러웠다.

**

이윽고 애나벨은 새로운 삶에 적응해갔다. 오리건에서 1년을 보낸 뒤 그녀는 졸업 후의 전망이 좀 더 나은 학교로 옮기기로 했다. 그녀는 미주리 대학의 이름난 언론학과에 합격했다. 거기에서 그녀는 글쓰기 능력을 갈고닦으며, 영어에 대한 자신감을 키웠다.

1960년 언론학 석사 학위를 손에 넣은 애나벨은 곧장 뉴욕으로 향했다. 그녀는 일자리를 찾을 수 있으리라 확신했다. 그녀는 언론사나 출판사의 직원이 거의 모두 남성이라는 사실을 알지 못한 채, 매일 타이피스트 자리를 얻으려고 이 출판사 저 출판사를 찾아다녔다. 그녀는 곧 타임지, 뉴욕 타임스, 레이디스 홈 저널, 더블데이, 랜덤 하우스, 그 외 다수의 다른 회사에서 구직을 거절당했다. 얼마 지나지 않아, 그녀가 이번에는 바닥 청소부로라도 고용해줄 수 있는지 이들 회사에 다시 문의했지만, 똑같은 대답만이 돌아올 뿐이었다.

애나벨은 포기할까 생각했다. 그녀는 자신이 여성이라서, 그리고 "동양인"이라는 이유로 눈앞에서 기회의 문이 닫힐 줄은 꿈에도 생각지 못했다. 그러나 그때 아버지가 자신에게 했던 모진 말들이 떠올랐다. "너는 제구실하긴 글렀다."라고 그는 경멸에 찬 목소리로 말하곤 했다. 그녀는 아버지가 틀렸다는 것을 증명해야 했다. 애나벨은 등을 꼿꼿이 펴고서 계속해서 일자리를 찾아다녔다.

가지고 있던 돈과 희망이 바닥날 때쯤, 애나벨은 스콜라스틱 매거진에서 전화를 받았다. 그 잡지사에서는 저작권 및 사용 허가 부서에서 일할 사람이 필요했다. 그녀는 언론학과 법학을 전공했으므로 그 업무에 완벽한 후보자였다. 그녀가 바랬던 것처럼 출판업에서 창의적인 분야는 아니었지만 어쨌거나 좋은 기회였다. 그녀는 그 일을 하기로 했다. 5번가에 있는 뉴욕 공공 도서관에서 42번 거리 건너편에 있는 회사였다. 파크 애비뉴 근처에는 상하이 스타일의 고급 중국 음식점도 있었다. 거기에서 식사할 형편은 아니었지만, 그런 음식점이 있다는 것만으로도 위안이 됐다. 그녀는 결국 해냈다! 그녀는 뉴욕의 출판계 한복판에서 일하게 된 것이다. 혼자만의 노력으로 만들어낸 결과인 데다, 그녀가 이룬 것을 깎아내릴 사람도 없었다.

아직 이 큰 대도시에 아는 사람은 많지 않았지만, 애나벨은 외롭다는 생각이 들지 않았다. 뉴욕에는 탐험할 것들이 너무 많았다. 그리고 아이오와 주립 대학에서 농업 경제학 박사과정 중에 있던 오빠 찰리가 여동생에게 자신의 대학원 친구 한 명을 소개해줬다. 샘이라는 이름의 그 젊은 물리학자는 직업을 찾아 뉴욕으로 이사할 계획이었고, 그녀와 함께 보내는 시간이 즐거운 듯했다. 그의 가족 역시 본토에서 대만으로 피난 온 사람들이었고, 그는 그녀처럼 섬으로 돌아갈 생각이 없었다. 샘이라면 그녀의 아버지가 왜 가족들을 데려오려 하는지 이해할 터였다. 애나벨은 가족과 친지들이 언제 들이닥칠지 모를 공산당의 위협에서 벗어나도록 돕는 것으로, 마침내 아버지를 기쁘게 할 기회가 왔다고 믿었다. 그리고 어쩌면 자신이 가치 있고 중요한 사람임을 증명할 수 있을 것 같았다.

30장

베니, 29세

반우익, 산판三反, 우판五反 대중운동의 반복되는 심문을 견뎌낸 베니
는 고독한 삶 속으로 더 깊이 파고들었다. 도서관에 출근하고, 구내식
당에서 식사할 때를 제외하면 줄곧 혼자 지냈다. 어느 날, 점심을 먹
으러 식당 쪽으로 가던 베니는 젊은 여성이 당황한 듯, 입구 옆에 서
있는 것을 보았다. 그녀는 그와 비슷한 연배의 새로 온 교사였는데 식
당에서 어떻게 배식을 받는지 몰랐다. 베니는 그녀에게 어디에 식권
을 제출해야 하는지, 줄은 어디서 서는지, 음식 주문은 어떻게 하는지
알려주었다. 그녀는 고마워하며 그에게 살짝 미소를 보였다. 그가 그
녀에게 같은 테이블에 앉지 않겠냐고 하자, 그녀는 그러겠다고 했다.
베니는 뺨이 달아오르는 것을 느꼈고, 자기 얼굴이 빨개질 때쯤 그녀
가 뜨거운 물을 마시러 일어서자 내심 반가웠다.

　그녀의 이름은 첸 링이었고, 시후西湖(중국의 주요 명승지인 인공 호수)

근처에 세워진 고대도시 항저우 출신이었다. 그림 같은 탑, 아치형 다리와 수양버들로 시인과 화가들에게 오랫동안 사랑받아 온 도시였다. 그녀는 상하이의 푸단 대학을 졸업하고, 난징농업대학에 교수로 막 합류한 참이었다. 푸단 대학은 중국 최고 대학 중 하나로, 세인트존스처럼 선교회와 관련이 있거나 기독교 신앙이 바탕인 곳은 아니었다. 생물학자였던 그녀는 학부생들에게 발생학과 조직학을 가르칠 예정이었다. 새로운 중국의 당과 헌법은 여성들이 더 이상 남성에게 굴종하지 않으며 그들과 동등한 존재라고 선언했다. 여성은 남성과 같은 직장에서 일하고, 똑같은 임금을 받게 됐다. 첸은 새로운 사회의 교육받은 여성으로 중국 지도부가 최우선 과제로 지정한 분야인 자연과학을 공부한 훌륭한 교사였다. 미래 또한 밝았다.

베니는 그녀의 상냥하고 솔직해 보이는 얼굴과 웃을 때 눈을 반짝거리는 모습이 마음에 들었다. 파마한 머리에 몸에 꼭 맞는 옷을 입고 굽이 낮은 펌프스를 신은 그녀에게서 상하이 사람다운 감각이 엿보였다. 그는 다음 날 저녁에 식당에서 함께 식사해도 좋을지 물었다. 그녀는 그러자고 했고, 덕분에 베니는 첸에 관해 좀 더 알게 되었다. 첸 링 역시 교육받은 집안 출신이었지만 그의 가족과 같은 흑색도, 그렇다고 붉은색도 아니었다. 공산당이 집권했을 때, 그녀의 아버지는 어머니와 첸, 첸의 남동생을 남겨두고 홍콩으로 달아났다.

다음 몇 달 동안, 베니와 첸은 구내식당에서 함께 만나서 식사를 했다. 베니는 차츰 그녀에게 자신의 가족에 관해 이야기하게 됐고, 결국 하나도 빠짐없이 털어놓았다. 그는 그녀가 자기를 멀리하고 피하게 될까 봐 두려웠다. 그러나 그녀는 그러지 않았다. 대신 전쟁이 얼마나 복잡한 방식으로 사람들의 인생에 영향을 미쳤는지 공감하고 이해했다. 첸과 함께 있을 때면 그는 마음이 훨씬 가벼워지는 걸 느꼈다. 그는 행복이 어떤 것인지조차 거의 잊고 있었다. 첸은 그가 그런 기분을 기억해내도록 도와주었다.

베니는 더 이상 도서관에만 파묻혀 있지 않았다. 그는 스스로 굴레 씌웠던 고독을 벗어던졌다. 그는 동료 한 사람이 영어와 러시아어를 가르쳐볼 생각이 있냐고 물어보자, 그 일을 응낙했다. 그는 대략 50만 권쯤 되는 책의 목록 카드를 작성하고서 도서관을 떠났다. 타이핑으로 그렇게 오랜 시간을 보내는 동안, 베니는 자신이 절대 결혼할 수 없으리라고 생각했다. 누가 최악의 일본 앞잡이였던 자의 아들과 결혼하려 들겠는가? 그러나 첸 링은 베니를 그런 식으로 보지 않았다. 그녀가 자신을 좋아할 수도 있다는 사실에 그는 점차 자신감을 얻었다. 우정이 깊어지고 1년이 지나서 베니는 첸 링에게 청혼했다. 그녀는 승낙했다. 그에게 그보다 더 기쁜 일은 상상조차 할 수 없었다.

첸 링과 베니 판은 1957년 7월에 결혼했다. 베니는 거의 서른 살이 되어 있었다. 새로운 중국에서는 더 이상 결혼식을 크고 화려하게 하지 않았다. 그들은 참석하는 친척도 없이 난징에서 간단히 식을 올렸다. 모든 사건과 사고가 있기 전의 삶이었다면, 가족들이 그의 세대 제일 큰아들인 베니의 결혼식을 기념하기 위해 성대한 축하연을 계획했을 터였다. 어머니는 상하이 의용대의 고적대가 버블링 웰 로_路를 따라 결혼 파티 행렬을 이끌게 할 거라고 말하곤 했다. 데니스와 조지가 신랑 들러리가 되었을 것이고, 부모님은 화려한 모습으로 손님들을 환대했을 것이다. 그런 사치는 이제 베니에게 별 의미가 없었다. 중요한 것은 그와 첸이 함께 새로운 삶을 살아가게 되었다는 것뿐이었다. 그들은 첸을 위해서는 길게 옷자락이 드리우는 하얀 레이스 장식의 웨딩드레스를, 베니를 위해 폭이 넓은 장식띠를 갖춘 턱시도를 빌렸다. 민중은 여전히 오래된 방식으로 결혼을 기념하려 했고, 이런 부르주아식 경박함이 아직 허용되고 있었다. 행복으로 빛나는 신부와 늠름한 신랑의 사진은 몇십 년 전의 모습 같았다.

결혼식이 끝난 후, 그들은 함께 일하던 팀에서 휴가를 얻어 몇 시간 거리인 항저우로 향하는 기차를 탔다. 베니는 첸의 어머니와 남동생을 만났다. 그들은 일을 쉴 수 없어 결혼식에 참석하지는 못했지만, 행복한 마음으로 두 사람을 축복해주었다. 난징으로 돌아가기 전, 베니는 첸의 동생에게 홍콩의 여동생 도린에게 그의 결혼과 사는 곳을 알리는 편지를 보내 달라고 부탁했다. 자신은 흑색으로 낙인찍혀 있으므로, 제국주의 식민지에 있는 여동생에게 직접 편지를 쓰는 것은 너무 위험하다고 느꼈다. 특히나 "반대" 운동이 여전히 진행 중이었다. 그의 편지는 정부 우편 검열관들의 주의를 끌 것이 분명했다. 그러나 첸의 남동생은 다른 도시에 살고 있었고, 더 젊고 정치와 관련된 이력도 없었다. 그가 편지를 보내는 것이 안전한 방법일 것 같았다.

난징으로 돌아온 신혼부부는 순조롭게 새 삶을 시작했다. 두 사람 모두 교사로 좋은 직업을 가지고 있었다. 둘 중 누구도 새로운 정치적 파고가 그들의 결혼 생활과 비슷한 시기에 시작되었다는 것을 알아차리지 못했다. 특히 지식인들을 겨냥한 쌍백운동雙百運動(1956년부터 1957년까지 중화인민공화국에서 전개된 정치 운동)이 그랬다. 그들이 결혼 계획을 세우는 동안, 마오 주석과 공산당 지도부는 지식인들에게 당의 지나친 행보를 비판하라고, "백화제방 백가쟁명百花齊放, 百家爭鳴 온갖 꽃들이 다투어 피고, 서로 다른 많은 학파가 논쟁을 벌이게" 하라고 격려했다.

환멸을 느낀 지식인들의 비판이 봇물 터지듯 쏟아져 나왔다. 당과 당의 운영, 그리고 혁명 자체에 대한 비판이었다. 마오쩌둥 자신을 비롯한 당 지도부는 맹렬한 비판에 허를 찔리고 말았다. 그들은 신속하게 캠페인을 끝내고, 대신 이번에는 지식인들, 특히 목소리를 높였던 사람들을 조명 아래로 끌어냈다.

교사로서 베니와 첸은 지식인이었지만, 둘 다 쌍백운동에는 참여하지 않았다. 베니는 자기 생각을 털어놓았다가 공격당할 만큼 어리석지 않았다. 그러나 대학교와 학교들은 새로운 반우익 운동의 표적이 되었다. 누구도 예외가 될 수 없었다. 이번에 당은 지식인들에게 민중의 곤궁한 삶을 경험해 보라고 명령했다. 그렇게 했을 때만 지식인들이 스스로를 개혁하고 부르주아적 사고방식을 뿌리 뽑으며 혁명을 진정으로 포용할 수 있을 터였다. 첸이 차로 몇 시간 떨어진 장쑤성 북부의 옌청鹽城이라는 곳으로 먼저 보내졌다. 상하이와 인접해 있는 장쑤성의 도회적인 남부 사람들은 양쯔강 북쪽 사람들이 무식한 농민이라고 생각했다. 그 지역은 무척 가난했고, 교사들이 필요했다. 두 사람은 따로 떨어져 살아야 했지만, 당의 지시가 훨씬 더 나쁜 것일 수도 있었다는 점을 잘 알았다. 베니는 첸이 시골 마을에 노동자가 아니라 교사로 일하도록 보내진 것을 알고 안심했다. 게다가 서로 너무 멀리 떨어져 있지도 않았다.

베니는 더 많은 심문을 겪어야 했다. 그가 흑색 제국주의자를 훈련하는 학교에 다닐 때 알던 외국인들의 이름은 무엇인가? 그들은 스파이였나? 그들과 계속 연락을 주고받았나? 수업에서 왜 그는 영어로 "태양이 구름에 의해 가려진다. 태양은 구름에 의해 가려졌다. 태양이 구름에 의해 가려질 것이다?"라는 문장을 가르쳤나? 태양인 마오 주석이 가려질 거라는 얘긴가? 그렇다면 구름은 누구인가? 그들이 태양을 어떻게 가린다는 말인가?

이러한 "비판투쟁대회"를 견뎌낸 다른 사람들처럼, 베니도 자신의 고백을 글로 적으라는 명령을 받았다. 그는 그가 살았던 곳, 알았던 사람 전부를 목록으로 만들어야 했다. 그는 이전에 반혁명적인 아버지와 가족에 관해 고백했던 것 모두 그대로 되풀이했다. 아니요, 저는 어떤 외국인과도 연락하고 있지 않습니다. 아니요, 세인트존스의 제 외국인 선생님들은 스파이가 아니었습니다. 스파이는 전혀 모릅니다. 베니는 할 수 있는 이야기는 모두 했다. 네, 마오 주석은 중국의 태양이자 빛입니다. 네, 영어의 수동태를 가르치면서 태양과 구름을 언급한 것은 잘못한 일입니다. 그는 자신이 부르주아 가족에서 태어난 것을 비판하고 그의 반혁명적이었던 과거를 비난했다. 그는 심문관들에게 그들이 듣기 원한다고 생각되는 것을 말했다. 그는 자신이 고백한 것을 여러 번 쓰고, 다시 썼다. 지난 진술과 조금이라도 다른 점이 있으면 더 많은 질문과 비판에 기름을 붓는 격이 됐다.

수많은 비투대회批鬥大會와 자백 후에 판결이 내려졌다. 베니는 심문관들이 그를 우익이라고 낙인찍는 데 이용할 만한 일을 한 적이 없었기에, 가혹한 처벌을 면했다. 그러나 난징에 남는 것은 허락되지 않았다. 그는 최악의 부르주아 지식인에 속했으므로 난징에서 멀지 않은 도시인 우시無錫(장쑤성 남부에 있는 도시) 외곽의 한 마을에 노동자로 내려 보내졌다. 베니는 다시 한번 그 결정이 더 가혹하지 않은 데에 감사했다. 그가 알고 지내던 다른 사람들은 몽골 너머 멀리 북서쪽에 있는 기후가 혹독한 신장 지역이나 추위가 몰아치는 북동쪽의 헤이룽장성으로 돌아올 기약도 없이 떠나야 했다.

육체노동이 두렵지 않았던 베니는 시골 농장일에 몸을 던졌다. 그의 지도원은 성경과 세인트존스 학위, 그리고 첸과의 결혼 사진을 가지고 있도록 허락해주었다. 이 물건들은 그에게 동료와 같았다. 일 년이 지난 후, 베니는 풀려났고, 교사로 일하도록 옌청으로 보내졌다. 그리고 그곳에서 첸과 재회했다.

옌청에서 베니와 첸은 소박하지만 안락한 생활을 할 수 있었다. 그 지역에는 교사가 부족해서 두 사람은 정중한 대접을 받았다. 학교에서 가르치는 일로, 첸과 베니는 각각 매달 60런민비를 벌었는데 미화로 10달러가 채 안 되는 돈이었다. 그러나 두 사람이 버는 돈을 합하면 옌청과 같은 가난한 지역에서는 고소득층에 속했다. 소고기나 새우 반 파운드(1파운드가 약 453.6g)를 1런민비보다 싼 가격에 살 수 있었다.

베니는 옌청 중학교에서 영어 강사가 되었는데, 첸은 이미 그곳에서 생물학과 발생학을 가르치고 있었다. 학생의 부모들은 자식을 대학에 보내기를 열망했는데, 혁명 전이었더라면 꿈도 꿀 수 없는 일이었다. 그러나 대학에 가려는 학생들은 여전히 국가입학시험에서 일정 점수 이상을 받아야 했다. 영어와 같은 외국어는 학생의 전체 점수에서 매우 중요한 가산점을 받을 수 있었다. 베니는 영어교사로 인기가 높아져서 학교장이 그에게 부교장으로 일해 달라고 부탁할 정도였다.

1960년에 첸과 베니는 딸아이를 얻었다. 아이가 태어남과 동시에 끔찍한 가뭄과 연이은 심한 흉작으로 중국에서는 대기근이 시작됐다. 도시와 읍내에서는 필수적인 기본 식품조차 구하기가 어려웠다. 중국 전역에서 수백만 명이 풀과 나무껍질로만 연명하다 굶어 죽어갔다. 베니의 가족은 기나긴 기근 동안 도린이 홍콩에서 보내오는 꾸러미

속의 쌀과 분유, 식용유의 도움으로 버틸 수 있었다. 동생이 부쳐오는 돈보다 식품이 더 소중했다. 기도 외에는 동생에게 고마운 마음을 전할 길이 없었다. 그가 해외의 누군가에게 편지를 쓰는 것은 어리석은 짓이 될 터였다. 몇 년이 흐른 후, 첸과 베니는 둘째 딸을 낳았다. 항저우에서 첸의 어머니가 그들과 함께 살면서, 아이들을 키우는 것을 도우려고 왔다. 그간의 저축과 도린이 보내온 돈으로 베니는 옌청의 주변 동네에서는 처음으로 텔레비전을 샀다. 온 동네 사람들이 TV를 보려고 그들의 작은 시골집에 모여들곤 했다.

그 시기는 다음 폭풍이 몰아치기 전의 고요와 같았다. 1966년 베니의 큰딸이 여섯 살 되던 해, 마오 주석의 지도 아래 공산당은 중국의 문화와 전통적인 사고방식을 바꾸려는 의도로 대규모 정치 캠페인을 시작했다. 마오는 이를 프롤레타리아 문화대혁명이라고 부르며 대학과 중등학교를 폐쇄하고 젊은 세대를 급진화시켜 홍위병으로 만들었다. 이런 십 대들과 어린이들은 지식인, 관료, 당원, 이웃과 가족들 중에서 주자파走資派(주자본주의도로적당권파走資本主義道路的當權派의 줄임말로 '중국 공산당 내에서 자본주의 노선을 주장하는 파'라는 의미)를 근절하기 위해 고삐 풀린 망아지처럼 날뛰었다. 모든 것은 노회한 마오가 공산당 내의 반대파들에 대항해 자신의 권력을 굳건히 하려는 수단이었다. 위대한 조타수(大舵手. 마오쩌둥을 부르던 호칭 중 하나) 마오쩌둥 주석을 등에 업고서 홍위병들은 옛 사상, 관습, 습관, 문화 등 네 가지 옛것을 말살한다는 명분으로 주택에 침입해서 책과 예술품, 그리고 사유재산을 파괴하고, 그곳에 사는 사람들을 공격했다.

베니가 가르치던 중학교에서는 모든 교사와 행정직원들이 공격을 받았다. 십 대의 홍위병들은 학교의 어른들을 모은 뒤, 기한도 없이 몇몇 교실에 따로 가두어놓았다. 베니는 자신과 다른 사람들에 대한 비판이 진행되면서 학교를 떠나는 것이 금지됐다. 그의 이전 자백 기록들이 눈앞에 놓였고, 집은 수색을 당했다. 이번에는 성경과 학위, 일기와 다양한 편지 및 사진이 그가 저지른 범죄의 증거로 압수됐다.

다시 한번 베니의 삶은 낱낱이 조사를 받았다. 이번 심문은 그 어느 때보다 더 공격적이고 적대적이었다. 조사는 지독하면서도 끝날 기색이 없었다. 그의 부르주아적 교육, 그의 아버지, 가족, 반역자이자 계급의 적.

"당신은 그 입에 올리기도 끔찍한 적지인 76의 앞마당에서 자전거를 탔소?" 호위병은 믿기 힘들다는 듯 물었다.

"맞습니다. 하지만 저는 아직 어린아이였습니다. 그 장소에 관해서는 아무것도 몰랐습니다." 베니는 솔직하게 대답했다.

그를 고발한 사람들은 베니가 제국주의 세인트존스 대학에서 교육받은 것, 압제적인 종교에 대한 그의 믿음, 외국인들과의 교제에 관해 가차 없이 비판했다. 그들은 홍콩에 살고 있는 여동생에 관해서도 심문했다. 왜 도린이 그에게 돈과 음식을 보냈는가? 누이들이 스파이인가? 당신은 스파이인가? 그는 그가 알고 지낸 모든 사람의 이름을 적으라는 명령을 받았고, 홍위병은 그 이름들을 확인하기 위해 조사관을 보냈다. 조사관 중에는 베니에 관해 무엇이든 파내기 위해 광저우까지 간 사람도 있었다. 이전 운동에서 받았던 심문은 이번 것에 비하면 오히려 온건한 편이었다. 그러나 조사관들은 그가 주자파라는 것을 증명할 만한 어떤 것도 찾지 못했다.

그는 교실에 갇혀서 가족들을 만날 수가 없었다. 1년은 3년으로 늘어났다. 가끔 첸이 그에게 쪽지를 보냈다. 그는 조사받을 때, 식당에서 밥을 먹을 때, 그리고 학교를 쓸고 닦는 허드렛일을 할 때만 밖으로 나올 수 있었다. 문화 혁명이 있었던 10년 동안, 교실 수업은 이루어지지 않았다. 홍위병은 베니에게 자본주의자라는 "모자"를 씌우지 못하게 되자, 이번에는 첸에게 갇혀 있는 남편과 이혼하도록 압력을 넣었다. 첸이 거절하자, 그들은 옌청에서 멀리 떨어진 마을에서 일하도록 그녀를 보내버렸는데, 그곳에는 들어가 살 오두막조차 없었다. 첸은 나이든 어머니와 어린 두 딸과 함께 지내며 그들의 도움을 받아 잔가지와 진흙만으로 작은 오두막을 지었다. 거의 맨손으로 만든 것과 마찬가지였다. 베니는 꽤 오랫동안 그녀로부터 소식을 듣지 못하자, 걱정 때문에 견딜 수 없을 지경이 되었다. 결국 홍위병들은 그에게 가족이 어디 있는지 알려주었고, 1년에 한 번, 사흘간 가족을 만날 수 있게 허락했다.

베니는 인민에 대한 어떤 범죄 행위에도 혐의점이 없었지만, 그를 체포한 사람들은 풀어줄 생각이 없는 듯했다. 그렇지만 그는 사상개조를 위해 먼 지역으로 보내진 다른 학교 동료들보다는 나은 처지였다. 그중에는 거친 환경과 가혹한 심문으로 인한 스트레스 때문에 죽은 사람도 있었다.

얼마 후, 학교에 교사라고는 베니밖에 남지 않았다. 세 가지 덕분에 그는 절망에 빠지지 않을 수 있었다. 첸과 어린 딸들의 모습을 항상 마음속에 담고 있었고, 주기도문을 하루에도 여러 번 되풀이해서 외웠다. 그리고 무엇보다 자신이 아무 잘못도 없다는 것을 알고 있었다. 조만간, 이 정치운동도 끝나게 될 터였다. 그는 그날이 빨리 오기를 기도했다.

베니를 심문했던 홍위병 중 한 사람이 그의 과거를 파헤치는 과정에서 밝혀진 비극적인 소식을 전했다. 어릴 적 친구인 데니스는 BDG클럽의 한 사람으로 부유한 자본가의 아들이었다. 세인트존스를 졸업한 후, 데니스는 가족이 운영하던 사업에 뛰어들었다. 베니를 가뒀던 사람의 말로는 데니스가 비판투쟁대회 중 하나가 끝난 후, 3층 창문에서 뛰어내려 죽었다고 했다. 베니는 친구가 심한 압박에 시달렸으리라고 확신했다. 베니가 얻은 얼마 안 되는 정보로 볼 때, 상하이의 홍위병은 그 어느 곳보다 더 급진적이고 파괴적이었다. 베니는 자신이 아버지의 범죄가 잘 알려진 그곳에 남아 있었더라면 무슨 일이 일어났을지 궁금해하지 않을 수 없었다. 나도 역시 자살로 내몰렸을까?

감옥 같은 교실에 혼자 남은 베니는 자신이 갈 곳이 없을 때 그를 반기며 집으로 초대하던 마음씨 좋았던 친구를 생각했다. BDG클럽의 세 사람 중에도 데니스는 가장 태평한 성격으로 베니나 아버지가 납치된 후 살해당한 조지와는 달리, 별다른 어려움을 겪은 적이 없었다.

베니는 데니스가 고생을 모르다 고문에 가까운 홍위병의 괴롭힘을 견디지 못해서 자살했던 것이 아닐까 생각했다. 베니는 정말 아이러니하게도 그의 가족이 겪은 일이 자신을 이런 상황에도 살아남을 수 있게 했다는 생각이 들었다. 다른 중국인들처럼, 그도 전쟁과 침략, 경제적 사회적 혼란, 포기와 상실의 쓰라림을 겪었다. 그리고 이제 혁명과 보복의 시대를 살고 있었다. 홍위병이 아직 그와 관련된 일을 끝맺지 않았다는 것을 그도 알고 있었다. 그는 자비로운 하나님께 자신을 잊지 말아 달라고 기도했다. 그러나 그는 수년간의 감금, 가족과의 이별 그리고 끝이 보이지 않는 이 계속되는 괴롭힘을 견뎌낼 수 있다면, 미래에 어떤 고난이 닥치더라도 극복해낼 수 있으리라고 확신했다.

에필로그

1950년대, 뉴욕

맨해튼 미드타운(상업 지역과 주택 지역의 중간 지구)에서 빙은 하얀 아마포로 만든 테이블에 앉아 언니가 이혼 후 뉴욕에서 만나 결혼한 상하이 출신 사업가인 두 번째 남편에 관해 장황하게 불평을 늘어놓는 것을 듣고 있었다. "그 썩은 거북이 알 같은 자식"이 그녀에게 취업허가증(영주권)이 있다고 속였다며, 언니는 몹시 투덜거렸다. 두 여성은 바닥부터 천장까지 가장자리를 붉은색과 금색으로 꾸민 거울로 측면이 장식된 레스토랑의 세련된 출입구 근처에 앉아 있었다. 흠잡을 데 없이 완벽하게 치장한 베티는 이 자리에 앉아 다가오는 손님들을 지켜볼 수 있었다.

빙은 언니가 끊임없이 쏟아내는 신랄한 비난에 한쪽 귀만 열어놓은 채 튀겨서 약한 불에 졸인 후 반짝거리는 아스픽(육즙으로 만든 투명한 젤리)에 담겨 차갑게 나오는, 얇게 썬 소고기가 올려진 작은 접시를 향해 능숙하게 젓가락을 들었다. 모조 상아로 만든 식기에는 붉은색으로 "페킹(베이징) 하우스 레스토랑"이란 단어가 영어와 중국어로 새겨져 있었다. 페킹 하우스는 북미에서 상하이, 베이징 그리고 광둥 북쪽 지방 출신 중국인 망명객들이 고향에서 먹던 친숙한 지역 요리를 맛볼 수 있는 몇 안 되는 식당 중 하나였다.

　빙은 고기 한 점을 들어 입으로 가져갔다. 눈을 감고서 잠시 그 진한, 달고도 짭짤한 맛에 마치 상하이와 쑤저우로 순간 이동이라도 한 듯한 느낌을 받았다. 그녀는 언니가 "쓸모도 없는 냄새 나는 개똥 같은 놈"이라고 욕을 퍼붓는 바람에 갑자기 현실로 돌아왔다. 바로 그때 레스토랑의 문이 열리며 말끔하게 차려입은 한 무리의 중국인들이 안으로 들어왔다. 놀라는 기색도 없이 언니는 일어나서 다정하게 미소를 지어 보였다. "안녕하세요. 페킹 하우스에 오신 것을 환영합니다!" 그녀는 특유의 우아하고 사근사근하게 들리는 영어로 인사를 건넸다. "손님, 도와드릴까요?"

　빙은 손님들의 세련된 분위기를 보고서 그들 역시 상하이 출신이지만 그녀와 달리 고등 교육을 받은 사람들일 것이라고 짐작했다. 남자들은 비즈니스 정장 차림이었고, 여자들은 한 사람을 제외하고는 모두 아름다운 비단 치파오를 입고 있었다. 두꺼운 금테 안경을 쓴 남자가 똑같이 자신 있는 영어로 언니에게 말했다. "안녕하세요. 예약했습니다. 차우라는 이름으로요. 호 차우." 옆에는 매력적이고 자그마한 여성이 그의 팔을 잡고 있었는데, 그녀는 테이퍼드스커트(치마의 밑단으로 갈수록 점점 통이 좁아져 꼭 맞는 치마) 위로 빙처럼 헐렁한 임부복 상의를 입고 하이힐을 신고 있었다. 두 예비 엄마는 서로 미소를 주고받았다.

**

1953년 한국전쟁은 정전과 교착상황으로 끝이 났다. 약 270만 명의 한국인, 즉 대략 국민 열 명 중 한 사람이 전쟁으로 인해 죽었고, 민간인 사망률은 제2차 세계 대전 민간인 사망률과 맞먹었다. 결말이 나지 않은 휴전 이후, 한국은 여전히 분열된 상태로 남았고 다른 한편으로 중국과 미국은 그 어느 때보다 심하게 양극화되었다. 미국의 지도자들은 냉전의 논리로 공산주의의 팽창을 막기 위해 중국을 "견제"해야 한다고 믿었다. 트루먼이 놀랍게도 갑작스레 태도를 바꾸자 결과적으로 미국은 하루아침에 대만을 소생시키고, 이곳이 전략적으로 중요한 곳임을 선언했다. 대만은 새로 얻게 된, 미국의 보호를 받는 지위를 무기한 유지하게 될 것이었다. 중국과의 무역에 재정 건전성을 의존하고 있었던 데다, 밀려드는 난민으로 숨이 막힐 지경이었던 홍콩은, 미국이 공산주의 중국 본토에 국제적인 금수 조치를 취하자 경제 붕괴에 직면했다. 그러나 다행히 상하이를 탈출했던 기업가들의 도움으로 재난은 피할 수 있었다. 이들 기업가의 경제적, 사회적 자본 덕분에 홍콩은 일개 무역 관문에서 세계적인 제조업 중심지로 탈바꿈했다. 대만과 홍콩은 한국전쟁 이후 제조, 해운, 국제 무역에 관한 전문성을 갖춘 상하이 망명자들의 지략에서 적지 않은 부분 활력을 얻으며 새로운 목적과 안정을 찾아갔다.

한편 워싱턴에서는 빨갱이 사냥의 고발 범위를 계속해서 확대하던 조지프 매카시 상원의원의 반공 히스테리의 권세가 그 지나친 행각으로 인해 무너졌고, 이는 매카시 의원에 대한 상원의 견책으로 이어졌다. 그러나 중국에 대한 미국의 외교 정책에는 이미 출혈이 생긴 후였다. 국무부와 다른 영향력 있는 기관들은 중국과 아시아에서 경험을 쌓은 가장 노련한 외교관들을 쫓아냈다. 그 결과, "죽竹의 장막"(중국의 해외 배타적인 정책을 일컫는 말)에 대한 미국 측의 정보 공백은 수십 년간 국가 정책 결정에 악영향을 주었고, 심지어 현재까지 그 여파가 미치게 되었다.

매카시의 몰락에도 불구하고 미국 내 중국인을 겨냥한 사건들은 계속해서 이어졌다. 당시 권력의 정점에 있던 FBI 국장 J. 에드거 후버는 여전히 중국계 미국인들이 미국 영토 내에 존재하는 공산주의자들이며, 이들이 제5전선(주로 이념과 관련한 내부의 적을 일컫는 은어)을 이루고 있다고 확신했다. 미국 차이나타운에서는 연방 요원들이 중국계 미국인들의 조직, 그중에서도 특히 인종차별적 조사에 감히 반대하는 친노동자 혹은 "좌경화된" 조직들을 계획적으로 공격했다. 미국 국방성은 저명한 인류학자 마거릿 미드에게 자금을 지원하고, 뉴욕시에서 중국 공산화로 인해 발이 묶인 중국인 망명자들에 대한 광범위한 민족지학民族誌學적 연구를 수행하게 했다. 1950년대 후반 여러 해에 걸쳐, 미드의 연구 파트너였던 로다 메트로는 새로 이주해 온 교육받은 중국인 중 백 명이 넘는 사람들을 연구했다. 인류학자, 정신과 의사, 내과 의사, 그리고 기타 인력으로 구성된 미드의 연구팀은 광범위한 인터뷰와 의학적 테스트 및 심리 검사를 시행해 중국인들의 정치적 기질과 "중국식 사고방식"에 대한 대략적인 얼개를 만들었다.

그토록 많은 상하이 사람들이 뉴욕으로 흘러들어와, 그곳 상하이 망명자 수가 증가하게 된 것은 우연이 아니었다. 그들은 흥분이 느껴지는 활기, 세계 곳곳에서 몰려드는 다양한 사람들, 사업가들에게 열린 무한한 가능성 등 잃어버린 고향과 꼭 닮은 뉴욕의 거부할 수 없는 매력에 이끌렸다. 런던이나 파리조차도 상하이 이주민들에게 이에 견줄 만한 친숙한 느낌을 주지는 못했다.

뉴욕 이외에도 상하이 사람들은 일리노이주 샴페인 같은 대학 도시나 로스앤젤레스, 시카고, 샌프란시스코 같은 더 큰 도시 등 그들이 생계를 유지할 수 있는 곳이라면 어디든지 갔다. 결혼하고, 아이를 가지면서 상하이 이주민 중 많은 이들이 미국 중산층을 따라 교외로 이사했다.

전쟁과 혁명으로부터 도망친 후, 난민들이 새로운 사회에 적응해, 평온한 오아시스 같은 곳에서 새 삶을 꾸려나가고 싶어 하는 것은 놀라운 일이 아니다. 그런 식으로 중국인 망명자들은 1950년대 미국인들의 획일성을 반영하고 있었다. 일부 교육받은 상하이 사람들은 미국인들과의 대화가 매번 "당신은 어느 식당에서 일해요?"라는 똑같은 질문으로 시작하려는 듯 하면, 발끈 화를 내며 자신들이 이전에 미국으로 이주한 중국인들과 구별되어야 한다고 느꼈다. 상하이 사람들은 중국인 초기 이민자들이 미국에서 살아가기 위해 얼마나 고군분투했는지 알지 못했다. 대신 새로 정착한 사람들은 그들이 프롤레타리아 웨이터나 세탁소 인부가 아니라 모범적인 미국인이 될 수 있는 뛰어난 중국인으로 인정받고 싶어 했다. 실제로 1966년 뉴욕 타임스 매거진은 당시 인종 간의 긴장과 평등을 요구하는 목소리가 높은 와중에도 기사를 통해 아프리카계 미국인들과 뚜렷한 대조를 이루는 아시아계 미국인들을 상찬하는 "모범적 소수민족"이라는 개념을 만들어냈다. 미국 내 인종 차별의 역사를 잘 알지 못하고, 새로 만들어진 전형적인 이미지가 아시아계 미국인들과 다른 소수민족들을 이간한다는 사실을 깨닫지 못한 상하이 망명자 중 일부는 적국의 침입자가 아닌 "선량한 소수민족"으로 보여지게 될 기회를 환영해 마지않았다.

그러나 상하이를 탈출한 대부분의 이민자들에게 미국은 아시아인에 대한 제한적인 이민 정책으로 인해 닿을 수 없는 피난처가 되어 있었다. 많은 수의 상하이 사람들은 우선 홍콩, 대만, 동남아시아 그리고 그 밖의 접근하기 더 쉬운 항구들로 향했다. 혁명의 물결이 온 나라를 휩쓸었을 때 얼마나 많은 수의 사람들이 도망쳤는지 아는 이는 없지만, 중국 전역에서 수백만 명에 달하는 사람들이 넓게 펼쳐진 허술한 국경을 넘은 것은 확실하다. 오늘날까지도 중국 공산당은 두 가지 진실을 인정하지 않고 있다. 첫째, 이 대규모 탈출이 실제로 일어난 사건이라는 것, 둘째, 상하이로부터 경제적, 사회적, 지적 자본이 유출되면서 중국에 막대한 손실을 입혔다는 점이다.

하지만 일부 국가들은 새로 도착한 사람들을 결코 받아들이려 하지 않았고, 몇 년 지나지 않아 많은 상하이 망명자들은 중국인 학살—예를 들어 말레이시아와 인도네시아에서 일어나던 것과 같은—을 피해 또다시 도망쳐야만 했다. 홍콩에서는 상하이 출신들이 대규모 거주지에 함께 모여 그들만의 학교, 상점, 그리고 여러 사업체를 세우는 바람에, 많은 사람들이 현지 광둥어는 단 한마디 배우는 수고도 없이 상하이말만 사용하면서 그럭저럭 살아갈 수 있었다. 대만의 상하이 망명자들은 상하이에 살았던 유럽 출신 피난민들이 카페, 정육점, 빵집에서 그랬던 것처럼, 음식점과 사교 클럽, 마작관麻雀館을 열어 향수병을 달랬다.

그때나 지금이나 난민들은 대체로 그들이 피난 간 곳에서, 적대적인 원주민들에게 무임승차자, 사회의 기생충이란 딱지가 붙여졌지만, 상하이 이주민들의 경험은 정반대의 모습을 보였다. 예를 들어, 공산혁명 후 중국 바깥에서 발이 묶인 학생들과 학자들은 그들 세대에서 가장 뛰어나고 똑똑한 사람들에 속했는데, 히틀러가 권력을 잡으면서 베를린을 탈출한 알베르트 아인슈타인, 토마스 만, 발터 그로피우스를 비롯한 독일 지식인들과 사정이 크게 다르지 않았다. 중국에 있어 이러한 집단의 이동은 저우언라이 수상 본인도 막으려 했던 심각한 두뇌 유출을 가져왔다. 이 난민들은 중국 쪽에는 손실이었을 뿐만 아니라, 지식과 기술 그리고 재능을 통해 사회에 이바지함으로써 그곳이 어디든 그들의 새로운 조국에 엄청난 이익을 가져왔다. 미국에 발이 묶인 중국 학생들과 전문가 중에는 미래에 노벨상을 받게 될 두 물리학자, 첸닝 양과 충다오 리도 있었다. 한편, 상하이의 공학 인재들은 대만에 유입되어 그곳에서 전자기학이 가히 혁명적일 만큼 발전하는 것을 도왔는데, 예를 들어, 모리스 창은 세계 최대의 파운드리 제조업체인 TSMC*Taiwan Semiconductor Manufacturing Company*를 설립했다.

대단히 성공한 상하이 망명자들의 업적만을 강조하고, 다른 많은 이들이 겪은 시련을 무시하는 것은 한쪽으로만 치우친 일이 될 것이다. 특히, 상하이 사람들 스스로가 그들의 성과를 강조하고, 좌절과 실패를 대단치 않게 여기려는 경향이 있기에 더욱 그렇다. 그러나 상하이의 국제적인 면모와 서로 다른 문화 간의 우아한 공존은 특권 계층이 아니었던 상하이 사람들에게도 역시 귀중한 자산이었다. 이런 경험은 요리사, 재단사, 교사, 전쟁 신부, 선원, 상인 그 외 다른 직업을 가진 사람들이 새롭고 낯선 환경을 헤쳐 나가는 데에 도움이 되었다. 다큐멘터리 영화 제작자인 미링 추이의 부모와 같은 몇몇 사람들은 난민 중 가장 부유한 이들의 하인으로 미국에 왔다. 그녀의 어머니는 쑹쯔원의 정부情婦를 위해 일하는 개인 하녀였고, 아버지는 그녀의 개인 재단사였는데 두 사람은 결국 뉴욕 차이나타운에 도착했다. 경제적으로 궁핍했던 상하이 디아스포라의 구성원들은 중국계 미국인들의 일터가 식당과 세탁소로 제한되어 있던 시기에 그들의 집을 겸

하는 점포에서 작은 사업체를 세우거나 가게 점원, 사서, 재단사, 의류업 노동자, 그리고 역시나 웨이터처럼 그들이 얻을 수 있는 일자리라면 무엇이든 구할 방법을 찾았다.

심지어 상하이 엘리트 계층에서도 누구나 할 것 없이 지인 중에 돈과 신망 혹은 영향력마저 잃고 위신이 추락한 사람이 있었다. 예를 들어 워싱턴에 있던 국민당 대사관이 직원들에게 급여 지급을 중단하자, 외교관이자 중국의 스타 운동선수였던 쉬엔 셴 차우Hsien Hsien Chow와 그의 아내 배 파오 루Bae Pao Lu는 어린 세 딸과 자신들의 생계를 위해, 그 부근에 작은 길모퉁이 식료품점을 열고 가게 위에 숙소를 마련했다. 한때 사교계를 주름잡았던 부부는 생닭을 자르고, 상점의 진열장을 채우는 법을 배웠지만, 마음 약한 전직 축구 챔피언이 돈이 없는 손님들에게 물건을 그냥 주는 바람에 결국 이들의 모험은 실패로 끝이 났다. 뉴욕에서는 심지어 할아버지 두 사람이 모두 중국은행 BOCBank of China의 설립자였던 리차드 킹의 아버지는 베티의 페킹 하우스 레스토랑에서 웨이터로 일해야 했다. 그들 가족이 홍콩으로, 그리고 다시 뉴욕으로 도망치는 과정에서 너무 많은 돈을 잃는 바람에, 그의 어머니는 봉제공장에서 일감을 받아왔다. 그녀는 백계白系(공산당을 상징하는 붉은 색의 반대, 반공산주의) 중국인 이주자 모임의 지인들에게 "그저 재미로" 하는 일이라고 말했다.

놀라운 신세계에서 예전과 같은 사회적 지위를 회복하는 데에 실패한 상하이 이주민들은 자신의 아이들이 그들이 잃은 것을 되찾아주길 기대했을 것이다. 일부 아이들은 중국에서 태어나 아주 어릴 때 떠나왔지만, 대다수는 상하이 밖에서 태어난 첫 번째 세대가 되었다. 어느 쪽이건, 실향민인 그 부모들은 각국의 이민자들처럼 자식들에게 고국에 대한 자긍심을 불어넣으려고 노력했다. 이민을 연구하는 학자들은 중국계 미국인 아이들의 학업 성취가 문화적 원인이 아니라 고군분투하는 이민자로서의 신분 때문이라고 주장하지만, 확실히 상하이 디아스포라의 자녀 중에는 높은 성취를 이룬 사람들이 많다. 몇몇을 예로 들자면, 일반에게 잘 알려진 인물로 초대 홍콩 행정장관 둥젠화, 미 국무위원이었던 일레인 차오와 노벨상 수상자 스티븐 추, 줄리아 창 블로흐 대사, 린다 차오 양 대사, 정부 행정관 크리스토퍼 P. 루, 헨리 잉옌 탕, 크리스티나 M. 첸, 건축가 마야 린, 토니상 수상자인 데이비드 헨리 황 그리고 밍초 리, 영화제작자인 앙 리, 재닛 양, 작가인 아이리스 창, 기쉬 젠, 거스 리, 베트 바오 로드, 애들린 옌 마, 바이셴융, 린 판 링, 에이미 탄, 손 웡, 변호사 잉 리 켈리, 스튜어트 퀴, 대프니 퀵, 프랜시스 왕, 프랭크 우, 자선사업가 레슬리 탕 실링, 오스카 탕, 우 반, 룰루 차우 왕, 로라 웬유 영, 사업가 존 첸, 필립 챵, 찰리 B. 왕, 제프 양, 셜리 영, 저널리스트 티화 창, 스티프 쳉, 프랭크 칭, 모린 팬, 빅 리, 댄 우, 윌리엄 우, 학자인 에블린 후 드하트, 메이 나이, 존 퀴 웨이 첸 등이 있다.

상하이 이주민의 유명한 자녀로는 위의 명단 외에도 훨씬 더 많은 사람들이 있다. 그러나 중요한 것은 이것이 어렵게 탈출에 성공한 부모 세대의 고난과 희생의 의미가 다음 세대에 전해졌음을—일부는 그들이 목격한 역경에 대해 목소리 높여 비판했다.—보여준다는 점이다. 많은 이들이 부모의 삶에서 교훈을 얻었고, 그에 힘입어 상하이 디아스포라의 견해, 관점, 그리고 기질을 통해 그들이 속한 이주 가정의 지형을 바꾸어놓았다.

**

이 책에 등장하는 사건과 설명, 그리고 대화는 애나벨 안누오 리우, 베니 판, 빙 우, 호 차우, 그리고 그들과 가까운 사람들과의 수백 시간에 걸친 인터뷰와 더불어 그들이 아낌없이 공유해준 편지와 사진, 문서에 바탕을 두고 있다. 연구 자료, 구술사, 개인 소장품과 마찬가지로 이들의 관점에 관해서 수많은 학자의 자문을 받았다. 백 명이 넘는 그 밖의 상하이 망명자들 역시 인터뷰에 응해주었다. 인터뷰는 대부분 영어로 이루어졌지만, 일부 경우에는 통역사의 도움을 받았다. 아쉽게도 그들의 놀라운 경험을 모두 이 책에 담지는 못했지만, 그들의 선명한 기억과 관찰은 이 책 구석구석에서 빛나고 있다. 책에 등장하는 인물 중 단 두 사람, 도린 판과 프랭크 셰의 이름만이 가족들의 우려 때문에 실제 이름과 다르게 쓰였다. 그 후에 디아스포라의 삶을 개척해 갔던 네 명의 주인공들에게 어떤 일이 일어났는지 그 이야기 전부를 책에 담을 수는 없었지만, 그들 생애의 다음 부분을 이쯤에서 요약해 담는다.

**

호 차우는 방위 관련 도급 프로젝트에 참여할 수 있는 보안 허가를 얻는 데 성공한 후, 멜너 코퍼레이션에 자리를 잡았고, 그곳에서 60건이 넘는 산업 설계 특허를 등록하며 직장 생활 대부분을 보냈다. 그는 멜너에서 잠시 휴가를 얻어서 자신의 회사를 설립했고, 그렇게 어린 시절의 꿈을 이뤘다.

엔지니어로서의 훌륭한 성과 덕분에 호는 뉴욕 교외에 안락한 집

에필로그

한 채를 살 수 있었고, 그곳에서 그와 테레사는 딸과 아들, 두 자녀를 키웠다. 두 사람은 여타 모임에도 적극적으로 참여했다. 테레사는 중국연구소 여성협회 회장으로 활동했고, 호는 미국 자오퉁 대학 동문회의 전미 회장이 되어 장학기금 마련을 위한 주요 캠페인을 성공적으로 이끌었다.

모든 면에서 호의 삶은 새로 도착한 이민자들과 난민들이 꿈에서나 이룰 수 있는 미국적인 이상의 전형을 보여주었다. 그러나 호의 이런 목가적인 그림에는 커다란 구멍이 채워지지 않은 채 남아 있었다. 그는 어머니와 형, 그리고 누나와 떨어져 있으면서, 그들이 중국과 대만에서 겪고 있는 어려움을 알고서는 자신의 성공을 즐길 수가 없었다. 많은 이민자들처럼 호는 가족을 돕기 위해 그들에게 돈을 보냈고, 중국에 있는 가족들을 다시 만나, 그가 있는 미국으로 데려오겠다는 희망을 절대 포기하지 않았다. 여러 해 동안 그는 가족들을 대신해 미국무부와 홍콩과 대만의 관리들에게 편지를 썼다.

리처드 닉슨 대통령의 역사적인 중국 방문 1년 후인 1973년에 호는 미국 과학자들과 기술자들로 구성된 고위급 대표단에 합류하도록 초청받아 중국에서 관련 분야 대표들과 만나게 됐다. 호는 미리 주최 측에 어머니를 만날 수 있을지 물었다. 양쪽 정부의 허가를 받아 호는 헤어진 지 26년이 흐른 후 어머니, 형과 눈물겨운 재회를 할 수 있었다. 그의 어머니는 여전히 메드허스트 로의 옛집에서 살고 있었지만, 이제 그 집은 여러 가족이 들어와 살 수 있도록 칸칸이 나뉘어 있었다. 한 가구가 살기에 지나치게 크다고 여겨지는 주택에는 정부가 거주자를 추가해 배정했기 때문이었다. 호의 가족은 그의 방문 덕에 특별 보너스를 받았다. 상하이 당국은 그들 방에 흰색 도료를 새로 칠해

주었는데, 대략 30년 만에 처음 있는 일이었다.

미국으로 돌아온 호는 어머니와 형을 중국에서 데려오기 위해 계속해서 노력했지만, 그가 성공하기도 전에 두 사람은 세상을 떠났다. 호가 누나 완위와 그녀의 남편, 그리고 네 명의 아이들을 대만에서 데려오기까지는 또다시 몇 년이 걸렸다. 그들이 도착하자, 그는 누나와 그녀의 가족들을 위해, 일자리와 지낼 곳을 마련해 주었다. 그리고 결국에는 성인이 된 죽은 형의 아이들 역시 미국에 올 수 있도록 지원할수 있었다. 호가 은퇴한 뒤 그와 테레사는 아이들과 손주들 곁에서 살기 위해 북부 캘리포니아로 이사했다. 그들의 뉴욕 상하이 친구 중 몇 사람도 태평양 연안의 은퇴자 주거지로 이주했는데, 그곳에서 그들은 바쁜 사교 생활을 이어가며 계속해서 불어나는 그들의 대가족과 가깝게 지냈다.

*
**

애나벨 안누오 리우는 오빠 찰리를 통해 만난 물리학자인 샘과 결혼했을 당시 뉴욕의 〈스콜라스틱 매거진〉에서 근무하고 있었다. 샘이 IBM에서 일하게 되고 나서, 애나벨은 가까운 웨스트체스터 카운티의 〈리더스 다이제스트〉에서 일자리를 구했다. 그 후 아이오와 주립대학교에서 샘에게 물리학 교수직을 제안했고, 그들은 대학이 있는 에임스로 이사했다. 그곳에서 애나벨의 저널리스트로서의 경력이 시작됐다. 그녀가 쓴 첫 번째 글은 지역의 어느 조각가에 관한 장편 기사로 〈디모인 레지스터 선데이〉 잡지의 1면에 실렸다. 이 기사는 그해 〈아이오와 프레스 우먼 어워드〉에서 최고상의 영예를 안았다. 시상식에서 사람들이 자신을 볼 수 있도록 자리에서 일어난 애나벨은, 누군가 깜짝 놀란 듯 "동양인이잖아!"라고 말하는 소리를 들었다.

약 90여 개의 특집 기사를 쓰고 나서 애나벨은 주립 대학에서 저널리즘을 지도해 달라는 요청을 받았다. 젊은 부부는 반갑게도 딸과 아들을 얻었고, 가족들은 샘의 연구 기회를 쫓아 덴마크, 독일, 그리고 마침내 테네시의 오크 리지로 이사해 그곳에서 십 년 넘게 머물렀다. 오크 리지에서 기사를 쓸 만한 매체를 찾지 못한 애나벨은 자신의 창조성을 다른 장르로 옮겨 중국어로 유머러스한 수필을 썼다. 미국에서 살아가는 중국인 이민자로서의 삶에 대한 그녀의 이야기는 대만 주요 신문의 문학 섹션 1면에 연재됐다. 그녀는 미국에서 가장 널리 읽히는 중국어 신문 중 하나인 〈월드 저널〉의 고정 필자가 되었다. 아니나 다를까, 그녀의 아버지는 딸의 자기비하적인 유머를 불쾌해하며 그녀의 인기를 비웃었다. 그러나 애나벨은 계속해서 글을 썼다. 그리고 첫 시도가 비참하게 끝났음에도 불구하고, 그녀는 부엌에서도 꽤 숙련된 요리사가 되었고, 아델 데이비스의 인기 있는 요리책 〈건강을 위해 제대로 먹기*Let's Eat Right to Keep Fit*〉을 중국어로 번역했는데, 아버지가 건강을 유지하게 하려는 것도 이유 중 일부였다.

오빠인 찰리와 함께 그녀는 여동생 리닝과 사촌 두 명이 미국으로 오는 것을 도왔는데, 그들이 영어 능력 요건을 갖추도록 수험 지도를 하고, 여동생의 대학원 논문과 박사 학위 논문을 정확한 영어로 편집해 주었다. 아버지가 대만에서 화려한 경력을 뒤로하고 은퇴한 후에 그녀의 부모님은 마침내 아이들이 있는 미국으로 건너왔다. 그로써 가족을 위해 아버지가 세웠던 마스터플랜은 이뤄진 셈이었다.

여러 해 동안 애나벨은 어머니가 그녀를 다른 가족과 함께 살도록 보냈던 일본 점령 시기에 생긴 기억상실증을 극복하려고 애썼다. 그녀는 당시의 충격적인 상황과 계속해서 자신을 괴롭혀 온 버려졌다는 불안감, 자기 불신과 두려움을 이해할 수 있는 통찰이 생기길 간절히 바랐다. 심지어 최면 요법을 사용하고 나서도, 그 시기는 여전히 불안한, 기억 속의 빈 구멍으로 남았다. 그러나 다른 기억들은 너무나 생생해서, 애나벨은 상하이로 돌아가거나 어떤 주요 제품이건 일본산 물건을 사는 일을 한사코 거부했다. 여든 살이 되기 직전, 애나벨은 영어로 쓴 책 두 권을, 회고록과 시집을 출간했다. 이 회고록과 시집은 그녀가 중국어로 썼던 몇 권의 책들처럼 역시 인기를 끌었다. 그녀는 딸이 사는 곳인 필라델피아 메인라인 근처에서 지내며, 수많은 곳을 전전했지만 진정한 고향이랄 만한 곳이 없었던 복잡하고 혼란스러웠던 자신의 삶에 관해 글을 쓰고 강연을 했다.

**

2년간의 이민 절차를 거친 후, 빙 우와 그녀의 남편 프랭크는 INS의 그늘에서 간신히 벗어나 대만으로의 추방을 피할 수 있었다. 당시 그들에게는 네 명의 아이가 있었다. 마침내 정착할 수 있게 된 그들은 필라델피아에서 "동양인들은 환영받지 못한다."라는 말을 지역 사람들에게 들으며 쫓겨나듯 한 뒤, 뉴저지 주택개발지에 집을 샀다. 빙은 결핵 치료를 받았고, 의사의 명령으로 아이들은 위탁가정으로 보내졌다. 이 일은 그녀에게 자신이 버림받았던 악몽 같은 상황을 다시 겪는 듯한 느낌이었고, 빙은 울며불며 아이들을 집으로 데리고 오겠다고 했다. 결핵은 나아졌지만, 그녀의 삶은 쉽지 않았다. 그녀의 교양 있는 남편은 자존심 강한 남자이자 몽상가로, 비굴해지거나 하급자로 취급받는 것을 꺼렸다. 플로리다에서 언니와 싸우다 체포당하게 만든 그 완고한 성미 때문에 고용주와 이웃, 낯선 사람들과의 대화는 종종 거친 욕설로 끝이 났다.

　불어나는 식구를 먹여 살리기 위해, 빙의 남편은 택시를 몰고, 풀러 회사의 각종 솔 제품을 집집마다 팔러 다녔다. 그러고 나서 그는 아기를 테마로 하는 작은 장난감들을 만들어서 플로리스트들에게 파는 재택 사업을 시작했는데 빙과 그 자신, 그리고 아이들의 노동력으로 굴러가는 회사였다. 빙은 아이들을 돌보며 긴 하루를 보내고 나면, 매일 밤 몇 시간씩 도급받은 물품들을 만들곤 했는데 이 물건들은 프랭크가 나중에 집에서 사용하는 차로 꽃집에 배달했다. 사업으로 벌어들이는 수입은 겨우 입에 풀칠이나 할 정도였지만, 적어도 이 일을 하는 동안 프랭크는 그 누구의 지시도 받을 필요가 없었다. 출장 사이사이 그는 아내에게 보내는 시와 결코 출판될 리 없는 책과 각본을 썼다. 그러나 그가 쓴 기사와 수필 중 출간된 것은 미국의 대중국 정책을 비판하는 것들이었고, 그 때문에 J. 에드거 후버의 관심을 끌었다. FBI 요원들이 그들이 사는 곳 주변 이웃들을 대상으로 프랭크에 관한 조사를 벌였지만, 수사는 아무런 성과도 내지 못했다.

　빙은 그 부근에서 좋은 친구를 몇 사람 만났다. 한 번은 슈퍼마켓에서 아이들을 뒤에 따라오게 하고 쇼핑 카트를 밀던 중에 다른 아시아 여성과 눈이 마주쳤다. 빙은 "혹시 중국인이에요?"라고 물었는데, 그 여성도 동시에 "일본인이에요?"라고 물었다. 수 워렌은 일본에 주둔했던 미군과 결혼한 전쟁 신부였고, 그녀가 자기소개를 하고 나서, 두 사람은 빠르게 친해졌다. 중국과 일본 사이의 전쟁이 끝난 지 겨우 7년이 지난 후였다. 나중에 맨해튼 상하이 그룹에서 빙과 가장 가까운 친구였던 메이빙 첸이 가족들과 함께 빙이 살고 있던 뉴저지 동네로 이사를 왔다. 여러 해 동안 두 가족은 그 지역에 사는 유일한 중국계 미국인이었다. 언제나 어린아이들을 좋아했던 고아 소녀는 이제 자신이 낳은 아이들에게서 충족감을 찾았고, 결국 여섯 아이의 엄마가 됐다. 빙은 베티 언니와의 약속을 지켰다. 수십 년 동안 그녀는 남편이나 친구에게, 아이들에게도 자신이 버려졌고 입양되었다는 사실을 말하지 않았고, 어린 시절의 고통을 자신의 부끄러운 비밀이 든 기억의 주머니 속에 묶어두었다.

프랭크가 죽고 몇 년이 지난 뒤 빙은 열한 명의 손주를 둔 자랑스러운 할머니가 됐다. 그 아이들이 사랑 속에 커가는 모습을 지켜보던 빙은 더 이상 어린 시절의 아픈 기억들을 가슴에 담아 둘 수 없었다.

내가 이 사실을 아는 것은 빙이 내 어머니이기 때문이다. 일흔넷 되던 해, 어머니는 처음으로 그동안 감춰왔던 삶의 진실을 내게 들려주었다. 그 순간까지 가슴 속에 가둬두었던 세세한 기억들이 폭포수처럼 쏟아져 나왔다. 어머니가 숨기고 있었던 과거에 대한 충격이 가시고 나서 나는 더 많은 기억을 되살리도록 권하고, 저널리스트로서의 본능에서 그녀를 인터뷰하기 시작했다. 그녀는 차츰 다른 가족들과 친구들에게도 사실을 알리게 됐다. 빙이 사람들에게 이야기를 들려줄 때마다 억눌려 있던 고통은 풀려나는 듯했고, 치유의 과정이 시작될 수 있었다.

*
**

베니 용이 판은 그를 아내와 딸들에게서 떼어내고, 가족 모두를 공포와 고통에 시달리게 했던 10년간의 문화대혁명을 견뎌냈다. 대혁명이 한창이던 1972년 닉슨 대통령이 중국을 방문했을 때 중국 사회는 가장 엄중한 감시하에 있었다. 그해 베니를 가두어놓고 있던 사람들은 이 전직 영어 교사가 어떤 식으로든 방문 중이던 미 대통령과 소통할까 두려웠던 나머지, 해마다 있던 3일간의 가족 방문을 취소하고, 그를 감금시켰다. 1976년 마오쩌둥 사망 후, 문화대혁명은 막을 내렸고 베니는 10년간의 구금 생활에서 풀려났다. 그는 가족과 재회했고, 더 이상 반혁명분자로 분류되지 않았다. 그는 세인트존스 대학 졸업장과 일기장, 성경책을 돌려받았는데 다시는 자신에게 불리하게 사용되지 않도록 받은 즉시 불태워버렸다.

베니의 여동생 도린은 홍콩인 남자친구 앤드루와 1954년에 결혼했다. 그녀의 남편은 일찌감치 상하이 출신 섬유 제조업체와 함께 일하다 여성용 란제리를 생산하는 사업을 시작해 성공했다. 1966년 문화대혁명이 시작될 무렵 도린은 이미 여러 해 동안 베니로부터 소식을 듣지 못해 그의 생사조차 알 수 없었지만, 계속해서 오빠에게 돈을 보냈다. 연금 상태에서 풀려난 후, 베니는 여동생이 그동안 보내온 돈을 한꺼번에 받았다.

양쯔강 북쪽 매우 가난한 시골에서 아내와 두 딸과 다시 함께 살게 된 베니는 딸들이 제대로 된 교육을 받지 못할까 봐 걱정스러웠다. 교사였던 베니와 그의 아내는 집에서 아이들을 가르치는 한편, 정부에 후커우戶口, 즉 지정된 거주 구역을 아내의 고향인 항저우로 변경해 달라고 신청했다. 결국 신청이 받아들여져서 그들은 항저우로 이사해 딸들을 더 좋은 학교에 보낼 수 있게 됐다.

1980년 수십 년간 닫혀 있던 죽竹의 장막과 미국의 엄중한 봉쇄를 뒤로하고 중국이 개방되기 시작했다. 베니의 큰딸은 대학의 지원자 중 높은 순위를 차지해 미국 유학생으로 선발됐다. 베니는 딸에게 돌아오지 말라고 했다. 10년 후인 1990년 베니와 그의 아내는 미국에 있는 딸을 방문해도 좋다는 허가를 받았다. 안타깝게도 여행을 앞두고 첸이 세상을 떠나는 바람에 베니는 혼자 떠나야 했다. 그가 미국을 방문하던 시기 조지 H. W. 부시 미국 대통령은 1989년에 일어난 천안문 사태에 대한 대응으로 한 가지 행정명령을 발표했는데, 당시 일정 기간 내에 미국에 온 중국인에게 영주권을 허용한다는 내용이었다. 놀랍게도 베니의 방문 시기가 그 행정명령의 자격 요건과 일치했다. 불과 몇 년 후에, 그는 미국 시민이 되었다. 나중에 그의 둘째 딸역시 미국으로 이민 올 수 있었다.

미국 여권의 엄호 아래, 베니는 여러 차례 상하이에 다녀왔다. 수십 년간의 헤어짐 끝에 그는 남동생과 세 누이를 다시 만날 수 있었고, BDG 클럽 친구였던 조지를 비롯한 동창들과의 재회를 위해 옛 세인트존스 대학의 캠퍼스를 방문하기도 했다. 미국에서 살기 시작한 처음 몇 년 동안 베니는 플로리다 올랜도의 디즈니 월드에 있는 중국 전시관에서 안내원으로 일했다. 나중에 그는 딸들과 가까운 곳에서 살기 위해 뉴욕 퀸스로 이사했다. 저소득층 주택 설립 프로젝트에서 자원봉사자로 일하면서 그는 노년층과 함께한 이 작업으로 시의회로부터 표창장을 받았다. 그는 재혼을 했고, 여러 해 동안 세인트존스대학교 동창회의 미국 동부 지부 회장으로 활동했다.

베니와 전 세계 동문들은 십 년이 넘는 세월 동안 그들의 소중한 학교의 역사적 인식을 회복하기 위해 노력했다. 이들은 현재 모교 건물을 사용하고 있는 학교에 기부하기 위해 대대적인 모금 캠페인을 벌였다. 수년간 노력을 기울인 후에 그들은 납득하기 힘든 난관에 부딪혔다. 공산당 중앙위원회가 "검은" 대학에 대한 어떤 식의 인가도 거부했다는 소문이 돌았다. 실망스러웠지만 헌신적인 동문들은 대신 타이베이의 세인트존스대학교와 밴쿠버의 브리티시 컬럼비아의 세인트존스 컬리지를 지원하는 쪽으로 방향을 바꾸었다. 두 학교 모두 그들이 다녔던 모교의 기억과 정신 그리고 "빛과 진리"라는 모토를 계승하려 노력하고 있었다.

베니는 그의 오랜 친구들, 동창생들과 함께 이 두 학교를 여러 차례 방문해 오래전 상하이에서 특권층의 젊은이로서 함께 했던 우정을 되새겼다.

*
**

1953년에 베티 언니는 두 번째 남편과 다른 상하이 망명인들의 금전적 지원을 받아 세 명의 친구들과 함께 맨해튼 동쪽에 새로운 종류의 레스토랑을 열었다. 유엔 근처 2번가 845번지에 자리 잡은 〈페킹北京하우스 레스토랑〉은 광둥성 출신의 초기 이민자 세대가 개발한 "중국식과 미국식"의 혼종인 음식을 주로 내놓는 차이나타운의 음식점들과는 사뭇 달랐다. 그러나 베티의 〈페킹 하우스〉가 손님들의 찬사를 받게 된 것은 단지 이곳에서 맛볼 수 있는 색다른 중국 요리 때문만은 아니었다. 하얀 식탁보와 현대적인 외관, 고급 칵테일을 제공할 수 있는 주류 면허로 제대로 된 바를 갖춘 이들의 벤처 음식점은 한때 상하이에서 번성했던 화려한 나이트클럽의 세련된 하이파이海派식 분위기를 풍기고 있었다. 〈페킹 하우스〉는 맨해튼의 고급 미드타운(상업지역과 주택 지역 사이의 중간 지구)에 처음 생긴, 품위 있는 중식 레스토랑 중 하나였다. 상하이 망명자들과 마찬가지로 모험심 강한 뉴요커들은 중국 북부의 풍미를 선사하는 음식점이 들어선 것을 환영했다.

'정통' 중국 요리에 대한 수요는 요리책 선풍으로 이어져서 학식 있는 몇몇 망명인들은 유명 요리사로 거듭났는데, 가장 잘 알려진 이들로는 뉴욕의 플로렌스 린, 보스턴의 조이스 첸, 샌프란시스코의 세실리아 치앙 등이 있었다. 이런 인기는 또한 경쟁을 불러일으켰을 뿐 아니라 불가피하게 〈페킹 하우스〉를 모방한 음식점들을 낳았다.

베티의 페킹 하우스가 문을 열고 나서 몇 년 후, 인근 40번가와 파크 애버뉴가 만나는 곳에 비슷한 메뉴와 분위기, 그리고 이름마저 거의 똑같은 라이벌 레스토랑, 〈페킹 파크 레스토랑〉이 들어섰다. 페킹 파크는 더 솜씨 좋은 요리사에, 최신식 인테리어, 전반적인 참신함을 무기로 손님을 맞이했다. 중국 북부 요리 애호가들은 페킹 하우스 대신 페킹 파크로 몰려들었고, 이곳은 곧 사교 모임의 요지가 되었다. 그러나 대부분의 상하이 이주민들, 심지어 상류층 상하이 사람들에게 페킹 하우스나 페킹 파크와 같은 레스토랑을 방문하는 일은 드문 사치에 해당했는데, 가격과 서비스가 더 수입이 좋은 라오판偐番(백인)을 대상으로 한 것이어서였다.

부유층, 서민층, 그리고 엘리트 백계 중국인들을 아우르는 뉴욕시의 상하이 망명자들은 그들 고향과 그 주민들의 엄청난 다양성을 그대로 반영하고 있었는데, 번영을 구가하는 도시라면 자연히 다양한 재능, 기술, 배경을 가진 사람들을 끌어들이므로 그 다양성이라는 말 자체가 진부한 표현일지도 몰랐다. 이런 면에서 상하이로부터의 탈출과 디아스포라는 역사상 다른 대규모 이주와 일치하는 일정한 경향을 보여주었다. 예를 들어, 제일 먼저 도망쳐 나온 이들은 일반적으로 가장 많은 돈과 인맥, 그리고 안전한 피난처를 찾는 데 있어 여러 선택지를 가진 사람들이었다. 훨씬 더 빈약한 자원을 가진 사람들은 나중에서야 파국이 임박했다는 공포에 쫓기며 상상조차 힘든 미래를 피해 달아났다. 이런 점은 상하이로부터의 탈출 행렬에서도 역시 마찬가지였다.

그러나 미국과 그 외 국가에서는 중국인을 비롯한 많은 이들이 이러한 탈출로 생겨난 이민자와 난민들을 마치 같은 틀에서 찍어낸 것 같은, "부유한 상하이 사람"으로 치부하는 것이 일반적이다. 이 책에 등장하는 안누오, 베니, 빙, 호와 다른 사람들의 전혀 다른 삶은 이러한 일차원적이고 잘못된 특징화를 깨뜨리는 데 도움이 될 것이다. 예를 들어, 베니의 매판 가족은 먼 "고향 땅"에 뿌리를 둔 상하이의 시내의 여러 지역 중 하나인 광둥성 사람들의 집단 거주지에서 가문을 일으켰다. 빙과 아메이처럼 버려진 아이들로 이루어진 유동적인 인구뿐만 아니라, 안누오와 호의 가족 또한 중국 내부 이주의 역동적인 성격을 설명해 주는 예시들이다. 상하이 이주민들이 홍콩, 타이베이, 뉴욕, 혹은 그 외 다른 곳에서 그 지역의 다른 중국 문화와 마주치면서 격렬한 문화적 충돌이 이어졌고, 이는 중국인이 형성한 여러 사회가 획일적이지 않았다는 사실을 분명하게 보여준다. 세계 무대에서 중국의 입김이 세지고, 국경 너머에서 중국의 존재감이 커짐에 따라 과거와 현재, 모두 해당하는 그 복잡다단한 성격에 대해 더 많은 정보에 근거한, 세심한 이해가 필요해졌다.

이 책은 역사의 희귀한 어느 시기를 다루고 있을 뿐이지만, 한 도시 인구의 작은 단면에서조차 존재하는 다양한 차이점과 갈등을 드러내 보인다. 무력 전쟁과 냉전을 경험한 사람들의 이야기에서 알 수 있듯이, 한 국가나 문화에 속하는 모든 사람들을 동일하게 분류하는 것은 잠재적으로 전 세계에 영향을 미치게 될지도 모르는 어리석은 행동이다. 이것만으로도 상하이 탈출이 주는 귀중한 교훈이자, 무엇보다 세계 어디에서건 이주민과 난민들이 여전히 종종 하나로 뭉뚱그려져 경멸적인 모습으로 그려지는 시기에 되새길만한 단출한 통찰이다.

*
**

경쟁 레스토랑이 문을 열고 약 2년이 지난 후, 베티의 페킹 하우스는 문을 닫았지만, 페킹 파크 레스토랑은 손님들에게 인기 있는 만찬 장소로 성장했다. 상하이 사람들과 다른 중국 망명인들의 늘어나는 숫자에도 불구하고, 북부 스타일의 레스토랑이 두 개씩이나 유지되기는 힘들었다. 베티는 그 순간을 놓치지 않고 두 번째 남편과 이혼하고서 세 번째 남편감을 찾기 시작했다.

호와 테레사 쥔린 차우는 여러 해 동안 페킹 파크 레스토랑의 단골손님이었는데, 특히 중국 연구소의 특별 행사가 열린 후부터 자주 찾게 됐다. 1960년 저널리즘 대학원을 졸업한 애나벨 안누오 리우는 맨해튼에 정착했고, 페킹 하우스에서 몇 블록 떨어진 곳의 직장에 다녔다. 시간이 흘러 베니와 그의 딸들, 그리고 도린이 뉴욕에 오게 됐다. 포위된 도시에서 살았던 어린 시절에 상하이 외국인 조계지에서 한 번쯤 지나가며 보았을지도 모르는 호, 빙, 안누오, 베니, 그리고 도린은 어느 땐가 뉴욕에서도 서로 마주쳤을지 모른다.

이 책은 용감한 이들 개개인의 여정을 바탕으로 하고 있지만, 그 이야기들은 현대사의 격변기를 견뎌낸 사람들의 보편적인 모습을 담고 있다. 미국의 제2차 세계대전 세대가 종종 '가장 위대한 세대'로 칭송되는 반면, 그 세대의 동시대 중국인들은 그런 과장된 이름에 거부감을 느낀다. 중국의 5천 년 역사가 수백 세대에 걸쳐 이어져 왔기에 더욱 그렇다. 그럼에도 불구하고, 탈출과 해방이라는 커다란 사건들로 정의되는 이 특수한 인구집단은 전쟁의 잔인함과 사회적 격변, 폭력적인 극단주의, 그리고 어디든 안전한 피난처를 찾기 위한 필사적인 몸부림에서 살아남은 모든 이들과 마찬가지로 바로 그런 위대함을 간직하고 있다.

그들이 겪은 시련에서 얻을 수 있는 또 다른 교훈은 무엇일까? 확실히 상하이 난민과 망명자들이 겪은 일들은 현대의 재앙으로부터 도망치는 사람들에게도―시리아, 미얀마, 보스니아, 수단, 소말리아, 과테말라, 혹은 수많은 그 밖의 다른 어떤 곳에서 쫓겨났건 상관없이―부딪혀야 할 현실로 남아 있다. 이런 난민들은 하나같이 남을 것인지 떠날 것인지 선택해야 했던 쓰라린 기억과 떠난다는 죄책감 속에서 고통스럽게 내려야 했던 결정들, 그리고 다음 배, 비행기, 기차 혹은 버스가 어쩌면 마지막이 될지 모른다는 공포와 마주해야 했다.

혼란으로 인해 분열된 세상에서 그것이 상하이건 알레포이건 간에, 뿌리 뽑히고 쫓겨난 사람들이 공유하는 심오한 인간의 경험에서 우리는 많은 것을 배울 수 있다. 위험으로 가득한 먼 길을 나설 수 있었던 용기, 낯선 땅에서 고난을 극복해가려는 확고한 의지, 완전히 다른 문화에 기꺼이 적응하려는 마음가짐, 기회를 알아차리고 붙들 수 있는 능력이 그런 것들이다. 이런 사람들은 그들의 회복력을 통해 영감을 주고, 그들의 희생이 다음 세대까지 결실을 보지 못할 상황에서도 인간 정신이란 평화와 위험을 피할 은신처를 찾기 위해 기꺼이 모든 위험을 무릅쓰려 한다는 사실을 가르쳐 준다. 난민과 이주민들로부터 배울 수 있는 교훈은 많다. 이런 교훈들은 세계의 지각변동을 헤쳐 나가고, 사람들을 궁지로 몰아 도망치게 하는 것이 아니라, 그들을 하나로 모으기 위해 필요한 깨달음에 이바지할 수 있다.

이들 상하이 이민자들이 겪은 험난했던 여정의 이야기들은 70년이라는 긴 세월이 지난 후에 빛을 볼 수 있게 되었다. 애나벨 안누오 리우는 그녀가 겪었던 일에 관해 질문을 받고서, "누군가 우리 이야기를 해주기를 계속해서 기다려왔어요."라고 대답했다. 만일 이 이야기가 더 많은 사람에게 전해진다면 언젠가 그들이 되살려낸 기억들이 되돌아갈 수 없는 끊어진 길이 아니라, 역사적인 성찰을 위한 교훈이 될 수 있을 것이다.

1판 1쇄 2025년 3월 25일
ISBN 979-11-92667-85-0 (03910)

저자 헬렌 지아
번역 박민정
편집 김효진
교정 이수정
제작 재영 P&B
디자인 우주상자
펴낸곳 마르코폴로
등록 제2021-000005호
주소 세종시 다솜1로9
이메일 laissez@gmail.com
페이스북 www.facebook.com/marco.polo.livre